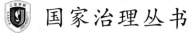

国家治理丛书

东方社会发展道路
与社会主义的理论和实践

赵家祥　著

创于1897　商务印书馆
The Commercial Press

2017 年·北京

图书在版编目 (CIP) 数据

东方社会发展道路与社会主义的理论和实践 / 赵家祥著.
— 北京：商务印书馆，2017
（国家治理丛书）
ISBN 978-7-100-12871-1

Ⅰ.①东⋯ Ⅱ.①赵⋯ Ⅲ.①社会发展－研究－东方国家
②社会主义理论－理论研究 Ⅳ.①K02②D0-0

中国版本图书馆CIP数据核字 (2017) 第007498号

国家治理丛书

东方社会发展道路与社会主义的理论和实践

赵家祥 著

商 务 印 书 馆 出 版
（北京王府井大街36号 邮政编码 100710）
商 务 印 书 馆 发 行
三 河 市 尚 艺 印 装 有 限 公 司 印 刷
ISBN 978 - 7 - 100 - 12871 - 1

2017年4月第1版 开本 710×1000 1/16
2017年4月北京第1次印刷 印张 38 1/2

定价：98.00 元

3

作者简介

赵家祥，男，天津市武清区人，1937年6月生，三亚学院国家治理研究院研究员、北京大学哲学系教授。曾任北京大学哲学系副系主任、系党委书记、系学术委员会主任。北京市优秀教师，全国优秀教师。曾任中国历史唯物主义学会副会长。马克思主义理论研究和建设工程重点教材《马克思主义哲学史》课题组首席专家。著有《马克思主义的社会形态理论简论》《唯物史观的核心与当代现实》《新技术革命与唯物史观的发展》《马克思东方社会理论的历史考察和当代意义》《历史过程论和历史动力论》《历史唯物主义教程》《马克思主义哲学教程》等十余部著作和教材，发表学术论文200多篇。

前　言

马克思、恩格斯创立的历史唯物主义是人类科学思想中的最大成果，他们关于东方社会发展道路的理论则是这个科学思想宝库中一颗璀璨的明珠，占有十分重要的地位。没有这部分内容，历史唯物主义就会显得残缺不全，因而失去其应有的光辉。

"东方社会发展道路理论"这个命题或判断，包括逻辑上递进的三个基本概念：一是东方，二是东方社会，三是东方社会发展道路。我们分别予以简要界定。

东方是与西方相对应的概念。东方与西方作为地理概念，其界限和各自的范围具有相对性。应该放在一定的坐标系中，并且确定一个坐标系的中轴，来划分东方和西方的范围。在世界历史上，由于不同历史时期坐标系及其中轴不同，东方和西方的地理界限和范围也随之变化。在古代，由于罗马帝国的版图广大、国力强盛，人们大都以罗马帝国为坐标的轴心。它地处西方，随着东西方交往的扩大，西方人心目中的东方逐渐向日出的方向延伸，先是西亚和北非，而后是南亚，接着是东亚，直到涵盖整个非西方世界。[①] 近代以来，由于西欧在经济、政治、文化上的发展领先于世界，于是人们把西欧作为坐标系的中轴，西欧人将西欧以外的欧洲东部和亚洲，称为东方，并且将俄罗斯的高加索以西以北的地区称为近东，将高加索以东、伏尔加河以西和以南的地区，以及现在的伊朗、伊拉克、巴勒斯坦等国所处的地区称为中

---

① 参见朱坚劲：《东方社会向何处去——马克思的东方社会理论》，上海社会科学院出版社 1996 年版，第 4 页。

东，而将伏尔加河以东地区称为远东。远东包括中国、朝鲜、日本，以及西伯利亚地区，等等。在马克思、恩格斯的著作中，未见对"东方"的概念下过准确的定义。就他们使用这个概念的情况和他们赋予这个概念的意义看，他们对"东方"的理解，同上述西方人对"东方"的理解是基本一致的。①

"东方社会"是与西方社会相对应的概念。在马克思、恩格斯所处的时代，西欧各国已经先后经过资产阶级革命道路或改良道路进入了资本主义社会，而西欧以外的国家还大都处于前资本主义发展阶段，所以西欧各国的社会被称为西方社会，与此相对应，处于前资本主义阶段的国家的社会则被称为东方社会。东方社会和西方社会这两个概念，虽然与它们所处的地理方位有一定的关系，但主要不是地理概念，而是社会历史概念。马克思在19世纪50年代初期写的关于印度和中国的文章中，以及《1857—1858年经济学手稿》的"资本主义生产以前的各种形式"一章中，认为前资本主义生产方式与资本主义生产方式相比较，具有以下几个特点：（1）劳动者与劳动的客观条件直接结合在一起；（2）个人隶属于一定的共同体，离开这个共同体，个人就不能存在；（3）经济形式是自给自足的自然经济，劳动者生产的目的是为了创造使用价值，而不是为了创造交换价值；（4）全国分成许多各自孤立的、农业和手工业相结合的、自给自足的农村公社，这是东方专制制度的基础；（5）没有土地私有制，这是了解东方社会的一把钥匙。

"东方社会发展道路"是与西方社会发展道路相对应的概念。马克思、恩格斯认为，当时的西方社会已经是资本主义社会，资本主义社会发展到一定程度，将通过革命的道路或和平发展的道路走向社会主义社会。处于前资本主义发展阶段的东方社会，有两种可能的发展道路或发展前途：一种是在西方社会已经取得社会主义革命胜利、进入

---

① 俞良早：《马克思主义东方学》，人民出版社2011年版，第69页。

社会主义社会的前提下，不经过资本主义发展阶段直接进入社会主义社会；另一种是前资本主义社会解体，进入资本主义社会，然后再从资本主义社会发展到社会主义社会。这两种发展前途究竟哪一种得到实现，取决于当时的国际环境。马克思、恩格斯关于东方社会发展道路理论，主要是研究东方社会如何走向社会主义社会的问题，所以本书定名为"东方社会发展道路与社会主义的理论和实践"。

马克思、恩格斯关于东方社会发展道路的理论，内容极其丰富，但归结起来主要是两大内容：一是关于"亚细亚生产方式"的含义及其在社会发展序列中的地位问题，二是关于俄国社会发展道路问题，即俄国农村公社或俄国社会能否不经过资本主义发展阶段而直接进入社会主义社会的问题。马克思、恩格斯在早年和中年，重点研究"亚细亚生产方式"问题；马克思、恩格斯在晚年，重点研究俄国社会发展道路问题。

从 20 世纪的最后 20 年开始直到现在，马克思、恩格斯的东方社会发展道路理论，一直是我国学术理论界研究和讨论的一大热点问题。史学界、哲学界、经济学界，政治学界、社会学界的不少专家学者参加了这场讨论，争议颇多，分歧极大。在讨论的过程中，不少学者提出了许多很有价值的思想，但也有不少学者误读或误解了马克思、恩格斯的思想。我写作本书的主要目的，就是原原本本地阐述马克思、恩格斯关于东方社会发展道路的理论，澄清国内外理论界对这个问题的误读或误解，恢复马克思、恩格斯思想的本来面目。

恩格斯在《资本论》第三卷的《序言》中，针对当时一些资产阶级经济学家对马克思的平均利润率规律理论的歪曲，说了下面一段话："一个人如果想研究科学问题，首先要学会按照作者写作的原样去阅读自己要加以利用的著作，并且首先不要读出原著中没有的东西。"① 恩

---

① 《马克思恩格斯文集》第 7 卷，人民出版社 2009 年版，第 26 页。

格斯在其晚年的书信中，例如在 1890 年 9 月 21—22 日致布洛赫的信、1891 年 2 月 3 日致考茨基的信、1893 年 2 月 7 日致施穆伊勒夫的信、1894 年 1 月 25 日致博尔吉乌斯的信中，针对巴尔特等年轻学者对历史唯物主义基本原理的歪曲，多次讲到，要根据马克思和他的《关于费尔巴哈的提纲》《路易·波拿巴的雾月十八日》《资本论》《反杜林论》《路德维希·费尔巴哈和德国古典哲学的终结》等原著，来研究他们创立的历史唯物主义，而不要根据第二手材料来进行研究。[①] 我们应该把恩格斯这些话看作是研究马克思主义、阅读和研究马克思主义经典著作必须遵循的重要原则和方法，须臾不可背离，切忌使马克思主义变味和走样。这种对待马克思主义的态度和研究马克思主义的方法，同样适用于对马克思、恩格斯东方社会发展道路理论的研究。

那么，如何阅读和研究马克思、恩格斯的经典著作，才能准确地理解其原意，避免对其误读或误解呢？

第一，要根据马克思主义经典作家所处的历史背景和历史条件来解读他们原著中的思想，而不要根据后来变化了的历史背景和历史条件，用后来的实践及其需要来解读。例如，马克思、恩格斯一向认为，社会主义革命将首先在发达资本主义国家发生并取得胜利，在晚年也没有改变这种看法。他们晚年虽然认为俄国农村公社有可能"不通过资本主义制度的卡夫丁峡谷"而直接实现社会主义，但他们认为，实现这一点的不可缺少的前提是西欧无产阶级革命首先取得胜利。但我国理论界却有不少人认为，马克思、恩格斯晚年有了在落后的俄国可能首先发生并取得社会主义革命胜利的思想，并且认为俄国十月革命和中国革命的胜利就是对这种思想的证实。这实际上是用俄国十月革命和中国革命的实践，用马克思、恩格斯逝世以后的历史背景和历史

---

① 《马克思恩格斯选集》第 4 卷，人民出版社 1995 年版，第 668—669、704—705、721—722、734 页。

条件解读马克思、恩格斯的思想，这就势必违背历史主义原则，曲解马克思、恩格斯的原意。

第二，要系统地阅读马克思主义经典作家的原著，把他们不同时期著作中的思想有机地联系起来加以思考，而不要只读他们某一时期的某些著作，或把他们在不同时期的著作割裂开来甚至对立起来。国内外学术理论界都有人制造所谓的"两个马克思"，把青年马克思和老年马克思的思想对立起来，究其认识上的原因，就在于他们没有系统地阅读马克思、恩格斯的著作，没有把马克思、恩格斯不同时期的著作连贯起来加以思考，没有看到这些著作之间的内在的有机联系。例如，有些人由于只阅读了马克思、恩格斯晚年论述俄国农村公社有可能"不通过资本主义制度的卡夫丁峡谷"而直接实现社会主义这一观点的著作，而没有阅读他们早年的有关著作，于是认为马克思早年是认为一切国家和民族不论其具体情况如何都注定要走上资本主义发展道路，到了晚年马克思才认为有些国家和民族可以避免资本主义前途，跨越"资本主义制度的卡夫丁峡谷"。事实是，在马克思、恩格斯早年和中年的著作（如《德意志意识形态》《共产主义原理》《共产党宣言》《资本论》等）中，已经孕育了关于相当多的国家和民族可能跨越"资本主义制度的卡夫丁峡谷"的思想。他们晚年提出俄国农村公社有可能"不通过资本主义制度的卡夫丁峡谷"直接实现社会主义的设想，并不是一时心血来潮、突发奇想，而是他们以前思想合乎逻辑的继续、深化和发展，是在特定的历史条件下，把以前蕴涵在头脑深处的思想直接地、明确地表达出来，前后一贯，并没有什么矛盾。

第三，要用发展的观点阅读和理解马克思主义经典著作，而不要把他们某一时期著作中的思想凝固化、教条化。马克思主义是发展着的理论，在马克思、恩格斯不同时期的著作中，由于历史条件的变化和个人认识上的变化，对同一理论问题的论述可能有差别。例如，关于"亚细亚生产方式"概念的含义及其在社会发展序列中的地位问题的论述就是如此。如果我们不注意马克思在不同时期的不同著作中对这个问题的看法的历史演变，把他们不同时期的著作中的有关论述混杂在一起，来理解"亚细亚生产方式"概念的含义及其在社会发展序列中的地位，就很可能产生误解或曲解。我在本书中分 1853 年以前的时期、19 世纪 50 年代中后期、以《资本论》为代表的时期、摩尔根《古代社会》一书发表以后的时期等四个时期，考察马克思、恩格斯著作中"亚细亚生产方式"概念的含义及其在社会发展序列中的地位的历史演变，就比较准确地说明了这个问题，避免和澄清了对这个问题的误解或曲解。

第四，要对不同的马克思主义经典作家的原著进行比较研究，既看到他们思想之间相同的一面，又看到他们思想之间的差别，要把这些有差别的思想看作是互相补充而不是互相排斥的，也不要把他们的思想割裂开来、对立起来。国内外有些学者之所以制造"马克思和恩格斯的对立"，就是因为没有做到这一点。例如，我国理论界有些人认为，在俄国农村公社是否可以跨越"资本主义制度的卡夫丁峡谷"问题上，马克思和恩格斯的思想是对立的，似乎是马克思强调俄国农村公社可以跨越"资本主义制度的卡夫丁峡谷"，恩格斯则否认这种"跨越"的可能性。其实这完全是误解。只要认真阅读马克思和恩格斯的有关著作并加以比较，就不难发现，恩格斯不仅不否认"跨越"的可能性，而且先于马克思提出这种"跨越"的思想。马克思是在 1877 年《给〈祖国纪事〉杂志编辑部的信》中，第一次提出这一"跨越"思想的，以后又在 1881 年《给维·伊·查苏奇的复信》及其草稿中，进一步明确地论述了这个思想；而恩格斯在 1874—1875 年写的《论俄国的社会问题》一文中就论述了这一思想。1882 年，马克思和恩格斯又在共同署名的《共产党宣言》俄文第二版《序言》中，精辟地论述了这个问题。马克思逝世以后，恩格斯 1894 年在《〈论俄国的社会问题〉跋》中，确实讲到俄国公社跨越"资本主义制度的卡夫丁峡谷"的可

能性已经减少，甚至已经丧失，那是因为历史条件发生了变化：一是
因为俄国民粹派和民意党人推翻沙皇政府的革命遭到失败，沙皇政府
作为欧洲最后一个反动堡垒依然存在，通过推翻沙皇政府引发西欧无
产阶级革命的这一可能性条件已经丧失；二是因为俄国资本主义已经
迅速发展起来，俄国农村公社进一步解体，俄国已经成为一个资本主
义国家，当然就不再存在跨越"资本主义制度的卡夫丁峡谷"的问题
了，所以马克思和恩格斯思想上的这种差别，恰好是互相补充的，而
不是互相对立的。

　　第五，要全面理解马克思主义经典著作的思想，力戒片面性。马
克思主义经典著作对任何理论问题的论述都是全面的，毫无片面性的
弊端。但在学术理论界，有些人对马克思主义经典著作的理解经常出
现片面性的毛病，只见树木不见森林，一叶障目不见泰山，抓住一点
不及其余。例如，马克思在《资本论》及其手稿中，既淋漓尽致地批
判了资本主义制度的罪恶和阻碍生产力发展与社会进步的消极作用，
又肯定了资本的伟大文明作用和推动生产力发展与社会进步的积极作
用。我国理论界有些人却只看到马克思对资本主义的罪恶和消极作用
的批判，看不到或忽视马克思对资本主义积极作用的充分肯定。本书
从促进生产力的发展，为未来社会创造物质技术条件；创造更多的自
由活动时间，为建设未来新社会锻造全面发展的高素质人才；促进新
社会因素的产生，孕育和形成未来社会主义的生产关系因素这三个方
面，论述了资本的伟大文明作用和促进生产力发展、推动社会进步的
积极作用。简言之，本书对资本的社会作用作了全面的论述。

　　鉴于改革开放以来，我国学术理论界已经出版了不少关于马克思、
恩格斯东方社会发展道路理论的论著，对有关这个问题的文献资料和
基本内容作了介绍和论述，本书已经没有必要重述学术界同仁已经讲
过的思想，面面俱到地论述马克思、恩格斯的这个思想，因而只针对
我认为是对他们的思想发生了误解的观点加以辨析，澄清和消除误解，

阐明马克思、恩格斯思想的本意。我在书中批评了学界同仁的一些观点，如有不当之处，欢迎予以反批评。

全书共分四编。第一编阐述研究东方社会发展道路问题的理论基础，包括社会形态及其划分方法、人的活动的目的性和社会发展的规律性、历史决定论和主体选择及其相互关系、历史进步及其评价尺度、马克思主义的整体性五个马克思主义的基本原理。只有以这些马克思主义基本原理为指导，才能正确理解马克思、恩格斯的东方社会发展道路理论。本编对这五个马克思主义基本原理的阐述，与一般教科书的阐述有很大的不同。其主要特点是：不是平铺直叙地阐述这些基本原理的内容，而是针对学术理论界在这些问题上的不同理解，阐述自己的独立见解，纠正一些长期以来在这些问题上存在的不正确看法，补充一些在这些问题上缺失的内容，从而使对这些问题的阐述更加全面、深入、具体。例如，在关于"人的活动的目的性和社会发展的规律性"这个问题上，各种教科书大都把这个问题表达为"社会发展合规律性与合目的性的统一"。这种表述是不科学的，本编纠正了这一不科学的表述，指明应该把这个问题表述为"人的活动有目的，社会发展有规律"。再如，在关于"社会形态及其划分方法"问题上，本编论述了五种社会形态划分法和三种社会形态划分法都是马克思提出来的，它们在说明历史发展过程的作用上是互相补充的，而不是互相对立的，并且批评了把这两种划分法对立起来的观点，特别是着重批评了否定五种社会形态划分法的观点。此外本编还补充了技术社会形态划分法，"技术社会形态"这个概念是多数教科书中所没有的。

第二编阐述"亚细亚生产方式"概念的含义及其历史演变问题。本编按四个时期，即1853年以前的时期、19世纪50年代中后期、以《资本论》为代表的时期、摩尔根《古代社会》一书发表以后的时期，来阐明"亚细亚生产方式"概念的含义及其在社会发展序列中的地位的历史演变，说明了长期以来人们在这个问题上的意见分歧之所以如此之大的原因，就在于没有看到在马克思、恩格斯不同时期的著作中"亚细亚生产方式"概念的含义及其在社会发展序列中的地位是有变化的。此外，本编还对东西方古代社会进行了比较研究，说明了古代希腊罗马是奴隶社会发展的典型，中国则是封建社会发展的典型，它存在的时间最长，发展的水平最高。中国封建社会并非长期停滞，只是从 16 世纪后期开始才逐渐落在了西欧社会发展的后面。本编还论述了日耳曼人从原始社会向封建社会的直接过渡与五种社会形态划分理论并不矛盾，批评了用日耳曼人直接过渡的事实否定五种社会形态划分理论的错误观点。本编还指出了马克思、恩格斯对东方社会看法上的一些历史局限性，如东方不存在土地私有制、农村公社是东方专制制度的基础等观点，不符合中国历史发展的实际。中国史学界存在一个"五朵金花"问题，这个问题指的是新中国成立后在中国史学界广受关注并引发大规模讨论的关于中国古史的五个重大历史理论问题，即中国古代史分期、中国资本主义萌芽、中国农民战争、中国封建土地所有制形式和汉民族的形成问题。[①] 本编对这五个问题都直接或间接地表达了作者自己的独立见解。

第三编论述俄国社会发展道路问题，标题是"'跨越资本主义制度的卡夫丁峡谷'问题的再探讨"。这个问题十分复杂，与实际联系十分紧密，因而也是一个在政治上十分敏感的问题。从 20 世纪 80 年代以来，我国学术理论界对这个问题十分关注，讨论十分热烈，不同学者之间意见分歧极大。主要分歧表现在以下几个方面：一是马克思、恩格斯所讲的"俄国革命"是什么性质的革命？二是在俄国社会发展道路问题上马克思早年思想与晚年思想是否是对立的？三是在俄国社会发展道路问题上马克思思想与恩格斯思想是否是互相对立的？四是俄国十月革命和中国革命的胜利是否是对马克思、恩格斯关于跨越"资

[①] 参见张越：《"五朵金花"成就不容否定》，《中国社会科学报》2015 年 11 月 10 日。

本主义制度的卡夫丁峡谷"思想的证实？五是马克思所讲的"一般历史哲学理论的最大长处就在于它是超历史的"这句话是从正面讲的还是从反面讲的？我在这五个问题上都明确表达了自己的看法，并对不同的观点从理论与实际的结合上坦率地提出了批评意见。

第四编是对社会主义理论和实践的反思。因为马克思、恩格斯关于东方社会发展道路的理论，从根本上说，是探讨东方社会如何走上社会主义发展道路的问题。苏联和中国等落后国家的社会主义实践，既是在马克思、恩格斯创立的科学社会主义理论的指导下进行的，又从实践上检验、丰富和发展了科学社会主义理论。这些国家的社会主义实践，既遵循了科学社会主义理论，又有一些违背社会主义基本原理的地方。因此，结合这些国家社会主义革命和建设的实践，反思社会主义理论，对于检验、丰富和发展科学社会主义理论，纠正原有的社会主义理论的某些局限性，就具有十分重要的意义。这一编是全书篇幅最大的一编，在字数上约占全书的三分之一，包括马克思恩格斯著作中未来社会名称的历史演变、全面认识资本的作用、从新的视角反思社会主义的前途和命运、马克思恩格斯对未来社会基本特征的设想、关于"一国能否建成社会主义"的论争、邓小平的社会主义初级阶段理论、邓小平对社会主义本质理论的贡献、邓小平对历史时代理论的贡献等八个重大的社会主义理论问题。马克思、恩格斯创立的科学社会主义理论，博大精深，内容极其丰富，有一些重要的概念和原理，至今尚未引起人们的重视，成为社会主义理论研究的薄弱环节，如关于马克思、恩格斯著作中未来社会名称的历史演变问题，马克思、恩格斯、列宁考察社会主义前途和命运的视角转换的问题，马克思、恩格斯关于资本主义社会内部可以自发地孕育和形成社会主义的生产关系因素的问题，关于一国能否建成完全的社会主义社会的问题，这些问题都是理论界过去研究的薄弱环节，我通过系统研读马克思主义经典著作，挖掘了马克思、恩格斯、列宁著作中的有关论述，对这些问题作了较为深入具体的阐发，并且按照时间顺序首先阐发马克思、恩格斯创立的科学社会主义的几个重要基本原理，然后阐述列宁在新的历史条件下对科学社会主义理论的继承和发展，阐述列宁关于经济文化落后的国家向社会主义过渡的特点以及如何进行社会主义建设的观点，然后阐述邓小平创立的社会主义初级阶段理论，阐述中国特色社会主义理论对科学社会主义理论的继承和发展。这一部分既是对科学社会主义基本原理的阐述，又是对科学社会主义理论发展史的阐述，史论结合得非常紧密。

　　这四编之间具有内在联系。我在设计本书的理论框架和阐述这四编的基本内容的过程中，努力做到理论与实际、共性与个性、逻辑与历史、理想与现实的统一。这部著作虽然重点是阐述马克思、恩格斯的东方社会发展道路理论，但同时又是在历史唯物主义和科学社会主义的结合点上从整体上论述马克思主义基本原理和马克思主义发展史的一部著作。

目　录

第一编　研究东方社会发展道路问题的理论基础

第二编 "亚细亚生产方式"概念的含义及其历史演变

第三编　"跨越资本主义制度的卡夫丁峡谷"问题的再探讨

第四编　对社会主义理论和实践的反思

第 一 编

研究东方社会发展道路问题的理论基础

　　马克思、恩格斯的东方社会发展道路理论，是一个十分复杂的问题。这个问题既涉及很多对东方社会发展的历史事实的鉴别，又涉及很多对历史唯物主义基本概念和基本原理的理解和应用。国内外理论界分歧极大，争议颇多。而要正确理解马克思、恩格斯的东方社会发展道路理论，防止误解和曲解，掌握正确的理论基础非常重要。本编主要讲社会形态划分及其方法、人的活动的目的性和社会发展的规律性、历史决定论和主体选择及其相互关系、历史进步及其评价尺度、马克思主义的整体性等五个方面的历史唯物主义基本原理。这五个历史唯物主义基本原理，对研究马克思、恩格斯的东方社会发展道路理论具有直接的指导意义。

第一章
社会形态及其划分方法

　　社会形态及其划分理论，是历史唯物主义最基本的理论之一，也是研究东方社会发展道路问题最重要的理论基础之一。马克思、恩格斯东方社会发展道路理论研究中最敏感、最有争议的问题，几乎无不涉及社会形态及其划分理论。因此，为了准确把握马克思、恩格斯关于东方社会发展道路的理论，有必要对他们的社会形态及其划分理论加以深入具体的研究。

　　人类社会是一个内容极其丰富、结构极其复杂的大系统，在其各种要素的相互联系、相互作用下，社会发展往往呈现出不同的发展阶段和社会类型。社会形态概念就是反映社会发展各个大的阶段和社会类型的结构与特点的概念。人们可以根据实践的需要，从不同角度、运用不同方法划分社会发展大的阶段和社会类型，主要有五种社会形态划分法、三种社会形态划分法和技术社会形态划分法。

一、五种社会形态划分法

　　这是以生产关系性质为标准的划分方法。马克思、恩格斯根据生产关系的性质，把人类历史划分为原始社会、奴隶社会、封建社会、资本主义社会和未来共产主义社会（社会主义社会是它的第一阶段）五种依次更替的社会形态。马克思的五种社会形态划分理论，是就全世界历史范围而言的，而不是说无论哪一个国家和民族不管其具体的历史情况如何，都要依次经历这五种社会形态。我国理论界有些学者，认为马克思、恩格斯从来没有提出过五种社会形态划分理论，五种社会形态划分理论是斯大林1938年在《论辩证唯物主义和历史唯物主义》中提出来的。这不符合历史事实。我们可以毫不夸张地说，五种社会形态划分理论，存在于马克思、恩格斯一切有代表性的著作之中。现在我们根据马克思、恩格斯著作发表的时间顺序，作简要的考察和梳理。

1845—1846年，马克思、恩格斯合写的《德意志意识形态》一书，是标志历史唯物主义基本形成的第一部著作。在这部著作中，两位作者提出了社会形态划分及其发展规律的最初见解。他们根据生产力和生产关系的矛盾运动分析社会结构及其演变，把人类历史归结为生产关系（所有制形式）的发展，又把生产关系归结为生产力的高度。两位作者用以生产力和分工的一定发展阶段为基础的所有制形式，表述了他们社会形态划分理论的雏形。他们把资本主义社会以前的历史划分为三种所有制形式："第一种所有制形式是部落所有制"，"第二种所有制形式是古典古代的公社所有制和国家所有制"，"第三种所有制形式是封建的或等级的所有制"。[①] 这里讲的"部落所有制"，从经济结构上看，相当于氏族公社的土地公有制；从社会结构上看，相当于氏族公社开始解体、奴隶制正在出现的农村公社。马克思、恩格斯当时还没有把氏族公社和农村公社分开，他们讲的"部落所有制"虽然相当于西欧由原始社会向奴隶社会转变时期的所有制，但由于他们当时尚未形成科学的原始社会思想，自己没有自觉地意识到这一点，因而将它作为人类社会发展的第一个独立阶段。这里讲的"古典古代的公社所有制和国家所有制"，大体上相当于古希腊和罗马的奴隶制。这里讲的"封建的或等级的所有制"，指的是西欧的封建制度。这三种所有制形式，作为所有制发展的不同阶段，在历史上是按时间先后顺序演

---

① 《马克思恩格斯文集》第1卷，人民出版社2009年版，第521—522页。

进的，而不是在空间上并列的。马克思、恩格斯认为这三种所有制形式是资本主义社会以前的所有制形式，如果再加上资本主义所有制形式和将来代替它的共产主义所有制形式，正好是五种所有制形式。以这五种所有制形式为基础，形成五种社会形态，即部落所有制社会、奴隶社会、封建社会、资本主义社会、共产主义社会。

马克思、恩格斯写于 1847 年 12 月至 1848 年 1 月、发表于 1848 年 2 月的《共产党宣言》，叙述了奴隶社会、封建社会、资本主义社会这三种社会形态的阶级结构和阶级斗争，并且揭示了资本主义社会必然被未来共产主义社会所代替的规律。马克思、恩格斯当时认为"迄今一切社会的历史都是阶级斗争的历史"。就是说，他们当时尚未发现阶级社会以前的无阶级社会。恩格斯在《共产党宣言》1888 年英文版上为这一句话加的一个注说明了这一点。这个注中说："在 1847 年，社会的史前史、成文史以前的社会组织，几乎还没有人知道。后来，哈克斯特豪森发现了俄国的土地公有制，毛勒证明了这种公有制是一切条顿族的历史起源的社会基础，而且人们逐渐发现，农村公社是或者曾经是从印度到爱尔兰的各地社会的原始形态。最后，摩尔根发现了**氏族**的真正本质及其对**部落**的关系，这一卓绝发现把这种原始共产主义社会的内部组织的典型形式揭示出来了。"① 奴隶社会、封建社会、资本主义社会、共产主义社会这四种社会形态，再加上阶级社会以前的原始社会，也正好是五种社会形态。

马克思在发表于 1849 年 4 月的《雇佣劳动与资本》中，第一次以精确的语言表述了他的社会形态划分及其演进阶段的理论。他指出："**生产关系总和起来就构成所谓社会关系，构成所谓社会**，并且是构成一个处于一定历史发展阶段上的社会，具有独特的特征的社会。**古典古代社会、封建社会**和**资产阶级社会**都是这样的生产关系的总和，而

---

① 《马克思恩格斯文集》第 2 卷，人民出版社 2009 年版，第 31 页。

其中每一个生产关系的总和同时又标志着人类历史发展的一个特殊阶段。"①马克思在这里提到的古典古代社会、封建社会、资产阶级社会三种社会形态，再加上古典古代社会以前的原始共产主义社会和代替资产阶级社会的未来共产主义社会，人类历史也恰好依次经历五种社会形态。

马克思在1859年写的《〈政治经济学批判〉序言》中，第一次完整地提出五种社会形态依次演进的序列。他说："大体说来，亚细亚的、古希腊罗马的、封建的和现代资产阶级的生产方式可以看做是经济的社会形态演进的几个时代。"②马克思同时指出，资本主义社会必然被共产主义社会所代替，正好是五种社会形态依次更替。这里的亚细亚的、古希腊罗马的、封建的生产方式，既然是社会形态演进的几个时代，它们在时间上就是有先后顺序的，而不是在空间上同时并列的，不是处于同一社会发展阶段的不同形式。我国理论界有一些人认为，马克思这里所说的亚细亚的、古希腊罗马的、封建的社会形态，是同一社会形态的三种不同形式，这是与马克思的本意相悖的。至于如何理解"亚细亚生产方式"概念的含义及其在社会形态演进序列中的地位，我们将在下面具体论述。

马克思在1867年发表的《资本论》第一卷的一个小注中说："小农经济和独立的手工业生产，一部分构成封建生产方式的基础，一部分在封建生产方式瓦解以后又和资本主义生产并存。同时，它们在原始的东方公有制解体以后，奴隶制真正支配生产以前，还构成古典共同体在其全盛时期的经济基础。"③这里涉及我们通常所说的奴隶社会、封建社会、资本主义社会三种社会形态。这里说的"原始的东方公有制"，相当于《〈政治经济学批判〉序言》中所说的"亚细业生产方式"。

① 《马克思恩格斯文集》第1卷，人民出版社2009年版，第724页。
② 《马克思恩格斯文集》第2卷，人民出版北2009年版，第592页。
③ 《马克思恩格斯文集》第5卷，人民出版社2009年版，第388页。

这样，亚细亚社会、奴隶社会、封建社会、资本主义社会和代替资本主义社会的未来共产主义社会，正好是五种社会形态依次更替。

恩格斯于 1876 年 9 月至 1878 年 7 月写的《反杜林论》，把"奴隶制、农奴制或依附农制、雇佣劳动制"作为阶级社会依次更替的三种社会形态①，再加上奴隶社会以前的那个社会形态和未来共产主义社会，也是五种社会形态依次更替。

1877 年发表的摩尔根的《古代社会》一书，对马克思、恩格斯五种社会形态理论的完善起了极其重要的作用。在《古代社会》一书发表以前，马克思、恩格斯只认识到亚细亚公社、古典古代公社、日耳曼公社不是最原始的形式。但这些公社在历史上是怎样产生出来的，在它们产生出来以前的社会状况如何，他们尚未认识到。因此，马克思在《〈政治经济学批判〉序言》和《资本论》中曾把"亚细亚生产方式"作为人类历史发展的第一阶段。摩尔根的《古代社会》一书，用北美印第安人的情况，说明了古代希腊、罗马的父权制氏族是由母权制氏族发展而来的，亚细亚公社、古典古代公社、日耳曼公社又是分别在它们那里的父权制氏族解体后产生的。这就是说，这些公社是从在它们之前的原始形式解体的过程中产生出来的，这样就科学地确定了它们在人类社会发展序列中的地位，并且把原始社会作为人类社会发展序列的第一个社会形态，取代了以"亚细亚生产方式"为基础的社会，最后完成了五种社会形态划分理论。

恩格斯在 1884 年发表的《家庭、私有制和国家的起源》一书，在总结原始社会解体以后的社会发展阶段时说："随着在文明时代获得最充分发展的奴隶制的出现，就发生了社会分成剥削阶级和被剥削阶级的第一次大分裂。这种分裂继续存在于整个人类文明时期，奴隶制是古希腊罗马时代世界所固有的第一个剥削形式；继之而来的是中世纪

---

① 《马克思恩格斯文集》第 9 卷，人民出版社 2009 年版，第 297 页。

的农奴制和近代的雇佣劳动制。这就是文明时代的三大时期所特有的三大奴役形式"①。原始社会，加上原始社会解体以后的三大阶级社会，再加上未来无阶级的共产主义社会，正好是五种社会形态的依次更替。

通过以上的简要考察和梳理，我们可以清楚地看出，五种社会形态理论是马克思、恩格斯在19世纪40年代提出，而在70年代末至80年代最后完成的，其间经历了艰苦卓绝的理论探索过程。这个理论贯穿在马克思、恩格斯一系列重要的、有代表性的著作之中。我真的难以想象，为什么有些人要否定马克思提出过五种社会形态理论？他们究竟有什么根据？要驳倒马克思提出过五种社会形态理论，就必须把我们上面提出的所有论据一一驳倒，我想这是任何人也做不到的。事实上，否定五种社会形态划分理论的人中，也没有任何人这样认真地考察过马克思、恩格斯的有关论述，并对这些论述是否符合世界历史发展实际进程，作过认真的研究。有些人或者是根据西方某些学者的说法，或者是根据自己的先入之见，甚至是根据自己的好恶，来否定马克思、恩格斯用毕生精力提出和逐步完善的五种会形态划分理论。

二、三种社会形态划分法

三种社会形态划分法是马克思在《1857—1858年经济学手稿》中明确提出的。他说："人的依赖关系（起初完全是自然发生的），是最初的社会形式，在这种形式下，人的生产能力只是在狭小的范围内和孤立的地点上发展着。以**物的**依赖性为基础的人的独立性，是第二大形式，在这种形式下，才形成普遍的社会物质交换、全面的关系、多方面的需要以及全面的能力的体系。建立在个人全面发展和他们共同的、社会的生产能力成为从属于他们的社会财富这一基础上的自由个

---

① 《马克思恩格斯文集》第4卷，人民出版社2009年版，第195页。

性，是第三个阶段。第二个阶段为第三个阶段创造条件。"① 在这里，马克思根据作为社会主体的人的发展状况，把人类历史划分为人的依赖性社会、物的依赖性社会、个人全面发展的社会三种依次更替的社会形态。这三种社会形态是分别由历史上存在的三种宏观的经济运行形式，即自然经济、商品经济、产品经济决定的。以这三种宏观的经济运行形式为基础，形成自然经济社会、商品经济社会、产品经济社会历史上依次更替的三种社会形态。这两个三种社会形态的序列是内在统一的：人的依赖性社会即自然经济社会，物的依赖性社会即商品经济社会，个人全面发展的社会即产品经济社会。所谓三种社会形态划分法，就是指这两个序列的社会发展三大阶段的划分法。关于人的依赖性社会的特点，我们将在第二编论述。下面分别论述物的依赖性社会和个人全面发展的社会各自的特点。

物的依赖性社会的特点：

在物的依赖性社会中，不是人支配物，而是物支配人，物与物的关系成为在人之外、与人相对立并且支配人的异己力量。物的依赖性社会的实质就在于，用物与物之间的关系掩盖人与人之间的社会关系，即资本家与雇佣工人之间的剥削与被剥削关系。具体表现在以下几个方面：

第一，在物的依赖性社会，劳动的客观条件同劳动者相异化，亦即工人所创造的物化劳动同自己的活劳动相异化。这是因为工人创造的产品（物化劳动）不归工人所有，而归资本家所有，并且成为资本家剥削和统治工人的手段。正如马克思所说：在物的依赖性社会，"劳动的客观条件对活劳动具有越来越巨大的独立性……社会财富的越来越巨大的部分作为异己的和统治的权力同劳动相对立"，工人创造的社会财富"不归工人所有，而归人格化的生产条件即资本所有，归巨大

---

① 《马克思恩格斯全集》第 30 卷，人民出版社 1995 年版，第 107—108 页。

的对象［化］的权力所有，这种对象［化］的权力把社会劳动本身当作自身的一个要素而置于同自己相对立的地位"。①

第二，在物的依赖性社会，由于分工和交换的发展所造成的社会关系的物化，商品、货币等社会权力成为在生产者之外、与生产者相对立、不依赖于生产者反而统治生产者的权力。马克思指出："随着生产的社会性的增长，**货币**的权力也按同一程度增长，也就是说，交换关系固定为一种对生产者来说是外在的、不依赖于生产者的权力。最初作为促进生产的手段出现的东西，成了一种对生产者来说是异己的关系。生产者在什么程度上依赖于交换，看来，交换也在什么程度上不依赖于生产者，作为产品的产品和作为交换价值的产品之间的鸿沟也在什么程度上加深。货币没有造成这种对立和矛盾；而是这些矛盾和对立的发展造成了货币的似乎先验的权力。"②

第三，在物的依赖性社会，由于上述两种对立，因而虽然各个个人的生产和交换都是自觉地、有目的地进行的，但对于社会总体来说，生产和交换都呈现为无政府状态。马克思以流通为例指出：流通"这一运动的各个因素虽然产生于个人的自觉意志和特殊目的，然而过程的总体表现为一种自发形成的客观联系；这种联系尽管来自自觉的个人的相互作用，但既不存在于他们的意识之中，作为总体也不受他们支配。他们本身的相互冲突为他们创造了一种凌驾于他们之上的**异己的**社会权力；他们的相互作用表现为不以他们为转移的过程和强制力"③。

第四，在物的依赖性社会，由于人们之间的社会关系的物化，使物质生产活动和社会关系成为统治人的异己力量，所以在这种物质的生产活动和社会关系的基础上所形成的观念，也成了统治人的异己的

---

① 《马克思恩格斯全集》第 31 卷，人民出版社 1998 年版，第 243—244 页。
② 《马克思恩格斯全集》第 30 卷，人民出版社 1995 年版，第 95—96 页。
③ 《马克思恩格斯全集》第 30 卷，人民出版社 1995 年版，第 147—148 页。

精神力量。而观念总是一种抽象，所以观念的统治表现为"抽象的统治"。正如马克思所说，与人的依赖关系相对立的物的依赖关系表现为这样的情形："个人现在受**抽象**统治，而他们以前是互相依赖的。但是，抽象或观念，无非是那些统治个人的物质关系的理论表现。"因为这种抽象或观念的统治，有利于维护和巩固统治阶级的权力，所以"关于这种观念的永恒性即上述物的依赖关系的永恒性的信念，统治阶级自然会千方百计地来加强、扶植和灌输"①。

第五，在物的依赖性社会，科学成为与工人相分离、相对立并且服务于资本的独立力量。劳动者和劳动的客观条件相分离，是资本主义生产方式的特点。在资本主义社会，科学获得了迅速发展，并且在生产上得到广泛应用。科学应用于生产过程，物化为生产工具（机器或机器体系），即物化为固定资本，成为资本家在经济上剥削工人的手段和统治工人的权力，因而科学成了与工人相分离、相对立、相异化并且统治工人的一种手段。正是在这个意义上，马克思说科学成为生产过程的独立因素，即与工人（劳动者）相分离、相对立、相异化的因素。科学成为生产过程的独立因素，属于劳动者和劳动的客观条件相分离的范畴。

个人全面发展的社会的特点：

马克思、恩格斯在《共产党宣言》中曾经讲过："代替那存在着阶级和阶级对立的资产阶级旧社会的，将是这样一个联合体，在那里，每个人的自由发展是一切人自由发展的条件。"②马克思在《资本论》中，把个人全面发展的社会称为"自由人联合体"，并对"自由人联合体"的特点做了概括和说明。他指出：我们"设想有一个自由人联合体，他们用公共的生产资料进行劳动，并且自觉地把他们许多个人劳动力

---

① 《马克思恩格斯全集》第 30 卷，人民出版社 1995 年版，第 114 页。
② 《马克思恩格斯文集》第 2 卷，人民出版社 2009 年版，第 53 页。

当作一个社会劳动力来使用"。"这个联合体的总产品是一个社会产品。这个产品的一部分重新用作生产资料。这一部分依旧是社会的。而另一部分则作为生活资料由联合体成员消费。……这样，劳动时间就会起双重作用。劳动时间的社会的有计划的分配，调节着各种劳动职能同各种需要的适当的比例。另一方面，劳动时间又是计量生产者在共同劳动中个人所占份额的尺度，因而也是计量生产者在共同产品的个人可消费部分中所占份额的尺度。在那里，人们同他们的劳动和劳动产品的社会关系，无论在生产上还是在分配上，都是简单明了的。"①根据马克思这段论述及其他相关论述，我们可以把个人全面发展的社会这种"自由人联合体"的特点概括为以下几个方面：

第一，生产资料归公共所有，即归全体社会成员共同所有，消灭了生产资料私有制和人对人的剥削关系。

第二，消灭了私人劳动和社会劳动的矛盾，所有个人组成的联合体劳动的总产品就是社会产品，归共同体全体成员所有。联合体的总产品分为两部分：一部分重新用作生产资料，这部分依旧是全社会的；另一部分作为生活资料供联合体成员个人消费。

第三，个人消费品的分配在不同阶段采取不同的方式。根据马克思在《哥达纲领批判》中的论述，可以把个人全面发展的社会分为两个阶段：在第一阶段采取"各尽所能，按劳分配"的方式，即个人消费品的分配以劳动时间为尺度，个人根据其为联合体提供的劳动时间的数量占有消费品的相关部分；在高级阶段，在物质财富极大丰富的前提下，采取"各尽所能，按需分配"的方式。

第四，消除了使用价值和价值之间的矛盾，生产的目的是使用价值，而不再是价值和剩余价值，从而也消灭了商品货币关系，消灭了商品市场。

---

① 《马克思恩格斯全集》第44卷，人民出版社2001年版，第96—97页。

第五，社会有计划地分配劳动时间，调节劳动职能和各种需要的适当的比例，消灭了社会生产的无政府状态。

第六，消灭了必要劳动和剩余劳动的划分以及资本家无偿占有工人剩余劳动的现象，从而也就摆脱了一部分人的财富积累以另一部分人的贫困积累为条件的现象，直接生产过程摆脱了贫困和对立的形式。

第七，消灭了自由劳动时间和剩余劳动时间的对立，每个人的发展成了一切人的发展的条件。马克思在揭露资本主义社会自由时间和剩余时间的对立时指出："不劳动的社会部分的**自由时间**是以**剩余劳动**或**过度劳动**为基础的，是以劳动的那部分人的**剩余劳动时间**为基础的；一方面的自由发展是以工人必须把他们的全部时间，从而他们发展的空间完全用于生产一定的使用价值为基础的；一方面的人的能力的发展是以另一方面的发展受到限制为基础的。迄今为止的一切文明和社会发展都是以这种对抗为基础的。"① 在个人全面发展的社会，消除了这种对抗的性质，个人的发展不仅不再妨碍其他人的发展，而且为其他人的发展创造了条件。

第八，改变了衡量财富的尺度。在物的依赖性社会即资本主义社会，劳动时间是财富的尺度。而在个人全面发展的社会，财富的尺度不再是劳动时间，而是可以自由支配的时间，社会的个人的需要将成为必要劳动时间的尺度，生产将以所有的人的富裕为目的，社会生产力的发展将更加迅速，可以自由支配的时间将会大大增加，因而所有的人都将得到自由而全面的发展。正如马克思所说："个性得到自由发展，因此，并不是为了获得剩余劳动而缩减必要劳动时间，而是直接把社会必要劳动缩减到最低限度，那时，与此相适应，由于给所有的人腾出了时间和创造了手段，个人会在艺术、科学等等方面得到发

---

① 《马克思恩格斯全集》第32卷，人民出版社1998年版，第214页。

展。"①在个人全面发展的社会，由于生产力的发展和社会财富的增加，个人在物质生产领域也获得了自由。马克思指出，在物质生产领域内的自由是"社会化的人，联合起来的生产者，将合理地调节他们和自然之间的物质变换，把它置于他们的共同控制之下，而不让它作为一种盲目的力量来统治自己；靠消耗最小的力量，在最无愧于和最适合于他们的人类本性的条件下来进行这种物质变换"②。当个人在物质生产领域和其他一切社会活动领域都获得了自由的时候，就实现了从必然王国向自由王国的飞跃。

三、五种社会形态划分法和三种社会形态划分法的关系

五种社会形态划分法和三种社会形态划分法是既相区别又内在统一的。二者的区别主要表现在以下几个方面：

第一，五种社会形态划分法是以生产关系的性质为标准把人类历史划分为五种不同的社会形态，而三种社会形态划分法则是以劳动者和劳动的客观条件的关系为标准把人类历史划分为三种不同的社会形态。劳动者和劳动的客观条件在较低的形式上结合在一起的社会，是人的依赖性社会或自然经济社会；劳动者和劳动的客观条件相分离的社会，是物的依赖性社会或商品经济社会；劳动者和劳动的客观条件在更高的形式上结合在一起的社会，是个人全面发展的社会或产品经济社会。五种社会形态划分法不能直接说明劳动者与劳动的客观条件之间的这种关系。

第二，三种社会形态划分法根据个人与共同体的关系的变化说明三大社会形态的依次更替。在人的依赖性社会或自然经济社会，共同体

---

① 《马克思恩格斯全集》第 31 卷，人民出版社 1998 年版，第 101 页。
② 《马克思恩格斯全集》第 46 卷，人民出版社 2003 年版，第 928—929 页。

分为两种情况：一种是原始共同体，包括氏族公社、农村公社、家长制大家庭等；另一种是原始共同体解体后产生的派生的共同体，如手工业行会、商业行会、各种会所等。每个人都生活在一定的共同体之中，是共同体的一员，受共同体的束缚，离开共同体便无法生存。在物的依赖性社会或商品经济社会，上述各种共同体都已经解体，个人摆脱了对共同体的依赖，不再受共同体的约束，表面上好像是获得了自由，但这种自由不是真实的，而是虚假的，因为他们又陷入了对阶级、国家等虚假的共同体的依赖，受这种虚假的共同体的统治。在个人全面发展的社会或产品经济社会，人们建立了"自由人联合体"这种真实的共同体，在这种真实的共同体中，每个人的发展成了一切人发展的条件，个人获得了真正的自由，能够全面发展自己的天赋和才能。五种社会形态划分法是不能直接说明个人与共同体之间的这种关系的。

第三，三种社会形态划分法把财富的尺度作为区分不同的社会形态的依据之一，这一点上面已经讲过，不再重复。这是五种社会形态划分法所没有涉及的。

第四，三种社会形态划分法的重点在于具体考察和分析物的依赖性社会或商品经济社会的形成、特点、本质及其发展规律和必然导致自身灭亡的过程，揭示了物与物之间的关系所掩盖的人与人之间的社会关系和商品经济的拜物教性质。马克思在《资本论》及其手稿中，考察和分析了商品生产中私人劳动和社会劳动之间的矛盾、商品的使用价值和交换价值之间的矛盾、生产商品的抽象劳动和具体劳动之间的矛盾，揭示了由商品到货币再到资本的转化，以及剩余价值转化为利润、剩余价值率转化为利润率、利润转化为平均利润、利润率转化为平均利润率的内在联系，并且通过将利润分割为产业利润、商业利润、地租和利息，以及资本—利润、土地—地租、劳动—工资三位一体的总公式，深刻地揭示出资本主义社会在物与物和人与物的表面的关系下掩盖着的人与人之间的社会生产关系，即资本家与雇佣工人间的剥削与被剥削关系，以及资本家对工人的剥削程度，从而深刻地说明了资本主义商品经济的不合理性和对工人剥削的残酷性，揭示出物的依赖关系或商品经济的拜物教性质，论证了资本主义的内在矛盾必然导致它自身扬弃自身、自身消灭自身。这个特点是五种社会形态划分法不能直接说明的。

第五，三种社会形态法分法把榨取劳动的不同形式，作为区分原始共同体解体后产生的三大文明形式的依据。这三大文明形式是指五种社会形态划分法中的奴隶社会、封建社会和资本主义社会。马克思在《资本论》第一卷中指出："使各种经济的社会形态例如奴隶社会和雇佣劳动的社会区别开来的，只是从直接生产者身上，劳动者身上，榨取这种剩余劳动的形式。"[1] 马克思在《资本论》第三卷中又说："资本的文明面之一，它榨取这种剩余劳动的方式和条件，同以前的奴隶制、农奴制等形式相比，都更有利于生产力的发展，有利于社会关系的发展，有利于更高级的新形态的各种要素的创造。"[2] 三种社会形态划分理论的这个特点，是以生产关系的性质为标准划分不同社会形态的五种社会形态划分法不能直接显示出来的。

在注意到三种社会形态划分法与五种社会形态划分法的区别的同时，也不要把这两种划分法对立起来。这两种划分法都是马克思提出来的，二者在说明人类历史发展全过程中的作用是互补的，而不是互相矛盾、互相对立的。三种社会形态划分法与五种社会形态划分法在本质上是一致的。这种一致性主要表现在以下几个方面：

第一，三种社会形态划分法和五种社会形态划分法所划分开来的社会形态，都属于经济的社会形态。所谓经济的社会形态，是指以生

---

① 《马克思恩格斯全集》第 44 卷，人民出版社 2001 年版，第 251 页。
② 《马克思恩格斯全集》第 46 卷，人民出版社 2003 年版，第 927—928 页。

产关系或经济形式为标准划分的社会形态。在通常情况下，社会形态概念与经济的社会形态概念，含义是相同的，社会形态概念可以看作是经济的社会形态概念的简称。20世纪80年代以来，由于又出现了技术社会形态概念，所以人们又往往把经济的社会形态概念作为与技术的社会形态概念相对应的概念使用，以说明经济的社会形态与技术社会形态的区别。五种社会形态划分法的根据是生产关系的不同性质，生产关系属于经济关系，以经济关系性质的不同划分的社会形态，当然属于经济的社会形态。三种社会形态划分法的根据是人的发展状况，而人的发展状况的不同，又是由宏观的经济运行形式和劳动者与劳动的客观条件的关系的不同决定的。而宏观的经济运行形式和劳动者与劳动的客观条件的关系都属于经济形式或经济关系，以它们为标准划分的社会形态，当然也属于经济的社会形态。特别是劳动者与劳动的客观条件相结合的社会形式，就是生产资料所有制形式，而生产资料所有制形式是生产关系中最重要的内容。所以，以劳动者与劳动的客观条件的关系的不同为标准划分不同的社会形态和以生产关系的不同性质为标准划分不同的社会形态，本质上是一致的。

第二,三种社会形态划分法和五种社会形态划分法在说明人类历史由公有制社会到私有制社会再到更高发展程度的公有制社会的演变过程方面是一致的。三种社会形态划分法的人的依赖性关系中的原始共同体是公有制社会，原始共同体解体以后产生的奴隶社会和封建社会是私有制社会，物的依赖性社会或商品经济社会也是私有制社会；个人全面发展的社会是更高发展程度上的公有制社会。五种社会形态划分法中的原始社会是公有制社会，奴隶社会、封建社会、资本主义社会是私有制社会，共产主义社会（社会主义社会是它的第一阶段）是更高发展程度上的公有制社会。我国社会主义初级阶段的基本经济制度，是以公有制为主体、多种所有制经济共同发展的经济制度，但马克思、恩格斯设想的未来社会主义社会和共产主义社会是全社会共同占有生产资料的公有制社会，我们这里讲的是马克思、恩格斯的社会形态划分法，所以以他们对未来社会主义社会和共产主义社会的所有制形式的设想为依据。

第三，三种社会形态划分法和五种社会形态划分法在说明人类历史由无阶级社会到阶级社会再到更高发展程度上的无阶级社会的发展过程方面是一致的。三种社会形态划分理论中的人的依赖性社会或自然经济社会中的原始共同体是无阶级社会；原始共同体解体后产生的奴隶社会和封建社会是阶级社会，物的依赖性社会或商品经济社会也是阶级社会；个人全面发展的社会或产品经济社会是更高发展程度上的无阶级社会。五种社会形态划分法中的原始社会是无阶级社会，奴隶社会、封建社会、资本主义社会这三个社会形态都是阶级社会，共产主义社会（社会主义社会是它的第一阶段）是更高发展程度上的无阶级社会。应该说明，我国的社会主义初级阶段，仍然存在着阶级划分，但马克思、恩格斯所设想的发达的社会主义社会，是无阶级社会，我们这里讲的是马克思、恩格斯提出的社会形态划分理论，所以以他们对未来社会主义社会和共产主义社会的设想为依据。

第四，三种社会形态划分法实际上是五种社会形态划分法在某种程度上的归纳和概括，如果把这种归纳和概括分解开来，实际上就成为五种社会形态划分法。三种社会形态划分法中的人的依赖性社会或自然经济社会，是以劳动者和劳动的客观条件相结合为基础的社会，这个社会又可以划分为三个发展阶段。第一阶段是五种社会形态划分法中的原始社会，第二阶段是五种社会形态划分法中的奴隶社会，第三阶段是五种社会形态划分法中的封建社会。原始社会的人都生活在氏族、胞族、部落、家长制大家庭的共同体中，劳动的客观条件都属于这些共同体所有，共同体中的每个成员都是劳动的客观条件的所有者，都是与劳动的客观条件结合在一起的，把原始社会归属于劳动者和劳动的客观条件相结合的社会是容易理解的，而把奴隶社会和封建社会也归属于劳动者和劳动的客观条件相结合的社会，就有些不太容易理解。马克思似乎预感到了这一点，所以他在《资本论》及其手稿中，对这一点作了说明。他指出：在奴隶制和农奴制关系中，劳动者和劳动的客观条件仍然没有分离，"而是社会的一部分被社会的另一部分当作只是再生产的**无机自然**条件来对待。奴隶同他的劳动的客观条件没有任何关系；而**劳动**本身，无论是奴隶形式的，还是农奴形式的，都**被作为**生产的**无机条件**与其他自然物列为一类，即与牲畜并列，或者是土地的附属物"①。直白一点说，在奴隶社会和封建社会，奴隶主和封建主（或农奴主）并没有把奴隶和农奴当作人看待，而是把他们当作与牲畜和土地一样的劳动的客观条件看待，所以他们也是和劳动的客观条件结合在一起的。马克思把人的依赖性社会或自然经济社会划分为原始社会、奴隶社会、封建社会三个依次更替的社会形态，这三个依次更替的社会形态再加上资本主义社会和共产主义社会，正好是依次更替的五种社会形态。这正好说明了三种社会形态划分法与五种社会形态划分法本质上是一致的。

既然五种社会形态划分法和三种社会形态划分法都是马克思提出来的，二者在说明历史发展过程的作用上是互补的，而不是互相矛盾、互相排斥的，那么我们就不能用一种划分法取代另一种划分法。我国理论界有些人在对待二者的态度上厚此薄彼、舍此趋彼。有人认为，马克思只提出过三种社会形态划分法，从来没有提出过五种社会形态划分法，五种社会形态划分法是斯大林提出来的，以此否定五种社会形态划分法。与此相反，又有人认为，只有五种社会形态划分法才是科学的，三种社会形态划分法不具有科学性，应该否定和放弃。这两种看法都失之偏颇和片面。

---

① 《马克思恩格斯文集》第 30 卷，人民出版社 1995 年版，第 481 页。

四、技术社会形态划分法

　　五种社会形态和三种社会形态都是直接或间接以生产关系性质为标准划分的，因而都属于经济的社会形态范畴。除此之外，我们还可以生产力和技术发展水平以及与之相适应的产业结构为标准来划分社会发展阶段或社会类型。这样划分出来的社会形态，我们称为技术社会形态。换句话说，技术社会形态就是以生产力和技术发展水平以及与之相适应的产业结构为标准划分的社会形态。人类社会从古至今依次经历的石器时代、铜器时代、铁器时代、蒸汽时代、电气时代、电子时代等，就是对技术社会形态的划分。我们还可以从另外一个角度来考察这几个时代。在石器时代，人们靠捕鱼狩猎为生，主要的产业是渔业和狩猎业，因而可以把这个时代称为渔猎社会。在铜器时代和铁器时代，农耕有了很大的发展，农业在产业结构中占了主导地位，因而可以称之为农业社会。在蒸汽时代和电气时代，机器大工业有了很大发展，工业在产业结构中占了主导地位，因而可以称之为工业社会。在电子时代，信息技术和信息产业在技术体系和产业结构中占了主导地位，因而可以称之为信息社会。这样，人类历史从古至今就有了一个技术社会形态的序列：渔猎社会——农业社会——工业社会——信息社会。

　　技术社会形态这个概念在马克思、恩格斯的著作中是有理论渊源的。马克思在1857年8月写的《〈政治经济学批判〉导言》中曾使用"游牧民族"、"渔猎民族"、"农业民族"、"商业民族"等概念[①]，包含渔猎社会、农业社会、工业社会（或商业社会）划分的思想。马克思在《1857—1858年经济学手稿》中，引了詹·斯图亚特《政治经济学

---

① 《马克思恩格斯文集》第8卷，人民出版社2009年版，第31—32页。

原理研究》中的一段话，其中谈到了"非工业国"概念。而"非工业国"即处于"非工业社会"或"前工业社会"的国家。马克思在詹·斯图亚特这句话的后面，紧接着谈到了"工业社会"这个概念，这里也包含了渔猎社会、农业社会、工业社会划分的思想。[①] 恩格斯在1882年9月23日致马克思的信中说："我们理解的'资产阶级社会'是指资产阶级、中等阶级、工业和商业资本家阶级在社会和政治方面是统治阶级的社会发展阶段；现在欧洲和美洲的所有文明国家在某种程度上就是处于这种阶段。因此，我们建议用'资产阶级社会'和'工业和商业社会'这样的说法来表示同一个社会发展阶段，虽然前一种说法更多地是指这样一个事实，即资产阶级是统治阶级"，"而'商业和工业社会'这个说法更多地是专门指这个社会历史阶段所特有的生产和分配方式"。[②] 这里的"资产阶级社会"，相当于经济的社会形态中的资本主义社会；而"工业和商业社会"则接近于技术社会形态序列中的工业社会。恩格斯在1884年写的《家庭、私有制和国家的起源》一书中，介绍了摩尔根把人类历史划分为蒙昧时代、野蛮时代和文明时代三个时代，并分别介绍了他所说的三个时代各自的基本特征，然后总结说："我在这里根据摩尔根的著作描绘的这幅人类经过蒙昧时代和野蛮时代达到文明时代的开端的发展图景，已经包含足够多的新特征了，而尤其重要的是，这些特征都是不可争辩的，因为它们是直接从生产中得来的。……现在我们可以把摩尔根的分期概括如下：蒙昧时代是以获取现成的天然产物为主的时期；人工产品主要是用做获取天然产物的辅助工具。野蛮时代是学会畜牧和农耕的时期，是学会靠人的活动来增加天然产物生产的方法的时期。文明时代时是学会对天然产物进一步加工的时期，是真正的工业和艺术的时期。"[③] 恩格斯对摩

---

① 《马克思恩格斯全集》第30卷，人民出版社1995年版，第143页。

② 《马克思恩格斯全集》第28卷，人民出版社1973年版，第139—140页。

③ 《马克思恩格斯文集》第4卷，人民出版社2009年版，第38页。

尔根对历史时期的划分是表示赞同的。这里体现的正是技术社会形态划分的思想。

关于"工业社会"这个概念，美国哈佛大学教授丹尼尔·贝尔作了说明。他认为马克思的生产方式概念包括两个方面的内容：第一方面是生产的社会关系；第二方面是生产力和生产技术（机器）。他说："雷蒙德·阿伦极大地发展了的工业社会的理论，正是从马克思关于生产方式的第二个方面开始的。"[1]他进一步指出："如果我们把资本主义这个词限制在社会关系方面而把工业这个词限制在技术方面的话，那么我们可以通过分析看到不同的序列如何显示出来。在这个意义上可以有社会主义的后工业社会，也可以有资本主义的后工业社会，正如苏联和美国，虽然按照所有制的中轴来看两者是不同的，但是双方又同是工业社会。"[2]贝尔说的"后工业社会"就是我们通常所说的信息社会。这样在我们面前就有了两个社会形态的序列：一个是以生产关系性质为标志的经济的社会形态的序列，即原始社会——奴隶社会——封建社会——资本主义社会——共产主义社会；另一个是以生产力和技术发展水平以及与之相适应的产业结构为标志的技术社会形态的序列，即渔猎社会——农业社会——工业社会——信息社会。

"技术社会形态"这个概念，虽然具有理论渊源，但毕竟是原来的历史唯物主义体系中所没有的新概念。在历史唯物主义体系中补充技术社会形态概念，是时代的要求，是实践发展的需要，具有重大的理论意义和现实意义。20世纪以来，世界历史上有两次重大变化，都可以用经济社会形态和技术社会形态的相互关系的理论作出很好的说明。

第一个重大变化是列宁领导的十月社会主义革命开辟了人类历史

---

① 丹尼尔·贝尔：《后工业社会的来临——对社会预测的一项探索》，高铦等译，商务印书馆1984年版，第51页。

② 丹尼尔·贝尔：《后工业社会的来临——对社会预测的一项探索》，高铦等译，商务印书馆1984年版，第131页。

的新纪元，一系列生产力落后、经济文化不发达的国家相继取得了社会主义革命的胜利，走上社会主义道路，而生产力先进、经济文化发达的国家却仍然停留在资本主义发展阶段，出现了经济社会形态与技术社会形态不相吻合的实际情况。苏联解体、东欧剧变虽然改变了原来的国际结构，但不能因此而否认曾经发生过十月革命，存在过苏联、东欧等社会主义国家，也不能否认它们对世界历史发生的重大影响。

历史唯物主义认为，生产力决定生产关系，因而以生产力和技术发展水平以及与之相适应的产业结构为基本标志的技术社会形态，是以生产关系性质为基本标志的经济的社会形态的物质技术基础。这是经济社会形态与技术社会形态相吻合的一面。以中国古代史为例，石器时代是原始社会，青铜器时代是奴隶社会，铁器时代是封建社会。马克思主义经典作家也曾经从经济的社会形态与技术社会形态相吻合的角度划分社会发展阶段。马克思在《哲学的贫困》一书中说："手推磨产生的是封建主的社会，蒸汽磨产生的是工业资本家的社会。"[①]列宁十分赞同克尔日扎诺夫斯基的小册子《俄国电气化的基本任务》中所用的题词："蒸汽时代是资产阶级的时代，电的时代是社会主义的时代。"[②]

历史唯物主义又认为，不能把生产力对生产关系的决定作用绝对化。生产关系除受生产力的发展水平决定之外，还受其他多种社会因素的制约和影响。一种原有的生产关系能否被新的生产关系所取代，虽然归根结底是由生产力的发展变化决定的，但同时还受生产力和生产关系、经济基础和上层建筑之间矛盾激化程度的制约和影响。在阶级社会里，受阶级矛盾、阶级斗争、阶级力量对比状况的制约和影响，受这个国家所处时代的国际环境的制约和影响，受由于上述种种情况

---

① 《马克思恩格斯文集》第 1 卷，人民出版社 2009 年版，第 602 页。
② 《列宁全集》第 38 卷，人民出版社 1986 年版，第 117 页。

所造成的生产关系容纳生产力发展程度的伸缩性的制约和影响，于是出现了经济的社会形态与技术社会形态不相吻合的情况。这种情况，在一系列生产力落后、经济文化不发达的国家走上社会主义道路以后，表现得尤为明显。在当代世界范围内，我们可以看到这样一种错综复杂的图景：在相同的生产力和技术发展水平的条件下，即在相同的技术社会形态的基础上，不同国家生产关系的性质可能是不同的，因而可能形成不同的经济的社会形态，如苏联和美国、中国和印度，就属于这种情况；在不同的生产力和技术发展水平的条件下，即在不同的技术社会形态的基础上，不同国家的生产关系的性质又可能是相同的，因而可能形成相同的经济的社会形态，如经济发达的资本主义国家和经济不发达的资本主义国家就属于这种情况；生产力和技术发展水平较高的国家，即技术社会形态较高的国家，其经济的社会形态可能处于较低的阶段，而生产力和技术发展水平较低的国家，即技术社会形态较低的国家，在特定的社会历史条件下，其经济的社会形态又可能处于较高的阶段，如当今中国生产力和技术的发展水平与西欧、北美诸国，以及日本等发达国家相比，还有一定的差距（中国的经济总量虽已位居世界第二位，但按人口平均却仍居于世界后位），但这些发达国家仍然停留在资本主义发展阶段，中国却已经进入了社会主义初级阶段。

　　20世纪世界历史上发生的第二个重大变化是，由于以微电子技术为主导的世界新技术革命的发展，到20世纪五六十年代，资本主义工业化已经发展到了尽头，它被一个新的发展阶段所取代。人们赋予这个发展阶段以不同的名称："后工业社会"、"后经济社会"、"后文明社会"、"后资产阶级社会"、"超工业社会"、"技术电子社会"、"程序化社会"、"富裕社会"、"新工业社会"、"统一工业社会"、"互联网社会"，等等。我认为，从更广大的范围和更普遍的意义上来说，将代替工业社会的新的技术社会形态称为"智能社会"可能更确切些。因为"智能社会"这个概念，反映了这次世界新技术革命的本质特征是知识智力革命，反映了"知识密集型产业"代替"劳动密集型产业"在产业结构中居于主导地位这一根本转变，反映了知识智力因素和智能技术在社会生产和社会生活中的作用日益增长的实际情况。"智能社会"在其发展的过程中，又可以划分为若干发展阶段，如"信息社会"、"生物社会"等。20 世纪 70 年代以后，在经济发达的国家里，信息技术和信息产业已经在技术体系和产业结构中居于主导地位，从这个意义上可以说，它们已经进入了"信息社会"。现在我国已经处于中等发达国家水平，信息技术和信息产业在技术体系和产业结构中也占有重要地位，可以说也基本上进入了"信息社会"。在 20 世纪末，国内外理论界都有学者认为，21 世纪人类将进入"生物社会"。我认为，如果在什么时候生物技术和生物产业确实在技术体系和产业结构中占了主导地位，那么就可以说那时进入了"生物社会"。不过就目前来说，从技术社会形态的角度来看，经济发达的国家和经济比较发达的国家还是仍然处在"信息社会"阶段。

从上面的论述可以清楚地看出，技术社会形态划分法和技术社会形态序列的划分，从一个侧面反映了人类历史发展的过程，在马克思、恩格斯的著作中有着充分的理论渊源，信息社会作为技术社会形态序列发展的一个阶段，反映了信息技术和信息产业在当代技术体系和产业结构中所占的主导地位。无论从人类发展的历史来看，还是从现代科学技术发展的实际情况来看，在历史唯物主义体系中补充技术社会形态这个概念和技术社会形态划分法的条件都已经成熟。早在 1985 年，我就在《经济社会形态和技术社会形态》①这篇论文中，提出了历史唯物主义体系中应该补充技术社会形态概念的倡议。1987 年我又在《唯物史观的核心与当代现实》和《新技术革命与唯物史观的发展》两

---

① 赵家祥：《经济社会形态和技术社会形态》，《光明日报》1985 年 3 月 11 日。

部著作中，论述了技术社会形态划分法。[①] 此后又在《历史唯物主义原理（新编本）》《历史唯物主义教程》《马克思主义哲学原理》《马克思主义基本原理概论》等教材中，讲了技术社会形态概念和技术社会形态划分法。[②] 但令人遗憾的是，我国出版的许多马克思主义哲学教材和历史唯物主义教材，包括一些最近出版的很有权威的马克思主义哲学教材，至今仍然没有写进技术社会形态这个概念和技术社会形态划分法，这也从一个侧面反映了我国理论研究和教学实际不能及时吸收理论研究的新成果这种状况。近几十年来，"农业社会"、"工业社会"、"信息社会"这些概念，在我国已经成为使用频率极高、人们耳熟能详的概念，但在马克思主义理论体系中，却没有给它们一个适当的位置。我在这里再次呼吁，马克思主义哲学教科书应该补充技术社会形态这个概念和技术社会形态划分法，在马克思主义理论体系中缺少技术社会形态这个概念和技术社会形态划分法的状况再也不能延续下去了。

[①] 赵家祥：《唯物史观的核心与当代现实》，天津人民出版社 1987 年版，第 396—404 页；赵家祥、梁树发：《新技术革命与唯物史观的发展》，河北人民出版社 1987 年版，第 62—96 页。

[②] 赵家祥等主编：《历史唯物主义原理（新编本）》，北京大学出版社 1992 年版，第 426—433 页；赵家祥等主编：《历史唯物主义教程》，北京大学出版社 1999 年版，第 450—457 页；赵家祥主编：《马克思主义哲学原理》，经济科学出版社 1999 年版，第 175—176 页；卫兴华、赵家祥主编：《马克思主义基本原理概论》，北京大学出版社 2008 年版，第 148—149 页；卫兴华、赵家祥主编：《马克思主义基本原理概论》，北京大学出版社 2015 年版，第 136 页。

第二章
人的活动的目的性和社会发展的规律性

　　人的活动的目的性和社会发展的规律性之间的关系问题，是历史唯物主义的重要内容。但人们对这个问题的理解，却存在着不少模糊不清甚至错误的地方。因此，准确阐释人的活动的目的性和社会发展的规律性之间的关系，消除在这个问题上模糊不清的和错误的认识，就成为十分重要的任务。

一、"社会发展合规律性与合目的性的统一"是一个不科学的命题

　　恩格斯在《路德维希·费尔巴哈与德国古典哲学的终结》一书中说："社会发展史却有一点是和自然发展史根本不同的。在自然界中（如果我们把人对自然界的反作用撇开不谈）全是没有意识的、盲目的动力，这些动力彼此发生作用，而一般规律就表现在这些动力的相互作用中。在所发生的任何事情中，无论在外表上看得出的无数表面的偶然性中，或者在可以证实这些偶然性内部的规律性的最终结果中，都没有任何事情是作为预期的自觉的目的发生的。相反，在社会历史领域内进行活动的，是具有意识的、经过思虑或凭激情行动的、追求某种目的的人；任何事件的发生都不是没有自觉的意图，没有预期的目的的。但是，不管这个差别对历史研究，尤其是对各个时代和各个事变的历史研究如何重要，它丝毫不能改变这样一个事实：历史进程是受内在的一般规律支配的。因为在这一领域内，尽管各个人都有自

觉预期的目的，总的说来在表面上好像也是偶然性在支配着。人们所预期的东西很少如愿以偿，许多预期的目的在大多数场合都互相干扰，彼此冲突，或者是这些目的本身一开始就是实现不了的，或者是缺乏实现的手段的。这样，无数的单个愿望和单个行动的冲突，在历史领域内造成了一种同没有意识的自然界中占统治地位的状况完全相似的状况。行动的目的是预期的，但是行动实际产生的结果并不是预期的，或者这种结果起初似乎还是和预期的目的相符合，而到了最后却完全不是预期的结果。这样，历史事件似乎总的说来同样是由偶然性支配着的。但是，在表面上是偶然性在起作用的地方，这种偶然性始终是受内部的隐蔽着的规律支配的，而问题只是在于发现这些规律。"① 恩格斯这段话的意思是说，虽然人的活动是有意识、有目的的，但这种有意识、有目的的活动所造成的结果是不以人的意志和目的为转移的。人类历史的发展虽然与自然界的发展有区别，但人类历史的发展却又与自然界的发展相类似，也具有不依人的主观意志为转移的客观规律性，人类历史的发展是一种自然历史过程。人的活动是有目的的，社会的发展又具有不依人的目的为转移的客观规律性，这是对人的活动的目的性和社会发展的规律性之间的关系最准确的概括。

但是，在我国理论界，长期以来，很多人没有正确理解恩格斯关于人的活动的目的性和社会发展的规律性之间的关系。直到目前为止，在历史唯物主义领域内，仍然普遍流行着这样一个命题："社会发展合规律性与合目的性的统一"。这个命题是人们论述历史发展过程时经常使用的一个命题。不仅非马克思主义者使用这个命题，而且马克思主义者也使用这个命题，这个命题也是历史唯物主义教科书和马克思主义哲学原理教科书中经常出现的命题。但若仔细推敲这个命题，就不难发现，这个命题是不科学的，甚至可以说是一个历史唯心主义的命

---

① 《马克思恩格斯文集》第 4 卷，人民出版社 2009 年版，第 301—302 页。

题。但由于这个命题在哲学史上早已被广泛使用，所以很多人、包括我自己在内，就不假思索地在历史唯物主义教科书和马克思主义哲学原理教科书以及许多论文中，多次使用过这个命题。例如，在我主编的《历史唯物主义教程》中，第十九章第二节的标题用的就是"社会发展合规律性与合目的性的统一"这个命题。把这个不科学的命题当作历史唯物主义的命题加以使用所造成的不良影响，我应当承担一定的责任。剖析这个命题的不科学之处，肃清这个命题产生的不良影响，也是纠正我自己在这个问题上曾经有过的失误。

我在《历史唯物主义教程》中对这个命题是这样论述的："社会形态是客观的、物质的，其发展具有合规律性的一面；社会规律是在人的有意识、有目的的实践活动中形成和实现的，社会形态的发展又具有合目的性的一面。在社会形态发展合规律性与合目的性的关系问题上，要注意防止和克服两种片面倾向。一种是片面强调社会发展的客观性与合规律性、忽视社会发展的主体性与合目的性的倾向，从而使马克思、恩格斯创立的本来不具有机械决定论和宿命论性质的历史唯物主义带上了浓厚的机械决定论和宿命论的色彩；另一种是片面强调社会发展的主体性与合目的性、忽视或有意无意地否认社会发展的客观性与合规律性，从而使马克思、恩格斯创立的本来是与唯意志论和历史唯心主义根本对立的历史唯物主义，程度不同地带上了唯意志论和历史唯心主义的色彩。事实上，历史唯物主义的创始人是既讲了历史发展过程中的客观性与合规律性，又讲了历史发展过程中的主体性与合目的性，并且把二者有机地结合在一起的。"[1] 这里的"社会形态的发展"与"社会发展"，是在同等意义上使用的。从这段话可以看出，我使用的"社会发展合规律性与合目的性的统一"这个命题，表达的并不是我所要表达的本来意义。

---

[1]　赵家祥等主编：《历史唯物主义教程》，北京大学出版社 1999 年版，第 461—462 页。

首先，"社会发展合规律性"这个判断是不科学的。我用这个判断的本意是想说"社会发展是有规律的"。但这个判断的语义并不是说社会发展本身有规律，而是说社会及其发展之先或之外存在着所谓的规律，等待着或让社会的发展去遵循它、符合它、实现它。这样就把社会和社会发展与它的发展规律完全隔离开来了。同样，"社会发展合目的性"这个判断也是不科学的。我用这个判断的本意是想说"人的活动是有目的的"，但这个判断的语义并不是说人的活动是有目的的，而是说社会及其发展之外存在着某种目的，等待着或让社会发展去符合或实现这个目的。这个判断不仅没有表达出"人的活动是有目的的"这个意思，反而是表达了一种历史发展的唯心主义目的论。按照我想要表达的本意，应该把"社会发展合规律性与合目的性的统一"这个命题，修改为"人的活动是有目的的，社会发展是有规律的"。

其次，这个命题不仅没有表达出我所要表达的本意，而且不自觉地表达了一种错误的历史观点。"社会发展合规律性与合目的性的统一"这个命题，按其语义来说，是指社会发展的规律性与人的活动的目的性是一致的。但是，我们知道，在历史发展中，每个人的活动都确实是有目的的，但无数个人有目的的活动相互作用所形成的社会结果，却与任何个人的目的都不完全一致，甚至完全不一致，社会发展具有不以任何人的意志和目的为转移的客观规律性。认为社会发展的规律性与人的活动的目的性是一致的观点，是一种历史唯心主义观点。

在我与聂锦芳、张立波合著的《马克思主义哲学教程》中，把"社会发展合规律性与合目的性的统一"这个命题，改为"人的活动的合目的性和合规律性"，并对改变后的这个命题作了如下的说明："唯心主义哲学家所讲的历史发展的合规律性、合目的性，与历史唯物主义讲的人的活动的合规律性、合目的性是两个完全不同的问题。前者要解决的是历史的必然性、进步性与人的自由意志的关系问题，是从人类历史总体、从历时性来说的。例如，在维科、康德、黑格尔那里就是如此。在他们看来，特殊的个人的活动往往是不合目的的，他们追求自己的特殊目的的活动只不过是神、自然或理性实现自己的无限目的的工具。因此，在他们看来，社会历史过程是合规律性与合目的性的统一。历史唯物主义的出发点是'现实的人'和'物质生产'，马克思、恩格斯不是抽象谈论'社会'和'历史'，他们眼中的历史指的是处于一定性质的社会、一定生产方式之中的人的活动。因而，在他们那里，合规律性与合目的性是人的有意识、有目的的活动区别于动物的本能活动的特性，社会历史发展根本不存在合规律性、合目的性的问题。"① 这里虽然指出了"社会历史过程是合规律性与合目的性的统一"这个命题，是历史唯心主义的命题，并且指出了在历史唯物主义看来，"社会历史发展根本不存在合规律性、合目的性的问题"。这在一定程度上纠正了《历史唯物主义教程》中的不当之处。但"人的活动的合目的性和合规律性"这个命题依然是不科学的，因为"人的活动合目的性"这个判断，前面已经说过，在语义上表达的是一种历史发展的唯心主义目的论观点。而"人的活动合规律性"这个判断，也是不科学的，因为人的活动既可能符合社会发展的规律，也可能违背社会发展的规律，不是人的全部活动都符合社会发展的规律。另外，如上所述，"人的活动合规律性"这个判断，还可能造成一种误解，认为人的活动和社会发展规律是彼此分离的，社会发展规律在人的活动之先和之外独立存在着，等着人的活动去遵循它、符合它、实现它。事实上，社会规律就是人的社会活动的规律，人的社会活动与社会规律是紧密地结合在一起的。

《历史唯物主义教程》是高等教育文科教材和普通高等教育"九五"国家级重点教材，《马克思主义哲学教程》是"十五"国家教育部重点教材、北京市高等教育精品教材，已经重印过十多次。这两部教材都

---

① 赵家祥等：《马克思主义哲学教程》，北京大学出版社2003年版，第448页。

印数较多，使用的时间较长，读者广泛，影响较大，其中的不正确观点和不准确表达所造成的不良影响也就较大。我既然已经意识到了这一点，所以就主动地纠正自己的错误，肃清不良影响，并向使用过这两本教材的教师和学生以及其他读者诚恳地道歉。

二、"社会发展合目的性"命题是历史目的论观点

人的活动是有意识、有目的的，正是人的有意识、有目的的实践活动创造了人类社会的历史。离开人的有意识、有目的的实践活动，就没有人类社会的历史。马克思多次高度赞扬历史哲学之父维柯所说的"人类历史是我们自己创造的"这句话。[①] 但这并不等于说社会历史是按人的目的发展的，也不能说人类社会历史的发展是合于人的某种目的的。社会历史发展有"合目的性"这个判断，不是历史唯物主义的判断，而是历史唯心主义的目的论观点。历史唯物主义创立以前的历史观，大都持这种历史目的论观点。历史目的论是认为"历史的进程是为某种目的所决定的唯心主义理论，是目的论在历史观上的表现"[②]。历史目的论在古希腊罗马就产生了。苏格拉底认为，在历史发展中，"心灵"即神，安排一切，支配一切，人的活动都要符合神的目的。柏拉图认为，"理念"是一切事物的本质，"至善"是最高的理念，社会的发展、社会等级的划分都服从至善的目的。主张避恶扬善或以善抑恶几乎是历史目的论的共同特点。下面简要介绍几种有代表性的历史目的论的主要代表人物的主要观点。

古希腊基督教哲学家奥古斯丁（354—430年）是提倡神学目的论的代表。他的《上帝之城》一书集中体现了他的神学目的论思想。他

[①] 《马克思恩格斯文集》第 5 卷，人民出版社 2009 年版，第 429 页。

[②] 黄楠森、杨寿堪主编：《新编哲学大辞典》，山西教育出版社 1993 年版，第 132 页。

认为，自从亚当犯了原罪以后，世界便被分为两个部分：一个是上帝之城，一个是世俗之城。前者中的居民都属于上帝的信徒，后者中的居民被魔鬼撒旦所统治。这两种不同的城，是根据两种不同的"爱"划分的。奥古斯丁认为，在整个人类历史上，存在两种冲突。第一种冲突是上帝之城与世俗之城之间的冲突。这种冲突根源于两种城中存在着的两种不同的爱：上帝之城中的爱是超越自我的对上帝的爱，世俗之城中的爱是蔑视上帝的自我之爱或自私之爱，两种不同的爱酿成两种城之间的连绵不断的冲突和斗争。第二种冲突是世俗之城内部的冲突，这种冲突根源于人类自私的本性，是人与人之间为了追求一己的私利而互相倾轧、互相斗争。人类历史就是上帝的信徒与魔鬼的信徒不断斗争的历史。斗争的结果是人类不断趋向上帝的天国，同时把魔鬼的信徒打入地狱，上帝之城战胜世俗之城，上帝的信徒最终进入幸福的天国，实现了上帝的目的。

近代的意大利历史哲学家维柯（1668—1774 年）也持历史目的论观点。他认为，人是有自由意志的，但是，"人类由于受到腐化的本性都受制于自私欲或自爱（seif-love）的暴力。这种自私欲迫使他们把私人利益当作主要的向导，他们追求一切对自己有利的事物。而不追求任何对他人有利的事物，他们就不可能把自己的情欲控制住和引导到公道方面去"。这就要求有一种天神的存在，天神通过自己的意旨控制人的自私情欲，使人的自私情欲变为德行。天神意旨作为治理者具有全能和无限的智慧，它能运用像人类自然习俗那样容易的手段展开它的各种制度，把人类的各种活动控制在制度的秩序范围内。他指出："天神意旨既然以它自己的无限的善为目的，它所安排的一切就一定导向永远高于人类自己所祈求的那种善。"[①] 每一个人都追求它自己的特殊目的和利益，但却总是不自觉地达到天神意志所设计的目的。

---

① 维柯：《新科学》，朱光潜译，商务印书馆 1989 年版，第 160、162 页。

康德（1724—1804 年）有着与维柯近似的观点。他认为，自然赋予人各种各样的秉性。人的最基本的秉性有两种，一种是利己主义和个人主义，一种是利他主义和集体主义，但主导方面是利己主义和个人主义，所以人的本性是恶的。正是恶的本性驱使人们为自己的私利而奋斗，从而推动历史的进步。但是，人的利他性又制约着利己主义的恶性发展。人的利己性和利他性的矛盾及其解决就成了历史进步的动力。康德认为："当每一个人都根据自己的心意并且是往往互相冲突地在追求着自己的目标时，他们却不知不觉地朝着他们自己所不认识的自然目标作为一个引导而在前进着，是为了推进它而在努力着；而且这个自然的目标即使是为他们所认识，也对他们会是无足轻重的。"[1]康德的自然的目标表现为，它引导或迫使人们沿着自然的意图所规定的方向发展；先是使人的恶的本性激发起人们的各种天赋，发掘出人们的各种潜能，引发出人与人之间的对抗斗争。人们在饱尝了由恶的本性激发出来的盲目力量造成的痛苦以后，在经历了一系列的劫难、破坏、毁灭以后，才清醒地意识到必须摆脱这种恶欲横流、尔虞我诈的野蛮状态，建立具有法律约束的文明社会。这就是说，尽管人们都在设计着自己的特殊计划，追求着自己的特殊利益，实际上人是由自然操纵的，并由自然引导到自然给他规定的目标上去。个别的人，甚至整个的民族，都很少意识到，当每个人或每个民族按照互不相同、甚至互相抵触的意图去追求自己的目标时，他们都不自觉地实现着自然的意图。总之，康德把人的恶的本性看作历史进步的重要杠杆。恶是历史发展的直接动力，是善借以实现的工具。但历史的最终目的是善，发展道路是通过恶而达到善。

黑格尔（1770—1831 年）有着与维柯和康德相似的目的论观点。他认为，个人是一个特殊存在，他从事活动的力量来源于他的意志，

---

① 康德：《历史理性批判文集》，何兆武译，商务印书馆 1990 年版，第 2 页。

而他的意志与他的私欲是紧密地联系在一起的，利己的欲望会激发起人的热情。黑格尔虽然把自私、恶劣的欲望看成是历史发展的直接动力，但他同时也认为私欲激发起来的热情不能不受理性的控制。从现象上和有限意识方面来看，人的行动和历史是一幕幕热情的冲动和表演；但是，从本质上和无限的理性方面来看，人的行动和历史同样也是理性的表演，因为理性非常狡猾，它利用人的热情本身作为实现自己目的的工具。黑格尔在《小逻辑》中说："理性是**有机巧的**，同时也是**有威力的**。理性的机巧，一般讲来，表现在一种利用工具的活动里。这种理性的活动一方面让事物按照它们自己的本性，彼此互相影响，互相削弱，而它自己并不直接干预其过程，但同时却正好实现了**它自己的**目的。在这种意义下，天意对于世界和世界过程可以说是具有绝对的机巧。上帝放任人们纵其特殊情欲，谋其个别利益，但所达到的结果，不是完成他们的意图，而是完成**他的**目的，而他［上帝］的目的与他所利用的人们原来想努力追寻的目的，是大不相同的。"[①] 在黑格尔那里，私欲、激情、热情等是历史发展表层的和直接的动力，理性才是历史发展的深层次的根本的动力。

三、马克思恩格斯对历史目的论的批判

马克思、恩格斯作为历史唯物主义的创始人，对历史目的论始终持批判态度。恩格斯在写于 1843 年 10 月至 1844 年 1 月中的《英国状况——评托马斯·卡莱尔的〈过去和现在〉》一文中，就批判了神学的目的论。恩格斯当时还受着费尔巴哈人本主义的影响，他对神学的历史目的论的批判，还打着费尔巴哈人本主义的印记。恩格斯指出："我们根本没有想到要怀疑和轻视'历史的启示'；历史就是我们的一切，

----

① 黑格尔：《小逻辑》，贺麟译，商务印书馆 1980 年版，第 394—395 页。

我们比任何其他一个先前的哲学学派，甚至比黑格尔，都更重视历史；在黑格尔看来，历史归根结底也是用来检验逻辑运算的问题。"恩格斯认为，嘲弄历史、无视人类历史的发展，不是我们所为，而完全是基督教的信徒们所为的，是他们编造了一部别具一格的所谓的"天国史"，否认真实的历史具有任何实质的内容，"我们要求把历史的内容还给历史，但我们认为历史不是'神'的启示，而是人的启示，并且只能是人的启示"。我们为了认识人类本质的美好，了解人类在历史上的发展，了解人类一往无前的进步，了解人类对个人的非理性的一贯战无不胜，了解人类同大自然进行的残酷而又卓有成效的斗争，直到最后获得自由的、人的自我意识，明确认识到人和大自然的统一，自由地、独立地创造以纯人类道德生活关系为基础的新世界，"为了了解这一切的伟大，我们没有必要首先招来什么'神'的抽象概念，把一切美好的、伟大的、崇高的、真正人性的事物归在它的名下。为了确信人的事物的伟大和美好，我们没有必要采取这种迂回的办法，没有必要给真正人性的事物打上'神性的'烙印"①。恩格斯的意思是说，不要把人类自身在历史上所创造的一切伟大成就和一切美好的事物，归功于神的目的的实现。恩格斯虽然当时还没有彻底转变成为历史唯物主义者，但他反对神学目的论的态度是十分明确而坚定的。马克思、恩格斯在历史唯物主义形成的前夜写作的《神圣家族》一书中批判了青年黑格尔派布鲁诺·鲍威尔的历史目的论观点。当鲍威尔说历史的任务就是要给他证明他意识到的真理，马克思、恩格斯予以了严厉斥责："从前的目的论者认为，植物所以存在，是为了给动物充饥，动物所以存在，是为了给人类充饥，同样，历史所以存在，是为了给理论的充饥（即证明）这种消费行为服务。人为了历史而存在，而历史则为了**证明真理**而存在。在这种**批判的**庸俗化的形式中重复了思辨的高

_____

① 《马克思恩格斯全集》第 3 卷，人民出版社 2002 年版，第 520 页。

见：人和历史所以存在，是为了使**真理达到自我意识**。"① 鲍威尔的这种观点，完全出自黑格尔的历史观。马克思、恩格斯指出："**黑格尔历史观**的前提是抽象的或绝对的精神，这种精神正在下面这种方式发展着：人类仅仅是这种精神的有意识或无意识的承担者，即**群众**。因此，**思辨的、奥秘的**历史在**经验的、明显的**历史中的发生是黑格尔一手促成的。人类的历史变成了**抽象的东西**的历史，因而对现实的人说来，也就是变成了**人类的彼岸精神**的历史。"② 当鲍威尔大谈"人类历史关系的真正丰富性、历史的无穷无尽的内容、历史的斗争、群众和精神的斗争"等范畴的时候，马克思、恩格斯批判道："**历史什么事情**也没有做，它'**并不拥有任何无穷无尽的丰富性**'，它并'**没有在任何战斗中作战**'！创造这一切、拥有这一切并为这一切而斗争的，不是'历史'，而正是人，现实的、活生生的人。'历史'并不是把人当做达到**自己**目的的工具来利用的某种特殊的人格。历史**不过是**追求着自己目的的人的活动而已。"③

马克思在 1846 年 12 月 28 日致帕维尔·瓦西里耶维奇·安年柯夫的信中，批判了蒲鲁东的历史目的论观点。蒲鲁东由于混淆了思想和事物，不理解历史发展的实际进程，所以也像黑格尔一样，大谈上帝，大谈普遍理性，大谈人类的无人身理性支配世界。对此，马克思指出：蒲鲁东的"历史是在想象的云雾中发生并高高超越于时间和空间的。一句话，这是黑格尔式的陈词滥调，这不是历史，不是世俗的历史——人类的历史，而是神圣的历史——观念的历史。在他看来，人不过是观念或永恒理性为了自身的发展而使用的工具"④。

恩格斯在晚年写作的《自然辩证法》手稿中，在讲到 18 世纪上

---

① 《马克思恩格斯全集》第 2 卷，人民出版社 1957 年版，第 100—101 页。
② 《马克思恩格斯全集》第 2 卷，人民出版社 1957 年版，第 108 页。
③ 《马克思恩格斯全集》第 2 卷，人民出版社 1957 年版，第 118—119 页。
④ 《马克思恩格斯文集》第 10 卷，人民出版社 2009 年版，第 44 页。

半叶自然科学的发展状况时批判了自然科学上的目的论观点。他指出："这时的自然科学所达到的最高的普遍的思想，是关于自然界的安排的合目的性的思想，是浅薄的沃尔弗式的目的论，根据这种理论，猫被创造出来是为了吃老鼠，老鼠被创造出来是为了给猫吃，而整个自然界被创造出来是为了证明造物主的智慧。"①

马克思、恩格斯作为历史目的论的始终不渝的坚定的批判者，不可能认为历史发展是合目的的，社会历史发展有"合目的性"的观点，不是马克思、恩格斯创立的历史唯物主义观点，应该从历史唯物主义教材和马克思主义哲学原理教材中把这种观点清除出去。

四、人的活动有目的不等于社会发展有"合目的性"

历史的发展不是为了实现上帝（神）的目的，也不是为了实现天神的意旨、自然的意图、理性的机巧所规定的目的。这是容易理解的。那么，历史的发展是否是为了实现现实的人的目的呢？能否说历史的发展合于现实的人的目的呢？同样不能。

历史唯物主义认为，人的活动是有意识、有目的的，正是人的有意识、有目的的实践活动创造了人类历史，离开人的有意识有目的的实践活动，人类社会就不能形成，当然也就没有人类社会的历史。那么，为什么又不能说历史的发展是合现实的人的目的的呢？简单地说，就是为什么不能说社会历史的发展有"合目的性"呢？这确实是一个需要讲清楚的重大的历史观的理论问题，而我们过去对这个问题的论证不够深入透彻。事实上，马克思、恩格斯在他们的著作中，既讲了人的活动是有意识、有目的的，又讲了社会历史的发展不以人的意志和目的为转移，他们从来没有讲过社会历史发展有"合目的性"这种

---

① 《马克思恩格斯文集》第9卷，人民出版社2009年版，第413页。

观点，即不主张并且反对"历史目的论"。下面我们较系统地考察并阐释马克思、恩格斯的有关论述。

马克思在《资本论》第一卷中说："我们要考察的是专属于人的那种形式的劳动。蜘蛛的活动与织工的活动相似，蜜蜂建筑蜂房的本领使人间的许多建筑师感到惭愧。但是，最蹩脚的建筑师从一开始就比最灵巧的蜜蜂高明的地方，是他在用蜂蜡建筑蜂房以前，已经在自己的头脑中把它建成了。劳动过程结束时得到的结果，在这个过程开始时就已经在劳动者的表象中存在着，即已经观念地存在着。他不仅使自然物发生形式变化，同时他还在自然物中实现自己的目的，这个目的是他所知道的，是作为规律决定着他的活动的方式和方法的，他必须使他的意志服从这个目的。"① 马克思这段话讲的是人的活动的特点以及人的活动与动物的活动的区别。动物的活动是本能的、无意识的，动物没有自我意识，不能把自己当作主体，把自己的活动当作客体，不能意识到自己活动的目的；而人的活动是有意识、有目的的，人具有自我意识，能把自己当作主体，把自己的活动当作客体，能够自觉地意识到自己活动的目的。人作为历史主体提出的目的制约着他的整个活动过程，主体依照一定的目的，运用相应的物质力量和物质手段，作用于外部客体，使客体按照自己的目的发生改变，在其中实现自己的目的，以满足自己的各种需要。在这个意义上我们可以说，人的实践活动就是一个有序地趋向于实现主体的目的的过程。这就是马克思所说的目的"作为规律"决定着人的活动的方式和方法的含义。

既然人的活动是有意识、有目的的，而且正是人的有意识、有目的的实践活动创造了自己的历史，形成了人类社会历史的发展规律，而且历史主体能使历史客体按照自己的目的发生改变，目的"作为规律"决定着人的实践活动的方式和方法，为什么又不能说社会历史发

① 《马克思恩格斯文集》第 5 卷，人民出版社 2009 年版，第 208 页。

展是"合目的性"的呢？对于这个问题，马克思、恩格斯从多方面作了说明。

第一，由于参与创造历史的有意识、有目的的活动的人，在历史活动中互相作用、互相影响、互相制约，甚至互相干扰、互相妨碍、互相抵消，致使历史活动的最终结果与每个从事历史活动的人的预期目的都不一致。恩格斯在《路德维希·费尔巴哈和德国古典哲学的终结》中说："无论历史的结局如何，人们总是通过每一个人追求他自己的目的、自觉预期的目的来创造他们的历史，而这许多按不同方向活动的愿望及其对外部世界的各种各样作用的合力，就是历史。因此，问题也在于，这许多单个的人所预期的是什么。愿望是由激情或思虑来决定的。而直接决定激情和思虑的杠杆是各式各样的。有的可能是外界的事物，有的可能是精神方面的动机，如功名心、'对真理和正义的热忱'、个人的憎恶，或者甚至是各种纯粹个人的怪想。但是，一方面，我们已经看到，在历史上活动的许多单个愿望在大多数场合下所得到的完全不是预期的结果，往往是恰恰相反的结果，因而它们的动机对全部结果来说同样地只有从属的意义。"① 恩格斯在 1890 年 9 月至约瑟夫·布洛赫的信中把这个意思讲得更加透彻。他指出："历史是这样创造的：最终的结果总是从许多单个的意志的相互冲突中产生出来的，而其中每一个意志，又是由许多特殊的生活条件，才成为它所成为的那样。这样就有无数互相交错的力量，有无数个力的平行四边形，由此就产生出一个合力，即历史结果，而这个结果又可以看做一个作为整体的、**不自觉地**和不自主地起着作用的力量的产物。因为任何一个人的愿望都会受到任何另一个人的妨碍，而最后出现的结果就是谁都没有希望过的事物。所以到目前为止的历史总是像一种自然过程一样地进行，而且实质上也是服从于同一运动规律的。但是各个人的意

---

① 《马克思恩格斯文集》第 4 卷，人民出版社 2009 年版，第 302—303 页。

志……虽然都达不到自己的愿望，而是融合为一个总的平均数，一个总的合力，然而从这一事实中决不应做出结论说，这些意志等于零。相反，每个意志都对合力有所贡献，因而是包括在这个合力里面的。"①恩格斯的这两段话，通过揭示单个人的目的和意志与各个单个人的目的和意志相互作用所产生的"合力"（历史结果）之间的关系，说明了虽然每个人的活动都是有意识、有目的的，每个有意识、有目的的从事历史活动的个人都对历史结果的形成有所贡献，但历史发展的结果却不依任何个人的意志和目的为转移，这就深刻地说明了社会历史的发展并不是"合目的性"的。

第二，由于人的有意识、有目的的活动是受客观条件制约的，如果人的有意识、有目的的活动违背了客观条件的性质和实际情况，其活动的结果就不能达到预想的目的，甚至可能出现与预想的目的相反的结果。这种情况在人类改造自然和改造社会的活动中是经常出现的。恩格斯在《自然辩证法》中曾经讲到，人类利用、改造自然，应该遵循自然界的发展规律，如果单凭自身的需要，无休止地向大自然索取资源，肆无忌惮地向自然界抛洒废料，违背自然界的发展规律，不仅达不到预想的目的，而且还必定会遭到自然界的惩罚。他指出："我们不要过分陶醉于我们人类对自然界的胜利。对于每一次这样的胜利，自然界都对我们进行报复。每一次胜利，起初确实取得了我们预想的结果，但是往后和再往后却发生完全不同的、出乎预料的影响，常常把最初的结果又消除了。"②恩格斯举了很多具体例子说明这个道理。"美索不达米亚、希腊、小亚细亚以及其他各地的居民，为了得到耕地，毁灭了森林，但是他们做梦也想不到，这些地方后来竟因此而成为不毛之地，因为他们使这些地方失去了森林，也就失去了水分的

---

① 《马克思恩格斯文集》第10卷，人民出版社2009年版，第592—593页。
② 《马克思恩格斯文集》第9卷，人民出版社2009年版，第559—560页。

积聚中心和贮藏库。阿尔卑斯山的意大利人，当他们在山南坡把那些在山北坡得到精心保护的枞树林砍光用尽时，没有预料到，这样一来，他们就把本地区的高山畜牧业的根基毁掉了；他们更没有预料到，他们这样做，竟使山泉在一年中的大部分时间内枯竭了，同时在雨季又使更加凶猛的洪水倾泻到平原上。在欧洲推广种植马铃薯的人，并不知道他们在推广种植这种含粉块茎的同时也使瘰疬症传播开来了。"恩格斯从这些例证中总结出一条宝贵的经验："我们决不像征服者统治异族人那样支配自然界，决不像站在自然界之外的人似的去支配自然界——相反，我们连同我们的肉、血和头脑都是属于自然界和存在于自然界之中的；我们对自然界的整个支配作用，就在于我们比其他一切生物强，能够认识和正确运用自然规律。"[①]恩格斯所列举的这些例证和所讲的这个道理告诉我们，虽然人们从事改造世界的历史活动是有意识、有目的的，但由于人们的历史活动受客观条件的制约，人的活动的结果并不一定能达到预想的目的。这也说明社会历史的发展并不是"合目的性"的。

第三，由于人的有意识、有目的的活动不仅受客观条件的制约，而且受主观条件的制约，即受人的认识能力和实践能力的制约，使其活动的结果有些可能达到了预想的目的，有些可能没有达到预想的目的，即不可能与预想的结果完全符合，有些则可能达到了与预想目的完全相反的结果。首先，人的认识和实践受个人所处历史条件的制约。恩格斯指出："我们只能在我们时代的条件下去认识，而且**这些条件达到什么程度，我们就认识到什么程度**。"[②]其次，人的认识受认识过程中思维的至上性和非至上性的矛盾、无限性和有限性的矛盾、绝对性和相对性的矛盾的制约，使得人的思维的产物即对外部世界认识的结

---

① 《马克思恩格斯文集》第9卷，人民出版社2009年版，第560页。
② 《马克思恩格斯文集》第9卷，人民出版社2009年版，第494页。

果，必然既包含真理的成分，又包含错误的成分。如果我们认真回顾人类认识的历史，很可能错误的成分比正确的成分还要多；如果我们以十分慎重的态度展望未来，就不难预料，我们将来犯的错误很可能比我们的前辈所犯的错误还要多。正如恩格斯所说："很可能我们还差不多处在人类历史的开端，而将来会纠正**我们**的错误的后代，大概比我们有可能经常以十分轻蔑的态度纠正其认识错误的前代要多得多。"思维的至上性是就整个人类世世代代连续不断的认识来说的，至于每个个人，他的认识根本不具有至上性。正如恩格斯所说："至于说到每一个人的思维所达到的认识的至上意义，那么我们大家都知道，它是根本谈不上的，而且根据到目前为止的一切经验看来，这些认识所包含的需要改善的东西，无例外地总是要比不需要改善的或正确的东西多得多。"① 再次，每一个人的认识，都受自身主观条件的制约，这些主观条件包括家庭状况、受教育程度、掌握知识的多少、实践技能的高低、性格的好坏、意志是否坚强、为人处事是否得当，等等。每个人的主观条件，都既有长处又有短处，十全十美的全能的个人是根本不存在的。由于上述这些主观条件的制约，使得个人确定的预期目的不可能完全正确，更不可能完全达到，这也说明社会历史的发展不是"合目的性"的。

　　第四，历史唯物主义认为，社会的发展是一种自然历史过程，具有不依人的意志和目的为转移的客观规律性，人的有意识、有目的的活动，只能在一定程度上延长或缩短历史的进程，增加或减轻历史给人类带来的苦难，但不能使历史"跳过也不能用法令取消自然的发展阶段"②。如果人的有意识、有目的的活动完全达到了自己的目的，历史完全按照参与社会历史活动的人的意志和目的发展，历史发展就没

---

① 《马克思恩格斯文集》第 9 卷，人民出版社 2009 年版，第 91 页。
② 《马克思恩格斯文集》第 5 卷，人民出版社 2009 年版，第 10 页。

有客观性、没有不依人的意志和目的为转移的客观规律性了。我们知道，人们参与历史活动的目的是各不相同的，至少到目前为止，参与历史活动的人还没有形成统一的、共同的目的，那么历史按照什么人的目的发展呢？以前的历史观，大都认为是按照天才人物和英雄人物的目的和思想动机发展的。恩格斯在《反杜林论》中概括欧文、圣西门、傅立叶三位19世纪伟大的空想社会主义者的唯心主义历史观时说："他们和启蒙学者一样，想建立理性和永恒正义的王国；但是他们的王国和启蒙学者的王国是有天壤之别的。按照这些启蒙学者的原则建立起来的资产阶级世界也是不合理性的和非正义的，所以也应该像封建制度和一切更早的社会制度一样被抛到垃圾堆里去。真正的理性和正义至今还没有统治世界，这只是因为它们没有被人们正确地认识。所缺少的只是个别的天才人物，现在这种人物已经出现而且已经认识了真理；至于天才人物是在现在出现，真理是在现在被认识到，这并不是从历史发展的联系中必然产生的、不可避免的事情，而纯粹是一种侥幸的偶然现象。这种天才人物在500年前也同样可能诞生，这样他就能使人类免去500年的迷雾、斗争和痛苦。"[1]恩格斯这段话告诉我们，社会历史发展有"合目的性"的观点，必然导致偶然性支配历史和天才人物的意志、目的、思想动机创造历史的历史唯心主义观点。

应该明确指出，我们否定社会历史发展具有"合目的性"，并不是要否定人的活动是有意识、有目的的，更不是要提倡盲目的、无目的的活动。人的活动是有意识、有目的的，这是人的活动区别于动物的活动的根本特点，是客观的事实，是根本不能否定的，也是否定不了的。我们否定社会历史发展具有"合目的性"，是为了说明以下几个基本观点：（1）社会历史的发展是客观的，具有不依人的意志和目的为转移的客观规律性，社会历史不是按照任何个人的意志和目的的

---

① 《马克思恩格斯文集》第9卷，人民出版社2009年版，第21—22页。

安排发展的。我们要以十分冷静的态度对待我们关于社会发展所作的计划和设计，包括顶层设计，并根据实际情况的变化不断调整这些计划和设计。无论多么科学、多么周密的计划和设计，在实际执行中都不可能完全实现，这是已经为实践所证明了的客观真理。（2）人的有意识、有目的的活动受客观条件的制约，符合客观条件的目的实现的可能性较大，违背客观条件的目的的实现的可能性较小，甚至不可能实现。我们设定自己活动的目的时，要充分了解客观条件的情况，要尽最大的努力使自己的目的符合客观条件，并且随着客观条件的变化及时调整自己的目的。（3）人的有意识、有目的的活动受主观条件的制约，符合主观条件的目的实现的可能性较大，违背主观条件的目的实现的可能性较小，甚至不可能实现。我们设定自己活动的目的时，要对自己的主观条件有清醒的认识，要尽最大的努力使自己设定的目的符合自己的主观条件，一旦发现设定的目的有不符合自己的主观条件的地方，要及时调整自己的目的，甚至改变自己的目的，决不能好高骛远，设定自己的主观条件根本无力实现的目的。在这方面我们过去是有沉痛教训的。（4）我们设定的目的即使符合客观条件和主观条件，也不一定能够实现。这是因为各个从事有意识、有目的的活动的人，他们的意志、目的、力量是相互影响、相互作用、相互制约的。如果各个人的意志、目的、力量比较一致，互相促进、互相补充，他们的目的实现的可能性就较大；反之，如果各个人的意志、目的、力量互相排斥、互相抵触、互相妨碍，他们的目的实现的可能性就较小，甚至不能实现。我们在设定自己活动的目的时，要考虑到各种意志、目的、力量的相互影响、相互作用、相互制约，考虑到复杂的社会环境和人际关系，考虑到社会环境和人际关系的发展变化，不能既不考虑社会环境，也不考虑与他人的关系，一厢情愿地设定自己的目的。

五、"社会发展合规律性"命题不符合社会历史规律的性质和特点

社会历史的发展具有不依人的主观意志为转移的客观规律性，这是历史唯物主义的基本观点。既然如此，为什么又不能说社会历史发展有"合规律性"呢？这涉及对社会历史规律的特点、性质、形成和实现过程等一系列重要问题的理解。

第一，社会历史规律就是人的活动的规律，它就存在于人的历史活动之中，而不是存在于人的历史活动之前或人的历史活动之外。前面已经讲过，人类社会的发展规律与自然界的发展规律有着根本的区别。如果撇开人对自然界的反作用不谈，自然界的事物的发展变化是盲目的、无意识的，自然界的发展规律就通过这些盲目的、无意识的事物之间的相互作用表现出来并得以实现；人类社会历史的发展则不同，人类的活动是有意识、有目的的，正是人类有意识、有目的的实践活动构成了人类社会的历史，从而也就形成了人类社会历史的发展规律。社会历史规律就是人的社会活动的规律。从这个意义上说，社会历史规律也是历史主体实践活动的产物，在作为历史主体的人的实践活动之先或之外，没有社会历史的创造主，也没有社会历史规律的创造主。而且人类社会历史的发展规律不能自发地实现，需要通过人的有意识、有目的的实践活动才能实现。离开了人类有意识、有目的的实践活动，就没有人类社会的历史，当然也就谈不上人类社会历史的发展规律。社会历史发展有"合规律性"的判断，按其本意来说，是把社会历史的规律与人的实践活动和社会历史发展过程割裂开来了，似乎社会历史规律是在人的实践活动和社会历史发展过程之先或之外独立地存在着的，等待着人的有意识、有目的的实践活动和历史发展过程去遵循它、去与它相符合、去实现它。人们本来想用社会历史发

展有"合规律性"这个判断表达历史唯物主义的基本观点，但在语义上表达的却是一种历史唯心主义的历史规律预成论或先验论观点。所以应该把社会历史发展"合规律性"这个判断，修改为社会历史发展"有规律性"。

　　第二，社会历史规律具有历史性，不同历史时期有不同的社会历史规律，没有一经形成就永远存在、永恒不变的社会历史规律。马克思在《资本论》第一卷第二版《跋》中，引用了伊·伊·考夫曼关于社会发展规律的性质的一些论述。考夫曼说："有人会说，经济生活的一般规律，不管是应用于现在或过去，都是一样的。马克思否认的正是这一点。在他看来，这样的抽象规律是不存在的……根据他的意见，恰恰相反，每个历史时期都有它自己的规律……，一旦生活经过了一定的发展时期，由一定阶段进入另一阶段时，它就开始受另外的规律支配。"例如，"马克思否认人口规律在任何时候在任何地方都是一样的。相反地，他断言每个发展阶段有它自己的人口规律……生产力的发展水平不同，生产关系和支配生产关系的规律也就不同"①。马克思充分肯定、高度赞扬了考夫曼的这种看法。按照马克思和考夫曼对社会历史规律的理解，一种社会形态存在着，这个社会形态的规律就存在着并且发挥作用；一种旧的社会形态被新的社会形态代替了，旧的社会形态的规律就退出了历史舞台，不再存在和发生作用，而被新的社会形态的规律所取代。如果说人类社会的历史就是社会形态更替的历史，那么，人类社会的历史同时也就是社会形态发展规律更替的历史，即新的社会形态的发展规律代替旧的社会形态的发展规律的历史。

　　恩格斯在1865年3月29日致弗里德里希·阿尔伯特·朗格的信中，批判了资产阶级经济学家把资本主义经济规律永恒化的观点。他说："在我们看来，所谓'经济规律'并不是永恒的自然规律，而是既

---

　　①　《马克思恩格斯文集》第5卷，人民出版社2009年版，第21页。

会产生又会消失的历史性的规律，而现代政治经济学大全，只要是由经济学家真正客观地编纂出来的，对我们来说不过是现代资产阶级社会所赖以存在的规律和条件的总汇，一句话，是这个社会的生产条件和交换条件的抽象的描述和概括。因此，在我们看来，任何一个规律只要是表现**纯粹资产阶级关系**的，都不是先于现代资产阶级社会而存在的；那些或多或少地对过去的全部历史起过作用的规律则仅仅表现了以阶级统治和阶级剥削为基础的一切社会状态所共有的关系。所谓李嘉图规律就属于前者，它无论对农奴制还是对古代的奴隶制都不起作用；而所谓马尔萨斯理论中的站得住脚的东西则属于后者。"[①]

马克思写作《资本论》的目的，就是阐明资本主义的经济运动规律。贯穿马克思《资本论》全书的基本思想，就是反对把经济规律看作永恒的规律的资产阶级经济学家的陈腐观念。恩格斯在为《资本论》第一卷写的第一篇书评中，极其精辟地论述了这种观点。他指出："贯穿于全书的历史观念不允许作者把经济规律看做是永恒的真理，而把它仅仅看做是某种暂时的社会状态的存在条件的表述，对这种历史观念我们是很满意的；而遗憾的是，要在我们的官方经济学家那里找寻这本书里用来描述不同历史时期的社会状态及其存在条件的那种渊博的知识和敏锐的洞察力，将是徒劳的。像关于奴隶制的经济条件和规律、农奴制和依附农的各种不同形态……对于我们的经济学专家来说，到现在为止还是完全陌生的。"[②]

从以上的考察可以看出，马克思、恩格斯都认为社会历史规律具有历史性，都反对把任何一个社会形态的发展规律，特别是资本主义社会形态的发展规律永恒化的观点。社会历史发展有"合规律性"这个判断，从语义上说，不仅不能表达出社会规律的历史性，而且容易

---

① 《马克思恩格斯文集》第 10 卷，人民出版社 2009 年版，第 225 页。

② 《马克思恩格斯全集》第 21 卷，人民出版社 2003 年版，第 306 页。

导致把社会历史规律永恒化的观点。

第三，社会历史规律具有非直接现实性，或者说它不是直接的现实，不能直接呈现在人们的面前，需要通过抽象思维才能把握。社会历史规律在任何时候、任何情况下都不是与客观现实之间完全一致的。康拉德·施密特因为发现了经济规律（例如价值规律、平均利润率规律等）与客观现实不完全一致，就认为经济规律只是一种假设和虚构。恩格斯在 1895 年 3 月 12 日至康拉德·施密特的信中从理论上深刻地批评了他的这种错误观点。恩格斯指出：平均利润率规律"在任何时候都只是近似地存在着。如果一般利润率某个时候在某两个企业中分毫不差地实现了，如果这两个企业在某一年内获得**完全相同的利润率**，那么这是纯粹的偶然性，实际上，利润率是根据各个企业、各个年度的各种不同情况而变化的，一般利润率只是作为许多企业和许多年度的平均数而存在。但是，如果我们想要求利润率（比如说是 14.876934……）在每一个企业和每一个年度直到一百位小数都完全一样，不然就把它贬为虚构，那我们就严重地误解了利润率和一般经济规律的本质。它们全都没有任何其他的现实性，而只是一种近似值，一种趋势，一种平均数，但不是**直接的现实**。其所以如此，部分地是由于它们所起的作用被其他规律同时起的作用打乱了，而部分的也是由于它们作为概念的特性"①。这就是说，社会历史规律之所以是非直接的，即不是直接的现实，有以下两个原因：

其一，人类社会中有许多规律同时存在和起作用，一个规律的作用要受到其他规律的作用的影响和干扰。例如价值决定价格的规律，就同时受到供求规律、收入分配规律、税收规律、财政和货币规律，金融规律、产业结构变化规律、国际贸易规律等诸多规律的影响和干扰。所以价格在任何一个个别场合都与价值不相一致或不完全一致，

---

① 《马克思恩格斯文集》第 10 卷，人民出版社 2009 年版，第 693—694 页。

而是通过价格围绕价值上下波动，在总的平均数中价格近似也符合于价值。所以马克思说："总的说来，在资本主义生产中，一般规律作为一种占统治地位的趋势，始终只是以一种极其错综复杂和近似的方式，作为从不断波动中得出的、但永远不能确定的平均数来发生作用。"[①]再如，生产关系必须适合生产力性质的规律，如果撇开其他规律和社会因素对这个规律的影响不谈，应该是有什么样的生产力就必然有什么样的生产关系与之相适应。但实际上，在复杂的社会联系中，生产关系不仅受生产力决定，而且还受其他许多社会因素和社会规律的影响，如受地理环境及其变化的影响，受人口因素和人口规律的影响；在阶级社会受阶级斗争及其规律的影响，受上层建筑各种因素以及上层建筑必须适合经济基础发展要求规律的影响，受国际环境因素和国与国之间关系的影响，受财政政策和货币政策及其变化的影响，受国际金融体系和货币体系及其变化的影响；等等。这样，生产关系与生产力发展水平之间的关系，就往往发生各种不同程度的偏离，二者之间就不是严格对应的。在相同生产力发展水平的国家，可能建立起不同性质的生产关系；在不同生产力发展水平的国家，又可能建立起相同性质的生产关系；甚至可能出现在生产力发展水平较低的国家建立起较高阶段的生产关系，而在生产力水平较高的国家又可能暂时停留在较低的生产关系水平的阶段的情况。这性情况在当前世界范围内表现得十分明显。

其二，社会历史规律隐藏在社会历史现象的背后，不是直接呈现在人们面前的，而是需要通过抽象思维才能从逻辑上加以把握的，因而它具有概念的特性，而概念不可能与它从中抽象出来的现实完全的直接的吻合和一致。恩格斯指出："一个事物的概念和它的现实，就像两条渐近线一样，一齐向前延伸，彼此不断接近，但是永远不会相交。

---

① 《马克思恩格斯文集》第 7 卷，人民出版社 2009 年版，第 181 页。

两者的这种差别正好是这样一种差别，由于这种差别，概念并不无条件地直接就是现实，而现实也不直接就是它自己的概念。由于概念有概念的基本特性，就是说，它不是直接地、明显地符合于使它得以抽象出来的现实"①。毫无疑问，任何概念都不是虚构的，而是从现实的历史过程中抽象出来的。但是，由于在抽象的过程中，舍弃了现实的历史过程中的许多细节、差别和偶然因素，所以，任何概念都不会完全符合于使它得以抽象出来的现实。现实永远比反映它的概念要复杂得多，而概念比它所反映的现实的现实则简单明了得多。

社会历史发展"合规律性"这个判断，在语义上，不仅不能体现出社会历史规律的非直接现实性，而且容易机械地理解这种规律，把社会历史规律看作是在历史过程之外先验地存在着的既成事实。英国著名的科学哲学家卡尔·波普在《历史决定论的贫困》一书中，之所以认为"规律和趋势是根本不同的两回事"，认为"趋势的存在是毋庸置疑的"，而不可能有"社会运动的规律"②，可能就是由于他对规律作了完全机械的理解，把规律看作是既成的、直接的现实。其实，规律只是一种趋势，而不是既成的、直接的现实。这才是对社会历史规律的辩证的理解。

第四，社会历史规律具有过程性，它的孕育、形成、存在和最终实现，是一个长期的、统一的、完整的过程，不能把一个社会形态的规律的孕育、形成、存在和最终实现与这个统一的、完整的过程割裂开来。这就是说，任何一个社会形态的规律，只要它还没有最终实现，就不能说它已经完全形成和存在了。只要一个社会形态的规律还没有最终实现，这个社会形态的规律也就尚未完全形成。例如社会主义必然代替资本主义的规律，只要资本主义社会还没有灭亡、社会主义社

---

①　《马克思恩格斯文集》第 10 卷，人民出版社 2009 年版，第 693 页。

②　卡尔·波普：《历史决定论的贫困》，杜汝楫、邱仁宗译，华夏出版社 1987 年版，第 91 页。

会还没有取得胜利，就不能说这个规律已经完全形成了。就目前从世界范围来看，资本主义社会还要存在一段时间，它将在什么时候被社会主义社会所代替，是任何人也无法准确地加以预见的；它今后将如何具体的发展，它还将发生什么样的变化，现在也是很难具体地说清楚的；社会主义社会将以什么样的具体形式代替资本主义社会，也要根据将来的具体情况才能确定。这些情况都说明，就全世界范围来看，社会主义必然代替资本主义的规律到目前为止仍然是处于形成的过程之中，不能说它已经最终形成了，社会主义代替资本主义的规律一旦最终形成了，也就是这个规律最终实现了。一旦这个规律最终实现了，即在全世界的范围内，社会主义社会代替了资本主义社会，社会主义必然代替资本主义的规律也就退出了历史舞台，而让位于社会主义社会和共产主义社会的发展规律。我们知道，原始社会是极其漫长的。奴隶社会在西欧存在了一千年左右才被封建社会所代替。封建社会在欧洲存在了一千多年才被资本主义社会所代替。中国是否经历了奴隶社会，理论界有不同的看法，我们姑且不论。封建社会在中国存在了两千多年，1840年鸦片战争以后，中国逐步沦为半殖民地半封建社会，中国共产党领导中国各族人民经过长期的浴血奋战，才建立了新民主主义的新中国，并在此后步入社会主义社会。

上面我们主要以社会主义必然代替资本主义的规律为例，论述了一个社会形态代替另一个社会形态的规律的孕育、形成、存在和最终实现是一个长期的、统一的完整的过程。那么存在于某一社会形态中的许多具体规律是否也是如此的呢？我们就存在于资本主义社会中的一些具体规律加以说明。存在于资本主义社会中的具体规律主要有货币流通规律、价值规律、剩余价值规律、平均利润率规律、利润率趋向下降的规律、土地肥力递减规律、竞争和生产的无政府状态规律、资本主义国家经济政治发展不平衡规律、经济危机和金融危机规律，等等。这些规律与一个社会形态代替另一个社会形态的规律不同，它们不需要通过一个社会形态代替另一个社会形态的整个过程才能表现出来，而是在其存在的社会形态中，通过不断的波动周期性地表现出来，每一个波动的周期都是一个长期的过程，所以这类规律仍然具有长期性。只要这类规律存在的社会形态没有灭亡，这种不断波动的周期就会周而复始地进行，而每一个周期又具有不同的特点。这从价值规律和平均利润率规律波动的周期，资本主义经济危机经过危机、萧条、复苏、高涨四个阶段形成一个周期，可以比较清楚地看出来。具体说明这类规律的波动的周期，需要涉及很多具体的经济学理论，因为本书的目的不是具体研究这些问题，所以就不作具体论述了。

社会历史发展"合规律性"这个判断，在语义上，不仅不能体现出社会历史规律的孕育、形成、存在和最终实现，是一个长期的、统一的、完整的过程，而且容易把这个统一的完整的过程割裂开来，认为某一个社会形态在历史上一经出现，它的发展规律就形成了，就摆在了人们的面前，等待人们去发现它，去遵循它，去符合它，去实现它。卡尔·波普之所以反对马克思关于社会历史发展具有客观规律性的观点，就是因为他完全曲解了马克思的观点，至少是误解了马克思的观点，把马克思的观点曲解为或误解为社会历史规律是脱离社会历史条件的变化的实际过程先验地、孤立地存在的，一经形成就永远不变的，所以他在《历史决定论的贫困》中说："如果我们承认规律本身也是变化的，那么规律就不可能解释变化，这就得认为变化纯属奇迹。"[1]

六、正确理解"按客观规律办事"的含义

因为社会历史规律是隐藏在现象背后的内在的、本质的、必然的

---

① 卡尔·波普：《历史决定论的贫困》，杜汝楫、邱仁宗译，华夏出版社 1987 年版，第 81 页。

联系，它并不直接呈现在人们的面前，需要通过抽象思维才能把握，所以它具有概念的特性、逻辑的特性。这种通过概念和逻辑把握的规律，只是一种近似值，一种趋势，一种平均数，但不是直接的现实。这就给人们认识和把握社会历史规律、按客观规律办事造成了很大的困难。或者说，在社会历史领域，真正做到按客观规律办事是很不容易的事情。

人们常常说"要尊重客观规律"、"按客观规律办事"，这些话无疑是正确。但长期以来，人们对这些话作了简单的甚至不正确的理解，即把社会历史规律看作是在人的活动之前和之外就预先存在的东西，看成是先定的、既成的直接现实。似乎某种社会形态一旦出现，它的发展规律就形成了，就摆在人们面前了，等待人们去认识它、尊重它、实现它，去按它办事。这就有意无意地忽视和否认了，通过概念和逻辑把握的规律"只是一种近似值，一种趋势，一种平均数，不是直接的现实"这个特点。那么，如何理解这些话才是正确的呢？按照马克思、恩格斯上面的论述，规律是事物的固有矛盾所导致的必然发展趋势，而不是既成的、直接的事实，不是实体性的存在，它是看不见、摸不着的，需要通过人们对大量的偶然现象的长期的艰苦的探索和研究，才能在思维中近似正确地把握它。正如马克思在《资本论》第一卷《序言》中所说："分析经济形式，既不能用显微镜，也不能用化学试剂。二者都必须用抽象力来代替。"① 所谓"尊重客观规律"、"按客观规律办事"，是说人们的认识和行动要符合事物的固有矛盾及其导致的发展趋势，按照我们对事物的固有矛盾及其导致的发展趋势所作的科学预见办事。在社会历史领域，真正做到"按客观规律办事"并不像建筑工人按图纸施工、练习写字照字帖练字那样具有明显的模仿性。真正做到"按客观规律办事"是一个很复杂的认识和实践过程。首先，

---

① 《马克思恩格斯文集》第 5 卷，人民出版社 2009 年版，第 8 页。

这是因为客观规律的孕育、形成、存在和实现是一个很长的过程，它是逐步暴露在人们面前的，在它尚未在人们面前充分显露出来以前，人们是不可能认识它的，当然也就无法按它办事。其次，诚然，规律具有相对稳定性和重复性，但这并不排斥客观规律的表现形式是变化的，而不是一成不变的，人们的认识总是滞后于客观规律表现形式的变化，所以人们只能近似正确地认识它，并在实践中不断丰富和深化自己的认识，而永远不能完全地把握它。再次，因为规律的表现形式是变化的，在事物发展的不同阶段其具体表现形式是不同的，人们需要根据规律的表现形式的变化不断修正自己对它的认识，如果把对它的某一发展阶段的表现形式的认识僵化、凝固化，按照这种僵化、凝固化的认识去办事，就不仅做不到"按客观规律办事"，而且会违背客观规律。正如恩格斯在《资本论》第三卷的《序言》中所说："在事物及其相互关系不是被看作固定的东西，而是被看作可变的东西的时候，它们在思想上的反映，概念，会同样发生变化和变形；它们不能被限定在僵硬的定义中，而是要在它们的历史的或逻辑的形成过程中加以阐明。"① 概念是如此，社会历史规律也是如此。

如何根据客观事物的变化深化对社会发展规律的认识，在这方面马克思、恩格斯为我们树立了光辉的榜样。他们就是根据资本主义及其规律的表现形式的发展变化，不断修正和深化对资本主义发展规律的认识，不断克服自己在认识上的历史局限性。马克思、恩格斯在19世纪40年代中期就认为资本主义社会将被共产主义社会所代替，并在1845—1846年合写的《德意志意识形态》、1847年7月出版的《哲学的贫困》和1848年2月发表的《共产党宣言》等著作中，揭示了资本主义必然灭亡、社会主义必然胜利的客观规律。在1848年欧洲革命过程中，他们认为无产阶级不能停留在资产阶级民主革命阶段，而应

---

① 《马克思恩格斯文集》第7卷，人民出版社2009年版，第17页。

该进行不断革命，通过一次突然的暴力袭击消灭资本主义制度。马克思在 1848 年革命刚刚失败不久，在 1849 年 6 月 7 日致恩格斯的信中，仍然认为革命很快还会爆发。他说："革命火山口的大爆发从来没有像现在的巴黎这样逼近。"①但当在 1850 年看到欧洲出现了普遍的经济繁荣时，他就改变了自己的看法，认为"在这种普遍繁荣的情况下，即在资产阶级社会的生产力正以在整个资产阶级关系范围内所能达到的速度蓬勃发展的时候，也就谈不到什么真正的革命。只有在**现代生产力**和**资产阶级生产方式这两个要素**互相**矛盾**的时候，这种革命才有可能"②。在 1857 年，爆发了世界性的经济危机，马克思期待着爆发无产阶级革命并取得胜利，把资本主义制度一举消灭。但是，这次危机依然没导致资本主义制度的灭亡，资本主义经济继续向前发展。于是马克思在 1859 年写的《〈政治经济学批判〉序言》中提出了"两个决不会"的著名论断："无论哪一个社会形态，在它所能容纳的全部生产力发挥出来以前，是决不会灭亡的；而新的更高的生产关系，在它的物质存在条件在旧社会的胎胞里成熟以前，是决不会出现的。"③虽然如此，马克思仍然认为资本主义制度的灭亡不会为时太远，所以他在 1867 年出版的《资本论》第一卷中，又一次宣称"资本主义私有制的丧钟就要响了。剥夺者就要被剥夺了"④。巴黎公社失败以后，在 19 世纪 70 年代，资本主义又一次进入政治上相对稳定、经济上蓬勃发展的时期。马克思、恩格斯进一步认识到，当时生产力尚未发展到足以使资本主义社会灭亡的程度。马克思在 1879 年 4 月 10 日致尼·弗·丹尼尔逊的信中谈到 1873 年发生的世界性的严重的经济危机时指出："不论这次危机可能怎样发展——仔细观察这次危机，对资本主义生产的

---

① 《马克思恩格斯全集》第 27 卷，人民出版社 1972 年版，第 154 页。
② 《马克思恩格斯文集》第 2 卷，人民出版社 2009 年版，第 196 页。
③ 《马克思恩格斯文集》第 2 卷，人民出版社 2009 年版，第 592 页。
④ 《马克思恩格斯文集》第 5 卷，人民出版社 2009 年版，第 874 页。

研究者和职业理论家来说当然是极其重要的——，它总会像以前的各次危机一样地过去，并且会开始一个具有繁荣等等各个不同阶段的新的'工业周期'。"我们知道，1873年的世界性经济危机是相当严重的。但马克思当时已经认识到，即使是如此严重的经济危机，也尚不足以导致资本主义制度的灭亡。危机过后，资本主义还会正常的发展。正是基于这种认识，马克思嘲讽了"英国工商界的庸人们的极端绝望"的情绪。① 恩格斯在逝世前夕，为马克思《1848年至1850年的法兰西阶级斗争》一书写的《导言》中，认为资本主义还有很大的扩张能力，欧洲的经济发展状况远没有成熟到可以铲除资本主义生产方式的程度，公开承认1848年和1871年他和马克思提出的企图通过一次简单的突然袭击就取得社会主义革命胜利的想法是"错了"，是一种"迷雾"，是"一个幻想"，是"不正确的"，是"没有什么成果的"，是"不可能的事情"。② 马克思、恩格斯正是以严肃的科学态度，经过长期的艰辛探索，并不断克服自己认识上的历史局限性，才逐步比较全面地认识了资本主义的发展规律，为无产阶级制订了正确的斗争策略，真正做到了"尊重客观规律"、"按客观规律办事"。

马克思、恩格斯逝世一百多年了。在这一百多年间，资本主义发生了一系列新的变化，虽然多次遇到经济危机和衰退，但总的说来还是获得了发展，并且在第二次世界大战以后出现了较长的相对稳定发展的时期，至今资本主义在世界范围内仍然占据主导地位，仍然看不出在短期内灭亡的迹象。马克思、恩格斯在一定时期内把资本主义寿命估计过短的认识，确实与资本主义发展的客观历史进程存在着明显的反差。但如果以此为依据，得出马克思主义"过时"的结论，无疑是完全错误的，其认识根源在于没有掌握马克思、恩格斯对资本主义

---

① 《马克思恩格斯文集》第10卷，人民出版社2009年版，第433、431页。
② 《马克思恩格斯文集》第4卷，人民出版社2009年版，第538—542页。

寿命认识的历史演变的内在逻辑，没有正确把握马克思、恩格斯关于资本主义本质特征的深刻剖析和资本主义必然灭亡规律的揭示。通过上面对马克思、恩格斯关于资本主义寿命的认识的历史演变的简要回顾，可以清楚地看出，他们思想的历史演变的内在逻辑与资本主义发展的客观历史进程相比较，在总的趋势上是基本一致的、同步的。他们逝世以后资本主义发展的客观历史进程，不仅不是对他们关于资本主义寿命认识的证伪，反而是对它的证实。还应强调指出，虽然恩格斯当时认为资本主义还有一定的生命力和扩张能力，但是他更加强调的是资本主义必然灭亡的历史命运是不可挽回的。

第三章
历史决定论和主体选择及其相互关系

　　历史决定论和主体选择及其相互关系问题，是历史观的一个重要问题，国内外理论界对这个问题的看法分歧很大。本章就理论界分歧较大的问题作些探讨，就教于国内外理论界的同仁。

一、历史哲学的分类和历史非决定论的理论渊源

　　历史决定论和历史非决定论，是在历史发展问题上两种根本对立的观点。我们首先考察历史非决定论的理论渊源。要搞清历史非决定论的理论渊源，首先要搞清历史哲学的含义和历史哲学的分类。而要搞清历史哲学的含义，又需要首先搞清"历史"的含义。一般说来，历史哲学界是从下述两层含义理解"历史"这个范畴的：一是指人类过去的活动及其产物，同时也包括人类现在的活动和筹划未来的活动及其产物；二是指人们对这种活动及其产物的叙述和说明。第一层含义是指历史过程本身，第二层含义是指人类对历史的认识。在英语中，这两个词的"历史"用同一个词（history）来表达，汉语也是用同一个词（历史）来表达。从历史哲学的发展过程来看，现在有必要对上述历史的两层含义分别用两个词来表示，其中第一层含义的"历史"可以叫作历史，第二层含义的"历史"可以叫作历史认识。

　　西方英语国家流行着一种对于历史哲学的二分法，这种二分法是以对历史一词的两层含义的区别为前提的。这种方法是由英国历史哲学家沃尔什在 1951 年出版的《历史哲学——导论》一书中首先提出来

的。在该书中，沃尔什把关于历史过程本身的哲学称为"思辨的历史哲学"，把关于历史认识的历史哲学称为"批判的历史哲学"。而在德语国家中，一般把关于历史过程本身的哲学称为"质料的历史哲学"，把关于历史认识的历史哲学称为"形式的历史哲学"。我国学者根据对"历史"一词的两层含义的理解，也相应地对历史哲学作了分类。有的学者把探讨历史过程本身的哲学称为"历史的形而上学"，把探讨历史认识的哲学称为"历史学的知识学"[1]；有的学者则主把关于历史过程本身的哲学称为"历史的哲学"或"历史本体论哲学"，把关于历史认识的哲学称为"历史学的哲学"或"历史认识论哲学"[2]。

　　还应该说明，历史哲学中的"历史"一词，在时间向度上，不仅指过去，还包括现在和未来。例如，几乎所有的历史哲学的研究都要探讨人类的命运和历史发展的趋势问题，这就不仅涉及人类的过去，而且也涉及人类的现在和未来。又如，在日常用语中，我们常说如果某个人将来成就了某项事业他就将改变历史时，这里的历史显然不只是指过去，而且也包括现在和未来。过去、现在、未来作为历史时间的三个向度，是紧密联系不可分离的。过去由于自身的发展而演变为现在，现在由于自身的矛盾运动又发展到未来。要科学地认识人类历史，就应当把它理解为过去、现在、未来的统一。历史哲学的研究不只是要回顾过去，而且要通过回顾过去，指导现在，展望未来，为创造人类美好的未来而精心治史。

　　根据法国学者马克斯·诺多的考证，历史哲学这个词是法国思想得让·博丹于 1650 年首先使用的，伏尔泰于 1765 年也使用过这个词。然而无论是博丹还是伏尔泰，都尚未创立系的历史哲学体系。真正创立了历史哲学这门学科的，一般认为是意大利历史哲学家巴斯蒂

---

[1] 何兆武：《对历史学的若干反思》，《史学理论研究》1996 年第 2 期。
[2] 韩震：《西方历史哲学导论》，山东人民出版社 1992 年版，第 3 页。

塔·维柯。维柯在 1725 年发表的《新科学》(全名为《关于各民族共同的新科学的原则》)一书,是西方历史哲学的开山之作。但是,历史哲学作为一个学科,当时尚未得到人们的认可。其得到认可,是以 1784 年德国历史哲学家约翰·戈特布里德·赫德尔的《人类历史哲学的观念》的第一部分公开出版而告开始,以及在此之后以黑格尔的遗著《哲学史讲演录》1837 年的刊行而告结束的那段时期。[①]

从 18 世纪初历史哲学的创立到 19 世纪末的这段时间内,西方历史哲学家致力于探讨历史过程本身是什么的历史本体论问题,所以这段时间可以称之为历史哲学的本体论阶段。1874 年英国新黑格尔主义哲学家赫伯特·布拉德雷发表了《批判历史哲学的前提》一书,标志着历史哲学的认识论转向。在该书中,布拉德雷探讨了历史认识如何成为可能的问题。对历史认识客观性的可能性作了系统论证。基于这一点,许多西方历史哲学家把布拉德雷看作批判的历史哲学(即我们所说的历史认识论)的创始人之一。

西方历史哲学的认识论转向是一个过程,从 19 世纪末到 20 世纪 30 年代末这几十年时间,是一个过渡阶段。在此期间,许多历史哲学家往往把对历史本体论式的考察和对历史认识论式的考察结合起来进行。1938 年,有两本著作同时出版:一本是法国历史学家雷蒙德·阿隆的《历史哲学导论》,另一本是美国历史哲学家莫里斯·曼德尔鲍姆的《历史知识问题:答相对主义》。这两本书的出版,标志着历史认识论作为一门独立的学科正式出现。1951 年沃尔什把这门学科定名为“批判的历史哲学”。思辨的历史哲学具有二百多年的历史,在近代西方历史哲学理论中曾经长期占据统治地位。思辨的历史哲学家维柯、傅立叶、康德、黑格尔、孔德、斯宾格勒、汤因比、雅斯贝尔斯等人都主

[①]　沃尔什:《历史哲学——导论》,何兆武、张文杰译,社会科学文献出版社 1991 年版,第 3 页。

张历史决定论。但是，从 19 世纪末开始，思辨的历史哲学日渐式微，批判的历史哲学则逐渐由附庸变为主导，伏尔泰、文德尔班、李凯尔特、布拉德雷、克罗齐、科林伍德、波普等许多批判的历史哲学家都怀疑、否定和批判历史决定论，特别是怀疑、否定和批判马克思的历史决定论。我国理论界否定和批判历史决定论的各种观点，基本上都是西方批判的历史哲学家的观点或者是受他们的影响而形成的观点。

我国有的学者把人通过实践改变世界的可能性与历史决定论对立起来，或者说把主体能动性与历史决定论对立起来。他们认为，马克思主义哲学是一种指向改变世界的哲学，它肯定人具有改变世界的历史行动的能力，而这就预设了世界的可改变性，即预设了历史至少不是纯然被决定的（把历史决定论设定为历史是纯然被决定的，这是对历史唯物主义的历史决定论的曲解，下面将对此作具体分析）。如果把马克思的历史唯物主义理解为一种历史决定论，就在逻辑上使得改变世界成为不可能和不可理解之事。这就是说，这些学者认为承认历史决定论与承认世界的可改变性与主体能动性是矛盾的，历史决定论是错误的，历史唯物主义不是历史决定论，而是历史非决定论。我不赞成这种观点，下面将具体剖析这种观点的不当之处。

二、历史唯物主义的决定论性质

持改变世界的可能性与历史决定论相对立起来的观点的学人，首先应该回答的最根本的问题是历史唯物主义是否是历史决定论。遗憾的是，持上述观点的学人不仅没有回答这个问题，甚至根本没有涉及这个问题。他们似乎是把否定历史唯物主义是历史决定论，或者说把历史唯物主义当作历史非决定论，当成了不言自明的理论前提。这是十分令人费解的。但是，在我看来，马克思、恩格斯创立的历史唯物主义是历史决定论而不是历史非决定论，不仅是历史唯物主义的基本观点，而且可以说是历史唯物主义的基本常识。从这个意义上说，把历史唯物主义是历史决定论当作不证自明的理论前提，倒是不难理解的。虽然如此，由于许多西方学者以及我国一些学者否认历史唯物主义是历史决定论这个基本常识，所以我们就不得不对这个问题作些考察，论证这个几乎是从事历史唯物主义教学和研究的人都知道的常识。尽管这是些老生常谈，却又不得不谈。

历史唯物主义的决定论，是一种承认社会发展具有客观规律性、必然性和因果制约性的理论。它认为人类历史的发展是一种自然历史过程。与历史决定论相对立的观点是历史非决定论。历史非决定论是一种主张人类历史的发展不是自然历史过程，社会历史过程没有因果制约性、规律性、必然性、客观规律性的历史理论。历史决定论观点贯穿在马克思主义经典作家一系列有代表性的著作之中，贯穿在他们理论生涯的始终。下面我们作些简要考察。

马克思、恩格斯在 1845—1846 年合写的标志历史唯物主义基本形成的著作《德意志意识形态》一书中，就较为系统地论述了历史决定论思想。

首先，论述了社会存在决定社会意识的思想。马克思、恩格斯在批判青年黑格尔派布鲁诺·鲍威尔等人的意识决定存在的历史唯心主义时指出："不是意识决定生活，而是生活决定意识。"[1] 唯物主义历史观和唯心主义历史观不同，"它不是在每个时代中寻找某种范畴，而是始终站在现实历史的**基础**上，不是从观念出发来解释实践，而是从物质实践出发来解释各种观念形态"[2]。

其次，论述了人和环境相互作用的思想。马克思、恩格斯指出："历史的每一阶段都遇到一定的物质结果，一定的生产力总和，人对自

---

① 《马克思恩格斯文集》第 1 卷，人民出版社 2009 年版，第 525 页。
② 《马克思恩格斯文集》第 1 卷，人民出版社 2009 年版，第 544 页。

然以及个人之间历史地形成的关系，都遇到前一代传给后一代的大量生产力、资金和环境，尽管一方面这些生产力、资金和环境为新的一代所改变，但另一方面，它们也预先规定新的一代本身的生活条件，使它得到一定的发展和具有特殊的性质。由此可见，这种观点表明：人创造环境，同样，环境也创造人。"①"环境创造人"，是说人创造历史的活动受历史环境的制约，这就是历史决定论；"人创造环境"，说的是人的主体能动性，是历史辩证法。环境创造人和人创造环境的统一，就是历史决定论和主体能动性的统一。

再次，论述了社会变革必须具备一定的物质基础和群众基础。马克思、恩格斯认为，各个时代的人们所遇到的社会物质生活条件决定着这样的情况："历史上周期性地重演的革命动荡是否强大到足以摧毁现存一切的基础；如果还没有具备这些实现全面变革的物质因素，就是说，一方面还没有一定的生产力，另一方面还没有形成不仅反抗旧社会的个别条件，而且反抗旧的'生产生活'本身、反抗旧社会所依据的'总和活动'的革命群众，那么，正如共产主义的历史所证明的，尽管这种变革的**观念**已经表述过千百次，但对于实际发展没有任何意义。"②

最后，论述了生产力决定交往形式、经济基础决定上层建筑以及社会形态演进规律的思想。马克思、恩格斯认为，生产力和交往形式之间的矛盾是人类社会的基本矛盾，一切冲突都根源于生产力和交往形式之间的矛盾。生产力和交往形式之间的这种矛盾，每一次都不免要爆发为革命。市民社会作为直接从生产和交往中发展起来的社会组织，在一切时代都构成国家的基础以及任何其他的观念的上层建筑的基础。生产力和交往形式之间的矛盾形成各种交往形式联系的序列：

---

① 《马克思恩格斯文集》第 1 卷，人民出版社 2009 年版，第 544—545 页。
② 《马克思恩格斯文集》第 1 卷，人民出版社 2009 年版，第 545 页。

"已成为桎梏的旧交往形式被适应于比较发达的生产力，因而也适应于进步的个人自主活动方式的新的交往形式所代替；新的交往形式又会成为桎梏，然后又为另一种交往形式所代替。由于这些条件在历史发展的每一阶段都是与同一时期的生产力的发展相适应的，所以它们的历史同时也是发展着的、由每一个新的一代承受下来的生产力的历史，从而也是个人本身力量发展的历史。"① 马克思、恩格斯当时认为，人类历史依次经历部落所有制、古典古代的公社所有制和国家所有制、封建的或等级的所有制、资本主义所有制、共产主义所有制五种依次更替的所有制形式。以这五种所有制形式为基础，形成部落所有制社会、奴隶社会、封建社会、资本主义社会、共产主义社会五种依次更替的社会形态。

社会存在决定社会意识、环境决定人和人决定环境、生产力决定交往形式、经济基础决定上层建筑、社会革命需要具备物质基础和群众基础以及社会形态的依次更替，这些历史唯物主义的基本观点就是历史决定论的重要观点。

马克思在 1846 年 12 月 28 日致帕·瓦·安年科夫的信中，精辟地论述了历史决定论的基本观点。马克思认为，生产力是人们的全部历史的基础。人们不能自由地选择自己的生产力，因为任何生产力都是一种既得的力量，是以往活动的产物。后来的每一代人都得到前一代人已经取得的生产力并当作原料来为自己新的生产服务，这就形成了人们的历史中的联系，形成人类的历史，这个历史随着人们的生产力以及人们的社会关系的愈益发展而愈益成为人类的历史。人们的物质关系形成他们的一切关系的基础。这种物质关系不过是他们的物质的和个体的活动所借以实现的必然的形式罢了。任何社会形式都是人们交互活动的产物，那么，人们能否自由选择某一种社会形式呢？马

---

① 《马克思恩格斯文集》第 1 卷，人民出版社 2009 年版，第 575—576 页。

克思回答说："决不能。在人们的生产力发展的一定状况下，就会有一定的交换［commerce］和消费形式。在生产、交换和消费发展的一定阶段上，就会有相应的社会制度形式、相应的家庭、等级或阶级组织，一句话，就会有相应的市民社会。有一定的市民社会，就会有不过是市民社会的正式表现的相应的政治国家。"① 马克思在 1847 年 7 月出版的《哲学的贫困》一书中讲得更加清楚明确。他说："社会关系和生产力密切相联。随着新生产力的获得，人们改变自己的生产方式，随着生产方式即谋生的方式的改变，人们也就会改变自己的一切社会关系。手推磨产生的是封建主的社会，蒸汽磨产生的是工业资本家的社会。"② 马克思的这些思想虽然没有使用历史决定论这个概念，却对历史决定论作了具有说服力的论证。首先，人们不能自由地选择生产力和生产形式、交换形式、消费形式等生产关系，不能选择自己的社会制度形式。因为每一代人开始社会生活时，总是接受前人传给他们的生产力和生产关系以及社会制度形式，每一代人遇到什么样的生产力和生产关系以及社会制度形式是不以他们的主观意志为转移的。这种生产力和生产关系以及社会制度形式，预先规定了这一代人的生活方式和活动方式的特点。其次，人们不能自由地选择生产力和生产关系以及社会制度形式，并不是说他们不可以根据自己的目的、需要去改变原有的生产力和生产关系以及社会制度形式，而是说他们的这种目的、需要以及根据这种目的和需要所从事的社会活动，将引起什么样的社会结果，他们自己是意识不到的。人们所预想的目的，有时只能实现一部分，另一部分就不能实现。另外有些目的和愿望，根本就不能实现，甚至有时社会结果与主观愿望完全相反。这是因为，这个社会结果是由各种社会力量相互作用造成的，是任何个人都无法事先预料到的。

---

① 《马克思恩格斯文集》第 10 卷，人民出版社 2009 年版，第 42—43 页。
② 《马克思恩格斯文集》第 1 卷，人民出版社 2009 年版，第 602 页。

马克思在 1859 年写的《〈政治经济学批判〉序言》，对生产力决定生产关系、经济基础决定上层建筑、生产方式制约整个社会生活过程、社会存在决定社会意识、社会革命的物质根源以及社会形态的更替的论述，可以看作是对历史决定论的内容最全面的概括。①

马克思在 1867 年出版的《资本论》第一卷《序言》中论述了社会历史的发展是一种自然历史过程的思想。他说："我决不用玫瑰色描绘资本家和地主的面貌。不过这里涉及的人，只是经济范畴的人格化，是一定的阶级关系和利益的承担者。我的观点是把经济的社会形态的发展理解为一种自然史的过程。不管个人在主观上怎样超脱各种关系，他在社会意义上总是这些关系的产物。同其他任何观点比起来，我的观点是更不能要个人对这些关系负责的。"②所谓把经济的社会形态的发展理解为一种自然史的过程，就是说经济的社会形态的发展也像自然界那样，是客观的、物质的、辩证的过程，具有不依人的主观意志为转移的客观规律性，人们不能主观地取消社会发展的客观规律和社会发展的任何一个阶段。正如马克思所说："一个社会即使探索到了本身运动的自然规律——本书的最终目的就是揭示现代社会的经济运动规律——它还是既不能跳过也不能用法令取消自然的发展阶段。但是它能缩短和减轻分娩的痛苦。"③在这里，马克思既肯定了人们的实践活动在历史发展中的重大作用，又对这种作用作了限定，人的活动只能减轻自身在社会发展中所经历的痛苦或缩短社会发展的进程，但不能不受社会发展的客观规律的制约，不能主观随意地取消社会发展的任何一个阶段。

恩格斯在 1886 年写的《路德维希·费尔巴哈和德国古典哲学的终结》一书，对历史发展具有客观规律性的全面深入的论述，也是对历

---

① 《马克思恩格斯文集》第 2 卷，人民出版社 2009 年版，第 591—592 页。
② 《马克思恩格斯文集》第 5 卷，人民出版社 2009 年版，第 10 页。
③ 《马克思恩格斯文集》第 5 卷，人民出版社 2009 年版，第 9—10 页。

史决定论最为全面深刻的论证。在历史唯物主义产生以前，历史唯心主义独霸统治地位，它用头脑中臆想的联系代替历史本身的现实联系，把历史看成是受客观观念或伟大人物的思想动机支配的，不承认历史发展具有不依人的主观意志为转移的客观规律性。为了清除历史领域中的唯心主义影响，恩格斯指出："在这里也完全像在自然领域里一样，应该通过发现现实的联系来清除这种臆造的人为的联系；这一任务，归根到底，就是要发现那些作为支配规律在人类社会的历史上起作用的一般运动规律。"①

　　恩格斯通过分析社会历史规律与自然规律的区别，说明了历史发展的客观规律与作为历史主体的人的实践活动之间的关系。人类社会的发展与自然界的发展的重要区别之一，就是自然界事物的变化是盲目的、无意识的，自然界的发展规律就通过这些盲目的、无意识的事物之间的相互作用表现出来；人类社会的发展则不同，人类的活动是有意识、有目的的，正是人的有意识、有目的的实践活动构成了人类社会的历史。人类通过实践活动创造了自己的历史，从而也就形成了人类社会历史的发展规律。而且人类社会历史的发展规律不能自发地实现，需要通过人的有意识、有目的的实践活动才能实现。离开人类有意识、有目的的实践活动，就没有人类社会的历史，当然也就谈不上人类社会历史的发展规律。

　　恩格斯认为，历史唯物主义和历史唯心主义的分歧，并不在于是否承认人的有意识、有目的的活动在历史发展中的作用，也不在于是否承认精神力量（人的意志）在历史发展中的作用，因为历史总是从许多单个意志的相互冲突中产生出来的，而在于是把精神力量还是把物质力量作为历史发展的原动力。历史唯心主义仅仅停留在人的思想动机上，把人的思想动机看作是历史发展的最根本动力。而历史唯物主

---

① 《马克思恩格斯文集》第4卷，人民出版社2009年版，第301页。

义则指出了人的思想动机背后的更深刻的动力。正如恩格斯所说：历史唯心主义"认为在历史领域中起作用的精神的动力是最终原因，而不去研究隐藏在这些动力后面的是什么，这些动力的动力是什么。不彻底的地方并不在于承认**精神的**动力，而在于不从这些动力进一步追溯到它的动因"①。

那么，如何发现这些精神动力后面的动力、动因呢？恩格斯认为最根本的方就是把个人的活动归结为阶级的活动、群众的活动。他指出："如果要去探究那些隐藏在……历史人物的动机背后并且构成历史的真正的最后动力的动力，那么问题涉及的，与其说是个别人物，即使是非常杰出的人物的动机，不如说是使广大群众、使整个整个的民族，并且在每一个民族中间又是使整个整个阶级行动起来的动机；而且也不是短暂的爆发和转瞬即逝的活动，而是持久的、引起重大历史变迁的行动。探讨那些作为自觉的动机明显地或不明显地，直接地或以意识形态的形式，甚至以被神圣化的形式反映在行动着的群众及其领袖即所谓伟大人物的头脑中的动因——这是能够引导我们去探索那些在整个历史中以及个别时期和个别国家的历史中起支配作用的规律的唯一途径。"②恩格斯接着指出，在资本主义社会以前，历史人物思想动机背后的动因和思想动机之间的联系是混乱而隐蔽的，当时要发现它几乎是不可能的。而在资本主义社会，这种联系变得非常简单，使人们有可能发现思想动机背后的动力。英、法两国的历史充分说明，资产阶级反对封建贵族、无产阶级反对资产阶级的斗争，至少是这两个最先进的国家的近代历史的动力。这些阶级是怎样产生的呢？是由于经济的原因，由于一定的生产方式。因为各个阶级在生产关系中处于不同的地位，有着不同的利益，所以彼此之间进行各种形式的斗争。

---

① 《马克思恩格斯文集》第4卷，人民出版社2009年版，第303页。
② 《马克思恩格斯文集》第4卷，人民出版社2009年版，第304页。

这样就说明了思想动机背后的动力是物质生活资料的生产方式。

承认个人及其思想动机在历史上的作用，也就意味着承认偶然性在历史上的作用。这是因为个人的性格、爱好、习惯、知识水平、身体素质、经历、经验，等等，都具有一定的偶然性；人的思想动机虽然归根到底是有物质根源的，但也在一定程度上受偶然因素的支配。这些偶然因素在社会发展中确实是起作用的。历史唯物主义和历史唯心主义的区别，不在于是否承认偶然性的存在及其在历史发展中的作用，而在于历史唯心主义把历史的发展完全归结于偶然性，历史唯物主义则在偶然性背后发现隐蔽着的必然性，即客观规律性。在历史领域内，"尽管各个人都有自觉预期的目的，总的说来在表面上好像也是偶然性在支配着"，"但是，在表面上是偶然性在起作用的地方，这种偶然性始终是受内部的隐蔽着的规律支配的，而问题只在于发现这些规律"[①]。

通过以上的考察，我们有充分的理由作出结论：马克思、恩格斯创立的历史唯物主义是历史决定论，而不是历史非决定论。

三、历史唯物主义的决定论是唯物辩证的决定论

要说明历史决定论与改变世界的可能性不是对立的，不仅要肯定历史唯物主义是历史决定论，而且还要说明历史唯物主义的决定论是什么样的决定论。

决定论是一个十分复杂的概念，有各种各样的决定论。从哲学基本性质上看，有唯物主义的决定论和唯心主义的决定论；从存在的领域来看，有自然决定论和历史决定论；从科学形态上看，有严格决定论和统计决定论（或称单义决定论和或然决定论）；从历史形态上看，

---

① 《马克思恩格斯文集》第 4 卷，人民出版社 2009 年版，第 302 页。

有古代的朴素决定论、中世纪的神学决定论、近代的机械决定论和黑格尔的唯心主义辩证决定论、马克思主义的唯物辩证的决定论（近年来我国不少学者把唯物辩证的决定论称为系统决定论）。历史唯物主义的历史决定论就是唯物辩证的决定论。我国理论界对各种形式的决定论已经有很多的研究和论述，不再重复，这里只探讨历史唯物主义的辩证唯物的决定论。前面已经讲过，历史唯物主义的决定论，是一种承认社会发展具有客观规律性、必然性和因果制约性的理论。它是建立在唯物主义和辩证法基础上的决定论。它既不同于机械决定论，也不同于唯心主义的决定论。它认为社会发展具有不依人的主观意志为转移的客观规律性，又反对人在客观规律面前无能为力的历史宿命论和历史预成论。它是以作为历史主体的人的实践活动为基础的能动的决定论。历史唯物主义的决定论不仅不否认和排斥人创造历史的能动的实践活动的作用，而且认为它是历史决定论得以成立的前提。如果历史唯物主义的决定论失去这个前提，作为历史主体的人的实践活动便无法进行。在历史唯物主义的决定论看来，对历史发展的客观规律性的认识和揭示，正是为探索作为历史主体的人的创造历史的能动活动开辟了广阔的天地，使人的主体能动性得以更自由、更充分的发挥，从而能以日益合乎规律的活动更加自觉地创造自己的历史。

为了说明历史唯物主义的决定论是辩证唯物的决定论，说明历史决定论与改变世界的可能性不仅不是矛盾的，而且是内在统一的，需要探讨清楚以下几个问题：一是历史决定论与人的主体能动性的关系，二是单义决定论与或然决定论的关系，三是历史决定论与主体选择的关系，四是自由与必然的关系。下面我们分别探讨这些问题。

（一）历史决定论与人的主体能动性的关系

历史决定论与人的主体能动性的关系，就是历史决定论与作为历史主体的人改变世界的实践活动的关系。历史唯物主义的创始人及其继承者对这个问题有很多精辟而深刻的论述。

马克思在《路易·波拿巴的雾月十八日》一文中说:"人们自己创造自己的历史,但是他们并不是随心所欲地创造,并不是在他们自己选定的条件下创造,而是在直接碰到的、既定的、从过去承继下来的条件下创造。"① 马克思认为"人们自己创造自己的历史",就是承认作为历史主体的人通过实践活动创造历史、改变历史具有可能性。认为人们"不是随心所欲地创造"历史,不是在"自己选定的条件下创造"历史,"而是在直接碰到的、既定的、从过去承继下来的条件下创造"历史,就是承认社会历史发展具有客观规律性、必然性和因果制约性,就是承认人们创造历史的活动受既定的历史条件和客观规律的制约,就是承认历史决定论。有的学者认为马克思这句话是说:尽管这种创造和改变世界是有条件的,即受制约的,只是对既有世界的某种改变,而不是随心所欲地无中生有,但无论如何,历史总是人们自己创造的,而不是历史自身把人当作自己的工具而自行发展的。这种解释是含糊其辞、模棱两可的,只承认人们自己创造自己的历史,避而不谈这句话包含的历史决定论思想。

马克思在《哲学的贫困》一书中在谈到人与历史的关系时,认为人本身既是"历史的剧作者",又是历史剧的"剧中人物"。② 说人是历史剧的剧作者,就是说历史是人们的实践活动创造的,人们能够创造历史、改变历史、改变世界。说人是剧中人物,是说人受自己创造的历史及其客观规律的制约。承认人受历史及其客观规律的制约,就是承认历史决定论。马克思关于人既是"剧作者"又是"剧中人物"的比喻,生动而又深刻地说明了历史决定论与人的主体能动性的关系。恩格斯在《反杜林论》中说的历史规律是"人们自己的社会行动的规

---

① 《马克思恩格斯文集》第2卷,人民出版社2009年版,第470—471页。
② 《马克思恩格斯全集》第4卷,人民出版社1958年版,第149页。

律"①，与马克思说的人既是"剧作者"又是"剧中人物"有异曲同工
之妙。

列宁在《什么是"人民之友"以及他们如何攻击社会民主党人？》
一书中批判俄国主观社会学者米海洛夫斯基把历史必然性与人的活动
对立起来的错误观点时，也深刻地论述了历史决定论与主体能动性之
间的辩证关系。米海洛夫斯基大谈"历史必然性的思想和个人活动的
作用之间的冲突"，他以社会活动家自居，认为历史必然性思想把历史
活动家看成是"被动者"，是"被历史必然性的内在规律从神秘的暗窖
里牵出来的傀儡"。列宁认为关于历史决定论和道德观念之间的冲突、
历史必然性和个人作用之间的冲突的思想，正是米海洛夫斯基所喜欢
的话题之一。关于这个话题，他说了无数的小市民感伤的荒唐话，想
把这个冲突解决得使道德观念和个人作用占上风。实际上这里并没有
什么冲突，冲突完全是米海洛夫斯基先生因担心历史决定论会推翻他
所如此酷爱的小市民道德而捏造出来的。列宁指出："决定论思想确认
人的行为的必然性，摒弃所谓意志自由的荒唐的神话，但丝毫不消灭
人的理性、人的良心及对人的行动的评价。恰巧相反，只有根据决定
论的观点，才能作出严格正确的评价，而不致把什么都推到自由意志
上去。同样，历史必然性的思想也丝毫不损害个人在历史上的作用：
全部历史正是由那些无疑是活动家的个人的行动构成的。"②列宁的这
个思想不仅深刻地说明了承认历史决定论、历史必然性观点与承认人
的行动的作用的一致性，而且说明了历史决定论思想是评价人的理性、
人的道德、人的良心以及人的行动的客观依据。

毛泽东继承了马克思、恩格斯、列宁的思想，他在《论持久战》
中，以抗日战争为例，极其生动而深刻地说明了尊重客观规律和充分

---

① 《马克思恩格斯文集》第 9 卷，人民出版社 2009 年版，第 300 页。
② 《列宁专题文集——论辩证唯物主义和历史唯物主义》，人民出版社 2009 年版，第
179 页。

发挥人的主观能动性的关系。他说："指导战争的人们不能超越客观条件许可的限度期求战争的胜利，然而可以而且必须在客观条件的限度之内，能动地争取战争的胜利。战争指挥员的活动的舞台，必须建筑在客观条件的许可之上，然而他们凭借这个舞台，却可以导演出很多有声有色、威武雄壮的戏剧来。""我们不赞成任何一个抗日战争的指挥员，离开客观条件，变成乱撞乱碰的鲁莽家，但是我们必须提倡每个抗日战争的指挥员变为勇敢而明智的将军。他们不但要有压倒敌人的勇气，而且要有驾驭整个战争变化发展的能力。指挥员在战争的大海中游泳，他们要不使自己沉没，而要使自己决定地有步骤地达到彼岸。作为战争指导规律的战略战术，就是战争大海中的游泳术。"[①]毛泽东这段论述，十分精辟地说明了历史决定论与人的主体能动性的关系。

（二）单义决定论与或然决定论的关系

正确理解单义决定论与或然决定论之间的关系，也有助于说明历史决定论与人通过实践活动改变世界的可能性的内在统一。

单义决定是自然界和人类社会中的事物之间所存在的一种确定的关系。所谓确定的关系，是指一种事物的存在和发生必然导致另一种事物的存在和发生。反之，如果一种事物的存在和发生，既可能导致另一种事物的存在和发生，也可能不导致另一种事物的存在和发生，那么这两种事物之间的联系就是一种非确定的联系。或然决定与单义决定不同，它指自然界和人类社会中的任何事物和现象，如果不是大量发生，它们之间就是一种非确定的联系，而如果大量发生，它们之间就存在一种确定的联系，事物之间的这种联系具有或然性，服从统计规律。

---

① 《毛泽东选集》第 2 卷，人民出版社 1991 年版，第 478 页。

　　单义决定论与或然决定论有着不同的研究对象和适用范围。单义决定论以单个个体作为研究对象。在单义决定论考察的范围内，对作为个体的集合体的考察和对个体的考察具有等价性，因而通过对个体事物的性质和规律性的研究，就可以了解由这种个体组成的集合体事物的性质和规律性，个体事物的性质和规律性是集合体事物的性质和规律性的代表。或然决定论是以个体的集合体作为考察对象的。在或然决定论考察的范围内，个体与由这种个体组成的集合体不是等价的，它们具有不同的性质和发展规律。其中每个个体的运动情况，由于受多种因素的制约和影响，都具有很大的偶然性，没有确定的规律可以遵循。只有对个体的总和（集合体）进行考察，才能运用数学上的统计规律，发现其规律性，即在一定程度上揭示大量偶然的、随机的现象在整体上表现出来的必然性特征。

　　人类社会是一个复杂的巨系统，社会内部有经济的、政治的、思想文化的各种因素的交互作用，有个体、群体、各个阶级和阶层、各式各样的人之间的相互合作和相互冲突。每一个历史事件和历史因素，都在受无穷多个社会因素的制约和影响，因而这个历史事件和历史因素的具体发展状况是很难准确地（精确地）确定的。因此，对这无限多的因素之间的交互作用及其产生的历史结果，是不能用单义决定论加以描述的，必须用统计规律加以描述。从本质上说，社会规律遵从或然决定论。

　　那么，对社会历史规律的解释是否完全排除单义决定论呢？不是的。为了研究某一社会因素的内部结构以及内部各要素的相互作用，我们可以把这个社会因素从与其他社会因素的总联系中抽取出来加以考察，把它与其他社会因素的相互联系在思维中暂时撇开不管。例如，为了研究生产力和生产关系之间的关系，我们可以把物质生产从其与社会巨系统的其他各种因素的联系中抽取出来，把其他各种社会因素对生产发展的影响在思维中暂时撇开不管，从而得出生产关系必须适合生产力性质的规律。在这种情况下，是可以而且必须运用单义决定论的。但是，当我们全面考察制约社会生产的各种社会因素时，就需要把生产力和生产关系的关系放到与其他各种社会因素的总联系中去加以考察，这时就应该用而且必须用或然决定论了。从单义决定论的角度考察，生产力和生产关系之间的关系具有确定性；从或然决定论的角度考察，生产力和生产关系之间的确定性只是相对的，而不是绝对的。可见，单义决定论和或然决定论在说明社会规律的客观性上各有其不同的作用，应该把二者结合起来使用。从二者相结合的角度考察，生产力和生产关系之间的关系则是确定性和不确定性的统一。或者说，既具有确定性，又具有不确定性。如果单纯用单义决定论解释社会规律，必然陷入机械决定论和宿命论；如果完全排斥单义决定论的作用，只用或然决定论解释社会历史规律，则会违背历史发展的唯物主义观点，无法说明社会历史的发展具有必然性和客观规律性。

　　线性相互作用和非线性相互作用之间的关系和单义决定论与或然决定论之间的相互关系有着相类似的性质和情况。现代科学和哲学较为一般地把复杂的相互作用关系分为线性相互作用和非线性相互作用两种情况。线性相互作用是指可以用数学上线性方程(零次幂和一次幂关系)和线性微分方程(其解可以线性叠加)加以描述的相互作用关系，如力学中的作用力和反作用力的关系、作用力与动量变化率的关系，热力学中密度梯度与扩散质量的关系，电学中感应电势与磁通量变化的关系等，大体都具有线性相互作用的特点。在过去很长一段时间里，人们比较重视线性相互作用，认为无论多么复杂的相互作用，都可以看作是线性过程或线性过程的简单叠加。20世纪以来，随着科学的发展，当人们力图从总体上把握由多种因素、多种过程构成的复杂的物质系统的演化规律时，相互作用关系的复杂内容日益显露出来。人们普遍地看到，绝大多数的物质系统中各种要素和各种过程之间的相互作用很难用线性方程加以描述，于是，研究非线性相互作用关系就被提到日程上来。所谓非线性相互作用关系，是指描述这种相互作用关系的数学方程至少包含一个非线性项（多次项）。由于包含非线性项，该数学方程的解就不是唯一的。对整个人类历史的解释，当然要用非线性相互作用的观点和方法，而对人类历史中每个因素和环节的解释又要用线性相互作用的观点和方法。在人类社会历史中也同在自然界中一样，非线性相互作用不是对线性相互作用的否定，而是包含了线性相互作用于其中的。单纯用线性相互作用解释历史，会把复杂的历史简单化，认为在任何情况下，历史发展都只具有一种可能性，否认历史发展的多样性；排斥用线性相互作用说明历史，会否定历史发展具有任何的确定性，导致历史相对主义，否定历史发展中的因果必然性和客观规律性。

（三）历史决定论和主体选择的关系

主体选择是指作为历史主体的人，从自身的目的、需要、愿望和知识结构、经验、技能等因素出发，根据对历史固有矛盾及其发展趋势的认识，确定自己行为的方式、方向、目标、方法的活动。承认世界和社会历史的可改变性，既要坚持历史决定论，又要肯定主体选择的作用，并且把二者有机结合起来。承认历史决定论，是肯定主体选择作用的前提和基础；肯定主体选择的作用，是历史决定论得以实现的最基本的条件。二者的关系具体表现在以下几个方面：

首先，在人类社会中有许多规律同时存在和起作用，一个规律的作用总要受到其他规律作用的影响，使各个规律的作用受到一定程度的干扰。这样，就使各个社会规律的具体表现形式具有多样性和不确定性。例如，关于生产力决定生产关系、经济基础决定上层建筑、社会存在决定社会意识的规律，并不是说每一种生产关系都完全适合生产力，每一种上层建筑都完全适合经济基础，每一种社会意识都完全适合社会存在。而只是说，生产关系总是随着这生产力的变化而变化，上层建筑总是随着经济基础的变化而变化，社会意识总是随着社会存在的变化而变化；适合生产力发展的生产关系，适合经济基础发展的上层建筑，适合社会存在发展的社会意识，不是自发地形成的，而是通过人的选择建立起来的。这样就给人们对生产关系的选择、上层建筑的选择、社会意识的选择留下了余地，而这种选择归根结底又不能违背生产力、经济基础、社会存在的发展要求，如果违背了，终归要失败。

其次，在历史唯物主义的决定论看来，社会规律所揭示的社会过程之间的内在联系，不是单义决定论的线性因果关系，而是或然决定论的非线性因果关系，因此，规律对人们的活动所提供的往往不是一种可能性，而是由多种可能性组成的可能性空间。在这多种可能性空间中，究竟哪一种可能性得以实现，在客观条件既定的情况下，取决于主体的自觉活动，取决于主体的选择，取决于不同主体之间的相互关系。例如价值决定价格的规律，由于价格不仅受价值决定，还受供求关系等多种社会因素的影响，所以具有同一价值的商品，在出售时就可能有多种不同的价格，商品购买者购买哪一种价格的这种商品，就取决于主体的选择。由于具有同一价值的商品，可能在市场上出售时形成不同的价格，这样，人们在制定价格政策、规定商品价格上就有了主动性和选择的余地。在一定历史条件下，不同主体往往有不同的选择，而究竟哪些或哪个主体的选择得以实现，则取决于不同主体之间的选择是否符合历史发展方向，取决于不同主体之间的力量对比。

再次，每一种可能性的实现，又会有多种多样的形式，即多种具体的模式和途径。人们对于具体模式和途径的选择，可以表现出巨大的能动性。这些具体的模式和途径在实现主体的目的和符合客观规律的程度上会有所差别，甚至可能迥然不同或截然相反。然而被实现的可能性只能有一个，即变为现实的可能性只有一个。实现的这一可能性是不是主体目的的最佳模式和途径，取决于主体对客观规律认识的正确程度和自身能动性发挥的程度。选择则是主体发挥能动作用关键的一环,这一环节集中体现了人的自主、自律和自由。主体选择的千差万别,使历史呈现千姿百态、绚丽多彩;主体选择的得失成败、良莠并存,使历史过程迂回曲折、进退交替,使不同国家和民族的历史发展有快有慢、有优有劣。能够进行选择是人类的伟大之所在,是人类无穷无尽的创造力之所在,是人类成为万物之灵的突出表现。人类的选择可能正确,也可能错误。正确的选择会给人类带来快乐和幸福,错误的选择会给人类带来痛苦和灾难。因此,我们要慎重地进行选择,要对自己的选择负责。在任何时候都不能因为我们有选择能力而忘乎所以,陶醉于我们对动物、对自然界以及对自己同类的胜利。我们的选择能力任何时候都要受到客观条件的制约,受到我们的实践能力的制约,受到我们的认识水平的制约,受到我们的意志、情感等非理性因素的制约,特别是受到利益的制约。这些主客观条件是我们的选择永远不可能超越的前提。

最后,主体选择与客观规律的接近和符合,是人们在认识和实践中长期而艰难的探索过程,是人们的认识和实践不断深入和提高的过程,是人们不断发现真理和修正错误的过程。人们探索的时间越长,探索的范围越广,认识和实践的水平越高,人们的选择和客观规律相符合的程度就越大,成功的概率就越多,实践的结果就越令人满意。恩格斯指出:"我们所研究的领域越是远离经济,越是接近于纯粹抽象的意识形态,我们就越是发现它在自己的发展中表现为偶然现象,它的曲线就越是曲折。如果您画出曲线的中轴线,您就会发现,所考察的时间越长,所考察的范围越广,这个轴线就越是接近经济发展的轴线,就越是同后者平行而进。"[1]意识形态与经济发展的关系是如此,主体选择与客观规律的关系也是如此。例如,我国对经济体制改革目

---

[1] 《马克思恩格斯文集》第 10 卷,人民出版社 2009 年版,第 669 页。

标的选择，就经过了长期的艰苦的探索过程。改革开放以前，我国实行的是高度集中统一的计划经济体制。这种经济体制虽然当时起过积极作用，但却又有许多弊端。为了改变这种旧的经济体制，建立新的经济体制，先后提出"计划经济为主，市场经济为辅"的原则，然后又相继提出"公有制基础上的有计划的商品经济"、"计划与市场内在统一的经济"、"计划经济与市场经济相结合"的原则，直到1992年党的第十四次全国代表大会才明确提出"我国经济体制改革的目标是建立社会主义市场经济体制"。这种选择是符合市场经济是社会发展不可逾越的阶段这一客观规律的。至于适合中国国情的社会主义市场经济体制的完善，恐怕需要更长期、更艰苦的探索。

（四）自由和必然的关系

自由和必然的关系与改变世界的可能性和历史决定论的关系紧密相连。自由属于主体活动的范畴，人有自由意味着人能通过实践活动改变世界、创造和改变历史；必然属于历史决定论范畴，是指历史发展具有必然性、客观规律性和因果制约性。承认自由和必然的统一，就意味着承认改变世界的可能性和承认历史决定论的统一。

必然同必然性是一个意思，指的是客观事物的本质的、规律性的联系，是客观事物发展的不可避免的趋势。1962年毛泽东在《扩大的中央工作会议上的讲话》中说："所谓必然，就是客观存在的规律性，在没有认识它以前，我们的行动总是不自觉的，带着盲目性的。"[1] 简单地说，必然性就是事物发展的客观规律性，历史必然性就是社会历史发展的客观规律性。

恩格斯在《反杜林论》中对自由的含义以及自由和必然的关系作了深刻的说明。他指出："自由不在于幻想中摆脱自然规律而独立，而

---

[1] 《毛泽东文集》第8卷，人民出版社1999年版，第306页。

在于认识这些规律，从而能够有计划地使自然规律为一定的目的服务。这无论对外部自然的规律，或对支配人自身的肉体存在和精神存在的规律来说，都是一样的。这两类规律，我们最多只能在观念中而不能在现实中把它们互相分开。因此，意志自由只是借助于对事物的认识来作出决定的能力。因此，人对一定问题的判断越是**自由**，这个判断的内容所具有的**必然性**就越大；而犹豫不决是以不知为基础的，它看来好像是在许多不同的和相互矛盾的可能的决定中任意进行选择，但恰好由此证明它的不自由，证明它被正好应该由它支配的对象所支配。因此，自由就在于根据对自然界的必然性的认识来支配我们自己和外部自然；因此它必然是历史发展的产物。"① 自由和自然必然性之间的关系是如此，自由和历史必然性之间的关系也是如此。毛泽东根据恩格斯这段论述，对自由的含义作了极其精练的界定："自由是对必然的认识和对客观世界的改造。"②

恩格斯和毛泽东的论述告诉我们，对于自由的含义不能孤立地从自由本身去理解，应该从自由与必然之间的关系上去理解。因此了解了什么是自由，也就在一定程度上了解了自由与必然的关系。自由以及自由和必然的关系包含相互联系的两层含义：第一层是说，自由是人们对必然性的认识，必然是自由的基础，离开了对必然性的认识，就不会有任何自由；第二层是说，自由是根据对必然性的认识，所采取的改造客观世界的实践活动。这就是说，人们要获得自由，不能停留在对客观必然性的认识上，而且必须以对客观必然性的认识为指导，去从事改造客观世界的实践活动。自由不仅是认识领域的范畴，而且是实践领域的范畴。根据对自由及自由与必然的关系的这种理解，人们在社会历史领域中的自由，就是对社会历史客观必然性的认识，以及在这种认识的指导下改造社会历史的实践活动。

---

① 《马克思恩格斯文集》第 9 卷，人民出版社 2009 年版，第 120 页。
② 《毛泽东著作选读》下册，人民出版社 1986 年版，第 833 页。

四、解释世界与改变世界的关系

解释世界与改变世界的关系问题和历史决定论与改变世界的可能性的关系问题有着密切的联系。我们从对马克思1845年春天写的《关于费尔巴哈的提纲》第十一条的理解来分析这种联系。马克思在《关于费尔巴哈的提纲》第十一条中说："哲学家们只是用不同的方式**解释世界**，问题在于**改变世界**。"① 国内外理论界都有人，甚至可以说有相当多的人，把这句话解释为，马克思以前的一切哲学家的哲学都只是用不同的方式"解释世界"，只有马克思和他的哲学才主张要"改变世界"。有人甚至把全部哲学分为两大类：一类是"解释世界"的哲学，另一类是"改变世界"的哲学，认为只有马克思主义哲学才是"改变世界"的哲学，其他哲学都只是"解释世界"的哲学。这种观点虽然很流行，但我认为这种理解不符合马克思的本意，是对马克思这句话的最大误解。这里的关键在于对马克思所说的"哲学家们"的理解。这里的"哲学家们"指的是马克思以前的一切哲学家，还是指特定的哲学派别？我认为不是指前者，而是指后者。具体地说，是指黑格尔哲学解体过程中产生的青年黑格尔派，这句话说的是青年黑格尔派的"哲学家们"只是用不同的方式解释世界，不能实际地改变世界。下面我们作些具体考察。

马克思在《神圣家族》中讲到法国和英国的唯物主义者和共产主义者所作的批判时说："法国人和英国人的批判并不是什么在人类之外的、抽象的、彼岸的人格化的东西，这种批判是那些作为社会积极成员的个人所进行的**现实的人的活动**，这些个人作为人也有痛苦，有感情，有思想，有行动。因此，他们的批判同时也是实践的，他们的共

---

① 《马克思恩格斯文集》第1卷，人民出版社2009年版，第502页。

产主义是这样一种社会主义，在这里面他们提出了实践的、明确的实际措施，在这里他们不仅思考，而且更多的是行动。因此，他们的批判是对现存社会的生动的现实的批判，是对'衰败'原因的认识。"①这说明，法国的和英国的唯物主义者和共产主义者的批判活动并没有停留在纯观念、纯思想的范围内，没有停留在只是解释世界上，而是主张对现存的社会制度进行革命的、实践的批判，既有实际措施，又有实际行动。

恩格斯持与马克思相同的观点。他在《自然辩证法》手稿中谈到文艺复兴以来伟大的思想家、艺术家、科学家、哲学家、革命家以及他们从事的各种变革现实的活动时说："这是人类以往从来没有经历过的一次最伟大的、进步的变革，是一个需要巨人并且产生了巨人的时代，那是一些在思维能力、激情和性格方面，在多才多艺和学识渊博方面的巨人。给资产阶级的现代统治打下基础的人物，决没有市民局限性。相反，这些人物都不同程度地体现了那种勇于冒险的时代特征。""那个时代的英雄们还没有成为分工的奴隶，而分工所产生的限制人的、使人片面化的影响，在他们的后继者那里我们是常常看到的。而尤其突出的是，他们几乎全都置身于时代运动中，在实际斗争中意气风发，站在这一方面或那一方面进行斗争，有人用舌和笔，有人用剑，有些人则两者并用。因此他们具有成为全面的人的那种性格上的丰富和力量。书斋里的学者是例外：他们不是二流或三流的人物，就是唯恐烧着自己手指的小心翼翼的庸人。""自然科学在这场革命中也生机勃勃，它是彻底革命的，它和意大利的伟大人物的觉醒的现代哲学携手并进，并使自己的殉道者被送到火刑场和牢狱。"②恩格斯的这几段话说明，文艺复兴以来的伟大人物，没有仅仅停留在对旧制度进

---

① 《马克思恩格斯文集》第 1 卷，人民出版社 2009 年版，第 355 页。
② 《马克思恩格斯文集》第 9 卷，人民出版社 2009 年版，第 409、409—410、405 页。

行思想批判上，没有停留在只是解释世界上，而是意气风发、生气勃勃地投入时代运动中，用笔、用剑或二者并用，对旧社会制度进行实际的革命实践的批判，不怕被送上断头台、绞刑场，不惜牺牲自己的宝贵生命。

不只是法国的和英国的唯物主义哲学不仅仅是解释世界，而且也主张要改变世界，就是黑格尔的唯心主义哲学也不仅仅是解释世界的哲学，而不主张、不希望自己的哲学能在现实中得以实现。恩格斯在《路德维希·费尔巴哈和德国古典哲学的终结》中批判黑格尔哲学从绝对观念开始，经过其自身发展的一系列环节，即经过一系列范畴的否定之否定过程，最后又回到绝对观念时说："要在全部哲学的终点上这样返回到起点，只有一条路可走。这就是把历史的终点设想成人类达到对这个绝对观念的认识，并宣布对绝对观念的这种认识已经在黑格尔的哲学中达到了。""在哲学认识上是这样，在历史的实践上也是这样。人类既然通过黑格尔这个人想出了绝对观念，那么在实践上也一定达到了能够在现实中实现这个绝对观念的地步。因此，绝对观念对同时代人的实践的政治的要求不可提得太高。因此，我们在《法哲学》的结尾发现，绝对观念应当在弗里德里希-威廉三世向他的臣民们再三许诺而又不予兑现的那种等级君主制中得到实现"。[1] 恩格斯在批判黑格尔思维与存在同一性的唯心主义性质时指出，黑格尔所说的思维与存在的同一性，实际上是绝对观念的自我认识，是思想自己认识自己，在他那里思维和存在都是绝对精神的不同环节，要认识的东西实际上已经默默地包含在前提里面了。"但是，这决不妨碍黑格尔从他的思维和存在的同一性的论证中作出进一步的结论：他的哲学因为对他的思维来说是正确的，所以也就是唯一正确的；而思维和存在的同一性要得到证实，人类就要马上把他的哲学从理论转移到实践中去，并按照

---

① 《马克思恩格斯文集》第4卷，人民出版社2009年版，第271页。

黑格尔的原则来改造整个世界。这是他和几乎所有的哲学家所共有的幻想。"①这就是说，一切哲学家，包括黑格尔这样的彻底的唯心主义哲学家，都幻想把自己的哲学变为现实，按照自己哲学的原则改变世界，不同的只是改变世界的方式，只是在实质上和实际上能不能达到改造世界的效果。

费尔巴哈也不是根本不讲实践，他曾经用实践观点批判过唯心主义，有时甚至还给实践很高的评价，并把实践包括到认识论中去，作为认识论的基础。他曾经讲过："唯心主义的主要缺点正在于，它仅仅从理论的观点来提出和解决客观性和主观性问题、世界的真实性和非真实性问题。"②唯心主义不知道"理论所不能解决的那些疑难，实践会给你解决"③。列宁在《唯物主义和经验批判主义》一书中，对费尔巴哈的实践观点给予相当高的评价。他说："费尔巴哈把人的实践的总和当作认识论的基础"④。但是，费尔巴哈或者把实践活动理解为小商人的经商谋利的卑污活动，或者只把理论活动看作是真正的实践活动，他并不了解革命的实践批判活动的意义。正如马克思、恩格斯在《德意志意识形态》一书中所说："实际上，而且对**实践的**唯物主义者即**共产主义者**来说，全部问题都在于使现存世界革命化，实际地反对并改变现存的事物。如果在费尔巴哈那里有时也遇见类似的观点，那么它们始终不过是一些零星的猜测，而且对费尔巴哈的总的观点的影响微乎其微，以致只能把它们看做是具有发展能力的萌芽。"⑤尽管如此，我们也不能说费尔巴哈的哲学只是解释世界的哲学，完全否定改变世

---

① 《马克思恩格斯文集》第4卷，人民出版社2009年版，第279页。

② 转引自乐燕平：《〈费尔巴哈和德国古典哲学的终结〉解说》，河北人民出版社1961年版，第256页。

③ 《费尔巴哈哲学著作选读》上卷，生活·读书·新知三联书店1959年版，第248页。

④ 《列宁专题文集——论辩证唯物主义和历史唯物主义》，人民出版社2009年版，第49页。

⑤ 《马克思恩格斯文集》第1卷，人民出版社2009年版，第527页。

界的必要。

　　总体来看，马克思《关于费尔巴哈的提纲》第十一条中所说的"哲学家们只是用不同的方式**解释**世界，问题在于**改变**世界"这句话是在特定的情境下、针对特定的哲学家、在特定的意义上说的。首先，这里的"哲学家们"不是泛指马克思主义哲学产生以前的一切哲学家，而是特指青年黑格尔派的哲学家；其次，这里的特定情境，指的是当时青年黑格尔派哲学家所面对的德国的黑暗的悲惨的现实；再次，这里的特定意义，指的是青年黑格尔派哲学家只进行哲学批判和宗教批判，只是用词句反对词句，不敢触动德国黑暗的现实，不敢进行革命的实践的批判。正是基于这种情况，马克思才说青年黑格尔派哲学家们只是用不同的方式解释世界，而不去通过革命的实践活动改变世界。离开特定的情境下的特定的哲学的特定的意义，去理解马克思这句话，把全部哲学划分为解释世界的哲学和改变世界的哲学两大类，认为只有马克思主义哲学才主张改变世界，其他任何哲学都只是解释世界而不想改变世界，这是对马克思这句话的极大误解。

　　通过上面的考证、论证和分析，我们可以把历史决定论与人改变世界的可能性之间的关系概括如下：

　　第一，历史唯物主义是历史决定论，而不是历史非决定论。这是考察历史决定论与人改变世界的可能性之间的关系需要弄清的第一个最根本的理论前提。把历史唯物主义看作是历史非决定论，是根本违背历史唯物主义的本性的，因而是根本错误的。

　　第二，历史唯物主义的决定论是唯物辩证的决定论，它与机械决定论、历史宿命论和历史预成论有着本质的区别。这是考察历史决定论与人改变世界的可能性之间的关系需要弄清的第二个理论前提。否认和批判历史唯物主义的历史决定论的学者，大都把历史唯物主义的历史决定论与机械决定论、历史宿命论和历史预成论混为一谈了。卡尔·波普的《历史决定论的贫困》等著作对历史决定论的批判和否定，就是这种做法的典型代表。

第三，承认历史决定论与承认人改变世界的可能性是同一个问题的两个方面，二者不仅不是矛盾的，而且是紧密相连、内在统一、互为前提的，任何把二者割裂开来、对立起来的观点和做法，都是根本错误的。只承认历史决定论，不承认人通过实践活动改变世界的可能性，必然导致机械决定论和历史宿命论；只承认人通过实践活动改变世界的可能性，不承认历史决定论，必然导致历史唯心主义和唯意志论。

第四，历史决定论，即认为历史发展具有必然性、客观规律性和因果制约性，是人通过实践活动改变世界、创造历史和改变历史的基本前提。如果历史发展没有必然性和客观规律性，如果人的实践活动不受历史必然性和客观规律性的制约，如果人对历史发展的基本趋势毫无所知，他就无法确定自己活动的目的和方向，无法制定自己活动的计划和方案，人的活动就可能随心所欲、为所欲为，或像无头苍蝇一样东冲西撞，这种盲目的活动决然无法有效地改变世界、创造历史和改变历史。不仅如此，他还会对人类历史和人类自身造成无穷无尽的灾难，使人类遭受无穷无尽的痛苦，甚至导致人类社会和人类自身的灭亡。

第五，人的主体能动性，即人对历史发展的必然性和客观规律性的认识与根据这种认识所进行的创造历史和改变世界的实践活动，又是历史决定论得以起作用和实现的基本前提。因为历史发展的必然性和客观规律性不是先定的、预成的，也不是人之外的某种神秘力量创造的。社会历史规律就是人的实践活动的规律。离开人对历史必然性和客观规律性的认识以及根据这种认识所从事的创造历史和改变世界的实践活动，历史发展的必然性和客观规律性就无法形成，也根本谈不上得到实现。

第四章
历史进步及其评价尺度

随着现代社会的快速发展，人们普遍感到社会变革潮流的巨大冲击，因而社会进步问题逐渐成为理论界高度关注的热点。但什么叫社会进步？衡量社会进步的尺度是什么？如何正确认识社会进步的代价付出和正确进行代价选择？这些都是历史进步理论及其评价尺度中分歧很大的问题。为了正确理解和把握这些问题，我们既要正确理解历史进步的内涵，也要根据马克思、恩格斯的著作，按照马克思、恩格斯历史进步及其评价尺度的理论的历史演变，深化对历史进步及其评价尺度的认识。深入研究历史进步及其评价尺度问题，有助于正确认识和理解马克思、恩格斯的东方社会和古代社会发展道路理论。

一、历史进步概念的内涵

回顾历史，可以看出，历史进步是一个晚近出现的观念。虽然这一观念在古代社会已有萌芽，但在整个古代思想中，无论是东方还是西方，历史进步的观念均不占主导地位。与此相反，人们普遍地把记忆中的过去看作是人类的黄金时代，而把人类的现有境况看成是一种堕落和倒退。历史进步观念乃是近代以来的思想的产物。继培根、笛卡尔从人类的认识和控制实践能力的提高入手为历史进步作了初步论证之后，在牢固确立历史进步观念方面贡献最多的，首推18世纪的法国启蒙学派。启蒙学派的代表人物杜尔哥、孔多塞、狄德罗、伏尔泰、孟德斯鸠、魁本、霍尔巴赫、达朗贝尔等人的著作中都贯彻着这样一个信念，即人类借助于理性和知识的增长能够逐步学会如何去控制自然，使之为自己的目的服务，即提高物质生活水平，改造政治制度和立法，提高审美鉴赏力和道德水准等。总之，法国启蒙学派崇尚理性，相信教育和启蒙的作用，并以此作为历史不断进步的保证，这就是他们的历史进步观的核心内容。马克思、恩格斯批判地继承了法国启蒙学派关于历史进步的观念，创立了历史唯物主义的历史进步观。马克思指出："进步这个概念决不能在通常的抽象意义上去理解。"[1] 以马克思、恩格斯有关历史进步的思想为指导，纵观人类历史发展的全过程，我们可以把历史进步概念的内涵概括为以下几个方面。

（一）历史进步是向前向上的运动

作为一种向前向上的历史运动，历史进步既不是历史的重复循环，也不是历史的停滞后退，而是人类自身不断发展、不断前进的总体趋势和过程。在这一过程当中，起决定作用的力量，是人类创造历史的实践活动。从满足人的基本生存需要开始，人类自始至终从事着物质生产实践活动。在物质生产实践活动过程当中，一方面，人确立了自身生产发展的物质基石，亦即生产力和社会制度的成果，为自身的发展聚集了强大的物质基础；另一方面，在这一过程当中，人也开发了自身的各方面的潜能和特质，使自身的能力，包括认知能力、审美能力和道德实践能力等等，不断获得提升和发展。这也就是说，人类通过自身的生产实践活动和其他实践活动过程，一方面，在超强力量的自然界之外，精心建构了一个属人的人化世界，这个人化世界，以其不断增多的物质产品和精神产品，确立其丰富多彩、绚丽多姿的独特的性质；另一方面，由于人的实践能力或者说目的指向的永无停歇性，人类又不断地追求着自身生活的幸福和完善。

---

[1] 《马克思恩格斯文集》第 8 卷，人民出版社 2009 年版，第 34 页。

对历史进步的衡量，既可以从量的方面，即物质产品是否不断丰富，社会的经济总量是否不断增加，人们的富裕程度是否不断提高的角度来进行；同时，也可以从质的方面，即人的素质、能力、个性是否不断丰富和扩展的角度来获得说明。但从总体上来说，与原始自然界的无意义状态相比，与人类历史生成时期的茹毛饮血的状态相比，人类历史是不断呈现上升和前进的态势，在总体上处于不断进步的过程之中，这一点是毫无疑问的。

（二）历史进步是曲折的反复的过程

在对历史进步的理解中，存在一种极端乐观主义的思想观念，即将社会历史的发展视为一种直线式的前进过程，如同一条直线的延展一样，按照某种既定的模式和节奏，历史会自动实现其一个个的既定目标，既不会出现任何的波折和反复，也不会发生任何的变更和错位。然而，这样一种神秘主义的抽象历史进程是根本存在的，人类历史的进步总是在波折、反复甚至是倒退回旋中向前行进的。马克思指出："与'**进步**'的奢望相反，经常可以发现**退步和循环**的情况。"① 从人类文明诞生的角度讲，在某种意义上，人类文明的发轫，实际上是人的私欲获得实现和承认的过程，无论是氏族的首领，还是作为部落的酋长，他们利用占有的公共权力，侵吞公社和部落的公共财产，直接导致了私有制的产生和出现，从而使阶级和国家的形成成为可能。而在人类文明的演进过程中，人类历史的每一次重大跃迁和进步，都经历过或多或少、或长或短的酝酿、徘徊甚至惨痛的代价付出过程。完全风平浪静、毫无曲折和反复的历史进程是不存在的。例如，在人类文明的演进过程当中，就曾因地震、海啸、沙漠化、飓风等自然灾害的原因，发生过文明的消逝、断裂等事件和进程。而在近现代的人类历

---

① 《马克思恩格斯全集》第2卷，人民出版社1957年版，第106页。

史图谱中更是不乏这样的例子：像资本主义初期发展过程中曾出现过的"羊吃人"的运动；像资本主义进入垄断资本主义阶段时，各国为争夺殖民地和世界市场而进行的惨绝人寰的两次世界大战；像某个超级大国借反对恐怖主义之名，对一些弱小民族和国家进行的颠覆活动；像现代人为实现经济的高速增长，在与大自然的物质变换过程中对自然环境造成的严重破坏，包括资源短缺、能源危机、环境污染、温室效应、生物多样性减少、大自然经过上亿年发展进化而形成的地球表面的生态平衡的破坏，等等。为实现历史的进步，人类实际上支付了高昂的发展代价。因此，对于人类历史进步的理解，不应是简单的、机械的和直线式的，将这一进程简化为一个既定的公式，以为只要登上共产主义的列车，就可以顺利地实现自己的美好目标和愿望，而不做长期的和需要艰苦努力的思想准备。历史上，没有哪一种新型社会制度的建立，不曾遭遇挫折和失败，甚至出现旧制度的暂时复辟；没有哪一种社会关系的形成，未曾经过反复的尝试和长期的斗争。

　　历史进步的实现，总是在无数的牺牲和斗争中，在数不尽的代价付出中，在历史的徘徊和曲折中进行的。正是在这种挫折、教训和迂回曲折中，在人们经历过惨痛的代价付出之后，人们才将这种失败和教训深刻地铭记于心，从而成为推动历史进步的主观动力。

（三）历史进步是事实和价值的综合

　　承认历史进步是历史的事实和历史的必然，将人类历史发展视为一种不断进步、不断向上的客观进程，这并不是一件很难的事情。但问题在于，到底怎样来理解这一事实、必然和客观性呢？有一种观点认为，历史有着它自身的发展逻辑，无须依靠作为历史主体的人的创造性选择和实践，历史自身具有自动进步的机制和动力，无须凭借人类的自由意志，历史走着它自身既定的发展轨迹，不会发生任何偏差和疏离。这样一种事实与价值严格统一的背后，不仅在实际上否定对历史进步的价值评价，而且包含着事实与价值的严重分离，内蕴着必然与偶然的相互拆分，以及主观和客观的相互背离。历史的进步和完善，既不是像维柯、康德、黑格尔所说的那样，是外在目的支配和规约的结果，也不是历史的自动发生，而是通过每一个历史主体的现实的实践活动完成的。历史进步说到底是人类自身的进步，因为历史不外是现实的人的活动而已，是人的内在本质力量不断外化的过程。正是人类为了满足自身生存发展的基本需要，才赋予了社会生产以基础性的重要地位，人才不断地通过生产的发展，解决人与自然界之间的冲突，获得生产力发展程度和发展水平的不断提高，使自身应对自然的能力不断增强；在生产发展的过程中，人与人之间的交往关系也不断拓展，人不断地从被奴役和被束缚的状态中摆脱出来，个人在社会当中的自由程度不断得到扩展；同时，在与自然界和他人进行物质变换和社会交往实践的过程当中，人也不断地加深对自身存在的了解和认识，体味人与人之间的理性与情感、认知与实践、有限与无限相互交织的存在状态。

历史进步作为一种客观的进程，从来都未曾脱离过人的主体创造作用，应该说，作为历史主体的人的劳动和创造，在其中扮演了基础性的、决定性的角色，起着决定性的作用。此外，需要特别强调的一点是，历史进步作为一个包含有明显价值评价色彩的概念，或者说，对于历史是否进步的衡量，实际上也是由作为历史主体的人做出的。如果没有作为历史主体的人的目标设定和价值参与，历史进步就是一个虚空的概念。人类历史不断进步的进程，并非来自历史的自我诠释，而是一定历史主体根据一系列的主客观因素和条件所进行的总体评价。所以说历史进步是事实和价值的综合。

（四）历史进步是积累和跃迁的辩证统一

任何历史进步都要求有一定的物质前提，都要求建立在一定的物质技术条件、一定的生产力发展水平之上，任何生产关系和社会制度的建立，都要求具备一定的可量化的物质基础。没有相应的物质条件，就不能实现相应的历史进步。但是，历史进步并不表现为单纯的物质财富的增长，而是一个包括经济的、政治的、文化的等社会各方面要素全面进步的总体进程，其最高价值指向，是实现人的进步和自由而全面的发展。

在社会演进和变革的过程当中，在历史进步的进程当中，同样存在着量和质的辩证统一关系。就现实的情况来看，当一定社会发展在量的积累方面达到一定的程度，例如我们经常谈到的，当我国的人均国民生产总值突破 3000 美元的大关，我们的社会发展就进入到一个重要的关节点，既面临着巨大的发展机遇，也面临着巨大的挑战，成为社会矛盾的重要凸显期。如果我们能够成功地应对这一历史的挑战，就能够使我们进入到一个更高的层次和水平，实现我们预定的全面建成小康社会的基本目标。而按照美国经济学家、统计学家西蒙·库兹涅次的倒 U 型理论，一个国家为实现自身的经济发展，必然在一定时期内执行分配不均的发展策略，这种分配不均必然导致人们之间的收入差距的扩大，社会不平等现象日趋严重。随着生产力的进一步发展，社会财富的进一步增加，收入分配又会重新趋于平等，使尖锐的社会冲突获得相应的解决。实际上，这也就意味着经济社会发展不均衡的矛盾在一定程度上能够获得有效的解决，是社会进步的一种体现。因此，可以说，历史进步并不是一个单纯的量的积累过程，更是一个包含着质的变革的跃迁过程。每一次历史进步都是历史发展渐进过程的中断，是建立在一定的生产力发展水平上的社会跃迁过程。

（五）历史进步是一个长期的过程

如前所述，历史的进步，实际上是事实与价值、量变与质变的统一过程。任何历史进步的实现，都需要在人类生产劳动实践的创造性活动基础上，通过生产力的发展、生产关系的变革以及社会文化的发展、人的素质和能力的提高等方式，通过积累与跃迁相结合的方式，通过长期发展过程才能实现。在人类历史进步的设定和预期问题上，并不能抱有理想主义的或者急躁冒进的思想情绪。特别是由于人类历史进步的实现，本身就是一个辩证过程，其中包含着冲突、挫折、反复，甚至一定程度的倒退的本质特征，并不是一个完全乐观主义的历史进程。因此在对人类历史进步的理解上，必须将其视为一个不断发展、演进和变迁的长期过程。在人类历史上，有众多的思想家都曾经试图对历史进程加以一劳永逸的说明，作出明确无误的规定，将社会生活的某个方面，如科学技术的高度发展、人性的无限完美或者自由平等的充分实现，设定为理想社会的本质，界定为历史的进步和完善。也有众多的政治家、战略家曾经在自己的治国理想中，将人与人之间的完全平等、人的精神世界的无限完满和崇高，或者社会成员之间的完全和谐，作为施政的基本纲领，但最终都以实践上的重大缺陷而没有取得成功。事实上，这些主张和做法，都是将人的某一方面的需要和愿望永恒化，并没有将人的需要、价值和社会生活条件、环境等等视为处于不断的变化过程之中，看作是一个历史的生成过程。历史进步是一件伴随着人类运动始终的问题，行动的目标总是内蕴于历史的现实过程之中，只有当我们朝它前进时才能逐步明确，这种目标的恰当与否只有在到达这些目标的过程中才能被证实。理想与现实总是互相矛盾的，现实总是不理想的，理想又不是现实的。当理想作为理想时，我们确实认为它是无限美好的，但理想一旦实现，我们就会实际地看到它并不像设想的那样完美无缺。于是，人类又设定和追求更加美好的理想。理想与现实的这种矛盾的不断产生和不断解决，正好是推动历史进步的重要动力。一旦理想与现实的矛盾完全解决了，人类的历史也就停滞不前了。

由上可见，历史进步是一个不断通过作为历史主体的人的实践活动得以实现的客观进程，是一个随着人类创造活动的展开不断持续向前向上的过程，是一个通过矛盾冲突和代价付出予以确证的发展过程，是一个包含主体价值评价在内的质变过程，是一个不断延展、无法给出终极形态的无限进程，是一个理想与现实的矛盾不断产生又不断解决的过程。作为主体与客体相统一、质量和数量相结合、事实与价值相交织的总体性、辩证性历史发展过程，历史进步同时就是人类不断获得解放、不断走向成熟的过程。

二、历史进步的代价

历史进步和代价紧密相连，没有任何历史进步不是以付出代价为条件的，历史上付出的代价也无不以历史的进步作补偿。一部人类历史进步史，也是一部代价付出史，是以付出代价为条件的历史进步史，也是以历史进步为补偿的代价付出史。

（一）历史进步代价的内涵

所谓历史进步的代价，是与社会历史发展的价值相关联的概念，指的是人类为实现历史进步所作出的牺牲、付出以及为实现这种进步所承担的消极后果。历史进步的代价不同于物质运动过程中的损耗，它只存在于人类历史活动之中，与人类历史活动相关联，并构成人类历史活动的一个基本方面，亦即与人类历史活动的进步、成效相对应的否定和损失的一面。凡是与历史进步的价值取向相违背的付出、牺牲，不能称作历史进步的代价，这是与历史进步毫无助益的损耗，是无谓的损失。具体说来，历史进步的代价，包括成本付出、价值贬损和人的牺牲、历史活动的失误、历史过程产生的负效应，等等。

成本是人类历史活动的投入和付出。要实现历史进步，必须有历史主体和历史客体的双重耗费。作为历史主体的人，是历史活动的发动者和调控者，必须付出一定的体力、脑力，耗费生命，为了成就某种事业常常必须牺牲和抑制自己的某些需求。历史客体的耗费包括原材料的消耗、自然资源的消费、劳动手段的磨损、活动对象的分解等。成本是历史进步在任何时候都必须付出的代价，这种代价具有不可避免性，但人们可以努力降低成本，减少投入，增加产出，以较小的成本获取较大的历史进步。

在历史活动中，人既是目的，又是手段。人作为手段，在历史活动中必然伴随着价值贬损和牺牲。例如，人类是从野蛮状态开始的，为了摆脱野蛮状态进入文明时代，实现原始社会完全无法做到的进步，必须用野蛮的几乎是野兽般的手段，"激起人们的最卑劣的冲动和情欲，并且以损害人们的其他一切禀赋为代价而使之变本加厉的办法来完成这些事情的"。"由于文明时代的基础是一个阶级对另一个阶级的剥削，所以它的全部发展都是在经常的矛盾中进行的。生产的每一进步，同时也就是被压迫阶级即大多数人的生活状况的一个退步。对一些人是好事，对另一些人必然是坏事，一个阶级的任何新的解放，必然是对另一个阶级新的压迫。"① 直到目前为止的历史过程中，人的各个方面的发展以及全人类的发展和每个人的发展是难以兼顾的，人类为了某一方面的需要和发展，往往要舍弃其他方面的需要和发展；为了使一部分人得到发展，往往需要多数人的价值被贬损。这对一些人来说是不公平的，但在历史发展的一定阶段上又是不可避免的。只有到未来共产主义社会，每个人的发展才成为其他一切人发展的条件。

历史活动中发生的失误，是由于人的主观原因造成的差错。作为历史主体的人，由于受各种主客观条件的限制，在认识和实践活动中，不可能时时处处完全正确，产生各式各样的失误是在所难免的。历史活动中的失误之所以是历史进步的一种代价，因为它是通向成功与进

---

① 《马克思恩格斯文集》第 4 卷，人民出版社 2009 年版，第 196、196—197 页。

步的一个环节，失败是成功之母，它为成功和进步作了铺垫、开辟了道路。人们通过总结失误的经验教训，提高自觉性，提高认识和实践的预见性，提高自己的认识能力，完善各方面的素质，这对推动历史进步是大有助益的。

历史过程产生的负效应，是人们改造世界的实践活动所引发的消极后果和不良影响。任何历史活动过程都是一个矛盾过程、利弊共生过程。即使是经过深思熟虑和认真选择的实践方案，实行起来也会有一定的负效应，差别只在于有的负效应较少，有的负效应较多，有的在短时间内就能显现出来，有的需要通过很长时间才能显现出来。历史活动中常常出现这样的情况，人们的愿望是十分美好的，但最终结果却可能导致巨大的灾难和无法弥补的损失。负效应根源于人的认识和实践能力的局限性，根源于事物及人的需要的多样性、变动性、不确定性。随着人类活动的自觉性的提高，负效应是可以不断减少的。吃一堑、长一智，人类在不断地克服和减少负效应的过程中，逐步从不自觉到自觉，从必然王国走向自由王国。即使如此，人们也只能做到减少负效应，不可能完全避免负效应的产生。即使到未来共产主义社会也是如此。

（二）历史进步代价的客观必然性

在人类社会的总体发展进程中，由于自然条件、社会历史条件的制约和人类自身的历史局限性，代价的付出是不可避免的。改造自然、改造社会、发展生产，是人类历史进步的基础和根本标志，人类为此投入了自己绝大部分的能量和智慧，付出了难以计数的血汗，也在相当程度上污染了环境，破坏了生态，耗竭了资源，招致了自然界的报复。在社会关系领域，从原始社会到资本主义社会的漫长历史进程中，人类的发展都表现为以牺牲个体为代价，特别是在阶级社会，社会关系的进步直接表现为被剥削阶级的价值沦丧和异化，人受异己的社会必然性的奴役和支配。历史进步与代价的内在关联表明，进步与代价是相伴而行的，没有任何历史进步不是用代价换来的。如果说进步是历史运动确定不移的基本趋势，那么，这一基本趋势是以代价作为铺垫和开辟道路的。

社会发展是在进步与代价的矛盾中运动的，任何进步都伴随着代价，这是到目前为止人类历史发展的普遍规律。代价具有客观普遍性，在以往的历史中，代价的客观必然性往往表现为强制性，自然必然性和社会必然性强制人们付出代价，这一方面反映了在不合理的社会历史条件下，客观必然性压制和强制人的状况，人们在没有成为自己活动和社会关系的主人的条件下，代价的付出是完全不由自主的；另一方面，这也反映了历史进步代价在社会发展中的客观必然性，历史进步的代价主要是由社会历史条件所决定的，具有一定程度的非选择性。首先，人类发展的需要与满足需要之间总是存在一定的距离，越是在生产力不发达的阶段，人类的发展越会付出较大的代价。在生产力极端低下的社会状况下，为了能够满足最基本的生活需求，不得不放弃其他方面的需求。其次，无论是社会的发展还是人的发展，都是一个过程，不可能一步到位，也不可能全面展开，在一定的历史时期内，某一方面的突出发展必然抑制和延缓其他方面的发展，从而使得社会发展和人的发展片面化。

在人类历史发展的不同阶段，代价的特征和表现形式是有区别的。在原始社会中，人所受到的束缚主要来自自然界，人类生存的代价主要根源于自然界的强大和人类自身的弱小之间的矛盾。进入阶级社会以后，一部分人的发展以牺牲另一部分人的发展为代价；在资本主义主导的普遍的世界历史交往条件下，一个或一些国家和地区的发达往往以另一个或一些国家和地区的不发达为代价。只有到了未来共产主义社会，全人类才能得到自由而全面的发展。

（三）树立科学的代价意识

历史进步不可避免地要付出代价，但如何付出代价，付出多少代价，则要通过人的活动来实现。在这里，要反对两种错误倾向：一是浪漫主义的倾向，只重视发展，无视代价，把任何代价的付出都看作是自然而然的事情。二是悲观主义的倾向，面对历史进步所付出的代价，尤其是比较大的代价，感到悲观、沮丧和迷惘，这特别表现在社会转型时期。既然历史进步不可避免地要付出代价，树立科学的代价意识就是非常重要的。所谓代价意识，是指历史主体对社会历史过程中得失利弊关系的判断和权衡取舍的态度和意向。它是历史主体意识结构中的重要组成部分，代价意识作为一种主体意识，其最大特点是具有鲜明的个体差异性，不同的个体往往具有不同的甚至相反的代价意识。代价意识对人的实践活动有着重要的影响，直接关系到人的历史作用的性质、大小和方向。社会实践是否具有合理性和有效性，离不开代价意识对它的判断和权衡。

代价意识的形式主要包括：成本意识、利弊意识、风险意识和牺牲意识等。所谓成本意识，就是对人类活动中必然要付出的人力、物力、财力的估价和权衡。历史主体必须注意到，有实践和生产运营，就要有成本投入，任何一项活动也不例外。合理的成本投入，是获得利益、实现发展的前提。成本意识是对成本付出合理性的自觉，成本投入的必要性与合理性是统一的。

所谓利弊意识，是对活动结果二重性的判断和权衡。利弊意识是对利弊共生性的认识，它促使历史主体以健康的心态，辩证地对待每一个具体的实践活动。这主要体现为面对利弊的抉择态度和意向，表现为对利弊共时态的整体推断和历时态的反思预测。一方面，对人与事物关系的各个方面，人的实践活动的各种关系、各个环节和各个要素作全面的考察，确立整体观，从全局全过程考虑利弊，决定取舍；

另一方面，在把握近期、眼前利弊的同时，把握其长远效应，对人们实践活动的动态联系和因果反馈过程作超前反应和观念把握，提高实践理性的预测、引导和预警作用。

所谓风险意识，是一种在认识到了风险之后的拼搏进取意识，其本质是以主动的创造精神争取与风险并存的机会，力求在险中取胜。就风险意识敢于冒险而言，它不同于保守主义和失败主义；就其在实践中重视风险，善于化险为夷而言，它又不同于冒险主义和赌徒心理。

所谓牺牲精神，是主体超越自我有限性的自觉，是具有为人类正义和历史进步事业献身的精神。牺牲精神既不苟且偷生，又反对任何轻生思想，反对不顾个人死活的莽撞行为。牺牲精神首先是不怕牺牲，但又决不虚掷生命，既在必要时敢于牺牲，同时又避免不必要的牺牲，争取以最小的牺牲换取最大的成功。

（四）正确进行代价选择

马克思主义辩证地看待历史进步代价的客观必然性和主体选择性之间的关系，一方面肯定历史进步代价具有客观必然性，另一方面也肯定人的代价选择具有重大的作用。主体的代价选择，就是在既定的历史条件下，面对进步与代价关系的多种可能性，面对代价付出的多种多样的方式，主体有意识地进行选择的过程。社会历史发展的可选择性，在相当程度上也就是代价的可选择性。

在社会主义现代化建设中，应当坚持用辩证的观点看待代价，既要把发展放在优先地位，发展是硬道理，承认发展代价的必要性和合理性，又要坚持合理适度的原则，警惕和防止过高代价，减少和控制由不必要的代价而引发的社会压力和矛盾，控制社会发展过程中可能诱发的种种社会问题，保持社会稳定。人的代价选择能够减少代价，优化发展。代价选择的基本原则是"两利相权取其重，两害相权取其轻"。按照这一原则活动，主体的自觉选择就能够减轻和缩短历史的痛苦，减少不必要的付出和损失，节约社会发展的成本投入，从而优化社会发展，促进历史进步。这突出地表现在历史的跳跃式发展之中。主体的代价选择是历史跳跃式发展的主体根据。强调人的代价选择的作用，有助于增强人们的历史主动性和社会责任感，自觉做到代价选择和代价付出的客观必然性的统一。

在历史发展的长河中，进步是主旋律和总趋势。尽管历史运动中有付出、有牺牲、有曲折乃至倒退，但进步始终是主导方面，是基本趋势，代价始终是从属于进步的，是为实现历史进步而付出的。随着社会生产力的发展和各种社会关系的改善，人们付出的代价会越来越小，取得的进步和成就会越来越大，到共产主义社会，人类将能够最大限度地消除不合理、不必要的代价。正如马克思在谈到共产主义社会的物质生产时所说："社会化的人，联合起来的生产者，将合理地调节他们和自然之间的物质变换，把它置于他们的共同控制之下，而不让它作为一种盲目的力量来统治自己；靠消耗最小的力量，在最无愧于和最适合于他们的人类本性的条件下来进行这种物质变换。"①

三、历史评价的两种尺度及其相互关系

马克思、恩格斯对历史进步的评价主要有两种尺度：一是历史尺度，二是价值尺度。前者又称为客体尺度、外在尺度、科学尺度，后者又称为主体尺度、内在尺度、道德尺度。

所谓历史尺度，是指评价一种社会制度和社会现象，要以它是否符合历史发展的必然性和客观规律性，是否能够满足全人类的利益、符合全人类的愿望和要求、有利于全人类的发展为标准。它有两个基本要求：一是对任何社会制度和社会现象，都应该从其发生、发展的整个过

---

① 《马克思恩格斯文集》第 7 卷，人民出版社 2009 年版，第 928—929 页。

程来看待，而不应该从静止不变的状况来考察；二是对任何社会制度和社会现象，都应该从其所处的历史时代的总的情况加以考察，而不应该仅仅用当下的条件和标准去衡量。从历时尺度出发，我们就要历史地看问题，把一切社会制度和社会现象都放在一定的历史范围中，从社会制度和社会现象的具体的历史条件出发，辩证地分析、研究、评价。

所谓价值尺度，是指判断社会制度和社会现象的价值的有无、性质、大小的标尺和根据。价值尺度由历史评价主体的利益追求、需要结构、发展程度、社会关系等所决定，它随着历史评价主体实践活动和社会生活的变化而变化。历史评价的价值尺度具有鲜明的主体性，不同历史评价主体有不同的价值尺度。

历史评价的历史尺度和价值尺度具有明显的区别。历史尺度是一维的，价值尺度是多维的。历史尺度的一维性是指对社会制度和社会现象的评价，要看它是否能够满足全人类的利益，是否符合全人类的愿望和要求，是否有利于全人类的发展。凡是能够满足全人类的利益、符合全人类的愿望和要求、有利于全人类发展的社会制度和社会现象，就是进步的；反之，就是落后的或反动的。这就是说，历史评价的历史尺度不能以特定的个人、阶级、阶层和社会集团的利益、愿望和要求为衡量的标准，而应该以全人类的利益、愿望和要求为衡量的标准。在人类历史发展过程中，当一种新的社会制度出现之后，即使是在这种社会制度下吃了亏的阶级、阶层与个人也会对这种社会制度持欢迎态度。恩格斯在《反杜林论》中曾经以奴隶社会代替原始社会为例对这一点作了说明。他指出："在古代世界、特别是希腊世界的历史前提之下，进步到以阶级对立为基础的社会，这只能通过奴隶制的形式来完成。甚至对奴隶来说，这也是一种进步；成为大批奴隶来源的战俘以前都被杀掉，在更早的时候甚至被吃掉，现在至少能保全生命了。"①

---

① 《马克思恩格斯文集》第9卷，人民出版社2009年版，第189页。

价值尺度的多维性是指对同一社会制度和社会现象的评价，不同的评价主体即特定的个人、阶级、阶层和社会集团，往往作出不同的甚至完全相反的评价。一些评价主体认为是进步的或革新的，另一些评价主体则可能认为是落后的或守旧的；反之亦然。例如，在阶级社会里，奴隶主阶级和奴隶阶级对奴隶制度的评价是截然相反的，封建主阶级和农民阶级对封建制度的评价是完全相反的，在资本主义社会资产阶级和无产阶级对资本主义制度的评价是完全相反的。

历史评价的两种尺度的关系是极其错综复杂的，历史唯物主义主要从两个大的角度来看待两种尺度之间的关系。

第一，就历史发展总的趋势来看，两种尺度是一致的。伴随着生产力的发展，人们的利益、愿望和要求也不断得到满足。在阶级社会里，当一种新的剥削制度刚刚出现的时候，不仅剥削阶级的利益、愿望和要求能够得到比以前更好的满足，被剥削阶级的利益、愿望和要求也能在一定程度上得到比以前较好的满足。伴随着生产力的不断提高和生产关系的改变，人的生活状况也相应地得到改善，人的发展程度也相应地得到一定程度的提高，人的人身依附关系也在减弱，人的自由和解放的程度也向前迈进一步。在阶级社会里，不仅剥削阶级如此，被剥削阶级的状况也得到一定程度的改善。恩格斯在《反杜林论》中曾经讲过："当一种生产方式处在自身发展的上升阶段的时候，甚至在和这种生产方式相适应的分配方式下吃了亏的那些人也会欢迎这种生产方式。大工业兴起时的英国工人就是如此。不仅如此，当这种生方式对于社会还是正常的时候，满意于这种分配的情绪，总的说来，会占支配的地位；那时即使发出了抗议，也只是从统治阶级自身中发出来（圣西门、傅立叶、欧文），而在被剥削的群众中恰恰得不到任何响应。"[1] 因此，用历史尺度所作的评价与用价值尺度所作的评价终究

---

[1] 《马克思恩格斯文集》第9卷，人民出版社2009年版，第155—156页。

会在社会生活的总体发展中殊途同归，达到统一。对于这种统一和一致，马克思、恩格斯有这样两个思想是应该提起注意的：

首先，生产力发展本身就包含着人的因素的发展。以往的经济学家在谈到生产力时，总是把它理解为经济发展的一种量的增长，理解为满足人类生存和发展需要的一种手段，或者是一定的技术水平和生产工具的水平。而从未突出人在生产力系统中的主体地位。如古典经济学家是非常重视生产力问题的，但他们主要是从生产效率、增加国民财富的角度来阐述生产力的。与马克思同时代的德国经济学家李斯特虽然与以往的古典经济学家有所不同，他在谈论发展生产力时，也谈到人的因素的作用，但它充其量不过是把人作为劳动力、作为活的生产因素来看待，而没有真正确立人在社会历史活动中的主体地位，没有把人看作生产力的能动因素。马克思在生产力问题上所作的革命变革，第一次把生产力与人的本质力量联系起来，认为生产力的发展就是人的本质力量的发展，也就是推动历史发展的社会主体力量的发展。因此，生产力的发展绝不是外在于人的单纯的物的增长，而是人的生命活动的积极展现，是人的潜能、价值的发挥和发展。在这里历史尺度和价值尺度是完全统一的，而不是互不相干和对立的。

其次，看一种社会制度和社会现象是否有进步意义，不能从某种抽象的原则出发，而应放在历史发展的长河中予以评价。如对待历史上的奴隶制度，从现代的眼光来看，肯定是要受到诅咒的。但是，用历史发展的眼光来看，奴隶制在其产生和存在有着必然性的时候，也代表着一种进步。恩格斯在《反杜林论》中曾经讲过："没有奴隶制，就没有希腊国家，就没有希腊的艺术和科学；没有奴隶制，就没有罗马帝国。没有希腊文化和罗马帝国所奠定的基础，也就没有现代的欧洲。我们永远不应当忘记，我们的全部经济、政治和智力的发展，是以奴隶制既成为必要、又得到公认这种状况为前提的。在这个意义上，我们有理由说：没有古希腊罗马的奴隶制，就没有现代的社会主义。"[①]
这是从历时尺度肯定了奴隶制在其上升时期的进步性和其产生与存在在历史发展过程中的必然性与合理性。同时恩格斯还从价值尺度方面也肯定奴隶制的进步性，这一点我们在上面已经讲到。由此可见，从整个人类历史发展的观点来看，历史评价的两种尺度并无相悖之处。我们谈论历史进步，一定要有恰当的参照系，抽象地、泛泛地谈论社会制度和社会现象进步与否无助于问题的说明。

第二，就历史发展的特定阶段、特定时期来说，两种尺度又存在着某种不一致，在某一条件下和角度上来观察和评价某一特殊生活现象或某一社会制度时，从历时尺度所得出的结论同价值尺度所得出的结论往往呈现出矛盾状态：从历史尺度看可能是合理的，从价值尺度看则可能是不合理的，反之亦然。历史尺度和价值尺度的不一致，根源于社会基本矛盾运动，其实质在于生产力有所发展而又发展不足。在一定的生产力发展阶段，整个人类的发展往往是一部分人的发展以牺牲另一部分人的发展为代价。这一过程的机制就是：生产力的发展必然引起具有固定专业划分的自发分工，而自发分工一方面促进生产力的发展和历史进步，另一方面则使社会结构逐渐分化，使社会职能越来越专门化，从而导致三大差别与阶级对立的产生。自发分工使人类整体能力得到明显增强，同时又使个体的活动和能力固定化、片面化、畸形化。自发分工和生产力的每一次的质的变革，都必然造成所有制的重大变革，从而导致旧的历史主体的衰落和新的历史主体的兴起。当自发分工被自觉分工（"明智分工"）代替以后，即进入共产主义社会以后，自由全面发展的个人就形成了，社会进步的两种尺度就通过实践而达到协调和统一。

---

① 《马克思恩格斯文集》第 9 卷，人民出版社 2009 年版，第 188 页。

四、马克思历史评价尺度重点的转换

马克思对于历史评价两种尺度及其相互关系的思想，在不同历史时期有着不同的情况，有时两种尺度并用，有时侧重于突出其中的一种，有时又侧重于突出其中的另一种。马克思历史评价尺度的侧重点是根据历史评价的实际需要发生变化的。下面我们分三个时期，考察马克思历史评价尺度重点的转换。

（一）19世纪50年代初期

马克思在19世纪50年代初期，是从历史尺度和价值尺度两个方面的结合评价历史进步的。马克思在1853年写了《不列颠在印度的统治》和《不列颠在印度统治的未来结果》两篇文章。在这两篇文章中，马克思一方面严厉鞭挞了西方殖民主义者在东方犯下的滔天罪行，认为不列颠人给印度斯坦带来的灾难，与印度斯坦过去所遭受的一切灾难比较起来，在程度上要深重得多。另一方面又着重论述了东方社会的原始性、野蛮性和落后性，并认为西方殖民主义者对东方社会结构的破坏，是在东方实现了一场真正的社会革命，推动了东方社会的进步。

马克思当时认为，只要我们把自己的目光从西方资产阶级文明的故乡转向殖民地的时候，资产阶级文明的极端伪善的野蛮性，就赤裸裸地呈现在我们面前。殖民主义者在自己的故乡还装出一副很体面的样子，而一到殖民地它就毫不掩饰这种野蛮性了。他们极其残忍地屠杀东方人民，把这种屠杀当作乐趣，用东方人的身体发泄兽性，双手沾满东方人民的鲜血。与此同时，马克思又认为，从纯粹的人的感情上来说，亲眼看到这些勤劳的宗法制的和平的社会组织崩溃、瓦解，被投入苦海，亲眼看到它们的成员丧失自己的古老形式的文明和祖传的谋生手段，是会感到非常悲伤的。但是，我们也不应该忘记，这些田园风味的农村公社，不管看起来怎样无害于人，却始终是东方专制制度的牢固基础，它们使人的头脑局限在极小的范围内，成为迷信的驯服工具，成为传统规则的奴隶，表现不出任何伟大的作为和历史首创精神。我们不应当忽视和忘记那种不开化的人的利己主义，他们把自己的全部注意力集中在一小块小得可怜的土地上，静静地看着一个个帝国的崩溃，看着殖民主义者的各种难以形容的残暴行为和大城市居民的被屠杀，就像观看自然现象那样无动于衷；至于他们自己，只要某个侵略者可以垂顾他们一下，施予一点小恩小惠，他们就会成为这个侵略者的无可奈何的俘虏。我们不应当忽视和忘记，这种失去尊严的、停滞不前的、单调苟安的生活，这种消极被动的生活方式，在另一方面反而产生了野蛮的、盲目的、放纵的破坏力量，甚至使杀生害命在印度斯坦成为一种宗教仪式。我们不应当忽视和忘记，这些小小的农村公社身上带着种姓划分和奴隶制度的污痕；它们使人屈服于外界环境，而不是把人提升为环境的主宰；它们把自动发展的社会状态变成了一成不变的自然命运，因而造成了对自然的野蛮的崇拜。

　　在这里，马克思对东方社会及其发展道路的分析，有两点特别值得注意：其一，马克思是用价值尺度和历史尺度全面考察殖民主义者和东方社会的关系的。从价值尺度来看，西方殖民主义者对东方人民进行了残酷的掠夺和屠杀，对此马克思给予了严厉的谴责；从历时尺度来看，他又肯定了西方殖民主义者对东方传统的、落后的社会结构的破坏，对东方社会的发展客观上起了进步作用。其二，马克思主要不是从国家主权、民族利益的角度观察东西方社会的冲突，而是从世界历史和整个人类命运的角度着重探讨有关东方社会发展的一些深层问题，如东方社会种种落后现象背后的本质是什么？东方社会落后的根源在哪里？为什么这些历史悠久、地大物博的文明古国近代以来落在了西方的后面？东方落后国家如何摆脱传统的束缚而走上新生的道路？马克思认为，东方社会落后的根源在于自身的社会结构。亚洲所特有的农村公社、土地国有和专制主义三位一体的社会结构，使亚洲社会处一种超乎寻常的稳定状态。尽管那里不断发生政治变动，不断改朝换代，但社会结构却始终没有改变。马克思从西方资本主义对亚洲入侵的过程中，看到了亚洲获得新生的曙光。他发现，亚洲的三位一体的超稳定的社会结构，在资本主义生产方式的冲击下可能土崩瓦解，改造亚洲式的延续了几千年的古老文明的野蛮性、原始性和落后性的机制可能恰恰就是西方资本主义的工业文明。因而，英国人对印度的侵略起了一种桥梁与纽带的作用，欧洲对亚洲的殖民统治也同样为亚洲社会的新生提供了契机。马克思指出："的确，英国在印度斯坦造成社会革命完全是受极卑鄙的利益所驱使，而且谋取这种利益的方式也很愚蠢。但是问题不在这里。问题在于，如果亚洲的社会状态没有一个根本的革命，人类能不能实现自己的使命？如果不能，那么，英国不管犯下多少罪行，它造成这个革命毕竟是充当了历史的不自觉的工具。"英国在亚洲"造成了一场前所未闻的最大的、老实说也是唯一的一次**社会革命**。""英国在印度要完成双重的使命：一个是破坏的使命，即消灭旧的亚洲式的社会；另一个是重建的使命，即在亚洲为西方式的社会奠定物质基础。"[①]

马克思同时指出，西方殖民主义者在印度所实行的革命性变革的作用是很有限的，它既不会使人民群众得到解放，也不会根本改善他们的生活状况。正如马克思所说："在大不列颠本国现在的统治阶级还没有被工业无产阶级取代以前，或者在印度人民自己还没有强大到能够完全摆脱英国的枷锁以前，印度人是不会收获到不列颠资产阶级在他们中间播下的新的社会因素所结的果实的。"因为人民群众的解放和生活状况的改善，不仅仅取决于生产力的发展，而且还决定于生产力

---

① 《马克思恩格斯文集》第 2 卷，人民出版社 2009 年版，第 683、682、686 页。

是否为人民所有。殖民主义者只能为东方人们的解放和生活状况的改善创造物质前提，而不能使其变为现实，"只有在伟大的社会革命支配了资产阶级时代的成果，支配了世界市场和现代生产力，并且使这一切都服从于最先进的民族的共同监督的时候，人类的进步才会不再像可怕的异教神怪那样，只有用被杀害者的头颅做酒杯才能喝下甜美的酒浆"①。简单地说，就是只有推翻资本主义制度和殖民主义统治，在全世界实现社会主义和共产主义，才能实现人类的解放和生活状况的改善。

（二）19 世纪 50 年代中期至 70 年代中期

马克思在 19 世纪 50 年代中期至 70 年代中期，即马克思生活的中年时期，也是从历史尺度和价值尺度两个方面的结合评价历史进步的。下面举几个例子加以说明。

首先，马克思论述了资本主义时代历史尺度和价值尺度的严重背离。他在 1856 年 4 月 14 日发表的《在〈人民报〉创刊纪念会上的演说》是这种观点的典型。他认为：一方面，从历史尺度来看，资本主义推动了生产力的发展和科学技术的革新，创造了巨大的物质财富，促进了社会的进步；另一方面，从价值尺度来看，生产力和科学技术的资本主义利用方式，给工人阶级和劳动人民带来了严重的灾难，造成了人的异化、价值贬损和道德沦丧，阻碍了人的解放和发展。他说："在我们这个时代，每一种事物好像都包含有自己的反面。我们看到，机器具有减少人类劳动和使劳动更有效的神奇力量，然而却引起了饥饿和过度的疲劳。财富的新源泉，由于某种奇怪的、不可思议的魔力而变成贫困的源泉。技术的胜利，似乎是以道德的败坏为代价换来的。随着人类愈益控制自然，个人却似乎愈益成为别人的奴隶或自身的卑

---

① 《马克思恩格斯文集》第 2 卷，人民出版社 2009 年版，第 690、691 页。

劣行为的奴隶。甚至科学的纯洁光辉也只能在愚昧无知的黑暗背景上闪耀。我们的一切发明和进步，似乎结果是使物质力量成为有智慧的生命，而人的生命则化为愚钝的物质力量。现代工业和科学为一方与现代贫困和衰退为另一方的这种对抗，我们时代的生产力与社会关系之间的这种对抗，是显而易见的、不可避免的和毋庸争辩的事实。"①这种历史尺度和价值尺度的背离，只有通过先进的革命的无产阶级的社会革命，推翻资产阶级的统治，建立社会主义社会，才能消除。

其次，马克思从全人类的发展与人类个体的发展的关系说明历史尺度和价值尺度的结合与统一。马克思在《剩余价值理论》中，对李嘉图把发展生产力的要求作为评价经济现象的基本原则的思想给予了高度的评价。马克思指出："李嘉图把资本主义生产方式看做最有利于生产、最有利于创造财富的生产方式，对于他那个时代来说，李嘉图是完全正确的。他希望**为生产而生产**，这是**正确的。**"因为"为生产而生产无非就是发展人类的生产力，也就是**发展人类天性的财富这种目的本身**"。马克思认为，李嘉图的思想不仅在科学上是诚实的，而且从他的立场来说也是科学上的必要。对李嘉图来说，生产力的进一步发展究竟是毁灭土地所有权还是毁灭工人，或者是造成工业资产阶级的资本贬值，这是无关紧要的。"如果说李嘉图的观点整个说来符合**工业资产阶级**的利益，这只是**因为**工业资产阶级的利益符合生产的利益，或者说，符合人类劳动生产率发展的利益，并且**以此为限。**"西斯蒙第带着伤感主义的情绪责难李嘉图，并且认为，"为了保证个人的福利，全人类的发展应该受到**阻碍**，因而，举例来说，就不能进行任何战争，因为战争无论如何会造成个人的死亡"。马克思认为，西斯蒙第不理解在人类发展的一定阶段上，整个人类的发展，要靠牺牲一部分个体，甚至牺牲整个阶级和民族为代价。只有人类的一部分、而且是优秀的

---

① 《马克思恩格斯文集》第 2 卷，人民出版社 2009 年版，第 580 页。

一部分首先发展起来，才符合整个人类发展的利益，才能带动整个人类的发展。马克思指出：西斯蒙第的"这种议论，就是不理解：**人类的才能的这种发展，虽然在开始时要靠牺牲多数的个人，甚至靠牺牲整个阶级，但最终会克服这种对抗，而同每个个人的发展相一致；因此，个性的比较高度的发展，只有以牺牲个人的历史过程为代价。……因为在人类，也像在动植物界一样，种族的利益是靠牺牲个体的利益来为自己开辟道路的，其所以会如此，是因为种族的利益同特殊个体的利益相一致**，这种种族的利益同时就是这些具有特权的特殊个体的力量之所在"①。

再次，马克思通过对罪犯、犯罪的历史作用的分析，说明历史尺度和价值尺度的结合与统一在历史评价中的意义。英国讽刺文学和民主主义的伦理学作家、医生和经济学家贝·曼德维尔在《蜜蜂的寓言，或个人劣行，公共利益》一书中，说了一段非常深刻而又耐人寻味的话："我们在这个世界上称之为恶的东西，不论道德上的恶，还是身体上的恶，都是使我们成为社会生物的伟大原则，是毫无例外的**一切职业和事业**的牢固基础、**生命力和支柱**；我们应当在这里寻找一切艺术和科学的真正源泉；一旦不再有恶，社会即使不完全毁灭，也一定要衰落。"马克思在《1861—1863年经济学手稿》中，引证了曼德维尔这段话并且给予高度评价。马克思认为，曼德维尔"已经证明任何一种职业都具有生产性"，"只有曼德维尔才比为资产阶级社会辩护的庸人勇敢得多、诚实得多"。②马克思从社会分工和社会生产的角度，发挥了曼德维尔的思想。他认为，犯罪是一种恶，它是历史发展一定阶段上客观存在的一种社会现象，无疑有其不利于社会发展的一面，人们不能颂扬犯罪、纵容犯罪，更不能说在社会高度发展以后，犯罪也不

---

① 《马克思恩格斯全集》第34卷，人民出版社2008年版，第127、128、127页。
② 《马克思恩格斯全集》第32卷，人民出版社1998年版，第353页。

能消失，不能认为将来犯罪一旦消失，社会就会毁灭。同时也要看到，在社会发展的一定阶段上，如在资本主义社会，罪犯的存在，可以引发出社会分工和社会生产的一些部门，引发出产业结构中的一些产业，可以给一些人提供就业机会，也可以成为人们观察和研究的对象。他指出：犹如"哲学家生产观念，诗人生产诗，牧师生产说教，教授生产讲课提纲"一样，"罪犯生产罪行"；如果我们把罪犯作为一个生产部门而同整个社会联系起来加以考察，"就可以摆脱许多偏见"。①

（1）罪犯不仅产生罪行，而且还生产刑法，因而还生产讲授刑法的教授，以及这个教授用来把自己的讲课作为商品投到一般商品市场上去的必不可少的讲课提纲。这些教授不仅可以从中获得经济效益，而且还可以给人带来快乐。

（2）罪犯生产全体警察和全部刑事司法、法庭差役、法官、刽子手、陪审官，等等。在所有这些不同的职业中，每一种职业都是社会分工中的一定部门，而且这些不同职业发挥着不同的人类精神能力，创造出人们的新的需要和满足这些新的需要的新的方式。例如，"单是刑讯一项就推动了最巧妙的机械的发明，并保证使大量刑具生产的可敬的手工业者有工可做"②。

（3）罪犯生产印象，有时生产道德上有益的印象，有时生产悲惨的印象，具体生产哪种印象，要看情况而定。不仅如此，他还在唤起人的道德和审美感这个意义上为人们提供一种服务。罪犯的犯罪行为作为文学艺术的对象，还可以生产出艺术作品、文学作品，例如小说，甚至悲剧，缪尔纳的《罪》和席勒的《强盗》都证明了这一点，《奥狄浦斯王》和《理查三世》也证明了这一点。③

（4）在资本主义社会，罪犯打破了资产阶级生活的单调和日常的

---

① 《马克思恩格斯全集》第 32 卷，人民出版社 1998 年版，第 349 页。
② 《马克思恩格斯全集》第 32 卷，人民出版社 1998 年版，第 350 页。
③ 《马克思恩格斯全集》第 32 卷，人民出版社 1998 年版，第 350 页。

太平景观。这样就防止了资产阶级生活的停滞，造成了令人不安的紧张局势和动荡，如果没有这些东西，竞争的刺激就会减弱。因此，罪犯推动了生产力的发展。一方面，罪犯使劳动市场减少了一部分过剩人口，从而减少了工人之间的竞争，在一定程度上阻止了工人的工资降到最低额以下；另一方面，反对罪犯的斗争又会吸收另一部分过剩人口。这样一来，罪犯变成了一种自然"平衡器"，这种"平衡器"为一系列有用的职业开辟场所。[①]

（5）罪犯还从多方面对生产力的发展发生影响。例如，如果没有小偷，锁就不会发展到今天这样的完善程度；如果没有伪造钞票的人，银行券的印制就不会像现在这样完善；如果商业中没有欺骗，显微镜可能就不会应用于通常的商业领域。应用化学取得的成就，不仅应该只归功于城市生产者的热情，也应该归功于伪造和为发现这种伪造所做的努力。因为犯罪使侵夺他人财产的手段不断翻新，所以也使保护财产的手段日益更新，从国际范围来看，如果没有国家的犯罪，可能就不会形成世界市场；如果没有国家的犯罪，也可能就不会形成民族本身。[②]

（三）19世纪70年代中期至马克思逝世

马克思晚年历史评价尺度的重点发生了转换，他着重强调了历史评价的价值尺度，严厉地批判了西方殖民主义者破坏前资本主义社会结构的滔天罪行，而没有谈到这种破坏对历史发展在客观上所起的进步作用。例如，柯瓦列夫斯基在《公社土地占有制，其解体的原因、进程和结果》一书中讲到，英国在印度的旁遮普地区，变土地公有制为土地私有制，攫取农村公社的森林和荒地，这种做法有利于欧洲人

[①] 《马克思恩格斯全集》第32卷，人民出版社1998年版，第350页。
[②] 《马克思恩格斯全集》第32卷，人民出版社1998年版，第350—353页。

从事殖民。马克思在《柯瓦列夫斯基笔记》中摘录了柯氏的有关论述并且评论道："英属印度的官员们，以及以他们为依据的国际法学家**亨·梅恩爵士之流**，都把旁遮普公社所有制的衰落仅仅说成是**经济进步的结果**"，"实际上英国人自己却是造成这种衰落的**主要的**（主动的）**罪人**"。①

马克思在 1881 年《给维·伊·查苏利奇的复信》初稿中仍然坚持了对梅恩的这种批判。他说："我们在阅读资产者所写的原始公社历史时必须有所警惕。他们甚至不惜伪造的。例如，亨利·梅恩爵士本来是英国政府用暴力破坏印度公社行动的热心帮手，但他却伪善地要我们相信：政府维护这些公社的一切崇高的努力，碰到经济规律的自发力量都失败了！"②柯瓦列夫斯基在讲到"法国国民议会"（马克思称它为"乡绅会议"——引者）关于掠夺阿拉伯人土地的辩论时，马克思评论道："1873 年'**乡绅会议**'所关心的第一件事，就是采取更有效的措施来**掠夺阿拉伯人的土地**"，"在这个可耻的议院中进行的关于在阿尔及利亚'**建立私有制**'的方案的**辩论**，企图用**所谓永恒不变的政治经济学规律**的外衣，来掩盖这种欺诈勾当"。"在这种**辩论**中，'**乡绅**'对于**消灭集体所有制**这个目的意见完全一致。所争论的仅仅是用什么方法来消灭它。""英国政府利用（**已由法律批准的**）'抵押'和'出让'，极力在**印度西北各省**和**旁遮普**瓦解农民的集体所有制，**彻底剥夺他们**，使公社土地变成**高利贷者的私有财产**。"③约翰·菲尔爵士在《印度和锡兰的雅安人村社》一书中，讲到 1793 年英属印度总督康沃利斯在孟加拉实行的《固定赋额法》，使过去只是负责在其所辖土地上替政府向农民收费的柴明达尔，成为土地的世袭所有者。对此马克思

---

① 中共中央马克思恩格斯列宁斯大林著作编译局编译：《马克思古代社会史笔记》，人民出版社 1996 年版，第 94 页。

② 《马克思恩格斯文集》第 3 卷，人民出版社 2009 年版，第 581 页。

③ 《马克思恩格斯全集》第 45 卷，人民出版社 1985 年版，第 322—324 页。

在《菲尔笔记》中痛斥道："这是英国的恶棍和蠢驴们造成的"①。马克思在晚年的几个"古代社会史笔记"中，既没有谈这些前资本主义社会结构的原始性、野蛮性和落后性，也没有谈西方殖民主义者对它们的破坏充当了历史的不自觉的工具，客观上起了推动历史进步的作用。只要我们把"古代社会史笔记"与马克思 1853 年写作的关于印度的两篇文章做一对比，就不难看出二者之间的差别，看出马克思的历史评价尺度重点的转换。需要加以说明的是，虽然马克思晚年把价值尺度作为评价历史发展的重点，但他并没有完全放弃评价历史发展的历史尺度。马克思在《给维·伊·查苏利奇的复信》初稿中，多次谈到俄国农村公社的孤立性、原始性和落后性。他指出："俄国的'农业公社'有一个特征，这个特征造成它的软弱性，从各方面来看对它都是不利的。这就是它的孤立性，公社与公社之间的生活缺乏联系，这种**与世隔绝的小天地**并不到处都是这种类型的公社的内在特征，但是，在有这一特征的地方，这种与世隔绝的小天地就使一种或多或少集权的专制制度凌驾于公社之上。"② 马克思认为，要使俄国公社向前发展，就必须消除公社的这种孤立性、原始性和落后性。这就是用历史尺度评价俄国社会的发展。

马克思晚年为什么会发生历史评价尺度重点的转换呢？这是由于历史条件的变化以及随着这种变化所发生的对革命形势估计的变化。马克思在 1853 年写关于印度的两篇文章时，正值 1848 年欧洲革命失败以后西欧资本主义处于普遍繁荣的时期，当时他认为在这种普遍繁荣的情况下，就谈不到什么真正的革命。而在晚年写作"古代社会史笔记"的时候，马克思认为这些前资本主义社会结构不仅是与资本主义同处于一个时代的东西，而且是处在"资本主义生产在它最发达的

---

① 中共中央马克思恩格斯列宁斯大林著作编译局编译：《马克思古代社会史笔记》，人民出版社 1996 年版，第 397 页。

② 《马克思恩格斯文集》第 3 卷，人民出版社 2009 年版，第 575 页。

欧美各国中遭到的致命危机"的时代，"而这种危机将随着资本主义的消灭，随着现代社会的回复到古代类型的最高形式，回复到集体生产和集体占有而告终"①。在马克思的头脑中一直有这样一种想法：他认为西方殖民主义在前资本主义国家和地区的扩张，会促使这些国家和地区资本主义的发展。资本主义虽然在西欧已经腐朽，但它如果在西欧以外的广大地区产生和发展起来，则是新生的，具有强大的生命力。如果出现这种情况，西欧的无产阶级革命即使取得了胜利，也只是一个小小的角落，必然会被刚刚走上资本主义道路的国家镇压下去。在19世纪50年代后期，欧洲发生资本主义经济危机的时候，马克思就认为革命风暴即将来临。他在1858年10月至恩格斯的信中指出："不能否认，资产阶级社会已经第二次经历它的十六世纪，我希望这个十六世纪把它送进坟墓，就像第一个十六世纪给它带来了生命一样。""因为地球是圆的，所以随着加利福尼亚和澳大利亚的殖民地化，随着中国和日本的门户开放，这个过程看来已完成了。对我们来说，困难的问题是：大陆上革命已经迫在眉睫，并将立即具有社会主义的性质。但是，由于在广大得多的地域内资产阶级社会还在走上坡路，革命在这个小小的角落里不会必然被镇压吗？"②马克思的这个思想一直保持到晚年。所以在他晚年看到资本主义进一步深陷危机的时候，就劝告俄国人和其他处于前资本主义社会国家的人，"不必急急忙忙地跳进资本主义"③，而应该把他们那里保留下来的土地公有制作为社会复兴的因素，作为共产主义发展的起点。由此可见，马克思晚年历史评价尺度重点的转换，既与历史发展的客观进程相一致，也符合他自身思想发展的内在逻辑。

---

① 《马克思恩格斯文集》第3卷，人民出版社2009年版，第579页。
② 《马克思恩格斯文集》第10卷，人民出版社2009年版，第166页。
③ 《马克思恩格斯文集》第4卷，人民出版社2009年版，第463页。

第五章
马克思主义的整体性

列宁在《卡尔·马克思》一文中，认为马克思主义包括马克思主义哲学、马克思主义政治经济学和科学社会主义学说三个主要组成部分。在我国高等学校，这三门课程分别由三个不同的院系承担。长此以来，造成了一种十分不良的后果：研究和讲授马克思主义哲学的教师，不太了解马克思主义政治经济学和科学社会主义学说；研究和讲授政治经济学的教师，不太了解马克思主义哲学和科学社会主义学说；研究和讲授科学社会主义学说的教师，不太了解马克思主义哲学和马克思主义政治经济学。这样，就把由各个组成部分构成的整体的马克思主义科学体系，肢解为不同的组成部分进行研究，从事教学。这种做法，对于完整准确地理解马克思主义局限性很大。从事马克思主义教学和研究的学者，大都认为马克思的《资本论》不仅是一部经济学著作，而且也是哲学和科学社会主义著作，是把马克思主义各个组成部分组成为一个整体的典范。改革开放以来，我国有些学者从事跨学科研究。例如，研究马克思主义哲学的学者，有不少人研究《资本论》中的哲学问题，并且取得了一定的研究成果。但这些成果往往不被研究马克思主义政治经济学的学者所认同。研究马克思主义不同组成部分的学者之间，互相交流比较少，彼此不太了解，在很多问题上不能取得共识。近些年来，有关领导部门开始重视把马克思主义的各个组成部分作为一个整体从事研究、进行教学，并且编写了相关的教材。但这种名义上把马克思主义各个组成部分作为一个整体的教材实际上仍然是分为马克思主义哲学、马克思主义政治经济学和科学社会主义学说三个组成部分编写的，是三个组成部分构成的"拼盘"，并没有很好地体现马克思主义的整体性。

马克思、恩格斯的东方社会发展道路理论，与马克思主义的整体性问题密切相关。他们的东方社会发展道路理论，既不是单纯的哲学理论，也不是单纯的政治经济学理论或科学社会主义理论，而是既涉及哲学理论，又涉及政治经济学理论，也涉及科学社会主义理论，只有从马克思主义的各个组成部分结合成为的统一整体上去研究，才能正确加以理解，防止出现误解和偏差。学术理论界对马克思的东方社会发展道路理论的理解之所以存在很多分歧，出现很多误解和偏差，其重要原因之一，就是没有从马克思主义的各个组成部分的有机统一上去研究和理解。因此，为了正确理解马克思、恩格斯的东方社会发展道路理论，防止出现误解和偏差，有必要深入研究和阐释马克思主义的整体性。

一、从马克思主义产生的社会历史条件看马克思主义的整体性

梅林在 1893 写作的《论历史唯物主义》一书中深刻地指出："唯物主义历史观是服从于它自己所制定的那个历史运动规律的。它是历史发展的产物；在较早的时代，它是不会被任何最伟大天才的头脑虚构出来的。只有达到一定高度时，人类历史才能揭开它自己的秘密。"[1]不仅历史唯物主义，而且整个马克思主义也是历史时代的产物。

从 17 世纪 40 年代到 19 世纪上半叶，英国和法国等西欧主要国家相继发生了资产阶级革命，推翻了封建专制制度，清除了资本主义发展的障碍，资本主义得到迅速发展。从 18 世纪 60 年代首先在英国

---

① 弗兰茨·梅林：《保卫马克思主义》，吉洪译，人民出版社 1981 年版，第 3 页。

开始的工业革命，拉开了资本主义生产从工场手工业向机器大工业阶段的过渡的序幕。到 19 世纪三四十年代，英国率先完成了第一次工业革命，各个工业部门基本上实现了机械化，建立了大机器作业的工厂制。当时英国制造了全世界所需要的绝大部分工业产品，成为"世界工厂"。法国资本主义经济的发展虽然比英国落后了半个世纪，但从1789 年资产阶级大革命以后，特别是 1830 年七月革命以后，也获得了很大发展，进入了工业革命阶段。德国在经济上落后于英、法两国，到 19 世纪初只有少数工厂，但在三四十年代开始的工业革命中，资本主义经济也获得了飞跃性发展。

资本主义机器大工业的发展，一方面大大发展了生产力和科学技术，提高了劳动生产率，带来了物质财富的空前增长；另一方面又导致了资本主义固有矛盾的尖锐化。生产的社会化和生产资料私人占有之间的矛盾是资本主义的基本矛盾，这个矛盾表现为个别工厂生产的有组织性和整个社会生产的无政府状态之间的矛盾，表现为生产无限扩大的趋势和劳动人民有支付能力的需求相对缩小的趋势之间的矛盾，这些矛盾必然导致周期性的经济危机。从 1825 年英国发生第一次全国性的经济危机以来，资本主义国家频繁地受到周期性的经济危机的冲击。这表明，资本主义的生产关系和生产力之间的矛盾，已经发展到十分尖锐的程度，不断发展的生产力已经开始起来反对资本主义的生产关系。当然，由于资本主义制度具有一定的自我调节功能，从 19 世纪后期开始，特别是在第二次世界大战以后，资产阶级通过对生产关系和上层建筑的局部调整，使这些矛盾有所缓和，资本主义制度至今也还有某种存在的合理性。但是只要资本主义制度存在，资本主义的固有矛盾就是不可消除的。

资本主义基本矛盾的激化，在阶级关系上表现为工人阶级和资产阶级之间的矛盾的尖锐化。到了 19 世纪三四十年代，西欧社会的主要矛盾从人民大众与封建势力的矛盾转化为工人阶级与资产阶级之间的矛盾，工人阶级在政治斗争中已经从资产阶级反对封建势力的同盟军进展到作为独立的政治力量登上历史舞台，展开了反对资本主义制度和资产阶级统治的斗争。工人阶级反对资产阶级的斗争，是由他们受剥削、受压迫的极端贫困的地位和状况引起的，但工人阶级不只是一个受苦受难的阶级，而且是一个先进的革命的阶级，肩负着资本主义的掘墓人、社会主义的建设者的历史使命。因此，工人阶级迫切要求一种革命理论，能够正确地阐明它的历史地位和历史作用，给它指明推翻资本主义旧世界、建设社会主义和共产主义新世界的方向和道路。马克思、恩格斯正是适应工人阶级解放斗争的需要和时代的需求，创立马克思主义的。

在资本主义社会化大生产的条件下，生产力发展的速度大大加快，社会关系急剧变化，使人们清楚地看到，任何社会制度都不是永恒的、固定不变的，而是在发展变化的，从而揭示出旧的社会形态必然被新的社会形态所代替的规律。马克思、恩格斯在《共产党宣言》中描绘得很深刻、很生动："无产阶级除非对生产工具，从而对生产关系，从而对全部社会关系不断地进行革命，否则就不能生存下去。反之，原封不动地保持旧的生产方式，却是过去的一切工业阶级生存的首要条件。生产的不断变革，一切社会状况不停的动荡，永远的不安定和变动，这就是资产阶级时代不同于过去一切时代的地方。一切固定的僵化的关系以及与之相适应的素被尊崇的观念和见解都被消除了，一切新形成的关系等不到固定下来就陈旧了。一切等级的和固定的东西都烟消云散了，一切神圣的东西都被亵渎了，人们终于不得不用冷静的眼光来看他们的生活地位、他们的相互关系。"①

从马克思主义产生的社会历史条件可以看出，资本主义的发展及其内在矛盾的尖锐化、工人阶级作为独立的政治力量登上历史舞台，

---

① 《马克思恩格斯文集》第 2 卷，人民出版社 2009 年版，第 34—35 页。

不仅提供了在哲学、政治经济学和社会主义学说方面实行变革的必要性，而且提供了把哲学、政治经济学和社会主义理论结合为一个完整而严密的科学体系的统一的马克思主义学说的可能性。正是资本主义生产方式及其内在矛盾的显露以及生产力和科学技术的发展、社会的不停顿的动荡和变化，为科学地揭示自然、社会和人类思维发展的一般规律、创立科学的哲学世界观和历史观创造了条件；同时，正是资本主义生产方式及其内在矛盾的发展，使得从理论上揭示资本主义生产方式的本质、发现剩余价值理论成为可能；马克思、恩格斯正是在科学的世界观和历史观以及剩余价值理论的基础上，解决了空想社会主义学说所不能解决的理论课题，使社会主义从空想变成了科学。马克思、恩格斯以科学的世界观和历史观为指导，以对资本主义生产方式的经济剖析为基础，全面分析了资本主义社会的阶级状况，科学地证明了工人阶级的历史地位和历史使命。因此，马克思主义作为工人阶级和人类解放的科学，是包括马克思主义哲学、政治经济学和科学社会主义学说在内的统一整体。

二、从马克思主义的理论来源看马克思主义的整体性

马克思、恩格斯所处的历史时代及其提出的各项任务，只是为马克思主义的产生提供了客观条件，这些客观条件不会自动地产生任何新的理论和学说。任何新的理论和学说，都必须批判地继承前人的思想成果，以前人的思想所达到的终点作为自己研究的起点。马克思指出："每一个时代的哲学作为分工的一个特定的领域，都具有由它的先驱者传给它而它便由此出发的特定的思想材料作为前提。"[①] 哲学如此，政治经济学和社会主义学说也是如此。德国古典哲学、英国古典政治

---

① 《马克思恩格斯文集》第 10 卷，人民出版社 2009 年版，第 599 页。

经济学和 19 世纪初英法两国的空想社会主义学说，代表了到 19 世纪上半叶为止的人类思想的最高成就，是马克思主义的直接理论来源。下面分别简要地考察马克思主义的这几个直接理论来源。

先看德国古典哲学。德国古典哲学指 18 世纪下半期至 19 世纪上半期德国资产阶级在其形成、壮大和准备资产阶级革命时期的哲学，包括康德、费希特、谢林、黑格尔、费尔巴哈等人的哲学。德国古典哲学的最高成就是黑格尔的辩证法和费尔巴哈的唯物主义。黑格尔最卓越的贡献是辩证法，他是哲学史上第一个以唯心主义的形式系统地、有意识地叙述辩证法的基本规律即对立统一规律、质量互变规律、否定之否定规律的哲学家。黑格尔把辩证法用于研究人类社会历史，把人类社会历史描述为由低级到高级的前进过程，认为历史的发展具有必然性，不以任何个人的意志为转移。但黑格尔的辩证法和历史观是唯心主义的，具有明显的神秘主义色彩，而且不能把发展的观点贯彻到底。马克思、恩格斯吸取了黑格尔辩证法和历史观的合理思想，彻底批判了它的唯心主义和神秘主义，对它进行了根本改造，创立了唯物辩证法和唯物史观。

费尔巴哈是德国古典哲学的最后一位代表，是黑格尔哲学和马克思主义哲学的中间环节。费尔巴哈的伟大功绩在于，他旗帜鲜明地批判了宗教神学和唯心主义，恢复了唯物主义的权威。但是费尔巴哈的唯物主义和一切旧唯物主义一样有着严重的缺陷，它是机械的、形而上学的唯物主义，在历史观上仍然是唯心主义。马克思、恩格斯从来没有完全赞同和接受费尔巴哈的哲学思想，只是汲取了他的唯物主义的基本思想，同时摒弃了他的抽象的人本主义和自然主义，清除了他的理论中的形而上学和唯心主义杂质。

当然，从更广泛的意义上看，马克思主义哲学的理论来源不仅仅限于德国古典哲学，还包括其他很多哲学成果。马克思、恩格斯对古希腊罗马哲学有深入的研究，因而不能把它排除在马克思主义哲学理论来源的范围之外。马克思、恩格斯对欧洲近代哲学，特别是以培根、霍布斯、洛克、贝克莱、休谟等为代表的英国哲学，以拉美特利、爱尔维修、狄德罗、霍尔巴赫等为代表的法国百科全书派的哲学，都作了研究。因此，我们也不能把近代英法哲学排除在马克思主义哲学理论来源的范围之外。总之，马克思主义哲学的理论来源，包括马克思主义哲学以前欧洲的全部哲学的积极内容，其中德国古典哲学是马克思主义哲学的直接理论来源，其他哲学对马克思主义哲学产生的影响相对说来较为间接。

马克思主义哲学产生以前的哲学存在两个分离：一是唯物主义和辩证法相分离，黑格尔有辩证法但没有唯物主义；二是唯物主义自然观和唯物主义历史观相分离，费尔巴哈在自然观上是唯物主义的，但在历史观上仍然是唯心主义的。马克思主义哲学克服了这两个分离的片面性，把唯物主义和辩证法、唯物主义自然观和唯物主义历史观结合起来，创立了包括自然界和人类社会在内的完备而彻底的唯物主义哲学，从而在哲学领域实现了革命变革。

再看英国古典政治经济学。英国古典政治经济学是资产阶级生产方式已经建立而无产阶级和资产阶级之间的斗争尚未发展时期的代表新兴资产阶级利益的经济理论。它产生于 17 世纪后半期即英国资产阶级革命时期，完成于英国工业革命后的 19 世纪初，创始人是威廉·配第，中间经过亚当·斯密的发展，到大卫·李嘉图结束。古典政治经济学是新兴资产阶级对落后的封建主义作斗争的重要理论武器，对于资本主义生产方式的确立和巩固起了促进作用。正如马克思所说："古典派如亚当·斯密和李嘉图，他们代表着一个还在同封建社会的残余进行斗争、力图清洗经济关系上的封建污垢、提高生产力、使工商业获得新的发展的资产阶级。"[1] 古典政治经济学家提出很多有价值的经

---

[1] 《马克思恩格斯文集》第 1 卷，人民出版社 2009 年版，第 615 页。

济理论，如关于劳动是价值唯一源泉的思想，关于劳动一般的抽象，关于把价值分为使用价值和交换价值的观点，他们在对工资、利润、地租的分析中对剩余价值起源的探索，以及对资本主义社会阶级关系的经济分析等，这些都对马克思主义政治经济学的创立起了积极作用。由于时代和阶级的局限，古典政治经济学也存在严重缺陷和错误，如关于把资本主义制度看成符合人性的、永恒不变的制度的观点，把资本主义经济规律看成自然规律的唯心主义和形而上学观点，以及价值理论中的矛盾和混乱等。马克思、恩格斯批判地继承了古典政治经济学的研究成果，收集和研究了关于资本主义产生和发展的大量历史资料，详细地分析了资本主义的经济结构及其固有矛盾，揭示了资本主义生产方式的本质和它产生、发展、灭亡的规律。最主要的是严密论证了劳动价值论，并在此基础上创立了剩余价值学说，使政治经济学发生了革命变革。

最后看英法两国的空想社会主义学说。英法两国的空想社会主义指 19 世纪上半叶以圣西门、傅立叶、欧文为代表的三大空想社会主义者的学说。德国古典哲学和英国古典政治经济学从阶级属性和社会功能上说，都是代表资产阶级利益和为了维护资本主义制度的，而空想社会主义学说不仅不是颂扬和维护资本主义制度的，而且对它进行了尖刻的讽刺和无情的抨击。例如，圣西门把资本主义制度看成是"新的奴役形式"；傅立叶把资本主义制度称为"社会地狱"、"复活的奴隶制"；欧文认为资本主义制度是"一整套欺骗和伪善的制度"，他把私有制、宗教、婚姻形式看成是现存资本主义的"三位一体"的祸害。三大空想社会主义者不像英国古典政治经济学那样把资本主义看成永恒的、最后的社会制度，而是认为它只不过是社会发展中的一个阶段，并且提出了对代替资本主义社会的未来社会的设想。圣西门把设想的未来社会称为"实业制度"，人们运用科学、艺术和工艺的现有知识来满足人们的需要；傅立叶把设想的未来社会称为"和谐制度"，在这个制度下，人们和睦相处，全体社会成员的情欲都得到了充分的满足；欧文的设想更为激进，在圣西门和傅立叶的"实业制度"与"和谐制度"中，仍然保存着私有制，而欧文所要建立的则是一种以公有制为基础的共产主义劳动公社的联合体，并且废除了国家。空想社会主义者对未来社会的设想包含着一些合理因素，如关于消灭旧式分工，关于消灭城乡、工农、脑力劳动和体力劳动的差别，关于教育与生产劳动早期结合，关于社会权力由对人的统治变为对物的管理和对生产过程的领导，关于国家消亡等观点，都为科学地认识未来的社会主义社会和共产主义社会提供了宝贵的思想资料。三大空想社会主义者的理论，由于时代局限，也存在不少缺陷，如他们关于理性支配世界的观点，关于否认阶级斗争、反对暴力革命的观点，都属于唯心主义历史观；他们对未来社会的过于详细的描绘和对社会细节的规划，带有很大的空想性质；他们认识不到无产阶级的革命力量和历史使命，找不到实现未来社会的社会力量；等等。马克思、恩格斯以唯物史观和剩余价值学说为基础，深入研究资本主义制度的内在矛盾和发展趋势，总结工人阶级斗争的实践经验，批判地吸收了空想社会主义学说的积极成果，对未来社会主义社会和共产主义社会的基本特征作了科学的预测和设想，创立了科学社会主义理论，实现了社会主义理论的革命变革。

以上我们分别叙述了德国古典哲学对马克思主义哲学产生的影响，英国古典政治经济学对马克思主义政治经济学产生的影响，英法两国的三大空想社会主义学说对科学社会主义产生的影响。需要说明的是，因为马克思主义的三个直接理论来源，是同一历史时代的产物，它们之间不是彼此孤立、互不相干的，而是相互联系、相互渗透、相互包含的，所以它们对马克思主义产生的影响也不是各自孤立地单独发生的，而是综合的、相互交织的。具体说来，马克思主义哲学的产生不仅继承了德国古典哲学的积极成果，而且也与英国古典政治经济学和三大空想社会主义学说的影响密不可分。同样，马克思主义政治经济学不仅来源于英国古典政治经济学，德国古典哲学的辩证法对马克思主义政治经济学的产生提供了方法论的启发，而对三大空想社会主义学说的改造则为马克思主义政治经济学的研究规定了目标和方向。至于科学社会主义理论，也不仅仅来源于三大空想社会主义者的学说，马克思、恩格斯之所以能把社会主义从空想变成科学，是同他们批判地改造德国古典哲学和英国古典政治经济学分不开的。由此可见，从马克思主义的理论来源对马克思主义产生的影响来看，也说明马克思主义是由马克思主义哲学、马克思主义政治经济学和科学社会主义学说构成的一个有内在联系的统一的完整体系。

除去上述三个直接理论来源外，马克思主义的产生也与当时自然科学的巨大进步密切相关。伴随着资本主义生产方式的确立和发展，从中世纪神学的束缚下解放出来的近代自然科学也蓬勃发展起来。从18世纪下半叶开始特别是进入19世纪，近代自然科学由主要是**"搜集材料**的科学"，即"关于既成事物的科学"，发展为**"整理材料的科学"**，即"关于过程、关于这些事物的发生和发展以及关于联系——把这些自然过程结合为一个大的整体——的科学"。① 在这一过程中，一些新兴学科，如地质学、胚胎学、动植物生理学、有机化学等陆续建立起来。特别是细胞学说、能量守恒和转化定律与生物进化论这自然科学的三大发现，对马克思主义产生的影响尤为巨大。植物和动物都是细胞按照一定的规律发育和生长的结果，从而阐明了生命有机体的内在统一性，沉重地打击了生命起源问题上"上帝创造论"的神学观点和物种不变的形而上学观念。能量守恒和转化定律揭示出自然界中起作用的各种能，如机械能、热能、光能、电磁能、化学能等，都是物质运动的各种表现形式，它们之间按照一定的度量关系互相转化，

---

① 《马克思恩格斯文集》第4卷，人民出版社2009年版，第299—300页。

而转化过程中总的能量是守恒的。这就证明，运动是客观的，既不能创造也不能消灭，而只能由一种形式转化为另一种形式，各种物质运动形式具有内在统一性。生物进化论揭示出，今天存在的千姿百态的生物，包括人类在内，都是由原始单细胞胚胎按照"生存竞争""物竞天择""适者生存"的规则生长进化而来的，从而把变化发展的观念引入生物界。这说明，自然科学的发展为马克思主义哲学世界观的形成奠定了理论基础。自然科学是知识形态的生产力，它转化为物质生产力，推动物质生产力的发展，是产业革命的科学前提，为从工场手工业转变为机器大工业起了推动作用；自然科学的发展对资本主义社会社会结构的改变，生产关系的变化，无产阶级的发展壮大和思想觉悟的提高，也直接或间接地起了作用。由此可以看出，自然科学的发展不仅为马克思主义哲学的形成奠定了科学基础，也为马克思主义政治经济学和科学社会主义学说的形成提供了科学前提。这也从一定程度上说明了马克思主义的整体性。

三、从马克思主义理论体系的内容看马克思主义的整体性

马克思主义哲学、马克思主义政治经济学和科学社会主义学说，不是彼此孤立、互不联系的，而是组成一个具有内在逻辑联系的科学体系。在整个马克思主义理论体系中，哲学是世界观和方法论的指导原则，政治经济学是以哲学世界观和方法论为指导对资本主义生产方式的剖析，科学社会主义则是运用哲学分析经济事实得出的结论。这三者之间相互渗透、相互补充，构成统一的马克思主义科学理论体系。

首先，从马克思主义哲学和政治经济学的关系来看，马克思主义政治经济学是在唯物辩证法的指导下，运用历史唯物主义的基本原理，分析资本主义的生产方式，才得以克服英国古典经济学的缺陷，在政治经济学上实现革命变革的。马克思主义的政治经济学中处处闪烁着

唯物辩证法和历史唯物主义的光辉。同时，马克思主义政治经济学的创立，又丰富和发展了唯物辩证法的基本概念和基本原理，从理论上论证了历史唯物主义的科学性，为历史唯物主义充实了极其丰富的内容。

其次，从马克思主义哲学和科学社会主义的关系来看，科学社会主义的产生离不开马克思主义哲学的指导。恩格斯在《社会主义从空想到科学的发展》1882 年德文第一版《序言》中对这个问题作了深刻的论证。他指出："科学社会主义本质上就是德国的产物，而且也只能产生在古典哲学还生气勃勃地保持着自觉的辩证法传统的国家，即在德国。唯物主义历史观及其在现代的无产阶级和资产阶级之间的阶级斗争上的特别应用，只有借助于辩证法才有可能。"①

再次，从政治经济学与科学社会主义的关系来看，马克思主义政治经济学通过对资本主义生产方式的科学分析，创立了剩余价值理论，揭示了资本主义的基本矛盾和发展规律，论证了资本主义灭亡、社会主义胜利的必然性，说明了无产阶级的阶级地位和历史使命，为未来社会主义社会和共产主义社会的基本特征作了科学的预测和设想，为无产阶级指明了推翻资本主义、建设社会主义的道路和方向。没有对资本主义经济发展规律的科学认识，不可能产生科学社会主义学说。所以恩格斯在《反杜林论》中说：由于唯物主义历史观和通过剩余价值学说揭开资本主义生产的秘密这两大发现，使社会主义由空想变成科学。②

最后，许多概念和原理，是马克思主义三个主要组成部分所共有的，如生产力、生产关系、生产方式，生产关系必须适合生产力性质的规律；经济基础、上层建筑，上层建筑必须适合经济基础发展要求

---

① 《马克思恩格斯文集》第 3 卷，人民出版社 2009 年版，第 495—496 页。
② 《马克思恩格斯文集》第 9 卷，人民出版社 2009 年版，第 30 页。

的规律；阶级、国家、革命、改革，阶级斗争在社会发展中的作用、革命和改革在社会发展中的作用；社会、社会结构、社会形态，社会形态的更替、社会形态的发展是自然历史过程；资本主义、社会主义、共产主义，从资本主义到社会主义的过渡时期及其基本特征；社会主义社会的基本特征、共产主义社会的基本特征；社会主义在自身发展的基础上成长为共产主义；人的自由、人的解放，自由人联合体，从必然王国向自由王国的飞跃；等等。

四、从马克思主义发展的历史过程看马克思主义的整体性

马克思主义产生于 19 世纪 40 年代中期，至今已有 170 年的历史。马克思主义产生以来，在回答各个历史时期的实践提出的各种重大的理论问题的过程中，不断充实、丰富和发展自己，形成了一个生机勃勃、不断创新的思想洪流，焕发出普遍而持久的生命力。一部马克思主义发展史，就是马克思主义不断创新、不断发展的与时俱进的历史。

马克思、恩格斯不仅是马克思主义的创立者，而且是马克思主义的发展者。马克思于 1845 年春天写作的《关于费尔巴哈的提纲》和马克思、恩格斯于 1945—1946 年合写的《德意志意识形态》，是标志马克思主义基本形成的著作；马克思 1847 年 7 月发表的《哲学的贫困》和马克思、恩格斯合写的于 1848 年 2 月发表的《共产党宣言》，标志着马克思主义的公开问世。马克思主义诞生不久，就接受了 1848 年欧洲革命的洗礼，后来又接受了 1871 年巴黎公社实践的检验，得到了进一步的发展。在这一过程中，马克思、恩格斯通过总结实践经验、理论研究以及同反马克思主义观点的斗争，不断把自己创立的理论推向前进。在马克思主义刚刚问世时，马克思、恩格斯政治经济学批判的任务尚未完成，此后又经过几十年的潜心研究，马克思写成了鸿篇巨制《资本论》，从多方面丰富和发展了马克思主义。19 世纪七八十年代，

恩格斯系统地研究了自然界和自然科学中的哲学问题，写成了《自然辩证法》手稿，开辟了马克思主义自然观的新领域。恩格斯在19世纪70年代中期以后写成的《反杜林论》与《路德维希·费尔巴哈和德国古典哲学的终结》等著作，全面系统地阐述了马克思主义的各个组成部分。马克思、恩格斯晚年关于俄国社会发展道路的论著，极大地丰富和发展了马克思主义。马克思晚年写的《古代社会史笔记》《历史学笔记》和恩格斯根据这些笔记以及关于上古史的其他新材料写作的《家庭、私有制和国家的起源》一书，考察了前资本主义的各个社会形态，全面地论述了整个人类历史的发展过程和发展规律。恩格斯在19世纪八九十年代的一系列书信和为马克思、恩格斯以前的著作写的《序言》和《导言》，从多方面加深和发展了马克思主义。在19世纪、20世纪之交，欧洲的一些马克思主义者梅林、考茨基、罗莎·卢森堡、拉法格、拉布里奥拉、普列汉诺夫等，也在不同程度上对马克思主义的发展作出了贡献。

马克思、恩格斯逝世以后，列宁在帝国主义和无产阶级革命时代的条件下，在领导俄国无产阶级革命和社会主义改造与社会主义建设的实践中，在同第二国际机会主义的斗争中，继承、捍卫、发展了马克思主义，把马克思主义推进到一个新的阶段，即列宁主义阶段。列宁在《唯物主义和经验批判主义》《哲学笔记》等著作中，捍卫和发展了马克思主义哲学；在《俄国资本主义的发展》《帝国主义是资本主义的最高阶段》等著作中，捍卫和发展了马克思主义的政治经济学；在《国家与革命》《论"左派"幼稚性和小资产阶级性》《论我国革命》《论合作社》等著作中，捍卫和发展了科学社会主义理论。特别值得提及的是，列宁的《论欧洲联邦口号》和《无产阶级革命的军事纲领》两篇论文，提出了在特定的历史条件下，社会主义革命有可能在一国或几国首先取得胜利的思想；在十月革命前夕和十月革命胜利以后，多次谈到落后的国家通过国家资本主义形式向社会主义过渡的思想，关于"新经济政策"的思想等，这些思想对落后国家的社会主义革命和社会主义建设具有非常重大的指导意义。

马克思主义在 19 世纪末 20 世纪初传入中国，在指导中国革命和建设的过程中，逐步形成了中国化的马克思主义，即具有中国特点、中国风格和中国气派的马克思主义。一部中国的马克思主义发展史，就是一部马克思主义的基本原理和中国的具体实际相结合的历史。在新民主主义革命时期，以毛泽东为代表的中国共产党人经过反复探索，在总结成功经验和失败教训的基础上，找到了符合中国实际的革命道路，创造性地发展了马克思主义，形成了毛泽东思想。新中国建立以后，以毛泽东为代表的领导集体，又对中国社会主义改造和社会主义建设道路进行了多方面的探索，取得了独创性理论成果和巨大成就，为新的历史时期开创中国特色社会主义提供了宝贵经验、理论准备、物质基础。改革开放以来，我们党开辟了中国特色社会主义道路，建立了中国特色社会主义制度，形成了中国特色社会主义理论体系。这个理论体系就是包括邓小平理论、"三个代表"重要思想、科学发展观等重大战略思想在内的科学理论体系。这个理论体系，坚持和发展了马克思列宁主义、毛泽东思想，凝结了几代中国共产党人带领人民不懈探索实践的智慧和心血，是马克思主义中国化的最新成果，是党最可宝贵的政治和精神财富，是全国各族人民团结奋斗的共同思想基础。在当代中国，坚持中国特色社会主义理论体系，就是真正坚持马克思主义。党的十八大以来，习近平总书记发表系列重要讲话，深刻回答了新形势下党和国家事业发展的一系列重大理论和现实问题，提出了许多富有创见的新思想、新观点、新论断、新要求。讲话涉及改革发展稳定、内政外交国防、治党治国治军各个方面，是新的历史条件下我们党治国理政的行动纲领，是坚持和发展中国特色社会主义的最新理论成果，是我们夺取中国特色社会主义新胜利、实现中华民族伟大复兴的中国梦的强大思想武器。

马克思主义的发展是一个曲折前进的过程。从总的发展趋势上看，马克思主义是一部持续向前的发展史，但这并不是说在它的发展过程中没有曲折和反复。马克思主义在其发展过程中，不可避免地会受到来自旧势力和旧观念的抵制、歪曲，也可能因为社会主义运动处于低潮而遭受挫折，甚至出现暂时的倒退，还可能因为实践和认识的错误而产生某种不正确的观点。因此，马克思主义的发展过程是前进性与曲折性的统一。研究马克思主义发展史，既要揭示出其前进上升运动的基本趋势，也要具体分析其发展过程中的失误、曲折和暂时的倒退及其原因，从中吸取经验教训，克服和清除不正确的观点，使其健康发展。纵观马克思主义产生以来170年的发展史，可以清楚地看出，马克思主义是由它的创始人马克思、恩格斯和它的后继者列宁、毛泽东、邓小平等在各个历史时期创立和发展的完整的科学理论体系，去掉其中的任何一个组成部分，都会肢解马克思主义，使马克思主义变得支离破碎、残缺不全。马克思主义是发展着的理论，所以必须用发展的观点看待马克思主义的整体性。

五、从马克思主义经典著作的实际情况看马克思主义的整体性

马克思主义经典著作很多都是把哲学、政治经济学和科学社会主义学说紧密结合在一起的。即使有些是专门的哲学著作或经济学著作，其中不少问题也是把三个主要组成部分的理论结合在一起论述的。

马克思在马克思主义形成时期写的《1844年经济学哲学手稿》，就是一部把哲学、政治经济学和共产主义理论融为一体的著作。标志马克思主义基本形成和公开问世的几部著作，如《德意志意识形态》《哲学的贫困》《共产党宣言》，不仅综合地论述了哲学、政治经济学和科学社会主义理论，而且阐明了无产阶级阶级斗争的战略和策略问题。

马克思的《资本论》是一部伟大的经济学著作，同时也是一部哲学著作和科学社会主义著作。《资本论》在论述政治经济学的基本原理时，很多地方具有深刻的哲学意蕴，蕴含着深刻的哲学思想，如关于商品的二重性和劳动的二重性理论中，蕴含着深刻的辩证法思想，不懂得辩证法，就难以理解这个理论；在关于商品、货币、资本、利息的论述中，深刻地揭示了商品拜物教、货币拜物教、资本拜物教思想，把经济理论和哲学理论十分完好地结合在一起；在关于平均利润率规律理论中，深刻地阐明了社会历史发展规律的性质，说明了"在整个资本主义生产中，一般规律作为一种占统治地位的趋势，始终只是以一种极其错综复杂和近似的方式，作为从不断波动中得出的、但永远不能确定的平均数来发生作用"[①]。恩格斯在阐述平均利润率规律理论的哲学意蕴时，更加深刻地指出：平均利润率规律"完全没有任何其他的现实性，而只是一种近似值，一种趋势，一种平均数，而不是直接的现实"[②]。马克思写作《资本论》的目的在于阐明资本主义生产方式的发展规律，即揭示资本主义必然灭亡、社会主义必然胜利的规律，说明由于资本主义社会自身的发展它必然被社会主义所代替，这正是科学社会主义的主要内容。《资本论》是把马克思主义的各个组成部分结合为一个有机整体的典范。恩格斯的《反杜林论》一书，分哲学、政治经济学和社会主义三编，分别论述马克思主义的三个主要组成部分，又处处体现了这三个组成部分之间的内在联系。列宁的《什么是"人民之友"以及他们如何攻击社会民主党人？》《唯物主义和经验批判主义》《帝国主义是资本主义的最高阶段》《国家与革命》等著作，都是把马克思主义的三个组成部分融为一体论述的。毛泽东的《中国社会各阶级的分析》《中国革命战争的战略问题》《论持久战》《新民主主义论》《关于正确处理人民内部矛盾的问题》等光辉著作，也充分体现了马克

---

① 《马克思恩格斯文集》第 5 卷，人民出版社 2009 年版，第 181 页。
② 《马克思恩格斯文集》第 10 卷，人民出版社 2009 年版，第 693—694 页。

思主义的各个组成部分是一个有机的整体。至于邓小平、江泽民、胡锦涛、习近平等关于中国特色社会主义理论体系的论述，更是很难区别它们究竟是哲学著作还是经济学或科学社会主义的著作，更是十分自然地把这三个组成部分紧密结合在一起的。

马克思主义的三个主要组成部分，即马克思主义哲学、马克思主义政治经济学和科学社会主义理论，既然是一个有机统一的整体，我们就要把它当作整体来研究和把握。近十几年来，我国设置了马克思主义一级学科，并且编写了马克思主义基本原理教材，其目的之一在于把马克思主义的各个组成部分作为一个整体来研究和把握，并且贯彻到教学中去。这个意图是十分可贵的。但是我们编写的马克思主义基本原理教材，虽然主观意图是把马克思主义的各个组成部分作为一个统一的完整的学科体系展示出来，但实际上仍然是分别阐述马克思主义哲学、马克思主义政治经济学和科学社会主义理论，是这三个部分的拼盘，而并没有把三者结合成为整体加以阐述。要真正把马克思主义的各个组成部分作为一个整体来研究和把握，必须培养一批能够在整体上理解和把握马克思主义的教师，这是一个长期而艰巨的任务。但我们不能等待这样的教师培养出来以后，再从事马克思主义整体化的工作。实际上，我们从设置马克思主义一级学科开始，就已经从事这项工作了。近几年来，我在这方面也作了一些探讨，在深入研究《资本论》及其手稿的基础上，撰写了十几篇把马克思主义三个组成部分作为一个整体阐述的学术论文，还根据其他马克思主义经典著作撰写了几篇体现马克思主义整体性的学术论文。但如何撰写一部真正体现马克思主义整体性的教科书，我还没有成熟的看法，我在本书中讲这个问题的目的，在于抛砖引玉，希望与从事马克思主义教学和研究的学者共同努力，把马克思主义整体化的工作推向前进。

第 二 编

"亚细亚生产方式"概念的含义及其历史演变

　　马克思、恩格斯创立的历史唯物主义是关于历史发展一般规律的理论。他们在研究社会发展一般规律的过程中，十分关注东方社会发展的特殊道路。他们关于东方社会发展道路的理论，实际上就是他们关于社会发展一般规律的理论在东方社会发展上的特殊表现形式和具体运用，二者是一般和特殊、共性和个性的关系，有着内在的一致性。马克思、恩格斯关于"亚细亚生产方式"概念的含义及其在社会发展序列中的地位的理论，是他们关于东方社会发展道路理论的一项重要内容，与他们的五种社会形态理论密切相关。本编把马克思、恩格斯关于"亚细亚生产方式"概念的含义及其在社会发展序列中的地位的历史演变与马克思、恩格斯的五种社会形态理论的形成和完善过程结合在一起加以考察和阐释。

第六章
讨论的历史回顾与研究方法

为了正确地把握马克思、恩格斯使用的"亚细亚生产方式"概念的含义及其在社会发展序列中的地位的历史演变,需要对这个问题的讨论情况有所了解,并且需要掌握研究这个问题的正确方法。

一、讨论的历史回顾

1859 年,马克思在《〈政治经济学批判〉序言》中总结人类历史发展一般进程时指出:"大体说来,亚细亚的、古希腊罗马的、封建的和现代资产阶级的生产方式可以看作是经济的社会形态演进的几个时代。"[①] 马克思提出"亚细亚生产方式"这个概念,至今已有 150 多年的历史。人们对于这个概念及其在社会发展序列中的地位,一直众说纷纭,莫衷一是,它似乎成了人文社会科学理论的"哥德巴赫猜想"。仅世界范围的集中的大讨论,就发生过两次。第一次世界性的集中大讨论,发生在 20 世纪二三十年代(1925—1931 年)。这次讨论首先在苏联学术界展开,紧接着波及日本和中国。中国史学界的讨论一直持续到 20 世纪 40 年代。新中国成立之初的讨论,可以看作是第一次世界性大讨论在中国的延续。在第一次世界性大讨论中,讨论的主要对象是中国历史,旁及俄国、印度、伊朗、阿富汗等国的经济社会形态的更替。第二次世界性的集中大讨论,发生在 20 世纪六七十年代,参

---

① 《马克思恩格斯文集》第 2 卷,人民出版社 2009 年版,第 592 页。

加讨论的有英国、法国、匈牙利、当时的民主德国、日本、意大利、澳大利亚等国的历史学家、经济学家、哲学家和地理学家。第二次世界性大讨论比第一次世界性大讨论更加深入、广泛,讨论的对象的范围大为扩大,除东方社会外,还讨论了殖民地以前的非洲社会,哥伦布发现美洲以前的美洲社会,以及古代中东国家的社会。中国在"文化大革命"结束以后,又展开了对这个问题的讨论,一直持续至今,在很多问题上意见仍然很不一致。可以毫不夸张地说,哲学界、历史学界、经济学界等,只要论及中国历史的发展过程和社会形态的更替,几乎都要涉及对"亚细亚生产方式"概念及其在社会发展序列中的地位的理解。

在关于"亚细亚生产方式"问题的讨论中,特别是近三十几年来的讨论中,国内外都有一些学者,借助于对马克思讲过的"亚细亚生产方式"概念的含义及其在社会发展序列中的地位的错误理解,否定马克思、恩格斯创立的五种社会形态划分理论。

有人认为,亚细亚社会、奴隶社会、封建社会,不是三种不同的经济社会形态,而是同一种社会形态(即原始社会解体以后的前资本主义社会)的三种不同类型或模式。它们是在空间上在不同地区并存的,不是在时间上按先后顺序依次更替的。

也有人认为,原始社会解体以后,在不同国家或不同地区,开始了几种社会形态并存而又按不同路线和顺序更替的过程:在亚洲一些地区,如中国和印度等国家,进入了以"亚细亚生产方式"为基础的社会;在古希腊罗马进入了奴隶社会;日耳曼人则通过征服奴隶制的西罗马帝国并在其废墟上建立了封建社会。在全世界,只有西欧的封建制度才孕育了资本主义的生产关系,并经过资产阶级革命建立起资本主义的社会制度。在西欧以外,特别是马克思称之为"亚细亚生产方式"的国家和地区,都没有能够发展成为资本主义社会。他们由此得出结论说:在世界上,只有欧洲部分地区是按原始社会、奴隶社会、封建社会、资本主义社会的顺序发展的，世界上绝大多数地区都并非如此，五种社会形态依次更替的理论没有普遍性，不符合历史事实。

还有人认为，中国和印度等国家，在从原始社会解体到外国帝国主义入侵沦为殖民地、半殖民地以前的两三千年中，一直是"亚细亚生产方式"为基础的社会，既没有经过奴隶社会，也没有经过封建社会。

另外，还有的学者认为，只有对抗性的社会形态才称为经济的社会形态，马克思在《〈政治经济学批判〉序言》中讲的亚细亚社会、古希腊罗马的奴隶社会、封建社会、资本主义社会这四个社会形态都是经济的社会形态，原始社会和未来共产主义社会不是对抗性的社会，不属于经济的社会形态。四个经济的社会形态，再加上两个不属于经济的社会形态的社会形态，人类历史经历了六个社会形态。

持上述这些观点的人大都断言，五种社会形态划分理论，不是马克思、恩格斯提出来的，而是斯大林 1938 年在《论辩证唯物主义和历史唯物主义》中首先提出来的，它是教条主义的理论根源之一，应该否定和抛弃。在这种背景下，通过系统研究马克思、恩格斯有关"亚细亚生产方式"概念的含义及其在社会发展序列中的地位的历史演变的有关论述，对于坚持和正确理解马克思、恩格斯创立的五种社会形态划分理论，坚持历史发展具有客观规律性的观点，全面认识社会形态演进和更替的过程，就具有十分重要的理论意义和现实意义。

二、掌握正确的研究方法

在关于"亚细亚生产方式"问题的讨论中，人们对这个概念的含义的理解可以说是千差万别，极不一致。有人说它是原始社会，有人说它是东方奴隶社会，有人说它是东方封建社会，有人说它是一种混合社会，有人说它是普遍奴隶制，有人说它是一种西方没有的极其特殊的社会，等等等等，不一而足。究其原因，除去这个问题本身的复杂性、参加讨论学者的历史观点和掌握的历史材料不同之外，研究这个问题的方法不同也是一个十分重要的方面。对同一个问题运用不同的研究方法进行研究，就可能得出完全不同的结论。因此，我们在具体探讨这个问题之前，先提出探讨这个问题的几个基本的方法论原则。

第一条原则。为了弄清马克思提出的"亚细亚生产方式"概念的确切含义，首要的任务是搞清马克思、恩格斯有关论述的原意（或称本意）。这就首先遇到一个十分棘手的问题，即现代解释学问题。现代西方解释学认为，著作文本没有不依赖于解释者的自身固有的意义，文本的意义是通过解释者的理解生成的，不同的解释者对于同一文本的意义的理解各不相同，它们都有平等存在的权利。退一步说，即使文本有自身的意义即本意，解释者也是无法把握的，解释者解读文本的目的不是把握文本的本意，而是生成文本的意义。按照这种解释学的观点，马克思主义经典著作就没有不依赖于解释者的自身固有的意义，它的意义是通过解释者的理解生成的，不论解释者如何解释马克思主义的经典著作，哪怕是歪曲的解释，甚至是恶意的攻击和否定，也有其存在的权利。即使承认马克思主义经典著作有其自身固有的意义即本意，解释者也是无法把握的。按照这种解释学的观点去解释马克思主义经典著作，马克思主义经典著作就必然会变味或走样。毫无疑问，解读马克思主义的经典著作，必须结合当代的特点和面临的实际任务。但是，不能因此而否定马克思主义经典著作的文本有其本身固有的意义。我认为，对马克思主义经典文本的解读或解释必须分为以下几个步骤：

第一，解读经典文本的本意。任何经典文本都有作者的本意，要解读这种本意，必须根据作者当时所处的历史背景和历史条件，根据作者本人的政治立场和学术修养，根据作者当时所面临的需要解决的具体问题，严格按照经典文本的内容，而不能附加任何外来的成分，不能根据解释者当下所处的时代背景和历史条件，不能根据解释者当下面临的需要解决的具体问题，不能根据解释者的前见或先见（更不能有先入之见，或要尽最大的努力排除不利于掌握文本本意的先入之见），更不能把解释者当前的认识加到经典文本的意义中去。经典文本的意义就是经典文本所固有的，而不是解释者解释出来的。如果经典文本根本没有其原意或本意，就失去了研究经典文本的任何意义。

第二，正确认识不同解释者对文本解释的差异。诚然，不同的解释者对同一文本的意义的解释是有差异的，甚至是互相对立的，但这些不同解释在符合文本本意的程度上是有差别的，有的基本符合文本的本意，有的则不太符合文本的本意，有的可能违背文本的本意，有的还可能是对文本本意的故意歪曲或曲解。这是由于解释者的解释能力有高低优劣之分，对马克思主义的态度有赞成或反对之别，不能因此而否定经典文本具有自身固有的含义。

第三，正确评价解释者的前见或先见。经典著作文本的解释者，都是根据自己的前见或先见研究和解读经典文本的，这是客观的事实，不能否认。因为任何人的思想都不是一块白板，他们在解读经典文本之前，就有了自己各种各样的认识和各种各样的研究方法。但是，不同解释者的前见或先见，对于能否正确解释文本的本意的作用是不同的。有的前见或先见，与所要解读的经典文本的基本观点比较接近或一致，有助于正确解读经典文本的本意；有的前见或先见，与所解读的经典文本的基本观点差别较大甚至互相对立，则无助于正确解读经典文本的本意，甚至必然误读或曲解经典文本的本意。不能因为解释者的前见或先见不同，就否定文本有自身固有的意义。

第四，正确认识解释者对经典文本的评价。经典文本的解释者，不单单是为了原原本本地解读经典文本的本意，解释者还要对经典文本的观点进行评价，不同的解释者对同一经典文本的评价也是不同的，有的可能完全赞同，有的可能部分赞同，有的可能完全不赞同，有的甚至坚决反对。这种不同也是由于解释者之间的差别造成的，不是由于经典文本的本意造成的，不能因此否定经典文本具有自身固有的含义。

第五，要把文本的本意与解释者所增加的新意加以区别。经典文本的解释者，不仅要正确解读经典文本的本意，还要根据解释者所处的时代背景和历史条件以及所面临的实际任务，激活文本的本意，为经典文本的本意增加新的内容，即丰富和发展文本的本意，以适应解决当前的实际任务的需要。但解释者为经典文本增加的新内容，并不是经典文本本身所固有的本意，也不是解释者赋予经典文本的意义。一定要把经典文本所固有的本意与经典文本的解释者所增加的新内容区别开来，这样就既明确了经典文本所固有的本意，又彰显了经典文本解释者所增加的新内容。如果解释者所增加的新内容，与经典文本的本意是前后相继、一脉相承的，而且是与时俱进的，就是对经典文本的继承和发展，把继承和发展统一起来了。

马克思、恩格斯一贯反对解释者对他们著作的歪曲解释。恩格斯在为《资本论》第三卷所写的《序言》中，针对当时一些资产阶级经济学家对马克思的平均利润率规律理论的歪曲，说了下面一段话："如果一个人想研究科学问题，首先要学会按照作者写作的原样去阅读自己要加以利用的著作，并且首先不要读出原著中没有的东西。"[1] 在恩格斯讲这段话时，现代西方解释学还没有出现，但现代西方解释学的方法已经被人们不自觉地运用了。我十分赞同恩格斯对解读经典文本的含义的看法，而不赞成现代西方解释学的观点。在肯定了马克思、恩格斯的著作具有自身固有的含义的前提下，才能正确探讨"亚细亚生产方式"概念的含义及其在社会发展序列中的地位。

为了准确地理解马克思、恩格斯著作中"亚细亚生产方式"概念的确切含义，必须全面地、客观地考察马克思、恩格斯著作中的全部有关

---

① 《马克思恩格斯文集》第 7 卷，人民出版社 2009 年版，第 26 页。

论述，而不要只选择对自己所持观点有利的那部分论述，更不要用自己现在掌握的历史事实为他们的论述作注解，否则，不仅无助于弄清"亚细亚生产方式"概念的确切含义，反而会曲解马克思、恩格斯的原意。这是因为，"亚细亚生产方式"的研究者们，在历史观和史料的掌握与理解上，往往不尽一致。如果用自己掌握的史料和自己的历史观点理解马克思、恩格斯的有关论述，就难免削足适履、为我所用，不同的人对马克思、恩格斯的论述作出不同的解释。这是人们对"亚细亚生产方式"概念的理解分歧如此之大的一个重要原因。我们不仅不反对而且主张，研究"亚细亚生产方式"问题必须联系历史资料，不能离开具体的历史资料单凭主观想象和逻辑思辨去理解它的含义。但是，联系历史资料要区分两种情况：一种是为了弄清马克思、恩格斯的原意而运用具体的历史资料。这时应以运用马克思、恩格斯当时掌握的历史资料为宜，而不应当运用当时虽已发现，但马克思、恩格斯尚未掌握的历史资料，更不应该运用当时尚未发现，而是为后来人们所发现的新的历史资料。另一种是为了考察马克思、恩格斯的论述是否符合各国的历史实际。这时当然应当以全部可靠的历史资料为依据。在这种情况下，运用马克思、恩格斯当时没有掌握的历史资料，特别是利用后来发现的新的历史资料，就具有十分重要的作用了。这一点下面我们将要具体分析。

　　第二条原则。马克思、恩格斯使用的"亚细亚生产方式"概念，是一个历史性概念，在他们的社会形态理论发展的不同时期，其含义并不完全相同。因此，应该按照马克思、恩格斯社会形态理论发展的不同阶段，分为几个时期，考察"亚细亚生产方式"概念在不同时期的具体含义。人们对这个概念的理解分歧所以如此之大的另一个重要原因，就是有些研究者不理解这个概念是一个历史性概念，没有按照马克思、恩格斯社会形态理论发展的不同阶段，考察这个概念在他们著作中的历史演变。因此，有的人偏重于从某一时期的论著中的论述考察这个概念的含义，另一些人则偏重于从另一时期的著作中的论述考察这个概念的含义，这就必然得出不同的结论；还有的人把马克思、恩格斯在不同时期的论述混杂在一起，在时间和空间上无限扩大"亚细亚生产方式"概念的外延，把本来不属于马克思、恩格斯所讲的以"亚细亚生产方式"为基础的国家（或地区）或某一国家的某个发展阶段，也列入了以"亚细亚生产方式"为基础的国家（或地区）之中。意大利米兰艺术学院翁贝托·梅洛蒂教授的著作《马克思与第三世界》一书，采用的就是这种方法。他把马克思、恩格斯在不同时期关于"亚细亚生产方式"的论述混杂在一起，表面看来似乎很全面、很系统，实际上把马克思、恩格斯的理论弄得支离破碎；似乎很客观、很公正，实际上不少地方是断章取义、张冠李戴，按照自己的意愿裁剪和拼凑，六经注我，为我所用，曲解了马克思、恩格斯的原意。他就运用这种方法人为地捏造了一个"亚细亚生产方式"的理论体系。在这部著作中，他论述了"亚细亚生产方式的起源"、"马克思关于亚细业生产方式的理论来源"、"亚细亚社会的基本特点"、"亚细亚社会的阶级结构"、"亚细亚社会、古代社会和封建社会之间的区别"、"亚细亚社会独有的文化特点"、"亚细亚社会的种种类型"、"哪些是马克思认为的'亚细亚'社会?"、"半亚细亚式的俄国社会"、"以亚细亚生产方式为基础的社会长期停滞的状况"、"中国——马克思主义意义上的'亚细亚'社会的最典型例子"等，共计23个问题。在梅洛蒂教授看来，除去西欧、北美以外，世界上的其他国家和地区几乎都是以"亚细亚生产方式"为基础的社会。他把中国、埃及、印度、巴比伦等国列为典型的亚细亚社会；把波斯、拜占庭列为次亚细亚社会；把蒙古、阿拉伯列为准亚细亚社会；把俄国列为半亚细亚社会；把明治维新以前的日本列为伪亚细亚社会。①

① 翁贝托·梅洛蒂:《马克思与第三世界》，高铦、徐壮飞、涂光楠译，商务印书馆1981年版，第1—2页。

翁贝托·梅洛蒂教授的观点具有强烈的资产阶级意识形态性质。在理论上,他把马克思、恩格斯创立的五种社会形态理论称为所谓的"单线论",用所谓社会发展的"多线论"否定五种社会形态理论,片面强调各国历史发展过程的多样性,并用以否定各国历史发展过程的统一性,从而否定社会发展具有不依人的意志为转移的客观规律性,妄图从根本上动摇历史唯物主义体系。在政治上,他把中国说成是典型的亚细亚社会(马克思本来是把印度看作是典型的亚细亚社会),把中国的社会主义制度说成是"亚细亚生产方式"的复活,诬蔑中国的社会主义制度是什么"官僚主义集体制",使关于"亚细亚生产方式"问题的学术讨论带上了浓厚的政治色彩。鉴于这种情况,我认为,对"亚细亚生产方式"问题的讨论要区分两种不同的情况:凡是属于学术性质的争论,必须贯彻"百花齐放,百家争鸣"的方针,畅所欲言,充分地、平等地自由讨论,绝不允许压制不同意见,在学术上压制不同意见,唯我独尊,实际上就是扼杀科学;而对于利用学术问题宣传反马克思主义观点、攻击社会主义制度、诋毁无产阶级专政的谬论,则要旗帜鲜明地予以反驳。

第三条原则。正确处理马克思、恩格斯的思想与他们根据某些不符合东方社会发展实际的历史材料对这些思想的论证之间的关系。马克思、恩格斯好学敏求,知识渊博,既对西方的哲学、历史学、经济学有深入的研究,也十分了解西方历史的发展。不仅如此,他们对古代历史和东方历史,特别是对印度、中国和俄国的历史,也有深入的研究,并有自己独到的见解,但马克思、恩格斯毕竟是人而不是神。任何人都有历史局限性,都不是无所不知、无所不晓的,马克思、恩格斯也是如此。马克思、恩格斯论述东方社会根据的历史材料,特别是他们早年论述亚洲社会所根据的历史材料,绝大部分是17、18世纪以来西方旅行家、外交官、传教士、殖民官员以及某些学者的著作。这些人提供的材料并不那么全面、可靠,马克思、恩格斯由于历史条件的限制，直接看到的东方的文献、文物资料也不多，因而他们也就难于根据这些不十分全面、可靠的材料作出完全确切、完全符合东方社会历史实际的结论。例如，马克思、恩格斯认为东方不存在土地私有制、东方社会长期停滞落后、东方的农村公社和土地公有制是专制制度的基础等观点，就不符合或不完全符合亚洲的历史实际，特别是不符合中国历史的实际。另外，马克思对东方社会某些特点的概括，并不具有普遍的适用性。有的可能仅仅适合于两河流域，有的可能仅仅适合于印度，有的可能仅仅适合于中国。但他们实际上并没有明确区分开他们概括的东方社会的那些特征仅仅适合于哪些国家或地区。如果我们把他们讲的仅仅适合于某些国家和地区的特征，认为这些特征在所有东方国家都存在，就可能误解他们的思想，不适当地误用他们的思想的适用范围。对这种情况，我们应该采取下列原则：为了准确掌握马克思、恩格斯思想的原意，我们要根据他们当时掌握的历史材料论证他们的思想；同时也要根据东方历史的实际，指出他们所运用的历史材料具体存在的不符合东方历史实际的内容。这些有关内容我们将在下面具体分析。

第七章
"亚细亚生产方式"概念的历史演变

我们分 1853 年以前的时期、19 世纪 50 年代中后期、以《资本论》为代表的时期、摩尔根《古代社会》一书发表以后的时期等四个时期考察"亚细亚生产方式"概念在马克思、恩格斯著作中的历史演变过程。

一、1853 年以前的时期

1845—1846 年，马克思、恩格斯合写的《德意志意识形态》一书，是标志历史唯物主义基本形成的第一部著作。在这部著作中，两位作者提出了社会形态及其发展规律的最初见解。他们根据生产力和生产关系的矛盾运动分析社会结构，把人类历史的发展归结为生产关系（所有制形式）的发展，又把生产关系（所有制形式）归结为生产力的发展状况。他们指出："分工的各个不同发展阶段，同时也就是所有制的各种不同形式。这就是说，分工的每一个阶段还决定着个人在劳动材料、劳动工具和劳动产品方面的相互关系。"① 在这里，两位作者用以生产力一定发展阶段为基础的所有制形式的划分表述了他们的社会形态划分的思想雏形。他们把资本主义以前的历史划分为三种依次更替的所有制形式，即"部落所有制"、"古典古代的公社所有制和国

---

① 《马克思恩格斯文集》第 1 卷，人民出版社 2009 年版，第 521 页。

家所有制"、"封建的或等级的所有制"。^①对马克思、恩格斯提出的这三种所有制形式的划分，我们提出以下几点看法：

第一，马克思、恩格斯所讲的第二种和第三种所有制形式，大致分别相当于西欧的奴隶社会和封建社会，这一点在理论界没有什么分歧。分歧在于如何认识第一种所有制形式。关于这种所有制形式，马克思、恩格斯是这样讲的："这种所有制与生产的不发达阶段相适应，当时人们靠狩猎、捕鱼、畜牧，或者最多靠耕作为生。在人们靠耕作为生的情况下，这种所有制是以有大量未开垦的土地为前提的。在这个阶段，分工还很不发达，仅限于家庭中现有的自然形成的分工的进一步扩大。因此，社会结构只限于家庭的扩大：父权制的部落首领，他们管辖的部落成员，最后是奴隶。潜在于家庭中的奴隶制，是随着人口和需求的增长，随着战争和交易这种外部交往的扩大而逐渐发展起来的。"^②从这段话可以看出，"部落所有制"主要有两个特点：（1）生产力和分工很不发达，当时人们靠狩猎、捕鱼、畜牧，最多是靠耕作为生；（2）社会结构是父权制的部落首领，他们管辖着社会成员以及奴隶。

我国学术界对马克思、恩格斯所讲的"部落所有制"的看法很不一致。有人说它是原始公社制，因为生产力和分工还很不发达；有人说它是对抗性社会组织，因为已经有了奴隶制。这些看法都有些失之片面、简单。我们应该从马克思、恩格斯的社会形态划分理论的形成和发展过程来考察、规定"部落所有制"概念的确切含义。

《德意志意识形态》一书，是马克思、恩格斯论述古代社会和社会形态划分的最初著作。他们当时对社会历史的研究还只限于欧洲社会。在写作本书以前，马克思曾经研究过从公元前6世纪到19世纪30年

---

① 《马克思恩格斯文集》第1卷，人民出版社2009年版，第521—523页。
② 《马克思恩格斯文集》第1卷，人民出版社2009年版，第521页。

代二千五百多年的欧洲历史，特别是着重研究了对世界近代史发生重大影响的法国革命史，同时旁及英国、德国、瑞典、波兰、威尼斯共和国的历史。当时年轻的马克思、恩格斯尚未开始研究东方社会的历史。他们在19世纪50年代以后才开始研究亚洲社会，而且主要是印度古代社会的历史。《德意志意识形态》一书关于社会形态划分的观点，是他们研究亚洲社会以前的观点，只反映他们对于欧洲社会历史过程的认识，无论在理论上还是在史料的掌握上都还是很不充分的。这里所说的"部落所有制"，从经济结构上看，相当于原始社会的氏族公社所有制；从社会结构上看，相当于原始社会氏族公社所有制正在解体、奴隶制已经开始出现的时期。这时马克思、恩格斯还没有把氏族公社和氏族公社解体以后出现的农村公社分开。他所讲的"部落所有制"时期，虽然相当于由原始社会向奴隶社会转变的时期，但由于当时尚未形成科学的原始社会的思想，自己并没有自觉地意识到这一点，因而把它作为人类历史发展中的第一个独立的社会形态。当时马克思、恩格斯还没有发现东西方社会发展的不同特点，还没有形成"亚细亚生产方式"概念，没有形成"东方社会"、"亚洲社会"具有特殊性的思想。有的学者把这里讲的"部落所有制"等同于马克思1859年在《〈政治经济学批判〉序言》中讲的"亚细亚生产方式"，至少是没有充分根据的。

第二，马克思、恩格斯所叙述的三种所有制形式，是资本主义以前的三种所有制形式，这三种所有制形式是在历史上按先后顺序出现、由低级到高级发展的，而不是在空间上同时并列、处于同一发展阶段的。我国有的学者把这三种所有制形式看作是处于同一发展阶段的三种不同类型的所有制形式是不正确的，这从马克思、恩格斯的叙述中可以清楚地看出来。

第三，马克思、恩格斯当时已经认识到，人类社会开始是公有制，后来才出现私有制，私有制将来还会被消灭，资本主义私有制将被未来的共产主义社会的公有制所代替。这样，资本主义以前的三种所有制形式，再加上资本主义私有制和将来代替它的共产主义社会的公有制，正好是五种所有制形式。以这五种所有制形式为基础，形成五种社会形态，即部落所有制社会、奴隶社会、封建社会、资本主义社会、共产主义社会（它的第一阶段是社会主义社会）。这五种社会形态在人类历史上是从低级到高级依次更替的。

　　总之，在马克思、恩格斯的历史唯物主义体系刚刚形成的时候，就提出了他们的最初的、尚不完善的五种社会形态从低级到高级依次更替的理论，只是这时的第一种社会形态即以"部落所有制"为基础的社会，还不是后来所讲的原始社会，这反映了他们当时的五种社会形态理论尚未成熟，有待进一步发展和完善。

　　马克思在 1847 年底写成、1849 年 4 月发表的《雇佣劳动与资本》，可以说是第一次以较为精确的语言表述了他的社会形态划分和演进的理论。他指出："**各个人借以进行生产的社会关系，即社会生产关系，是随着物质生产资料、生产力的变化和发展而变化和改变的。生产关系总和起来就构成所谓社会关系，构成所谓社会，并且是构成一个处于一定历史发展阶段上的社会，具有独特的特征的社会。古典古代社会、封建社会**和**资产阶级社会**都是这样的生产关系的总和，而其中每一个生产关系的总和同时又标志着人类历史发展中的一个特殊阶段。"[1]马克思在这里谈到的古典古代社会（指古希腊罗马的奴隶社会）、封建社会、资本主义社会三种社会形态，再加上古典古代社会以前的那个社会形态和未来共产主义社会形态（社会主义社会是它的第一阶段），人类历史也是依次经历从低级到高级发展的五种社会形态。

　　马克思、恩格斯在 1847 年底至 1848 年 1 月合写的、发表于 1848 年 2 月的《共产党宣言》，是标志马克思主义公开问世的著作。两位作

---

① 《马克思恩格斯文集》第 1 卷，人民出版社 2009 年版，第 724 页。

者指出:"自由民和奴隶、贵族和平民、领主和农奴、行会师傅和帮工,一句话,压迫者和被压迫者,始终处于相互对立的地位,进行不断的、有时隐蔽有时公开的斗争,而每一次斗争的结局都是整个社会受到革命改造或者斗争的各个阶级同归于尽。"[1] 马克思、恩格斯当时已经认识到,在过去的各个历史时代,我们几乎到处都可以看到社会完全划分为各个不同的等级,看到社会地位分成多种多样的层次。在古罗马,有贵族、骑士、平民、奴隶,在中世纪,有封建主、臣仆、行会师傅、帮工、农奴,而且几乎在每一个阶级内部又有一些特殊的阶层。"从封建社会的灭亡中产生出来的现代资产阶级社会并没有消灭阶级对立。它只是用新的阶级、新的压迫条件、新的斗争形式代替了旧的。""但是,我们的时代,资产阶级时代,却有一个特点:它使阶级对立简单化了。整个社会日益分裂为两大敌对的阵营,分裂为两大相互直接对立的阶级:资产阶级和无产阶级。"[2] 马克思、恩格斯的这些论述说明了奴隶社会、封建社会、资本主义社会的阶级状况。这部著作的中心思想是揭示资本主义社会被未来共产主义社会代替的历史必然性。在这里,马克思、恩格斯把奴隶社会、封建社会、资本主义社会、共产主义社会看作是人类社会从低级到高级依次更替的四种社会形态,如果再加上奴隶社会以前的那个社会形态,正好是五种社会形态依次更替。

综上所述,马克思、恩格斯在 19 世纪 40 年代中后期,根据对欧洲历史的研究,提出了五种社会形态划分理论。但是这种理论尚未完全成熟,有待于进一步完善。

19 世纪 50 年代初,马克思、恩格斯开始研究东方社会问题,把视野由西方扩展到东方。这是由于下述两个原因:其一,1848—1849

---

[1] 《马克思恩格斯文集》第 2 卷,人民出版社 2009 年版,第 31 页。
[2] 《马克思恩格斯文集》第 2 卷,人民出版社 2009 年版,第 32 页。

年欧洲革命失败以后，马克思、恩格斯把希望寄托在受欧洲资本主义压迫的东方国家的民族解放运动上。当时中国爆发了洪秀全领导的太平天国运动。这个运动使人看到，中国已处于大转变的前夜。马克思、恩格斯当时认为，东方的民族解放运动将对欧洲发生影响，加速欧洲新的革命的爆发。马克思在 1853 年写的《中国革命和欧洲革命》一文中说："既然英国的贸易已经经历了通常商业周期的大部分，所以可以有把握地说，中国革命将把火星抛到现今工业体系这个火药装得足而又足的地雷上，把酝酿已久的普遍危机引爆，这个普遍危机一扩展到国外，紧接而来的将是欧洲大陆的政治革命。这将是一个奇观：当西方列强用英、法、美等国的军舰把'秩序'送到上海、南京和运河口的时候，中国却把动乱送往西方世界。"[1] 其二，1853 年，英国议会围绕延长东印度公司宪章问题进行讨论。马克思十分关心这一讨论的进展情况。为了能对这一讨论发表自己的见解，也促使马克思去研究印度问题。他在 1853 年 7 月 22 日写的《不列颠在印度统治的未来结果》一文，第一次明确提出了"亚洲式的社会"、"亚洲社会"等概念，并把它与"西方式的社会"、"西方社会"相区别。马克思、恩格斯认为"亚洲社会"与"西方社会"相比，主要有以下几个特点：

第一，没有土地私有制，这是了解东方社会的一把钥匙。1853 年 6 月 2 日，马克思在给恩格斯的信中，根据弗朗斯瓦·贝尔尼埃在《莫卧儿帝国游记》中的材料，指出："贝尔尼埃正确地看到，东方（他指的是土耳其、波斯、印度斯坦）一切现象的基础是**不存在土地私有制**。这甚至是了解东方天国的一把真正的钥匙……"[2] 恩格斯 6 月 6 日在给马克思的回信中表示同意这种看法。他说："不存在土地私有制，的确是了解整个东方的一把钥匙。这是东方全部政治史和宗教史的基

---

① 《马克思恩格斯文集》第 2 卷，人民出版社 2009 年版，第 612 页。
② 《马克思恩格斯文集》第 10 卷，人民出版社 2009 年版，第 112 页。

础。"恩格斯把东方不存在土地私有制的原因归结为这些国家所处的地理环境。他说:"但是东方各民族为什么没有达到土地私有制,甚至没达到封建的土地所有制呢? 我认为,这主要是由于气候和土壤的性质,特别是由于大沙漠地带,这个地带从撒哈拉起横贯阿拉伯、波斯、印度和鞑靼直到亚洲高原的最高地区。在这里,农业的第一个条件是人工灌溉,而这是村社、省和中央政府的事。"[1]马克思在 6 月 10 日写的《不列颠在印度的统治》一文,利用了恩格斯这一思想,但看法并不完全相同。除去恩格斯讲的东方不存在土地私有制的原因是由于地理环境的特点以外,马克思还补充了另一个重要的原因,即生产力发展水平的低下。他指出:"节省用水和共同用水是基本的要求,这种要求,在西方,例如在佛兰德和意大利,曾促使私人企业结成自愿的联合;但是在东方,由于文明程度太低,幅员太大,不能产生自愿的联合,因而需要中央集权的政府进行干预。"[2]马克思把"文明程度"即生产力发展水平不同,作为东西方土地所有制不同的主要原因,这就在提出东方社会特殊论的同时又种下了否定东方社会特殊论的种子。或者说,在把生产力作为社会发展的最后决定力量的历史唯物主义的基本观点中,就包含着克服东方社会特殊论的必然性。还有一点应当提请读者注意,在马克思、恩格斯关于东方社会这个特点的论述中,都提到了印度,却并没有提到中国,这也说明他们是把印度作为"亚细亚生产方式"的典型,而不是像翁贝托·梅洛蒂那样把中国当作这种典型。

马克思、恩格斯关于亚洲不存在土地私有制的论述,主要是根据西方著作家对印度莫卧儿帝国时期土地问题的描述和调查作出的。17世纪的法国医生、旅行家和作家弗朗斯瓦·贝尔尼埃在《莫卧儿帝国

---

[1] 《马克思恩格斯文集》第 10 卷,人民出版社 2009 年版,第 113 页。
[2] 《马克思恩格斯文集》第 2 卷,人民出版社 2009 年版,第 679 页。

游记》一书中说："莫卧儿大帝是受他恩赐的所有埃米尔（或贵胄）以及曼斯布达尔（或低级贵胄）的继承人；最重要的，他是帝国的每一亩土地的所有者。""朝臣们甚至常常不是埃米尔的后裔，因为国王是他们全部财产的继承人，没有一个家族能够长期保持它的名望。"他还说："国王是土地的所有者，把一定的数额赐予军人，作为他们薪饷的等价物，这种赐地被称为扎吉尔，正像土耳其的梯马尔……同样的赐地也授予长官，以代替他们的薪俸。"[①] 18世纪西方学者对东方土地制度的了解仍然继承了17世纪著作家的看法。如孟德斯鸠在《论法的精神》一书中曾说："如果一个君主宣告自己是一切土地的所有者和一切臣民遗产的继承者的话，那末他的国家便是一切专制国家中最给自己添加烦恼的国家了，农业常常因此而废弛。"[②] 这显然是因袭了贝尔尼埃的观点。英国古典经济学家亚当·斯密在《国民财富的性质和原因的研究》一书中谈到了中国、印度、埃及等东方国家的土地国有制问题。他说："中国和古埃及的各君主，以及印度各时代割据诸王国的君主，其收入全部或绝大部分都是得自其某种地税和地租。"又说："中国帝王的重要收入，由帝国一切土地生产物的十分之一构成。"[③] 斯密谈到的东方各国租税合一实际上是后来东方土地国有论的一个重要论点。

上述西方著作家关于东方各国不存在土地私有制的论述，是不符合东方的历史实际的。确实，东方一些国家，如印度，农村公社的土地公有制存在的时间比较长，范围比较广泛，由土地公有制向土地私有制的转化极其缓慢，经过了漫长的过程，一直到莫卧儿帝国时期，仍然带有由土地公有制向土地私有制转化的一些特征。但是，从历史

---

① 弗朗斯瓦·贝尔尼埃：《莫卧儿帝国游记》（英译本），牛津出版社1916年版，第204、211、224页。

② 孟德斯鸠：《论法的精神》上册，张雁深译，商务印书馆1961年版，第61页。

③ 亚当·斯密：《国民财富的性质和原因的研究》下册，杨敬年译，商务印书馆1974年版，第249、396页。

的实际过程来看，早在印度哈巴拉文化时期（公元前 2700—前 1500 年），就产生了土地私有制的萌芽，到公元前 6—4 世纪，佛教文献中有许多反映土地私有制的记载。[①] 中国虽然在夏商周三代，土地公有制占主导地位，但通过商鞅变法，自秦汉以来地主土地所有制一直占主导地位。

事实上，马克思、恩格斯随着对东方土地制度了解的深入，逐渐改变了"东方不存在土地私有制"的看法。恩格斯在《〈反杜林论〉的准备材料》中明确讲道："所有印度日耳曼语系民族都是从**公有**制开始的。几乎在所有这些民族那里，公有制在社会发展进程中都被废除，被**否定**，被私有制、封建所有制等等其他形式排挤掉。"[②] 恩格斯在 1876—1878 年写成的《反杜林论》中，把由土地公有制到土地私有制，再到更高形式上的土地公有制，看作是一切文明民族土地所有制形式演变的共同规律。他说："一切文明民族都是从土地公有制开始的。在已经越过某一原始阶段的一切民族那里，这种公有制在农业的发展进程中变成生产的桎梏。它被废除，被否定，经过了或短或长的中间阶段之后转变为私有制。但是，在土地私有制本身所导致的较高的农业发展阶段上，私有制又反过来成为生产的桎梏——目前无论小地产还是大地产方面的情况都是这样。因此就必然地产生出把私有制同样地加以否定并把它重新变为公有制的要求。但是，这一要求并不是要重新建立原始的公有制，而是要建立高级得多、发达得多的共同占有形式"[③]。我们知道，在《反杜林论》付印之前，恩格斯曾把全部原稿念给马克思听过，恩格斯的思想，马克思显然是同意的。

马克思在 1879—1880 年写的《马·柯瓦列夫斯基〈公社上地占有制，其解体的原因、进程和结果（第一册，1879 年莫斯科版）〉一

---

① 参见季羡林：《罗摩衍那初探》，外国文学出版社 1979 年版，第 7 页。
② 《马克思恩格斯文集》第 9 卷，人民出版社 2009 年版，第 357 页。
③ 《马克思恩格斯文集》第 9 卷，人民出版社 2009 年版，第 145 页。

书摘要》中，摘录了柯瓦列夫斯基关于印度土地制度从公有制向私有制的发展过程划分为五个阶段的论述：（1）最初是实行土地共同所有制和集体耕种的氏族公社；（2）氏族公社依照氏族分支的数目而分为或多或少的家庭公社，土地所有权的不可分割性和土地的共同耕作制在这里最终消失了；（3）由继承权来确定份地因而份地不均等的制度；（4）这种不均等的基础已不再是距同一氏族首领的亲属等级的远近，而是由耕种本身表现出来的事实上的占有；（5）公社土地或长或短定期的重分制度，如此等等。起初，重分同等地包括宅院(及其毗邻地段)、耕地和草地。继续发展的过程首先导致将宅旁土地（包括毗邻住所的田地等等）化为私有财产，随后又将耕地和草地化为私有财产，共同的家庭在历史的发展过程中也越来越简化为现代意义上的私人的个体家庭了。[①] 通观马克思的全部摘要和所加的评语，可以看出，马克思是基本上同意柯瓦列夫斯基这一论述的。这说明，马克思是从印度土地制度的公有和私有的二重性以及由土地公有制向土地私有制的过渡来看待印度土地制度的，马克思在 19 世纪 70 年代末，已经不再坚持印度不存在土地私有制的观点了。

第二，全国分成许多各自孤立的、农业和手工业相结合的、自给自足的农村公社，这是东方专制制度和长期停滞最坚实的基础。马克思指出："在印度有这样两种情况：一方面，印度人也像所有东方人一样，把他们的农业和商业所凭借的主要条件即大规模公共工程交给中央政府去管，另一方面，他们又散处于全国各地，通过农业和制造业的家庭结合而聚居在各个很小的中心地点。由于这两种情况，从远古的时候起，在印度便产生了一种特殊的社会制度，即所谓**村社制度**，这种制度使每一个这样的小结合体都成为独立的组织，过着自己独特的生活。"这些村社彼此之间几乎没有往来，处于孤立状态，好像一

---

① 《马克思恩格斯全集》第 45 卷，人民出版社 1985 年版，第 242—243 页。

些模样相同而又互不联系的原子，"这些家庭式公社本来是建立在家庭工业上面的，靠着手织业、手纺业和手工农业的特殊结合而自给自足"。① 马克思在 1856 年 6 月 14 日致恩格斯的信中，描绘了印度村社的具体情况，并指出它是印度专制制度和长期停滞的坚实基础。他指出："在某些这样的村社中，全村的土地是共同耕种的，但在大多数情况下是每个土地所有者耕种自己的土地。在这种村社内存在着奴隶制和种姓制。荒地作为公共牧场。妻子和儿女从事家庭纺织业。这些田园共和国只是怀着猜忌的心情防范邻居村社侵犯**自己村社的边界**，它们在新近刚被英国人侵占的印度西北部还相当完整地存在着。我认为，很难想象亚洲的专制制度和停滞状态有比这更坚实的基础。"②

说村社制度和土地公有制是东方专制制度的基础，也不完全符合东方的历史实际。中国在西周存在农村公社和土地公有制的时期，中央集权的君主专制制度并未巩固地建立起来，原始民主制的遗风仍然在一定程度上存在着；而从秦汉开始巩固起来的君主专制制度，恰恰是农村公社已经瓦解、土地私有制已经取代了土地公有制的时期。中国封建社会的政治制度史表明，建立在地主土地私有制和小农生产基础上的中央集权的专制制度的国家机器，要比建立在村社制度和土地公有制基础上的专制主义的国家机器更加巩固、更加强大有力。

第三，农业上人工灌溉具有极端重要性，修建和管理公共水利工程、交通道路的任务，由中央集权的政府承担。马克思指出："在亚洲，从远古的时候起一般说来就只有三个政府部门：财政部门，或者说，对内进行掠夺的部门；战争部门，或者说，对外进行掠夺的部门；最后是公共工程部门。"无论在埃及和印度，或是在美索不达米亚、波斯以及其他地区，都利用河水的泛滥来肥田，利用河流的涨水来充注

---

① 《马克思恩格斯文集》第 2 卷，人民出版社 2009 年版，第 681、682 页。
② 《马克思恩格斯全集》第 28 卷，人民出版社 1973 年版，第 272 页。

灌溉水渠。"所以亚洲的一切政府都不能不执行一种经济职能，即举办公共工程的职能。这种用人工方法提高土壤肥沃程度的设施归中央政府管理，中央政府如果忽略灌溉或排水，这种设施立刻就会废置"。[①]不列颠人在东印度从他们的前任那里接受了财政部门和战争部门，但是却完全忽略了公共工程部门，因此就使印度的农业衰败下来。在那里收成的丰歉取决于政府的好坏，正像在欧洲随气候的好坏而变化一样。

第四，亚洲社会长期停滞，没有内在的发展动力，只有西方资本主义入侵才能动摇它的基础，使亚洲发生真正的社会革命。马克思认为，印度的农村公社丝毫没有社会进步的意向，没有任何推动社会进步的行动，从远古的时代直到19世纪最初十年，无论印度过去在政治上发生的变化多么大，它的社会结构和社会状况却始终没有改变。既然如此，所以只有西方资本主义入侵才能打破这种停滞状态，推动亚洲社会向前发展。正是基于这种认识，马克思一方面对英国殖民主义者在印度的侵略和掠夺的野蛮罪行表示极大的愤慨，予以严厉的谴责，同时又指出，如果亚洲的社会状态没有一个根本的革命，人类就不能完成自己的历史使命。所以，不管英国在印度犯下了多少罪行，它造成社会革命毕竟是充当了历史的不自觉的工具。英国在印度要完成双重的使命：一个是破坏的使命，即消灭旧的亚洲式的社会；另一个是重建的使命，即在亚洲为西方式的社会奠定物质基础。

从马克思、恩格斯对亚洲社会以上四个特点的论述，我们可以看出，他们当时认为亚洲社会是一个古已产生并且一直到18、19世纪西方资本主义入侵以前，与西欧社会完全不同的、独立的、地域性的社会形态。这一方面是因为他们刚刚把视野从欧洲扩大到亚洲，掌握的历史材料尚不充分，另一方面是因为受到了西方著作家所提供的不全面、不准确的历史资料的影响，因此没有能够把亚洲社会的历史放在

[①] 《马克思恩格斯文集》第2卷，人民出版社2009年版，第679、679—680页。

他们在 40 年代中期和后期根据欧洲社会的历史提出的五种社会形态演进的序列中去。当他们只研究欧洲社会的历史发展时，提出了尚不完全成熟的五种社会形态划分理论。当他们刚刚开始研究亚洲社会时，更多地看到了其与西欧社会的不同，尚未发现亚洲社会与西欧社会的共同特点和共同发展规律，这是符合人类认识发展的一般进程的。尽管如此，这一点必定是他们这一时期的社会形态划分理论上的缺陷。如果仅仅根据马克思、恩格斯在 50 年代初期对亚洲社会特点的论述，确实可以把亚洲社会看作是自古以来就存在的、与西欧社会截然不同的、独立的、地域性的社会形态。翁贝托·梅洛蒂在《马克思与第三世界》一书中正是这样做的。但是，马克思、恩格斯对亚洲社会的认识并没有停留在这种观点上。此后，他们在对世界历史的进一步研究中，逐步克服了把亚洲社会看成是一个长期不变的、独立的、地域性的社会形态的观点。

二、19 世纪 50 年代中后期

1857—1859 年，马克思在 50 年代初期对亚洲社会研究的基础上，进一步对亚洲社会和欧洲社会进行研究和比较，丰富和发展了他在 40 年代中后期提出的五种社会形态依次更替的理论。这一时期的主要著作有《1857—1858 年经济学手稿》中的"资本主义生产以前的各种形式"和《〈政治经济学批判〉导言》《〈政治经济学批判〉序言》等。这一时期的思想主要有以下一些内容：

(一) 关于原始所有制形式问题

马克思在"资本主义生产以前的各种形式"一章中，把原始所有制区分为三种形式，即亚细亚的所有制形式、古典古代的所有制形式、日耳曼的所有制形式。这三种所有制形式与资本主义生产方式相比较，彼此之间具有一些共同点，如都是劳动者和劳动的客观条件相结合、个人在不同程度上依赖于共同体等等；它们彼此之间互相比较，又有很大的区别。这种区别可以归纳为两个方面：

其一，土地所有制形式和经营方式不同。

在亚细亚的土地所有制形式中，没有土地私有制，"财产**仅仅**作为公社财产而存在"，"单个成员本身只是一块特定土地的**占有者**，或是继承的，或不是继承的，因为财产的每一小部分都不属于任何单独的成员，而属于作为公社的直接成员的人，也就是说，属于同公社直接统一而不是同公社有别的人。因此，这种单个的人只是占有者。只有**公共财产**，只有**私人占有**"。① 土地属于公社或由公社组成的更大的统一体所有，作为公社成员的个人只有土地的占有权，没有土地的所有权。在这种土地所有制形式中，对土地的经营在不同地区或同一地区的不同时期采用不同的方式，主要是两种方式：一种是单个的人同自己的家庭一起，独立地在分给他的份地上从事劳动；另一种是按照公社或由公社组成的更大的统一体的规定，公社成员进行共同劳动，并在劳动过程中形成整套制度，例如在墨西哥，特别是在秘鲁，在古代的克尔特人、印度的某些部落中，就是这样。

在古典古代的所有制形式中，土地分为公有地和私有地，"公社财产——作为国有财产——即公有地，在这里是和私有财产分开的"。"在古代民族那里（罗马人是最典型的例子，表现的形式最纯粹，最突出），存在着国有土地财产和私人土地财产相对立的形式，结果是后者以前者为中介，或者说，国有土地财产本身存在于这种双重的形式中。"② 这就是说，在古典古代的所有制形式中，已经出现了土地私有制，存在着土地私有制和土地公有制的对立；国家土地财产是私人土

① 《马克思恩格斯全集》第30卷，人民出版社1995年版，第471—472页。
② 《马克思恩格斯全集》第30卷，人民出版社1995年版，第469、475页。

地财产的中介，即私人只有作为公社的成员才能分得一份土地财产。私有地由各个家庭耕种，产品归私人；公有地由公社成员出劳役耕种，收获的产品归公社。

在日耳曼的土地所有制形式中，虽然也有公有地和私有地之分，但这种公有地和古典古代的所有制形式中的公有地不同，它不是与私有地并列的国家的特殊经济，而只是私有地的公共附属物，并不占主导地位，不是独立存在的。正如马克思所说："在这里，个人土地财产既不表现为同公社土地财产相对立的形式，也不表现为以公社为中介，而是相反，公社只存在于这些个人土地所有者本身的相互关系中。公社财产本身只表现为各个个人的部落住地和所占有土地的公共附属物。"公有地只是作为猎场、牧场、采樵地等生产资料供每个单独的家庭使用，不需要公社成员另行经营。土地的经营以家庭为单位，"实质上，每一单个家庭就是一个经济整体，它本身单独地构成一个独立的生产中心（手工业只是妇女的家庭副业等等）"[1]。

那么，造成这几种不同的土地所有制形式的原因是什么呢？马克思对此作了说明。他指出：所有制形式不管是表现为公共所有制，还是表现为国家所有同私人所有并列的双重形式，或是这种公社所有制曾经表现为个人所有制的补充，"不管怎样，公社成员和部落成员对部落土地的关系，即对部落所定居的土地的关系的这种种不同的形式，部分地取决于部落的自然性质，部分地取决于部落现在实际上在怎样的经济条件下以所有者的身份对待土地，就是说，通过劳动来获取土地的果实；而这一点本身又取决于气候，土壤的自然特性，由自然条件决定的土壤的利用方式，同敌对部落或四邻部落的关系，以及由迁移、历史事件等等引起的变动"[2]。马克思在这里大致指出了四种原因：

---

① 《马克思恩格斯全集》第 30 卷，人民出版社 1995 年版，第 475 页。
② 《马克思恩格斯全集》第 30 卷，人民出版社 1995 年版，第 477—478 页。

首先，是由于自然条件不同，即气候、土壤的物理性质等等不同；其次，是由于生产力发展水平不同，即经济条件不同；再次，是由于敌对部落或四邻部落的影响；最后，是由于迁移及其他历史事件的影响。

其二，个人对共同体即公社的依赖情况和社会结构不同。

亚细亚公社中个人对共同体的依赖情况和社会结构具有以下一些特点：（1）共同体即公社十分牢固，个人对共同体的依赖性最强，共同体是实体，而个人只不过是实体的附属物，或者是实体的纯粹天然的组成部分。每一个单个的人，只有作为共同体的一个肢体，作为这个共同体的成员，才能把自己看成所有者或占有者。（2）存在着由一切小的共同体即公社组成的总和的统一体，即国家或专制政府，它凌驾于一切小的共同体之上，是土地财产的更高的或唯一的所有者，每一个单个的个人事实上失去了财产，或者说财产"对这个别的人来说是间接的财产，因为这种财产，是由作为这许多共同体之父的专制君主所体现的总的统一体，以这些特殊的公社为中介而赐予他的"①。专制政府或专制君主无偿地占有个人的剩余劳动，对个人进行剥削。（3）水利灌溉设施及重要的交通工具由专制政府统一兴办，统一管理。马克思指出："那些通过劳动而实际占有的公共的条件，如在亚细亚各民族中起过非常重要作用的**灌溉渠道**，还有交通工具等等，就表现为更高的统一体，即凌驾于各小公社之上的专制政府的事业。"②（4）公社成员以乡村为居住地，以土地为基础，城市不发达。真正的城市只是在特别适宜于对外贸易的地方才形成起来，或者只是在国家首脑及其地方总督把自己的收入（来自农民的剩余劳动）作为劳动基金来花费的地方才形成起来。城市不进行生产活动，"真正的大城市在这里只看作王宫的营垒，看作真正的经济结构上的赘疣"③。（5）长期停

---

① 《马克思恩格斯全集》第30卷，人民出版社1995年版，第467页。
② 《马克思恩格斯全集》第30卷，人民出版社1995年版，第468页。
③ 《马克思恩格斯全集》第30卷，人民出版社1995年版，第473—474页。

滞，变化最慢、最小，保持的时间最长久，经济形式属于农业和手工业结合在一起的自给自足的自然经济。马克思指出："亚细亚形式必然保持得最顽强也最长久。这取决于亚细亚形式的前提：单个人对公社来说不是独立的，生产的范围仅限于自给自足，农业和手工业结合在一起，等等。"① 马克思又指出："生产方式本身越是保持旧的传统——而这种传统方式在农业中保持得很久的，在东方的那种农业与工业的结合中，保持得更久——，也就是说，占有的**实际过程**越是保持不变，那么，旧的所有制形式，从而共同体本身，也就越是稳固。"②

古典古代公社个人对共同体的依赖情况和社会结构具有以下一些特点：（1）拥有小块土地的农民和作为共同体的公社互为存在的前提，公社成员和作为共同体的公社互相保障对方的存在。一方面，公社存在的基础，在于它的成员是拥有小块土地的独立的农民，如果农民失去小块土地，公社就会瓦解，公社的存在是以拥有小块土地的农民的存在为前提的。因此，公社要保障独立的农民拥有小块土地。另一方面，农民之所以能拥有小块土地，又是由于有公社的存在为前提的。因此，农民要出劳役耕种公有地，把剩余劳动贡献给公社，以保障公社的存在。（2）组成公社的农民是彼此平等的。公社成员有权占有一小块土地作为劳动的客观条件，但是他必须亲自参加劳动，才能继续保持这一小块土地。如果破坏了组成公社的农民之间的平等关系，公社就会瓦解。（3）居民以城市为基础和居住中心，耕地表现为城市的领土。城市公社是按军事方式组织起来的，是军事组织或军队组织。它的任务是保护本公社的独立，使之不被其他公社所消灭或吞并，或为了扩大生存的客观条件而掠夺其他公社的土地财产，因而当时各公社之间不断发生战争。（4）公社是自给自足的经济。主要经济部门有：

① 《马克思恩格斯全集》第30卷，人民出版社1995年版，第478页。
② 《马克思恩格斯全集》第30卷，人民出版社1995年版，第487页。

为直接消费而从事劳动的小农业；妻子和女儿所从事的作为家庭副业的工业，如纺和织；此外还有在个别部门得到独立发展的工业，如专门的匠人所从事的工业。

日耳曼公社中各人对共同体的依赖情况和社会结构具有以下一些特点：（1）共同体是松散的，它不是以实体而存在，而是只存在于集会及其他共同活动之中，公社成员对共同体的依赖性非常小。马克思指出："在日耳曼的形式中，农民并不是国家公民，也就是说，不是城市居民；相反地，这种形式的基础是孤立的、独立的家庭住宅，这一基础通过同本部落其他类似的家庭住宅结成联盟，以及通过在发生战争、举行宗教活动、解决诉讼等等时为取得相互保证而举行的临时集会来得到保障。"[①]（2）公社成员既不是以农村为集中的居住地，也不是以城市为集中的居住地，而是各个家庭居住在森林之中，彼此相隔很远的距离，平时很少发生联系，只是在集会时才发生联系。正如马克思所说："在日耳曼世界，单个的住地就是一个经济整体，这种住地本身仅仅是属于它的土地上的一个点，并不是许多所有者的集中，而只是作为独立单位的家庭。"[②]（3）公社的公有地作为一种特殊的经济存在，只是被每一个私人所有者当作猎场、牧场共同使用，而不像在古代公社那样以国家代表的身份来使用。就是说，这种公有地"实际上是个人所有者的共同财产，而不是在城市中另有其特殊存在而与单个人相区别的那种个人所有者联合体的共同财产"[③]。因而，个人的劳动成果全部归自己，不需要向别的什么人或实体服劳役或交贡赋，因为在日耳曼人中不存在这样的个人或实体。

马克思除去分析这三种原始所有制形式之间的区别以外，还把它们与资本主义生产方式相比较，指出了它们不同于资本主义生产方式

---

① 《马克思恩格斯全集》第 30 卷，人民出版社 1995 年版，第 475 页。
② 《马克思恩格斯全集》第 30 卷，人民出版社 1995 年版，第 475 页。
③ 《马克思恩格斯全集》第 30 卷，人民出版社 1995 年版，第 476 页。

的共同点。这些共同点可以概括为以下几个方面:(1)个人对劳动的客观条件的占有不是劳动的结果,而是劳动的前提。个人把劳动的客观条件简单地看作是自己的东西。这种劳动的客观条件不是劳动的产物,而是自然界直接提供的。(2)个人隶属于一定的共同体,是这个共同体的一员,如果离开这个共同体,个人就不能存在,也没有个人财产。(3)劳动者和劳动的客观条件直接结合在一起,尚未发生劳动者与劳动的客观条件的分离。(4)经济形式是自给自足的自然经济,劳动者生产的目的是为了创造使用价值,而不是为了创造交换价值。

马克思之所以详细地考察三种原始所有制形式,是为了说明资本主义产生的前提。这个前提有两个:一个是劳动者和劳动的客观条件相分离,从而成为自由劳动者;另一个是自由劳动者能够和货币相交换。马克思指出:"雇佣劳动的前提和资本的历史条件之一,是自由劳动以及这种自由劳动同货币相交换,以便再生产货币并增殖其价值,也就是说,以便这种自由劳动不是作为用于享受的使用价值,而是作为用于获取货币的使用价值,被货币所消耗;而另一个前提就是自由劳动同实现自由劳动的客观条件相分离,即同劳动资料和劳动材料相分离。可见,首要的是,劳动者同他的天然的实验场即土地相脱离,从而自由的小土地所有制解体,以及以东方公社为基础的公共土地所有制解体。"① 这三种原始的土地所有制形式都不具备产生资本主义的两个前提,只有这三种原始的土地所有制形式解体,及其解体以后产生的自由的小土地所有制再解体,才是资本主义产生的前提。

(二)从所有制的"原始形式"向"派生形式"的转变

马克思认为,亚细亚的、古典古代的、日耳曼的所有制形式,虽然都是所有制的原始形式,但已经不是最原始的形式,而是或多或少

---

① 《马克思恩格斯全集》第 30 卷,人民出版社 1995 年版,第 465 页。

改变了形式的原始形式，最原始的形式马克思当时尚未发现。他指出：这些公社"已经是**历史的产物**，不仅在事实上，而且在人们的意识里也是如此，因而是**一个产生出来的东西**"①。马克思在 1881 年《给维·伊·查苏利奇的复信》草稿（三稿）中，讲得更加清楚。他说："农业公社（亚细亚公社、古典古代公社、日耳曼公社都是农业公社——引者）既然是原生的社会形态的最后阶段，所以它同时也是向次生的形态过渡的阶段，即以公有制为基础的社会向以私有制为基础的社会的过渡。不言而喻，次生形态包括建立在奴隶制上和农奴制上的一系列社会。"②这就是说，所有制的原始形式解体以后，将依次产生出奴隶社会、农奴制社会（封建社会）等一系列社会形态。这段话说明，亚细亚公社、古典古代公社、日耳曼公社，既是原始社会的最后阶段，同时又是从原始社会向下一个社会的过渡阶段，即由以公有制为基础的社会向以私有制为基础的社会、由无阶级社会向有阶级社会过渡的时期。这是对这三种公社在社会发展序列中的地位的最科学的表述。马克思在 50 年代后期已经有了这样的思想，但尚未作出如此确切的表述。

对于马克思下面一段论述特别需要加以说明，马克思在"资本主义生产以前的各种形式"这一章中指出："如果把人本身也作为土地的有机附属物而同土地一起加以夺取，那么，这也就是把他作为生产条件之一而一并加以夺取，这样便产生奴隶制和农奴制，而奴隶制和农奴制很快就败坏和改变一切共同体的原始形式，并使自己成为它们的基础。简单的组织因此便取得了否定的规定。"③有人根据马克思的这段话，认为奴隶社会和封建社会不是在历史上先后出现的，而是同时出现的，或在不同国家和地区分别出现的。原始社会解体以后，既

---

① 《马克思恩格斯全集》第 30 卷，人民出版社 1995 年版，第 470 页。
② 《马克思恩格斯文集》第 3 卷，人民出版社 2009 年版，第 586 页。
③ 《马克思恩格斯全集》第 30 卷，人民出版社 1995 年版，第 484 页。

可能产生奴隶社会，也可能产生封建社会，甚至有人认为还可能先产生封建社会，后产生奴隶社会，以此来否定马克思关于五种社会形态由低级到高级依次更替的理论。这是对马克思这段话的曲解。恩格斯在1882年12月22日致马克思的信中也说过："毫无疑问，农奴制和依附关系不是某种特有的中世纪封建形式，在征服者迫使当地居民为其耕种土地的地方，我们到处，或者说几乎到处都可以看到，——例如在萨特利亚很早就有了。"[①]恩格斯这封信清楚地说明，马克思在那段话中所讲的农奴制和在上面引用的马克思致查苏利奇的复信中所讲的农奴制并不相同。致查苏利奇的复信中所讲的农奴制，是"一系列社会"中的一个社会形态，即欧洲中世纪以农奴制为基础的封建社会。而上面引用的那段话里的农奴制，则是指部落共同体之间由于征服而产生的原始农奴制，它是欧洲中世纪农奴制的前身，并非就是欧洲中世纪封建性质的农奴制，更不是欧洲中世纪以农奴制为基础的封建社会。有了奴隶制，并不等于就进入了奴隶社会，同样，有了农奴制，也并不等于就进入了封建社会。在原始公社解体的地方，既可能产生奴隶制，也可能产生农奴制，或者二者兼而有之，有时甚至还产生出雇佣劳动制。但是，在原始社会造成的生产力水平之上，在一般情况下只能形成奴隶社会，而不能形成封建社会和资本主义社会。根据一般规律，封建社会只有在奴隶社会创造的高于自身当然也高于原始社会的生产力水平之上，才能建立起来。因此，无论从历史发展的逻辑顺序来说，还是从世界上大多数文明国家的历史事实来说，奴隶社会都是先于封建社会的。奴隶社会和封建社会既不是不同国家和地区在原始社会解体以后产生的两种在空间上并列的社会形态，更不是先产生封建社会，然后再从封建社会中发展出奴隶社会。在人类历史上，根本不存在这种女儿生母亲的怪现象。

---

① 《马克思恩格斯全集》第35卷，人民出版社1971年版，第131页。

那么，所有制的原始形式瓦解、向派生形式转变的原因是什么？根据马克思在"资本主义生产以前的各种形式"一章中的有关论述，可以归结为以下四点：

第一，人口增加以及由于移民所引起的征服战争，必然产生奴隶制。上面已经讲到，劳动者把劳动的客观条件看作是自己的东西，个人从属于一定的共同体，是共同体的一员，这是所有制的原始形式存在的前提。但是，"**这些条件是改变着的**"，例如，"在每一个人均应占有若干亩土地的地方，人口的增长就给这样做造成了障碍。要想消除这种障碍，就得向外移民，要实行殖民就必须进行征服战争。这样就有奴隶等等。还有，例如，公有地扩大了，这样代表共同体的贵族就增加了等等"。①

第二，由于生产力的发展，劳动生产率的提高，产生出新的劳动方式，新的劳动组合，即是说使生产关系发生相应的变化。"在再生产的行为本身中，不但客观条件改变着，例如乡村变为城市，荒野变为开垦地等等，而且生产者也改变着，他炼出新的品质，通过生产而发展和改造着自身，造成新的力量和新的观念，造成新的交往方式，新的需要和新的语言。"②

第三，所有制的原始形式内部产生的私有制是其瓦解的最重要的原因。马克思在讲到古典古代的共同体时说："凡是公社成员作为私有者已经同作为城市公社以及作为城市领土所有者的自身分开的地方，那里也就出现了单个的人可能**丧失**自己的财产的条件，也就是丧失使他既成为平等公民即共同体成员，又成为**所有者**的那种**双重**关系。"③因为个人丧失财产，也就失去了他是共同体成员的地位，必然造成共同体的瓦解。

① 《马克思恩格斯全集》第 30 卷，人民出版社 1995 年版，第 486—487 页。
② 《马克思恩格斯全集》第 30 卷，人民出版社 1995 年版，第 487 页。
③ 《马克思恩格斯全集》第 30 卷，人民出版社 1995 年版，第 487 页。

第四，公社成员厌恶劳动，也是造成公社瓦解、奴隶制产生的一个重要原因。因为本人厌恶劳动，就要驱使奴隶劳动，因而就会有掠夺奴隶的战争。再加上分工和交换、债务等等的出现，加速了公社内部贫富两极分化，富者上升为奴隶主物，贫者沦为奴隶，促使公社瓦解。

（三）关于社会形态的演进和社会发展阶段的划分

对于这个问题，马克思从静态和动态两个方面作了考察。

从静态方面考察，马克思是把三种土地所有制的原始形式并列的，它们都是从原始形式向派生形式的过渡形式，属于同一社会发展阶段，我国有的学者认为这三种土地所有制的原始形式在时间上是依次更替的，即认为从亚细亚的土地所有制形式中产生出古典古代的所有制形式，又从古典古代的所有制形式中产生出日耳曼的土地所有制形式，这种看法是不符合马克思的原意的。

从动态方面考察，即从"原始形式"向"派生形式"的过渡方面考察，马克思认为由这三种所有制的"原始形式"产生出来的"派生形式"，又是在时间上由低级到高级依次更替的，也就是处于不同的发展阶段。马克思在《〈政治经济学批判〉序言》中讲的亚细亚生产方式、古希腊罗马的生产方式、封建的生产方式，就分别是亚细亚的所有制形式、古典古代的所有制形式、日耳曼的所有制形式这三种"原始形式"的"派生形式"。

在19世纪40年代中期，马克思就形成了下面两个思想：第一个是人类社会早期是公有制，后来公有制过渡到私有制；第二个是越是在人类社会的早期，个人对共同体的依赖性越强，后来个人对共同体的依赖性逐渐减弱。

亚细亚的土地所有制形式是公有制，个人只有土地占有权，没有土地所有权，个人对共同体论依赖性最强，而且这种共同体最牢固，长期停滞，在由"原始形式"向"派生形式"转变中变化最小，并未从中产生出派生形式，所以在《〈政治经济学批判〉序言》等著作中，马克思就把"亚细亚"的土地所有制形式、"亚细亚生产方式"作为人类历史上第一个社会形态，放在历史演进的第一阶段。

古典古代的土地所有制形式是公有制和私有制并列，个人对共同体的依赖性较弱一些，并且从这种土地所有制形式中派生出古希腊罗马的奴隶社会，所以在《〈政治经济学批判〉序言》等著作中，马克思就把作为西欧奴隶社会特定称号的"古典古代的历史"、"古典古代社会"或"古代社会"作为人类历史上第二个社会形态，放在人类历史演进的第二阶段。

日耳曼的土地所有制形式是私有土地，是土地所有制的基础，公有土地表现为私有土地的补充，共同体十分松散，个人对共同体的依赖性很弱，并且在历史上通过征服奴隶制的西罗马帝国从中直接派生出以农奴制为基础的封建社会，所以在《〈政治经济学批判〉序言》等著作中，马克思把"日耳曼的历史"、"日耳曼时代"作为人类历史上第三个社会形态，放在人类历史演进的第三阶段。

马克思在1859年写的《〈政治经济学批判〉序言》，是对《1857—1858年经济学手稿》中的"资本主义生产以前的各种形式"一章中提出的社会形态划分和更替理论的概括和总结。在这里，马克思把亚细亚的、古希腊罗马的、封建的生产方式，看作是由低级到高级依次更替的几种不同的社会形态，而不是看作同一社会形态的几种不同类型，即不是看作在空间上同时并列的、处于同一发展阶段的不同类型的生产方式。

有些人没有把马克思的静态考察和动态考察加以区分，没有把所有制的"原始形式"和"派生形式"加以区分，因而把马克思从静态考察上讲的并列的三种所有制的"原始形式"，误认为是从动态考察的在历史上由低级到高级依次更替的三种所有制形式的"派生形式"，反过来也可以说是把依次更替的三种"派生形式"误认为是三种在空间上并列的"原始形式",并以此来否定马克思提出的五种社会形态从低级到高级依次更替的理论。这种做法显然是不正确的。

马克思在"资本主义生产以前的各种形式"中,讲了下面一段话:"古典古代的历史是城市的历史,不过这是以土地所有制和农业为基础的城市;亚细亚的历史是城市和乡村的一种无差别的统一(真正的大城市在这里只能看作是王公的营垒,看作真正的经济结构上的赘疣);中世纪(日耳曼时代)是从乡村这个历史的舞台出发的,然后,它的进一步发展是在城市和乡村的对立中进行的;现代的[历史]是乡村城市化,而不像在古代那样,是城市乡村化。"① 我国有些学者根据这里的排列次序与上述《〈政治经济学批判〉序言》中的社会形态排列次序的不同,论证亚细亚生产方式、古希腊罗马的奴隶制和中世纪的封建制是三种在空间上并列的社会形态,所以马克思对它们的排列次序时而这个在前面,时而那个在前面。他们以此来否定五种社会形态依次更替的理论。这个论据是不能成立的。确实,在《〈政治经济学批判〉序言》中,马克思是把"亚细亚生产方式"放在历史发展的第一阶段,把古希腊罗马的生产方式放在历史发展的第二阶段;而在"资本主义生产以前的各种形式"的这段论述中,则把"古典古代的历史"(即古希腊罗马的历史)放在前面,把"亚细亚的历史"放在后面。表面看来,似乎马克思认为二者在次序排列的先后上无关紧要,既可以这样,也可以那样。但是,只要仔细考察一下就可以发现,两部著作排列次序的角度不同:《〈政治经济学批判〉序言》是按社会形态演进的顺序排列的,而"资本主义生产以前的各种形式"中的这段话则是按城市和乡村在历史发展中的地位排列次序的。看不到这两本著作的排列次序角度的不同,并因此得出亚细亚生产方式和古希腊罗马的生产方式

---

① 《马克思恩格斯全集》第 30 卷,人民出版社 1995 年版,第 473—474 页。

顺序的先后可以任意颠倒的结论显然是错误的。

应该需要特别加以说明的是，马克思在一些著作中，把"古代的"或"古典古代的"作为对古希腊罗马奴隶社会的称呼。我们千万不要因此而认为，在马克思的所有著作中，都是把"古代的"或"古典古代的"毫无例外地作为对古希腊罗马奴隶社会的称呼。在史学界和哲学界，"古代的"或"古典古代的"这个术语或称呼，不仅在不同的学者的著作中的所指不尽相同，就是在同一个学者那里，在不同时期、不同著作，乃至同一著作的不同段落中，其所指也往往有所不同。

史学界一般把古代希腊的历史划分为五个阶段。吴于廑、齐世荣主编的《世界史》，对古代希腊历史是这样分期的：（1）爱琴文明或克里特、迈锡尼文明时代（公元前20—前12世纪），（2）荷马时代（公元前11世纪—前9世纪），（3）古风时代（公元前8—前6世纪），（4）古典时代（公元前5—前4世纪中期），（5）马其顿统治时代（公元前4世纪晚期—前2世纪中期）。[①] 把"古典古代"作为古希腊历史发展的一个特定阶段，这是"古典古代"的狭义或狭义的"古典古代"。此外还有广义的"古典古代"，它泛指古希腊罗马文明。朱龙华在《世界历史——上古部分》中对此作了很好的说明。他指出："在希腊文化史上，公元前5世纪称为古典盛期，下一世纪则称为古典后期，有时也以世纪为专名而分别称之为'五世纪'和'四世纪'（不加公元前字样）。严格地说，古典盛期是从马拉松战役开始，而古典后期则在330年结束，并不完全等同于整个世纪。此外，还要看到这两个世纪组成的古典时期，是希腊文化史上的特定阶段，标志着希腊文明的繁荣和成熟，以区别于前一段的古朴时期（即上述分期中的'古风时期'——引者）和后一段的希腊化时期（大体相当于上述分期中的'马

[①] 吴于廑、齐世荣主编：《世界史——古代史编》上卷，高等教育出版社1994年版，第90—91页。

其顿统治时代'——引者），可称之为狭义的古典时期。因为在世界历史上，我们还往往把整个古代希腊文明（甚至包括罗马文明）都称为古典文明，而希腊罗马的时代也称之为古典时代或古典世界，这就是广义的古典时期的概念了。但从上述广、狭义的区别中，我们也可以体会到公元前五世纪的古典盛期是古典文明最有代表性、最具精华的时期。"①

因为"广义的古典时期"是一个很长的历史时期，涵盖了古代希腊罗马文明的各个阶段，所以在马克思、恩格斯的不同著作或同一著作的不同部分所使用的"古代的"或"古典古代的"术语，所指的古希腊罗马文明的具体阶段并不完全相同。我们要根据他们的具体论述，确定其特定的指认，而不能离开他们论述的具体语境，不加分析地把"古代的"或"古典古代的"一概称为古希腊罗马历史的某一特定阶段。根据我的考证，在马克思、恩格斯的著作中，"古代的"或"古典古代的"术语具体所指主要有以下三种情况：

第一种情况，泛指中世纪以前的古代希腊罗马人、古代希腊罗马民族、古代希腊罗马国家、古代希腊罗马世界。马克思在《1857—1858年经济学手稿》中这种用法较多。例如，他说："在古代人〔希腊人和罗马人〕那里，工业已被认为是有害的职业（是释放的奴隶、被保护民、外地人干的事情）"②。这里的"古代人"，指的就是古代希腊罗马人。又说："在古代世界，城市连同属于它的土地是一个经济整体"，"在古代民族那里（罗马人是最典型的例子，表现的形式最纯粹、最突出），存在着国有土地财产和私人土地财产相对立的形式……"③这里的"古代世界"，就是指古代希腊罗马世界；这里的"古代民族"，就是指古代希腊罗马民族。马克思1853年在《强迫移民。——科苏特和马志尼。——流亡者问题。——英国选举中的贿赂行为。——科布

① 朱龙华：《世界历史——上古部分》，北京大学出版社1991年版，第430—431页。
② 《马克思恩格斯全集》第30卷，人民出版社1995年版，第487页。
③ 《马克思恩格斯全集》第30卷，人民出版社1995年版，第475页。

顿先生。》一文中说："在古代国家，在希腊和罗马，采取周期性地建立殖民地形式的强迫移民是社会制度的一个固定的环节。这两个国家的整个制度都是建立在人口的一定限度上的，超过这个限度，古代文明就有毁灭的危险。"①这里的"古代国家"，就是指古代希腊罗马的国家。

第二种情况，特指原始的土地公有制解体以后，奴隶制真正支配生产以前的时期的古希腊罗马社会。马克思在《资本论》第一卷中讲到资本主义协作形式同小农经济和独立的手工业生产的关系时说："小农经济和独立的手工业生产，一部分构成封建生产方式的基础，一部分在封建生产方式瓦解以后又和资本主义生产并存。同时，它们在原始的东方公有制解体以后，奴隶制真正支配生产以前，还构成古典共同体在其全盛时期的经济基础。"②这里讲得很清楚，"古典共同体"的全盛时期，就是指原始的土地公有制解体以后，奴隶制真正支配生产以前的社会，也就是我们通常所说的由原始公有制社会向奴隶制社会过渡时期的社会，它具有公有制社会和私有制社会、无阶级社会和阶级社会的两重性质，是一种过渡性的社会，而不是奴隶社会。如果把它解读为古代希腊罗马的奴隶社会，那就是对马克思的误解。

马克思《资本论》第三卷中，讲到资本主义地租的产生时说了这样一段话："自耕农的这种自由小块土地所有制形式，作为占统治地位的正常形式，一方面，在古典古代的极盛时期，形成社会的经济基础，另一方面，在现代各民族中，我又发现它是封建土地所有制解体所产生的各种形式之一。"③这里的"古典古代"的极盛时期和上述《资本论》第一卷中所讲的"古典共同体"的全盛时期，指的是同一种社会或同一个时期，即"原始的东方公有制解体以后，奴隶制真正支配生产以

① 《马克思恩格斯全集》第8卷，人民出版社1961年版，第618—619页。
② 《马克思恩格斯文集》第5卷，人民出版社2009年版，第388页。
③ 《马克思恩格斯文集》第7卷，人民出版社2009年版，第911页。

前"的时期。

1877 年马克思在《给〈祖国纪事〉杂志编辑部的信》中，讲了下面一大段话："在《资本论》里的好几个地方，我都提到古代罗马平民所遭到的命运。这些人本来都是自己耕种自己小块土地的独立经营的自由农民。在罗马历史发展的过程中，他们被剥夺了。使他们同他们的生产资料和生存资料分离的运动，不仅蕴含着大地产的形成，而且还蕴涵着大货币资本的形成。于是，有那么一天就一方面出现了除自己的劳动力外一切都被剥夺的自由人，另一方面出现了占有已创造出来的全部财富的人，他们剥削他人劳动。结果怎样呢？罗马的无产者并没有变成雇佣工人，却变成无所事事的**游民**"，"和他们同时发展起来的生产方式不是资本主义的，而是奴隶制的"。[①] 马克思这里说的正好是"古典社会"的全盛时期或"古典古代社会"的极盛时期的小农经济向奴隶制生产方式转变的过程。

第三种情况，特指古希腊罗马的奴隶社会。恩格斯在《家庭、私有制和国家的起源》一书的第八章中说："古典古代的奴隶制，已经过时了。""基督教对于古典古代奴隶制的逐渐灭亡是完全没有罪过的。它在罗马帝国和奴隶制同流合污达数世纪之久，以后也从来没有阻止过基督徒买卖奴隶——既没有阻止过德意志人在北方，或威尼斯人在地中海买卖奴隶，也没有阻止过后世买卖黑奴。奴隶制已不再有利，因此也就灭亡了。"[②] 恩格斯在该书第九章中又说："随着文明时代获得最充分发展的奴隶制的出现，就发生了社会分成剥削阶级和被剥削阶级的第一次大分裂。这种分裂继续存在于整个文明时期。奴隶制是古希腊罗马时代世界所固有的第一个剥削形式；继之而来的是中世纪的农奴制和近代的雇佣劳动制。这就是文明时代的三大时期所特有的三

---

① 《马克思恩格斯文集》第 3 卷，人民出版社 2009 年版，第 466 页。
② 《马克思恩格斯文集》第 4 卷，人民出版社 2009 年版，第 169 页。

大奴役形式；公开的而近来是隐蔽的奴隶制始终伴随着文明时代。"①
这里的"古希腊罗马时代"与"古典古代"的所指样，是指古希腊罗
马的奴隶制社会，并且认为"奴隶制是古代希腊罗马世界所固有的第
一个剥削形式"。

恩格斯在 1887 年写的《美国工人运动——〈英国工人阶级状况〉
美国版序言》中说："在亚细亚古代和古典古代，阶级压迫的主要形式
是奴隶制，也就是说，群众不仅被剥夺了土地，甚至连他们的人身也
被占有。"② 这里说的"亚细亚古代"不是指"资本主义生产以前的各
种形式"一章中所讲的亚细亚生产方式和亚细亚公社，而是指由亚细
亚生产方式和亚细亚公社派生出来的东方的奴隶制社会。这里的"古
典古代"则是指古希腊罗马的奴隶社会。

我们知道，马克思、恩格斯在世时，只认识到荷马时代以后的古
希腊罗马的历史，而对存在于公元前 2000—前 1100 年的克里特、迈
锡尼文明，他们还没有认识到。这是因为"长期以来，人们一般不知
道这个古代文明的存在，直到 19 世纪后期开展考古发掘之后，才重新
发现了它而使希腊历史的最早篇章完全改写"③。而克里特—迈锡尼文
明已经是奴隶制文明。如果从克里特—迈锡尼的奴隶制文明算起，奴
隶制社会在古希腊罗马的历史上存在的时间就很长了。从这个意义上
我们也可以说，马克思所用的"古代的"或"古典古代的"术语，在
多数情况下，是指古希腊罗马的奴隶制社会。

（四）各种前资本主义形式的解体和资本主义的产生

前面我们讲过，所有制各种原始形式的解体，是资本主义产生的
前提条件之一。但是，仅仅有所有制各种原始形式的解体，还不足以

---

① 《马克思恩格斯文集》第 4 卷，人民出版社 2009 年版，第 195 页。
② 《马克思恩格斯选集》第 4 卷，人民出版社 1995 年版，第 391 页。
③ 朱龙华：《世界历史——上古部分》，北京大学出版社 1991 版，第 318 页。

形成产生资本主义的历史条件。只有不仅所有制各种原始形式解体，而且所有制原始形式解体以后产生出来的各种派生形式也解体，才能造成资本主义产生的历史条件。各种所有制的原始形式解体以后主要产生出以下三种所有制的派生形式：第一种派生形式是劳动者成为土地的所有者，劳动者用自己的生产工具在自己的土地上从事劳动，劳动产品归自己所有，这实际上就是指小农的个体所有制。第二种派生形式是劳动者是生产工具的所有者，劳动者用自己的生产工具从事劳动，生产的产品归自己所有，由自己处置（自用或出售），这实际上就是指个体手工业者。一些富裕的个体手工业者成为师傅，他雇用一定数量的帮工，招收一些学徒。学徒出师以后和帮工离开师傅以后，也可以成为个体手工业者或师傅。第三种是劳动者是生活资料的所有者，这实际上指的是奴隶制和农奴制中的奴隶和农奴，奴隶和农奴依附于奴隶主或农奴主，为奴隶主或农奴主劳动，从奴隶主或农奴主那里获取生活资料，这种生活资料归自己使用和支配。奴隶制和农奴制是所有制的原始形式解体以后产生的两种占主导地位的派生形式，个体农民所有制和个体手工业所有制都依附于奴隶制或农奴制，带有明显的奴隶制或农奴制色彩。

上述这几种所有制的原始形式解体以后产生的派生形式，具有以下一些共同特点：（1）劳动者和劳动的客观条件依然结合在一起，而没有发生分离。个体农民和个体手工业者与劳动的客观条件结合在一起，这是十分明显的。奴隶和农奴本身都没有自己的生产资料（即劳动的客观条件），为什么说奴隶制和农奴制也是劳动者和劳动的客观条件结合在一起的呢？马克思在《1857—1858 年经济学手稿》中回答了这个问题。他说："在奴隶制关系和农奴制关系中，没有这种分离；而是社会的一部分对社会的另一部分当作只是自身再生产的**无机自然**条件来对待。奴隶同他的劳动的客观条件没有任何关系；而**劳动**本身，无论是奴隶形式的，还是农奴形式的，都被作为生产的**无机条**

件与其他自然物列为一类，即与牲畜并列，或者是土地的附属物。"①
（2）使用价值和以直接消费为目的生产占优势，或者说生产的直接目的是使用价值，而不是交换价值，所以仍然属于自然经济，而不属于商品经济。（3）仍然存在人身依附关系。奴隶依附于奴隶主，农奴依附于农奴主，学徒和帮工是不自由的，不能自由地出卖自己的劳动力，不能用自己的劳动力与货币相交换。从所有制的派生形式的这三个特点可以看出，它们仍然不具备资本主义产生的历史条件，只有在这些所有制的派生形式解体的过程中，才能形成资本主义产生的历史条件。

马克思在《1857—1858 年经济学手稿》中的"巴师夏和凯里"一章中，在批判巴师夏时讲了雇佣劳动产生的四种形式。他说："在现实的历史上，雇佣劳动是从奴隶制和农奴制的解体中产生的，或者像在东方和斯拉夫各民族中那样是从公有制的崩溃中产生的，而在其最恰当的、划时代的、囊括了劳动的全部社会存在的形式中，雇佣劳动是从行会制度、等级制度、劳役和实物收入、作为农村副业的工业、仍为封建的小农业等等的衰亡中产生的。在所有这些现实的历史过渡中，雇佣劳动表现为一些关系的解体、消灭，在这些关系中，劳动从它的收入、它的内容、它的场所和它的规模等等所有方面来说都是固定的。**所以，雇佣劳动表现为劳动和它的报酬的固定性的否定**。从非洲人的偶像直接过渡到伏尔泰的'最高存在物'，或者从北美野蛮人的猎具直接过渡到英格兰银行的资本，都不像巴师夏所说的从渔夫过渡到雇佣工人这样荒谬和反历史。"②雇佣劳动虽然产生得很早，产生的形式也很多，但雇佣劳动的产生并不等于资本主义生产方式的产生。恩格斯在《反杜林论》中讲道："包含着整个资本主义生产方式的萌芽的雇佣

---

① 《马克思恩格斯全集》第 30 卷，人民出版社 1995 年版，第 481 页。
② 《马克思恩格斯全集》第 30 卷，人民出版社 1995 年版，第 15 页。

劳动是很古老的；它个别地和分散地同奴隶制度并存了几百年。但是，只有在历史前提已经具备时，这一萌芽才能发展成为资本主义生产方式。"①马克思讲的雇佣劳动产生的四种形式中，第一种是从奴隶制和农奴制的解体中产生的，第二种是从东方公有制的崩溃中产生的，第三种是从西欧封建社会的各种所有制形式、各种共同体、各种经济制度和等级制度的衰亡中产生的，第四种是从非洲和美洲的原始所有制形式由于西方资本主义的入侵和殖民统治中产生的。其中的第三种是雇佣劳动产生的典型形式，只有从这种形式中产生的雇佣劳动制，才发展成为资本主义的生产方式。

马克思在《资本论》第一卷第二十四章"所谓的原始积累"中，以英国为典型详细地考察了封建社会后期小农经济解体、资本主义生产方式产生的历史过程。马克思指出："在英国，农奴制实际上在14世纪末期已经不存在了。当时，尤其是15世纪，绝大多数人口是自由的自耕农。""虽然英国的土地在诺曼人入侵后分为巨大的男爵领地，往往一个男爵领地就包括900个盎格鲁撒克逊旧领地，但是小农仍然遍布全国"。为资本主义生产方式奠定基础的变革的序幕，是在15世纪最后30年和16世纪最初几十年演出的。当时，同王室和议会顽强对抗的大封建主，通过把农民从土地上强行赶走，夺取他们的公有地的办法，造成了人数无比多的无产阶级。"在17最后几十年，自耕农即独立农民还比租地农民阶级的人数多"，"甚至农业雇佣工人也仍然是公有地的共有者。大约在1750年，自耕农消灭了，而在18世纪最后几十年，农民公有地的最后痕迹也消灭了"。②这个历史过程充分说明，对个体农民或个体自耕农的生产资料的剥夺，使其与劳动的客观条件相分离，是资本主义生产方式产生的基本前提。

---

① 《马克思恩格斯文集》第9卷，人民出版社2009年版，第287页。
② 《马克思恩格斯文集》第5卷，人民出版社2009年版，第823—824、824—825、825、830页。

马克思在"资本主义生产以前的各种形式"一章中，把资本主义生产方式产生的原因、形式和过程归结为以下几个方面：（1）物质生产力和精神生产力发展到一定水平，才可能产生资本主义生产方式。这是因为，资本主义生产方式的产生需要各种前资本主义所有制形式和共同体解体，而生产力的发展是导致这些所有制形式和共同体解体的根本原因。（2）劳动者和劳动的客观条件相分离，劳动者摆脱各种人身依附关系，成为除去自己的劳动力一无所有的无产者，可以自由地出卖自己的劳动力，是资本主义生产方式产生的重要前提之一。没有可以自由出卖自己劳动力的工人，资本主义生产方式便无从产生。（3）资本主义生产的目的不是生产使用价值，而是生产交换价值。交换价值以货币的形式存在。只有积累足够的货币，才能产生资本主义的生产方式。因为货币既可以购买劳动的客观条件，又可以购买劳动的主观条件，即自由劳动者的劳动力。马克思指出："资本是以**货币**，从而以货币形式存在的财富为起点的。这里还包含着这样的意思：资本是从流通中来的，是作为流通的**产物**出现的。因此，资本的形式不是来自土地财产……，也不是来自行会……，而是来自商人和高利贷者的财富。可是，只有当自由劳动通过历史过程而与自己存在的客观条件相分离的时候，这种财富才找到购买这种自由劳动的条件。也只有这时候，这种财富才有可能购买这些**条件**本身。"[①] 马克思在这里充分肯定了商人和高利贷者以及商品经济的发展对资本主义生产方式产生所发生的重要作用。（4）资本的原始积累，是资本主义生产方式形成过程中的一个重要环节。马克思指出，资本的原始积累，完全不是像人们所想象的那样，似乎是资本积累了生活资料、劳动工具和原料，一句话，积累了同土地相分离的，而且本身早已将人类劳动吸收在内的劳动的客观条件。"决不是资本创造出劳动的客观条件。相反，**资本**

---

① 《马克思恩格斯全集》第30卷，人民出版社1995年版，第499页。

的原始形成只不过是这样发生的：作为**货币财富**而存在的价值，由于旧的生产方式解体的历史过程，一方面能**买到**劳动的客观条件，另一方面也能用货币从已经自由的工人那里换到**活**劳动本身。"①马克思以英国为例对这一点作了具体说明。"例如，英国的大土地所有者遣散了那些曾经与他们共同消费剩余农产品的侍从；其次，他们的租佃者赶走了茅舍贫农等等，这样一来，首先有大量的活劳动力被抛到**劳动市场**上，他们在双重意义上是自由的：摆脱旧的保护关系或农奴依附关系以及徭役关系而自由了，其次丧失一切财物和任何客观的物质存在形式而自由了，**自由得一无所有**；他们唯一的活路，或是出卖自己的劳动能力，或是行乞、流浪和抢劫。"②（5）资本主义生产方式的产生不仅仅是单纯的经济过程，暴力也发生了重要的作用。马克思在《资本论》第一卷"所谓的原始积累"一章中，对这一点讲得非常明确。他指出：资本原始积累的所有方法"都利用国家权力，也就是利用集中的、有组织的社会暴力，来大力促进从封建生产方式向资本主义生产方式的转化过程，缩短过渡时间。暴力是每一个孕育着新社会的旧社会的助产婆。暴力本身就是一种经济力"③。

总之，马克思在第二时期，主要是在"资本主义生产以前的各种形式"中，也是认为人类社会依次经历五种社会形态：亚细亚社会，古典古代社会，封建社会，资本主义社会，共产主义社会。

下面把第二时期的思想与第一时期的思想作个对比，并扼要概括一下这一时期"亚细亚生产方式"概念的含义。马克思在19世纪50年代初期的观点是"亚细亚生产方式"特殊论，把"亚细亚生产方式"看作是独立的、地域性的、特殊的社会形态。在第二时期，虽然尚未放弃"亚细亚生产方式"特殊论，但已不再把"亚细亚生产方式"看

---

① 《马克思恩格斯全集》第30卷，人民出版社1995年版，第501页。
② 《马克思恩格斯全集》第30卷，人民出版社1995年版，第502页。
③ 《马克思恩格斯全集》第5卷，人民出版社2009年版，第861页。

作不能放在人类历史发展序列中的任何一个阶段的特殊的社会形态，而是把它看作人类历史发展序列中的第一个社会形态。这个社会形态不是我们现在所说的原始社会。这种社会形态具有公有制社会和私有制社会、无阶级社会和阶级社会的两重特点，是由原始社会向奴隶社会转变的过渡性的社会形态。人类社会最原始的社会形态，即我们现在所说的原始社会，由于历史材料的不足，马克思、恩格斯当时尚未发现。恩格斯在 1888 年为《共产党宣言》英文版加的一个注中，对这一点作了十分清楚的说明。他指出："在 1847 年，社会的史前史、成文史以前的社会组织，几乎还没有人知道。后来，哈克斯特豪森发现了俄国的土地公有制，毛勒证明了这种公有制是一切条顿族的历史起源的社会基础，而且人们逐渐发现，农村公社是或者曾经是从印度到爱尔兰的各地社会的原始形态。最后，摩尔根发现了**氏族**的真正本质及其对部落的关系，这一卓绝发现把这种原始共产主义社会的内部组织的典型形式揭示出来了。随着这种原始公社的解体，社会开始分裂为各个独特的、终于彼此对立的阶级。"[①] 这就是说，人类社会最原始的阶段，是摩尔根在 1877 年发表的《古代社会》一书中揭示出来的。因此，认为马克思在 19 世纪 50 年代中后期讲的"亚细亚生产方式"是原始社会的观点，是没有根据的。

三、以《资本论》为代表的时期

这一时期从 19 世纪 60 年代开始，到马克思、恩格斯看到摩尔根的《古代社会》一书以前（1877 年）为止。这一时期的思想，值得注意的主要有以下几点：

---

① 《马克思恩格斯文集》第 2 卷，人民出版社 2009 年版，第 31 页。

（一）在《资本论》等著作中，仍然继续使用"亚细亚生产方式"概念，把它作为人类历史发展序列中的第一阶段，这与第二时期的观点基本相同

马克思在《资本论》第一卷中说："在古亚细亚的、古代的等等生产方式下，产品转化为商品，从而人作为商品生产者而存在的现象，处于从属地位，但是共同体越是走向没落阶段，这种现象就越是重要。……这些古老的社会生产有机体比资产阶级的社会生产有机体简单明了得多，但它们或者以个人尚未成熟，尚未脱掉同其他人的自然血缘联系的脐带为基础，或者以直接的统治和服从的关系为基础。"[①] 这里仍然把"亚细亚生产方式"放在"古代的生产方式"之前，并且指出：在"亚细亚生产方式"中，"个人尚未成熟"，"尚未脱掉同其他人的自然血缘联系"；而在"古代的生产方式"中，则是以"直接的统治和服从关系为基础"，即以奴隶制为基础。可见，马克思这时仍然认为"亚细亚生产方式"是在奴隶社会之前的一个社会形态。

马克思在《资本论》第一卷的一个小注中说："小农经济和独立的手工业生产，一部分构成封建生产方式的基础，一部分在封建生产方式瓦解以后又和资本主义生产并存。同时，它们在原始的东方公有制解体以后，奴隶制真正支配生产以前，还构成古典共同体在其全盛时期的经济基础。"[②] 这里的"原始的东方公有制"，指的就是"亚细亚生产方式"。这样，"亚细亚生产方式"、奴隶制生产方式、封建生产方式、资本主义生产方式，正好是共产主人社会之前依次更替的四种社会形态，"亚细亚生产方式"居于历史发展序列的第一阶段。这里的"古典共同体"的全盛时期，前面已经解释过，指的是从原始的土地公

---

① 《马克思恩格斯文集》第 5 卷，人民出版社 2009 年版，第 97 页。
② 《马克思恩格斯文集》第 5 卷，人民出版社 2009 年版，第 388 页。

有制向奴隶社会转变的过渡时期，它处于"亚细亚生产方式"之后、奴隶制社会之前，而不是指古希腊罗马的奴隶社会。

马克思在《资本论》第三卷中，按商品生产的发展程度，把人类历史分为四个发展阶段，并把包括"亚细亚生产方式"在内的"原始共同体"作为人类历史发展序列的第一阶段。他在论述商品交换和货币流通时说："作为商品而进入流通的产品，无论是在什么生产方式的基础上生产出来的，——不论是在原始共同体的基础上，还是在奴隶生产的基础上，还是在小农民和小市民的生产的基础上，还是在资本主义生产的基础上生产出来的——，都不会改变自己的作为商品的性质；作为商品，它们都要经历交换过程和随之发生的形态变化。"①这里说的"原始共同体"，指的是原始的所有制形式，包括"亚细亚生产方式"；这里说的"小农民和小市民的生产"，指的是封建社会的生产。这样，"亚细亚生产方式"为基础的社会、奴隶社会、封建社会、资本主义社会，正好是共产主义社会以前的四种依次更替的社会形态，再加上共产主义社会，也恰好是五种社会形态依次更替，以"亚细亚生产方式"为基础的社会是第一个社会形态。

恩格斯在1876—1878年写的《反杜林论》中，把奴隶制、农奴制或依附农制、雇佣劳动制作为阶级社会依次更替的三种社会形态，如果再加上奴隶社会以前的那个社会形态和未来共产主义社会形态，也恰好是五种社会形态依次更替。

从以上四段论述可以看出，马克思、恩格斯在这一时期仍然坚持五种社会形态依次更替的理论，并把"亚细亚生产方式"作为人类历史上的第一个社会形态，它存在于奴隶社会之前，认为在这一时期马克思、恩格斯把"亚细亚生产方式"看作是与古希腊罗马的奴隶制生产方式并列的生产方式，是没有任何根据的。

---

① 《马克思恩格斯文集》第7卷，人民出版社2009年版，第362—363页。

（二）这一时期与第二时期不同的是，马克思、恩格斯发现了欧洲和亚洲、东方和西方历史发展的共同性，着重强调了作为人类历史发展第一阶段的"亚细亚生产方式"具有一定的普遍性，作为表述土地公有制的术语，它除去在亚洲存在之外，在欧洲古代也曾经存在过。马克思的这个思想是在阅读了格·格·毛勒有关著作以后形成的

格·格·毛勒是前巴伐利亚国家枢密官，希腊摄政王之一，著名的历史学家。他在 19 世纪五六十年代，对欧洲马尔克制度作了详细的考察，以极其丰富的历史资料证明了在欧洲各国的古代也曾经存在过土地公有制，这种土地公有制的遗迹当时在西北欧各国依然不同程度地存在着。毛勒根据他考察和研究马尔克制度的成果，写下了一系列重要的历史著作，主要有《马尔克制度、乡村制度、城市制度和公共政权的历史概论》（1854 年慕尼黑版）、《德国马尔克制度史》（1856 年厄兰根版）、《德国领主庄园、农户和农户制度史》（1865—1866 年厄兰根版）等。这些著作都是研究马尔克制度的经典。马克思在大英博物馆从事研究工作期间，看到了毛勒的这些著作，并给予极高的评价。他在 1868 年 3 月 25 日致恩格斯的信中说："他的书是非常有意义的。不仅是原始时代，就是后来的帝国直辖市、享有豁免权的地主、公共权力以及自由农和农奴之间的斗争的全部发展，都获得了崭新的说明。"马尔克村社制度的发现使马克思感到格外兴奋，一个过去不曾被人们注意的问题，现在却显示出极为重要的意义。马克思以十分喜悦的心情谈论马尔克制度。他说："恰好在**我**的故乡，即在**洪斯吕克**，古代德意志的制度一直保持到**最近几年**。我现在还记得，我的**当律师的**父亲还和我谈到过这件事呢！"[①]

---

① 《马克思恩格斯文集》第 10 卷，人民出版社 2009 年版，第 283—284、284 页。

那么，马尔克村社制度和印度的村社制度有什么关系呢？马克思在 1868 年 3 月 14 日至恩格斯的信中谈道："现在有意思的恰好是，**俄国人在一定时期内（在德国起初是每年）重分土地的做法，在德国有些地方一直保留到 18 世纪，甚至 19 世纪**。我说过，欧洲各地的亚细亚的或印度的所有制形式都是原始形式，这个观点在这里（虽然毛勒对此毫无所知）再次得到了证实。这样，俄国人甚至在这方面要标榜其独创性的权利也彻底丧失了。他们那里所剩下的，就是他们至今仍然保留着早已被他们的邻居抛弃了的形式。"① 马克思在这里把马尔克制度称为"欧洲各地的亚细亚所有制形式"，这就清楚地表明，他是把马尔克村社制度与印度的村社制度看作是本质上相同的制度，"亚细亚生产方式"成了原始土地公有制的同义语。

马克思在把马尔克村社制度与印度的村社制度看作是本质上相同的社会制度的基础上，不断扩大农村公社土地公有制的存在范围，到 19 世纪 70 年代初期，马克思进一步发现，农村公社土地公有制的存在是一切民族历史发展中曾经存在过的普遍现象，它的出现是当时历史发展的合乎逻辑的自然过程，有着客观必然性。

恩格斯与马克思持有相同的看法。他在 1874—1875 年写的《论俄国的社会问题》一文中说："其实，土地公社所有制这种制度，我们在从印度到爱尔兰的一切印度日耳曼语系各民族的低级发展阶段上，甚至在那些在发展中曾受到印度影响的马来人中间，例如在爪哇，都可以见到。早在 1608 年，在刚被征服的爱尔兰北部合法存在的土地公社所有制，曾被英国人用做借口来宣布说土地无主，从而把这些土地收归皇家所有。在印度，直到今天还存在着许多种公社所有制形式。在德国，它曾经是普遍现象；现在有些地方还可以看到的公有地，就是它的残余；特别是在山区，常常会看到它的明显遗迹，如公有地的定

---

① 《马克思恩格斯文集》第 10 卷，人民出版社 2009 年版，第 281—282 页。

期重新分配等等。关于古德意志公社所有制的更精确的说明及其详细情况，可以在**毛勒**的许多著作中找到，这些著作都是论述这个问题的经典作品。在西欧，包括波兰和小俄罗斯在内，这种公社土地所有制在社会发展的一定阶段上，变成了农业生产的桎梏和障碍，因而渐渐被取消了。相反地，在大俄罗斯（即俄国本土），它一直保存到今天，这首先就证明农业生产以及与之相适应的农村社会状态在这里还处在很不发达的阶段，而且事实上也是如此。"① 这说明，亚细亚式的公社土地所有制，不仅存在于亚洲国家或东方国家，而且在世界历史的早期发展阶段上曾经普遍存在过，而且在很多地方至今还保存着它的遗迹，这就在欧洲和亚洲、西方和东方的历史发展中找到了共同性。

（三）马克思、恩格斯在这一时期，仍然在很多地方论述了东方社会与西方社会之间的差别。这些论述，表面看来，与 19 世纪 50 年代的论述没有什么不同，似乎只是那时思想的重复。其实不然，马克思、恩格斯这一时期的论述与那时的论述相比，有以下两点是明显不同的

其一，在 19 世纪 50 年代初期，是把"亚细亚生产方式"当作一个独立的、地域性的、特殊的社会形态来看待的，而在 19 世纪六七十年代，则是把它当作人类社会发展序列的第一阶段。

其二，在 19 世纪 50 年代中后期，马克思在《1857—1858 年经济学手稿》中的"资本主义生产以前的各种形式"一章中，是把"亚细亚生产方式"与古典古代的生产方式、日耳曼的生产方式相比较论述其特点的，而在 19 世纪六七十年代，则主要是与资本主义生产方式相比较而论述其特点的，而且"亚细亚生产方式"和"亚洲社会"的这些特点，是古代原始公社土地所有制的遗存，这种遗存不仅亚洲有，

---

① 《马克思恩格斯文集》第 3 卷，人民出版社 2009 年版，第 396—397 页。

欧洲许多地方也有。不同之处只是亚洲的遗存最多、最为明显和突出。这从上面引述的恩格斯在《论俄国的社会问题》中的那段论述和马克思 1868 年 3 月 14 日致恩格斯信中的那段话，可以看得十分清楚。

这两个特点充分说明，在 19 世纪六七十年代，马克思、恩格斯既不是把"亚细亚生产方式"当作不能放在社会发展序列任何一个阶段中的独立的、地域性的、特殊的社会形态看待，也不是把它当作与奴隶社会、封建社会相并列的社会形态看待，而是把它当作人类历史发展序列的第一个社会形态来看待。

（四）在这一时期，"亚细亚生产方式"指的仍然不是"人类原始史"，因为这时科学尚未提供人类原始史的材料

恩格斯在 1885 年 9 月 23 日写的《反杜林论》第二版《序言》中曾经讲到，这正是他需要对本书修改的一点。这就是说，直到 1876—1878 年恩格斯写作《反杜林论》的时候，仍然没有论述人类原始史。他指出："关于人类原始史，直到 1877 年，摩尔根才给我们提供了理解这一历史的钥匙。而在这之后，我有机会在自己的《家庭、私有制和国家的起源》（1884 年苏黎世版）一书中对这期间我所能获得的材料作了加工，所以这里只要指出这部较晚的著作就够了。"①

总之，马克思、恩格斯在 19 世纪六七十年代，对"亚细亚生产方式"在人类历史发展序列中的地位的看法与第二时期基本相同，它不是指我们现在所说的原始社会，而是指原始社会的最后阶段，这个阶段兼有公有制社会和私有制社会、无阶级社会和阶级社会的两重特点。马克思、恩格斯把"亚细亚生产方式"即原始社会的最后阶段作为人类社会发展序列中的一个独立的社会形态，反映了他们关于社会形态划分的理论尚不十分完善，需要随着历史科学的发展进一步完善。在

---

① 《马克思恩格斯文集》第 9 卷，人民出版社 2009 年版，第 12—13 页。

下一时期，马克思、恩格斯才论述了人类原始史，用科学意义上的原始社会概念取代了"亚细亚生产方式"、"亚洲社会"、"东方社会"等提法，从而最后完成了五种社会形态划分理论。

四、摩尔根《古代社会》一书发表以后的时期

这一时期是指马克思、恩格斯看到 1877 年发表的摩尔根的《古代社会》一书以后直到他们先后逝世的这段时间。对于这个时期的思想，特别值得注意的有以下两个问题：

（一）肯定了摩尔根《古代社会》一书的伟大功绩，并根据摩尔根提供的历史材料及其他关于上古史的新材料，说明了人类原始史，科学地确定了"亚细亚生产方式"的性质及其在社会发展序列中的地位，最后使五种社会形态划分理论臻于完善

恩格斯在 1884 年 4 月 26 日致卡尔·考茨基的信中说："摩尔根使我们能够提出崭新的观点，因为他通过史前史为我们提供了前所未有的事实根据。不管你对原始史和'蒙昧时代'的某些事实还有什么怀疑，他通过研究氏族基本上把问题解决了，并且阐明了原始历史。"[①]

恩格斯在 1884 年为《家庭、私有制和国家的起源》一书写的第四版《序言》中谈到摩尔根对人类原始史研究的贡献时说："美洲印第安人的氏族还帮助他在他所研究的领域内迈出了有决定意义的第二步。他发现，这种按母权制建立的氏族，就是后来按父权制建立的氏族——即我们在古希腊罗马时代文明民族中可以看到的氏族——所由以发展起来的原始形式。希腊的和罗马的氏族，对于迄今所有的历史

---

① 《马克思恩格斯文集》第 10 卷，人民出版社 2009 年版，第 516 页。

编纂学家来说都是一个谜，如今可以用印第安人的氏族来说明了，因而也就为全部原始历史找到了一个新的基础。"①

以上这些论述都说明，在摩尔根的《古代社会》一书发表以前，马克思、恩格斯只认识到古代希腊罗马的父权制氏族以及由这些氏族演化而来的农村公社，即古典古代公社（当然还认识到与古典古代公社处于同一发展阶段的亚细亚公社和日耳曼公社），并且认识到这种农村公社不是最原始的形式。但古代希腊罗马的氏族和古典古代公社、亚细亚公社与日耳曼公社在历史上是怎样产生出来的，在它们之前的社会状况如何，由于当时的历史材料不足，他们只把这些公社当作人类历史发展的第一阶段。摩尔根的《古代社会》一书，用北美印第安人的材料，说明了古代希腊罗马的父权制氏族是由母权制氏族发展而来的，亚细亚公社、古典古代公社、日耳曼公社又是分别从他们那里的父权制氏族解体而产生的，这些公社不是人类社会最原始的形式，科学地确定了它们在人类历史发展序列中的地位，完成了五种社会形态划分理论。正因为如此，恩格斯对摩尔根的研究成果给予了极高的评价。他指出："确定原始的母权制氏族是文明民族的父权制氏族以前的阶段这个重新发现，对于原始历史所具有的意义，正如达尔文的进化理论对于生物学和马克思的剩余价值理论对于政治经济学的意义一样。……非常清楚，这样就在原始历史的研究方面开始了一个新时代。母权制氏族成了整个这门科学所围绕着旋转的轴心；自从它被发现以后，人们才知道，应该朝着什么方向研究和研究什么，以及应该如何去整理所得的结果。因此，目前在这一领域内正取得比摩尔根的著作出版以前更加迅速得多的进步。"②

关于亚细亚公社、古典古代公社、日耳曼公社在人类社会发展序

---

① 《马克思恩格斯文集》第 4 卷，人民出版社 2009 年版，第 28 页。
② 《马克思恩格斯文集》第 4 卷，人民出版社 2009 年版，第 28 页。

列中的地位，马克思在《给维·伊·查苏利奇的复信》初稿中作了说明。他指出：这些原始公社，"正像在地质的层系构造中一样，在历史的形态中，也有原生类型、次生类型、再生类型等一系列的类型"。上述三种类型的公社都不是原生的，而是次生的，是原始社会的最后阶段。马克思指出："日耳曼人的**农村公社**是从较古的类型的公社中产生出来的。在这里，它是自然发展的产物，而决不是从亚洲现成地输入的东西。在那里，在东印度也有这种农村公社，并且往往是古代形态的**最后阶段**或最后时期。"[①] 这就明确指出了亚细亚公社和"亚细亚生产方式"，以及和它处于同一发展阶段的古典古代公社和古典古代的生产方式、日耳曼公社和日耳曼的生产方式一样，是原始社会的最后阶段。在这以前，马克思把原始社会发展的一个阶段（即最后阶段）的亚细亚公社和"亚细亚生产方式"，列为人类历史发展的第一阶段，显然是不合适、不科学的。因此，应该用整个原始社会取代亚细亚公社和"亚细亚生产方式"的位置。

那么，亚细亚公社、古典古代公社、日耳曼公社（马克思称它们为农村公社或农业公社）不同于较古类型的公社的特点是什么呢？马克思指出下列三个特点：

首先，所有较早的原始公社都是建立在自己社员的血缘亲属关系上的；农业公社割断了这种牢固然而狭窄的联系，就更能扩大范围并保持同其他公社的接触。

其次，在农业公社中，房屋及其附属物——宅旁园地，已是农民的私有财产，可是在农业公社出现以前，公有的房屋曾是早先各种形式的公社的物质基础之一。

最后，虽然耕地仍归公社所有，但定期在农业公社各个社员之间进行重分。因此，每一个农民用自己的力量来耕种分配给他的田地，

---

① 《马克思恩格斯文集》第3卷，人民出版社2009年版，第581、573页。

并且把生产出来的产品留为己有。然而在较早的公社中，生产是共同进行的，只有产品才拿来分配。这种原始类型的公社的合作生产或集体生产，显然是单个人的力量太小的结果，而不是生产资料公有制的结果。

马克思指出的这三个特点，虽然没有反映出亚细亚公社、古典古代公社、日耳曼公社各自的具体情况和彼此之间的差别，但却概括了它们的共同特点。

马克思认为，农业公社具有"二重性"，这种二重性具有双重作用：其一，有利于公社稳固。马克思指出："'农业公社'所具有的二重性能赋予它强大的生命力，因为，一方面，公有制以及公有制所造成的各种社会联系，使公社基础稳固，同时，房屋的私有、耕地的小块耕种和产品的私人占有又使那种与较原始的公社条件不相容的个性获得发展。"其二，成为农业公社解体的根源。马克思指出："撇开敌对环境的一切影响不说，仅仅从积累牲畜开始的动产的逐步积累（甚至有像农奴这样一种财富的积累），动产因素在农业本身中所起的日益重要的作用以及与这种积累密切相关的许多其他情况……，都起着破坏经济平等和社会平等的作用，并且在公社内部产生利益冲突，这种冲突先是使耕地变为私有财产，最后造成私人占有那些已经变成私有财产的**公社附属物**的森林、牧场、荒地等等。"①马克思在这里对农业公社解体的原因及过程的分析，与 19 世纪 50 年代中后期的分析相比，深入得多、具体得多了。

马克思讲完农业公社的"二重性"及其作用以后得出结论说："正是由于这个原因，'农业公社'到处都是古代社会形态的**最近的类型**；由于同样原因，在古代和现代的西欧的历史运动中，农业公社时期是

---

① 《马克思恩格斯文集》第 3 卷，人民出版社 2009 年版，第 574 页。

从公有制到私有制、从原生形态到次生形态的过渡时期。"① 由此可见，马克思在这里明确指出，包括亚细亚公社在内的农村公社，是原始社会的最后阶段，是由原生形态向次生形态、由公有制社会向私有制社会、由无阶级社会向阶级社会的过渡阶段。

在考察第二时期和第三时期的思想时，我们也曾指出，马克思列为人类历史发展第一阶段的"亚细亚生产方式"，不是指整个原始社会，而是指原始社会的最后阶段，是由公有制社会向私有制社会、由无阶级社会向阶级社会过渡的阶段。那是我们根据马克思当时的论述分析出来的，他自己当时尚未明确得出这样的结论。只是在第四时期，马克思才第一次直接明确地作出这个结论，这是马克思的五种社会形态理论的一个重大前进和最后完成。

（二）原始公社解体以后，各地仍然留有原始公社及其土地公有制的遗迹。它们不仅存在亚洲，而且存在于欧洲，欧洲有些国家一直存在到 18、19 世纪。正如不能因为在欧洲存在原始公社及其土地公有制的遗迹而说它没有经过奴隶社会和封建社会一样，也不能因为在亚洲存在亚细亚公社及其土地公有制的遗迹而说它没有经过奴隶社会和封建社会

恩格斯在 1882 年写的《马尔克》一文中说："古代一切自然人的公有制"这种土地制度，"今天虽然只剩下很少的残迹，但在整个中世纪，它是一切社会制度的基础和典范。它浸透了全部的公共生活，不仅在德意志，而且在法兰西北部，在英格兰和斯堪的那维亚。可是，它完全被人遗忘了。直到最近，格·格·毛勒才重新发现了它的真正意义。""这种古老的制度，直到本世纪初，还保存在巴伐利亚的莱茵普法尔茨的所谓抽签分地制中。此后，它的耕地变成了各个社员的私

---

① 《马克思恩格斯文集》第 3 卷，人民出版社 2009 年版，第 574 页。

有财产。农户公社也越来越感觉到，停止周期分配，变交替的占有为私有，对他们是有利的。因此，在过去 40 年内，大多数的甚至是全部的农户公社都消失了，变成了小农的普通村落，不过森林和牧场还是共同使用。"①

恩格斯在 1881—1882 年写的《法兰克时代》中说："马尔克制度，直到中世纪末，依然是日耳曼民族几乎全部生活的基础。这种制度存在了一千五百年之后，终于由于纯粹的经济原因而逐渐没落下去了。它之所以瓦解，是因为它再也不能继续适应经济上的进步"，但是，"这一制度的残余今日还继续存在"。②

恩格斯这几段论述都说明，日耳曼人的马尔克制度，一直到中世纪末依然是日耳曼民族几乎全部生活的基础，这一制度的残余，在西北欧一直存在到 19 世纪。我们绝不能因此而否认西欧经过奴隶社会和封建社会，事实上，也从来没有人这样否认过。

下面我们再考察对"亚细亚生产方式"残余的论述，并与西北欧马尔克制度的残余加以比较，以便从中得出令人信服的结论。

恩格斯在 1884 年 2 月 16 日致考茨基的信中讲到，在爪哇和印度与在俄国一样，"那里的原始共产主义"，"今天正在给剥削和专制制度提供最好的、广阔的基础"，"并且在现代社会条件下，它和瑞士各旧洲的独立的马尔克公社一样，成为极其引人注目"的"历史遗迹"。③这里说得十分清楚，亚细亚公社在亚洲留有遗迹，正像马尔克公社在西北欧留有遗迹一样。既然人们从来没有因为马尔克公社在西北欧留有遗迹而否认欧洲经历过奴隶社会和封建社会，为什么偏偏因为亚细亚公社在亚洲留有遗迹而否认亚洲国家经历过奴隶社会和封建社会呢？这显然是既不符合历史事实，也不符合起码的逻辑的。

---

① 《马克思恩格斯全集》第 19 卷，人民出版社 1963 年版，第 353、355—356 页。
② 《马克思恩格斯全集》第 19 卷，人民出版社 1963 年版，第 539 页。
③ 《马克思恩格斯全集》第 36 卷，人民出版社 1974 年版，第 112 页。

　　恩格斯在《家庭、私有制和国家的起源》一书中总结原始社会解体以后的历史发展阶段时说："随着在文明时代获得最充分发展的奴隶制的出现，就发生了社会分成剥削阶级和被剥削阶级的第一次大分裂。这种分裂继续存在于整个文明期。奴隶制是古希腊罗马时代世界所固有的第一个剥削形式；继之而来的是中世纪的农奴制和近代的雇佣劳动制。这就是文明时代的三大时期所特有的三大奴役形式；公开的而近来是隐蔽的奴隶制始终伴随着文明时代。"[①]恩格斯在这里明确讲到，奴隶制、农奴制和雇佣劳动制，是文明时代的三大时期所特有的三大奴役形式，这三大奴役形式不仅存在于欧洲，而且存在亚洲，认为亚洲不存在奴隶制是与恩格斯的论述相悖的。恩格斯在这里还告诉我们，文明时代的三大奴役形式，在历史上是相继出现的，那种认为奴隶社会和封建社会是空间上并存的社会形态的观点，同样是与恩格斯的论述相悖的。

　　通过对以上两个问题的考察和分析，我们把马克思、恩格斯在第四时期的观点简要总结于下：

　　第一，人类的原始社会经历一系列发展阶段而进入最后时期，亚细亚公社及其所有制形式、古典古代公社及其所有制形式、日耳曼公社及其所有制形式，都是原始社会的最后阶段，是由原生形态向次生形态、由公有制社会向私有制社会、由无阶级社会向阶级社会过渡的阶段。因此，人类社会历史的第一阶段，应该是整个原始社会，而不应该只是作为原始社会的最后阶段的亚细亚公社或"亚细亚生产方式"，必须根据这一思想，对1859年的《〈政治经济学批判〉序言》中的社会形态演进序列进行修改，用原始社会取代"亚细亚生产方式"的位置。

　　第二，"亚细亚生产方式"和亚细亚公社、印度公社等等，也像日

──────────

① 《马克思恩格斯文集》第4卷，人民出版社2009年版，第195页。

耳曼民族的马尔克公社一样，虽然在中世纪普遍存在，有些地方甚至一直存在到 18、19 世纪，但这只是古代公社的遗迹，而不是与欧洲社会不同的、独立的、地域性的社会形态。

第三，人类历史经历奴隶社会、封建社会、资本主义社会三大奴役形式。这三大奴役形式之前是原始社会，资本主义社会灭亡以后是共产主义社会（社会主义社会是它的第一阶段）。这样，人类历史正好经历原始社会、奴隶社会、封建社会、资本主义社会、共产主义社会五种依次更替的社会形态。至此，马克思、恩格斯的五种社会形态划分理论最后臻于完成。应该再一次说明，我所讲的五种社会形态依次更替的理论，是就世界历史范围而言的，说的是在世界历史范围内，五种社会形态由低到高依次更替，而不是说每个国家和民族，不管其具体情况如何，都要依次经历五种社会形态。在世界历史发展的过程中，有些国家和民族，超越一个甚至几个社会形态的情况是屡见不鲜的。

以上，根据我们提出的方法论原则，分四个时期考察了"亚细亚生产方式"概念的含义及其在社会发展序列中的地位在马克思、恩格斯著作中的演变情况，并与此相联系说明了马克思、恩格斯的五种社会形态理论逐步完善的过程。现在把这个演变情况扼要总结一下。

在 19 世纪 40 年代中后期，马克思、恩格斯根据他们对欧洲历史的研究，把人类历史划分为部落所有制社会、奴隶社会、封建社会、资本主义社会、共产主义社会五种依次更替的社会形态。这里的部落所有制，在经济结构上，相当于氏族公社解体、奴隶制开始出现的农村公社。19 世纪 50 年代初期，马克思、恩格斯开始研究亚洲社会。由于当时刚刚把视野从欧洲扩大到亚洲，掌握的历史材料不够充分和准确，以及在理论上受从亚里士多德到黑格尔的东方社会特殊论的影响，过多地看到了亚洲社会的特殊性，尚未发现欧亚两洲社会发展的共同规律，没有把亚洲社会放到社会发展演变的序列中去，而是把它看作与西欧社会完全不同的、独立的、地域性的、特殊的社会形态。

在第二时期和第三时期，马克思、恩格斯虽然仍未放弃亚洲社会特殊论，但已不再把"亚细亚生产方式"看作是独立的、地域性的、特殊的社会形态，而是把它作为人类社会发展序列的第一个阶段，认为人类历史依次经历"亚细亚生产方式"为基础的社会、奴隶社会、封建社会、资本主义社会、共产主义社会（社会主义社会是它的第一阶段）五种依次更替的社会形态。

在第四时期，马克思、恩格斯利用摩尔根《古代社会》一书对人类原始史研究的成果和其他关于上古史的新材料，明确作出了以"亚细亚生产方式"为基础的社会是原始社会的最后阶段，即从公有制社会到私有制社会、从无阶级社会到阶级社会的过渡阶段的结论，从而把尚存的"亚细亚生产方式"看作是原始社会的"历史遗迹"，并且用原始社会取代了以"亚细亚生产方式"为基础的社会在人类社会发展序列中的地位，最后完成了五种社会形态划分理论。

通过以上的考察，可以清楚地看出，五种社会形态划分理论是马克思、恩格斯在19世纪40年代中期提出来的，而在19世纪70年代后期至80年代最后完成的。这个理论贯穿在《德意志意识形态》《共产党宣言》《雇佣劳动与资本》《1857—1858年经济学手稿》《〈政治经济学批判〉序言》《资本论》《反杜林论》《家庭、私有制和国家的起源》等马克思、恩格斯一系列代表性著作中。列宁在很多著作中，也论述了五种社会形态由低级到高级依次更替的理论。斯大林1938年在《论辩证唯物主义和历史唯物主义》中，只不过是重提和发挥了马克思、恩格斯、列宁的思想。有些人移花接木，把马克思、恩格斯创立的五种社会形态理论说成是斯大林首创的，并以此为根据否定这个理论。这种看法是完全不正确的。

第八章
东西方古代社会比较

各个国家和民族的历史发展，既有统一性，又有多样性。各个国家和民族历史发展的统一性，只是说明了历史发展过程的共同性质、一般规律、客观必然性等等，并不能概括它们各自历史发展的全部内容，不能反映它们各自历史发展的全部变化和全部细节，不能说明它们彼此之间的各种差别。因此，历史发展的统一性原理，不是解释各个国家和民族历史发展的万应灵药。为了具体说明各个国家和民族的历史，还需要研究历史发展的多样性。本章在坚持历史发展的统一性原则的前提下，着重探讨东西方古代社会历史发展的差别性问题。古代社会包括原始社会、奴隶社会和封建社会三个社会形态。原始社会漫长而久远，而且没有文字记载，很难较为具体地比较东西方原始社会的差别，所以这里主要探讨东西方奴隶社会和封建社会的不同特点。

一、东西方奴隶制和封建社会的不同特点

（一）东西方奴隶制的不同特征

1. 奴隶社会在世界历史上的地位

东方各国有哪些国家经历过奴隶社会？哪些国家没有经历过奴隶社会？中国是否经历过奴隶社会？如果说经历过奴隶社会，是从什么时候开始到什么时候结束的？如果说没有经过奴隶社会，根据是什么？这些问题史学界的看法极不一致。我作为一个研究哲学的学者，无力解决这个问题。下面根据吴于廑、齐世荣主编的《世界史》的"古代史

编",梳理一下古代埃及、两河流域和印度是否经历过奴隶社会。

埃及在公元前4000—前3500年,出现了私有制和生产关系的萌芽。在公元前3500—前3100年,私有制逐步确立,阶级逐步形成。在古王国时期,又称金字塔时期(公元前2686—前2181年),奴隶制经济得到了很大发展。到新王国时期(公元前1570—前1085年),已经是一个强大的奴隶制国家。在历时约百年之久的时间里,埃及的国王率领他们的军队南征北战,使埃及扩张为一个地跨西亚北非的奴隶制帝国。征服战争使帝国的版图扩大,大量财富和劳动力涌入埃及,极大地促进了奴隶制经济的发展。同古王国时期相比,新王国时期官吏队伍的构成发生了较大的变化。官吏已不仅仅主要从王室家族、皇亲国戚中挑选,而更多的是从整个统治阶级中挑选。这反映了新王国时期君主专制的阶级基础的扩大,也表明了埃及奴隶主阶级构成的变化,反映了埃及奴隶主阶级的壮大和成熟。这时的君主专制制度已经建立在奴隶制长久而深入发展的基础之上,建立在整个奴隶主阶级基础之上了。新王国已不再是王室家族的政权,也不只是贵族们的政权,而是整个奴隶主阶级的政权。从以上的简要回顾可以看出,埃及是经历了奴隶社会的。

在两河流域,苏美尔人约从公元前4300年开始了氏族社会解体和向文明时期过渡的过程。苏美尔各城邦都是以城市为中心结合周围的村镇形成的。早期城邦规模不大,人口也不多。例如,乌尔城邦面积不过90平方公里,人口约6000人。每一个城市都有若干神庙,其中城邦主神神庙地位最高。在苏美尔各城邦经济生活中,神庙的作用十分重要,它是城邦的经济中心。神庙经济内部分工细密,有农业、畜牧业和捕鱼业等等。神庙还控制了城邦的手工业和商业。神庙也使用奴隶劳动,有的奴隶属于神庙所有,有的奴隶属于神庙管理人员所有。神庙的经济控制在以城邦首领为首的奴隶主贵族手中。他们占有大量的土地,而最下层的奴隶,只能领到一点起码的生活资料。更有甚者,以城邦首领为首的奴隶主贵族还占有大量的神庙祭田，或将个人份地与祭田掺杂在一起，由神庙依附者和奴隶耕种。早王朝后期，随着奴隶制的发展，城邦内部阶级斗争愈益尖锐。到阿卡德王朝（公元前2371—前2191年），奴隶制进一步发展。长期的对外战争，使大量战俘成为奴隶。在乌尔第三王朝（公元前2113—2006年），买卖奴隶的现象比较普遍，一般牧人、手工匠、商人和士兵都有奴隶。在古巴比伦王国时期，王室拥有大量奴隶，大小奴隶主和较富裕的拥有公民权的自由人也都有奴隶。奴隶除来源于战俘外，也有从外地买来的，当时买卖奴隶的现象很普遍。在亚述，公元前2000年兴起的赫梯王国是一个奴隶制强国。从《赫梯法典》可以看出，赫梯国内存在奴隶制度，大量战俘变成奴隶，奴隶从事农业、手工业，放牧牲畜，从事家务劳动。在新巴比伦王朝时期（公元前612—前539年），奴隶制度比过去有了很大发展，不仅奴隶的人数比过去增多，而且奴隶主对奴隶的剥削形式也比过去多样化。从以上的简要回顾可以看出，两河流域是经历了奴隶社会的。

印度的哈巴拉文化时期，其年代约为公元前2300—前1750年。具体地说，其中心地区约为公元前2300—前2000年，其周边地区约为公元前2200—前1700年。哈巴拉文化时期已经进入文明时期，农业、手工业和商业都有了一定的发展，并且产生了私有制的萌芽。印度在吠陀时期（公元前1500—前600年），随着私有制的出现，不同家族之间贫富差别也在产生和扩大。穷人在生活无着落时不得不向富人借债。如果欠债不能偿还，就必须为债主服一段时间的劳役。富人不仅剥削欠债的人，而且也剥削奴隶。奴隶的来源并不限于战俘，赌博输了的人和欠债无法偿还的人也会沦为奴隶，奴隶必须为主人从事农业、手工业、畜牧业等劳动。印度在列国时期（公元前6—前2世纪），随着商品经济的发展，社会发生了明显的分化。四个种姓的人都有贫富分化现象，因而原来的种姓地位并不一定能反映一个人的实际阶级地位。在四个种姓中居第一位的是婆罗门，这一时期有的人成为奴隶主，有的人则沦为奴隶。以国王为首领的刹帝利是第二个种姓，其中也有人地位下降，有的从事农业，有的从事手工业，有的经商，有的甚至从事很低的职业。作为第三个种姓的吠舍，本是一般平民，在这时有的人发财致富，成为富商和高利贷者，有的人则失去了自己的小块土地，不得不从事低等职业。至于四个种姓中最低的首陀罗，其中也有少数人发了财，成了佛教的富有的施主，有的则沦为"贱民"。在列国时代，印度的奴隶制有了明显的发展。国王宫廷里使用奴隶，贵族家庭里使用奴隶。奴隶不仅用于家内劳动，而且也用于农业生产上。从以上的简要回顾可以看出，印度也是经历了奴隶社会的。

中国历史上是否经历过奴隶社会，是史学研究和讨论中一个更加复杂的问题。有的人认为中国没有经历过奴隶社会，有的人认为中国经历过奴隶社会。认为中国经历过奴隶社会的人，对奴隶社会的起止时期的看法也极不一致。而对这个问题的看法，又与中国何时进入封建社会问题密切相关。对中国何时进入封建社会主要有以下七种不同看法：一是以范文澜、翦伯赞等为代表的西周封建说；二是以李亚农、唐兰等为代表的春秋封建说；三是以郭沫若、吴大琨等为代表的战国封建说；四是以黄子通、夏甄陶等为代表的秦统一封建说；五是以侯外庐等为代表的西汉封建说；六是以周谷城等为代表的东汉封建说；七是以尚钺、王仲荦为代表的魏晋封建说。由于对封建社会的起始时间说法不一，所以对奴隶社会的终止时间的看法也就不同。此外，还有雷海宗、李鸿哲等否认中国有过奴隶社会阶段，认为中国文明之初即为封建社会的观点。[①] 李鸿哲认为，就世界史的历史实际而言，斯拉夫、格鲁吉亚、日耳曼、阿兹特加、印加、埃及、两河流域、印度

---

① 姜义华、武克全主编：《社会科学争鸣大系——历史卷》，上海人民出版社1991年版，第133—138页。

等民族以及国家或地区，都是从原始社会直接进入封建社会的。中国也是这样。因此，他认为说中国有奴隶社会在理论上是站不住脚的，也不符合历史事实，这种观点多年来为人所信从，实在是一种教条主义的偏向。[1] 我认为，虽然人们对中国是否经历过奴隶社会的看法很不一致，对其他一些国家和地区是否经历过奴隶社会也有不同看法，但在人类历史上，在原始社会解体的过程中，都曾经出现过奴隶制，这应该是不容否定的，分歧在于奴隶制生产方式是否占了主导地位。奴隶制生产方式占了主导地位的国家和地区，就是经历了奴隶社会；反之，奴隶制生产方式没有占过主导地位的国家和地区，就是没有经历过奴隶社会。所以我们这里不以探讨东西方**奴隶社会**的不同特征为题，而以探讨东西方**奴隶制**的不同特征为题。这样的做法，可以回避一些分歧较大的问题。

2. 东西方奴隶制的共同性和差别

一切国家和民族原始共同体的解体和奴隶制的形成，归根结底都是生产力的发展和生产力与生产关系矛盾运动的结果。一切国家和民族的奴隶制，都是与生产力发展的一定阶段相适应的。但是，由于东方民族和西方民族聚居地区的自然条件和社会条件的不同，它们在从原始社会解体中产生奴隶制时，其生产力的发展水平并不完全一样。例如，在西欧，是随着铁器的发明和应用进入奴隶制的；而在中国，则是随着青铜器的制造和使用进入奴隶制的。再如，在西欧，奴隶制下的社会分工程度比较高，商品生产和商品交换比较发达，在古希腊已经有了比较发达的海外贸易；在中国，社会分工的发展程度则比较低，商品生产和商品交换很不发达，是纯粹的农业和手工业相结合的自给自足的自然经济。

凡是奴隶制，生产关系的基础都是奴隶主占有生产资料和占有生

---

[1]　李鸿哲：《奴隶社会是否社会发展必经阶段》，《文史哲》1957 年第 10 期。

产工作者,这些生产工作者就是奴隶主可以把他们当作牲畜来买卖屠杀的奴隶。但是不同国家和民族的奴隶制中,奴隶主占有生产资料和奴隶的具体形式、状况又不完全相同。在西欧,主要实行奴隶主私人土地所有制,在东方,如中国和印度等国,则主要实行奴隶主国家土地所有制,或称为奴隶主阶级的共同所有制,中国西周的"井田制",就是这种土地所有制的典型。在对奴隶的占有形式上,西欧主要使用私人奴隶,东方则比较多地使用国有奴隶;西方主要使用单身奴隶,东方则除使用单身奴隶外,还较多地使用有家室的奴隶;西方的奴隶大多数是古典奴隶,即没有家产的奴隶,只有在罗马帝国后期才开始使用授产奴隶,东方则较早较多地使用授产奴隶。东西方奴隶制国家的奴隶的数量在人口中占有的比重也不相同,在西欧,奴隶占总人口的比重大些;在东方,奴隶占总人口的比重小些。

由于奴隶制生产关系的基本特点,是奴隶主不仅占有生产资料,而且占有奴隶本身,因而奴隶主对奴隶的剥削和压迫在各个不同国家和民族都是十分残酷的。但是,不同国家的奴隶制,和同一奴隶制国家的不同地区、不同发展阶段,奴隶主剥削奴隶的具体方式,又有着这样那样的差别。例如,在西欧,奴隶主以经营大庄园或作坊为主,直接驱使和强制奴隶从事较大规模的集体劳动;在东方,奴隶主则主要是把土地划成小块,分给有家室的奴隶以家庭为单位分散耕作,并较多地使用奴隶从事家务劳动。例如,在新巴比伦,奴隶制的"显著的特点是较多地采用了奴隶独立经营的方式,即奴隶主给奴隶一部分财产(包括土地和资金),让其独立经营。奴隶可独立地租佃土地、经商、从事手工业开办手工作坊,甚至开钱庄放债等等。不仅私人的奴隶可以独立经营,就是神庙的奴隶也可知此(疑为如此——引者)。……在这类独立经营的奴隶中,有的人可能达到相当富有的程度,甚至自己也拥有奴隶。奴隶有时既作为其主人的代理人从事各种经济活动,同时又经营自己的经济。他们在为主人从事各种活动时、(应为逗号——引者）从主人那里领得工资作为报酬。"但是，在"独立经营的奴隶中，能富有起来的当然只是少数；而且，即使是这些富有的奴隶，他们仍是其主人的财产，他们的主人可以随意将其买卖、转让、或作为陪嫁物"。[①]

凡是奴隶制，奴隶主都使用奴隶从事农业、手工业、畜牧业等生产劳动，但是，在不同国家或同一国家不同时期的奴隶制，奴隶劳动在社会生产中所占的地位不同。在西欧，奴隶主驱使大量奴隶从事各种生产劳动，奴隶劳动是全部生产劳动的基础，在生产劳动中占主导地位。而在东方，奴隶主虽然也驱使奴隶从事生产劳动，但在一些国家或这些国家的一定时期，奴隶劳动在生产劳动中并不占主导地位。例如，在印度的早期吠陀时代，虽然产生了奴隶制，但"当时的奴隶劳动在社会的生产劳动中只占一种辅助性的次要地位，主要的劳动生产者还是自由的氏族部落成员"[②]。再如，两河流域在新巴比伦王国时期，尽管"奴隶人数不少，但他们不是主要生产者。当时的主要生产者是为数众多的丧失了生产资料的自由民。他们租佃王室、神庙和个别奴隶主的土地，而且往往还要租用牲畜、种子和农具。他们当时也是主要的被剥削者"[③]。又如，在波斯帝国征服巴比伦尼亚以后，"有文献表明，新巴比伦王国时期剥削奴隶的独特方式，即让奴隶独立经营的方式，在波斯帝国时期仍然存在，埃吉贝商家和穆拉树商家都有这样剥削奴隶的资料保存下来。在巴比伦尼亚，像被波斯人征服前一样，除了剥削奴隶外，主要的被剥削者，是形式上自由的依卡努，他

---

① 吴于廑、齐世荣主编：《世界史——古代史编》上卷，高等教育出版社1994年版，第176—177页。

② 吴于廑、齐世荣主编：《世界史——古代史编》上卷，高等教育出版社1994年版，第144页。

③ 吴于廑、齐世荣主编：《世界史——古代史编》上卷，高等教育出版社1994年版，第178页。

们在监督者监督下，劳动于各类奴隶主的土地上"①。

　　鉴于西欧（古代希腊、罗马）的奴隶制和古代东方各国的奴隶制具有以上一些明显的差别，人们自然而然地把古代希腊、罗马的奴隶制和东方各国的奴隶制看作奴隶制的两大类型，这无疑是完全正确的。但是，同时也应该看到，把古代希腊的奴隶制和古代罗马的奴隶制相比较，彼此之间也有差别；把古代东方各国的奴隶制相比较，例如把中国的奴隶制和印度的奴隶制加以比较，其间也有差别。而且在同一奴隶制国家的不同地区，也可能存在不同类别的奴隶制，如古代希腊，雅典的奴隶制属于工商业城邦类别，斯巴达的奴隶制则属于农业城邦类别。如果把古代希腊更早产生的后来覆灭了克里特、迈锡尼的奴隶制，与后来产生的希腊罗马的奴隶制相比较，其差别就更加明显。

（二）东西方封建社会的不同特征

　　一切处于封建社会形态的国家，其占主导地位的生产关系的基础，都是封建主占有生产资料和不完全占有生产工作者——农奴或农民。农奴或农民对封建主有一定的人身依附关系。但是，在不同国家和民族的封建社会中，由于自然条件的不同，生产力发展水平的不同，以及各种社会条件的不同，作为封建生产关系的基础的土地所有制的具体形式则有所不同。例如，西欧的封建土地所有制主要是封建领主土地所有制，东方则主要是封建国家土地所有制和封建地主土地所有制两种形式并存。又如，作为封建主剥削对象的农民的具体状况也不同，在西欧，主要是农奴，农奴对农奴主的人身依附关系较强；在东方，主要是私人佃农和国家佃农，特别是私人佃农对封建主的人身依附关系较弱。再如，封建主剥削农民的方式，东西方也有差别，在西欧以

---

　　①　吴于廑、齐世荣主编：《世界史——古代史编》上卷，高等教育出版社 1994 年版，第 187 页。

劳役地租为主，在东方则以实物地租为主。下面着重分析一下封建土地国有制下的封建阶级关系和封建剥削方式问题。

马克思在《资本论》第三卷第四十七章"资本主义地租的起源"中，讲到劳动地租时指出："同直接生产者直接对立的，如果不是私有土地的所有者，而是像在亚洲那样，是既作为土地所有者同时又作为主权者的国家，那么，地租和赋税就会合为一体，或者不如说，在这种情况下就不存在任何同这个地租形式不同的赋税。在这种状态下，对于依附关系来说，无论从政治上或从经济上说，除了面对这种国家的一切臣属关系所共有的形式以外，不需要更严酷的形式。在这里，国家就是最高的地主。在这里，主权就是在全国范围内集中的土地所有权。但因此在这种情况下也就没有私有土地的所有权，虽然存在着对土地的私人的和共同的占有权和用益权。"① 我国学术界有些人把马克思在这里讲的土地国有制和封建土地所有制分割开来，认为它是一种既不属于奴隶制的土地所有制，也不属于封建制的土地所有制，而是一种特殊的土地所有制形式，以此为由把亚洲社会说成是一种特殊的、地域性的、独立的社会形态，否认亚洲的国家和民族经历过奴隶社会和封建社会，从而否认马克思的五种社会形态依次更替的理论。这种看法是完全错误的。其实马克思在这里所讲的正是封建土地所有制的两种形式，即封建土地私有制和封建土地国有制。封建土地国有制相对于封建土地私有制来说，当然可以看作是土地所有制的一种特殊形式，但是，这是封建土地所有制范围之内的一种特殊形式，而不是与封建土地所有制根本不同的另一种性质的土地所有制形式，马克思在讲完上面引述的那种话后接着清楚地指明了这一点。他说："任何时候，我们总是要在生产条件的所有者同直接生产者的直接关系——这种关系的任何当时的形式必然总是同劳动方式和劳动社会生产力的

---

① 《马克思恩格斯文集》第 7 卷，人民出版社 2009 年版，第 894 页。

一定发展阶段相适应——当中，对整个社会结构，从而也为主权关系和依附关系的政治形式，总之，为任何当时的独特的国家形式，发现最隐蔽的秘密，发现隐藏着的基础。不过，这并不妨碍相同的经济基础——按主要条件来说相同——可以由于无数不同的经验的情况，自然条件，种族关系，各种从外部发生作用的历史影响等等，而在现象上显示出无穷无尽的变异和色彩差异，这些变异和差异只有通过对这些经验上已存在的情况进行分析才可以理解。"①在这里，马克思认为，封建土地私有制和封建土地国有制是封建土地所有制的两种不同形式，它们属于封建社会的"在主要条件来说""相同的经济基础"，二者之间的不同只是在"现象方面"显出来的"变异和色彩差异"。由于经济基础上有这种"变异和色彩差异"，所以建立在其上的上层建筑的政治形式也有不同的特点。把封建土地私有制和封建土地国有制看成两种截然不同的经济基础或两种不同性质的生产关系，是与马克思的原意相悖的。

下面我们根据马克思的论述，具体分析一下封建土地私有制和封建土地国有制的共同点及其差别。

第一，这两种土地所有制都与奴隶制经济不同。在奴隶制经济下，奴隶是利用别人的生产资料来劳动，并且这种劳动是不独立的。在封建土地私有制下，不仅直接生产者是独立的，而且"直接生产者还占有自己的生产资料，即他实现自己的劳动和自己生产的生存资料所必需的物质的劳动条件；他独立地经营他的农业和与农业结合在一起的农村家庭工业"。而在封建土地国有制下，这些直接劳动者"相互组成一种或多或少带有自发性质的公社"，但直接生产者的独立性不会因此"而消失"。②这说明封建土地私有制和封建土地国有制虽然有一定

---

① 《马克思恩格斯文集》第 7 卷，人民出版社 2009 年版，第 894—895 页。

② 《马克思恩格斯文集》第 7 卷，人民出版社 2009 年版，第 893 页。

的差别，但二者在本质上是相同的，它们与奴隶制经济则有着根本性质的不同。

第二，这两种土地所有制，都实行超经济的强制劳动，都具有一定的人身依附关系，都具有某种程度的人身自由和人身作为土地的附属物对土地的依附，都必须具有真正的依附农制度。差别在于人身依附程度不同，封建土地私有制下的人身依附关系较强，封建土地国有制下的人身依附关系较弱。正如马克思所说，在封建土地国有制下，"依附关系在政治方面和经济方面，除了所有臣民对这个国家都有的臣属关系以外，不需要更严酷的形式"。

第三，在这两种土地所有制下，劳动者都要向剥削者或剥削者的国家缴纳地租或赋税，把自己的剩余劳动无偿地奉献给封建主阶级及其国家。不同的是，在封建土地私有制下，地租和赋税是分开的，劳动者除去向土地所有者缴纳地租之外，还要向国家缴纳赋税；而在封建土地国有制下，正如马克思所说："地租和赋税就会合为一体，或者不如说，在这种情况下就不存在任何同这个地租形式不同的赋税。"

总之，封建土地国有制，具备了封建经济制度的基本特点，是封建土地所有制的一种具体形式，不应该把它排除在封建土地所有制之外，不能因为亚洲存在封建土地国有制而说它没有经历过奴隶社会和封建社会。

二、东西方奴隶制和封建社会发展的典型性

我们虽然认为东西方一些国家，依次经历了奴隶社会和封建社会。但我们同时又认为，并非经历了奴隶社会和封建社会的一切国家，在这两个社会形态中都发展得很典型。由于各个国家所处的自然条件和社会条件不同，受外界因素的影响不同，各国历史前进的过程不可能是整齐划一的，而是不平衡的。某一国家在某个社会形态中发展得比

较典型，在另一个社会形态中则可能成为落伍者，发展得不够典型。各个国家在不同社会形态中所具有的典型意义是不同的。我们认为，古希腊罗马是奴隶制发展的典型，中国则是封建社会发展的典型。

（一）奴隶制发展的典型

处于奴隶制的国家，最早的有尼罗河流域的古代埃及，幼发拉底河和底格里斯河流域的古代巴比伦和亚述，恒河流域的古代印度，黄河流域的古代中国，等等；而奴隶制发展得最成熟、最完善的典型，则是处于地中海腹地的古代希腊和罗马。我们着重介绍一下古代希腊奴隶制的情况。

希腊的奴隶制经济在公元前 5 世纪已经得到充分的发展。学者们大都认为希腊是古代最发达的奴隶制社会。但是希腊世界的经济发展并不平衡，不同地区的奴隶制亦不尽相同。在奴隶制国家建立较久和奴隶制经济比较发达的地区，奴隶制度又分为两大类型，即斯巴达型和雅典型。斯巴达型奴隶制以农业为主，工商业不发达，实行土地国有，使用国有的农业奴隶。这种国有农业奴隶多由被征服居民构成，他们集体耕种土地，向奴隶主交纳一部分收成。雅典型奴隶制经济虽然也以农业为基础，但工商业比较发达，农业生产也卷入商品经济，葡萄、橄榄等经济作物的生产在农业中占重要比重。土地、奴隶、手工业作坊等重要生产资料归奴隶主私人所有，奴隶多通过市场买卖而来，使用于社会生活的各个方面。雅典型奴隶制经济在希腊世界比斯巴达型奴隶制经济更普遍和更重要，代表着希腊奴隶制经济发展的主要方面。我们说古代希腊是奴隶制发展的典型，主要是指雅典型的奴隶制。[1]

---

[1] 吴于廑、齐世荣主编：《世界史——古代史编》上卷，高等教育出版社 1994 年版，第 263—264 页。

古代希腊在希波战争（公元前 500—前 449 年）以后，城邦奴隶制经济进入全盛时期。在希波战争中，数以万计的波斯战俘成为希腊人的奴隶，希腊各城邦的奴隶人数迅速增加。在雅典，自由民的总数，包括妇女和儿童在内，约为 9 万人，而男女奴隶多达 36.5 万人，被保护民——外地人和被释放的奴隶为 4.5 万人。每个成年的男性自由公民平均至少有 18 个奴隶和两个以上的被保护民。[①] 这就是说，雅典人口中奴隶已占多数，个别的奴隶主占有几百以至上千的奴隶，中等的奴隶主也往往拥有十几个、几十个奴隶。使用奴隶劳动已成为雅典各个生产部门的普遍现象，而且用于商品生产方面的比重很大。不少手工业作坊，如冶金、制陶、造船、制革、武器制造等，有二三十个奴隶从事劳动，有的多到一百多个奴隶集体劳动。矿山使用奴隶的数量更多，如雅典的罗立温银矿，有一两万奴隶集中劳动。此外，在采石场、大农场、公共建筑工地、商业运输部门以及奴隶主的家庭，都有不同数量的奴隶在服劳役。有的奴隶主出租奴隶，坐收利息。有一个大奴隶主，有一千多个奴隶供他剥削。出租奴隶除从事劳动的以外，还有乐奴、歌舞奴等。雅典国家也有国有奴隶，他们多用于卑贱的服役。警察也由奴隶担任。奴隶不仅受残酷的剥削和压迫，而且还当作商品自由买卖。在雅典、提洛等城邦的市场上，经常进行奴隶交易。

雅典的商品生产和商品交换比其他国家的奴隶制发达得多。经过希波战争，雅典取得海上霸权，为雅典的商品生产获得市场、原料、粮食供应和大量奴隶劳动力，提供了有利条件。雅典生产的大量商品，如陶器、橄榄油、葡萄酒、金属制品、纺织品、农业加工品和矿产品等，远销地中海和黑海沿岸各国。雅典从海外输入粮食、牲畜、其他农产品、工业原料等。

雅典的国家制度是奴隶主民主制。在伯里克利掌握雅典的政治领

---

① 《马克思恩格斯文集》第 4 卷，人民出版社 2009 年版，第 136 页。

导权时期（公元前5世纪90年代末至60年代末），雅典国家的政治机构，设有执政官、五百人议会、公民大会、公民陪审法庭等。每月召开三次公民大会，讨论并决定国家大事。五百人议会除了为公民大会准备议案外，还分别处理一些行政工作。执政官主要管理宗教祭祀，审理有关宗教案件。一般司法案件，则由公民陪审法庭专门处理。执政官、议员、陪审员都是每年一任，无财产限制，由抽签产生。在雅典官员中，只有十名将军由公民大会选举。将军本来是军职，但因为对外战争频繁，首席将军掌握了政府实权。伯里克利就连任首席将军长达15年，长期控制着雅典政府。恩格斯在《家庭、私有制和国家的起源》一书中说："雅典人国家的产生乃是一般国家形成的一种非常典型的例子，一方面，因为它的形成过程非常纯粹，没有受到任何外来的或内部的暴力干涉……，另一方面，因为它是一个具有很高发展形态的国家，民主共和国，直接从氏族社会中产生"①。奴隶主民主制比奴隶主贵族寡头统治的专制制度进步一些，对雅典经济、文化的发展起了促进作用。但是，也有必要指出，雅典国家的奴隶主民主制的实质，也是奴隶主阶级对广大奴隶专政的一种形式。这种民主形式，让尽可能多的奴隶主阶级的成员直接参加了对奴隶的统治。列宁在《论国家》一文中指出："奴隶占有制国家可以是君主国，贵族共和国，甚至可以是民主共和国。管理形式确实是多种多样，但本质只是一个：奴隶没有任何权利，始终是被压迫阶级，不算是人。"②

古希腊的文化，也是奴隶制国家中最为发达的。在较早的时期，就产生了荷马史诗和其他诗歌，以及建筑和陶绘等艺术。到公元前5至公元前4世纪，希腊文化进入极盛时期。雅典不仅是当时希腊的政治、经济中心，而且也是希腊的文化中心。从公元5世纪初期起，雅

---

① 《马克思恩格斯文集》第4卷，人民出版社2009年版，第136页。
② 《列宁选集》第4卷，人民出版社1995年版，第33页。

典的文学、艺术获得空前繁荣。雅典政府直接管理戏剧的创作与演出。希腊古典戏剧多是歌剧，有悲剧，也有喜剧，都是由群众性的节日歌舞和祭仪表演发展起来的。当时雅典造了一个半圆形的、砌有阶梯状座位的露天剧场，可以容纳观众万人左右。希腊的建筑也较为发达，在雅典城中小山上的卫星城里，建造了廊柱环绕的神庙，庄严和谐，别具一格。希腊的雕塑和工艺美术，在世界美术史上也占有重要地位。古希腊哲学提出了较系统的世界观，形成了唯物主义和唯心主义两大哲学派别的斗争。德谟克利特的自发的唯物主义和赫拉克里特的朴素辩证法思想，在哲学史上占有十分重要的地位，对近代进步哲学的发展起了积极的作用。列宁曾称赫拉克里特是"辩证法的奠基人之一"①。亚里士多德堪称古代百科全书式的人物，他是形式逻辑的创始人，对物理学、植物学、动物学、生理学都有研究，对历史学、政治学、文艺理论也有著作传世，多方面地总结了古代希腊各种学术的成果。恩格斯在《自然辩证法》中对古代希腊哲学的发展给予高度的评价。他说："在希腊哲学的多种多样的形式中，几乎可以发现以后的所有看法的胚胎、萌芽。因此，理论自然科学要想追溯它的今天的各种一般原理的形成史和发展史，也不得不回到希腊人那里去。"②马克思在《〈政治经济学批判〉导言》中评价古代的文学艺术时曾经指出："为什么历史上的人类童年时代，在它发展得最完美的地方，不该作为永不复返的阶段而显示出永久的魅力呢？有粗野的儿童和早熟的儿童。古代民族中有许多是属于这一类的。希腊人是正常的儿童。他们的艺术对我们所产生的魅力，同这种艺术在其中生长的那个不发达的社会阶段并不矛盾。这种艺术倒是这个社会阶段的结果，并且是同这种艺术在其中产生而且只能在其中产生的那些未成熟的社会条件永远不能

---

① 《列宁全集》第 55 卷，人民出版社 1990 年版，第 296 页。
② 《马克思恩格斯文集》第 9 卷，人民出版社 2009 年版，第 439 页。

复返这一点分不开的。"① 马克思这段话不仅指出了希腊文化在所有奴隶制国家中名列前茅，而且指出了它产生的社会条件。恩格斯在《反杜林论》中也指出："只有奴隶制才使工业和农业之间的更大规模的分工成为可能，从而使古代世界的繁荣，使希腊文化成为可能。没有奴隶制，就没有希腊国家，就没有希腊的艺术和科学；没有奴隶制，就没有罗马帝国。没有希腊文化和罗马帝国所奠定的基础，也就没有现代的欧洲。"②

在罗马共和国时期，奴隶制有了很大的发展。在长期的对外征服和扩张战争中，罗马掠夺了大量财富和土地，也俘获了大批奴隶，为奴隶制迅速发展提供了条件。公元前 3 世纪至公元前 2 世纪，罗马从家内奴隶制发展到发达的劳动奴隶制。当时被征服地区的军民俘虏，源源不断地流入罗马，成为罗马奴隶的主要来源。据统计，在第一次布匿战争中，罗马总共把 7.5 万名俘虏卖为奴隶。公元前 209 年罗马攻占他林敦，约有 3 万居民沦为奴隶。卡普亚被罗马攻陷后，全城居民都被卖为奴隶。公元前 177 年罗马占领撒丁尼亚时，将 8 万人卖为奴隶，以至于当时奴隶价格暴跌，"撒丁尼亚人"成为廉价物品的代名词。公元前 167 年罗马占领伊庇鲁斯，俘虏居民 15 万人，全部卖为奴隶。除了战俘变为奴隶以外，奴隶来源还有奴隶生育的子女，这些所谓家生的奴隶比较顺服而受到奴隶主的重视，也占据相当数量。在此时期，奴隶贸易十分兴盛，许多城市都有奴隶市场，如罗马圣道附近便有买卖奴隶的场所，雅典的爱非塞斯、亚得里亚海北岸的奎雷亚、伦河口的马萨利亚以及塞浦路斯和开俄斯岛等，都是有名的奴隶市场，进行大宗的奴隶交易。提洛岛是奴隶贸易的中心，据斯特拉波记载，该地一天内买卖奴隶的成交量竟达万人之多。③

---

① 《马克思恩格斯文集》第 8 卷，人民出版社 2009 年版，第 36 页。
② 《马克思恩格斯文集》第 9 卷，人民出版社 2009 年版，第 188 页。
③ 吴于廑、齐世荣主编：《世界史——古代史编》上卷，高等教育出版社 1994 年版，第 358—359 页。

当时罗马的社会经济出现高涨，使大规模使用奴隶劳动成为可能。奴隶广泛使用于农业、畜牧业、采矿业和手工业，逐渐成为罗马社会的主要生产者。农业中奴隶劳动占据明显的优势，无论是大田庄、大牧场，还是种植葡萄和橄榄的庄园，都充斥着大群奴隶。种植谷物的田庄所需奴隶的数量更多。采矿业和建筑业中的繁重劳动都由奴隶担当，西班牙新迦太基附近的银矿就有奴隶4万人。其他各种手工业也使用奴隶劳动，还有的奴隶为主人经商放债。同时，大量奴隶使用于家内劳动，充当奴仆。在富有的罗马家庭中，拥有许多奴隶，他们担任看门人、厨师、马夫、侍从，有文化知识和技能的奴隶则担任教师、医生、乐师、理发师等等。国家也有一批奴隶，从事狱卒、皂隶以及行刑人等贱役。此外，有些身强力壮的奴隶被训练为角斗士，在角斗场上互相残杀，或与野兽搏斗，供罗马人观赏取乐。大多数奴隶终生受奴役，只有少数奴隶经主人准许获得解放，成为被释放奴隶，被释放奴隶为原主人的被保护人，仍要为主人家庭服务。①

因为古代罗马的奴隶制，在古代希腊奴隶制的基础上又有所发展，整个古代希腊、罗马的奴隶制，高于东方各国的奴隶制，所以在这个意义上也可以说，不仅雅典的奴隶制是奴隶制发展的典型，而且整个古代希腊罗马的奴隶制是奴隶制发展的典型。

（二）封建社会发展的典型

古代希腊、罗马是奴隶制发展的典型，那么封建社会发展的典型是哪个或哪些国家呢？我认为应该是具有古老文明的中国。这种典型性从许多方面表现出来。

1. 中国的封建社会在历史上出现得最早，延续的时间最长

史学界对中国古代史分期的问题存在着严重分歧。如果从公元前

---

① 吴于廑、齐世荣主编：《世界史——古代史编》上卷，高等教育出版社1994年版，第359页。

1066 年西周开国算起，中国封建社会约有三千年左右的历史。如果从春秋或战国时期算起，也有 2200 年到 2700 年的历史。西欧封建社会的历史，如果从公元五世纪末西罗马帝国灭亡算起，到公元 17 世纪中叶英国资产阶级革命爆发为止，也不过只有 1200 年的历史，只相当于中国封建社会时间长度的一半。况且，当西欧开始进入封建社会的公元 5 世纪末，中国正值东晋以后的南北朝时期，中国的封建制度已经通过"丝绸之路"为东西方文化的交流和发展作出了世界性的贡献。

2. 中国封建社会的生产力和科学技术的发展水平最高

西欧使用铁器是进入奴隶社会的标志，中国使用铁器则是进入封建社会的标志。表面看来，似乎中国封建社会的生产力发展水平低于西欧的封建社会的生产力发展水平。其实不然。中国在春秋战国之际，已经较好地掌握了生铁冶炼技术。欧洲一些国家虽然在公元前 1000 年前后已能生产块炼铁，公元初期罗马已偶能得到生铁，但多废弃不用，直到公元 14 世纪才使用铸铁，晚于中国 1800 年左右。铸铁是将铁矿石融化成铁水然后浇铸成型的铁制品，铸铁制品在中国出现于公元前 6 世纪，而欧洲铸铁大约要晚到公元 14 世纪水力鼓风设备发明后才发生，中国古代铸铁技术比起世界其他地区，差不多早了将近两千年，这确实是一件了不起的成就。中国在公元前 5 世纪前半叶就掌握了韧性铸铁技术，意义十分重大，正如冶金史专家韩汝玢所指出的那样："中国古代工匠发明用液态生铁铸成工具、农具，并创造出改善铸铁脆性的退火工艺，为广泛使用生铁成为可能，退火处理是重要的技术条件。"正因为有了这项重要发明，战国中期已将冶铁业大大发展起来，铁器广泛使用才成为可能。而在欧洲，韧性铸铁的出现是在公元 1700 年以后，晚于中国两千年以上。[①] 冶金技术水平与冶炼时的温度有很大关系。中国至迟在明代已发明炼焦法，并且改进了鼓风设备，这就

---

① 袁行霈等主编：《中华文明史》第 1 卷，北京大学出版社 2006 年版，第 229—230 页。

增加了冶炼时的温度，炉子也可以建得更高大，使冶金生产的产量和质量都有很大提高。欧洲在 1713 年英国人达比才知道炼焦，比中国晚约一个世纪。中国在明代已经使用活塞式木风箱，它利用活塞的推动，自动开闭活门，连续供给较大的风压和风量，提高了冶炼强度，同时也扩大了炉的容积，增加了产量。这比欧洲 18 世纪后期才使用的活塞式鼓风器，至少要早一百多年。①

中国封建社会在水利工程建设方面，也远远走在世界各国的前面。春秋时期，各诸侯国的水利工程建设已经有了一定的规模。如春秋末年吴国曾在长江、淮河间开凿运河，称为"邗沟"，邗沟的开凿便利了交通和农业灌溉。相传春秋楚庄王时令尹孙叔敖曾在今安徽寿县城南 60 里处建造了一座大型陂塘蓄水工程——芍陂。芍陂利用丘陵起伏的自然地形，建造蓄水长堤，集防洪、灌溉功能于一身，与当今水库功能相似。战国时期，最著名的水利工程要数"都江堰"。岷江沿途高山深谷，水流湍急，每年夏秋水量骤增，成都平原因此经常水患成灾。秦昭襄王时蜀守李冰总结了以往的治水经验，因势利导，兴建变水害为水利的都江堰水利工程。在都江堰市以西的岷江中开凿与玉垒山相连的离江堆，在离江堆上游修筑了分水坝，把岷江分为郫江（内江）和检江（外江）两支，并筑水门调节两江水量。从而把岷江水分散，既可免除泛滥的水灾，又便利了航运和灌溉。都江堰水利工程的修建，不仅解决了岷江水患问题，并且修建了 120 个渠堰灌溉，受益农田一百多万亩。这项伟大的水利工程历经两千多年不衰，至今仍发挥着作用。②跨江河溪谷的桥梁的建造，在我国有着悠久的历史，其中最著名的是河北赵州的安济桥，俗称赵州桥，隋代工匠李春设计，建于隋开皇中期（591—599 年），跨越在河北赵州沱河之上，是现存

---

① 杜石然等编著：《中国科学技术史稿》上册，科学出版社 1982 年版，第 314—315 页。
② 袁行霈等主编：《中华文明史》第 1 卷，北京大学出版社 2006 年版，第 234—236 页。

最早的大型石拱桥之一，它以首创的敞肩拱结构形式、精美的建筑艺术与施工技巧等项杰出成就，在中外桥梁史上赢得了举世瞩目的地位。赵州桥距今一千三百多年，两边桥基下沉水平差仅5厘米，并经历数百次洪水和多次严重地震等自然灾害的考验，仍然横跨洨河，雄姿不减当年。[①]隋朝开凿的大运河，工程浩大，动用数百万民工，全长四千多里，沟通了海河、黄河、淮河、长江和钱塘江五大水系，是世界水利史上的伟大工程之一。从现代的眼光看，这样巨大的工程，又穿越复杂的地理环境，从设计、施工到管理，要涉及测量、计算、机械、流体力学等多方面的科学技术知识，要解决一系列科学技术上的难关。这项工程的完成，反映了我国古代劳动人民的聪明才智和创造精神。大运河曾是我国南北交通的大动脉，对于加强南北的联系和经验交流，促进祖国的统一和经济发展，都发挥了积极的作用。

由于冶铁技术的发展和水利工程建设，在中国封建社会早期，铁器广泛应用于农业和手工业生产，铁犁的使用使牛耕趋于普遍，铁铣的发明开垦了更多的荒地，加上人工灌溉的扩大，施肥技术的改进，一年两熟制的推广，农业的生产能力大大提高。

中国封建社会还有很多科学技术的发明和发现名列世界第一。以圆周率为例，在古代埃及和巴比伦，圆的周长与直径的比值分别为3.1064和3.125，但各古代文明的做法是将这个比值取作3。我们现在得到的这个比值是3.145926536。我国追求较为精确的圆周率数值的最初迹象出现在公元1世纪头十年里，刘歆为王莽制造标准量器的时候。他使用3.154这个值，但是没有关于他如何达到这个结果的记载。大约在公元130年，张衡得到一个3.1622的值；公元3世纪，王蕃重算后得到3.1555的值，但是远在北方魏国的刘徽，通过一个内接圆的192边形，并且计算这个多边形的周长，得到3.14的值。刘徽还得到

---

① 杜石然等编著：《中国科学技术史稿》上册，科学出版社1982年版，第314—315页。

了两个更精确的值。他用一个 3072 边形，得到了他最好的圆周率数值 3.14159。然后在公元 5 世纪，祖冲之和他的儿子祖暅的计算又出现了飞跃，从而使他们领先了世界一千年。他们的最后数值给出一个"盈数"3.1415927 和一个"朒数"3.1415926。这两位数学家的原始著作已经散失不见，但是在公元 1300 年左右，赵友钦回到这个问题上，他把内接正多边形增加到 16384 边，证实了祖冲之父子的数值是非常精密的。直到 1600 年，欧洲的阿德里亚人安尼宗才得到一个仅与祖冲之父子的早期值 3.1415929203 相等的数值。[①] 至于指南针、造纸、火药和活字印刷，被誉为中国的四大发明，这已是尽人皆知的。毛泽东指出："在很早的时候，中国就有了指南针的发明。还在一千八百年前，已经发明了造纸法。在一千三百年前，已经发明了刻板印刷。在八百年前，更发明了活字印刷。火药的应用，也在欧洲人之前。"[②] 中国的四大发明传入西方，对欧洲社会产生了划时代的影响，成了"资产阶级发展的必要前提"。马克思指出："火药把骑士阶层炸得粉碎，指南针打开了世界市场并建立了殖民地，而印刷术则变成新教的工具，总的来说变成科学复兴的手段，变成对精神发展创造必要前提的最强大的杠杆"，而这一切，都"预兆资产阶级社会到来"[③]。

3. 中国封建社会的生产关系最成熟、最完善

由于生产力和科学技术的发展水平都比较高，中国封建社会的生产关系也高于西方封建社会的生产关系。与西欧的庄园领主制居于主导地位判然有别，在中国，地主土地所有制自秦汉以来始终处于支配地位。在这种土地制度下，土地允许自由买卖，地主占有土地多寡主要取决于经济实力，而不取决于政治上的等级特权；一家一户构成一

---

① 李约瑟著，柯林·罗南改编：《中华科学文明史》上册，上海交通大学科学史系译，上海人民出版社 2010 年第 2 版，第 265—266 页。
② 《毛泽东选集》第 2 卷，人民出版社 1991 年版，第 617 页。
③ 《马克思恩格斯全集》第 47 卷，人民出版社 1979 年版，第 427 页。

个生产单位，从事农业和家庭手工业密切结合的个体小生产，更能调动生产者的积极性。

在封建社会，封建主阶级剥削农民的主要形式是封建地租。封建地租的规律是封建社会的基本经济规律，封建地租的形态在某种意义上标志着生产关系的成熟程度。封建地租有三种基本形式，即劳动地租、产品地租和货币地租。这三种地租形式的依次更替，反映了封建社会生产关系成熟程度不同的各个阶段。

劳动地租是封建地租"最简单的和最原始的地租形式"①，在封建社会初期占主要地位。在这种地租形式下，农民有一部分时间在自己的份地上劳动，劳动产品归自己；有另一部分时间为领主进行无偿劳动，劳动产品全部归封建领主。在这里，必要劳动和剩余劳动在时间和空间上都是截然分开的。农民在自己的份地上劳动时，劳动积极性和劳动效率比较高；而在领主的自营地上劳动时，劳动积极性和劳动效率比较低。封建领主往往用棍棒强迫农奴去劳动。

随着生产力的发展，劳动地租逐渐变为产品地租。在产品地租形式下，地主把耕地出租给农民，而农民则定期向地主缴纳一定数量的产品，如粮食、家禽和其他农副产品等。在这种地租形式下，农民的必要劳动和剩余劳动已经融合在一起，他们在每一时间和空间上所付出的劳动，既包括为自己的必要劳动，也包括对封建地主的剩余劳动。农民的全部劳动都与自己的切身利益发生了联系，因而地主便无须再用野蛮的手段监督农民的劳动了。马克思指出："产品地租的前提是直接生产者已经处于较高的文明状态，从而他的劳动以及整个社会已处于较高的发展阶段。""驱使直接生产者的，已经是各种关系的力量，而不是直接的强制，是法律的规定，而不是鞭子，他已经不得不自己

---

① 《马克思恩格斯文集》第 7 卷，人民出版社 2009 年版，第 895 页。

负责来进行这种剩余劳动了。"① 在产品地租形式下，农民有了一定的支配自己劳动时间的自主权。当他们经营得比较好的时候，有一定量超过既定地租额的剩余产品可以归自己所有。所以这种地租形式有利于调动农民的劳动积极性，促进生产力的发展。由劳动地租过渡到产品地租，是封建生产关系的一个进步。

产品地租和劳动地租都是在自然经济占统治地位的条件下的封建地租形式。到了封建社会后期，随着商品经济的发展和自然经济的逐渐解体，产品地租逐渐转变为货币地租。在货币地租形式下，农民必须出卖一部分产品以换取货币，然后以货币去缴纳地租。货币地租促进了商品经济的发展，加速了资本主义生产关系的产生。马克思指出：在货币地租形式下，"整个生产方式的性质就或多或少发生了变化。生产方式失去了它的独立性，失去了超然于社会联系之外的性质。现在由或多或少的货币支出所构成的生产费用所占的比率有了决定性的意义；无论如何，总产品中超过一方面必须重新用做再生产资料，另一方面必须用做直接生存资料的部分而要转化为货币的那部分余额，现在有了决定的意义"。货币地租是"地租的最后形式，同时又是它的解体形式"。"货币地租在其进一步发展中——撇开一切中间形式，例如撇开小农租佃者的形式不说——必然或者使土地变为自由的农民财产，或者导致资本主义生产方式的形式，导致资本主义租地农场主所支付的地租。"②

在西欧的封建社会中，劳动地租存在的时间比较长，法国在公元八九世纪以前，劳动地租一直占统治地位，在 10 至 11 世纪以后，产品地租才占统治地位，而且劳动地租仍然占相当比重。在中国的封建社会中，劳动地租存在的时间比较短，而产品地租存在的时间则相当

---

① 《马克思恩格斯文集》第 7 卷，人民出版社 2009 年版，第 898 页。

② 《马克思恩格斯文集》第 7 卷，人民出版社 2009 年版，第 900—901、901、902 页。

长，自商鞅变法废除公田以后，产品地租一直占统治地位。而产品地租和劳动地租相比，表明其生产者已经有较高的文明形态，他的劳动和整个社会也都处于较高的发展阶段。由此可见，从中国封建社会和欧洲封建社会的不同地租形态，也可以看出中国封建生产关系更成熟、更发达。当然，不可否认，由于产品地租长期占统治地位，使自然经济更加稳固，货币地租难以形成和发展，阻碍了中国资本主义生产关系的产生和发展，因而中国在封建社会后期，成为世界历史发展中的落伍者。

4. 中国封建社会的生产力和生产关系较西方发达，中国封建的政治制度也较西方发达

中世纪的西欧长时期内处于封建割据的分裂状态，封建领主在其领地内可以独立地行使司法权、行政权、军事权，严重地阻碍了经济文化的发展，只是到封建社会后期才趋于统一，建立了民族国家。中国自秦灭六国，废除分封制、建立郡县制以来，虽然也曾多次出现分裂的局面，但在多数时间里是统一的中央集权的君主专制制度占统治地位。全国有统一的文字、统一的货币、统一的度量衡、统一的税制、统一的车轨等，对于封建经济文化的发展起了推动作用。中央集权的政府，通过各级官吏，严格控制全国的土地户口，通过保甲制、宗族制等基层组织，有效地维护了封建统治；通过封建思想、宗法思想的宣传，形成了意识形态方面的统一，也有利于封建制度的巩固和发展。同时，这种中央集权的君主专制制度和封建传统思想，在封建社会后期，抑制了商品经济的产生和发展，使中国的资本主义产生得较晚，发展得较慢，这是中国封建社会延续时间较长的重要原因之一。

5. 中国封建社会的思想文化也达到了很高的发展水平

在春秋战国时期，中国的学术思想空前活跃，思想文化异彩纷呈，群星璀璨，人才济济，史称"百家争鸣"时期。出现了孔子、孟子、荀子、韩非子等一大批伟大的文化思想家，史称"诸子百家"，他

们为后代留下了许多优秀的文化遗产。汉武帝采用董仲舒的意见，"罢黜百家，独尊儒术"，但也并不是禁止其他各家之说。汉朝政府提倡儒学，公元前124年设立博士弟子员，一般认为是中央的教育机关的开始，称为太学。博士弟子员有太学生之称，数目日益增多，最多时达到三万人。地方上的学校也日渐设立，而私家讲学的更在各郡县都有，许多著名的经师动辄有弟子数百人，上千人。知识分子的数目日多，在社会上的影响也日益扩大，极大地推动了思想文化的发展。[①]《诗经》《书经》《楚辞》《史记》这些传世经典，在中国和世界文化史上，有其无可比拟的地位。中国的唐诗、宋词、元曲、明清的小说，都在世界文化史上占有重要地位。《三国演义》《水浒传》《西游记》《红楼梦》四大古典名著，更是为国人所喜爱，被今人改编电影、电视剧、动画片，充实了人们的精神生活。

6. 中国封建社会的阶级关系体系与西方相比，也具有典型性

中国较为发达的封建经济、封建政治和封建文化，是地主阶级通过对农民的经济剥削和政治压迫造成的。中国封建社会的阶级关系、阶级矛盾和阶级斗争都比西方更典型。地主阶级对农民的残酷剥削和压迫，迫使农民多次举行起义，以反抗地主阶级的统治。中国封建社会农民起义的次数之多，规模之大，范围之广，为世界历史所少见。正是这种农民革命和农民战争，推动了中国封建社会的发展。正如毛泽东在《中国革命和中国共产党》中所说："从秦朝的陈胜、吴广、项羽、刘邦起，中经汉朝的新市、平林、赤眉、铜马和黄巾，隋朝的李密、窦建德，唐朝的王仙芝、黄巢，宋朝的宋江、方腊，元朝的朱元璋，明朝的李自成，直至清朝的太平天国，总计大小数百次的起义，都是农民的反抗运动，都是农民的革命战争。中国历史上的农民起义和农民战争的规模之大，是世界历史上所仅见的。在中国封建社会里，

---

① 马克垚主编：《世界文明史》上卷，北京大学出版社2004年版，第204页。

只有这种农民的阶级斗争、农民的起义和农民的战争，才是历史发展的真正动力。因为每一次较大的农民起义和农民战争的结果，都打击了当时的封建统治，因而也就多少推动了社会生产力的发展。"[1] 同时也应该看到，中国封建社会的农民起义和农民战争，由于受到农民阶级的阶级局限性的制约，成为中国封建社会兴衰交替、改朝换代的调解器，不仅不能从根本上动摇和推翻封建制度，反而使封建制度得以延续，成为中国封建社会存在的时间较西方封建制度存在的时间长的一个重要原因。

7. 中国封建社会的艺术具有很高的发展水平

中国封建社会的艺术发展达到了很高的水平，例如，中国的雕塑艺术与佛教有密切关系。佛教传入中国后，其在印度开凿石窟、雕造佛像的习惯亦随之而来，新疆、甘肃、山西、河南、四川、山东等地先后开凿石窟，营造佛像，历经魏、晋、隋、唐、宋诸朝代，留下了大量的宝贵艺术作品。这种石窟可以分为两类，在石质坚硬的地区，主要艺术作品是石雕，如云冈、龙门石窟；在石质比较松脆的地区，主要的艺术作品是壁画和泥塑，如敦煌千佛洞、麦积山石窟寺等。其中尤以敦煌、云冈、龙门最为著名，是中华文化的瑰宝。[2]

（三）对梅洛蒂错误观点的剖析

有些学者，包括中国的和外国的，不仅不承认中国的封建社会是世界历史上封建社会发展的典型，发展的程度最高，反而否认中国经历了封建社会这一发展阶段，认为中国是"亚细亚生产方式"的典型，说什么中国自原始公社解体到沦为西方资本主义国家的半殖民地，一直是"亚细亚生产方式"居于统治地位。例如，意大利米兰艺术学院

---

① 《毛泽东选集》第 2 卷，人民出版社 1991 年版，第 625 页。

② 马克垚主编：《世界文明史》上卷，北京大学出版社 2004 年版，第 335 页。

教授翁贝托·梅洛蒂在《马克思与第三世界》一书中就持这种观点。他认为"亚细亚生产方式"或"亚细亚社会"有三个基本特征:"第一,没有土地私有制;即使退一万步,至少,土地是属于国家所有。第二,亚细亚社会的基础是村社,每一个村社通过农业和家庭手工业的紧密结合而达到自给自足。第三,中央集权起着支配作用。"[①]这种看法不符合中国的历史事实。

其一,上述三个特点,在中国封建社会历史发展的任何一个阶段都不同时具备,只是在西周时期,以上几个特点才较为明显,但也不是各个特点都表现得很充分、很鲜明。说中国自原始公社解体到鸦片战争外国帝国主义入侵以前,一直同时具备这三个特点,纯属歪曲和捏造。我们知道,在公元前11世纪中叶,西周灭商以后,周天子以"授民授疆土"的方式,按照宗法制度和等级制度,把土地和人民分给他们的子弟、贵戚、功臣。这些受封者称为诸侯。诸侯分为公、侯、伯、子、男等爵位。这些受封的诸侯又以同样的方式将受封的土地和人民分给自己的子弟和臣属。这样层层分封,构成了一个宝塔式的等级制度。土地所有权属于代表国家的周天子,各级贵族对土地有占有权和支配权,农民对分得的份地仅仅有使用权。正如《国语·晋语》所说:"公食贡,大夫食邑,士食田,庶人食力。"

最早谈论西周土地制度的是孟子。《孟子·滕文公篇》具体描述了西周土地制度的情况:"乡井同田,出入相友,守望相助,疾病相扶持,则百姓亲睦。方里而井,井九百亩,其中为公田,八家皆私百亩,同养公用;公事毕,然后敢治私田。"这就是说,西周社会组织的基层单位是农村公社。在一个农村公社内部,首领占有和支配全部农田,把大部分农田分成小块,分别分给各个农户耕种,即所谓"八家皆私百

[①] 翁贝托·梅洛蒂:《马克思与第三世界》,高铦、徐壮飞、涂光楠译,商务印书馆1981年版,第63页。

亩"的"私田",相当于西欧和俄国农村公社的"份地"。"私田"定期重新分配,根据农田的肥沃程度,每隔一年、二年或三年重分一次。剩下的那一部分土地由农村公社首领自己经营,称为"公田",相当于西欧的"公地",役使农民为其耕种,即所谓的"同养公田"。农民必须种好"公田",才能去种"私田",即所谓"公事毕,然后敢治私田"。这反映了当时的剥削方式是劳役地租,社会结构是首领和农民之间的阶级对立关系。孟子极力美化、颂扬这种土地制度,反映了他的政治立场是比较保守的。

西周后期,特别是到春秋时期,由于农业生产力的发展,土地所有制发生了变化。这种变化是沿着两条线进行的。一条线是土地所有权沿着各级贵族逐渐下降。由于贵族权力日益加大,周天子形同虚设。诸侯、卿、大夫、士各级贵族逐渐把周天子封给他的土地作为自己的私有财产,这些人就变成了贵族地主。另一条线是"私田"私有性质的加强,广大自耕农失去土地,形成地主和农民之间尖锐的阶级对立。

从战国时期到秦始皇统一六国,是中国土地私有制在全国范围内形成和确立的时期。秦国商鞅的变法是一场土地制度的改革,它肯定了土地私有制的合法性质,促进了土地私有制的发展。由于土地私有制的发展,土地兼并日益严重,贫富差别越来越大。司马迁说:"天下争于战国,贵诈力而贱仁义,先富有而后推让,故庶人之富者或累巨万,而贫贱者或不厌糟糠。"董仲舒说:"(秦)用商鞅变法,改帝国之制,除井田,民得买卖,富者田连阡陌,贫者亡立锥之地。"秦始皇统一中国以后,仅被迁徙到咸阳一带的富豪竟有十二万户之多,可见土地兼并、贫富差别之严重。自此,土地私有制在统一的国家中获得了合法地位,这是地主土地私有制确立的标志。[1]

自秦汉以后中国存在三种土地所有制形式:一是封建地主土地所

---

[1] 张传玺:《汉以前封建土地所有制的发生和确立》,《北京大学学报》1961年第2期。

有制；二是封建国家土地所有制；三是自耕农的小土地所有制。在这三种土地所有制形式当中，地主土地所有制占据支配地位，这是中国史学界大多数人都同意的，是符合中国历史实际的看法。由此可见，说中国自原始公社解体以后至鸦片战争以前，一直是土地公有制，没有土地私有制，是违背中国历史事实的。

主张中国没有土地私有制的观点的理论根源之一，是没有把土地所有制看成是客观存在的经济事实，属于生产关系范畴，而是仅仅把它看成国家主权范畴和法律范畴。确实，封建国家对土地一直有支配控制权。另外，国家法律对于贵族地主占有的庄田，也没有承认其所有权，但这是法权，不是事实上存在的土地所有制。事实上，贵族地主对于田庄的土地，不仅具有占有权和支配权，而且具有所有权，他们可以出卖田庄的土地。

有些人引证《诗经·小雅·北山篇》中说的"普天之下，莫非王土，率土之滨，莫非王臣"这句话，作为中国一直不存在土地私有制的论据。这是不能成立的。因为：第一，这句话反映的是西周的情况，不应把它无限推延到鸦片战争以前的中国整个封建社会；第二，这里讲的是国家领土主权问题，而不是土地所有制问题。国家领土和国有土地是不同的。国有土地是指属于国家所有的耕地。国家领土则是历史上形成的，属于国家主权范围内的全部领域。任何国家都要对其领土行使主权，包括向领土上的居民征收捐税。由于古人把皇帝看成是国家的体现者，所谓"朕即国家"，所以把国家领土看成皇帝的土地，把土地上的居民看成皇帝的臣民。上述那句话讲的正是国家的领土主权问题。领土主权属于国家，耕地却既可能属于国家所有，也可能属于私人所有。不能因为国家对领土行使主权时对土地进行干预，就认为这是土地国有制。

其二，认为村社一直是亚细亚社会的基础也是不符合实际的。确实，在中国和欧洲的封建社会中，都在不同程度上存在过农村公社制度。这种村社制度有两个显著特征，一是土地所有制具有公有和私有二重性；二是公社内部坚持自由平等的原则。农村公社在封建社会中的作用也具有二重性，它既是封建社会的基层组织，是封建统治者奴役人民的基础，又是农民和其他被压迫者反封建斗争的手段。中国的农村公社存在的时间比较短，解体得比较早，史学界有人认为，中国在西周和春秋时代还保留着农村公社，但进入封建社会时，农村公社已经基本解体。开始解体的时间可能是公元前7至公元前4世纪，而商鞅变法废井田、开阡陌、土地得以买卖等变革，则标志着中国农村公社的进一步解体，到秦汉以后，农村公社的传统已经成为支离破碎的断片，若隐若现地出现在社会生活的某些方面。而在欧洲，特别是在日耳曼人和斯拉夫人中间，农村公社保持得相当长久，马尔克公社是整个中世纪社会组织的基础。[①]

其三，梅洛蒂关于中国是亚细亚社会的典型的一个重要论据，是说中国封建社会是中央集权的君主专制制度，这是不能成立的。因为，中国中央集权的君主专制制度，作为一种政体，和"亚细亚生产方式"（梅洛蒂主要是指村社制度和土地公有制）并没有内在的、必然的联系。它既可以建立在奴隶制的生产方式上，也可以建立在封建制的生产方式上，既存在于亚洲，也存在于欧洲。欧洲的封建社会虽然长期处于封建割据局面，但在后期，例如在法国，也逐渐形成了中央集权的君主专制制度。中国封建社会中央集权的君主专制制度的基础，根本不是村社制度和土地公有制。前面已经讲过，中国封建社会的政治制度史表明，建立在地主土地私有制和小农生产基础上的中央集权的专制制度的国家政权，要比建立在村社制度和土地公有制基础上的专制主义的国家机器更加巩固、更加强大有力。

---

① 参见朱寰主编：《亚欧封建经济形态比较研究》，东北师范大学出版社1996年版，第238—273页。

　　不仅中国如此，欧洲也是如此。马克思在《路易·波拿巴的雾月十八日》一文中曾经讲到，法国在封建制度崩溃时期产生了中央集权的君主专制制度，并且认为这种君主专制制度的基础是小农。他说："这个行政权有庞大的官僚机构和军事机构，有复杂而巧妙的国家机器，有 50 万人的官吏大军和 50 万人的军队。这个俨如密网一般缠住法国社会全身并阻塞其一切毛孔的可怕的寄生机体，是在专制君主时代，在封建制度崩溃时期产生的，同时这个寄生机体又加速了封建制度的崩溃。"马克思接着说："第一次法国革命的任务是破坏一切地方的、区域的、城市的和各省的特殊权力以造成全国的公民的统一，它必须把专制君主制已经开始的事情——中央集权加以发展，但是它同时也就扩大了政府权力的容量、属性和走卒数目。拿破仑完成了这个国家机器。"此后经历正统王朝、七月王朝、议会制共和国，到 1851 年 12 月 2 日，路易·波拿巴政变，又建立了中央集权的法兰西第二帝国，而这第二帝国的"国家并不是悬在空中的。波拿巴代表一个阶级，而且是代表法国社会中人数最多的一个阶级——**小农**"。"正如波旁王朝是大地产的王朝，奥尔良王朝是金钱的王朝一样，波拿巴王朝是农民的王朝，即法国人民群众的王朝。被农民选中的不是服从资产阶级议会的那个波拿巴，而是驱散了资产阶级议会的那个波拿巴。"①

　　时隔 20 年，马克思在总结巴黎公社经验教训的《法兰西内战》中又说："中央集权的国家政权连同其遍布各地的机关，即常备军、警察、官僚机构、教会和法院——这些机关是按照系统的和等级的分工原则建立的——起源于君主专制时代，当时它充当了新兴资产阶级社会反对封建制度的有力武器。但是，领主权利、地方的特权、城市和行会的垄断以及地方的法规等这一切中世纪的垃圾还阻碍着它的发展。18 世纪法国革命的大扫帚，把所有这些过去时代的残余都扫除干净，这

---

　　① 《马克思恩格斯文集》第 2 卷，人民出版社 2009 年版，第 564、566 页。

样就从社会基地上清除了那些妨碍建立现代国家大厦这个上层建筑的最后障碍。现代国家大厦是在第一帝国时期建立起来的,而第一帝国本身又是从半封建的旧欧洲反对现代法国的几次同盟战争中产生的。"此后,经过正统王朝、七月王朝、议会制共和国,直到第二帝国建立,"事实上,帝国是在资产阶级已经丧失统治国家的能力而工人阶级又尚未获得这种能力时唯一可能的统治形式。全世界都欢迎这个帝国,认为它是社会救主。在它的统治下,资产阶级社会免除了各种政治牵挂,得到了甚至自己也梦想不到的高度发展。""帝国制度是国家政权的最低贱的形式,同时也是最后的形式。它是新兴资产阶级社会当做自己争取摆脱封建制度的解放手段而开始缔造的;而成熟了的资产阶级社会最后却把它变成了资本奴役劳动的工具。"①

从马克思的这两段论述可以看出:(1)法国中央集权的君主专制国家产生于封建制度崩溃时代,完成于法兰西帝国,它当时充当了新兴资产阶级反对封建制度的有力武器。(2)在资产阶级统治建立起来以后,特别是在法兰西第二帝国时期,中央集权的君主专制的国家又成了资产阶级压迫无产阶级的工具。(3)法国中央集权的君主专制制度这种上层建筑,不是悬在空中的,它有自己的社会基础。这个社会基础不是别的,正是人数众多的小农。

通过以上对亚洲和欧洲的比较可以看出,中央集权的君主专制制度不是中国特有的,也不是亚洲特有的。在法国封建制度崩溃时代,曾经产生了中央集权的君主专制制度,它不仅充当了资产阶级反对封建制度的有力武器,而且充当了资产阶级奴役无产阶级的工具。这充分说明,中央集权的君主专制制度与村社制度和土地公有制没有内在的、必然的联系,法国在中央集权的君主专制制度产生、发展和巩固的时代,并不存在农村公社,至少是农村公社进一步消除的时期。

---

① 《马克思恩格斯文集》第3卷,人民出版社2009年版,第151—152、153、154页。

其四，梅洛蒂否认中国历史上存在奴隶主和奴隶、封建地主和农民之间的对立。他认为，在中国这样的典型的亚细亚社会中，真正的剥削阶级是"官僚集体"，并诬蔑中国现代的社会主义制度是建立在"亚细亚生产方式"基础上的"官僚主义集体制"社会，中国的人民民主专政的国家制度是"官僚主义集体制"国家。这是完全违背马克思主义国家观和中国历史事实的。马克思主义的国家观认为，国家是阶级矛盾不可调和的产物和表现，是一个阶级压迫另一个阶级的机关。掌握国家政权的各级官吏，从最高行政机关到每一个基层单位，都是统治阶级的政治代表，他们不是、也不可能构成一个独立的阶级。在中国的奴隶社会中，基本的阶级是奴隶主和奴隶两大对抗阶级。奴隶主阶级为了维护其经济利益，镇压奴隶的反抗，建立了奴隶主阶级的国家，掌握这个国家政权的各级官吏，不论其出身如何，都是奴隶主阶级的政治代表。春秋战国时期以后，中国的新兴地主阶级推翻了没落奴隶主阶级的统治，建立了封建地主阶级的国家政权。从秦汉到明清，随着中央集权的君主专制制度的国家政权的不断加强，官吏的队伍也不断扩大。但历代封建王朝的各级官吏，无论其出身如何，按其阶级本质而言，都是封建地主阶级的政治代表，他们不是也不可能构成一个独立的阶级。中央集权的专制主义的国家政权，有时也会对地主阶级中的某一部分实行某种程度的限制和打击，如有时为了保护大地主的利益而限制和打击中小地主，有时为了使中小地主免于破产而限制和打击大地主，但这是为了维护整个地主阶级的根本利益，而不是说各级官吏变成了独立于地主阶级之外的另一个阶级。梅洛蒂为了歪曲中国古代社会的阶级关系，还歪曲中国封建社会的剥削方式，认为中国一直是租税合一，否认中国在赋税以外还存在地租剥削。这根本不符合中国的历史事实。前面已经讲过，中国自秦汉以后存在三种土地所有制形式，即地主土地所有制、国家土地所有制和自耕农的小土地所有制。只是以屯田、占田等形式存在的国家土地所有制才是租税合一的。地主土地所有制就是农民向地主缴纳地租，地主向国家缴纳赋税。至于自己占有土地的自耕农，则是要向国家缴纳赋税的。

学术界有些人之所以否认中国的封建社会是封建社会的典型，是因为他们以西欧的封建制为模式，以整个社会的农奴化、土地庄园化和政治多元化为封建社会的基本标志。因为中国没有完成这"三化"，就认为中国始终没有成为封建社会。这是西欧中心论在中国古代历史发展问题上的突出表现。

我认为，以上述"三化"作为封建社会的基本标志是不科学的。因为不仅对于东方国家的封建社会来说，这"三化"并非封建制的基本标志，即使被这些人奉为封建制度模式的西欧封建制，事实上也并没有完全实现这"三化"。

首先，考察一下社会农奴化和土地庄园化。中外史学界近年来的研究都表明，在西欧封建化完成之后，仍然存在大量的占有土地却不受庄园节制的独立农民。这些独立农民，不断被大庄园主兼并，丧失土地和人身自由，但又不断产生出来，始终保持一定的数量。法国史学家德比研究的马康伯爵领地，是卢瓦尔以北典型的封建化地区。在17世纪下半期，克昌尼附近的一个小村瓦兰吉，仍有47户独立农民，其中有的人还积极努力扩大自己的自由地。有一对夫妇用28个苏，买了11块零散的土地，合计才11亩。因为人们所掌握的当时土地占有情况的资料主要是庄园记录，而这种记录并不记载和它无关的农民，所以一度以为独立农民在西欧封建化后十分稀少。至于说西欧封建化完成之后都以庄园组织经营土地，则更是不可能的。很多庄园实际上只是村落的一部分，其他部分则是不受其节制、拥有小块土地的自由农户。这种农户虽然也受封建剥削，一方面要向教会缴纳什一税，另一方面受窃取公权的封建主用禁用权的名义剥削。但是，他们对自己的土地拥有自由权，与农奴有极大区别。据史学家拉图什考证，法兰克王国面积150万平方公里，教俗贵族地产不过几百万公顷，只占一小部分，其他为森林、荒地，以及独立农民的份地，庄园并不很多。[1]

其次，我们考察一下政治多元化问题。政治多元化或政治上的分裂，是西欧特殊历史条件下的产物，只在一定历史条件下存在，而不是在西欧封建社会中一直存在。西欧政治多元化的情况在封建社会早期最为严重。日耳曼人征服罗马帝国以后，在公元5世纪至6世纪前夜，在西欧建立了好几个日耳曼人的封建国家。可见，这种政治上的多元现象，是从一开始就存在的，并非以后由"封建化""化"出来的，根本不能作为"封建化"的标志。从公元12世纪中叶开始，西欧出现了封建王权加强的趋势。法国在腓力二世统治期间（1180—1223年），王室扩张了很多领地。路易九世统治期间（1226—1276年），通过司法、货币和军事改革，强化了王权。在腓力四世统治期间（1285—1314年），王室领地包括了法国大部分国土。法国在1302年召开的第一次三级会议，说明了封建领主制已从过去的分裂状态，通过王权的加强，向中央集权的等级君主制（中央集权的君主专制制度的一个阶段）发展。英国也存在着由分裂走向统一的趋势。英国在封建社会初期的公元7世纪至9世纪，分裂为7个小国，后来在同入侵英国东北的诺曼人的斗争中，7国逐渐统一。亨利二世时期（1133—1189年），王室与大封建主展开斗争，剥夺了大封建主的政治权力，拆除了内战中建立起来的三百多座城堡，并通过司法改革和军事改革，大大加强了王权。这些事实表明，随着封建制度的发展，西欧封建社会是由政治上的分裂走向政治上统一和封建王权的加强，而不是"政治多元化"。[2]确实，就中国的封建社会同西欧的封建社会相比，中国政治上统一的时间居多，中央集权的君主专制制度建立得较早，力量也强大得多；西欧政治上分列的时间居多，中央集权的君主专制制度的建立

---

[1] 参见马克垚：《应该如何理解欧洲"封建化问题"》，《历史研究》1982年第4期。

[2] 参见刘修明：《中国封建社会的典型与长期延续的原因》，《历史研究》1981第6期。

远远晚于中国,力量也不如中国的强大。但是,政治上的统一或分裂,不是区分是否封建制度的标志。在中国封建社会的历史长河中,也曾几度出现全国性的大分裂局面,如三国鼎立、五代十国、五胡十六国等。难道能够说中国在政治上出现分裂局面时才是封建社会,而结束分裂走向统一时就不是封建社会了吗?

总之,把社会农奴化、土地国有化和政治多元化作为封建社会的基本标志是不科学的。如果以这"三化"为尺度,就不仅中国始终没有完成封建化,就是西欧也始终没有完成封建化,这不就把封建社会从历史上一笔勾销了吗?

三、日耳曼人从原始社会向封建社会的直接过渡

在关于"亚细亚生产方式"问题的讨论中,学术界有人以日耳曼人在原始公社解体以后,未曾经过独立的奴隶制社会形态,就直接过渡到封建制社会形态的事实为依据,否定五种社会形态依次更替的理论。这些人认为,原始社会解体以后,既可能进入奴隶社会,也可能进入封建社会,从而把奴隶社会和封建社会说说成是处于同一发展阶段的空间上并列的社会形态,否认原始社会、奴隶社会、封建社会是历史上依次出现的几种不同性质的社会形态,否认奴隶社会取代原始社会、封建社会取代奴隶社会是社会发展的一般规律。这种观点是不正确的。

第一,在日耳曼人原始社会解体阶段,出现的第一个剥削形式也是奴隶制,第一次阶级分裂也是奴隶主和奴隶的区分。日耳曼人的奴隶的主要来源是战争中的俘虏,特别是战争中掳掠的妇女和儿童。公元前1世纪末,日耳曼人已经存在奴隶。以后通过征服战争,又掠获大批战俘奴隶。法兰克王国于5世纪末立国后,奴隶数量大大增加,战争中掠获的战俘奴隶和西罗马帝国残存的奴隶加在一起,比罗马帝

国晚期的奴隶数目还要多些。日耳曼人的奴隶制与罗马的奴隶制相比，就其残酷性方面来说，没有本质区别。日耳曼的奴隶主，同样把奴隶看作自己的私有财产，可以任意买卖、赠送和屠杀。早在塔西佗时代，日耳曼人就往往杀死奴隶，并不是为了整肃严格的纪律，而只是由于一时的暴怒，就将奴隶杀死，就犹如杀死一个仇人似的；不过杀死奴隶不受处罚。法兰克王国的法律规定：拷打奴隶的鞭子，不得细于人的小手指。早期盎格鲁-撒克逊法典之一的《伊尼王法典》规定：在支付偿命金时，如果有必要，每一百先令可以交一名奴隶、一副锁子甲和一把剑代替。[①] 可见奴隶地位之低下。

既然在日耳曼人的原始公社解体阶段，已经产生了奴隶制，日耳曼人征服罗马帝国以后，在一个短短的时期内奴隶的数目又有增无减，那么为什么日耳曼人征服罗马帝国以后不是继续发展奴隶制，进入奴隶社会，反而进入了封建社会呢？我们认为，这是因为在当时的历史条件下，由于生产力的发展，整个世界上奴隶制已经衰弱，在罗马帝国内部已经孕育了新的封建制的生产关系，所以日耳曼人就不得不适应生产力发展的客观要求和整个世界历史的发展趋势，在罗马帝国的废墟上，发展和确立已经产生了的封建制生产关系，从而超越奴隶制社会形态，直接过渡到封建制社会形态。下面介绍罗马帝国末期封建制的孕育情况。

第二，欧洲中世纪的农奴制是由罗马帝国的隶农制发展而来的。隶农制早在罗马共和国末年即公元前 1 世纪就已经出现了。隶农原来是指自由佃耕者，后来隶农的组成和地位发生了重大变化。到公元 2 世纪下半叶，由于生产工具的改进和奴隶的不断反抗，以奴隶劳动为基础的大庄园越来越无利可图，适合生产力发展水平的小规模经营成

---

① 参见王正平：《论一些民族直接过渡到封建社会的原因和共同特点》，《历史研究》1981年第 2 期。

为对奴隶主更有利的耕作形式。当时许多大庄园主，即尔后的大地产主，往往将其所有的土地分成小块，租给原来的奴隶耕种。这种租种小块土地的奴隶就变成了隶农，这是隶农的主要来源。此外，隶农还来自日耳曼人的俘虏和移民。从公元2世纪末到3世纪起，罗马帝国的奴隶主就开始不再把战俘变为奴隶，而是变为隶农。日耳曼移民则常常被安置在人烟稀少或荒芜的地区。隶农的另一个来源是，由于赋税沉重，贫苦的自由农民难以自立，不得不寻求大地产主的庇护，沦为大地产主的隶农，有时甚至整个村庄的自由农民都庇护于大地产主。

一般说来，隶农从主人那里租种一块份地，向主人交纳地租，开始为货币地租，后来改为实物地租，并负担一定的劳役。隶农还要向国家缴纳国税，一般由主人代征，然后送交政府当局。隶农还承担服兵役的义务。按照罗马的法律规定，隶农是自由人，但由于负债和其他原因，实际上被束缚在主人的土地上，甚至可以连同土地一起被出卖或转让。隶农对生产工具的所有权的情况不尽相同，有的有一定限度的所有权，有的则没有所有权。隶农即使对自己的财产有所有权，在未征得主人的同意时，亦不得转让自己的财产。隶农遭受的剥削和压迫十分沉重，但与奴隶相比，还是有了明显的改善。隶农可以结婚，有了家室，有了微弱的独立经济，劳动的好坏还直接关系到自己的切身利益，因而生产积极性有所提高，有利于采取先进的生产工具和生产技术，推动了生产力的发展。总之，隶农的阶级地位和阶级属性已不同于奴隶，而近似于中世纪的农奴。[①]

关于隶农制产生的历史必然性、产生的过程及其阶级属性，恩格斯在《家庭、私有制和国家的起源》一书中，曾经作过概要的论述。他说："农业是整个古代世界的决定性的生产部门，现在它更是这样了。

---

① 参见程强、沈敏华：《试论西欧从奴隶社会向封建社会的过渡》，《历史研究》1981年第1期。

在意大利，从共和制衰亡的时候起就几乎遍布全境的面积巨大的大庄园（Latifundien），是用两种方法加以利用的：或者当做牧场，在那里居民就被牛羊所代替，因为看管牛羊只用少数奴隶就行了；或者当做田庄，使用大批奴隶经营大规模的园艺业——一部分为了满足主人的奢侈生活，一部分为了在城市市场上出售。大牧场保存了下来，甚至还扩大了；但田庄田产及其园艺业却随着主人的贫穷和城市的衰落而衰败了。以奴隶劳动为基础的大庄园经济，已经不再有利可图；而在当时它却是大规模的农业的唯一可能的形式。现在小规模经营又成了唯一有利的形式。田庄一个一个地分成了小块土地，分别租给缴纳一定款项的世袭佃农，或者租给分成制农民，这种分成制农民只能获得他们一年劳动生产品的六分之一，或者仅仅九分之一，他们与其说是佃农，毋宁说是田产看管人。但是这种小块土地主要是交给隶农，他们每年缴纳一定的款项，被束缚在土地上，并且可以跟那块土地一起出售；这种隶农虽不是奴隶，但也不是自由的，他们不能和自由民通婚，他们相互间的婚姻也不被看做完全有效的，而是像奴隶社会一样，只被看做简单的同居（contubernium）。他们是中世纪农奴的前辈。"[①]

以隶农为剥削对象的大地产主，或称为隶农主，由于改变了剥削方式，逐渐从原来的奴隶主阶级中分化出来，向封建主转化。或者说大地产主或大隶农主是正在形成中的封建主，是中世纪封建主的前辈。从发展趋势来看，大地产主或大隶农主虽然仍然使用奴隶劳动，但主要用于家役和手工业，以及种植葡萄、栽培花草等劳动，而不是用于耕种土地。奴隶劳动只是隶农制经济的补充，并不影响大地产主或大隶农主的阶级属性。这种保存部分奴隶劳动的现象，不仅在由奴隶制度向封建制度过渡的隶农制经济中存在，即使在封建制度确立以后，也并没有完全废除。例如，英国国王威廉于1086年编制的土地调查清

---

① 《马克思恩格斯文集》第4卷，人民出版社2009年版，第168—169页。

册中记载，当时英国的总人口中，奴隶人数尚约占9%。在人类历史上，某一个剥削阶级，在采用一种主要的剥削方式的同时，还兼而采用其他次要的、从属的剥削方式，以作为主要剥削方式的补充，是相当普遍地存在的，并不能因为大地产主或大隶农主仍然采用奴隶制的剥削方式作为隶农制剥削方式的补充，而把它看作奴隶主阶级。

综上所述，在隶农制之下，大地产主或大隶农主占有生产资料，不完全占有直接生产者隶农，土地的经营方式是大土地所有制与小农经济相结合，主要的剥削方式是大地产主或大隶农主以地租的形式无偿占有隶农的剩余劳动。这些特征，与封建制较为接近。因此，隶农制属于封建制因素。

隶农制的社会作用具有二重性。在罗马奴隶制危机不断加深，大规模驱使奴隶劳动不仅无利可图而且不再可能，而自由人又鄙视劳动的条件下，隶农成为当时农业生产的主要承担者，为罗马社会的生存和延续生产了必要的物质生活资料。从这方面来看，隶农制的出现减缓了罗马奴隶制危机给社会造成的恶果。但是，另一方面，由于隶农制的出现和不断发展，大地产主或大隶农奴主便自成一体，发展壮大起来，他们以经营农业为主，兼营手工业，生产的产品主要满足他们自己及其所拥有的隶农、奴隶的需要，一般不拿到市场上出售，形成了一个自给自足的自然经济体系。在政治上，大地产主或大隶农主控制了所属大地产上的行政、司法、税收等权力，并配备有私人军队和监狱，自行其是，根本无视罗马帝国当局，甚至拒绝罗马帝国的官吏进入自己的大地产。这种自成一体、自行其是、割据一方的大地产，与中世纪的封建领地的颇为相似，大大削弱了罗马帝国中央的权力，加速了罗马奴隶制的解体。隶农制是罗马由奴隶制向封建制过渡的内部因素，在这种过渡中起主要决定作用。而日耳曼人的入侵只是加速了的奴隶制的瓦解和封建制的确立。如果没有日耳曼人的征服，西罗马帝国也完全能够摆脱奴隶制危机的困境，经由隶农制逐渐过渡到封建社会形态。[①]

第三，公元 476 年，西罗马帝国灭亡，史学界一般以此作为西欧奴隶社会终结和封建社会开始的标志，那么，促使西欧奴隶社会灭亡、封建社会建立的动力是什么呢？我认为，这些动力可以分为内部动力和外部动力。

内部动力是指罗马帝国社会内部促使奴隶制灭亡、封建制成长的因素。主要有以下一些：

首先，新的生产力是促进罗马奴隶制灭亡、封建制建立的最深刻的物质基础。恩格斯在《家庭、私有制和国家的起源》一书中说："社会状况同样也是绝望的。从共和制的末期起，罗马统治的目的已经放在残酷剥削被征服的各行省上了；帝制不但没有消除这种剥削，反而把它变成了常规。帝国越是走向没落，捐税和赋役就越是增加，官吏就越是无耻地进行掠夺和勒索。商业和工业向来不是统治着各民族的罗马人的事业；只有在高利贷方面，他们做到了空前绝后。商业所得到所保持的东西，都在官吏的勒索下毁灭了；而残存下来的东西，仅在帝国东部的希腊部分才有，不过，这一部分不在我们研究范围之内。普遍的贫困化，商业、手工业和艺术的衰落，人口的减少，都市的衰败，农业退回到更低的水平——这就是罗马人的世界统治的最终结果。"[②] 对于恩格斯这段话，学术界有不同理解。有些人认为，恩格斯讲的是罗马帝国末期生产力绝对落后，甚至比整个奴隶社会生产力的一般发展水平还要落后，从而由此得出结论说，封建社会是建立在低于奴隶社会的生产力发展水平之上的，并以此否定奴隶社会和封建社会之间的先后嬗变关系。

这种理解是不正确的，至少是不全面的。恩格斯在这里讲的不是

---

① 参见程强、沈敏华：《试论西欧同奴隶社会向封建社会的过渡》，《历史研究》1981 年第 1 期。

② 《马克思恩格斯文集》第 4 卷，人民出版社 2009 年版，第 167—168 页。

罗马帝国末期生产力绝对落后，而是说奴隶制的腐朽的经济制度和政治制度，严重地阻碍了生产力的发展，造成了生产力的极大破坏。事实上，从总体上看，罗马帝国末期的生产力不仅大大高于原始社会，而且高于奴隶社会的一般发展水平。在罗马奴隶制危机的年代里，生产技术也有缓慢的发展。[1] 例如，水磨在公元4世纪以前还很少使用，从4世纪开始就进一步推广了；在危机年代里，农业技术与分工也有所发展。4世纪巴拉迪乌斯在《农业论》中，记录了当时在农业中有比较熟练的挖土工人、刈麦手、葡萄种植工人、珍奇禽鸟养殖工人；至于酿酒、榨油在当时也有缓慢的发展。公元4世纪末，高卢地区尚有115座城市，虽然政治动乱，战争连绵不断，居民在城市周围筑以高墙，使其带有城堡的性质，但仍不失为工商业的集中地。公元3世纪以后，西班牙、纳尔榜（位于意大利台伯河口）、罗马、埃及和叙利亚之间，商业往来仍未中断。公元4至5世纪，各行省的地方市场和地方性的商业交往仍然存在。不列颠的奴隶制经济起步较晚，在公元3至4世纪正处全盛时期。正是罗马奴隶制创造的生产力发展水平，成了埋葬奴隶制的最深厚的物质基础。[2]

历史事实及生产关系必须适合生产力性质的规律告诉我们，旧生产关系的灭亡和新生产关系的确立，需要有高于原来社会形态的生产力的一般发展水平做基础，又是在旧生产关系严重阻碍生产力发展，甚至造成生产力严重破坏的情况下实现的。一方面，没有高于原来的社会形态的生产力发展的一般水平和新的生产力做基础，旧的生产关系就不会灭亡，新的生产关系就不能产生和确立。另一方面，如果旧的生产关系不阻碍生产力的发展，新的生产关系也不可能代替旧的生产关系。把旧生产关系对生产力发展的阻碍和破坏作用理解为生产力

---

[1] 参见陈兆璋：《西欧封建社会的生产力与生产关系》，《厦门大学学报》1979年第4期。

[2] 参见程强、沈敏华：《试论西欧从奴隶社会向封建社会的过渡》，《历史研究》1981年第1期。

的发展水平绝对低下，那就必然得出这样一个结论：任何较晚的社会形态所赖以建立的生产力发展水平，都低于在它之前的那个社会形态的生产力发展水平。这不仅违背历史事实，也从根本上否认了生产关系必须适合生产力性质的规律。对于一个社会形态的生产力发展水平，必须放在该社会形态的发展的全过程中来考察。正是罗马奴隶制长期积累起来的生产力，形成了冲破奴隶制生产关系的根本动力。尽管这种生产力在奴隶社会后期遭到了严重破坏，但从总体上来说，仍然高于奴隶社会的生产力的一般发展水平，所以才能在这种生产力发展水平的基础上，建立起较高的封建社会形态。

其次，罗马社会内部自发形成的封建制因素，即隶农制，是奴隶制瓦解、封建社会形成的新的社会经济力量。这一点上面已经作了分析，不再赘述。

最后，奴隶反对奴隶主阶级的阶级斗争，是造成奴隶社会灭亡的直接动力。奴隶阶级由于阶级的局限性，不代表新的生产方式，不能最终消灭奴隶制度、建立封建制度，这是无可争议的。但是，绝不能因此而低估和否认奴隶阶级反对奴隶主阶级的阶级斗争的历史作用。西罗马帝国之所以灭亡，奴隶起义和暴动起了巨大作用。公元 238 年，北非阿尔及利亚一带爆发了奴隶和隶农起义。公元 236 年，西西里的奴隶掀起了革命高潮。公元 273 年，罗马城爆发了造币工暴动。公元3 世纪 70 年代，高卢的奴隶、隶农和农民发动了巴高达运动。公元 4世纪中叶，巴高达运动出现了新高潮，并从高卢扩展到西班牙。公元4 世纪，北非也爆发了奴隶、隶农和农民展开的反对奴隶制度的各种形式的斗争，沉重地打击了奴隶主阶级的反动统治，为新的封建制度代替旧的奴隶制度创造了条件。日耳曼人征服罗马的战争，也在某些地区得到罗马奴隶的支持。[1]

---

① 参见程强、沈敏华：《试论西欧从奴隶社会向封建社会的过渡》，《历史研究》1981 年第 1 期。

以上几点，就是造成罗马奴隶社会灭亡、封建社会建立的内部动力。即使没有日耳曼人的入侵，罗马帝国也会因这些内部因素而灭亡，封建社会也会因这些内部因素而建立。

那么是否能够因此而否认日耳曼人征服的作用呢？当然不能。日耳曼人的征服作为一种外部动力，不仅加速了罗马奴隶制的灭亡和新的封建制的建立，而且使得西欧的封建制度具有某些与日耳曼人相联系的具体特点。

日耳曼公社所实行的土地制度，对西欧封建庄园这种经济形式的形成有很大的影响。日耳曼人的马尔克公社，实行的是公地制、份地制和敞地制相结合的土地制度。马尔克公社的耕地分成若干小块，作为份地分给各农户使用，定期轮耕。西欧封建庄园的份地制就是由此演变而来的。马尔克公社的每块耕地在休耕期间，作为公共牧场使用；当年在耕的土地，在收获后到下一次播种以前，各农户必须把自己田界上的篱笆拆除，也作为公共牧场使用，这叫敞地制。这种敞地制，在西欧的封建庄园中也仍然通行。马尔克公社除去耕地以外的其他土地，以及水面、森林、牧场、荒地、沼泽、河流、湖泊等为公社所有，由社员共同使用，这叫公地制。在西欧的封建庄园中，这种公地制也保留了相当长的时间。马克思、恩格斯在《德意志意识形态》中指出："与希腊和罗马相反，封建制度的发展是在一个宽广得多的、由罗马的征服以及起初就同征服联系在一起的农业的普及所准备好了的地域中开始的。趋于衰落的罗马帝国的最后几个世纪和蛮族对它的征服本身，使得生产力遭到了极大的破坏；农业衰落了，工业由于缺乏销路而一蹶不振，商业停滞或被迫中断，城乡居民减少了。这些情况以及受其制约的进行征服的组织方式，在日耳曼的军事制度的影响下，发展了封建所有制。"[①] 日耳曼人的军事制度是亲兵制。这种亲兵制，是指一

---

① 《马克思恩格斯文集》第 1 卷，人民出版社 2009 年版，第 522 页。

些军事首领以私人名义招募一些贪图战利的人为扈从（卫队），或者在大规模战争中担任军事指挥官，以他们为骨干组成作战队伍的军事组织。在远征罗马的过程中，日耳曼国王把掠夺来的大片大片的土地，按亲兵等级进行分配，由此造成了不同等级的日耳曼大土地所有者阶级。后来受罗马生产力的影响，日耳曼人的亲兵制与封建土地所有制相结合，促进了西欧封建等级制的形成。

第四，通过以上三点可以看出，日耳曼人由原始社会向封建社会的直接过渡并没有否认奴隶社会和封建社会之间的先后嬗变关系。

首先，日耳曼人由原始社会直接过渡到封建社会，是在特定的历史条件下实现的。任何社会形态都是在一定历史时代产生和发展的。当时奴隶制在全世界已经普遍衰落，成为过时的社会制度，封建制在东方一些国家已经确立，在西欧一些地方也正在孕育。在这种历史条件下，日耳曼人才能在罗马奴隶制的废墟上建立起封建制，而在这之前是不可能的。我们不妨回顾一下日耳曼人和罗马人互相接触的历史。远在公元前2世纪末，日耳曼人就越过莱茵河向南推移，几度同罗马人发生激战。公元2世纪后半叶，日耳曼人越过多瑙河，进入罗马的边缘地区。公元3世纪，日耳曼人突破罗马在莱茵河上的防线，侵入罗马境内。日耳曼人同罗马之间的小规模冲突，更是经常不断。但因为当时罗马人尚有一定的国力，奴隶制尚未没落，封建制因素尚未产生或仍很微弱，日耳曼人无力灭亡罗马，更不能在罗马土地上建立封建制。只有在罗马奴隶制已经衰败，国力衰弱，封建制孕育并有所发展的情况下，日耳曼人才能征服罗马，并在罗马奴隶制的废墟上建立起封建制度。这正好说明奴隶社会和封建社会之间的先后嬗变关系。

其次，日耳曼人在征服罗马的最初一段时间内，首先不是发展和确立封建制，而是发展日耳曼人内部已经产生的奴隶制。这是因为他们对奴隶制比较熟悉，而对封建制完全陌生。日耳曼人征服罗马以后，按照日耳曼人社会发展的一般进程，日耳曼国王和贵族在主观上是要发展奴隶制的。事实上在日耳曼人建立的各个王国中，奴隶制的生产关系也是普遍存在着，例如，贫穷的自由人卖身为奴和出卖子女为奴的现象时有发生。东哥特王国政府还通过立法的形式维护日耳曼贵族和罗马显贵对奴隶的剥削和压迫，规定奴隶完全归其主人所有，逃亡奴隶被抓后归还原主，严禁奴隶控告自己的主人，等等。法兰克王国墨洛温王朝时期，奴隶的数量曾一度比西罗马帝国灭亡之前还要多。除原来罗马时代的奴隶以外，又增加了大量的战俘奴隶、债务奴隶、罪犯奴隶等，奴隶贸易也相当兴盛。奴隶的地位十分低贱。萨利克法典规定：杀死一个奴隶，只需向主人赔偿相当于一匹马的价钱。但是，社会形态的发展不以任何人的主观意志为转移。当时奴隶制度已经腐朽没落，严重地阻碍了生产力的发展，再重建奴隶制社会和奴隶制国家已经不可能。因而日耳曼人才不得不放弃奴隶制，在罗马已经产生的封建制因素的基础上，发展和确立起封建制度。这充分说明，西欧中世纪的封建制度，不仅是在罗马奴隶制基础上建立起来的，而且也是在日耳曼人内部业已产生并有很大发展的奴隶制的基础上建立起来的。奴隶制是进到封建制的必经阶段。恩格斯在 1882 年 12 月 16 日致马克思的信中，曾经把欧洲公元 9 至 11 世纪的封建制称为"古代日耳曼奴隶制的继续"[①]。这也正好说明奴隶社会和封建社会之间的先后嬗变关系。

再次，日耳曼人在征服罗马帝国以后建立封建制度，是以在罗马奴隶制下发展起来的生产力为基础的。马克思主义认为，生产力是生产中最活跃最革命的因素，一定的生产力发展水平总要求与它相适应的生产关系，这是不以人的主观意志为转移的客观规律。日耳曼人征服罗马帝国以后，之所以不能继续奴隶制度，而必须建立封建制度，归根结底是由生产力的发展水平决定的，而不是由政治暴力决定的，

---

① 《马克思恩格斯全集》第 35 卷，人民出版社 1971 年版，第 125 页。

也不是由日耳曼人的主观愿望决定的。马克思、恩格斯在《德意志意识形态》一书中谈到日耳曼人征服罗马帝国时说:"定居下来的征服者所采纳的共同体形式,应当适应于他们面临的生产力发展水平,如果起初情况不是这样,那么共同体形式就应当按照生产力来改变。这也就说明了民族大迁徙后的时期到处可见的一个事实,即奴隶成了主人,征服者很快就接受了被征服民族的语言、教育和风俗。"① 马克思、恩格斯在这里总结的正是日耳曼人在刚刚征服罗马的时候企图发展奴隶制,但因违背了生产力的发展要求,而不得不发展和确立封建制的历史过程。马克思、恩格斯接着说:"封建制度决不是现成地从德国搬去的。它起源于征服者在进行征服时军队的战时组织,而且这种组织只是在征服之后,由于被征服国家内遇到的生产力的影响才发展为真正的封建制度的。这种形式到底在多大程度上受生产力的制约,这从企图仿效古罗马来建立其他形式的失败尝试(查理大帝,等等)中已经得到证明。"② 恩格斯在《反杜林论》中也说:"由比较野蛮的民族进行的每一次征服,不言而喻,都阻碍了经济的发展,摧毁了大批的生产力。但是在长时期的征服中,比较野蛮的征服者,在绝大多数情况下,都不得不适应由于征服而面临的比较高的'经济状况';他们为被征服者所同化,而且多半甚至不得不采用被征服者的语言。"③ 这说明,封建制度的建立必须以奴隶制度下发展起来的生产力为基础。换言之,在奴隶制发展起来的生产力的基础之上,只能建立封建制度,不能建立别的制度。如果人为地建立别的制度,就会破坏生产力,到头来还得改行封建制度。这也正好说明奴隶社会和封建社会之间的先后嬗变关系。

马克思、恩格斯在《德意志意识形态》中,还深刻地批判了把一

---

① 《马克思恩格斯文集》第 1 卷,人民出版社 2009 年版,第 578 页。
② 《马克思恩格斯文集》第 1 卷,人民出版社 2009 年版,第 578 页。
③ 《马克思恩格斯文集》第 9 卷,人民出版社 2009 年版,第 191 页。

个民族对另一个民族的征服作为社会形态更替的根本原因的错误观点。他们说: "有一种普遍的观点认为, 迄今为止在历史上只有**占领**才具有决定意义。野蛮人**占领**了罗马帝国, 这种占领的事实通常被用来说明从古代世界向封建制度的过渡。但是在蛮人的占领下, 一切都取决于被占领国家此时是否已经像现代国家那样发展了工业生产力, 或者被占领国家的生产力主要是否只是以它的联合和共同体为基础。其次, 占领是受占领的对象所制约的。如果占领者不依从被占领国家的生产条件和交往条件, 就会完全无法占领银行家的体现于证券中的财产。对于每个现代工业国家的全部工业资本来说, 情况也是这样。最后, 无论在什么地方, 占领都是很快就会结束的, 已经不再有东西可供占领时, 必须开始进行生产。"① 这说明社会形态更替的根本原因, 既不是政治暴力, 也不是一个民族对另一个民族的征服, 而是生产力发展水平的提高。

---

① 《马克思恩格斯文集》第 1 卷, 人民出版社 2009 年版, 第 578 页。

第三编

"跨越资本主义制度的卡夫丁峡谷"
问题的再探讨

公元前 321 年第二次萨姆尼特战争时期,萨姆尼特人在古罗马的卡夫丁城(今蒙特萨尔基奥)附近的卡夫丁峡谷包围并击败了罗马军队。按照意大利双方交战的惯例,罗马军队必须在由长矛交叉构成的"轭形门"下通过。这被认为是对战败军队的最大羞辱。"通过卡夫丁峡谷"一语就是由此而来的,意思是遭受奇耻大辱。马克思在给俄国民粹派女作家维·伊·查苏利奇的复信草稿的初稿和三稿中讲道:俄国公社"有可能不通过资本主义制度的卡夫丁峡谷,而直接享用资本主义制度的一切积极成果。"①这里的"不通过资本主义制度的卡夫丁峡谷",意思就是不遭受资本主义制度的苦难。本编讲的"跨越"资本主义制度的卡夫丁峡谷,就是"不通过"资本主义制度的卡夫丁峡谷的意思。用"跨越"代替"不通过",是为了下面表述的简便。

马克思、恩格斯关于俄国公社有可能"跨越"资本主义制度卡夫丁峡谷的思想,是 20 世纪 80 年代中期以来我国学术理论界研究和讨论的一大"热点"。为此出版了一批著作,发表了很多论文;争论颇多,

---

① 《马克思恩格斯文集》第 3 卷,人民出版社 2009 年版,第 575、578、587 页。

分歧极大。不少论者对马克思、恩格斯的思想作了很好的解释和发挥。但也有些研究者，对马克思、恩格斯的思想有不少误解或误读。本编不拟一般地、面面俱到地论述马克思、恩格斯的这一思想，仅就我认为存在的某些误解或误读谈些商榷意见，向理论界的同仁请教。我认为，正确理解马克思、恩格斯这一思想的关键，在于要根据他们自己思考这个问题的内在逻辑去解读他们的思想，不要把后来列宁等继承人的思想加在他们的头上，也不要用苏联和中国的社会主义实践去解读他们的思想，因为后人的思想和后来的实践在当时根本没有进入马克思、恩格斯思考这个问题的视野和范围。

第九章
俄国公社的性质及其发展前途

关于俄国公社的性质及其演变过程，是一个异常复杂、争议极大、分歧颇多的问题。占统治地位的传统观点，认为它是古代原始公社的"遗留"。但自20世纪70年代末80年代初以来，苏联有一些学者突破了传统理论框框，如阿拉耶夫与阿列克塞耶夫提出了农村公社是国家为专制集权目的建立的，而不是原始时代的遗存或残余因素，农村公社产生以前是私有制而非原始公有制的看法，并在80年代得到了以弗罗雅诺夫为代表的、主张在专制时代之前俄国历史上存在着古典公民社会的"列宁格勒学派"的间接支持，同时却引起了苏联大多数学者，包括几乎全部主要学术权威的激烈批评。这场论战在某种意义上是19世纪"斯拉夫学派"与"西方学派"在村社问题上"自然遗存论"与"国家创建论"大论战的翻版。[1] 马克思也很关注当时这场论战并发表了自己的意见。他不赞成"国家创建论"。在1873年3月22日致尼·弗·丹尼尔逊的信中，马克思对"国家创建论"的代表人物切契林的观点提出质疑。他说："这个制度（指土地公社占有制——引者）在所有其他国家是自然地产生的，是各个自由民族发展的必然阶段，而在俄国，这个制度怎么会是纯粹作为国家的措施而实行，并作为农奴制的伴随现象而发生的呢？"[2]

俄国公社的性质及其产生和演变过程不是本书研究的主题，对这

---

[1] 参见金雁、卞悟：《农村公社、改革与革命——村社传统与俄国现代化之路》，中央编译出版社1996年版，第7页。

[2] 《马克思恩格斯全集》第33卷，人民出版社1973年版，第577页。

个问题上的是非曲直,本书不做评判,而且作者在没有作深入具体研究的情况下,也没有资格和能力做出评判。本书研究的主题是马克思、恩格斯对俄国公社的性质及其发展道路的思想,所以应该以马克思、恩格斯本人对俄国公社的性质及其产生和演变过程的观点为依据。至于他们的观点是否符合客观的历史事实,无碍于我们理解马克思、恩格斯关于这个问题的思想。

一、俄国公社的性质和两种可能的发展前途

关于俄国公社的性质,马克思 1881 年在《给维·伊·查苏利奇的复信》草稿中指出:"'农业公社'到处都是古代社会形态的**最近的类型**;由于同样的原因,在古代和现代的西欧的历史运动中,农业公社时期是从公有制到私有制、从原生形态到次生形态的过渡时期。"[1]马克思还具体地叙述了日耳曼人的农村公社产生和演变的过程。他指出:"如果说,在塔西佗时代以后,我们关于**公社**的生活,关于公社是怎样消失和在什么时候消失的,都一点也不了解,那么,至少由于尤利乌斯·恺撒的叙述,我们对这一过程的起点还是知道的。在恺撒的那个时代,已是逐年分配土地,但是这种分配是在日耳曼人的部落联盟的**各氏族**和部落之间,还不是公社各个社员之间进行的。由此可见,日耳曼人的**农村公社**是从较古的类型的公社中产生出来的。在这里,它是自然发展的产物,而不是从亚洲现成地输入的东西。在那里,在东印度也有这种农村公社,并且往往是古代形态的**最后阶段**或最后时期。"[2]马克思以日耳曼人的农村公社和印度的农村公社的性质与发展演变情况为依据,把一切国家、包括俄国在内的农村公社的性质及

---

① 《马克思恩格斯文集》第 3 卷,人民出版社 2009 年版,第 574 页。
② 《马克思恩格斯文集》第 3 卷,人民出版社 2009 年版,第 573 页。

其所处的发展阶段看成是相同的,所以他说:"农业公社既然是原生的社会形态的最后阶段,所以它同时也是向次生形态过渡的阶段,即以公有制为基础的社会向以私有制为基础的社会的过渡。不言而喻,次生形态包括建立在奴隶制上和农奴制上的一系列社会。"[①] 这就是说,马克思明确肯定,俄国农村公社是原始社会的最后阶段,是由原生形态向次生形态、由公有制向私有制、由无阶级社会向阶级社会的过渡阶段。

由于俄国农村公社处于过渡阶段,所以它具有"二重性",兼有公有制社会和私有制社会、无阶级社会和阶级社会的二重特征。它具有与原生形态的公社不同的特点。这种特点主要表现在以下三个方面:(1)所有较早的原生形态的公社,都是建立在自己社员的血缘亲属关系上的;农业公社割断了这种牢固而狭窄的联系,就更能够扩大范围并保持同其他公社的接触。(2)在农业公社内,房屋及其附属物——宅旁园地,已经是农民的私有财产。可是远在农业公社出现以前,公有的房屋曾是早先各种形式原生形态的公社的物质基础之一。(3)虽然耕地仍归公社所有,但定期在农业公社各个社员之间进行重分。因此,每一个农民用自己的力量来耕种分配给他的田地,并且把生产出来的产品留为己有,然而在较古的原生形态的公社中,生产是共同进行的,只有产品才拿来分配。这种原生形态的公社的合作生产或集体生产,显然是单个人的力量太小的结果,而不是生产资料公有制的结果。

马克思认为,俄国农村公社所具有的这种"二重性",一方面成为它具有强大生命力的源泉,另一方面又成为它逐渐解体的根源。对于前一方面,马克思指出:"'农业公社'所固有的二重性能够赋予它强大的生命力,因为,一方面,公有制以及公有制所造成的各种社

---

① 《马克思恩格斯文集》第 3 卷,人民出版社 2009 年版,第 586 页。

会联系，使公社基础稳固，同时，房屋的私有、耕地的小块耕种和产品的私人占有又使那种与较原始的公社条件不相容的个性获得发展。"对于后一方面，马克思也作了具体分析。他指出："撇开敌对环境的一切影响不说，仅仅从积累牲畜开始的动产的逐渐积累（甚至有像农奴这样一种财富的积累），动产因素在农业本身中所起的日益重要的作用以及与这种积累密切相关的许多其他情况……，都起着破坏经济平等和社会平等的作用，并且在公社内部产生利益冲突，这种冲突先是使耕地变为私有财产，最后造成私人占有那些已经变成私有财产的**公社附属物**的森林、牧场、荒地等等。"① 马克思十分关注并谴责促使公社瓦解的各种因素和社会力量。他针对 1861 年农奴制改革问题时说："正是从所谓农民解放的时候起，国家把俄国公社置于不正常的经济条件之下，并且从那时候起，国家借助集中在它手中的各种社会力量来不断地压迫公社。由于国家的财政搜刮而被削弱得一筹莫展的公社，成了商业、地产、高利贷随意剥削的任人摆布的对象。这种外来的压迫激发了公社内部原来已经产生的各种利益的冲突，并加速了公社的各种瓦解因素的发展。但是，还不止如此。国家靠牺牲农民培植起来的是西方资本主义制度的这样一些部门，它们丝毫不发展农业生产能力，却特别有助于不从事生产的中间人更容易、更迅速地窃取它的果实，这样，国家就帮助了那些吮吸'农村公社'本来已经枯竭的血液的新资本主义寄生虫去发财致富。"马克思清晰地意识到各种破坏性影响的互相结合，"只要不被强大的反作用所打破，就必然会导致农村公社的灭亡"。②

马克思虽然对俄国农村公社面临的危机和可能灭亡的命运有充分的估计和思想准备，但他并不认为这是俄国农村公社的唯一的前途和

---

① 《马克思恩格斯文集》第 3 卷，人民出版社 2009 年版，第 574 页。
② 《马克思恩格斯文集》第 3 卷，人民出版社 2009 年版，第 576—577 页。

命运。马克思认为，在当时的历史环境下，俄国农村公社还有另一种命运和前途，即"不通过资本主义制度的卡夫丁峡谷"，而成为俄国社会复兴的因素，成为俄国社会新生的支点。

二、实现"跨越"的可能性和历史环境

马克思全面地分析了俄国公社实现"跨越"的可能性和历史环境。

首先，俄国是唯一一个在全国范围内把农村公社保存到当时的欧洲国家。它不像东印度那样，是外国征服者的猎获物。土地公有制使它有可能直接地、逐渐地把小土地个体耕作变为集体耕作，并且俄国农民已经在没有进行分配的草地上实行集体耕作。俄国有广阔的平原，这种土地的天然条件适合于大规模地使用机器。俄国农民有劳动组合的习惯，有助于他们从小土地经济向合作经济过渡。

其次，俄国农村公社是与资本主义同时代的东西，有可能使它不经受资本主义制度的苦难而吸收其各种积极成果，利用这些积极成果对社会进行社会主义改造。当崇拜资本主义的俄国"社会新栋梁"否认这种可能性时，他尖锐地指出："如果资本主义制度的俄国崇拜者要否认这种进化的**理论上**的可能性，那我要向他们提出这样的问题：俄国为了采用机器、轮船、铁路等等，是不是一定要像西方那样先经过一段很长的机器生产发展的孕育期呢？同时也请他们给我说明：他们怎么能够把西方需要几个世纪才建立起来的一整套交换机构（银行、信用公司等等）一下子就引进到自己这里来呢？"[1]

再次，俄国农村公社处在资本主义陷入深刻危机，即将被社会主义和共产主义所取代的历史时代，这可以说是俄国农村公社有可能"跨越"资本主义制度的卡夫丁峡谷的最根本的社会历史条件。马克思

---

[1] 《马克思恩格斯文集》第 3 卷，人民出版社 2009 年版，第 571 页。

十分重视这一社会历史条件。仅在《给维·伊·查苏利奇的复信》草稿的初稿中，就有三处讲到这一思想。为了强调这一思想的重要和引起读者的注意，我们把这三处原文抄录于下：

> 另外一个有利于（通过发展公社）保存俄国公社的情况是：俄国公社不仅和资本主义生产是同时存在的东西，而且经历了这种社会制度尚未受触动的时期而幸存下来；相反，在俄国公社面前，不论是在西欧，还是在美国，这种社会制度现在都处于同科学、同人民群众以至同它自己所产生的生产力本身相对抗的境地。总之，在俄国公社面前，资本主义制度正在经历着危机，这种危机只能随着资本主义的消灭，随着现代社会回复到"古代"类型的公有制而告终，这种形式的所有制，或者像一位美国著作家（这位著作家是不可能有革命倾向的嫌疑的，他的研究工作曾得到华盛顿政府的支持）所说的，现代社会所趋向的"新制度"，将是"古代类型社会在一种高级的形式下（in a superior form）的复活（a revival）"。①
>
> 从历史观点来看，一个十分有利于通过"农业公社"的进一步发展来保存这种公社的情况是："农业公社"不仅和西方资本主义生产是同时存在的东西，这使它可以不必屈从于资本主义的活动方式而占有它的各种成果；而且，它经历了资本主义制度尚未受触动的时期而幸存下来；相反，在俄国公社面前，不论是在西欧，还是在美国，资本主义制度现在都处于同劳动群众、同科学以至同它自己所产生的生产力本身相对抗的境地。总之，在俄国公社面前，资本主义制度正经历着危机，这种危机将随着资本主义的消灭，随着现代社会回复到"古代"类型的集体所有制和集

---

① 《马克思恩格斯文集》第3卷，人民出版社2009年版，第572页。

体生产的高级形式而告终。①

"农村公社"这种发展是符合我们时代历史发展的方向的，对这一点的最好证明，是资本主义生产在它最发达的欧美各国中所遭到的致命危机，而这种危机将随着资本主义的消灭，随着现代社会回复到古代类型的高级形式，回复到集体生产和集体占有而告终。②

我国不少研究者，只注意到了马克思讲的俄国公社"跨越"资本主义制度的卡夫丁峡谷的条件是它是与资本主义同时代的东西，而忽略了马克思讲的它处在资本主义陷入深刻危机、即将被社会主义和共产主义所取代的历史时代这一点。其实，仅仅与资本主义处于同一时代，还不具备"跨越"资本主义制度的卡夫丁峡谷的条件。只有处于资本主义的没落时代，只有处在社会主义和共产主义即将取代资本主义的时代，俄国公社才有可能"跨越"资本主义制度的卡夫丁峡谷。这说明，马克思认为，无产阶级社会主义革命在欧美发达资本主义国家的胜利，是俄国公社"跨越"资本主义制度的卡夫丁峡谷的先决条件。这一点我们还将在下面专门论述。

前面讲到的俄国公社"跨越"资本主义制度的卡夫丁峡谷的三个条件，第一个条件是俄国社会和俄国公社自身固有的，属于国内条件；第二个条件和第三个条件，是国际条件或称历史环境。在国内条件既定的条件下，俄国公社"跨越"资本主义制度卡夫丁峡谷的可能性是否变成现实，就取决于国际条件和历史环境。这是马克思反复强调的一个重要思想。马克思指出："'农业公社'的构成形式只能有两种选择：或者是它所包含的私有制因素战胜集体因素，或者是后者战胜前

---

① 《马克思恩格斯文集》第 3 卷，人民出版社 2009 年版，第 575—576 页。
② 《马克思恩格斯文集》第 3 卷，人民出版社 2009 年版，第 579 页。

者。先验地说，两种结局都是可能的，但是，对于其中任何一种，显然都必须有完全不同的历史环境。一切都取决于它所处的历史环境。"①在俄国公社发展的两种可能性中，究竟哪一种可能性实现，取决于不同的历史环境。这里说的"历史环境"，指的是国际环境。如果欧美发达资本主义国家的无产阶级革命取得了胜利，俄国农村公社又未遭破坏，"跨越"资本主义制度的卡夫丁峡谷的可能性就会实现，如果欧美发达资本主义国家的无产阶级革命迟迟不爆发，俄国农村公社就会解体而走上资本主义发展道路。

马克思的这一思想具有十分重要的方法论意义。它告诉我们，在历史进入"世界历史"以后，一个国家的发展方向和发展道路，不仅取决于本国内部的情况，还在很大程度上取决于国际环境。因此，我们在分析一个国家的发展方向和发展道路时，一定要同它所处的国际环境联系起来。俄国十月革命和中国革命的胜利，都是在特定的国际环境下取得的。苏联解体、东欧剧变的悲剧，也是在特定的国际环境下发生的。中国改革开放和现代化建设的路线、方针、政策的制定，既是依据中国的国情，也是依据当代国际环境的特点。

在我国学术理论界，有关于究竟是俄国农村公社有可能"跨越"资本主义制度的卡夫丁峡谷还是整个俄国社会有可能"跨越"资本主义制度的卡夫丁峡谷的争论。其实，在马克思、恩格斯的理论中，这两种提法是一样的。因为在 19 世纪七八十年代，俄国农村公社是前资本主义的东西，整个俄国社会也是前资本主义社会，所以二者都存在是否可能"跨越"资本主义制度的卡夫丁峡谷的问题。如果俄国农村公社走上了资本主义道路，说明整个俄国社会也必定是走上了资本主义道路，从而二者都不存在能否"跨越"资本主义制度的卡夫丁峡谷的问题了。

---

① 《马克思恩格斯文集》第 3 卷，人民出版社 2009 年版，第 574 页。

在这里，顺便说明一点，笔者在所著的《马克思主义的社会形态理论简论》一书中，曾对是俄国农村公社有可能"跨越"资本主义制度的卡夫丁峡谷还是整个俄国社会有可能"跨越"资本主义制度的卡夫丁峡谷作了明确区分，并且认为"马克思、恩格斯的论述，是仅就俄国农村公社而言的。他们从来没有说过，整个俄国社会可以不经过资本主义发展道路而实现社会主义"①。这个看法是不妥当的，现予以更正并用上述观点加以修订。

三、要挽救俄国公社必须有"俄国革命"

1861 年 3 月 1 日，沙皇亚历山大二世颁布废除农奴制的法令。根据该法令的规定，所有农奴都被宣布为是自由的，农奴耕种的土地在农奴和贵族地主之间进行分配。贵族地主因为土地分配给农民而得到政府付给的长期国库券。作为回报，农民必须缴纳 49 年的赎地费以偿还政府。这次改革是俄国历史上的一次重大转折点，对俄国社会以及俄国农村公社产生了极其重大的影响。

自从 1861 年农奴制改革以来，俄国农村公社处于十分危险的境地。国家（沙皇政府）使公社处于极为不正常的经济条件之下，它借助于集中在它手中的各种社会力量不断地压迫公社，公社成了商人、地主、高利贷者剥削的对象，公社内部各种利益的斗争也日益尖锐，各种瓦解因素迅速发展。国家的压迫与正在产生和发展的资产阶级剥削，把俄国公社推向了灭亡的边缘。马克思、恩格斯认为，要使俄国农村公社能够"跨越"资本主义制度的卡夫丁峡谷，就必须首先挽救俄国农村公社，使其处在正常的条件之下，并能得到自由的发展。而要挽救俄国公社，就必须有"俄国革命"。

---

① 赵家祥：《马克思主义的社会形态理论简论》，北京大学出版社 1985 年版，第 150 页。

马克思在 1861 年《给维·伊·查苏利奇的复信》草稿的初稿中说："要挽救俄国公社，就必须有俄国革命。……如果革命在适当的时刻发生，如果它能把自己的一切力量集中起来以保证农村公社的自由发展，那么，农村公社就会很快地变为俄国社会新生的因素，变为优于其他还处在资本主义制度奴役下的国家的因素。"[①] 马克思、恩格斯在 1882 年合写的《共产党宣言》俄文第二版《序言》中，首先提出问题："俄国公社，这一固然已经大遭破坏的原始土地公共占有形式，是能够直接过渡到高级的共产主义的公共占有形式呢？或者相反，它还必须先经历西方的历史发展所经历的那个瓦解过程呢？"接着他们用经过深思熟虑的语言，十分谨慎地作了答复："假如俄国革命将成为西方无产阶级革命的信号而双方互相补充的话，那么现今的俄国土地公有制便能成为共产主义发展的起点。"[②]

这里需要弄清楚的是，马克思、恩格斯所说的"俄国革命"究竟指的是什么样的革命？对于这个问题，我国有不少研究者没有认真思考，甚至没有明确意识到这是一个十分重要的问题，有的研究者则对它作了错误的理解。

我国有些研究者认为，这里的"俄国革命"指的是无产阶级社会主义革命。例如，《走向历史深处——马克思历史观研究》一书的作者写道："马克思并不否认俄国非资本主义道路的可能性，条件是无产阶级革命。"[③] 显然，作者是把"俄国革命"理解为无产阶级社会主义革命了。又如，《现代唯物主义导引》一书的作者在谈到这个问题时说："马克思指出，如果俄国吸收西方资本主义的一切肯定的成果，就有可能跨越资本主义卡夫丁峡谷而获得新生。""并认为，俄国社会主义革

———————

① 《马克思恩格斯文集》第 3 卷，人民出版社 2009 年版，第 582 页。

② 《马克思恩格斯文集》第 2 卷，人民出版社 2009 年版，第 8 页。

③ 陈先达：《走向历史深处——马克思历史观研究》，上海人民出版社 1987 年版，第 406 页。

命将作为西欧无产阶级革命的先声而与西欧无产阶级革命对接。"① 这里明确断定"俄国革命"是无产阶级社会主义革命，而且先于西欧的无产阶级革命而发生。再如，《马克思主义史》（四卷本）的作者在讲到这个问题时写道："马克思恩格斯希望俄国这个典型的东方国家，尚保存着完整结构的半亚细亚国家，率先开辟不同于西方的道路，实现社会变革，推翻资本主义，成为在社会结构、经济政治制度、社会发展的动力和社会演变趋势诸方面与西方迥异的东方社会的榜样，使之以俄国可能具有的发展前途为参照系，探讨到东方社会发展道路。"② 这里虽未明确断定"俄国革命"是无产阶级社会主义革命，但这种比西方率先"推翻资本主义"的革命，除去无产阶级社会主义革命，不可能是别的性质的革命。《马克思主义哲学史》（八卷本）的作者认为："从马克思给查苏利奇的复信中，包括三封草稿（实际上是四封草稿，只是第四封草稿与正文基本相同。——引者），还看不出他所说的'俄国革命'是什么类型的革命。可是到了 1882 年 1 月，马克思恩格斯应俄国的彼·拉甫罗夫的要求为《共产党宣言》俄文第二版写一篇《序言》，在这篇《序言》中，他们分析了从 1848—1849 年欧洲革命以来俄国形势的变化，指出，俄国已从欧洲反动堡垒变成欧洲革命运动的先进队伍了。"并由此得出结论说：马克思看到了俄国公社"有可能向社会主义发展的趋向。"并且认为"俄国十月革命胜利了，走了自己的路，马克思关于俄国革命已是欧洲的先进队伍的结论，被证实了"。③

　　把马克思、恩格斯当时讲的"俄国革命"理解为无产阶级社会主义革命是不正确的。首先，这种理解不符合马克思、恩格斯的本意，这一点我们留在后面加以说明。其次，这种理解不合逻辑。因为承认

①　陈晏清主编：《现代唯物主义导引》，南开大学出版社 1996 年版，第 321 页。

②　庄福龄等主编：《马克思主义史》第 1 卷，人民出版社 1996 年版，第 655 页。

③　黄楠森等主编：《马克思主义哲学史》第 3 卷，北京出版社 1996 年版，第 349—350 页。

俄国农村公社有可能"跨越"资本主义制度的卡夫丁峡谷的前提，是俄国为前资本主义国家，还没有走上资本主义发展道路。而社会主义革命只有在资本主义国家（至少是在资本主义已有相当程度发展的国家）才能发生。一方面说俄国农村公社有可能"跨越"资本主义制度的卡夫丁峡谷，另一方面又说要通过俄国的社会主义革命来实现这种"跨越"，甚至是通过"推翻资本主义"来实现这种"跨越"，这不是明显的自相矛盾吗？再次，马克思、恩格斯一向认为，无产阶级社会主义革命将首先在英国、法国、德国、美国等发达资本主义国家发生并取得胜利，直到晚年也没有改变这种看法。而无产阶级社会主义革命将首先在一国或几国、并且是在资本主义的薄弱环节发生的思想，是列宁在1915年《论欧洲联邦口号》和1916年《无产阶级革命的军事纲领》这两篇文章中提出来的。不能把列宁的思想提前30多年加在马克思、恩格斯的头上。

我国还有的研究者认为，马克思、恩格斯讲的"俄国革命"指的是新民主主义革命。例如，《东方社会之路》一书的作者在论及这个问题时说："马克思认为俄国革命的性质不是社会主义革命（1875年恩格斯批判特卡乔夫时就谈到了这一点），也不是旧式的、17—18世纪的西欧资产阶级革命，而是新形式的、以向社会主义过渡为目标的资产阶级民主主义革命。尽管马克思没有做过直接的表述，根据他对俄国革命性质的认识和分析，是可以看出他关于俄国革命性质的思想的。"[1]明确马克思所说的"俄国革命"既不是社会主义革命，也不是旧式的资产阶级民主革命，这是对的。但说它是"新形式的、以向社会主义过渡为目标的资产阶级民主主义革命"，就值得商榷了。首先，根据列宁和毛泽东的新民主主义理论，新民主主义革命必须以无产阶级及其政党为领导，而马克思、恩格斯讲这番话的19世纪80年代初，俄国

---

[1] 谢霖：《东方社会之路》，中国社会科学出版社1992年版，第150页。

的无产阶级尚未成熟到领导这个革命的程度，更没有形成能够领导这种革命的无产阶级政党（俄国第一个马克思主义团体——劳动解放社，是在1883年9月才成立的，列宁领导的俄国社会民主党成立得比这还要晚）。马克思、恩格斯不仅从来没有讲过他们所说的"俄国革命"是无产阶级及其政党领导的革命，而且根据马克思、恩格斯对"俄国革命"性质的认识和分析，也根本看不出他们认为"俄国革命"是新民主主义革命的思想。其次，凡是了解俄国革命的历史和世界无产阶级革命的历史的人都知道，列宁领导的无产阶级政党——社会民主党，参与并领导了俄国的1905年革命和1917年的二月革命，这两次革命是具有新民主主义性质的革命，我们不能把这种性质的革命提前到19世纪80年代初。

那么，马克思、恩格斯讲的"俄国革命"到底是什么性质的革命呢？对于这个问题，恩格斯有过十分清楚的说明。他在1894年写的《〈论俄国的社会问题〉跋》中，首先引证马克思1877年《给〈祖国纪事〉杂志编辑部的信》中关于俄国社会发展道路问题的一段论述："现在，我的批评家可以把这个历史概述（《资本论》中关于原始积累的叙述）中的哪些东西应用到俄国去呢？只有这些：假如俄国想要遵照西欧各国的先例成为一个资本主义国家——它最近几年已经在这方面费了很大的精力——，它不先把很大一部分农民变成无产者就达不到这个目的；而它一旦倒进资本主义制度的怀抱，它就会和尘世间的其他民族一样地受那些铁面无情的规律的支配。事情就是这样。"恩格斯引证完这段话以后说："马克思在1877年就是这样写的。那时候俄国有两个政府：沙皇政府和恐怖主义密谋家的秘密执行委员会的政府。这个秘密的并列政府的势力日益壮大。推翻沙皇政府似乎指日可待；俄国的革命一定会使欧洲的一切反动势力失去它的最有力的支柱，失去它的强大的后备军，从而也一定会给西方的政治运动一个新的有力的推动，并且为它创造无比有利的斗争条件。马克思在他的信里劝告俄国人不必急急忙忙地跳进资本主义，是不奇怪的。"但是，"俄国革命没有发生。沙皇制度战胜了恐怖主义，后者在当时甚至把一切'喜欢秩序'的有产阶级都推到了沙皇制度的怀抱里。在马克思写了那封信以后的 17 年间，在俄国，无论是资本主义的发展还是农民公社的解体都大有进展"。① 恩格斯的这些论述告诉我们，由于从 1877 年到 1894年这 17 年间，俄国社会状况和革命形势的变化，使俄国农村公社"跨越"资本主义制度的卡夫丁峡谷的可能性大大减弱以至丧失。从这段论述我们可以清楚地看出，马克思、恩格斯所讲的"俄国革命"，既不是无产阶级社会主义革命，也不是无产阶级政党领导的新民主主义革命，而是恐怖主义密谋家的秘密的执行委员会的政府领导的推翻沙皇专制制度的革命，即民粹派和民意党人推翻沙皇政府的革命。

弄清了"俄国革命"的性质，也就容易理解"俄国革命"与"西方无产阶级革命"之间的关系了。马克思、恩格斯在 1882 年合写的《共产党宣言》俄文第二版《序言》中所讲的"假如俄国革命将成为西方无产阶级革命的信号而双方互相补充"这句话的具体含义，1894 年恩格斯在《〈论俄国的社会问题〉跋》中作了说明。他指出："我不敢判断目前这种公社是否还保存得这样完整，以致在一定的时刻，像马克思和我在 1882 年所希望的那样，它能够同西欧的转变相配合而成为共产主义发展的起点。但是有一点是毋庸置疑的：要想保全这个残存的公社，就必须首先推翻沙皇专制制度，必须在俄国进行革命。俄国的革命不仅会把这个民族的大部分即农民从构成他们的'天地'、他们的'世界'的农村的隔绝状态中解脱出来，不仅会把农民引上一个大舞台，使他们通过这个大舞台认识外部世界，同时也认识自己，了解自己的处境和摆脱目前贫困的方法；俄国革命还会给西方的工人运动以新的推动，为它创造新的更好的斗争条件，从而加速现代工业无

---

① 《马克思恩格斯文集》第 4 卷，人民出版社 2009 年版，第 462—463 页。

产阶级的胜利；没有这种胜利，目前的俄国无论是在公社的基础上还是在资本主义的基础上，都不可能达到社会主义的改造。"[1] 这就是说，一方面，假如民粹派和民意党人推翻沙皇政府的革命取得胜利，会给西方的工人运动以新的推动，为西方的工人运动创造更加良好的斗争条件，从而加速西欧无产阶级社会主义革命的胜利。因为沙皇政府是欧洲一切反动势力最有力的堡垒和强大的后备军，只要在西欧近旁存在着这个反动堡垒，一切革命都会被镇压下去。另一方面，西欧无产阶级革命胜利以后，又会利用西欧资本主义所取得的一切积极成果，支持俄国的社会主义改造，从而使"现今的俄国土地公社所有制成为共产主义发展的起点"。

正因为"俄国革命"不仅对俄国社会自身的发展，而且对西欧无产阶级社会主义革命的发展具有十分重要的意义，所以马克思、恩格斯对"俄国革命"的状况十分关注，迫切希望这个革命早日发生，并多次论述"俄国革命"将产生的重大影响和深远意义。恩格斯在 1875 年写的《论俄国的社会问题》中满怀豪情地指出："俄国无疑是处在革命的前夜……这里，革命的一切条件都结合在一起；这次革命将由首都的上等阶级，甚至可能由政府自己开始进行，但是农民将把它推向前进，很快就会使它超出最初的立宪阶段的范围；这个革命单只由于如下一点就对全欧洲具有极伟大的意义，这就是它会一举消灭欧洲整个反动势力的迄今一直未被触动的最后的后备力量。"[2]

恩格斯在 1878 年 2—3 月间写的《一八七七年的欧洲工人》一文中指出："俄国革命意味着不只是在俄国国内单纯换个政府而已。它意味着从法国革命以来一直是欧洲联合的专制制度的柱石的一个庞大的、虽然也是笨拙的军事强国的消失。它意味着德意志从普鲁士统治下解

---

[1] 《马克思恩格斯文集》第 4 卷，人民出版社 2009 年版，第 466—467 页。

[2] 《马克思恩格斯文集》第 3 卷，人民出版社 2009 年版，第 401 页。

放出来，因为普鲁士一直受俄国庇护并且只是依靠俄国而存在的。它意味着波兰得到解放。它意味着东欧弱小的斯拉夫民族从现在的俄国政府在他们中间培植的泛斯拉夫主义的幻想中觉醒过来。它还意味着俄国人民本身积极的民族生活的开始，同时还意味着俄国真正的工人运动的产生。总之，它意味着欧洲整个形势发生变化，这种变化一定会受到各国工人兴高采烈的欢迎，把它看做是向他们的共同目标——劳动的普遍解放大大迈进了一步。"① 这段论述深刻而具体地说明了俄国民粹派和民意党人推翻沙皇政府的革命的重大意义。它的胜利，不仅意味着俄国人民本身积极的民族生活的开始和俄国真正的工人运动的产生，而且意味着欧洲整个形势发生了变化，它将激发起西欧的无产阶级革命，促进无产阶级解放的实现。这就是马克思、恩格斯为什么如此关注俄国民粹派和民意党人推翻沙皇政府的革命的真正原因。

---

① 《马克思恩格斯全集》第 19 卷，人民出版社 1963 年版，第 158 页。

第十章
马克思早年思想与晚年思想的比较

马克思早年思想与晚年思想的时间界限的划分，是一个十分复杂的问题。研究的问题不同，划分的时间界限也往往不同。在俄国农村公社是否有可能"跨越"资本主义制度的卡夫丁峡谷问题上，所谓马克思的晚年思想，是指他的 1877 年《给〈祖国纪事〉杂志编辑部的信》以后的思想。在此以前的思想，都算作马克思早年和中年的思想。

任何人的思想都不是一成不变的。马克思也不例外。但人的思想变化却可以有各种不同的情况。一种是一个人后来的思想是他以前思想的合乎逻辑的继续、深化和发展，前后一贯，一脉相承；另一种是一个人后来的思想与他以前的思想判然有别，是对以前思想的彻底否定，前后矛盾，泾渭分明。马克思一生中的思想变化，显然属于前一种情况，而不属于后一种情况。凡是没有思想偏见的人，都会清楚地看出这一点。但是，有些人却总是热衷于制造"两个马克思"（即认为早年马克思与晚年马克思的思想是对立的）或"三个马克思"（即认为早年马克思、中年马克思、晚年马克思的思想是对立的），把马克思不同时期的思想对立起来，认为马克思晚年的思想是对他早年和中年的思想的否定。本章拟对这种观点加以剖析。

一、马克思关于"世界历史"发展的两种思路

我国理论界有人认为，马克思早年坚持一切国家和民族，不论其具体情况如何，都注定要走上资本主义发展道路的观点。到了晚年，

马克思则认为有些国家和民族可以避免资本主义前途，"跨越"资本主义制度的卡夫丁峡谷。因而在这个问题上，马克思早年思想和晚年思想是互相矛盾的。

这种认识是肤浅的、表面的，没有掌握马克思思想变化的深邃。自从马克思、恩格斯在19世纪40年代中叶创立历史唯物主义和科学社会主义以来，在他们的头脑中，就有关于"世界历史"发展的两种看似矛盾、实际上完全一致的思路。准确地把握马克思的这两种思路，是正确理解马克思思想变化的逻辑的关键。

马克思的一种思路是，资产阶级和资本主义按其本性，它是要开拓世界市场，把它的触角伸到世界上的每一个角落，迫使一切民族采用资本主义的生产方式。马克思、恩格斯在《共产党宣言》中指出："资产阶级，由于开拓了世界市场，使一切国家的生产和消费都成为世界性的了。""资产阶级，由于一切生产工具的迅速改进，由于交通的极其便利，把一切民族甚至最野蛮的民族都卷到文明中来了。它的商品的低廉价格，是它用来摧毁一切万里长城、征服野蛮人最顽强的仇外心理的重炮。它迫使一切民族——如果它们不想灭亡的话——采用资产阶级的生产方式；它迫使它们在自己那里推行所谓的文明，即变成资产者。一句话，它按照自己的面貌为自己创造出一个世界。"[①]1867年，马克思在《资本论》第一卷第一版《序言》中指出："问题本身并不在于资本主义生产的自然规律所引起的社会对抗的发展程度的高低。问题在于这些规律本身，在于这些以铁的必然性发生作用并且正在实现的趋势。工业较发达的国家向工业较不发达的国家所显示的只是后者未来的景象。"[②]这两段话说明，马克思认为，当时世界历史发展的趋势，是资本主义正在以"铁的必然性"向前资本主义国家扩展。

---

① 《马克思恩格斯文集》第2卷，人民出版社2009年版，第35、35—36页。
② 《马克思恩格斯文集》第5卷，人民出版社2009年版，第8页。

为什么工业较不发达的国家要向工业较发达的国家学习呢？这是因为，工业较不发达的国家遭受着双重苦难：一方面遭受资本主义有所发展的苦难，另一方面又遭受资本主义生产发展不足的苦难，即遭受前资本主义生产方式的苦难。马克思以自己的祖国德国为例说明了这个思想。他指出："在其他一切方面，我们也同西欧大陆所有其他国家一样，不仅苦于资本主义生产的发展，而且苦于资本主义生产的不发展。除了现代的灾难而外，压迫我们的还有许多遗留下来的灾难，这些灾难的产生，是由于古老的、陈旧的生产方式以及伴随着它们的过时的社会关系和政治关系还在苟延残喘。"马克思认为，社会形态的发展是一种自然历史过程，资本主义发展阶段是不能跨越的。他指出，"一个社会既是探索到了本身运动的自然规律……它还是既不能跳过也不能用法令取消自然的发展阶段"，尽管"它能缩短和减轻分娩的痛苦"。[①]

那么，这是不是说，马克思当时认为一切国家和民族，不管其具体情况如何，毫无例外地都要走上资本主义的发展道路呢？当然不是。因为马克思的头脑中还有另外一条思路，即资产阶级和资本主义在向全世界凯歌行进的同时，也创造了它走向灭亡的条件。一是创造了资本主义制度无法容纳的巨大生产力。马克思、恩格斯指出："社会所拥有的生产力已经不能再促进资产阶级文明和资产阶级所有制关系的发展；相反，生产力已经强大到这种关系所不能适应的地步，它已经受到这种关系的阻碍；而它一着手克服这种障碍，就使整个资产阶级社会陷入混乱，就使资产阶级所有制的存在受到威胁。资产阶级的关系已经太狭窄了，再容纳不了它本身所创造的财富了。"[②]二是创造了自己的掘墓人——无产阶级。资产阶级要按照自己的面貌创造一个世界，

---

① 《马克思恩格斯文集》第 5 卷，人民出版社 2009 年版，第 9、9—10 页。
② 《马克思恩格斯文集》第 2 卷，人民出版社 2009 年版，第 37 页。

无产阶级则要为人类创造一个共产主义新世界。马克思、恩格斯指出："资产阶级无意中造成而又无力抵抗的工业进步，使工人通过结社而达到的革命联合代替了他们由于竞争而造成的分散状态。于是，随着大工业的发展，资产阶级赖以生产和占有产品的基础本身也就从它的脚下被挖掉了。它首先生产的是它自身的掘墓人。资产阶级的灭亡和无产阶级的胜利同样是不可避免的。"① 无产阶级将建立一个"每个人的自由发展是一切人的自由发展的条件"的"联合体"②，即共产主义新社会。

由此可见，在马克思、恩格斯看来，世界无产阶级革命并不意味着要以一切国家和民族都采用资本主义生产方式为前提，而是像他们在《德意志意识形态》中所说的那样，是指那些控制着世界市场并拥有巨大生产力的"占统治地位的各民族'一下子'同时发生的行动"③。由资产阶级和资本主义造成的普遍性的世界交往，足以使英、美、法、德等发达资本主义国家的革命成为"世界历史性的事业"，把还没有走上资本主义发展道路的国家也带到新社会中来，即在全世界实现共产主义。我们回顾一下当时的历史情况就可以清楚地看到，在1847 年底到 1848 年初马克思、恩格斯合写《共产党宣言》，宣告资本主义即将灭亡的时候，甚至在 1867 年马克思在《资本论》中宣告"资本主义私有制的丧钟就要响了"④ 的时候，世界上仍然有很多国家和民族处于前资本主义社会。如果他们认为要等到一切国家和民族都走上资本主义发展道路以后再进行无产阶级革命，就没有必要那么早去写《共产党宣言》和《资本论》了。不仅如此，他们倒应该去写如何促进前资本主义国家走上资本主义发展道路的著作了。

---

① 《马克思恩格斯文集》第 2 卷，人民出版社 2009 年版，第 43 页。
② 《马克思恩格斯文集》第 2 卷，人民出版社 2009 年版，第 53 页。
③ 《马克思恩格斯文集》第 1 卷，人民出版社 2009 年版，第 538—539 页。
④ 《马克思恩格斯文集》第 5 卷，人民出版社 2009 年版，第 874 页。

把马克思、恩格斯这两种思路（也许说同一思路的两个方面更确切些）统一起来，就不难看出，他们从来没有认为一切国家和民族都走上资本主义发展道路以后，才能进行社会主义革命。事实上，在马克思、恩格斯早期的著作中，就已经孕育和包含了有些国家和民族，甚至是相当多的国家和民族，可以"跨越"资本主义制度的卡夫丁峡谷的思想。例如，马克思、恩格斯在《德意志意识形态》中指出："大工业发达的国家也影响着那些或多或少是非工业性质的国家，因为那些国家由于世界交往而被卷入普遍竞争的斗争中。"又指出："按照我们的观点，一切历史冲突都根源于生产力和交往形式之间的矛盾。此外，不一定非要等到这种矛盾在某一国家发展到极端尖锐的地步，才导致这个国家内发生冲突。由广泛的国际交往所引起的同工业比较发达的国家的竞争，就足以使工业比较不发达的国家内产生类似的矛盾。"他们特意举例说："英国工业的竞争使德国潜在的无产阶级显露出来了"[①]。恩格斯在《共产主义原理》第十九个问题中也指出：英国、美国、法国、德国的共产主义革命"也会大大影响世界上其他国家，会完全改变并大大加速它们原来的发展进程。它是世界性的革命，所以将有世界性的活动场所。"[②] 这些论述都说明，在历史进入"世界历史以后"，由于普遍性的世界交往和无产阶级作为"世界历史性的存在"，只要发达资本主义国家的无产阶级革命取得了胜利，就可以大大改变前资本主义国家或非工业国家的历史发展进程，使它们不必再经过"资本主义制度的卡夫丁峡谷"，而直接进入共产主义新社会，这实际上就是前资本主义国家可以"跨越"资本主义制度的卡夫丁峡谷的思想。不过，在当时，这个思想还是抽象的原则。到了晚年，这个抽象的原则则在俄国农村公社和俄国社会发展道路的问题上被具体化了。

---

① 《马克思恩格斯文集》第 1 卷，人民出版社 2009 年版，第 567、567—568 页。
② 《马克思恩格斯文集》第 1 卷，人民出版社 2009 年版，第 687 页。

我还要特别指出，马克思、恩格斯在早年就已经有了"中国革命"（指太平天国革命）可能成为西方革命的"信号"并且与西方革命"互相补充"的思想。马克思在 1853 年写的《中国革命和欧洲革命》一文中，提出这样一个问题："当英国引起了中国革命的时候，便发生一个问题，即这场革命将来会对英国并且通过英国对欧洲发生什么影响？"马克思认为，"中国革命"将加速和加剧英国的工业危机。他指出："我们时常提请读者注意英国的工业自 1850 年以来空前发展的情况。在最惊人的繁荣当中，就已不难看出日益迫近的工业危机的明显征兆。尽管有加利福尼亚和澳大利亚的发现，尽管人口大量地、史无前例地外流，但是，如果不发生什么意外事情的话，到一定的时候，市场的扩大仍然会赶不上英国工业的增长，而这种不相适应的情况也将像过去一样，必不可免地要引起新的危机。这时，如果有一个大市场突然缩小，那么危机的来临必然加速，而目前中国的起义对英国正是会起这种影响。"[①] 马克思进一步指出："既然英国的贸易已经经历了通常商业周期的大部分，所以可以有把握地说，中国革命将把火星抛到现今工业体系这个火药装得足而又足的地雷上，把酝酿已久的普遍危机引爆，这个普遍危机一扩展到国外，紧接而来的将是欧洲大陆的政治革命。这将是一个奇观：当西方列强用英、法、美等国的军舰把'秩序'送到上海、南京和运河口的时候，中国却把动乱送往西方世界。"[②] 这些论述说明，在东西方革命的关系问题上早年马克思和晚年马克思的思想也是一致的、不矛盾的。

让我们再回到"跨越"资本主义制度的卡夫丁峡谷问题上来。我们在上面所作的历史的和理论的分析已经充分说明，马克思、恩格斯在晚年提出的俄国农村公社和俄国社会有可能"跨越"资本主义制度

---

① 《马克思恩格斯文集》第 2 卷，人民出版社 2009 年版，第 609、610 页。

② 《马克思恩格斯文集》第 2 卷，人民出版社 2009 年版，第 612 页。

的卡夫丁峡谷的设想，并不是一时心血来潮，突发奇想，而是他们以前思想合乎逻辑的继续、深化和发展，是在特定的历史条件下，把他们以前已经蕴含在头脑深处的思想具体表达出来，前后一贯，一脉相承，并没有什么矛盾。

二、俄国公社实现"跨越"的先决条件

我国理论界有人认为，马克思、恩格斯早年寄希望于西欧无产阶级革命的胜利，晚年由于"西欧革命陷入僵局"而感到"困惑"，对西欧革命丧失了信心，因而把关注的重心转移到东方落后国家的革命上来，并认为东方落后国家的无产阶级革命可以首先取得胜利，先于西欧进入社会主义社会。

这种看法是肤浅的、片面的，没有透视到马克思、恩格斯思想深处的内在逻辑。在马克思的头脑中，有两种思想同时存在并起着作用。一种思想是他对资本主义的寿命估计过短，把资本主义初期由于资本主义制度的不完善而暴露出来的种种弊端和产生出来的激烈对抗与冲突，看成是资本主义制度将要彻底灭亡的表现，因而对西欧无产阶级革命的胜利始终抱乐观态度。尽管他不断总结西欧革命挫折和失败的教训，却总是把希望寄托在西欧无产阶级革命很快取得胜利上。欧洲1848 年以后，英、法等国的工商业普遍繁荣。鉴于这种情况，他在总结1848 年革命失败的经验教训时确实曾经指出："在这种普遍繁荣的情况下，即在资产阶级社会的生产力正以在整个资产阶级关系范围内所能达到的速度蓬勃发展的时候，也就根本谈不到什么真正的革命。只有在**现代生产力**和**资产阶级生产方式**两个要素互相**矛盾**的时候，这种革命才有可能。"[①] 在1859 年写的《〈政治经济学批判〉序言》中，马

---

① 《马克思恩格斯文集》第 2 卷，人民出版社 2009 年版，第 176 页。

克思还把这个经验教训上升到更加一般的理论高度，成为一条对我们今天的现实来说也仍然具有指导意义的极为重要的历史唯物主义基本原理，即我们通常说的"两个决不会"原理。他指出："无论哪一个社会形态，在它所能容纳的全部生产力发挥出来以前，是决不会灭亡的；而新的更高的生产关系，在它的物质存在条件在旧社会的胎胞里成熟以前，是决不会出现的。"① 但是马克思并没有因此对西欧的无产阶级革命丧失信心。他坚信，由于资本主义社会的固有矛盾，资本主义的经济危机一定会再次爆发，并引发新的革命。他满怀豪情地指出："**新的革命，只有在新的危机之后才可能发生。但新的革命正如新的危机一样肯定会来临。**"② 马克思在 1858 年 2 月 22 日致裴迪南·拉萨尔的信中讲述他写作《资本论》的进展情况时说："我预感到，在我进行了 15 年研究工作以后的今天，当我能够动笔的时候，也许会受到外部暴风雨般的运动的干扰。这没有关系。如果我完成得太晚，以致世界不再关心这类东西，那显然是我自己的过错……"③ 这就是说，当时马克思认为，世界无产阶级革命的风暴即将来临，很可能在他没有写完《资本论》这部著作以前，资本主义制度就被埋葬了，因而人们也就不再关心研究和批判资本主义制度的著作了。恩格斯同样对西欧的无产阶级革命寄予厚望，并对它抱乐观态度。他在《一八七七年的欧洲工人》一文中满怀喜悦地说："在欧洲各地，不论什么地方，工人运动都不仅在顺利地发展，而且在迅速地发展，更重要的是，处处的精神都是同样的。完全的思想一致恢复了，而同时，在各国工人之间通过这种或那种方式进行的经常的和定期的联系正在建立起来。""现在这些人可以骄傲地高呼：'国际完成了自己的任务；它完全达到了自己

---

① 《马克思恩格斯文集》第 2 卷，人民出版社 2009 年版，第 592 页。
② 《马克思恩格斯文集》第 2 卷，人民出版社 2009 年版，第 176 页。
③ 《马克思恩格斯文集》第 10 卷，人民出版社 2009 年版，第 150 页。

的伟大目的——联合全世界的无产阶级为反对其压迫者而斗争'。"① 马克思，特别是恩格斯，虽然在晚年认识到资本主义还有生命力，自我调节功能不断增强，暂时还不会灭亡，恩格斯甚至公开承认 1848 年和1871 年企图通过一次简单的突然袭击就取得社会主义革命的胜利的想法是"错了"，是一种"迷雾"，是"一个幻想"，是"不对的"，是"没有什么成果的"②，但由于历史的局限，马克思、恩格斯还没有认识到在他们逝世一百多年以后的今天，资本主义尚未在短期内灭亡的迹象。因此，他们当时并没有对西欧无产阶级革命的胜利丧失信心。

既然如此，马克思、恩格斯为什么那么关心俄国民粹派和民意党人推翻沙皇政府的革命并希望它尽快地取得胜利呢？这是因为，在马克思的头脑中还有另一种思想，即资本主义的扩张会在前资本主义民族中促进资本主义的产生和发展。资本主义在西欧已经腐朽，但它如果在西欧以外的地区产生和发展起来，则是新生的，具有巨大的生命力。如果出现这种情况，西欧的无产阶级革命即使取得了胜利，也只是一个小小的角落，必然会被刚刚走上资本主义道路的多数国家镇压下去。马克思在 1858 年 10 月 8 日致恩格斯的信中指出："不能否认，资产阶级社会已经第二次经历了它的十六世纪，我希望这个十六世纪把它送进坟墓，就像第一个十六世纪给它带来了生命一样。资产阶级社会的真正任务是建立世界市场（至少是一个轮廓）和确立以这种市场为基础的生产。因为地球是圆的，所以随着加利福尼亚和澳大利亚的殖民地化，随着中国和日本的门户开放，这个过程看来已完成了。对我们来说，困难的问题是：大陆上革命已经迫在眉睫，并将立即具有社会主义的性质。但是，由于在广大得多的领域内资产阶级社会还在走上坡路，革命在这个小小的角落里不会必然被镇压吗？"③ 马克思

---

① 《马克思恩格斯全集》第 19 卷，人民出版社 1963 年版，第 149 页。
② 《马克思恩格斯文集》第 4 卷，人民出版社 2009 年版，第 538—542 页。
③ 《马克思恩格斯文集》第 10 卷，人民出版社 2009 年版，第 166 页。

的这个思想一直保持着，并且正是基于这种思想，他在晚年劝告俄国人"不必急急忙忙地跳进资本主义"①，希望俄国公社能够"跨越"资本主义制度的卡夫丁峡谷，直接过渡到社会主义社会。

至于有人说，马克思、恩格斯认为东方落后国家的无产阶级革命可以首先取得胜利，先于西欧进入社会主义社会，前面已经讲过，这是把列宁的思想加到马克思、恩格斯的头上了。现在要着重说明的是，马克思、恩格斯不仅从来没有认为东方落后国家的无产阶级革命可以先于西欧发生并取得胜利，而且尖锐地批评了这种思想，反复说明西欧无产阶级社会主义革命取得胜利，是东方落后国家"跨越"资本主义制度的卡夫丁峡谷的先决条件。

首先，马克思、恩格斯认为，只有西欧无产阶级社会主义革命胜利以后，东方落后国家才能取得对社会进行社会主义改造的物质技术基础。东方落后国家自身缺乏对社会进行社会主义改造的物质技术基础，这种物质技术基础只能来自西方工业发达的资本主义国家。由于社会主义和资本主义是根本对立的社会制度，西方占统治地位的资产阶级绝不会把资本主义大工业创造的物质技术基础拱手让给东方落后国家去搞社会主义，因为这样做就意味着自掘坟墓、自取灭亡。所以，只有在西欧通过无产阶级社会主义革命推翻资产阶级的统治以后，东方落后国家才能利用西欧资本主义制度创造的一切积极成果，对社会进行社会主义改造。恩格斯在 1893 年 2 月 24 日致俄国民粹派理论家尼·弗·丹尼尔逊的信中指出："毫无疑问，公社，在某种程度上还有劳动组合，都包含了某些萌芽，它们在一定条件下可以发展起来，使俄国不必经过资本主义制度的苦难。"但是，"实现这一点的第一个条件，是**外部的推动**，即西欧经济制度的变革，资本主义在最先产生它的那些国家中被消灭。"又说："如果在西方，我们在自己的经济发展

---

① 《马克思恩格斯文集》第 4 卷，人民出版社 2009 年版，第 463 页。

中走得更快些，如果我们在10年或20年以前能够推翻资本主义制度，那么，俄国也许还来得及避开它自己向资本主义发展的趋势。"但遗憾的是，在这期间，英国、法国、美国、德国等国家的资本主义经济获得了长足的发展，而俄国的公社却在衰败，"我们只能希望我们这里（指西方资本主义国家——引者）向更好的制度的过渡尽快发生，以挽救——至少是在你们国家一些较边远的地区——那些在这种情况下负有使命实现伟大未来的制度。但事实终究是事实，我们不应当忘记，这种机会正在逐步减少。"①1894年恩格斯在《〈论俄国的社会问题〉跋》中讲得更加清楚。他指出："西欧无产阶级对资产阶级的胜利以及与之俱来的以社会管理的生产代替资本主义生产，这就是俄国公社上升到同样的发展阶段所必需的先决条件。"恩格斯强调指出：没有西欧无产阶级革命的胜利，"目前的俄国无论是在公社的基础上还是在资本主义的基础上，都不可能达到社会主义的改造"②。这就是说，在恩格斯看来，不仅俄国在农村公社的基础上不能先于西方发达资本主义国家走上社会主义道路，即使俄国走上资本主义发展道路以后，由于它的经济文化落后，同样不可能先于西方发达资本主义国家走上社会主义道路。

其次，恩格斯认为，只有西欧的无产阶级革命取得胜利，为东方落后国家做出对社会进行社会主义改造的榜样的时候，东方落后国家才能仿效这种榜样，对本国的社会进行社会主义改造。恩格斯在致尼·弗·丹尼尔逊的信和《〈论俄国的社会问题〉跋》中，对这一点讲得十分透彻。他指出，落后国家"跨越"资本主义制度的卡夫丁峡谷的"必不可少的条件是：目前还是资本主义的西方作出榜样和积极支持。只有当资本主义经济在自己故乡和在它兴盛的国家里被克服的

---

① 《马克思恩格斯文集》第10卷，人民出版社2009年版，第649、650页。
② 《马克思恩格斯文集》第4卷，人民出版社2009年版，第457、466—467页。

时候，只有当落后国家从这个榜样中看到'这是怎么回事'，看到怎样把现代工业的生产力作为社会财产来为整个社会服务的时候——只有到那个时候，这些落后国家才能开始走上这种缩短的发展过程。然而那时它们的成功也是有保证的"。恩格斯还特别强调这个过程的先后顺序具有普遍性。他指出："这不仅适用于俄国，而且适用于处在资本主义以前的发展阶段的一切国家。"① 恩格斯这段话有两点值得关注：第一，马克思、恩格斯关于"跨越"资本主义制度的卡夫丁峡谷的思想具有一定的普遍意义，这就是西方发达资本主义国家的无产阶级革命胜利以后，一切前资本主义国家都有可能（甚至可以说都必然会）"跨越"资本主义制度的卡夫丁峡谷。第二，经济文化落后的国家如果在特定的历史条件下取得了社会主义革命的胜利，率先开始了社会主义建设，由于西方发达资本主义国家没有为它作出"榜样"，它会比发达资本主义国家进入社会主义社会以后所从事的社会主义建设的困难要多得多，遭受的挫折要多得多，经历的时间要长得多，甚至有可能遭到失败。20 世纪末苏联解体、东欧剧变和中国在改革开放前走过的曲折道路以及在改革开放过程中所遇到的种种困难，都充分说明了这一点。

由此可见，马克思、恩格斯晚年认为落后国家有可能"跨越"资本主义制度的卡夫丁峡谷的思想，不仅丝毫不意味着他们认为"西欧革命陷入僵局"，对西欧革命丧失信心，感到"困惑"、失望和沮丧，反而证明他们坚信西欧无产阶级革命会在不久的将来爆发并取得胜利。因为按照马克思、恩格斯的逻辑，没有西欧无产阶级革命的胜利，落后国家是根本无法"跨越"资本主义制度的卡夫丁峡谷的。在马克思、恩格斯那里，承认经济文化落后的国家有可能"跨越"资本主义制度的卡夫丁峡谷，与相信西欧无产阶级革命必定在这之前取得胜利，这

---

① 《马克思恩格斯文集》第 4 卷，人民出版社 2009 年版，第 459 页。

本来是一回事。把西欧无产阶级革命取得胜利与东方落后国家"跨越"资本主义制度的卡夫丁峡谷,看成是互相对立、非此即彼的两个完全不同的发展过程,是对马克思、恩格斯思想的严重误解。

三、马克思早年思想与晚年思想的异同

我们首先考察马克思早年关于俄国社会发展道路思想的特点,然后分析马克思早年思想与晚年思想的异同。

马克思早年主要强调俄国公社与西欧公社的共同性质和共同发展道路,没有谈到和很少谈到俄国公社与西欧公社相比较有什么特殊性和特殊的发展道路。俄国公社的土地公有制像西欧一样,同样不可避免地要转化为适应于资本主义生产方式的土地所有制形式。马克思在这方面有很多论述,择其中重要的引述几段,以证实我们的这种观点。

马克思在 1858—1859 年写的《政治经济学批判(第一分册)》的一个脚注中指出:"近来流传着一种可笑的偏见,认为**原始的**公有制的形式是斯拉夫人特有的形式,甚至只是俄罗斯的形式。这种原始形式我们在罗马人、日耳曼人、赛尔特人那里都可以见到,直到现在我们还能在印度人那里遇到这种形式的一整套图样,虽然其中一部分只留下残迹了。仔细研究一下亚细亚的、尤其是印度的公有制形式,就会证明,从原始的公有制的不同形式中,怎样产生出它的解体的各种形式。例如,罗马和日耳曼的私有制的各种原型,就可以从印度的公社所有制的各种形式中推出来。"[①]

马克思在《资本论》第三卷第二十五章,引证了德国经济学家弗·李斯特在《农业制度、小农经济和移民》一书中的一段话,并表

---

① 《马克思恩格斯全集》第 31 卷,人民出版社 1998 年版,第 426 页。

示赞同。李斯特的这段话是这样写的:"大领地上盛行的自给自足的经济,不过证明还缺少文明、交通工具、国内工业和富裕城市。因此,我们在俄罗斯、波兰、匈牙利、梅克伦堡到处都看见这种自给自足的经济。以前在英国,这种经济也很盛行;但是,随着商业和工业的勃兴,它们就分成一些中型农场,被租佃制代替了。"马克思引证李斯特的言论,意在说明一切土地所有权都转化为适应于资本主义生产方式的土地所有权。他说:"我们已经看到,资本主义生产方式的经常趋势和发展规律,是使生产资料越来越同劳动分离,使分散的生产资料越来越大量积聚在一起,从而,使劳动转化为雇佣劳动,使生产资料转化为资本。另一方面,适应于这种趋势,土地所有权同资本和劳动相分离而独立,换句话说,一切土地所有权都转化为同资本主义生产方式相适应的土地所有权形式。"①

马克思在 1870 年 2 月 10 日给恩格斯的信中和同年 3 月 5 日给拉法格夫妇的信中,高度评价了俄国民粹派理论家弗列罗夫斯基的《俄国工人阶级的状况》一书。在给恩格斯的信中,马克思说:"**弗列罗夫斯基**的书我看过开头一百五十页(这些篇幅是论述西伯利亚、俄国北部和阿斯特拉罕的)。这是第一部说出俄国经济状况真相的著作。这个人是他所谓的'俄国乐观主义'的死敌。对于这种共产主义的黄金国,我从来不抱乐观的看法,但是弗列罗夫斯基的书的确完全出乎意料。"②可能是由于马克思还没有读完这本书,他对弗列罗夫斯基的思想有所误解,弗列罗夫斯基作为一个民粹主义者,对俄国农村公社持"乐观主义"态度,而不是"'俄国乐观主义'的死敌"。当他给拉法格夫妇写信的时候,已经读完了这本书,全面地理解了弗列罗夫斯基的思想,纠正了对他的误解。马克思在这封信中说:"弗列罗夫斯基的《俄国工

---

① 《马克思恩格斯文集》第 7 卷,人民出版社 2009 年版,第 1001—1002 页。
② 《马克思恩格斯全集》第 32 卷,人民出版社 1975 年版,第 421 页。

人阶级状况》是一部卓越的著作。我很高兴，现在能够查着字典比较顺畅地阅读它。这本书第一次描述了俄国的整个经济状况。这是一部非常认真的著作。作者在 15 年中周游全国，从西部边境到西伯利亚东部边境，从白海到里海，唯一目的是研究事实，揭露传统的谎言。当然，他对俄罗斯民族的无限的完善能力和俄国式的**公社所有制**的天意性质还抱有一些幻想。但这不是主要的。在研究了他的著作之后可以深信，波澜壮阔的俄国革命在俄国是不可避免的，并在日益临近，当然是具有同俄国当前发展水平相适应的初级形式。"①这里马克思严厉地批判了弗列罗夫斯基美化俄国农村公社的观点，指出"他对俄罗斯民族的无限的完善能力和俄国形式的公社所有制的天意性质还抱有一些幻想"。在这两封信中，马克思明确表示自己对俄国农村公社发展前途的观点："对于这种共产主义的黄金国，我从来不抱乐观的看法"。这说明，马克思在 1870 年以前，很少谈到，俄国公社有可能"跨越"资本主义制度的卡夫丁峡谷的问题。或者说，对俄国公社实现"跨越"的可能性不抱幻想。

　　把马克思晚年关于俄国公社及其发展道路的思想，与他早年的思想相比较，可以清楚地看出，其间既有共同点，又有不同点，但不存在矛盾。

　　第一，在早年，马克思着重强调的是农村公社在历史上存在的普遍性，在晚年，马克思强调的是俄国农村公社的特殊性：在西欧，农村公社及其土地所有制以及由于它阻碍经济的发展而解体，今天只是留有"残迹"，而"俄国公社的情况同西方原始公社的情况完全不同。俄国是在全国广大范围内把土地公社占有制保存下来的欧洲唯一的国家，同时，恰好又生存在现代的历史环境中，处在文化较高的时代，

---

① 《马克思恩格斯文集》第 10 卷，人民出版社 2009 年版，第 325 页。

和资本主义生产所统治的世界市场联系在一起"①。但是马克思晚年并没有否认历史上农村公社及其土地所有制存在的普遍性。

第二，在早年，马克思强调的是俄国农村公社的原始性、野蛮性、落后性，在晚年强调的是俄国农村公社有可能成为"俄国社会新生的支点"，可能"成为共产主义发展的起点"，可能"变为俄国社会复兴的因素，变为俄国比其他还处在资本主义制度压迫下的国家优越的因素"。②但是在晚年，马克思不仅没有否认俄国农村公社的原始性、野蛮性、落后性，而且和早年一样，对俄国农村公社不抱乐观的看法，用很大篇幅论述了俄国农村公社在现有形式上的原始性、野蛮性、落后性。他在《给维·伊·查苏利奇的复信》初稿中指出："俄国的'农业公社'有一个特征，这个特征造成它的软弱性，从各方面来看对它都是不利的。这就是它的孤立性，公社与公社之间的生活缺乏联系，这种**与世隔绝的小天地**并不到处都是这种类型的公社的内在特征，但是，在有这一特征的地方，这种与世隔绝的小天地就使一种或多或少集权的专制制度凌驾于公社之上。"③在二稿中又重复了同样的思想。④在三稿中，进一步深化和具体化了这个思想，指出："公社受到诅咒的是它的孤立性，公社与公社之间的生活缺乏联系，不正是这种**与世隔绝的小天地**使它至今不能有任何历史创举吗？而**这种与世隔绝的小天地**将在俄国社会的普遍动荡中消失。"又指出："为了使自己的劳动机会均等，他们根据土壤的自然差别和经济差别把土地分成一定数量的地段，然后按农民的人数把这些比较大的地段再分成小块。然后，每一个人在每一地段中得到一份土地。这种直到今天还在俄国公社里实行的做法，毫无疑问是和农艺学的要求相矛盾的。除其他种种不便外，

---

① 《马克思恩格斯全集》第 19 卷，人民出版社 1963 年版，第 444 页。

② 《马克思恩格斯全集》第 19 卷，人民出版社 1963 年版，第 269、326、441 页。

③ 《马克思恩格斯文集》第 3 卷，人民出版社 2009 年版，第 575 页。

④ 《马克思恩格斯全集》第 19 卷，人民出版社 1963 年版，第 445 页。

这种做法也造成人力和时间的浪费。"①

　　第三，在早年，马克思强调的是我国农村公社解体的历史必然性及其对社会发展的进步作用。在晚年，马克思强调的是在当时特定的历史环境下，农村公社有可能不解体，在西欧无产阶级革命胜利以后，可能成为共产主义发展的起点。但是，他并没有否认俄国农村公社解体的历史必然性，而且明确指出它当时正处在危险境地，公社内部各种瓦解因素正在发展，公社外部各种力量正在集中起来破坏它，力图摧毁它。马克思在《给维·伊·查苏利奇的复信》初稿中指出：公社的"二重性也可能逐渐成为公社解体的根源。撇开敌对的环境的一切影响不说，仅仅从积累牲畜开始的动产的逐渐积累（甚至有像农奴这样一种财富的积累），动产因素在农业本身中所起的日益重大的作用以及与这种积累密切相关的许多其他情况……，都起着破坏经济平等和社会平等的作用，并且在公社内部产生利益冲突，这种冲突先是使耕地变为私有财产，最后造成私人占有那些已经变成私有财产的**公共附属物**的森林、牧场、荒地等等"。接着，马克思又指出了来自公社外部的各种破坏力量。他说："正是从所谓农民解放的时候起，国家把俄国公社置于不正常的经济条件之下，并且从那时候起，国家借助集中在它手中的各种社会力量来不断地压迫公社。由于国家的财政搜刮而被削弱得一筹莫展的公社，成了商人、地主、高利贷者随意剥削的任人摆布的对象。这种外来的压迫激发了公社内部原来已经产生的各种利益的冲突，并加速了公社的各种瓦解因素的发展。但是，还不止如此。国家靠牺牲农民培植起来的是西方资本主义制度的这样一些部门，它们丝毫不发展农业生产能力，却特别有助于不从事生产的中间人更容易、更迅速地窃取它的果实。这样，国家就帮助了那些吮吸'农村公社'本来已近枯竭的血液的新资本主义寄生虫去发财致富。"马克思得

---

① 《马克思恩格斯文集》第 3 卷，人民出版社 2009 年版，第 587、587—588 页。

出结论说："破坏性因素的这种共同作用，只要不被强大的反作用打破，就必然会导致农村公社的灭亡。"①

　　从以上几点可以看出马克思在晚年既没有发生社会历史观的根本转变，也没有发生农村公社观的根本转变。

---

① 《马克思恩格斯文集》第 3 卷，人民出版社 2009 年版，第 574、476—577、577 页。

第十一章
恩格斯思想与马克思思想的差别和一致性

国内外学术理论界不仅有人认为早年马克思和晚年马克思对俄国农村公社及其发展道路的观点是自相矛盾的，而且有人认为马克思和恩格斯对这个问题的看法也是互相矛盾的。这也是一种误解。我认为，马克思和恩格斯对俄国农村公社及其发展道路的看法在本质上是一致的，同时又存在一些差别，但不是互相矛盾、互相对立的。

一、恩格斯对俄国民粹派错误观点的批判

俄国民粹派思想即民粹主义，是一种代表小生产者利益的空想的农业社会主义思潮，19世纪六七十年代产生于俄国。民粹派分子以人民的"精粹"自居，提出"到民间去"发动农民推翻沙皇专制制度，因而有"民粹派"之称。俄国民粹派把资本主义在俄国的发展看成一种不应当出现的偶然现象，否认无产阶级是最先进、最革命的阶级，把俄国农村公社看作社会主义的胚胎和基础，把农民看成革命的主要力量，强调俄国发展的所谓特殊道路，幻想遏制资本主义在俄国的发展，主张在农村公社的基础上建立社会主义制度。恩格斯依据历史唯物主义的基本观点，结合当时世界历史和俄国发展的实际情况，对俄国民粹派的这些错误观点作了深刻的批判。

（一）恩格斯对俄国民粹派空想的农业社会主义思想的批判
早在19世纪40年代，马克思、恩格斯创立科学社会主义学说的

时候，俄国的知识界就开始涌动着崇拜农村公社的神奇力量的思潮，民粹派就是这种思潮的直接继承者。他们认为，在俄国实现社会主义比西欧更快、更容易。其主要理由有：（1）俄国既没有城市无产阶级，也没有城市资产阶级，俄国的农民只需要同政治权力及专制国家做斗争，这个斗争可以轻而易举地取得胜利。（2）俄国完好地保存了村社制度和劳动组合的形式，这不仅是俄国不同于西欧的地方，而且是优于西欧的集中表现，村社原则"应当成为我们大家梦寐以求的未来社会的基石"①。（3）俄国农民是"真正的社会主义体现者、天生的共产主义者"②，同"西欧无产者比起来，要无限地接近社会主义"③。恩格斯对这些谬论作了深刻批判。

对于民粹派的第一个理由，恩格斯反驳道，现代社会主义力图实现的变革，就是无产阶级战胜资产阶级、消灭阶级、建立一个没有阶级和阶级差别的新的社会组织。原始时代的野蛮人和半野蛮人也没有任何阶级和阶级差别，每个民族都经历了这种状态。我们绝不是要重新恢复这种状态。因为随着生产力的发展，从这种状态中必然要产生阶级差别。只有生产力发展到一定程度，发展到甚至对于我们现在的条件来说也是很高的程度，才能使阶级差别的消除成为真正的进步，使这种消除可以持续下去，并且不至于在社会的生产方式中引起停滞和倒退。但是生产力只有在资产阶级手中才能达到这样的发展程度。可见，从这一方面来说，资产阶级正如无产阶级本身一样，也是社会主义革命的必要的先决条件。"因此，谁竟然断言在一个**虽然**没有无产阶级**然而**也没有资产阶级的国家里更容易进行这种革命，那就只不过证明，他还需要学一学关于社会主义的初步知识。"④恩格斯的这一思

---

① 中共中央马克思恩格斯列宁斯大林著作编译局国际共运史研究室编译：《俄国民粹派文选》，人民出版社 1983 年版，第 374 页。

② 《马克思恩格斯文集》第 3 卷，人民出版社 2009 年版，第 396 页。

③ 《马克思恩格斯文集》第 4 卷，人民出版社 2009 年版，第 452 页。

④ 《马克思恩格斯文集》第 3 卷，人民出版社 2009 年版，第 390 页。

想具有十分重要的现实意义，它告诉我们，只有社会生产力发展到很高的程度，才能消灭一切阶级和阶级差别，如果在生产力的发展水平很低的情况下，就人为也去消灭阶级和阶级差别，并不意味着社会的"真正的进步"，不能"持续下去"，并且会"在社会的生产方式中引起停滞和倒退"。这是已经被一些国家的实践所证明了的客观真理。

关于民粹派的第二个理由，恩格斯认为，俄国的农村公社并不是什么神奇的东西，而是一种处于文明时代以前的氏族社会制度，是一种原始的农业共产主义。农村公社的土地公有制，是一种在原始时代曾经盛行于印欧民族中的土地占有形式，这种占有形式在印度至今还存在。在爱尔兰和苏格兰，只是不久前才被强行消灭。在德国，甚至现在在一些地方还能见到。因此，公社制度不是俄国的特有现象，它是一种已经衰亡的占有形式，实际上是所有民族在一定的发展阶段上的共同现象。当然，恩格斯也看到，俄国确实是把公社制度在全国范围内完整地保留下来的唯一国家，但这并不是俄国社会优越于西欧社会的根据。在西欧，随着生产力的提高和人们之间社会交往的扩大，原始的公社土地所有制越来越成为农业生产的桎梏，并逐渐地瓦解和消灭。俄国把公社制度保留下来，只能说明俄国的农业生产以及与之相适应的农村社会关系还处在很不发达的状态；俄国农村公社的普遍存在是俄国社会普遍落后的标志，它说明俄国社会远远没有达到现代文明的水平。

关于民粹派的第三个理由，恩格斯认为，俄国公社的封闭性和落后性集中表现为公社社员的活动方式和活动范围的褊狭性。俄国农民只是在自己的公社里面生活和活动；其余的整个世界只有在干预他的公社事务时，对于他才是存在的，而全世界的意义对于他们来说，就是"公社社员大会"。各公社相互间这种完全隔绝的状态，在全国造成虽然相同但绝非共同的利益，这就是东方专制制度的自然形成的基础。对于这样的公社社员，与其说他们是社会主义的天生选民，还不如说是过着苟且偷生生活的先民，断言他们比西欧的无产阶级"'更接近于社会主义'，完全是胡说八道"①。

恩格斯在《〈论俄国的社会问题〉跋》中认为：对于俄国农村公社进行社会主义改造的首要因素，"不是来自公社本身"，"从氏族社会遗留下来的农业共产主义在任何地方和任何时候除了本身的解体以外，都没有从自己身上长出任何别的东西"。"俄国的公社存在了几百年，在它内部从来没有出现过要把它自己发展成高级的公有制形式的促进因素"。② 在此基础上，恩格斯论述了一条极为重要的历史唯物主义基本原理，这条基本原理对于我们现在进行的改革开放和社会主义现代化建设仍然具有现实的指导意义。恩格斯指出：要处在"较低的经济发展阶段解决只有高得多的发展阶段才产生了的和才能产生的问题和冲突，这在历史上是不可能的。在商品生产和单个交换出现以前的一切形式的氏族公社同未来的社会主义社会只有一个共同点，就是一定的东西即生产资料由一定的集团共同所有和公共使用。但是单单这一共同特性并不会使较低的社会形式能够从自己本身产生出未来的社会主义社会，后者是资本主义社会的最独特的最后的产物。每一种特定的经济形态都应当解决它自己的、从它本身产生的任务；如果要去解决另一种完全不同的经济形态的问题，那是十分荒谬的"③。马克思在1859年写的《〈政治经济学批判〉序言》中曾说："无论哪一个社会形态，在它所能容纳的全部生产力发挥出来以前，是决不会灭亡的；而新的更高的生产关系，在它的物质存在条件在旧社会的胎胞里成熟以前，是决不会出现的。所以人类始终只提出自己能够解决的任务，因为只要仔细考察就可以发现，任务本身，只有在解决它的物质条件已

---

① 《马克思恩格斯文集》第 3 卷，人民出版社 2009 年版，第 399 页。
② 《马克思恩格斯文集》第 4 卷，人民出版社 2009 年版，第 457、456—457 页。
③ 《马克思恩格斯文集》第 4 卷，人民出版社 2009 年版，第 458—459 页。

经存在或者至少是在生成过程中的时候，才会产生。"① 把恩格斯的论述与马克思的论述比较一下就可以清楚地看出，恩格斯不仅坚持了马克思的基本思想，而且把这一思想发挥得更深入、更透彻、更具体了。恩格斯还指出了这个思想的普遍指导意义。他说："这一点对于俄国的公社，也同对于南方斯拉夫人的扎德鲁加、印度的氏族公社、或者任何其他以生产资料公有为特点的蒙昧时期或野蛮时期的社会形式一样，是完全适用的。"② 马克思、恩格斯的这一思想的现实意义在于告诉我们：社会形态的发展是自然历史过程，在任何时候都不要过分强调"超越"社会发展阶段，不要过分强调所谓的"跨越式"发展。"跨越式"发展虽然速度快了，但它产生的负面效应及其所带来的不良后果，可能是在很长时间内不能克服的。对那些头脑发热、动不动就强调"跨越式"发展的同志，希望他们再认真读一读马克思在《资本论》第一卷第一版《序言》中所说的一段话："我的观点是把经济的社会形态的发展理解为一种自然史的过程"，"一个社会即使探索到了本身运动的自然规律——本书的最终目的就是揭示现代社会的经济运动规律——，它还是既不能跳过也不能用法令取消自然的发展阶段"。③ 我们还想提醒那些头脑发热的同志回顾一下我国社会主义建设的历史，不要重犯1958 年"大跃进"的错误。

（二）恩格斯对俄国民粹派否认俄国发展资本主义的历史必然性及其进步作用的错误观点的批判

19 世纪 80 年代末 90 年代初，由于世界形势和俄国自身形势的变化，恩格斯认为俄国农村公社"跨越"资本主义制度的卡夫丁峡谷的可能性已经丧失，俄国唯一的前途是走资本主义发展道路。俄国走资

① 《马克思恩格斯文集》第 2 卷，人民出版社 2009 年版，第 592 页。
② 《马克思恩格斯文集》第 4 卷，人民出版社 2009 年版，第 459 页。
③ 《马克思恩格斯文集》第 5 卷，人民出版社 2009 年版，第 9—10 页。

本主义发展道路虽然会使俄国人民遭受种种苦难和折磨，但是这是历史进步过程中不可避免的。俄国民粹派思想家尼·弗·丹尼尔逊以俄国走上资本主义道路会给工人、农民以至整个俄国社会带来种种苦难为理由，反对俄国发展资本主义，主张在俄国公社的基础上发展现代大工业。恩格斯主要从以下两个方面批判了他的这一错误观点。

首先，恩格斯批判了丹尼尔逊否认俄国发展资本主义的历史必然性的错误观点。恩格斯认为，丹尼尔逊离开历史发展的客观进程，放弃评价社会进步的历史尺度，主要从个人的好恶评价资本主义在俄国的发展，这是极端错误的历史唯心主义观点。恩格斯指出：资本主义在俄国获得了发展，这是不争的事实，"至于我们是否喜欢这些事实那就是另一回事了；但不管我们喜欢与否，这些事实照样要继续存在下去。而我们越是能够摆脱个人的好恶，就越能更好地判断这些事实本身及其后果"。在这里，恩格斯为我们提供了一个历史评价的客观尺度。其实丹尼尔逊也看到了1861年农奴制改革以来，俄国社会正在发生巨大变革，但他由于不喜欢这种变革而对其持否定态度。恩格斯则认为这些变革是历史的必然性和历史的进步。他指出："从1861年起，俄国开始以同一个大民族相称的规模发展现代工业。人们早就确信：任何一个国家，如果没有使用蒸汽发动机的机器工业，自己不能满足（哪怕是大部分）自身对工业品的需要，那末，它现在在各文明民族中就不可能占据应有的地位。俄国也就是从这个信念出发开始行动的，而且是以巨大的努力行动的。"①

其次，恩格斯批判了丹尼尔逊以由于俄国政府的政策不正确造成家庭工业和农民副业的破坏为理由，否认俄国发展资本主义的错误观点。丹尼尔逊认为，俄国资本主义之所以得到发展，资本主义的发展

---

① 《马克思恩格斯与俄国政治活动家通信集》，马逸若、许贤绪、陈光汉等译，吴惕安、李俊聪校，人民出版社1987年版，第612、597页。

之所以给人民带来了深重的灾难,是由于俄国政府实行了保护关税等错误政策。恩格斯则认为,资本主义在俄国的发展是经济必然性使然,与政府政策的好坏没有必然的联系。在恩格斯看来,发展资本主义机器大工业,必然排挤家庭工业的产品,破坏农民赖以生存的副业生产,这是资本主义大工业全然不可避免的后果,不仅俄国如此,当年的英国、德国也是如此。对于俄国我们不应该讨论发展资本主义大工业会不会破坏家庭工业以及与之有关的农业部门这个问题,而应该探讨如何有利于本国大工业的发展问题,对此,"俄国人必须作出抉择,他们的家庭工业是由**本国的**大工业还是由**英国商品的输入**来消灭。如果**采用保护关税政策**,就是要由**俄国人**来完成;如果**不采用保护关税政策**,就要由**英国人**来完成。在我看来,这一切是显而易见的"。恩格斯还从上层建筑与经济基础之间相互关系的角度深入批判了丹尼尔逊的错误观点。恩格斯认为,上层建筑只能加速或延缓经济基础的发展,它不能改变经济基础自身发展的基本趋势。他指出:"一切政府,甚至最专制的政府,**归根到底**都只不过是本国状况所产生的经济必然性的执行者。……它们可以加速或延缓经济发展及其政治和法律的结果,可是最终它还是要遵循这种发展。俄国实现工业革命的手段,是否是实现该目的的最好手段,是另一个问题,现在来讨论这个问题可能使我们离题太远了。只要我们能证明这一工业革命本身是不可避免的,我的目的就算达到了。"[①]恩格斯的这个思想启发使我认识到:在我国改革开放的过程中,对每一个重大措施的出台,首先要看它是否符合历史发展的必然性,是否有利于提高生产力的发展水平,是否有利于增强我国的综合国力,是否有利于改善人民生活,而不能动不动就问"姓社"还是"姓资",犯"恐资症"。

---

① 《马克思恩格斯与俄国政治活动家通信集》,马逸若、许贤绪、陈光汉等译,吴惕安、李俊聪校,人民出版社1987年版,第627、614页。

（三）恩格斯对俄国民粹派否认历史进步需要付出代价的错误观点的批判

历史进步与代价付出是一对孪生兄弟：历史进步必须付出代价，而付出的代价又会由历史的进步来补偿。丹尼尔逊认为，在俄国发展资本主义大工业，将使工人失业，农民破产，粮食减收，工业品减少，贸易萎缩，物价上涨，贫富差距拉大，人民生活困苦不堪。他说："资本主义的发展正在产生一种我们在任何地方都没有见到过的革命，如果资本主义更加发展，全体人民必将破产，因为现在它正在使人民遭到破产，并使人民陷入饥饿的绝境"，"用新的大土地所有者阶级来代替农民，将意味着产生过剩的成百万新的没有任何生活资料的劳动者，也就是说，将意味着破坏我们的国内工业市场和使数百万失业者活活饿死"。恩格斯指出，丹尼尔逊的根本错误在于否认历史进步需要付出代价，人们付出的代价会由历史的进步来补偿。恩格斯指出："既然俄国在克里木战争之后需要有本国的大工业，那它只能拥有一种形式即**资本主义形式**的大工业。而有了这种形式的大工业，它就要承受资本主义大工业在其他所有国家所带来的一切后果。"这一点在俄国尤为严重。这是因为："俄国是资本主义大工业发展**最后波及的国家**，同时又是**农民人口最多的国家**，这种情况必然会使这种经济变革引起的动荡比任何其他地方强烈得多。由一个新的**资产阶级**土地占有者阶级代替大约五十万地主和大约八千万农民的过程，只能通过可怕的痛苦和动荡来实现。但历史可以说是所有女神中最残酷的一个，她不仅在战争中，而且在'和平的'经济发展时期中，都是在堆积如山的尸体上驰驱她的凯旋车。而不幸的是，我们人类却如此愚蠢，如果不是在几乎无法忍受的痛苦逼迫之下，怎么也不能鼓起勇气去实现真正的进步。"恩格斯还说："从原始的农业共产主义过渡到资本主义的工业制度，没有社会的巨大变革，没有整个整个阶级的消失和它们的转变为另一个阶级,那是不可能的;而这必然要引起多么大的痛苦,使人的生命和生产力遭受多么大的巨大浪费,我们已经在西欧看到了。"同时也要看到事情的另一面,即"资本主义正在展示出新的前景和新的希望","没有哪一次巨大的历史灾难不是以历史的进步为补偿的",历史上的"各种事物最终都是为人类进步事业服务的","历史上确实没有一件事实不是通过这种或那种途径为人类进步事业服务的,但这毕竟是漫长的和曲折的道路",俄国"当前的经济改革可能也是这样"。[①] 恩格斯这个思想的现实意义在于告诉我们:判断我国改革开放的成败和路线、方针、政策是否正确,不能单纯看付出了多少代价,而要看付出的代价能否通过历史的进步得到补偿。那些一看到改革开放付出了代价就对改革开放持怀疑态度的观点,是与恩格斯的这一思想相悖的。

(四)恩格斯对俄国民粹派关于把俄国农村公社和现代大工业相"嫁接"实现农村公社向社会主义发展的"嫁接论"的批判

俄国民粹派理论家丹尼尔逊并不否认俄国农村公社的落后性,也不否认发展现代大工业的必要性,但他反对发展资本主义的大工业,主张把西方的大工业"嫁接"在俄国农村公社的基础上,从而实现由农村公社直接向社会主义的过渡。恩格斯对这种"嫁接论"进行了深入的批判。

首先,恩格斯认为,从作为"嫁接"载体的俄国农村公社来看,由于它本身是一种原始的、自发的、与世隔绝的狭隘组织,而并非建立在社会化大生产基础上的自觉的社会组织,它与大工业的联系中间相隔很多的历史阶段。它本身既没有容纳现代大工业的机制,也没有

---

① 《马克思恩格斯与俄国政治活动家通信集》,马逸若、许贤绪、陈光汉等译,吴惕安、李俊聪校,人民出版社 1987 年版,第 622—623、643、626、653—654、673、674、612 页。

组织和管理现代大工业的功能，而且只要它一同现代大工业接触，立即就会被冲得土崩瓦解。因此，企图以农村公社为"嫁接"现代大工业的基础，完全是一种不切实际的空想。恩格斯在 1893 年 2 月 24 日致丹尼尔逊的信中向他提出了质问："在 1854 年前后，俄国的起点是：一方面存在着公社，另一方面必须建立大工业。如果您考虑一下你们国家当时总的情况，难道您认为有可能以这样一种方式把大工业嫁接在农民公社上面：一方面使大工业的发展成为可能，另一方面又把这种原始的公社提高到世界上空前优越的一种社会制度的水平？而且是在整个西方都还生活在资本主义制度下的时候？我认为，这样一种史无前例的发展，它所要求的经济、政治和精神条件，同当时俄国所具有的条件完全是不同的。"① 恩格斯在《〈论俄国的社会问题〉跋》中，对"嫁接论"作了更加透彻的批判。他指出："与俄国农民公社并存的西欧资本主义生产同时接近了崩溃的时刻，在这一时刻它本身就会显示出一种新的生产形式，在这种新的生产形式下将有计划地使用作为社会财产的生产资料——单单这样一个事实，并不能赋予俄国公社一种能够使它把自己发展成这种新的社会形式的力量。在资本主义社会本身完成这一革命以前，俄国公社如何能够把资本主义社会的巨大生产力作为社会财产和社会工具而掌握起来呢？在俄国公社已经不再按照公有原则耕种自己的土地之后，它又怎么能够向世界指明如何按照公有原则管理大工业呢？"②

其次，从俄国社会的主体的状况来看，虽然有一些俄国人比较了解西方的资本主义经济，熟悉现代大工业及其在资本主义条件下所导致的困境，而且懂得摆脱这种困境的出路，但是这部分人大都不生活在俄国国内。真正作为俄国社会主体的有两部分人：其一是广大的俄

---

① 《马克思恩格斯文集》第 10 卷，人民出版社 2009 年版，第 649 页。
② 《马克思恩格斯文集》第 4 卷，人民出版社 2009 年版，第 458 页。

国农民,其二是俄国崇拜资本主义的"社会新栋梁"。前者长期生活于公社的狭小天地中,从事着方式极为简陋的活动,根本不知道现代大工业为何物,当然也就不懂得如何在公有制原则上管理现代大工业。至于崇拜资本主义的"社会新栋梁",是要千方百计地把俄国引向资本主义发展道路的。既然没有实行"嫁接"的主体,"嫁接"也就成了根本无法实现的空想。

再次,在俄国,作为"嫁接"对象的现代大工业,不存在于俄国本身,只能来自于西欧的资本主义国家。由于社会主义在本质上是与资本主义相对立的,在资本主义制度还存在的条件下,西欧占统治地位的资产阶级如果允许落后国家通过以农村公社为基础"嫁接"现代大工业,从而走向社会主义道路,就意味着自掘坟墓、自取灭亡。西欧资产阶级是绝对不会干这种蠢事的。因此,在西欧资本主义还处于蓬勃发展并且在世界上仍然占据支配地位的条件下,落后国家企图通过"嫁接"现代大工业而实现直接向社会主义社会过渡,是根本不现实的。

二、恩格斯思想与马克思思想之间的差别

关于恩格斯与马克思在俄国社会发展道路问题上的思想之间的相互关系,理论界存在着明显的分歧,有的学者强调两人之间的差别以至对立,另一些学者则强调两人观点之间的一致乃至相同。这些看法都有些失之偏颇。我认为,恩格斯与马克思对这个问题的看法是既有差别又在本质上一致的。他们之间的差别是互相补充的,而不是互相对立的。只有把他们的思想有机地结合在一起,才能全面理解俄国社会发展道路的问题。我们既不能只看到他们思想之间的差别而否认他们的思想在本质上的基本一致,也不能因为看到了他们思想本质上的基本一致而否认他们思想之间的差别。

恩格斯与马克思的思想在俄国社会发展道路问题上的差别主要表现在以下四个方面：

第一，在马克思逝世以后，由于俄国农村公社进一步解体，资本主义在俄国获得了更加迅速的发展，俄国已经成为一个资本主义国家，因此，恩格斯比马克思更突出地强调俄国农村公社解体的必然性。恩格斯在《〈论俄国的社会问题〉跋》中，在转述他和马克思合写的《共产党宣言》俄文第二版《序言》中关于俄国公社有可能"成为共产主义发展的起点"的一段论述以后说："不应当忘记，这里提到的大遭破坏的俄国公有制从那时以来已经又向前迈了一大步。克里木战争期间的失败清楚地表明，俄国必须迅速发展工业。首先需要铁路，而大规模修筑铁路不能没有本国的大工业。产生大工业的先决条件是所谓的农民解放；随着农民的解放，俄国进入了资本主义时代，从而也进入了土地公有制迅速灭亡的时代。农民负担了赎金，加之捐税加重，同时分配给农民的土地更少、更差，自然使农民落入高利贷者手中，这些高利贷者大半都是发了财的农民公社社员。……久已习惯的经济关系被破坏了，随着自然经济向货币经济的过渡，各地出现了混乱局面，在公社社员中间出现了巨大的财产差别——穷人沦为富人的债务奴隶。"在这种局面下"现在世界上也没有一种力量能在俄国公社的解体过程达到一定深度时重建俄国公社。"[①]

第二，马克思在世时，俄国革命形势日益高涨，推动西欧无产阶级革命爆发的可能性十分明显，因而他着重强调要挽救俄国公社，使其免于遭受资本主义制度所带来的一切极端不幸的灾难。马克思逝世以后，俄国民粹派和民意党人推翻沙皇政府的斗争遭到失败，俄国迅速走上了资本主义发展道路，因此，恩格斯着重强调了俄国走上资本主义发展道路的历史必然性。他在《〈论俄国的社会问题〉跋》中指

---

① 《马克思恩格斯文集》第 4 卷，人民出版社 2009 年版，第 460、461 页。

出："在克里木战争失败和皇帝尼古拉一世自杀以后，旧的沙皇专制制度原封不动地继续存在，在这种情况下，就只有一条出路：尽快地过渡到资本主义工业。""随着铁路和工厂的建立，已有的银行扩大了而且建立了新的银行；由于农民从农奴地位下解放出来，有了迁徙自由，而且可以预期，在这之后，这些农民中的很大部分自然而然也将从占有土地的状况中解放出来。这样，俄国在短短的时间里就奠定了资本主义生产方式的全部基础。但是与此同时也就举起了连根砍断俄国农民公社的斧头。""俄国越来越快地转变为资本主义工业国，很大一部分农民越来越快地无产阶级化，旧的共产主义公社也越来越快地崩溃。"在资本主义经济迅速发展的基础上，资产阶级在政治上也不断成熟，"在这种情况下，年轻的俄国资产阶级就把国家完全掌握在自己的手中。国家在所有重要的经济问题上都不得不屈从于它。"[1]

第三，马克思强调俄国农村公社农民的劳动组合习惯有助于他们从小土地经济向合作经济过渡，恩格斯则从劳动组合的发生、特征、形式及其历史命运等方面，着重批判了劳动组合的落后性。首先，恩格斯认为，俄国的劳动组合是一种很简单的协作形式。他说："劳动组合是俄国一种很普遍的协作形式，是自由合作的一种最简单的形式，很像狩猎民族在打猎时的自由合作形式。无论按名称或按事实来说，它都不是起源于斯拉夫族，而是起源于鞑靼族"。"所以劳动组合最初不是在俄国西南部，而是在它的北部和东部，即同芬兰人和鞑靼人接壤的地方发展起来的。"[2] 其次，恩格斯认为，俄国的劳动组合是一种很原始的形式。劳动组合的最重要特征之一，就是组合成员彼此负有团结一致对付第三者的责任，这原来是以血族关系为基础的，很像日耳曼人中间的相互担保、血族复仇等。再次，恩格斯认为，俄国的劳

---

① 《马克思恩格斯文集》第 4 卷，人民出版社 2009 年版，第 463、464、466 页。

② 《马克思恩格斯文集》第 3 卷，人民出版社 2009 年版，第 393、394 页。

动组合具有很强的自发性，它是一种自发产生的很不发达的合作形式。这种形式在俄国占有优势当然证明俄国人有着强烈的联合愿望，但这还完全不能证明他们靠这种愿望就能够从劳动组合跳到社会主义的社会制度。恩格斯说："要实现这种过渡，首先劳动组合本身应当能够向前发展，抛弃它本身那种自发的，如我们所看到的与其说为工人不如说为资本家服务的形式，并且它应当至少提高到西欧合作社的水平。"①最后，恩格斯认为，俄国的劳动组合不适合现代大工业的发展，西欧的合作社至少已经证明，它能够独立地、有利可图地经营大工业，俄国的劳动组合不仅没有能力做到这一点，而且如果它不继续发展的话，那它一同现代大工业接触，就必然会灭亡。

　　第四，恩格斯对俄国民粹派的批评直接、明显、尖锐、激烈，这从我们上面论述的恩格斯对俄国民粹派错误观点的批判中可以清楚地看出来。马克思对俄国民粹派的批评则比较隐晦、曲折、婉转、含蓄。马克思为什么会对俄国民粹派的观点采取如此奇特的态度呢？这是因为，俄国革命的民粹派对马克思的学说和活动特别感兴趣，马克思与他们中的一些人交往频繁，关系密切，俄国民粹派理论家丹尼尔逊、弗列罗夫斯基等人为马克思提供了很多关于俄国社会发展的很有价值的资料。马克思对俄国民粹派的革命实践活动十分关注，给予很大的同情和支持，并将其看作是世界无产阶级社会主义革命的一部分，认为他们所从事的推翻沙皇政府的革命活动，既有利于俄国社会的发展，又有利于推动西欧的无产阶级革命。马克思在批评他们的错误观点的同时，又要保护他们的革命热情。所以马克思对他们的错误思想的批评采取了比较友好和策略的方式，不公开谴责他们的农业空想社会主义思想，在批评他们的错误观点时，很多情况下都是采取隐喻、婉转的方式。俄国革命者多次要求马克思公开发表论述俄国社会发展道路

---

① 《马克思恩格斯文集》第3卷，人民出版社2009年版，第395页。

的文章，马克思都婉言谢绝了。对一些不得不发表的观点，为避免发生正面冲突，都是采取通信的形式。特别是对俄国农村公社及其发展道路这类敏感问题，马克思发表意见更为慎重。鉴于这种情况，我们在阅读马克思的有关著作时，就不能仅仅在直接的字面意义上理解他的思想，而是要透过他的隐喻、婉转的论述方式，掌握其在直接字面意义背后蕴涵的真实思想和精神实质。只有这样，我们才能从马克思与恩格斯表面上似乎对立的论述中揭示出他们的思想本质上的一致性。

三、恩格斯思想与马克思思想在本质上的一致性

恩格斯思想与马克思思想在本质上的一致性主要表现在以下几个方面：

第一，表面看来，似乎恩格斯强调西方无产阶级革命的胜利是俄国农村公社"跨越"资本主义制度的卡夫丁峡谷的先决条件，马克思则没有提出这种先决条件。这完全是误解。马克思全面地分析了俄国农村公社"跨越"资本主义制度的卡夫丁峡谷的可能性和历史条件：首先，俄国是在全国范围内把农村公社保存到今天的唯一的欧洲国家。其次，俄国农村公社是与资本主义同时代的东西，有可能使它不经受资本主义制度的苦难而吸收其创造的积极成果，利用这些积极成果对俄国社会进行社会主义改造。再次，俄国农村公社处在资本主义陷入深刻危机、将被社会主义和共产主义所取代的历史时代，这可以说是俄国农村公社有可能"跨越"资本主义制度的卡夫丁峡谷的最根本的历史条件。这些条件都包含西方无产阶级革命的胜利是俄国农村公社"跨越"资本主义制度的卡夫丁峡谷的先决条件的思想。这一点我在前面已经作了详细的分析，这里不再赘述。

第二，表面看来，似乎恩格斯不赞成俄国民粹派关于俄国社会发展道路的观点，马克思则赞成俄国民粹派的观点。这完全是误解。只

要我们不是粗枝大叶而是认真细致地阅读马克思的有关论述,深入到马克思著作的字里行间,就可以清楚地看出,马克思和恩格斯一样,从来没有表示过赞同俄国民粹派关于俄国社会发展道路的观点。下面举两个例子加以说。

马克思在 1877 年《给〈祖国纪事〉杂志编辑部的信》中,概括地叙述了车尔尼雪夫斯基对俄国农村公社发展前途的看法:"俄国是应当像它的自由派经济学家们所希望的那样,首先摧毁农村公社以过渡到资本主义制度呢,还是与此相反,俄国可以在发展它所特有的历史条件的同时取得资本主义制度的全部成果,而又可以不经受资本主义制度的苦难。他表示赞同后一种解决办法。"马克思是否表示了同意车尔尼雪夫斯基的观点呢?我国有些学者认为马克思明确表示了他赞成车尔尼雪夫斯基的观点。其实不然,我们仔细推敲一下这封信,就可以看出马克思对车尔尼雪夫斯基的观点不仅没有明确表示赞同,甚至可以说婉转地表示了某种程度的不同看法。他叙述完车尔尼雪夫斯基的观点以后说:"我的可敬的批评家(指米海洛夫斯基——引者)既然可以根据我同那位俄国'文学家'(指民粹主义者赫尔岑——引者)和泛斯拉夫主义者的争论得出我不同意他关于这个问题的观点的结论,那么,他至少也同样有理由根据我对这位'俄国的伟大学者和批评家'的尊重断定我同意他关于这个问题的观点。"接着马克思又讲了下面一段话:"因为我不习惯留下'一些东西让人去揣测',我准备直截了当地说。为了能够对当代俄国的经济发展作出准确的判断,我学习了俄文,后来又在许多年内研究了和这个问题有关的官方发表的和其他方面发表的资料。我得出了这样一个结论:如果俄国继续走它在 1861 年所开始走的道路,那它将会失去当时历史所能提供给一个民族的最好的机会,而遭受资本主义制度所带来的一切灾难性的波折。"[①] 表面看

---

① 《马克思恩格斯文集》第 3 卷,人民出版社 2009 年版,第 464 页。

来，马克思似乎是在环顾左右而言他。其实不然。马克思是在郑重声明，他是通过自己多年认真的研究并为此学习了俄语，阅读了大量有关的资料，形成了对俄国社会发展道路的独立看法的，没有受到俄国民粹派错误观点的任何影响。在他这封信中，不仅看不出马克思明确表示赞成车尔尼雪夫斯基的观点，而且可以清楚地看出他明确表示了不赞同车尔尼雪夫斯基的观点。在马克思看来，如果俄国继续走它在1861年农奴制改革以来所开始走的道路，俄国也将像西欧国家一样发展成为资本主义国家，遭受资本主义制度所带来的一切极端不幸的灾难。这与恩格斯的看法毫无矛盾之处。

俄国民粹派女作家维·伊·查苏利奇在1881年2月16日给马克思的信中，请求马克思对俄国公社可能遭到的各种命运发表自己的观点，并希望马克思回答他是否认为由于历史的必然性，世界上所有国家都必须经过资本主义生产的一切阶段，并且对马克思讲道：俄国公社的发展前途问题，"在我看来是个生死攸关的问题，对我们社会主义政党来说尤其如此。甚至我国革命的社会党人个人的命运也取决于对这一问题的观点究竟如何"。接着，她向马克思介绍了俄国知识界对这个问题的讨论情况，并恳求马克思发表自己对这个问题的看法。他说："最近以来我们经常听到一种意见，说农村公社是一种陈腐的形式，历史、科学社会主义，总而言之，所有一切最不容争辩的东西，都已经断定这种陈腐的形式必然灭亡。宣扬这一论点的人，都自称是您的真正的门徒，是'马克思主义者'。他们经常挂在嘴上的最有力的论据是：'马克思是这样说的'。""有人反驳他们说：'你们是用什么方法从他的《资本论》中推论出这一论点的呢？他在《资本论》中并没有分析土地问题，也没有谈及俄国啊'。""您的门徒们回答说：'要是谈到俄国的话，他是会说这个话的'……也许，他们有些过分大胆了。""因此您会理解，您对这个问题的意见会使我们感到多大的兴趣，要是您肯对我国农村公社可能遭到的各种命运发表自己的观点，要是您肯对那种认为由于历史的必然性，世界上所有国家都必须经过资本主义生产的一切阶段这种理论阐述自己的看法，那末您会给我们多大的帮助啊。""我以我的同志的名义，恳请您给予我们这种帮助。""要是时间不容许您就这个问题比较详地阐述您的思想的话，那末敬请您至少以书信的形式谈一谈您的看法，同时还请允许我将它译出来在俄国发表。"①查苏利奇的信可以说是既十分恳切，又步步为营，咄咄逼人。正因为如此，马克思在写复信时才反复思索、精细构思，以致四易其稿，而在正文中作了十分微妙的回答，婉转地表达了与她不同的见解："在《资本论》中所作的分析，既没有提供肯定俄国农村公社有生命力的论据，也没有提供否定农村公社有生命力的论据，但是，我根据自己找到的原始材料对此进行的专门研究使我深信：这种农村公社是俄国社会新生的支点；可是要使它能够发挥这种作用，必须首先排除从各方面向它袭来的破坏性影响，然后保证它具备自然发展所必需的正常条件。"②马克思这里说得十分清楚，他的《资本论》中既没有提供赞成俄国农村公社有生命力的论据，也没有提供俄国农村公社没有生命力的论据。他认为俄国农村公社有两种发展前途：或者在条件具备时成为俄国社会新生的支点、共产主义发展的起点，或者继续坚持 1861 年以来农奴制改革的方向，像西欧各国一样走上资本主义的发展道路。这里根本没有表示赞同查苏利奇的观点。

第三，表面看来，似乎恩格斯强调俄国农村公社解体的可能性，马克思则强调避免农村公社解体的可能性。这也是极大的误解。马克思在给查苏利奇的复信及其草稿中，在说明俄国农村公社有可能"不通过资本主义制度的卡夫丁峡谷"而直接过渡到社会主义社会时，都明确指出这是从"理论上"讲的，是从"纯理论上"讲的，是"先验

---

① 《马克思恩格斯与俄国政治活动家通信集》，马逸若、许贤绪、陈光汉等译，吴惕安、李俊聪校，人民出版社 1987 年版，第 377—379 页。

② 《马克思恩格斯文集》第 3 卷，人民出版社 2009 年版，第 590 页。

地"讲的；而他在讲到俄国农村公社的土地公有制有可能解体变为土地私有制，从而走上资本主义发展道路时，则是从俄国当时发生的现实情况讲的。马克思在复信的《初稿》中说："从理论上说，俄国'农村公社'可以通过发展它的基础即土地公有制和消灭它也包含着的私有制原则来保存自己；它能够成为现代社会所趋向的那种经济制度的**直接出发点**，不必自杀就可以获得新的生命；它能够不经过资本主义制度（这个制度单纯从它可能**延续的时间**来看，在社会生活中是微不足道的）而占有资本主义生产使人类丰富起来的那些成果。**但是我们必须从纯理论回到俄国现实中来**（黑体是引者加的——引者）。""为了从纯理论观点，即始终以正常的生活条件为前提，来判断农村公社可能有的命运，我现在必须指出'农业公社'不同于较古类型的公社的某些特征。""先验地说，两种结局都是可能的，但是，对于其中任何一种，显然都必须有完全不同的历史环境。一切都取决于它所处的历史环境。"① 接着，马克思从三个方面说明了俄国农村公社具有私有制和公有制并存的二重性特征及两种可能的发展前途。马克思在论述俄国农村公社土地公有制有可能解体变为土地私有制从而走上资本主义发展道路时，则撇开带有理论性质的问题不谈，直接谈俄国实际存在的情况。马克思在复信的二稿中说："把一切多少带有理论性的问题撇开不谈，那也用不着向您说明，目前威胁着俄国公社生存的危险来自一致反对它的那些强有力的利害关系者。某种在国家帮助下靠牺牲农民哺育起来的资本主义是同公社对立的；它所关心的是公社的毁灭。并且为了地主的利益，创造出一个由比较富裕的农民组成的农村中等阶级，而把贫苦农民即农民大众变为普通的雇佣工人，也就是说，要保证自己获得廉价的劳动。公社受国家勒索的压制、商人的劫掠、地主的剥削和高利贷者从内部的破坏，那它怎么能够抵抗得住呢！""威

---

① 《马克思恩格斯文集》第 3 卷，人民出版社 2009 年版，第 576、573、574 页。

胁着俄国公社生命的不是历史的必然性，不是理论，而是国家的压迫，以及渗入公社内部的、也是由国家靠牺牲农民培养起来的资本家的剥削。"① 由此可以清楚地看出，马克思对俄国农村公社有可能不解体而直接过渡到社会主义的论证，是"从理论上"作出的，是"从纯理论的观点"作出的，是"先验地"作出的，是"始终以正常的生活条件为前提"的。而他对俄国农村公社的土地公有制有可能变为土地私有制从而走上资本主义发展道路的论证，则不是逻辑上的"历史必然性"、不是"理论"的，而是"把一切多少带有理论性的问题撇开不谈"，亦即从俄国当时的现实情况讲的。我国研究俄国社会发展道路的学者，绝大多数人没有注意到马克思给查苏利奇的复信的这种独特的思考方式、构思方式和论证方式，没有注意到马克思论述俄国农村公社两种发展前途的不同论证方式的差别，即对第一种前途的论证是从"理论上"、"纯理论观点"、"先验地"作出的，而对第二种前途的论证正则是从俄国现实的实际情况作出的；没有注意到关于第一种前途实现的可能性仅仅是"理论上的"，而关于第二种前途的实现的可能性则是十分"现实的"。正是这种情况使不少人不能准确理解马克思的真实思想，甚至对马克思的思想产生了种种误解。很多研究者都认为，马克思强调的重点是第一种前途实现的可能性。其实不然，马克思强调的重点在于警告俄国民粹派理论家要警惕和防止第二种前途的实现。在对俄国农村公社发展前途问题的看法上，马克思与恩格斯的思想之间没有任何矛盾。

第四，表面看来，似乎恩格斯否定俄国农村公"跨越"资本主义制度的卡夫丁峡谷的可能性，马克思则十分强调这种可能性。这同样也是一种误解。恩格斯分析俄国社会发展道路和前途的根本方法，是抓住俄国农村公社自身的消极性和被动性，他反复强调一个思想，即

---

① 《马克思恩格斯全集》第 19 卷，人民出版社 1963 年版，第 446 页。

从俄国公社自身不能长出社会主义。因此无论俄国农村公社和俄国社会走向资本主义还是走向社会主义,其根据都不在公社自身,而在于当时它所处的历史条件,即国际环境。在1853年至1856年进行的克里木战争以后,在这种既成的历史条件下,俄国除了走向资本主义道路,没有别的选择可言。这一点前面已经讲过。既然俄国农村公社和俄国社会是消极的、被动的,其发展的前途和道路取决于既成条件,那么这一既成条件一旦发生变化,它就可能获得另外一种发展方向。这样俄国发展资本主义的现实性和俄国农村公社"不通过资本主义制度的卡夫丁峡谷"的可能性这两种看法,就并存于恩格斯的思想中,而俄国农村公社和俄国社会的发展前途到底如何,取决于历史条件的变化。恩格斯在1874—1875年写的《论俄国的社会问题》一文中指出:"俄国的公社所有制早已度过了它的繁荣时代,看样子正在趋于解体。但是也不可否认有可能使这一社会形式转变为高级形式,只要它能够保留到条件已经成熟到可以这样做的时候,只要它显示出能够在农民不再是单独而是集体耕作的方式下向前发展;就是说,有可能实现这种向高级形式的过渡,而俄国农民无须经过资产阶级的小块土地所有制的中间阶段。然而这只有在下述情况下才会发生,即西欧在这种公社所有制彻底解体以前就胜利地完成无产阶级革命并给俄国农民提供实现这种过渡的必要条件,特别是提供在整个农业制度中实行必然与此相联系的变革所必需的物质条件。"[①]恩格斯这里虽然没有使用"不通过资本主义制度的卡夫丁峡谷"这个术语,却十分清楚地表达了这个思想。正因为恩格斯和马克思在这个问题上的观点是一致的,所以他们才在1882年合写的《共产党宣言》俄文第二版《序言》中共同提出了这个思想。可见,恩格斯不仅没有完全否认我国农村公社"不通过资本主义制度的卡夫丁峡谷"的可能性,而且早于马克思提出了这

---

① 《马克思恩格斯文集》第3卷,人民出版社2009年版,第398—399页。

个思想。就是说，恩格斯在 1874—1875 年写的《论俄国的社会问题》中就提出了这个思想，而马克思是在 1877 年《给〈祖国纪事〉杂志编辑部的信》中才提出这个思想的。断言恩格斯一向否认俄国农村公社"不通过资本主义制度的卡夫丁峡谷"的可能性是没有根据的。至于恩格斯在 19 世纪 90 年代初认为俄国农村公社已经丧失了"不通过资本主义制度的卡夫丁峡谷"的大好时机，前面已经讲过，那是因为历史条件发生了变化。可以设想，如果马克思晚逝世十几年的话，按照我们上述马克思思想发展的内在逻辑推断，他也会得出与恩格斯完全相同的结论的。

第十二章
俄国十月革命和中国革命的胜利不是"跨越"思想的证实

俄国十月革命的胜利和中国革命的胜利是否是对马克思、恩格斯"跨越"资本主义制度的卡夫丁峡谷思想的证实，也是我国学术理论界争论的一个重要问题，本章对这个问题作些考察和分析。

一、问题的提出及解决分歧的关键

前面讲过，由于国际环境的变化、俄国资本主义的发展和俄国农村公社遭到来自各方面的打击及其自身各种瓦解因素的产生，俄国农村公社丧失了"跨越"资本主义制度的卡夫丁峡谷的大好时机。但是，我国学术理论界却有些人认为，俄国十月社会主义革命的胜利和中国革命的胜利，都是"跨越"资本主义制度的卡夫丁峡谷的生动例证，检验和证明了马克思、恩格斯关于俄国农村公社可以"跨越"资本主义制度的卡夫丁峡谷的思想是正确的。在20世纪八九十年代就有人提出这种观点。例如，《东方社会之路》一书的作者认为，列宁领导的十月社会主义革命的胜利，"证明落后国家是能够跨越资本主义制度充分发展阶段的，为广大东方落后国家跨越资本主义的整个发展阶段提供了重要的理论指导和实践证明"。这位作者还认为："继十月革命之后，中国跨越了资本主义完整的发展阶段而进入社会主义，马克思关于东方社会非资本主义发展理论经受了实践的检验。"这位作者在"结束语"中更加明确地说："历史已经证明，俄国在没有经过资本主义充分发展的条件下过渡到了社会主义社会；中国则从半封建、半殖民地社会跨越整个资本主义发展阶段而走上了社会主义道路"，都是实现了马克思、恩格斯"跨越"资本主义制度的卡夫丁峡谷的设想，"都是对马克思东方社会非资本主义发展理论的证实"。[①]直到21世纪仍然有人持这种观点。例如，《超越哲学同质性神话——马克思哲学革命的当代解读》一书的作者，在谈到马克思关于俄国农村公社有可能"跨越"资本主义制度的卡夫丁峡谷的设想时，就认为"俄国十月革命的成功，在一定程度上证实了马克思的预言"。[②]

这些看法是不正确的。我认为，俄国十月革命和中国革命的胜利，不仅不是对马克思、恩格斯19世纪七八十年代俄国公社有可能"跨越"资本主义制度的卡夫丁峡谷的设想的证实，而且和他们当时的设想没有任何直接的关系，不应该为了实现某种意识形态上的需要而把它们生拉硬扯地、主观地联系在一起。上面引证的《东方社会之路》一书的作者的那些话附加因素太多。我们要先去掉一些不必要的附加因素，然后直截了当地分析俄国十月革命和中国革命的胜利是否是对马克思、恩格斯关于俄国农村公社有可能"跨越"资本主义制度的卡夫丁峡谷的设想的证实。

首先，这里讨论的问题与所谓的马克思"东方社会非资本主义发展理论"无关。因为马克思从来没有把整个东方看成是铁板一块，认为它们毫无例外地都要走非资本主义发展道路。"东方社会非资本主义发展理论"纯属虚构，马克思、恩格斯的著作中根本没有这种理论。我们不禁要问：马克思究竟在哪部著作、哪篇文章、那封书信中提出过"东方社会非资本主义发展理论"？如果马克思真的有什么"东方社会非资本主义发展理论"的话，那么这个理论也早已被东方很多国

① 谢霖：《东方社会之路》，中国社会科学出版社1992年版，第223、240、246—247页。
② 杨学功：《超越哲学同质性神话——马克思哲学革命的当代解读》，北京大学出版社2010年版，第202—203页。

家的实践所证伪。因为东方很多国家,如日本、印度、印度尼西亚、韩国、新加坡、泰国、马来西亚等,早已是举世公认的资本主义国家了。如果从广义上把"东方社会"扩大一下,把非洲和拉丁美洲乃至东欧和俄罗斯也纳入其中,那里的大多数国家现在事实上也属于资本主义体系的范围之内。有些人在主观上"虔诚"地想用实践"证实"马克思的理论,但由于思维方式不对头,主观臆想的成分太多,于是把他们所谓的"马克思的理论"(当然是指他们虚构出来的理论)置于被证伪的境地,从而为马克思帮了倒忙。

其次,这里说的"没有经过资本主义充分发展"、"跨越资本主义发展的整个阶段"、"跨越了资本主义完整的发展阶段"都含义不清。什么叫"资本主义充分发展"?什么叫"资本主义发展的整个阶段"?什么叫"资本主义完整的发展阶段"?作者并没有向我们说明。可以说,只要资本主义还没有灭亡,它就尚未经历资本主义发展的"整个阶段"或"完整的发展阶段";只要资本主义还在发展,它在此之前的发展过程就还不是"充分"的。问题的关键不在于"充分"还是"不充分","整个"还是"半个","完整"还是"不完整",而在于要明确回答俄国十月革命和中国革命胜利以前俄国社会和中国社会的性质是什么样的。如果是前资本主义性质的,俄国十月革命和中国革命的胜利就是"跨越"了资本主义制度的卡夫丁峡谷;如果已经是资本主义性质的了,当然也就不再存在"跨越"资本主义制度的卡夫丁峡谷的问题了。如果再深入一步进行分析,一个国家在无产阶级革命胜利以后是否算是"跨越"了资本主义制度的卡夫丁峡谷,不仅取决于这个国家革命胜利之前的社会性质是否是前资本主义性质的,还取决于它在革命胜利以后是否建成了社会主义社会。如果一个国家在无产阶级革命胜利之前虽然是前资本主义国家,但在社会主义革命胜利以后,由于种种原因,在尚未建成社会主义社会的情况下又走上了资本主义发展道路,也不能算是"跨越"了资本主义制度的卡夫丁峡谷。苏联解体、东欧剧变的发生，使得我们不能不去这样思考问题。

二、俄国十月革命的胜利不是对"跨越"思想的证实

为什么说俄国十月革命的胜利不是对马克思、恩格斯关于俄国农村公社有可能"跨越"资本主义制度的卡夫丁峡谷的思想的证实呢？主要有以下三个理由。

第一，"跨越"资本主义制度的卡夫丁峡谷的国家，必定是前资本主义国家，已经成为资本主义国家的国家，根本不存在"跨越"的问题。谁也不会说将来西欧、北美、日本等发达资本主义国家的社会主义革命取得胜利，是"跨越"了资本主义制度的卡夫丁峡谷。这是不言自明的道理。那么俄国在十月革命胜利以前，是什么性质的国家呢？恩格斯在其逝世前夕，已经明确讲过，无论从经济基础上看，还是从政治上层建筑上看，俄国都已经成为资本主义性质的国家，这一点前面已经讲过。到 20 世纪初，列宁更是多次明确肯定俄国已经是一个资本主义国家。这是大家公认的，无须赘述。既然俄国在十月革命以前已经是一个资本主义性质的国家，当然也就不再存在"跨越"资本主义制度的卡夫丁峡谷的问题了。

第二，按照马克思、恩格斯的逻辑，前资本主义国家"跨越"资本主义制度的卡夫丁峡谷，必须以西欧无产阶级革命的胜利为先决条件。俄国十月革命是在西欧国家仍然是资本主义社会的条件下取得胜利的，俄国向社会主义过渡也主要是依靠本国的力量，而不是借助于西欧资本主义所创造的积极成果。不仅如此，西方资本主义国家还联合起来向它进攻或搞各种阴谋颠覆活动，妄图把它扼杀在摇篮之中。因此，俄国十月革命的胜利与马克思、恩格斯关于俄国农村公社和俄国社会有可能"跨越"资本主义制度的卡夫丁峡谷的设想，没有任何直接的联系。

第三，列宁提出经济文化落后的国家的无产阶级革命可能先于西欧发达资本主义国家取得胜利，但他从来没有说过首先取得胜利的经济文化落后的国家是前资本主义国家。相反，列宁一向认为，资本主义一定程度的发展和无产阶级的存在，是进行社会主义革命的基本条件。前资本主义国家不具备这个基本条件。如果谁说在前资本主义国家可以进行无产阶级社会主义革命并且取得胜利，那他就是不懂得科学社会主义的起码常识。在列宁看来，在前资本主义国家进行无产阶级社会主义革命，就像让没有结婚和怀孕的妇女生出婴儿一样，是根本不可能的。经济文化落后的国家，不等于是前资本主义国家。在列宁看来，资本主义国家，既可能是经济文化发达的国家，也可能是经济文化落后的国家。就目前世界范围来看，经济文化发达的资本主义国家仍然是少数，大多数资本主义国家经济文化还是比较落后的，有些甚至相当落后。在 19 世纪末 20 世纪初俄国刚刚进入资本主义社会的时候，俄国民粹派就借口俄国生产技术落后，工人在农村占有份地等情况，否认当时俄国社会的资本主义性质。对此，列宁予以严厉驳斥，他在《民粹主义的经济内容及其在司徒卢威先生的书中受到的批评》一书中指出："民粹派往往根据我国国民经济的技术落后和手工业生产占优势等等情况而把俄国的制度和资本主义对立起来，毫无疑问，这是极端荒谬的，因为资本主义既存在于技术很不发达的情况下，也存在于技术高度发达的情况下。"[①] 列宁把当时的俄国与西欧的资本主义初期作了对比，非常有说服力。他指出：在西欧"工业资本主义起初在技术上也十分简陋，同旧的生产方法没有什么区别；后来才组织工场手工业，这种工场手工业仍然以手工劳动为基础，建立在占优势的手工业上面，并不破坏雇佣工人同土地的联系；最后才以机器大工业完成自己的发展。只有后面这个最高阶段才是资本主义发展的顶

---

① 《列宁全集》第 1 卷，人民出版社 1984 年版，第 398 页。

峰"①。列宁又在《俄国资本主义的发展》一书中指出:"在我国著作界,人们常常过于死板地理解下面这个理论原理,即资本主义需要自由的、无地的工人。作为基本趋势来说这是完全正确的,但是资本主义渗入农业特别缓慢,其形式非常繁多。把土地分给农村工人,往往有利于农村业主本身,所以一切资本主义国家都有这种有份地的农村工人。"列宁指出,英国、法国、普鲁士都是如此,只不过是在不同国家农村工人具有不同的形式,接着,列宁进一步作了分析:"每一种农村工人都带有特殊的土地制度的痕迹,即特殊的土地关系历史的痕迹,然而这并不妨碍经济学家把他们概括为农业无产阶级这一类型。他们的小块土地所有权的法律根据,毫不影响他们这种属性。"②由此可见,把经济文化落后的国家无产阶级革命取得胜利过渡到社会主义,与"跨越"资本主义制度的卡夫丁峡谷混为一谈,是对列宁思想的严重误解。

三、中国革命的胜利不是对"跨越"思想的证实

为什么说中国革命的胜利不是对马克思、恩格斯关于俄国农村公社和俄国社会有可能"跨越"资本主义制度的卡夫丁峡谷的设想的证实呢?为了回答这个问题,需要弄清新中国成立以前中国的社会性质是什么样的。这是一个争议较多,而且十分复杂的问题。为此,需要提出一个"二重性社会形态"概念。

在社会形态发展的过程中,在两种社会形态的交叉点上,由于国内外各种因素的相互影响和相互结合,有时会演化出一些兼有高低相邻的两种社会形态的特征的二重性社会形态。历史上曾经出现过两种类型的二重性社会形态。一种类型是原始社会解体、向阶级社会转化

---

① 《列宁全集》第 1 卷,人民出版社 1984 年版,第 399 页。
② 《列宁全集》第 3 卷,人民出版社 1984 年版,第 151 页。

的过程中所产生的过渡性的二重性社会形态。马克思在《1857—1858年经济学手稿》中的"资本主义生产以前的各种形式"一章中所讲的亚细亚公社、古典古代公社、日耳曼公社等农村公社,就是介于公有制和私有制、无阶级社会和阶级社会之间的二重性社会形态,它们兼有原始社会和奴隶社会两种社会形态的特征,是原始社会解体、向奴隶社会转变过程中产生的,所以属于过渡性的二重性社会形态。马克思在给《维·伊·查苏利奇的复信》草稿中,叙述了俄国农村公社的二重性,他是把俄国农村公社当作二重性社会形态看待的,并据此认为它们在当时的历史环境下有两种可能的发展前途。这一点我们在前面已经讲过。

在人类历史上,还存在另一种类型的二重性社会形态,这种二重性社会形态,是由于处于较低阶段的社会形态的国家和民族,受到处于较高阶段的社会形态的国家和民族的侵略或征服,沦为其殖民地或半殖民地,既保留了较低阶段的社会形态的经济基础,又形成了较高阶段的社会形态的经济基础,这两种经济基础结合在一起,从而形成了一种兼有高低两种社会形态的特征的二重性社会形态。旧中国的半殖民地、半封建社会,就属于这种类型的二重性社会形态。亚洲、非洲、拉丁美洲一些帝国主义国家的殖民地、半殖民地,在第二次世界大战后获得民族独立以前,由于它们在变为殖民地、半殖民地以前是前资本主义国家,变为殖民地、半殖民地以后资本主义又有一定程度的发展,前资本主义经济和资本主义经济结合在一起,成为社会的经济基础,所以也属于这种类型的二重性社会形态。

我国史学界一般认为,中国明朝末期已经出现了资本主义的萌芽。但是由于受到强大的封建势力的压抑,资本主义发展得十分缓慢。在尚未自主地过渡到资本主义社会形态时,其进程便被西方资本主义的侵略所打断,1840年鸦片战争,尤其是19世纪60年代以后,外国资本家在中国开办了一批工厂,帝国主义在中国系统地培植了官僚资本主义，形成了官僚垄断资产阶级。这样就使中国逐步沦为半殖民地、半封建社会。而所谓半殖民地、半封建社会，实质上就是半封建、半资本主义社会。就其半封建一面来说，旧中国虽有了资本主义生产关系，但仍然没有脱离封建社会形态；就其半殖民地一面来说，中国又具有了资本主义社会形态的性质，因为中国已沦为资本主义国家的半殖民地，形成畸形发展的殖民地经济。毛泽东关于"旧中国和资本主义差不多"的说法，是有道理的，这种说法既符合中国的实际情况，也和他在新民主主义革命时期关于中国社会性质的正确观点相一致。他在1947年写的《目前形势和我们的任务》一文中曾经讲过："蒋宋孔陈四大家族，在他们当权的20年中，已经集中了价值达一百万万至二百万万美元的巨大财产，垄断了全国的经济命脉。这个垄断资本，和国家政权结合在一起，成为国家垄断资本主义。这个垄断资本主义，同外国帝国主义、本国地主阶级和旧式富农密切地结合着，成为买办的封建的国家垄断资本主义。这就是蒋介石反动政权的经济基础。这个国家垄断资本主义，不但压迫工人农民，而且压迫城市小资产阶级，损害中等资产阶级。这个国家垄断资本主义，在抗日战争期间和日本投降以后，达到了最高峰，它替新民主主义革命准备了充分的物质条件。"[1] 这就是说，旧中国沦为帝国主义的半殖民地以后，封建的经济基础未受根本触动，因而在一定程度上仍然停留在封建社会形态；另一方面，由于国家垄断资本主义"垄断了全国的经济命脉"，成为"蒋介石反动政权的经济基础"，它在决定中国社会性质上起了主导作用，因而不能简单地说中国没有经历资本主义发展阶段。也许可以这样说，中国是在遭受帝国主义的侵略和压迫，封建主义生产关系未受根本触动，民族资本主义受到极大压抑，官僚资本主义和封建主义紧密结合的条件下，经历了一个不发达的资本主义阶段。

---

① 《毛泽东选集》第4卷，人民出版社1991年版，第1253—1254页。

确认旧中国是一个具有浓厚的封建色彩又兼有资本主义属性的二重性社会形态,肯定它经历了资本主义发展阶段,这就说明旧中国已经不是前资本主义社会,具备了无产阶级革命的基本条件,因而中国革命的胜利也就不是"跨越"资本主义制度的卡夫丁峡谷。

第十三章
一般历史哲学理论的最大长处
就在于它是超历史的

马克思在 1877 年《给〈祖国纪事〉杂志编辑部的信》中批判米海洛夫斯基时说:"他一定要把我关于西欧资本主义起源的历史概述彻底变成一般发展道路的历史哲学理论,一切民族,不管它们所处的历史环境如何,都注定要走这条道路,——以便最后都达到在保证社会劳动生产力极高度发展的同时又保证每个生产者个人最全面的发展这样一种经济形态。但是我要请他原谅。(他这样做,会给我过多的荣誉,同时也会给我过多的侮辱。)"① 我国理论界对马克思的这个思想也存在分歧和不同意见。

一、马克思"历史概述"的含义及其适用范围

我们先看马克思在《资本论》中关于西欧资本主义起源的历史概述是什么样的。

马克思在 1877 年《给〈祖国纪事〉杂志编辑部的信》中指出:《资本论》中"关于原始积累的那一章只不过想描述西欧的资本主义经济制度从封建主义经济制度内部产生出来的途径。因此,这一章叙述了生产者同他们的生产资料分离,从而把他们变成雇佣工人(现代意

---

① 《马克思恩格斯文集》第 3 卷,人民出版社 2009 年版,第 466 页。

上的无产者)而把生产资料占有者变成资本家的历史运动"①。

马克思在《资本论》第一卷法文版中说:"在资本主义制度的基础上,生产者和生产资料彻底分离了……全部过程的基础是**对农民的剥夺**。这种剥夺只是在英国才彻底完成了……但是,**西欧的其他一切国家都正在经历着同样的运动**。"② 马克思在《给维·伊·查苏利奇的复信》初稿中转述了《资本论》第一卷法文版中的另一段论述:"它被消灭的过程,即个人的分散的生产资料转化为社会的积聚的生产资料,多数人的小财产转化为少数人的大财产,——这种对劳动人民的痛苦的、残酷的剥夺,就是资本的起源……以自己的劳动为基础的**私有制**……被以剥削他人劳动即以雇佣劳动为基础的**资本主义私有制**所排挤。"马克思在这封信的正文中指出:"这一运动的'历史必然性'**明确地**限制在**西欧各国**的范围内"。③

从马克思的这些论述可以看出,他关于西欧资本主义起源的历史概述可以归结为以下几层含义:(1)生产者同生产资料相分离,农民被剥夺;(2)变个人分散的生产资料为社会集聚的生产资料,变多数人的小财产为少数人的大财产;(3)其结果是,以个人劳动为基础的私有制被资本主义私有制所代替。从这几层含义可以看出,马克思说的他在《资本论》中关于资本主义起源运动的"'历史必然性'明确地限制在西欧各国的范围内"的论述,只是说劳动者和劳动资料相分离、剥夺农民、变多数人的小财产为少数人的大财产、变个体小生产为资本主义大生产这种资本主义起源运动的具体形式和具体道路,限制在西欧各国的范围内,而不是说只有西欧各国才具有资本主义产生的历史必然性,西欧以外的其他国家都不会产生资本主义,或者说都没有产生资本主义的历史必然性,也不是说俄国农村公社及其土地公有制

---

① 《马克思恩格斯文集》第 3 卷,人民出版社 2009 年版,第 465 页。
② 《马克思恩格斯文集》第 3 卷,人民出版社 2009 年版,第 589 页。
③ 《马克思恩格斯文集》第 3 卷,人民出版社 2009 年版,第 570、589 页。

肯定不会解体和走上资本主义发展道路。

为什么说马克思在《资本论》中关于资本主义起源的历史概述仅仅适用于西欧各国，而不适用于 19 世纪七八十年代的俄国农村公社呢？我们可以根据马克思的有关论述归结为以下几个原因。

第一,二者的历史前提不同。西欧资本主义起源的历史运动，是把一种私有制形式变为另一种私有制形式，而俄国农村公社是土地公有制，土地从来没有成为农民的私有财产，所以不能把马克思关于一种私有制形式变为另一种私有制形式的概括，运用到根本没有土地私有制的俄国农村公社上去。

第二,二者所处的历史环境不同。西欧当时处在封建制度解体、资本主义兴起的历史环境中。而 19 世纪七八十年代的俄国农村公社不仅是和资本主义同时代的东西，而且处在西欧资本主义经历着危机、即将被社会主义所代替的历史环境中。正因为如此，它才有可能不必经受资本主义制度的一切不幸的灾难，而享受资本主义创造的积极成果，用来对自身进行社会主义改造。既然资本主义在产生它的西欧就要灭亡了，俄国农村公社何必还要走资本主义道路呢？

第三, 由于二者的历史前提和所处的历史环境不同，所以无论人们是承认还是否认俄国农村公社的土地公有制变为小土地私有制这种转变的历史必然性，他们提出的赞成或者反对这种转变的理由，都和马克思在《资本论》中对西欧资本主义起源的历史分析毫无关系。马克思指出:"从这一分析中，至多只能作出这样的结论：在目前俄国农民占绝大多数的情况下，把他们变成小私有者，不过是对他们进行迅速剥夺的序幕。"[1] 这就是说，如果把俄国农村公社的农民变成小私有者，其进一步发展必然是劳动者和生产资料相分离，从而产生资本主义生产方式。这说明，马克思关于俄国农村公社和俄国社会有可能

---

[1] 《马克思恩格斯文集》第 3 卷，人民出版社 2009 年版，第 583—584 页。

"跨越"资本主义制度的卡夫丁峡谷的思想，并没有否认劳动者和生产资料相分离必然产生资本主义，或者说，并没有否认劳动者和生产资料相分离是资本主义产生的一般规律。

从马克思分析的这几个原因可以清楚地看出，马克思说的只是《资本论》第一卷第二十四章"所谓原始积累"中关于资本主义起源的历史必然性的论述，明确地限制在西欧各国的范围内，而不是说西欧以外的其他国家都不具备资本主义起源的历史必然性，也不是说《资本论》其他章节中所讲的关于资本主义起源的论述同样也只限制在西欧各国的范围内，更不是说他在其他著作中所讲的资本主义起源的论述也只限制在西欧各国的范围内。马克思的《资本论》采用的是典型研究方法。当时资本主义发展的典型国家是英国。因此，他对资本主义起源的论述是以英国为典型的。他在《资本论》第一卷第一版《序言》中说："物理学家是在自然过程表现得最确实、最少受干扰的地方观察自然过程的，或者，如有可能，是在保证过程以其纯粹形态进行的条件下从事实验的。我要在本书研究的，是资本主义生产方式以及和它相适应的生产关系和交换关系。到现在为止，这种生产方式的典型地点是英国。因此，我在理论阐述上主要用英国作为例证。"① 马克思在《资本论》第一卷第二十四章论述资本的原始积累时又说：资本原始积累全部过程的基础是对农业生产者即农民的剥夺，"这种剥夺的历史在不同的国家带有不同的色彩，按不同的顺序、在不同的历史时代通过不同的阶段。只有在英国，它才具有典型的形式，因此我们拿英国做例子"②。除英国这个典型外，马克思也涉及西班牙、葡萄牙、荷兰、法国等其他西欧国家。马克思对资本主义起源的历史概述既然是以英国和其他西欧国家为典型和对象的，所以他的概述就只"限制

① 《马克思恩格斯文集》第 5 卷，人民出版社 2009 年版，第 8 页。
② 《马克思恩格斯文集》第 5 卷，人民出版社 2009 年版，第 823 页。

在西欧各国的范围内",而不包括西欧以外的其他国家。

但是,我们绝不能因此而把马克思的论述理解为,马克思认为只有西欧各国才有产生资本主义的历史必然性,西欧以外的其他国家都没有产生资本主义的历史必然性。这从马克思的有关论述中可以看得十分清楚。马克思在《资本论》第一卷第一版《序言》中讲完他对资本主义生产方式的研究以英国为典型以后,紧接着说了下面一段话:"问题本身并不在于资本主义生产的自然规律所引起的社会对抗的发展程度的高低。问题在于这些规律本身,在于这些以铁的必然性发生作用并且正在实现的趋势。工业较发达的国家向工业较不发达的国家所显示的,只是后者未来的景象。"[1]马克思是说,资本主义发展的趋势是,它正在以"铁的必然性"从工业较发达的国家向工业较不发达的国家扩展,即从英国以及西欧其他国家向西欧以外的国家扩展。马克思在《资本论》第三卷第五十二章的一个脚注中,引证了德国经济学家李斯特在《农业制度、小农经济和移民》一书中的一段话,并表示赞同。李斯特的这段话是这样写的:"大领地上盛行的自给自足的经济,不过证明还缺少文明、交通工具、国内工业和富裕城市。因此,我们在俄罗斯、波兰、匈牙利、梅克伦堡到处都看见这种自给自足的经济。以前在英国,这种经济也很盛行;但是,随着商业和工业的勃兴,它们就分成一些中型农场,被租佃制代替了。"马克思引证李斯特的这段话,意在说明这些西欧以外的国家的土地所有权也将"都转化为同资本主义生产方式相适应的土地所有权形式"[2]。至于马克思的其他著作,也没有把资本主义起源的历史必然性仅仅限制在西欧各国的范围内。马克思认为,按照资本主义的本性,它将从东西方扩展到东方,从经济发达的国家扩展到经济不发达的国家,迫使全世界都采用资本

---

① 《马克思恩格斯文集》第 5 卷,人民出版社 2009 年版,第 8 页。
② 《马克思恩格斯文集》第 7 卷,人民出版社 2009 年版,第 1000、1001—1002 页。

主义的生产方式。我们只要指出 1848 年 2 月发表的马克思、恩格斯合写的《共产党宣言》中的有关论述就足以说明这个问题了。马克思、恩格斯指出:"资产阶级,由于开拓了世界市场,使一切国家的生产和消费都变成世界性的了。""资产阶级,由于一切生产工具的迅速改进,由于交通的极其便利,把一切民族甚至最野蛮的民族都卷到文明中来了。它的商品的低廉价格,是它用来摧毁一切万里长城、征服野蛮人最顽强的仇外心理的重炮。它迫使一切民族——如果它们不想灭亡的话——采用资产阶级的生产方式;它迫使它们在自己那里推行所谓的文明,即变成资产者,一句话,它按照自己的面貌为自己创造出一个世界。"①

二、如何防止对马克思概述的误解

为了正确理解马克思在《资本论》中关于资本主义起源运动的"历史必然性""明确地限制在西欧各国的范围内"论述的真实意义,防止对这一论述的误解,需要弄清以下几个问题:

第一,需要弄清马克思论述的这一思想的适用对象。前面已经讲过,马克思论述的这一思想主要适用于当时的俄国农村公社及其发展道路,不能离开俄国农村公社的特点及其发展道路理解马克思的这一思想。西欧资本主义起源的历史运动,是把一种私有制形式变为另一种私有制形式。而俄国是把农村公社及其土地公有制完整地保存下来的唯一欧洲国家,既然土地从来没有成为农民的私有财产,所以不能将马克思关于把一种私有制形式变为另一种私有制形式的概括运用到根本没有土地私有制的俄国农村公社上去。

第二,需要弄清马克思论述这一思想的具体针对性。马克思的论

① 《马克思恩格斯文集》第 2 卷,人民出版社 2009 年版,第 35—36 页。

述是针对俄国一些民粹派理论家对《资本论》中有关论述的误解讲的，不能离开马克思的具体针对性孤立地理解马克思的思想。离开马克思论述的具体针对性，孤立地理解马克思论述的这一思想，必然会对这一思想发生误解。马克思论述的这一思想和他与民粹派一些理论家的特殊关系密切相连。马克思与俄国民粹派的一些理论家之间的关系是极其微妙的。俄国民粹派理论家认为俄国农民是社会主义的天生选民，认为俄国没有资本主义关系正是其优越于西方的地方，使俄国实现社会主义比西欧更容易。马克思不赞成俄国民粹派理论家的这些观点。这是一方面。另一方面，俄国革命的民粹派对马克思的学说和活动特别感兴趣，马克思与他们中的一些人交往频繁，特别是丹尼尔逊、弗列罗夫斯基等人为马克思提供了很多关于俄国社会发展很有价值的材料。马克思对俄国民粹派的革命实践活动十分关注，给予很大的同情和支持，并将其看作是无产阶级世界社会主义革命的同盟军，认为他们所从事的推翻沙皇政府的革命活动，既有利于俄国社会的发展，又以有利于推动西欧的无产阶级革命。所以马克思对俄国民粹派错误思想的批评采取了比较友好、曲折、委婉和含蓄的方式，不公开谴责他们的空想的农业社会主义思想，在不得不批评他们的错误观点时，很多情况下都是极其隐秘和婉转的。特别是对俄国农村公社及其发展道路这类敏感问题，马克思表达意见就更为慎重。正是为了妥善处理与俄国民粹派理论家的关系，马克思才反复说，我在《资本论》中关于资本主义起源的"历史必然性"的论述"明确地限制在西欧各国的范围内"。离开马克思与俄国民粹派理论家的特殊关系，孤立地理解马克思这一思想，也必然会对这一思想产生误解。

第三，马克思论述的这一思想及其具体历史意义是随着历史条件的变化而变化的，不能离开历史条件的变化，把马克思论述的这一思想凝固化、教条化。马克思认为他在《资本论》中关于资本主义起源于运动的"历史必然性"的论述，不适用于俄国，是以俄国农村公社及其土地公有制在全国范围内完整地保存下来为前提的。一旦俄国农村公社土地公有制解体、土地私有制产生和发展起来,这个限制就失去了存在的意义。马克思在世时,就已经看到俄国资本主义的狂热已经迅速盛行起来,俄国农村公社正受到来自国家和资本主义势力的严重破坏,面临着解体的危险。马克思逝世以后,恩格斯明确谈到,俄国已经走上了资本主义道路,奠定了资本主义生产方式的基础,年轻的俄国资产阶级已经把国家完全掌握在自己的手中,国家在所有的经济问题上都不得不屈从于资产阶级,俄国越来越快地转变为资本主义工业国。到20世纪初,列宁更是多次明确肯定俄国已经是一个资本主义国家。离开历史条件的变化,教条主义地理解马克思关于资本主义起源运动的"历史必然性""明确地限制在西欧各国的范围内"这一思想,必然会对这一思想产生误解。

第四,马克思的思想也和任何其他的思想一样,是需要经过实践的检验判断其正确与否的,不应该离开实践的检验而把马克思的某一思想或某一设想,当作永恒真理加以应用。首先,马克思关于俄国农村公社有可能"不通过资本主义制度的卡夫丁峡谷"直接过渡到社会主义社会的设想,并没有变成现实,亦即没有经受住实践的检验。前面已经讲过,俄国十月革命的胜利和中国革命的胜利,都不是马克思关于俄国农村公社有可能"不通过资本主义制度的卡夫丁峡谷"的证实,而是对它的证伪。其次,不仅俄国19世纪末20世纪初走上了资本主义发展道路,而且第二次世界大战以后,亚洲、非洲、拉丁美洲的绝大多数国家,都通过民族民主革命摆脱了殖民主义统治,在一定程度上走上了独立发展的道路,并且纳入了世界资本主义体系。再次,20世纪80年代末90年代初东欧剧变、苏联解体以后,苏联的各个加盟共和国以及东欧各国,也走上了资本主义发展道路。在这种历史背景下,再不厌其烦地把马克思所说的他在《资本论》中关于资本主义起源运动的"历史必然性""明确地限制在西欧各国的范围内"的思想,当作普遍适用的理论加以宣扬，就是很不合时宜的了。

第五，国内外学术界都有人根据马克思在《给〈祖国纪事〉杂志编辑部的信》中对米海洛夫斯基把他对于西欧资本主义起源的历史概述彻底变成一般发展道路的历史哲学理论的批判，断定马克思根本否定一般历史哲学理论的存在。甚至有人认为，马克思只研究了资本主义社会的发展规律，并没有研究其他社会的发展规律，也没有研究人类历史发展的普遍规律。这是不符合实际的。马克思对社会发展规律的研究和论述，可以分为三个层次：第一层次是某个社会形态发展的个别规律，如资本主义社会的发展规律；第二层次是某几个社会形态发展的特殊规律，如阶级斗争是阶级社会发展的基本动力的规律；第三层次是整个人类历史发展的普遍规律，包括社会存在决定社会意识和社会意识反作用于社会存在的规律，生产关系必须适合生产力性质的规律，上层建筑必须适合经济基础发展要求的规律，人民群众是推动历史发展的决定力量的规律等。马克思主要研究的是资本主义社会的发展规律，其中包括资本主义社会必然被社会主义社会和共产主义社会所代替的规律。但这并不等于说他没有研究其他社会形态的发展规律，也不等于说他没有研究整个人类历史发展的普遍规律。即使在专门研究资本主义社会发展的个别规律的《资本论》及其手稿中，他也在有关部分深入研究了资本主义以前的各种共同体和各种所有制形式的特点及其解体过程。马克思对整个人类历史的研究采用的是从后思索的方法，把人体解剖作为猴体解剖的钥匙。这里的"人体"是对资本主义社会的比喻；这里的"猴体"是对各种前资本主义社会的比喻。他认为掌握了资本主义社会的特点及其发展规律，有助于理解各种前资本主义社会的特点及其发展规律。所以，马克思在对资本主义社会进行了深入研究、掌握了资本主义社会的特点及其发展规律以后，又对各种前资本主义社会形态的特点及其发展规律作了专门的深入研究，在晚年还潜心对古代社会发展史进行研究，写了五个"古代社会史"笔记,给我们留下了一笔宝贵的思想遗产。这一点我们将在下面专门论述。

三、马克思对待一般历史哲学理论的科学态度

国内外学术界都有人根据马克思在《给〈祖国纪事〉杂志编辑部的信》中对米海洛夫斯基把他关于西欧资本主义起源运动的历史概述彻底变成一般发展道路的历史哲学理论的批判,断定马克思根本否定一般历史哲学理论。我认为这种看法不符合马克思的本意,也不符合历史观的本性。

前面已经讲过,马克思关于西欧资本主义起源运动的历史概述,指的是他在《资本论》第一卷第二十四章"关于原始积累"中描述的西欧各国资本主义制度从封建主义经济制度内部产生出来的具体途径,即生产者同他们的生产资料相分离,从而把他们变成雇佣工人而把生产资料占有者变成资本家的历史运动。这是由当时西欧的具体历史条件和具体历史环境决定的,并不是说一切国家和民族,不论其所处的历史环境如何,都注定要走这条道路。具体地说,马克思当时认为,俄国农村公社土地所有制,在当时的历史环境下,有可能不变成小土地所有制,不经过劳动者与生产资料相分离的途径,不走上资本主义发展道路,而是在条件具备时,有可能"跨越"资本主义制度的卡夫丁峡谷,免遭资本主义带来的一切极端不幸的灾难,直接过渡到社会主义社会。十分明显,马克思反对的只是米海洛夫斯基把他关于西欧资本主义起源运动的历史概述彻底变成一般发展道路的历史哲学理论,而不是否定一般发展道路的历史哲学理论的存在。上面刚刚讲过,历史唯物主义关于人类社会发展的几个普遍规律的论述,就属于一般发展道路的历史哲学理论。马克思关于社会形态演变的规律,如原始社会、奴隶社会、封建社会、资本主义社会、共产主义社会五种社会形

态由低级到高级依次更替的理论，人的依赖性社会或自然经济社会、物的依赖性社会或商品经济社会、个人全面发展的社会或产品经济社会三大社会形态依次更替的理论，石器时代、青铜时代、铁器时代、蒸汽时代、电气时代以及渔猎社会、农业社会、工业社会依次更替的理论，都属于一般发展道路的历史哲学理论。从五种社会形态依次更替的理论来看，在世界历史范围内，五种社会形态依次更替，是历史发展的普遍规律。就个别国家和民族而言，由于历史条件和历史环境的影响，有可能"跨越"其中某一个或某几个社会形态。因此，不能把五种社会形态依次更替的理论到处生搬硬套，用它来裁剪个别国家和民族的历史事实。

马克思在1877年《给〈祖国纪事〉杂志编辑部的信》中，把古代罗马耕种自己小块土地的自由农民的土地被剥夺与西欧资本主义起源时的个体农民的土地被剥夺的情况相比较，说了下面一大段话："在《资本论》的好几个地方，我都提到古代罗马平民所遭到的命运。这些人本来都是自己耕种自己小块土地的独立经营的自由农民。在罗马历史发展的过程中，他们被剥夺了。使他们同他们的生产资料和生存资料分离的运动，不仅蕴涵着大地产的形成，而且还蕴含着大货币资本的形成。于是，有那么一天就一方面出现了除自己的劳动力外一切都被剥夺的自由人，另一方面出现了占有已创造出来的全部财富的人，他们剥削他人劳动。结果怎样呢？罗马的无产者并没有变成雇佣工人，却成为无所事事的**游民**……和他们同时发展起来的生产方式不是资本主义的，而是奴隶制的。因此，极为相似的事变发生在不同的历史环境中就引起了完全不同的结果。如果把这些演变中的每一个都分别加以研究，然后再把它们加以比较，我们就会很容易地找到理解这种现象的钥匙；但是，使用一般历史哲学理论这一把万能钥匙，那是永远达不到这种目的的，这种历史哲学理论的最大长处就在于它是超历史的。"①马克思在这里深刻地揭示了各个国家和民族的具体历史过程和一般历史哲学理论之间的相互关系。一般历史哲学理论是从有关各个国家和民族的具体历史过程的分别研究和相互比较中抽象出来的逻辑结论,这里所说的"理解这种现象的钥匙",就是指这种抽象出来的逻辑结论,也就是这里所说的一般历史哲学理论。一般历史哲学理论既然是抽象的逻辑结论,它就具有"超历史的"、"超时空的"性质,因为它舍弃了不同国家和民族具体历史过程的差别,舍弃了不同国家和民族的现实历史过程的许多细节,它就不会与任何一个国家和民族的具体历史过程完全直接相吻合。因为它是"超历史的"、"超时空的",所以就不能把它当作万能钥匙到处生搬硬套,而不去研究各个国家和民族的具体历史过程。马克思说的"这种历史哲学理论的最大长处就在于它是超历史的"这句话的具体含义是什么呢? 我认为,这是就一般历史哲学理论与各个国家和民族的具体历史过程相比较而言的。各个国家和民族的具体历史过程,是就这些国家和民族的特定的历史现象、历史事件、历史人物等等而言的,包括这些国家和民族具体历史过程的差别和许多细节,属于个别,不具有普遍性,不具有"超历史的"、"超时空的"性质;一般历史哲学理论因为舍弃了不同国家和民族具体历史过程的差别,舍弃了不同国家和民族的现实历史过程中的许多细节,已经不是个别,而是一般,具有普遍性,具有"超历史的"、"超时空的"性质,所以它优越于对各个国家和民族的具体历史过程的叙述,对研究各个国家和民族的具体历史过程具有一般的指导意义。这正是它的优点。

我国理论界有相当多的人认为,马克思关于"这种历史哲学理论的最大长处就在于它是超历史的"这句话,讲的是反话,是否定有一般历史哲学理论,是对主张有一般历史哲学理论的观点的讽刺。这种

---

① 《马克思恩格斯文集》第 3 卷,人民出版社 2009 年版,第 466—467 页。

理解是错误的。其错误的根源就在于不理解一般历史哲学理论的本性，更广义地说，是由于不理解一般和特殊的关系。一般历史哲学理论，由于它是从具体历史过程中抽象出来的逻辑结论，由于它舍弃了具体历史过程的差别和细节，所以它就具有"超历史的"、"超时空的"性质，正因为它具有"超历史的"、"超时空的"性质，它才对处于不同历史时代、不同时空中的具体历史过程的研究具有一般历史观和方法论的指导意义。如果一般历史哲学理论也像各个国家和民族的具体历史过程一样，如果从德国抽象出来的理论只在德国有指导意义，在19世纪总结出来的理论只对19世纪有指导意义，丝毫不具有"超历史"、"超时空"的意义，那么这样的理论还有什么"长处"呢？马克思、恩格斯多次讲过作为历史发展规律反映的一般历史哲学理论具有超历史、超时空的性质。正如我们在前面已经讲过的，马克思在《资本论》第三卷中，曾经以资本主义经济为例，说明一般规律只是一种趋势，并不与任何个别场合完全符合。他指出："总的说来在整个资本主义生产中，一般规律作为一种占统治的趋势，始终只是以一种极其错综复杂和近似的方式，作为从不断波动中得出的、但永远不能确定的平均数来发生作用。"[1]恩格斯在晚年也讲过一般经济规律"全都没有任何其他的现实性，而只是一种近似值，一种趋势，一种平均数，但不是直接的现实。"正因为一般历史哲学理论具有"超历史的"、"超时空的"性质，所以就不能把它当作教条而必须把它当作研究的指南和方法。

通过以上的分析，我们可以清楚地看出，马克思批判米海洛夫斯基时所反对的只是把一般历史哲学理论当作万能钥匙到处生搬硬套，而不是否认存在一段历史哲学理论本身。恰恰相反，马克思正是从正面肯定一般历史哲学理论对研究各个国家和民族的具体历史过程具有普遍的指导意义。一般历史哲学理论和历史学不同。历史学注重对过

---

① 《马克思恩格斯文集》第7卷，人民出版社2009年版，第181页。

去事件的解释和描述，一般历史哲学理论则要通过对具体历史过程的解释和描述抽象出一般的逻辑结论。历史学和一般历史哲学理论的关系，是个别与一般、具体与抽象、历史与逻辑，现实与理想的关系。马克思的一般历史哲学理论，就是他和恩格斯共同创立的历史唯物主义。否认一般历史哲学理论的存在，必然会导致否认马克思、恩格斯创立的作为人类思想最高成果的历史唯物主义。否认一般历史哲学理论的存在，就意味着否定从个别到一般、从具体到抽象、从历史到逻辑的科学思维方法，个别与一般、具体与抽象、历史与逻辑、现实与理想的统一就会通通化为乌有。否认一般历史哲学理论的存在，实质上就是一种只承认实证科学而"拒斥形而上学"的实证主义的表现。

马克思、恩格斯在《德意志意识形态》中，有一段论述充分体现了他们关于一般历史哲学理论与各个国家和民族的具体历史过程之间的关系的思想。这段话是这样说的："在思辨终止的地方，在现实生活面前，正是描述人们实践活动和实际发展过程的真正实证科学开始的地方。关于意识的空话将终止，它们一定会被真正的认识所代替。对现实的描述会使独立的哲学失去生存环境，能够取而代之的充其量不过是从对人类历史发展的考察中抽象出来的最一般的结果的概括。这些抽象本身离开了现实的历史就没有任何价值。它们只能对整理历史资料提供某些方便，指出历史资料的各个层次的顺序。但是这些抽象与哲学不同，它们决不提供可以适用于各个历史时代的药方或公式。相反，只是在人们着手考察和整理资料——不管是有关过去时代的还是有关当代的资料——的时候，在实际阐述资料的时候，困难才开始出现。这些困难的排除受到种种前提的制约，这些前提在这里是根本不可能提供出来的，而只能从对每个时代的个人的现实生活过程和活动的研究中产生。"① 这段话与我们上面引用的马克思在《给〈祖国纪

———————

① 《马克思恩格斯文集》第1卷，人民出版社2009年版，第526页。

事〉杂志编辑部的信》中的那一大段话极为相似，有助于我们正确理解那段话的含义。这里说的"哲学"，不是指一切哲学，而是特指抽象的思辨哲学。显然，马克思、恩格斯在这里批判的是黑格尔式的抽象的、思辨的历史哲学和费尔巴哈的脱离人的社会性和实践活动的抽象人性论的人本主义哲学，强调研究现实的生活过程，研究人们的实际活动和实际发展过程。但他们并没有因此而否定"从对人类历史发展的考察中抽象出来的最一般的结果的概括"，并没有否认这些概括"能对整理历史资料提供某些方便"，能"指出历史资料的各个层次的顺序"，即对整理历史资料具有指导意义。这些"从对人类历史发展过程的考察中抽象出来的最一般的结果的概括"，就是一般历史哲学理论。马克思反对的只是使这些概括离开现实的历史，反对把它们当作适用于各个历史时代的药方或公式，而不是否认这些概括本身，亦即不是否认一般历史哲学理论的存在。

为了深入理解一般历史哲学理论与各个国家和民族的具体历史过程之间的关系，需要谈一谈概念和规律的抽象性与它们的应用的具体性之间的关系问题。

概念是对事物本质属性的反映和概括。人们在社会实践过程中，开始只是看到各个事物的现象方面，看到各个事物的片面，看到各个事物之间的外部联系，只有对事物的感性认识，还不能形成深刻的概念。社会实践的继续，使人们在实践中引起感觉和印象的东西反复了多次，于是在人们的脑子里便产生了一个认识过程中的飞跃，形成了概念。"概念这种东西已经不是事物的现象，不是事物的各个片面，不是它们的外部联系，而是抓住了事物的本质，事物的全体，事物的内部联系了。"[1]概念由于舍弃了事物发展过程中的表面现象、外部联系和各种偶然因素，概括和把握了事物的本质，因而它就具有抽象性，

---

① 《毛泽东选集》第1卷，人民出版社1991年版，第285页。

就与它由以得出来的现实不完全吻合和一致。规律和本质属于同一程度的范畴，它是事物及其发展过程中普遍的、本质的、必然的联系，体现着事物发展的方向和趋势。规律具有稳定性和重复性，只要具备必要的条件，合乎规律的现象就必然重复出现。列宁说："规律就是关系"，是"本质的关系或本质之间的关系"①。毛泽东说："客观事物的内部联系，即规律性。"②在逻辑上、理论上讲的规律，是对事物发展过程的概括，因而它具有非直接现实性，或者说它不是直接的现实。客观事物及其发展过程本身的规律，不能直接呈现在人们的面前，需要通过抽象思维才能把握。因而规律也具有抽象性。科学抽象是形成概念和规律的思维过程中重要的不可或缺的环节。只有通过科学抽象，才能形成概念和规律，揭示事物的本质和必然性。列宁指出："认识是人对自然界的反映。但是这并不是简单的、直接的、完整的反映，而是一系列的抽象过程，即概念、规律等等的构成、形成过程。"③通过科学抽象所形成的概念和对客观规律的理论上的概括，并不是远离它所研究的客观事物，而是更正确、更深刻、更完全地反映事物的整体、内部联系、客观必然性、发展趋势等等。正如列宁所说："思维从具体的东西上升到抽象的东西时，不是离开——如果它是正确的（注意）（而康德，像所有的哲学家一样，谈论正确的思维）——真理，而是接近真理。物质的抽象，自然规律的抽象，价值的抽象等等，一句话，一切科学的（正确的、郑重的、不是荒唐的）抽象，都更深刻、更正确、更完全地反映着自然。"④应该提请读者注意，列宁著作中所用的"自然"概念，有时是指广义的自然，这个自然包括人类社会于其中。上面引用的两段话中的"自然"，就是指广义的自然。马克思、恩格斯

---

① 《列宁全集》第55卷，人民出版社1986年版，第128页。
② 《毛泽东选集》第3卷，人民出版社1991年版，第801页。
③ 《列宁全集》第55卷，人民出版社1986年版，第152页。
④ 《列宁全集》第55卷，人民出版社1986年版，第142页。

著作中的自然概念也常常是广义自然的意义，既包括自然界也包括人类社会。概念和规律是抽象的，但它们的应用却必须是具体的。这是因为，概念是对同类事物本质的抽象和概括。人们在思维中抽象和概括同类事物的本质时，舍弃了它们的现象方面、各个片面和外部联系。所以在应用概念分析具体历史事实时，又必须结合事物的现象方面、各个片面和外部联系，不这样做就无法对具体事物进行具体分析，所以概念的应用就必须是具体的，具有具体性。规律也是如此。以历史规律为例，因为历史规律是从各个国家和民族的具体历史发展过程中抽象概括出来的，舍弃了不同国家和民族具体历史过程的差别和许多细节，所以在应用它的时候，就必须把不同民族和国家的具体历史差别和各种细节结合起来。下面举两个具体例子说明这个问题。

例一：关于生产的一般概念和一般规律。马克思在 1858 年写的《〈政治经济学批判〉导言》中，曾经讲过"生产一般"这个概念。一方面，他认为，有些人以为，"好像只要一说到生产，我们或者就要把历史发展过程在它的各个阶段上一一加以研究，或者一开始就要声明，我们指的是某个一定的历史时代，例如，是现代资产阶级生产"①，这种看法有一定的片面性。马克思认为，在研究某个特定的历史时代的生产以前，需要从各个历史时代的生产中，抽象出一些共同的标志和共同的规定，作为理论研究的前提，用以指导对各个特定的历史时代的生产的研究。他指出："生产的一切时代有某些共同标志，共同规定。**生产一般**是一个抽象，但是只要它真正把共同点提出来，定下来，免得我们重复，它就是一个合理的抽象。不过，这个**一般**，或者说，经过比较而抽象出来的共同点，本身就是有许多组成部分、作为不同规定的东西。其中有些属于一切时代，另一些是几个时

---

① 《马克思恩格斯文集》第 8 卷，人民出版社 2009 年版，第 9 页。

代共有的。有些规定是最新时代和最古时代共有的。"① 这里是说,这些共同标志或共同规定,不一定只有一个,可能有几个;这些共同标志或共同规定,又分为不同的层次,有的是适用于一切时代的最普遍的规定,有的是适用于几个时代的特殊规定,有的是只适用于某一个时代的个别规定。如果没有这些抽象规定,任何生产都无从设想。马克思阐明的社会再生产过程的共同标志或共同规定,包括生产、分配、交换、消费四个环节,并说明了它们之间的一般关系。另一方面,马克思又认为:"说到生产,总是指在一定社会发展阶段上的生产——社会个人的生产。""一切生产阶段所共有的、被思维当做一般规定而确定下来的规定,是存在的,但是所谓一切生产的**一般条件**,不过是这些抽象要素,用这些抽象要素不可能理解任何一个现实的历史的生产阶段。"② 这就是说,一切生产的共同标志或共同规定,即生产一般,是思维从生产的具体社会形式中抽象出来的,它具有超越生产的具体社会形式的特点。所以只有把它与生产的具体社会形式结合起来,才能使其对生产的具体社会形式的研究具有指导意义。

生产的具体社会形式,就是生产的社会关系,即生产关系。仅仅知道"生产一般"或"一般生产"的各个抽象规定,不了解这些抽象规定在特定的生产关系下的具体表现形式,对研究特定的生产关系下的生产是毫无助益的。资产阶级经济学家总是脱离生产关系抽象地谈论生产,把资本主义生产看作永恒的自然过程。例如,他们认为,资本是一种物,自古以来就存在,而且将永远存在下去;在任何时代,生产资料和生活资料都是资本,从而把不同的生产关系混为一谈,并把资本主义生产关系永恒化。马克思也曾经受到资产阶级经济学家的影响,把劳动工具和劳动材料等生产资料称为资本。他在1845—1846

---

① 《马克思恩格斯文集》第8卷,人民出版社2009年版,第9页。
② 《马克思恩格斯文集》第8卷,人民出版社2009年版,第6—9、12页。

年与恩格斯合写的《德意志意识形态》一书中，还沿用资产阶级经济学家的这种说法。他们说："分工从最初起就包含着劳动**条件**——劳动工具和材料的分配，也包含着积累起来的资本在各个所有者之间的劈分，从而包含着资本和劳动之间的分裂以及所有制本身的各种不同的形式。"①这里就把"劳动工具和材料"称为资本了。此后不久，马克思在根据 1847 年 12 月在布鲁塞尔德意志工人协会发表的演说写成的、最初以社论形式于 1849 年 4 月 5—8 日和 11 日在《新莱茵报》上陆续发表的《雇佣劳动与资本》中，就抛弃了资产阶级经济学家把任何时代的生产资料都称为资本的错误观点。他指出："黑人就是黑人。只有在一定的关系下，他才成为**奴隶**。纺纱机是纺棉花的机器，只有在一定的关系下，它才成为**资本**。脱离了这种关系，它也就不是资本了，就像**黄金**本身并不是货币，砂糖并不是砂糖的**价格**一样。""**资本**也是一种社会生产关系。这是**资产阶级的生产关系**，是资产阶级社会的生产关系。构成资本的生活资料、劳动工具和原料，难道不是在一定的社会条件下，不是在一定的社会关系内生产出来和积累起来的吗？难道这一切不是在一定的社会条件下，在一定的社会关系内被用来进行新生产的吗？并且，难道不正是这种一定的社会性质把那些用来进行新生产的产品变为**资本**的吗？"②在《资本论》中，马克思把这个思想表述得更加明确。他说："资本不是物，而是一定的、社会的、属于一定社会历史形态的生产关系，后者体现在一个物上，并赋予这个物以独特的社会性质。资本不是物质的和生产出来的生产资料的总和。资本是已经转化为资本的生产资料，这种生产资料本身不是资本，就像金或银本身不是货币一样。"③把资本看成一种属于一定的社会形态的特殊的生产关系，就说明了资本这种生产关系的历史性和暂时性，就

---

① 《马克思恩格斯文集》第 1 卷，人民出版社 2009 年版，第 579 页。
② 《马克思恩格斯文集》第 1 卷，人民出版社 2009 年版，第 723、724 页。
③ 《马克思恩格斯文集》第 7 卷，人民出版社 2009 年版，第 922 页。

像它的产生具有历史必然性一样，它的灭亡也具有历史必然性。马克思不仅认为资本不是物，而是生产关系，而且认为，在资本主义生产方式中，商品、货币、价值、价格、工资、利润、利息、地租、信用、剩余价值、平均利润等等，都不是物，而是资本主义的生产关系。资产阶级经济学家把这些体现着生产关系的物，都仅仅看作物，抹杀了它们体现的资产阶级生产关系的性质。

马克思把资本主义社会称为物的依赖性社会，认为在物的依赖性社会中，不是人支配物，而是物支配人，物与物的关系成为在人之外与人相对立并且支配人的异己力量。物的依赖性社会的实质就在于以物与物之间的关系掩盖了人与人之间的社会关系，掩盖了资本家对雇佣工人的剥削关系和剥削程度。物的依赖性社会的异化性质具体表现在以下几个方面：（1）在物的依赖性社会中，劳动的客观条件同劳动者相异化，亦即工人所创造的物化劳动同自己的活劳动相异化。这是因为工人创造的产品（物化劳动），不归工人所有，而归资本家所有，并且成为资本家剥削和统治工人的手段。（2）在物的依赖性社会中，由于分工和交换的发展所造成的社会关系的物化，商品、货币、资本等社会关系成为在生产者之外、与生产者相对立、不服务于生产者反而控制生产者的权力。（3）在物的依赖性社会中，由于上述两种对立，因而虽然个人的生产和交换都是自觉地、有目的地进行的，但是对于社会总体来说，生产和交换却呈现为无政府状态，生产过程成为凌驾于各个劳动之上的盲目的异己力量。（4）在物的依赖性社会中，由于人们之间的社会关系的物化，使物质生产活动和社会关系成为统治人的异己力量，所以在这种物质的生产活动和社会关系的基础上所形成的观念，也成为统治人的异己的精神力量。而观念总是一种抽象，所以观念的统治就表现为抽象的统治。（5）在物的依赖性社会中，科学成为与工人相分离、相对立并且服务于资本的独立力量。劳动者和劳动的客观条件相分离，是资本主义生产方式的特点。在资本主义社会，科学获得了迅速发展并且在生产上得到广泛应用。科学应用于生产过程，物化为生产工具，即物化为固定资本，成为资本家在经济上剥削工人的手段和统治工人的权力，因而科学成了与工人相分离、相对立、相异化并且统治工人的一种手段。

由于马克思运用"生产一般"或"一般生产"这个抽象概念研究资本主义生产时，把它与资本主义生产的具体社会形式紧密结合起来，就对资本主义生产有了深刻的具体的认识，从而揭示了资本主义生产的发展规律，既肯定了资本主义生产的积极作用，又揭示了资本主义生产中资本家剥削雇佣工人的本质，指出了资本主义必然被社会主义所代替的规律。

例二：关于劳动和劳动过程的概念与规律。马克思在《资本论》及其手稿中，多次讲过"劳动"这个概念的一般含义或抽象意义，并且阐明了资本主义生产方式下劳动过程与价值增殖过程的统一。"劳动过程"指的是劳动的一般性质或抽象性质，"价值增殖过程"指的是劳动的具体社会形式，即资本主义劳动的社会形式。马克思在《1861—1863年经济学手稿》中说："现实劳动是自然和人之间的物质变换的一般条件，并且作为这种人类生活的自然条件，它同人类生活的一切特定的社会形式无关，它是所有社会形式所共有的。""劳动过程本身从它的一般形式来看，还不具有特殊的**经济规定性**。从中显示出的不是人类在其社会生活的生产中发生的一定的历史的（社会的）**生产关系**，而是劳动为了作为劳动起作用的一切社会生产方式中都必须分解成的一般形式和一般要素。"① 这里的"现实劳动"和"劳动过程"指的是"劳动"概念的抽象性。马克思在《资本论》中进一步论述了这个问题。他指出："劳动作为使用价值的创造者，作为有用劳动，是不以一切社会形式为转移的人类生存条件，是人和自然之间的物质变换

①《马克思恩格斯全集》第32卷，人民出版社1998年版，第69—70页。

即人类生活得以实现的永恒的自然必然性。"①马克思又说:"劳动过程首先要撇开每一种特定的社会形式来加以考察。""劳动过程,就我们在上面把它描述为它的简单的、抽象的要素来说,是制造使用价值的有目的的活动,是为了人类的需要而对自然物的占有,是人和自然之间的物质变换的一般条件,是人类生活的永恒的自然条件,因此,它不以人类生活的任何形式为转移,倒不如说,它为人类生活的一切社会形式所共有。因此,我们不必来叙述一个劳动者和其他劳动者的关系。一边是人及其劳动,另一边是自然及其物质,这就够了。"②马克思风趣地说,根据小麦的味道,我们尝不出它是谁种的,同样,根据劳动过程,我们看不出它是在什么样的条件下进行的。它是在奴隶监工的残酷鞭子下进行的,还是在资本家严酷的目光下进行的,抑或是在野蛮人用石头击杀野兽的情况下进行的,这些都不属于劳动过程考察的范围。

劳动过程即劳动一般不是孤立存在的,劳动过程总是在一定的社会形式中进行的,在现实的历史中,不存在脱离具体的社会形式的劳动过程。任何劳动都是一般的劳动过程和具体的社会形式的统一。因此单纯用一般劳动过程这个抽象理论是不能说明任何一种具体的特定的社会形式的劳动的。只有把它与具体的社会劳动形式相结合,才能使其对具体的特定的社会形式的劳动过程的研究具有指导意义。马克思认为,商品生产过程是劳动过程和价值形成过程的统一,资本主义生产过程是劳动过程和价值增殖过程的统一。资本主义生产方式是把价值形成过程和价值增殖过程结合在一起的。马克思指出:"我们的资本家所关心的是下述两点。第一,他要生产具有交换价值的使用价值,要生产用来出售的物品,商品。第二,他要生产出来的商品的价值,

---

① 《马克思恩格斯文集》第5卷,人民出版社2009年版,第56页。

② 《马克思恩格斯文集》第5卷,人民出版社2009年版,第207、215页。

大于生产该商品所需要的各种商品即生产资料和劳动力——为了购买它们，他已经在商品市场上预付了宝贵的货币——的价值总和。他不仅要生产使用价值，而且要生产商品，不仅要生产使用价值，而且要生产价值，不仅要生产价值，而且要生产剩余价值。""作为劳动过程和价值形成过程的统一，生产过程是商品生产过程；作为劳动过程和价值增殖过程的统一，生产过程是资本主义生产过程，是商品生产的资本主义形式。"①马克思通过对资本主义生产过程的考察，说明了在资本主义生产方式下雇佣工人在生产过程中所创造的剩余劳动是各种资本家所获得的利润的唯一源泉，无论是产业资本家或商业资本家的利润，还是借贷资本家的利息，或是土地所有者的地租，都来源于生产过程中雇佣工人所创造的剩余价值。

马克思把剩余价值分为绝对剩余价值和相对剩余价值两种。他认为，通过延长工作日而生产的剩余价值，叫作绝对剩余价值；相反通过缩减必要劳动时间、相应地改变工作日的必要劳动时间和剩余劳动时间的量的比例而生产的剩余价值，叫作相对剩余价值。绝对剩余价值的生产只同工作日的长度有关；相对剩余价值的生产使劳动的技术过程和生产组织发生彻底的革命。为了增加绝对剩余价值的生产，资本家延长工人的劳动时间，增加工人的劳动强度，而无须改变生产方式，即无须改变劳动的技术条件和社会条件。马克思指出："资本发展成为一种强制关系，迫使工人阶级超出自身生活需要的狭窄范围而从事更多的劳动。作为他人辛勤劳动的制造者，作为剩余劳动的榨取者和劳动力的剥削制，资本在精力、贪婪和效率方面，远远超过了以往一切以直接强制劳动为基础的生产制度。"②而为了生产更多的相对剩余价值，资本家"必须变革生产劳动过程的技术条件和社会条件，从

---

① 《马克思恩格斯文集》第5卷，人民出版社2009年版，第217—218、229—230页。
② 《马克思恩格斯文集》第5卷，人民出版社2009年版，第359页。

而变革生产方式本身,以提高劳动生产力,通过提高劳动生产力来降低劳动力的价值,从而缩短再生产劳动力价值所必需的工作日部分";"劳动生产力的提高,我们在这里一般是指劳动过程中的这样一种变化,这种变化能缩短生产某种商品的社会必要劳动时间,从而使较小量的劳动获得较大量使用价值的能力"。① 马克思的《资本论》及其手稿,是把劳动和劳动过程的抽象性与其应用的具体性相结合的典范。

通过对以上两个例证的分析,我们可以更加清楚地看出,马克思所说的"一般历史哲学理论的最大长处就在于它是超历史的"这句话,是从正面说的,是对"一般历史哲学理论"的肯定,而不是从反面说的,不是否定"一般历史哲学理论"的存在,同时又深刻地说明了对这种抽象的"一般历史哲学理论"的运用,必须紧密结合实际,离开了具体实际,离开了具体的历史过程,"一般历史哲学理论"就没有任何价值。

---

① 《马克思恩格斯文集》第 5 卷,人民出版社 2009 年版,第 366 页。

第十四章
马克思"古代社会史笔记"的理论贡献

马克思古代社会史的研究与他关于东方社会发展道路理论的研究，有着密切的关系。因此，我们应该把马克思古代社会史的研究作为他东方社会发展道路理论研究的一个重要组成部分，加以研究和阐释。

一、树立一块新的理论里程碑

马克思的"古代社会史笔记"，主要指马克思在 1879—1882 年间撰写的五个笔记，包括《马·柯瓦列夫斯基〈古代土地占有制，其解体的原因、进程和结果〉(第 1 册，1979 年莫斯科版) 一书摘要》(以下简称《柯瓦列夫斯基笔记》)，《路易斯·亨·摩尔艰〈古代社会〉(1877 年伦敦版) 一书摘要》(以下简称《摩尔根笔记》)，《约翰·菲尔爵士〈印度和锡兰的雅利安人村社〉(1880 年版) 一书摘要》(以下简称《菲尔笔记》)，《亨利·萨姆纳·梅恩〈古代法制史讲演录〉(1875 年伦敦版) 一书摘要》(以下简称《梅恩笔记》)，《约·拉伯克〈文明的起源和人的原始状态〉(1870 年伦敦版)〉一书摘要》(以下简称《拉伯克笔记》)。这一组笔记，国内外学术理论界曾赋予它不同的名称。有人从人类学的角度，把它称为"人类学笔记"；有人从民族学的角度把它称为"民族学笔记"；我们从人类历史发展规律和发展过程的角度，把它称为"古代社会史笔记"。中共中央马克思恩格斯列宁斯大林著作编译局也曾于 1996 年以《马克思古代社会史笔记》为题，出版了这组笔记的单行本。

由于这组笔记马克思在世时和逝世以后相当长的一段时间内没有

公之于世,马克思晚年所从事的理论研究不为世人所知,于是人们认为,曾经以充沛的精力、顽强的斗志、创新的精神从事理论创造的马克思,在自己生命的最后几年中,居然在理论的舞台和战场上销声匿迹了。就连马克思的学生和亲密战友,马克思理论的忠实信奉者、宣传者和捍卫者弗兰茨·梅林,也在其撰写的《马克思传》中认为,马克思晚年由于健康的原因及其夫人辞世在感情上遭受的沉重打击而不得不中止其理论上的探索。

时间是最好的见证人和历史之谜的解答者。1941年,苏联首先公开发表了马克思的《摩尔根笔记》。1972年,美国人类学家劳伦斯·克拉德按照荷兰阿姆斯特丹国际社会史研究所收藏的马克思笔记手稿的原样,以《卡尔·马克思的民族学笔记》为题,发表了马克思晚年摘录的四个笔记,即《摩尔根笔记》《菲尔笔记》《拉伯克笔记》《梅恩笔记》。1974年出版了该书第二版,接着又出版了日文、德文、意大利文、西班牙文、法文及其他文字的译本。1975年,苏联马克思恩格斯研究院编辑的《马克思恩格斯全集》第45卷出版,收入了马克思的四个笔记,即《柯瓦列夫斯基笔记》《摩尔根笔记》《梅恩笔记》《拉伯克笔记》。至此,马克思的五个笔记全部公开发表。它们告诉世人,马克思晚年不仅没有在理论舞台和战场上销声匿迹,而且是以顽强的毅力、忍受着病痛的折磨,开拓着新的研究领域,扩大着自己的研究视野,进行着新的理论创造,充实和发展着自己已有的理论成果,并且以自我反省和自我批判的精神,根据时代的变化和新发现的学术资料,克服自己原有理论的某些局限性和不足之处,从而使自己的理论更加科学和全面。

随着这些笔记的公开出版,国际国内学术界掀起了研究"晚年马克思"的热潮。学者们对马克思晚年的理论活动及其目的有着各种揣测和理解。有些揣测和理解是正确的,但也有不少揣测和理解是偏颇的。如有人认为,马克思在年迈体弱而且《资本论》尚未全部写完和出版的情况下，把大量时间用于摘录"人类学笔记"，是不可饶恕的学究气；有人认为，1871 年巴黎公社失败后，西方革命陷入低潮，资本主义进入了新的繁荣时期，马克思"对西方革命失去了信心，感到困惑"，于是把希望寄托于仍处在原始社会和存在着较多的原始社会遗迹的东方国家的革命上；还有的学者认为，马克思是为了纠正其早年和中年断定一切国家和民族不论其具体情况如何都必然要经历资本主义发展阶段的错误认识，认为东方国家走的是一条不同于西方的非资本主义道路，俄国等国可以"不通过资本主义制度的卡夫丁峡谷"早于西欧从前资本主义社会直接进入社会主义社会。我认为，这些看法都是不正确的。马克思晚年研究古代社会史和写作"古代社会史笔记"的目的和理论贡献在于，从哲学（主要是历史唯物主义）、政治经济学和科学社会主义等马克思主义的各个组成部分，全面审视自己的理论，弥补自己原有理论的不足，填补自己原有理论的空白，克服自己原有理论的局限性，用新的学术资料丰富和发展自己的理论，使自己的理论体系更加科学和完善。可以毫不夸张地说，马克思晚年的"古代社会史笔记"在他的理论活动行程中，竖立起一块新的里程碑。

二、对历史唯物主义的贡献

我们知道，马克思在《莱茵报》时期（1842 年），开始了从唯心主义向唯物主义的转变。1843 年写的《黑格尔法哲学批判》中关于"不是国家决定家庭和市民社会，而是家庭和市民社会决定国家"的观点，开辟了通向历史唯物主义的道路。在《1844 年经济学哲学手稿》中，提出了一系列历史唯物主义基本观点，但同时又仍然带有费尔巴哈人本主义和黑格尔思辨唯心主义的痕迹，这部著作仍然是马克思思想转变过程中的著作。《神圣家族》一书已经到了历史唯物主义形成的前夜，但又尚未完全与费尔巴哈彻底划清界限。《关于费尔巴哈的提纲》和

《德意志意识形态》是标志历史唯物主义基本形成的著作，但对历史唯物主义原理的阐述仍然是原则性的，缺乏具体的实证知识的论证。资本主义社会是最复杂的社会有机体，《资本论》一书通过对资本主义社会基本矛盾及其发展趋势的分析，在理论上对历史唯物主义基本原理作了实证的论证和科学的检验。但是，历史唯物主义是关于整个人类历史发展的一般规律的科学，资本主义社会以前的原始社会、奴隶社会、封建社会的情况如何，历史唯物主义基本原理是否适用于这些社会形态，到《资本论》第一卷出版为止，尚未得到实证知识的论证和科学的检验。马克思晚年的古代社会史研究，在很大程度上就是为了通过对前资本主义这几个社会形态的研究来论证、检验和完善历史唯物主义的科学体系。"古代社会史笔记"对历史唯物主义的贡献主要表现在以下几个方面：

第一，完善了历史唯物主义关于社会结构的理论。马克思在写作"古代社会史笔记"之前，主要论述了阶级社会的社会结构，特别是在《资本论》中详细地论述了资本主义社会的社会结构。在《1857—1858年经济学手稿》的"资本主义生产以前的各种形式"一章中，还曾研究和分析了由父权制氏族解体所产生的农村公社（亚细亚公社、古典古代公社、日耳曼公社）的社会结构，但对于这些公社在历史上是怎样产生的，它们产生以前的社会状况如何，当时还知之甚少。通过对古代社会史的研究，特别是对摩尔根《古代社会》一书和其他著作中提供的关于上古史的资料的研究，马克思认识到，这些农村公社并不是人类最原始的社会组织，它们是由父权制氏族解体过程中产生出来的，而父权制氏族则是由母权制氏族演化而来的。氏族才是原始社会的社会组织的基本单位。马克思借助于摩尔根和其他人类学家提供的材料，详细地研究和说明了氏族组织的社会结构。概括起来说，氏族组织的基本结构是：（1）在生产资料所有制方面，实行原始的生产资料公有制；（2）在生产的组织形式和劳动方式上，实行氏族公社成员集体生产制; (3) 在劳动产品的分配形式上, 实行产品的平均分配; (4) 在氏族成员之间的社会关系上, 没有阶级划分, 没有阶级剥削和阶级压迫, 氏族成员之间是平等、团结、互助的关系; (5) 在氏族事务的管理上, 实行原始的民主制, 整个氏族社会分为氏族、胞族, 部落等级次, 后来血缘相近的几个部落组成部落联盟。恩格斯在执行马克思的遗愿而写作的《家庭、私有制和国家的起源》一书的 1891 第四版《序言》中, 高度评价了摩尔根的研究成果, 当然这也是对马克思研究成果的充分肯定和发挥。他认为: 摩尔根发现, "这种按母权制建立的氏族, 就是后来按父权制建立的氏族——即我们在古希腊罗马时代文明民族中可以看到的氏族——所由以发展起来的原始形式。希腊的和罗马的氏族, 对迄今所有的历史编纂学家来说都是一个谜, 如今可以用印第安人的氏族来说明了, 因而也就为全部原始历史找到了一个新的基础"[①]。

生产力和生产关系的关系、经济基础和上层建筑的关系, 是阶级社会社会结构的骨架。这种阶级社会的基本社会结构, 是否能够用于分析和说明无阶级的原始社会的社会结构, 是长期没有解决的一个理论上的难题。有些学者对此持否定态度。马克思认为, 氏族社会的家庭属于社会的经济基础, 其亲属制度则属于社会的上层建筑。亲属制度随着家庭制度的变化而变化, 就意味着上层建筑是随着经济基础的变化而变化的。摩尔根在《古代社会》一书中说: "这种亲属制度和古老形式的氏族组织, 通常是一起被发现的。家庭是一个能动的要素, 它从来不是静止不动的, 而是由较低级的形式进到较高级的形式。反之, **亲属制度却是被动的; 它把家庭经过一个长久时期所发生的进步记录下来, 并且只有当家庭已经根本变化了的时候, 它才发生根本的变化。**"马克思在《摩尔根笔记》中摘录了这段话, 并且补充说: "同

---

① 《马克思恩格斯文集》第 4 卷, 人民出版社 2009 年版, 第 28 页。

样，政治的、宗教的、法律的以至一般哲学的体系，都是如此。"①这表明，马克思认为，阶级社会的经济基础和上层建筑相互关系的原理，也适用于说明氏族社会的社会结构。英国历史学家格罗特否定血缘关系是氏族制度的基础，认为氏族只是观念地有一个共同的祖先，"根本的结构和观念的基础在一切氏族中都是相同的"。马克思在《摩尔根笔记》中辛辣也予以讽刺："**不是观念的，是物质的，用德语说是肉欲的！**"②马克思的意思是说，血缘关系是一种物质的社会关系，属于氏族制度的经济基础，而关于氏族的观念，则属于氏族制度的上层建筑。

第二，完善了历史唯物主义关于五种社会形态划分的理论。马克思、恩格斯在 1845—1846 年合写的《德意志意识形态》一书中，把资本主义社会以前的历史划分为依次更替的三种所有制形式，即"部落所有制"、"古典古代的公社所有制和国家所有制"、"封建的或等级的所有制"。这里讲的第二种所有制形式，大致相当于我们现在所说的西欧奴隶社会的所有制形式，第三种所有制形式大致相当于我们现在所说的西欧封建社会的所有制形式。那么，第一种所有制形式相当于我们现在所说的社会发展的哪一个社会形态的所有制形式呢？马克思、恩格斯指出："这种所有制与生产的不发达阶段相适应，当时人们靠狩猎、捕鱼、畜牧，或者最多靠耕作为生。在人们靠耕作为生的情况下，这种所有制是以有大量未开垦的土地为前提的。在这个阶段，分工还很不发达，仅限于家庭中现有的自然形成的分工的进一步扩大。因此，社会结构只限于家庭的扩大：父权制的部落首领，他们管辖的部落成员，最后是奴隶。潜在于家庭中的奴隶制，是随着人口和需求的增长，随着战争和交易这种外部交往的扩大而逐渐发展起来的。"③"部落所有制"中既然已经产生了奴隶制，而且奴隶制还在逐渐发展，显然它已

① 《马克思恩格斯全集》第 45 卷，人民出版社 1985 年版，第 353、354 页。
② 《马克思恩格斯全集》第 45 卷，人民出版社 1985 年版，第 503 页。
③ 《马克思恩格斯文集》第 1 卷，人民出版社 2009 年版，第 521 页。

经不是"原生形态"的社会所有制形式，而是"次生形态"的社会所有制形式，即不是我们现在所说的原始社会的所有制形式。原始社会的所有制形式是什么样的，马克思、恩格斯当时尚未发现。从这段话也可以看出，马克思、恩格斯当时对原始社会还缺乏了解，他们还认为家庭在氏族和部落之前，由若干家庭组成氏族，而不是后来所认为的在氏族和部落解体的过程中才产上家长制大家庭，然后继而产生个体家庭。

　　1859 年，马克思在《〈政治经济学批判〉序言》中总结人类社会发展的一般进程时说："大体说来，亚细亚的、古希腊罗马的、封建的和现代资产阶级的生产方式可以看做经济的社会形态演进的几个时代。"[①] "亚细亚生产方式"到底相当于人类历史发展的哪一个阶段，理论界仁者见仁、智者见智，前面已经讲过，有人说它是原始社会，有人说它是东方奴隶社会，有人说它是东方封建社会，有人说它是混合性社会，有人说它是普遍奴隶制，有人说它是只存在于东方而西方所没有的特殊社会。马克思在研究古代社会史和写作"古代社会史笔记"以及与此相关的著作以前，也没有完全搞清楚"亚细亚生产方式"的性质及其在人类历史发展序列中的地位。马克思晚年根据摩尔根的《古代社会》一书提供的历史材料和其他人类学家提供的历史材料所写的《给维·伊·查苏利奇的复信》及其草稿中，才讲清了这个问题。他指出：以"亚细亚生产方式"为基础的社会（农业公社）"既然是原生的社会形态的最后阶段，所以它同时也是向次生形态过渡的阶段，即以公有制为基础的社会向以私有制为基础的社会的过渡"[②]。这就是说，以"亚细亚生产方式"为基础的社会，是从公有制社会向私有制社会、从无阶级社会向阶级社会过渡的过渡型社会，不是我们现

---

① 《马克思恩格斯文集》第 2 卷，人民出版社 2009 年版，第 592 页。
② 《马克思恩格斯文集》第 3 卷，人民出版社 2009 年版，第 586 页。

在所说的原始社会，不应该把它作为人类历史发展中的第一个社会形态。恩格斯在 1884 年为《家庭、私有制和国家的起源》一书所写的第一版《序言》中说："摩尔根的伟大功绩，就在于他在主要特点上发现和恢复了我们成文史的这种史前的基础，并且在北美印第安人的血族团体中找到了一把解开希腊、罗马和德意志上古史上那些极为重要而至今尚未解决的哑谜的钥匙。"① 这就是说，马克思在晚年通过古代社会史的研究，才发现了现代意义上的原始社会，并且用原始原始社会取代了《〈政治经济学批判〉序言》中的"亚细亚生产方式"的地位，最后使五种社会形态划分理论臻于完善。

第三，完善了历史唯物主义关于从公有制社会向私有制社会转化的理论。由公有制社会向私有制社会的转化，至少包括以下三方面的内容：（1）由生产资料公有制向生产资料私有制的转化；（2）由无阶级的社会组织向有阶级的社会组织的转化；（3）由氏族机构向国家政权的转化。我们知道，对生产资料的关系不同是阶级划分的基础，而国家是阶级矛盾不可调和的产物和表现。因此，生产资料私有制的出现、阶级的产生、国家的形成是三位一体的过程，是历史唯物主义关于社会结构理论与历史发展过程理论的一个基本的主题。但是，在马克思系统研究古代社会史和写作"古代社会史笔记"以前相当长的一段历史时期内，始终没有彻底地科学地解决这一问题。他晚年通过对古代社会史的研究，才使这个重要的问题得到科学的解决。

生产资料私有制、阶级和国家，都是氏族组织和土地公有制解体的产物。马克思、恩格斯在写于 1847 年底、1848 年 2 月出版的《共产党宣言》中，认为"至今一切社会的历史都是阶级斗争的历史"。马克思、恩格斯在研究了古代社会史以后纠正了这种不正确的看法。恩格斯在《共产党宣言》1888 年英文版《序言》中，对上面引证的《共

---

① 《马克思恩格斯文集》第 4 卷，人民出版社 2009 年版，第 16 页。

产党宣言》中的那段话加了一个注："这是指有**文字**记载的全部历史。在 1847 年，社会的史前史，成文史以前的社会组织，几乎还没有人知道。后来，哈克斯特豪森发现了俄国的土地公有制，毛勒证明了这种公有制是一切条顿族的历史起源的社会基础，而且人们逐渐发现，农村公社是或者曾经是从印度到爱尔兰的各地社会的原始形态。最后，摩尔根发现了**氏族**的真正本质及其对**部落**的关系，这一卓绝发现把这种原始共产主义社会的内部组织的典型形式揭示出来了。随着这种原始公社的解体，社会开始分裂为各个独特的、终于彼此对立的阶级。"①恩格斯在《家庭、私有制和国家的起源》一书中，对氏族公社及其土地公有制的解体和阶级的产生作了具体的说明。

马克思在《柯瓦列夫斯基笔记》中，摘录了柯瓦列夫斯基关于印度公社土地所有制的解体过程的论述。柯瓦列夫斯基认为，由于西方殖民主义的入侵和资本家阶级的破坏，使印度的村社土地所有制瓦解，逐步确立了小土地所有制和大土地所有制，农民被迫成了依附于地主的佃户。柯瓦列夫斯基说："**公社团体的瓦解**过程，并不以**确立小农所有制**为限，而且不可避免地导致大土地所有制。如上所述，由于与公社毫不相干的**资本家**阶级侵入公社内部，公社的**宗法性质**消失了，同时公社首领的影响也消失了。"马克思赞同柯瓦列夫斯基的看法并且补充说："一切人反对一切人的战争开始了"。②这个补充很重要，说明了生产资料私有制的出现，必然导致阶级和阶级斗争的产生，生产资料私有制是阶级斗争的根源。

如果说殖民主义的入侵和资本家阶级的破坏是公社瓦解的外部因素，那么生产力的发展所引起的财产占有不平等则是公社瓦解的内部因素。马克思在《摩尔根笔记》中，深刻地说明了公社瓦解的内部原

---

① 《马克思恩格斯文集》第 2 卷，人民出版社 2009 年版，第 31 页。
② 《马克思恩格斯全集》第 45 卷，人民出版社 1985 年版，第 304 页。

因。摩尔根对导致公社解体的内部的物质因素的作用认识不够，而马克思不仅充分估计了内部的物质因素对公社瓦解所起的决定性作用，而且强调了这一解体过程的历史必然性。马克思指出："**氏族酋长**等人由于财富等等已经和**氏族的群众**处于**内部冲突**之中，这种情况，在存在着与**专偶制家庭**相联系的**房屋**、**土地**、**畜群**的**私有制**的条件下，乃是不可避免的。"① 摩尔根认为，私有制的出现导致了氏族制度在地域上的不稳定，马克思修正说："**不管地域如何**，同一氏族中的财产差别使氏族成员的利益的共同性变成了他们之间的**对抗性**；此外，与土地和牲畜一起，**货币资本**也随着**奴隶制的发展**而具有了决定的意义。"② 马克思在这里把私有财产的出现、专偶制家庭的产生、氏族内部的利益冲突看作综合地瓦解氏族公社的内部的力量源泉。

生产力的发展、私有财产和阶级的产生以及阶级矛盾的尖锐化，必然导致国家的产生。梅恩不懂得这个道理，他把国家权力看成是脱离社会的经济基础和阶级利益冲突而独立存在的一种永恒的社会制度。马克思对梅恩的观点进行了严厉的批判。他在《梅恩笔记》中指出："梅恩忽略了深刻得多的东西：**国家的看来是至高无上的独立的存在本身**，不过是**表面的**，所有各种形式的国家都是**社会身上的赘瘤**；正如它只是在社会发展的一定阶段上才**出现**一样，一当社会达到迄今尚未达到的阶段，它也会消失。先是个性摆脱最初**并不是专制的桎梏**（如傻瓜梅恩所理解的），**而是群体**即原始共同体的**给人带来满足和乐趣的纽带**——从而是**个性**的片面发展。但是只要我们分析这种个性的内容即它的**利益**，它的真正性质就会显露出来。那时我们就会发现，这些利益又是一定的社会集团共同特有的利益，即**阶级利益等等**，所以这种个性本身就是阶级的个性等等，而它们最终全都以**经济条件**为基础。

① 《马克思恩格斯全集》第 45 卷，人民出版社 1985 年版，第 517 页。
② 《马克思恩格斯全集》第 45 卷，人民出版社 1985 年版，第 522 页。

这种条件是国家赖以建立的基础，是它的前提。"而梅恩却把"**政治优势**""当作某种驾于社会之上的、以自身为基础的东西"。[①]

　　几乎在写作"古代社会史笔记"的同时，马克思还写了《历史学笔记》。这个笔记考察了从公元前1世纪到公元17世纪中叶的一系列重大历史事件，整理了欧洲历史的材料和亚非一些民族的历史材料。这个约105个印章的四大本篇幅的笔记，内容十分丰富和具体。马克思逝世后，恩格斯在整理这份手稿时，加上了《编年摘录》这一标题。《历史学笔记》是利用世界历史的实证材料，研究私有制社会如何通过奴隶社会和封建社会过渡到资本主义社会，它架起了"古代社会史笔记"到《资本论》的桥梁。《历史学笔记》是"古代社会史笔记"的延伸和继续，它的历史起点是原始公社解体后产生的第一个社会形态——奴隶社会，它结束的地方正好是资本主义社会开始的地方。马克思通过对古代社会史的研究和写作"古代社会史笔记"，说明了由原始社会到阶级社会（奴隶社会）的转变过程；通过对从公元前1世纪到公元17世纪中叶世界历史的研究和写作《历史学笔记》，说明了如何通过奴隶社会和封建社会转变到资本主义社会。通过对资本主义政治经济学的研究和《资本论》的创作，揭示了资本主义社会的本质及其发展趋势，说明了由资本主义社会必然转变到社会主义社会和共产主义社会。这样马克思就说明了人类历史由原始社会经过奴隶社会、封建社会、资本主义社会进而前进到社会主义社会和共产主义社会的全过程，揭示了人类历史发展的一般规律，完善了历史唯物主义的科学体系。

　　马克思对人类历史全过程的研究，运用的是"从后思索"的方法，即从"人体解剖"到"猴体解剖"的方法。他在《〈政治经济学批判〉导言》中说："人体解剖对于猴体解剖是一把钥匙。反过来说，低等动

_____

　　[①]《马克思恩格斯全集》第45卷，人民出版社1985年版，第646—647页。

物身上表露的高等动物的征兆,只有在高等动物本身已被认识之后才能理解。因此,资产阶级经济为古代经济等等提供了钥匙。""资产阶级经济学只有在资产阶级社会的自我批判已经开始时,才能理解封建的、古代的和东方的经济。"① 这里说的"东方的经济",相当于《〈政治经济学批判〉序言》中所说的"亚细亚生产方式",前面已经讲到,马克思晚年用"原始社会"取代了它的地位。这里说的"古代的经济"指的是奴隶社会的经济。从马克思对整个人类历史全过程的实证研究来看,他不是首先研究原始社会、奴隶社会、封建社会这些前资本主义社会,而是在充分认识了资本主义社会这一人类历史上最复杂的社会机体的结构、本质及其发展规律的基础上,再去研究这些前资本主义社会,揭示这些前资本主义社会的社会结构及其演变规律,所以它对前资本主义社会的理解就比一般历史学家的理解更正确、更深刻。

三、古代社会史研究与《资本论》写作的关系

国内外学术理论界有些人把马克思对古代社会史的研究和"古代社会史笔记"的写作,与他的政治经济学的研究和《资本论》后几卷的写作割裂开来、对立起来,指责马克思放弃了继续研究政治经济学和《资本论》后几卷的写作而去孤立地研究古代社会史和写作"古代社会史笔记"。这种认识是不符合实际的,这种指责也是毫无道理的。

我们知道,巴黎公社失败以后,马克思又一次回到书房,从事多方面的研究工作。恩格斯在1885年5月为其整理出版的《资本论》第二卷的《序言》中说:马克思"1870年以后,又有一个间歇期,这主要是由于马克思的病情造成的。他照例是利用这类时间进行各种研究。农学,美国的特别是俄国的土地关系,货币市场和银行业,最后,还

---

① 《马克思恩格斯文集》第8卷,人民出版社2009年版,第29、30页。

有自然科学，如地质学和生理学，特别是独立的数学研究，成了这个时期的许多札记本的内容。"①接着恩格斯叙述了马克思晚年继续写作《资本论》后几卷的情况。马克思除去研究古代社会史和世界历史之外，继续研究政治经济学和写作《资本论》后几卷，也是他晚年生活的不朽乐章。为了再版而修订《资本论》第一卷，为了进一步武装全世界的工人阶级而出版《资本论》第一卷的外文版和普及版，并关注资本主义发展的新动向，批判资产阶级的庸俗经济学理论，成了马克思晚年研究政治经济学工作的重要组成部分。马克思晚年的古代社会史研究、世界历史研究和政治经济学研究是同时进行的，而且是相辅相成的。马克思研究古代社会史，特别是研究古代土地制度及其演变的重要目的之一，就是为了深化《资本论》中的地租理论。

马克思在研究古代社会史和写作"古代社会史笔记"的过程中，并没有中断政治经济学的研究和《资本论》后几卷的写作，这可以从《马克思恩格斯全集》中文第一版中《关于卡尔·马克思和弗·恩格斯生平事业年表》（以下简称《年表》）中看得十分清楚。我们把《年表》中列举的马克思在1877—1883年研究政治经济学和写作《资本论》后几卷的情况列出来，作为佐证：1877年3月底，马克思又继续整理《资本论》第二卷的手稿；1877年10月19日，马克思把《资本论》第一卷手稿寄给左尔格，以便译成英文，并指出在准备出美国版的时候应该做哪些修改；1877年11月至1878年7月，马克思进行《资本论》第二卷第一章的付印准备工作；1878年5月21日至5月底，马克思为了写作《资本论》摘录了从美国收到的《劳动统计局第一年度报告》；1878年10—11月，马克思为了写《资本论》，阅读了保·罗特、A.奇孔奈、卡·迪·休里曼、L.柯萨、查·A.曼、A.沃克等人关于银行和货币流通史的著作，作了摘记，并写了批评意见；1878年

---

① 《马克思恩格斯文集》第6卷，人民出版社2009年版，第7页。

11月15日和28日,马克思在给丹尼尔逊的信中,指出《资本论》第一卷中的一些修改意见,说明这些修改在准备出版新的俄文版时必须加以考虑;1878年11月下半月至12月,马克思写作《资本论》第二卷和第三卷,研究土地关系史料;1879年下半年至1880年11月,马克思对已出版的阿·瓦格纳的《政治经济学教科书。第1卷。国民经济的一般性或理论性的学说》一书提出批评意见,表述并发表了《资本论》中所阐述的一系列价值论原理;1880年1—12月,马克思写《资本论》第二卷和第三卷,他重写第二卷的第三编,阅读了政治经济学(关于土地所有制,地租、农业和财政问题)的著作,并作了摘录;1880年10月至1881年3月,马克思继续写作《资本论》第二卷和第三卷,研究了大量官方文件(蓝皮书)和关于美国经济发展的文献;1882年10月30日至1883年1月12日,马克思住在文特尔诺,从事《资本论》第一卷德文第三版的准备工作。[①]上面列举的情况充分说明,马克思晚年、直到他停止呼吸的前夕,一直没有停止政治经济学的研究和《资本论》第一卷的修改与第二卷、第三卷的写作。说马克思为了研究古代社会史和写作"古代社会史笔记"而放弃了政治经济学的研究和《资本论》后几卷的写作,是多么不符合实际。

我们再看看马克思、恩格斯是如何看待马克思晚年研究古代社会史和写作"古代社会史笔记"与研究政治经济学和写作《资本论》后几卷之间的关系的。由于俄国的土地关系具有不同于西欧社会的特殊形态,如原始的土地公有制在全国范围内较完好地保留下来并且未遭到西方殖民主义者的侵害,按照村社的集体生产的原则进行耕作等,所以他们对俄国的土地问题给予了专门的关注,阅读了浩如烟海的关于俄国土地制度的资料,以便对土地和地租问题能有更全面准确的了解。这样俄国在《资本论》第二、三卷中就获得了英国在《资本论》

---

① 《马克思恩格斯全集》第19卷,人民出版社1963年版,第672—694页。

第一卷中那样的典型地位。马克思在 1872 年 12 月 2 日致丹尼尔逊的信中说:"在《资本论》第二卷关于土地所有制那一篇中,我打算非常详尽地探讨俄国的土地所有制形式。"① 恩格斯在其整理出版的《资本论》第三卷的《序言》中说:"马克思为了写地租这一篇,在 70 年代曾进行了全新的专门研究。他对于俄国 1861 年'改革'以后必然出现的关于土地所有权的统计资料及其他出版物,——这是他的俄国友人以十分完整的形式提供给他的,——曾经根据原文进行了多年的研究,并且作了摘录,打算在重新整理这一篇时使用。由于俄国的土地所有制和对农业生产者的剥削具有多种多样的形式,因此在地租这一篇中,俄国应该起在第一册研究工业雇佣劳动时英国所起的那种作用。"②

马克思在对古代史的研究过程中,还根据印度村社土地所有制演变的实证资料,限制和在一定程度上纠正了他和恩格斯早年关于"东方不存在土地私有制"的论断。这一点上面我们已经讲过,这里不再重复。我国学术理论界有些人,由于不了解马克思的这一思想转变,认为马克思始终坚持印度、中国等东方国家在西方殖民主义入侵以前一直不存在土地私有制的观点,这种看法既违背了马克思的本意,又不符合东方国家的历史实际。

马克思晚年的古代社会史研究,十分重视各国土地制度及其演变的差异性和多样性,反用西欧模式说明东方各国的土地制度及其演变。他针对柯瓦列夫斯基和菲尔将东方古老国家公社土地所有制的瓦解看成是与西欧封建化同样的过程的观点,根据事实材料进行了历史唯物主义的分析,认为这些地区的土地公有制瓦解的过程不是西欧意义上的封建化过程,不能将二者作简单的类比。柯瓦列夫斯基站在"西欧中心论"的立场来看待东方土地公有制的解体过程,认为在墨西

---

① 《马克思恩格斯全集》第 33 卷,人民出版社 1973 年版,第 549 页。
② 《马克思恩格斯文集》第 7 卷,人民出版社 2009 年版,第 10—11 页。

哥和秘鲁进行的摒弃重新分配土地的做法开始了不动产的封建化过程，印度农村公社的解体也达到了西欧中世纪的发展水平，印度在公元8至18世纪实行的赠军公田（采邑制）、公职承包制、荫庇制（依附制）都是"西欧意义上的**封建主义**"。对此，马克思指出："**别的不说**，柯瓦列夫斯基**忘记了农奴制**，这种制度并不存在于印度，而且它是一个基本因素。""**土地**在印度的任何地方都不是**贵族性的**，就是说，土地并非不得出让给平民！""根据印度的法律，**统治者的权力**不得在诸子中**分配**；这样一来，**欧洲封建主义**的主要源泉之一便被堵塞了。"① 菲尔在论述东方村社中的家庭和村社的关系时，把这种关系看成是封建主义的。马克思在《菲尔笔记》中讽刺说："菲尔这个蠢驴把村社的结构叫做**封建**的结构"② 马克思为什么认为印度不存在西欧意义上的封建主义呢？这是因为，西欧意义上的封建主义有三个特征：一是土地庄园化，二是社会的农奴化，三是政治多元化（即分权割据）。而印度等东方国家，在其公社和土地公有制瓦解的过程中没有产生上述三个特点，所以马克思认为印度不存在"西欧意义上的封建主义"。

史学界虽然对印度何时进入封建社会、封建社会是如何产生的这些问题上看法不尽相同，但多数史学家都认为印度经历了封建化过程，进入了封建社会。北京大学马克垚教授在其主编的《世界历史——中古部分》中写道："一些印度学者把印度中世纪史的开始定为伊斯兰教统治时期，即十三世纪。但用马克思主义研究印度史的学者和夏尔玛则持不同观点。夏尔玛发掘出大量封建制发生的史实，如封建土地制的产生，依附关系、劳役、司法权的分赐，以致封建主等级关系的形成等，把印度封建社会的开始定为公元四世纪。可惜他对封建制的认识完全是西欧模式，未充分研究印度的特点。苏联学者中流行的看法

---

① 《马克思恩格斯全集》第45卷，人民出版社1985年版，第284、274页。

② 中共中央马克思恩格斯列宁斯大林著作编译局编译：《马克思古代社会史笔记》，人民出版社1996年版，第385页。

是，封建制因素于公元初即已产生，但转变为封建社会则为五至七世纪之间。"①我国著名历史学家吴于廑、齐世荣主编的《世界史》则认为，印度的封建制度萌芽于公元4—6世纪的笈多王朝时期，确立于公元6—7世纪的戒日王朝时期。②鉴于历史学界多数学者认为印度经历了自己的封建化过程、进入了封建社会这种情况，我们应该对马克思的"古代社会史笔记"中的观点作审慎的理解：马克思只是说印度没有经历西欧意义上的封建化过程，不存在"西欧意义上的封建主义"。至于印度是否经历了具有自己特征的封建化过程，是否进入了不同于"西欧意义"上的封建社会，马克思当时并没有研究和回答这个问题。

四、对科学社会主义理论的丰富和发展

马克思对古代社会史的研究和"古代社会史笔记"的写作，不仅丰富和发展了历史唯物主义和政治经济学，也丰富和发展了科学社会主义理论。主要表现在以下几个方面：

第一，丰富和发展了资本主义必然灭亡、社会主义和共产主义必然胜利的理论。这个理论马克思、恩格斯在《德意志意识形态》《哲学的贫困》《共产主义原理》《共产党宣言》等著作中就作了明确的表述，后来又在《资本论》中通过对资本主义社会基本矛盾及其发展趋势的科学分析，作了理论上的论证。在"古代社会史笔记"中，则是通过对古代社会的社会结构及其性质的实证分析，通过对整个人类历史发展规律的科学认识，并且运用辩证思维的方法，对"两个必然"作了更加科学的论证。既然私有制社会、阶级社会是随着生产力的发展，在原始公有制社会、无阶级社会解体的过程中产生的，那么在生产力

---

① 马克垚主编：《世界历史——中古部分》，北京大学出版社1989年版，第64页。

② 吴于廑、齐世荣主编：《世界史——古代史编》下卷，高等教育出版社1994年版，第81—94页。

发展的水平极大提高的情况下，社会将在更高的水平上，向公有制社会、无阶级社会"复归"，社会主义和共产主义在全世界的胜利是不可避免的，是符合人类历史发展的客观规律的。马克思在《摩尔根笔记》中摘录了摩尔根《古代社会》一书中下面一大段论述："现在，财富的增长是如此巨大，它的**形式**是这样**繁多**，以致这种财富对人民说来已经变成**一种无法控制的力量。人类的智慧在自己的创造物面前感到迷惘而不知所措了。然而，总有一天，人类的理智一定会强健到能够支配财富……**单纯追求财富不是人类的最终的命运。自从文明时代开始以来所经历的时间，只是人类已经经历过的生存时间的一小部分，只是人类将要经历的生存时间的一小部分。**社会的瓦解，即将成为以财富为唯一最终目的的那个历程的终结，因为这一历程包含着自我消灭的因素**……**这（即更高级的社会制度）将是古代氏族的自由、平等和博爱的复活，但却是在更高级形式上的复活。**"[①] 马克思十分赞同摩尔根这种看法。摩尔根这段话是在《古代社会》一书将近结束的地方写下的，可以看作是摩尔根写作这本书的最后的结论。恩格斯在《家庭、私有制和国家的起源》一书中，完整地引录了摩尔根的这段论述，并把这段论述作为全书的结论。马克思的这个原始共产主义社会——私有制社会——高级阶段的共产主义社会的历史发展过程的观点，似乎是又回到了《1844 年经济学哲学手稿》中的人占有自己的理想化的本质——人的本质的异化和私有财产的出现——人的本质的复归和私有财产的消灭的观点。但这只是表面的形式上的相似。《1844 年经济学哲学手稿》中的观点，虽然在一定程度上是基于对经济事实的分析得出的结论。但在很大程度上又是借助于费尔巴哈人本主义哲学和黑格尔的思辨辩证法这两根拐杖所作的逻辑推论得出的结论，尚缺乏实证的论证，学术界把它称为"哲学共产主义"。而"古代社会史笔记"中

---

① 《马克思恩格斯全集》第 45 卷，人民出版社 1985 年版，第 397—398 页。

的共产主义理论，则是以历史唯物主义和剩余价值理论为基础，通过对整个人类历史的实证研究得出的科学结论，哲学分析只是起了辅助作用。

第二，丰富和发展了无产阶级革命同盟军的理论。无产阶级革命的同盟军问题，包括以下三个方面的内容：

首先，无产阶级在革命过程中与本国的农民结成联盟。马克思在总结欧洲 1848 年革命的经验教训时就指出，无产阶级革命只有得到农民的支持才能取得胜利。他说："法国农民一旦对拿破仑帝制复辟感到失望时，就会把对于自己小块土地的信念抛弃，那时建立在这种小块土地上的全部国家建筑物，都将会倒塌下来；于是无产阶级革命就会得到一种合唱，若没有这种合唱，它在一切农民国度中的独唱是不免要变成孤鸿哀鸣的。"① 马克思的这一思想得到了巴黎公社实践的验证。巴黎公社失败的主要原因之一，就是没有能够得到外省农民的响应和支持，法国农民面对法国资产阶级对巴黎工人的血腥屠杀无动于衷。马克思的"古代社会史笔记"所涉及的国家，都是以农民为主体的国家，无产阶级与农民建立联盟的问题，将是这些国家无产阶级领导的革命的迫切问题。

其次，在一国的无产阶级革命过程中，要有全世界的无产阶级的配合与支持，各国的无产阶级要结成巩固的同盟，否则无产阶级革命也不能成功。马克思 1872 年 9 月 8 日在阿姆斯特丹群众大会上的演说中总结巴黎公社的经验教训时说："巴黎公社之所以失败，就是因为在一切主要中心，如柏林、马德里以及其他地方，没有同时爆发同巴黎的无产阶级斗争的高水平相适应的伟大的革命运动。"②

再次，无产阶级在革命过程中，要与被压迫民族的解放运动结成

---

① 《马克思恩格斯全集》第 8 卷，人民出版社 1961 年版，第 665 页。
② 《马克思恩格斯全集》第 18 卷，人民出版社 1964 年版，第 180 页。

联盟。无产阶级和民族解放运动的关系问题，一直是马克思十分关注的重要问题。它在 19 世纪 50 年代就在《中国革命和欧洲革命》《英人在华的残暴行为》《波斯和中国》以及关于印度问题等多篇文章中，作过深入的论证。马克思晚年在研究古代社会史和写作"古代社会史笔记"的过程中，又对印度和南亚地区、阿拉伯地区、中国和波兰等国的社会经济状况及民族解放运动进行了深入研究，揭示了无产阶级革命与民族解放运动相辅相成、互相促进、互为条件的关系：一方面，被压迫民族的解放运动能够促进西欧无产阶级革命运动的发展；另一方面，西欧无产阶级革命的胜利是被压迫民族获得解放的重要条件。

通过以上三个方面的探讨，马克思把无产阶级革命和农民革命、一国革命和世界革命、无产阶级革命和民族解放运动有机地联系起来，完善了无产阶级革命同盟军理论，极大地丰富和发展了他在 19 世纪 40 年代中期以后提出的"世界历史"理论。

第三，丰富和发展了关于东方革命和西方革命相互关系的理论。马克思在研究古代社会史和写作"古代社会史笔记"的过程中，十分关注东方革命和西方革命的关系问题，这个问题主要是在 1877 年《给〈祖国纪事〉杂志编辑部的信》、1881 年《给维·伊·查苏利奇的复信》及其草稿以及他和恩格斯在 1882 年合写的《共产党宣言》俄文第二版《序言》等论著中阐述的。因为在这个问题上马克思的思想与恩格斯的思想基本一致而又互相补充，所以我们应该把马克思的思想与恩格斯 1875 年写的《论俄国的社会问题》、1894 年写的《〈论俄国的社会问题〉跋》以及一些相关的书信结合起来加以研究。关于欧洲无产阶级革命与东方革命的关系问题，理论界已有不少研究和论述，我本人也在一些著作和论文中对这个问题作了较为详细的探讨，这里仅就学术理论界对马克思、恩格斯的相关思想发生误解的几个问题概要地谈些意见。

首先，马克思、恩格斯是否提出过"东方社会非资本主义发展道路"的思想？我国理论界有些人认为，马克思、恩格斯晚年形成并提出了"东方社会非资本主义发展道路"的思想。在我看来，这是一种似是而非的模糊认识。马克思、恩格斯晚年只是认为俄国农村公社和俄国社会有两种发展前途：一种是农村公社的土地公有制解体，像西欧那样走上资本主义发展道路；另一种是农村公社的土地公有制和集体耕作制得以保存，在条件具备时，"不通过资本主义制度的卡夫丁峡谷"，直接过渡到社会主义社会。马克思、恩格斯从来没有断定俄国农村公社和俄国社会只有一种发展前途，即非资本主义发展道路，更没有断定所有东方国家都走非资本主义发展道路，因为他们已经看到，像印度这样的英国的殖民地，已经逐步走上了资本主义发展道路；在俄国，"资本主义的狂热"已经"迅速盛行起来"。"东方社会非资本主义发展道路"的思想，完全是一些人"附加在马克思主义名下的错误观点"。

其实，马克思、恩格斯晚年是否否定了他们早年和中年关于前资本主义国家经过资本主义社会前进到社会主义社会和共产主义社会是人类历史发展的一般规律的思想？我国理论界有些人误解了马克思在《给〈祖国纪事〉杂志编辑部的信》和《给维·伊·查苏利奇的复信》及其草稿中所说的他在《资本论》中"关于资本主义起源运动的历史必然性""明确地限制在西欧各国的范围内"的说法。其实，马克思在这里说的只是他在《资本论》第一卷第二十四章"关于原始积累"中，根据英国的情况对资本主义起源的具体形式所作的概述仅限于"西欧各国的范围内"，并非说只有西欧各国才具有走上资本主义发展道路的历史必然性，西欧以外的其他国家都不具备走上资本主义发展道路的历史必然性。事实上，马克思、恩格斯认为，前资本主义国家只是在特定的历史条件下，才能避免资本主义前途，直接过渡到社会主义社会，按照一般规律，前资本主义国家如俄国要通过农村公社和土地公有制的解体走上资本主义发展道路。他们在晚年也没有改变这种观点。只要我们仔细地而不是粗枝大叶地阅读他们晚年的著作，就不难看出这一点。

再次，如何理解马克思所说的关于俄国农村公社和俄国社会两种发展前途究竟哪一种发展前途变为现实，取决于它所处的"历史环境"的思想？我国理论界不少人将马克思所说的俄国农村公社和俄国社会所处的"历史环境"作了片面理解，只看到马克思关于它与西欧资本主义处于同一历史时代，因而有可能不经受资本主义的苦难而享受资本主义的积极成果的论述，而忽略了马克思反复强调的一个思想，即俄国农村公社和俄国社会处于资本主义陷入危机，将要被社会主义和共产主义所代替的历史时代。这后一个条件可以说是俄国农村公社和俄国社会"不通过资本主义制度的卡夫丁峡谷"而直接过渡到社会主义社会的最根本的历史条件。

最后，马克思、恩格斯晚年是否提出了经济文化落后的国家首先爆发并取得无产阶级社会主义革命胜利的思想？马克思在《给维·伊·查苏利奇的复信》及其草稿中说，"要挽救俄国公社，就必须有俄国革命"。我国理论界有些人，由于把马克思所说的"俄国革命"理解成了无产阶级社会主义革命，所以由此得出经济文化落后的俄国有可能先于西欧取得无产阶级社会主义革命胜利的思想，并且说这个思想是马克思、恩格斯晚年提出来的。这是一个极大的误解。事实上，马克思讲的"俄国革命"，指的是俄国民粹派和民意党人推翻沙皇政府的革命，而不是无产阶级社会主义革命。马克思、恩格斯一向认为，西欧无产阶级革命的胜利是经济文化落后的国家"不通过资本主义制度的卡夫丁峡谷"的先决条件。马克思、恩格斯从来没有提出过落后国家可以首先爆发并取得无产阶级社会主义革命胜利的思想。

第 四 编

对社会主义理论和实践的反思

从 1917 年俄国十月社会主义革命胜利到现在，社会主义在经济文化落后的国家已经有近百年的实践。在这近百年中，社会主义既取得了辉煌的胜利和成就，也经历了惨痛的挫折和教训。科学地总结这些经验和教训，对于引导世界社会主义事业健康发展，对于推动我国改革开放和社会主义现代化建设取得更大的成就，具有重大的理论意义和现实意义。马克思、恩格斯东方社会发展道路理论的当代意义，集中体现在对社会主义理论和实践经验教训的总结上。

第十五章
马克思恩格斯著作中未来社会名称的历史演变

在马克思、恩格斯的著作中，社会主义社会和共产主义社会这两个名称，有时加以区分，指明它们在未来社会中所处的不同发展阶段和在实现未来社会的过程中所起的不同作用；有时又不加区分，即两个名称都是指代替资本主义社会的未来社会，社会主义社会就是共产主义社会，共产主义社会也就是社会主义社会。在对社会主义社会和共产主义社会这两个名称加以区分时，这两个名称在未来社会发展过程中的先后次序也并不完全相同。有时共产主义社会在社会主义社会之前，通过共产主义运动实现社会主义；有时共产主义社会在社会主义社会之后，通过社会主义社会进一步发展到共产主义社会。不少人由于对这种情况缺乏了解，往往对马克思、恩格斯著作中使用的未来社会的名称发生误解。这种误解一直存在，并且持续至今。在当今的许多论著，甚至在一些重要文件中，误用这两个名称的情况仍然时有发生。因此，有必要考察清楚社会主义社会和共产主义社会这两个名称在马克思、恩格斯著作中的历史演变，以利于防止和清除误解。

一、1844 年以前未来社会的名称

马克思最早提到社会主义和共产主义这两个名称是在 1842 年 10 月 15 日写的《共产主义和奥格斯堡〈总汇报〉》（以下简称《总汇报》）一文。这时马克思在科伦担任《莱茵报》的编辑。此报因为讨论社会主义、共产主义问题而遭到极端反动的《总汇报》的攻击。它无耻地

谩骂《莱茵报》是"一位向共产主义虚幻地卖弄风情和柏拉图式地频送秋波的人物"。马克思尖锐地指出:《总汇报》的一个记者"竟异想天开,认为君主政体应当设法用自己的方式去掌握社会主义和共产主义思想"。马克思严正强调:讨论社会主义、共产主义问题是完全正当的,是无可指责的。他质问《总汇报》:"难道我们仅仅因为共产主义不是当前在沙龙中议论的问题,因为它的衣服不干净、没有玫瑰香水的香味,就不应该把它当作当前的一个重要问题吗?"①在这篇文章中,马克思对当时的社会主义思想和共产主义思想的态度有两点值得我们注意:第一,马克思虽然主张讨论社会主义和共产主义问题,但他对当时的社会主义思想和共产主义思想并不完全赞同,至少是持保留态度;第二,他对当时的社会主义思想和共产主义思想的评价有区别,认为当时的社会主义思想优于与共产主义思想。马克思指出:"《莱茵报》甚至不承认现有形式的共产主义思想具有**理论上的现实性**,因此,更不会期望在**实际上去实现**它,甚至根本不认为这种实现是可能的事情。《莱茵报》将对这种思想进行认真的批判。但是,对于像勒鲁、孔西得朗的著作,特别是对于蒲鲁东的机智的著作,则不能根据肤浅的、片刻的想象去批判。只有在长期持续的、深入的研究之后才能加以批判"②。

马克思在 1843 年 9 月于克罗茨纳赫致卢格的信中,认为当时的社会主义思想和原则高于共产主义的思想和原则的倾向就更加明显了。他指出:"我不主张我们树起任何教条主义的旗帜,而是相反。我们应当设法帮助教条主义者认清他们自己的原理。例如**共产主义**就尤其是一种教条的抽象概念,不过我指的不是某种想象的和可能存在的共产主义,而是如卡贝、德萨米和魏特林等人所讲授的那种实际存在的共

---

① 《马克思恩格斯全集》第 1 卷,人民出版社 1995 年版,第 291、292 页。
② 《马克思恩格斯全集》第 1 卷,人民出版社 1995 年版,第 295 页。

产主义。这种共产主义本身只不过是受自己的对立面即私有制度影响的人道主义原则的特殊表现。所以，私有制的消灭和共产主义决不是一回事；除了这种共产主义外，同时还出现了另一些如傅立叶、蒲鲁东等人的社会主义学说，这不是偶然的，而是必然的，因为这种共产主义本身只不过是社会主义原则的一种特殊的片面的实现。"当然，马克思也看到了当时的社会主义学说的缺陷和不足，并且指出了它轻视理论生活和不从实际出发的空想性质。他指出："然而整个社会主义的原则只是涉及真正人的本质的**现实性**的这一个方面。我们还应当同样关心另一个方面，即人的理论生活，因而应当把宗教、科学等等当做我们批评的对象。此外，我们还希望影响我们同时代的人，而且是影响我们同时代的德国人。问题在于，应该怎么着手呢？有两个事实是不容否认的。首先是宗教，其次是政治，二者是目前德国主要关注的对象。不管这两个对象怎样，我们应当把它们作为出发点，而不应当拿任何现成的制度，例如《伊加利亚方旅行记》中的制度，来同它们相对立。"① 《伊加利亚旅行记，哲学和社会小说》是空想共产主义者埃·卡贝在 1842 年出版的著作，这部著作中所描绘的制度，指的是卡贝想象中的未来的社会制度，完全是根本不能实现的空想。

马克思在《1844 年经济学哲学手稿》中，把社会主义社会作为理想的社会制度，而把共产主义看作是一种运动，是实现社会主义的一个必经的环节。在这部著作中，马克思讲到三种共产主义理论。他对前两种共产主义理论持批判态度，对第三种共产主义理论持肯定态度。他认为第三种共产主义理论主张"**共产主义是私有财产即人的自我异化的积极的扬弃**，因而是通过人并且为了人而对**人**的本质的真正**占有**；因此，它是人向自身、向**社会的**即合乎人性的人的复归，这种复归是完全的，自觉的和在以往发展的全部财富的范围内生成的。这种共产

---

① 《马克思恩格斯文集》第 10 卷，人民出版社 2009 年版，第 7—8、8 页。

主义，作为完成了的自然主义＝人道主义，而作为完成了的人道主义
＝自然主义，它是人和自然之间、人和人之间的矛盾的**真正解决**，是
存在和本质、对象化和自我确证、自由和必然、个体和类之间的斗争
的真正解决。它是历史之谜的解答，而且知道自己就是这种解答。"①
由于马克思对这种共产主义持肯定态度，所以长期以来，人们就把这
种共产主义当作马克思所理想的未来的社会制度。这是一种误解。在
这部著作中，马克思有好几处讲到，他所理想的未来的社会制度叫作
社会主义，而共产主义只是实现社会主义的一种运动和必然的环节。为
了引起读者的注意，我先引证马克思的几段有关论述，然后作些说明。

> 对社会主义的人来说，**整个所谓世界历史**不外是人通过人的
> 劳动而诞生的过程，是自然界对人来说的生成过程，所以关于他
> 通过自身而**诞生**、关于他的**形成过程**，他有直观的、无可辩驳的
> 证明。②

> 社会主义是人的不再以宗教的扬弃为中介的**积极的自我意识**，
> 正像**现实生活**是人的不再以私有财产的扬弃即**共产主义**为中介的
> 积极的现实一样。共产主义是作为否定的否定的肯定，因此，它
> 是人的解放和复原的一个**现实的**、对下一段历史发展来说是必然
> 的环节。**共产主义**是最近将来的必然的形式和有效的原则。但是，
> 共产主义本身并不是人的发展的目标，并不是人的社会形式。③

> 我们已经看到，在社会主义的前提下，人的需要的**丰富性**，
> 从而某种**新的生产方式**和某种新的生产**对象**，具有什么样的意义。
> **人的本质力量的新的证明**和**人的本质的新的充实**。④

①《马克思恩格斯全集》第3卷，人民出版社2002年版，第297页。
②《马克思恩格斯全集》第3卷，人民出版社2002年版，第310页。
③《马克思恩格斯全集》第3卷，人民出版社2002年版，第311页。
④《马克思恩格斯全集》第3卷，人民出版社2002年版，第339页。

如果我们把**共产主义**本身——因为它是否定的否定——称为对人的本质的占有，而这种占有以否定私有财产作为自己的中介，因而还不是**真正的**、从自身开始的肯定，而宁可说是从私有财产开始的肯定，[……]可见，既然人的生命的现实的异化仍在发生，而且人们越意识到它是异化，它就越成为更大的异化；所以，它只有通过付诸实行的共产主义才能完成。要扬弃私有财产的**思想**，有**思想上**的共产主义就完全够了。而要扬弃现实的私有财产，则必须有**现实的**共产主义行动。历史将会带来这种共产主义行动，而我们**在思想中**已经认识到的那正在进行自我扬弃的运动，在现实中将经历一个极其艰难而漫长的过程。但是，我们必须把我们从一开始就意识到这一历史运动的局限性和目的，把意识到超越历史运动看作是现实的进步。①

马克思在这里所说的"正在进行的自我扬弃的运动"，指的就是共产主义运动；他所说的"这一历史运动的局限性"，指的就是共产主义运动的局限性；他所说的"超越历史运动"，指的就是超越共产主义运动，前进到社会主义社会。

从马克思这些论述可以看出，他当时认为，共产主义作为扬弃私有财产、消除异化劳动、实现人的本质的复归的运动，是最近将来的必然的形式和有效的原则，是实现未来理想社会的必经的环节和途径。但是，共产主义运动有自己的局限性，它不是人类发展的目标，不是人类社会的形式。因而，它应该超越自身，前进到下一个阶段，即前进到社会主义社会。社会主义社会才是人类发展的目标和人类社会的形式。在社会主义社会，人的需要更加丰富，人们采用新的生产方式，利用新的生产对象，人的本质得到新的充实，人的本质力量得到新的证实。

_____

① 《马克思恩格斯全集》第3卷，人民出版社2002年版，第347页。

二、《德意志意识形态》和《共产党宣言》中未来社会的名称

1845—1846 年，马克思、恩格斯合写了《德意志意识形态》一书。在这部著作中，把未来的理想社会称为共产主义社会，提出了实现共产主义要有两个绝对必需的前提。第一个前提是生产力的巨大增长和高度发展。他们认为，如果没有这个前提，就只会有贫穷、极端贫困的普遍化；而在极端贫困即普遍贫困的共产主义的情况下，必然重新开始争夺生活必需品的斗争，全部陈腐污浊的东西又会死灰复燃。第二个前提是，随着生产力的巨大增长和高度发展而形成的世界性的普遍交往。他们认为，如果没有世界性的普遍交往，就只能有地域性的共产主义，而地域性的共产主义会随着交往的扩大而消灭。马克思、恩格斯认为，共产主义社会消灭了具有固定专业划分的旧式分工和异化，实现了人的全面发展。他们用非常生动形象的比喻描述了未来共产主义社会的美好情景："在共产主义社会里，任何人都没有特殊的活动范围，而是都可以在任何部门内发展，社会调节着整个生产，因而使我们有可能随自己的兴趣今天干这事，明天干那事，上午打猎，下午捕鱼，傍晚从事畜牧，晚饭后从事批判，这样就不会使我们老是一个猎人、渔夫、牧人或批判者。"① 马克思、恩格斯在这部著作中，已经把理想的未来社会称为共产主义社会，人们为什么没有把这部著作作为他们不再把未来理想社会的名称叫作社会主义社会而改称为共产主义社会的标志呢？这可能有两个原因：一是他们在逝世前以及逝世以后相当长的一段时间内，这部著作没有公开发表，因而也就没有产生社会影响；二是这部著作中仍然存在类似《1844 年经济学哲学手稿》

---

① 《马克思恩格斯文集》第 1 卷，人民出版社 2009 年版，第 537 页。

中把共产主义只是看作实现未来理想社会的运动的遗迹。例如，他们说："共产主义对我们来说不是应当确立的**状况**，不是现实应当与之相适应的**理想**。我们所称为共产主义的是那种消灭现存状况的**现实的运动**。这个运动的条件是由现有的前提产生的。"①

1848 年 2 月，马克思、恩格斯合写的《共产党宣言》发表。这部标志着马克思主义公开问世的著作，在世界范围内产生了广泛而强烈的影响。恩格斯把这部著作作为他和马克思把未来理想社会不再叫作社会主义社会而叫作共产主义社会的标志。恩格斯在为《共产党宣言》写的 1888 年英文版《序言》和 1890 年德文版《序言》中，对他们为什么改变未来理想社会的名称作了说明。他指出：1847 年，所谓社会主义者是指两种人。一方面是指各种空想社会主义体系的信徒，特别是英国的欧文派和法国的傅立叶派，这两派当时都已经缩小成逐步走向灭亡的纯粹的宗派。另一方面是指形形色色的社会庸医，他们想用各种万应灵丹和各种补缀办法来消除社会弊病而毫不伤及资本和利润。这两种人都是站在工人运动以外，宁愿向"有教养的阶级"寻求支持。只有工人阶级中确信当时政治变革还不够而公开表明必须根本改造全部社会的那一部分人，当时把自己叫作共产主义者。这是一种粗糙的、尚欠修琢的、纯粹出于本能的共产主义；但它却接触到了最主要之点，并且在工人阶级当中已经强大到足以形成空想共产主义，在法国有卡贝的共产主义，在德国有魏特林的共产主义（恩格斯这里对卡贝和魏特林的共产主义的评价与前面讲到的马克思在 1843 年 9 月致卢格信中对这两人的共产主义的评价是有区别、有变化的——引者）。在 1847 年，社会主义意味着资产阶级的运动，共产主义则是工人阶级的运动。当时，社会主义，至少在欧洲大陆上，是"上流社会的"，而共产主义却恰恰相反。既然我们当时已经十分坚决地认定"工人阶级的解放是

---

① 《马克思恩格斯文集》第 1 卷，人民出版社 2009 年版，第 539 页。

工人阶级自己的事情"，所以就在这两个名称中选择了共产主义这个名称，而且后来也根本没有想到把这个名称抛弃。① 这就是说，马克思、恩格斯不仅当时选择了共产主义这个名称，而且自此以后也没有想到要放弃这个名称。

三、1850 年以后未来社会的名称

那么，马克思是在什么时候又把自己的理论称为社会主义理论，把自己称为社会主义者，把未来社会称为社会主义社会的呢？据我的考证，是他在 1849 年底至 1850 年 3 月和 1850 年 10 月至 11 月写成的《1848 年至 1850 年的法兰西阶级斗争》这篇文章中。马克思在批判了无政府主义的社会主义、资产阶级的社会主义、小资产阶级的社会主义、空想的社会主义等各种社会主义流派以后，把自己的社会主义叫作"革命的社会主义"，并指出当时的无产阶级已经愈益团结在"革命的社会主义"周围。他说："这种社会主义就是**宣布不断革命**，就是无产阶级的**阶级专政**，这种专政是达到**消灭一切阶级差别**，达到消灭这些差别所由产生的一切生产关系，达到消灭和这些生产关系相适应的一切社会关系，达到改变由这些社会关系产生出来的一切观念的必然的过渡阶段。"② 马克思、恩格斯 1850 年 6 月 25 日《致〈新德意志报〉编辑部的声明》中，在回答该报对马克思这段话的指责时，引证了这段话，并在"这种社会主义"的后面加了一个括号，括号内是"即共产主义"五个字。③ 自此以后，马克思就把代替资本主义社会的未来社会，既称社会主义社会，又称为共产主义社会，社会主义社会和共产主义社会指的是同一个代替资本主义社会的未来新社会。只不过

---

① 《马克思恩格斯文集》第 2 卷，人民出版社 2009 年版，第 13—14、21 页。
② 《马克思恩格斯文集》第 2 卷，人民出版社 2009 年版，第 166 页。
③ 《马克思恩格斯全集》第 10 卷，人民出版社 1998 年版，第 449 页。

在 19 世纪 70 年代以后，他们较多使用社会主义社会这个名称，而较少使用共产主义社会这个名称。恩格斯曾对这一点作了说明。由于准备出版伯恩施坦和考茨基等人论社会主义史的丛书，考茨基 1894 年 2 月 7 日致信恩格斯征求意见，问他用《共产主义史》这个书名是否更好些。恩格斯 1894 年 2 月 13 日回信说："'共产主义'一词我认为当前不宜普遍使用，最好留到必须更确切地表达时才用它，即使到那时也需要加以注释，因为实际上已三十年不曾使用了。"[①] 对恩格斯这段话也不能作绝对化的理解，在恩格斯写这封信之前 19 年，即 1875 年，马克思还在《哥达纲领批判》中使用"共产主义"这个词。

四、关于共产主义社会"第一阶段"和"高级阶段"的划分

1875 年，马克思写了著名的《哥达纲领批判》。这部著作最显著的理论贡献，是把代替资本主义社会的未来共产主义社会分为两大阶段，共产主义社会的"第一阶段"和共产主义社会的"高级阶段"，并且论述了共产主义社会两个阶段各自的基本特征以及"第一阶段"向"高级阶段"的转变。但是，马克思并没有把共产主义社会的"第一阶段"叫作社会主义社会，在习惯上，人们常常说，马克思把共产主义社会的第一阶段或低级阶段称为社会主义社会，这完全是误解和误读。

那么，在科学社会主义发展的历史上，到底是什么人、在什么时候、什么著作中开始把共产主义社会的第一阶段或低级阶段称为社会主义社会的呢？社会主义和共产主义的文献浩如烟海，即使花十分巨大的精力去作考察，也很难找到一个确凿无误、确定无疑的起始时间和著作，所以最好是找一个最有影响、最具代表性的人物的代表性著

---

① 《马克思恩格斯全集》第 39 卷，人民出版社 1974 年版，第 203 页。

作作为标志。

德国的女革命家、在国际共产主义运动中颇有影响的罗莎·卢森堡（1871—1918年），在1903年3月写的纪念马克思逝世20周年的文章中写道：马克思学说可以简要地概括为对于这样一条历史道路的认识，"从'最后一个'对抗性的、以阶级对立为基础的社会形态通向以全体社会成员利益一致为基础的共产主义社会"，"它首先是经济发展和政治发展的某一特定阶段，即从资本主义历史阶段向社会主义历史阶段过渡的时期在思想上的反映"。1907年，卢森堡在柏林的德国社会民主党人创办的中央党校讲授政治经济学和经济史时更精确地指出："自古至今各个时代的经济形式是：原始共产主义——奴隶制——封建主义——资本主义。将要到来的时代是：社会主义；最终目标是：共产主义。每一个时代都是由前一个时代发展出来的。"[1]卢森堡把代替资本主义社会的未来社会分为社会主义社会和共产主义社会两个阶段，并且认为社会主义社会在前，共产主义社会在后，共产主义社会是由社会主义社会发展而来的，但它毕竟尚未明确指出社会主义社会是共产主义社会的第一阶段或低级阶段。同时由于他在共产主义运动中的历史地位虽然较高，但与马克思、恩格新、列宁等马克思主义经典作家相比，还是有明显差别的，他的这种论述所产生的社会影响不是很大，因而不能把她的论述作为把共产主义社会的第一阶段或低级阶段称为社会主义社会的标志。

列宁在1915年8月写的《论欧洲联邦口号》一文中说："在共产主义的彻底胜利使一切国家包括民主国家完全消失以前，世界联邦（而不是欧洲联邦）是同社会主义相联系的、各民族实行联合并共享自由的国家形式。"[2]1916年7月列宁在《关于自决问题的争论总结》一

① 转引自高放：《也谈马克思主义经典著作中未来社会名称的历史演变》，《理论视野》1999年第6期。
② 《列宁选集》第2卷，人民出版社1995年版，第554页。

文中，引用了马克思在《哥达纲领批判》中讲的关于"过渡时期"的一段论述："在资本主义社会和共产主义社会之间，有一个从前者转变为后者的革命转变时期。同这个时期相适应的也有一个政治上的过渡时期，这个时期的国家只能是无产阶级的革命专政。"然后说："直到现在，这个真理对社会主义者说来，还是无可争辩的，而这个真理就包含着对**国家**的承认——直到胜利了的社会主义转变为完全的共产主义为止。"① 列宁在 1917 年 4 月写的《无产阶级在我国革命中的任务》一文中说："人类从资本主义只能直接过渡到社会主义，即过渡到生产资料公有和按每一个人的劳动量分配产品。我们党看得更远些：社会主义必然逐渐成长为共产主义，而在共产主义的旗帜上写的是：'各尽所能，按需分配'。"② 列宁这三篇文章中的三段论述，都把未来社会分为社会主义社会和共产主义社会两个阶段，并且认为社会主义社会在前，共产主义社会在后，社会主义社会必然逐渐成长为共产主义社会，但也还没有明确作出社会主义社会是共产主义社会的第一阶段或低级阶段的论断，因而都不能作为标志性的著作。我认为把共产主义社会的第一阶段或低级阶段叫作社会主义社会的标志性著作，只能是列宁在 1917 年 8—9 月间写的《国家与革命》一书。为什么呢？这是因为：

第一，列宁在《国家与革命》第五章中叙述和发挥马克思在《哥达纲领批判》中关于共产主义社会两个阶段的划分及各个阶段的基本特征时，明确讲到马克思称为共产主义社会的第一阶段的社会制度，"通常叫作社会主义"。③

第二，从理论上看，列宁的《国家与革命》一书，系统回顾并发挥了从《共产党宣言》开始的所有马克思、恩格斯关于社会主义和共产主义理论有代表性著作中的思想，是到此时为止的对马克思、恩格

---

① 《列宁全集》第 28 卷，人民出版社 1990 年版，第 19 页。
② 《列宁选集》第 3 卷，人民出版社 1995 年版，第 64 页。
③ 《列宁选集》第 3 卷，人民出版社 1995 年版，第 194 页。

斯的社会主义和共产主义理论最全面的总结、继承和发展。

第三，从实践上看，列宁的《国家与革命》一书，总结了1848年欧洲革命的经验教训和1871年巴黎公社的历史经验，以及共产主义运动的许多其他经验。可以毫不夸张地说，它是到此时为止的共产主义运动实践经验的最全面的总结。

第四，从历史作用上看，列宁的《国家与革命》一书是在十月革命前夕写成的，它是指导十月革命并取得胜利的最直接的理论武器，它的历史作用是卢森堡的著作和上述列宁的几篇文章无法比拟的。

第五，从历史实际上看，人们普遍把共产主义社会的第一阶段或低级阶段称为社会主义社会，也是在《国家与革命》一书以后开始的。

五、按马克思恩格斯著作的本意理解"社会主义"这个名称的含义

我们考察马克思、恩格斯著作中未来社会名称的历史演变，不是要改变社会主义社会是共产主义社会的第一阶段或低级阶段的流行说法。已经成为公认的流行的说法，既没有必要改变，也是改变不了的，改变了可能会造成思想混乱。我的目的在于，对马克思、恩格斯著作中的"社会主义"和"共产主义"这两个名称的含义，要按他们各个时期的著作的本来意义去理解，而不要不加分析地用后来流行的称呼去理解。在我国学术理论界，由于对马克思、恩格斯著作中关于未来社会名称的历史演变情况不甚了解，从而对他们的著作中"社会主义"和"共产主义"的名称的本来意义发生误读或误解的情况是时有发生的。发生误解的最普遍的表现是：一见到"社会主义"这个名称，就把它理解为是共产主义社会的第一阶段；一见到"共产主义"这个名称，就把它理解为是共产主义社会的高级阶段。特别是在做马克思、恩格斯关于社会主义社会和共产主义社会的基本特征的言论摘编时，

更是经常出现这种情况。

下面举几个例子加以说明：

例一：前面已经讲过，马克思在《1844 年经济学哲学手稿》中，把共产主义作为实现社会主义的一种运动或环节，是共产主义运动在前，社会主义社会的实现在后；共产主义运动仍然具有局限性，社会主义社会才是理想的社会制度。但在我国学术理论界，在解释《1844 年经济学哲学手稿》时，很多人都是按照流行的说法，把其中讲的社会主义社会说成是共产主义社会的第一阶段，把共产主义社会说成是马克思当时所理想的社会制度。这就与马克思这部著作中的本来意义完全相反了。近年来由于理论界深入学习了马克思这部著作，这种误解的情况已经大大减少，这是是一种十分可喜的现象。

例二：恩格斯 1890 年 8 月 21 日在致奥托·冯·伯尼克的信中说："我认为，所谓'社会主义社会'不是一种一成不变的东西，而应当和其他社会制度一样，把它看成是经常变化和改革的社会。它同现存制度的具有决定意义的差别当然在于，在实行全部生产资料公有制（先是国家的）基础上组织生产。"[①] 这里的"社会主义社会"不是仅仅指共产主义社会的第一阶段或低级阶段，而是包括第一阶段或低级阶段和高级阶段在内的整个共产主义社会的全过程。换句话说，这里的"社会主义社会"和我们通常所说的"共产主义社会"是一样的，两个名称没有区别，都指的是同一个代替资本主义社会的未来新社会。如果把这句话中的"社会主义社会"理解为仅仅是指共产主义社会的第一阶段或低级阶段，就缩小了这句话的适用范围，似乎恩格斯这句话讲的只是共产主义社会的第一阶段或低级阶段是"经常变化和改革的社会"，而没有包括共产主义社会高级阶段也是如此的意思。事实上，恩格斯这句话是说，包括共产主义社会两个阶段在内的整个未来社会，

[①]　《马克思恩格斯文集》第 10 卷，人民出版社 2009 年版，第 588 页。

都是"经常变化和改革的社会"。

例三：恩格斯在 1890 年 8 月 15 日致康·施密特的信中曾经讲道："在《人民论坛》上也发生了关于未来社会中的产品分配问题的辩论：是按照劳动量分配呢，还是用其他方式。人们对于这个问题，是一反某些关于公平原则的唯心主义空话而处理得非常'唯物主义'的。但奇怪的是谁也没有想到，分配方式本质上毕竟要取决于**有多少产品可供分配**，而这当然随着生产和社会组织的进步而改变，从而分配方式也应当改变。但是，在所有参加辩论的人看来，'社会主义社会'并不是不断改变、不断进步的东西，而是稳定的、一成不变的东西，所以它应当也有一个一成不变的分配方式。而合理的想法只能是：（1）设法发现将来由以**开始**的分配方式，（2）尽力找出进一步的发展将循以进行的**总趋向**。可是在整个辩论中，我没有发现一句话是关于这方面内容的。"[①]恩格斯这段话中的"未来社会"和"社会主义社会"，也不是仅仅指共产主义社会的第一阶段或低级阶段，而是包括第一阶段或低级阶段和高级阶段两个阶段在内的整个共产主义社会。恩格斯认为，整个社会主义社会（亦即整个共产主义社会）是一个"不断改变和不断进步的"社会，它在每个发展阶段上都有特定的生产和社会组织，因而也有特定的分配方式。整个社会主义社会（亦即整个共产主义社会）不是一成不变的，所以它也没有一个一成不变的分配方式。马克思在 1875 年写的《哥达纲领批判》中指出：共产主义社会的第一阶段或低级阶段实行"按劳分配"，共产主义社会高级阶段实行"按需分配"。我们知道，恩格斯完全赞同马克思这个观点。据此可以合乎逻辑地推断，恩格斯这段话至少是认为共产主义社会的两个阶段的分配方式是不同的。他所说的"设法发现将来由以开始的分配方式"，可能指的就是共产主义社会的第一阶段或低级阶段的分配方式，即"按劳分

[①] 《马克思恩格斯文集》第 10 卷，人民出版社 2009 年版，第 586—587 页。

配"；而他设想的"进一步发展将循以进行的总趋向"，可能指的就是随着生产和劳动组织的进步，到共产主义社会高级阶段将由"按劳分配"过渡到"按需分配"。我国学术理论界有些人在引证恩格斯这段话时，把恩格斯说的"未来社会"和"社会主义社会"理解为仅仅指共产主义社会的第一阶段或低级阶段，并借助于这种理解，否定"按劳分配"是共产主义社会的第一阶段或低级阶段的基本分配方式，甚至有人说按劳动要素分配也是按劳分配，这是根本违背恩格斯的原意的。

第十六章
全面认识资本的作用

　　要对社会主义的前途和命运有全面正确的认识，一个重要的前提是对资本主义社会有全面正确的认识，即对资本的社会作用有全面正确的认识。没有对资本的社会作用的全面正确的认识，就不可能正确进行社会主义革命和社会主义建设，就会在社会主义革命和社会主义建设的过程中遭受挫折，这是已经被将近一百多年的社会主义实践所证明了的客观真理。

一、资本社会作用的二重性

　　马克思《资本论》的副标题是"政治经济学批判"。这个副标题一方面说明《资本论》是批判资产阶级政治经济学的一部著作，另一方面说明它是批判资本主义生产方式的一部著作。马克思写作《资本论》的"最终目的就是揭示现代社会的经济运动规律"[①]，现代社会即资本主义社会。马克思在《资本论》及其手稿中确实深刻地揭示了资本主义社会的经济运动规律，揭露了资本原始积累的罪恶和资本家残酷剥削工人的罪行。他指出："资本来到世间，从头到脚，每个毛孔都滴着血和肮脏的东西。"[②] "对直接生产者的剥夺，是用最残酷无情的野蛮手段，在最下流、最龌龊、最卑鄙和最可恶的贪欲的驱使下完成

[①] 《马克思恩格斯全集》第 44 卷，人民出版社 2001 年版，第 10 页。

[②] 《马克思恩格斯全集》第 44 卷，人民出版社 2001 年版，第 871 页。

的。"① 资本的原始积累，在欧洲，大约是在 15 世纪最后 30 多年到 18 世纪末完成的，"伴随着对人民的暴力剥夺的是一连串的掠夺、残暴行为和人民的苦难"②。对直接生产者的"这种剥夺的历史是用血和火的文字载入人类编年史的"③。资本原始积累的过程，不仅是用暴力掠夺本国农民的过程，而且是用血腥的手段掠夺殖民地人民的过程。马克思指出："美洲金银产地的发现，土著居民的被剿灭、被奴役和被埋葬于矿井，对东印度开始进行的征服和掠夺，非洲变成商业性地猎获黑人的场所——这一切标志着资本主义生产时代的曙光。"④ "荷兰——它是 17 世纪的标准的资本主义国家——经营殖民地的历史，'展示出一幅背信弃义、贿赂、残杀和卑鄙行为的绝妙图景'。最有代表性的是，荷兰人为了使爪哇岛得到奴隶而在西里伯斯岛实行盗人制度。为此目的训练了一批盗人的贼。盗贼、译员、贩卖人就是这种交易的主要代理人，土著王子是主要的贩卖人。盗来的青年在长大成人可以装上奴隶船以前，被关在西里伯斯岛的秘密监狱中。"⑤ 为了镇压被剥夺了土地的农民和雇佣工人的反抗，欧洲的各个国家都制定了严酷的法律，工人"由于这些古怪的恐怖的法律，通过鞭打、烙印、酷刑，被迫习惯于雇佣劳动制度所必需的纪律"⑥。在资本主义生产方式下，一边是资本家积累了越来越多的财富，另一边是雇佣工人积累了越来越大的贫困，他们生活在极端恶劣的条件下，经常受到失业和饥饿的威胁，身心受到摧残。资本家在市场上购买了雇佣工人的劳动力以后，他们作为对立的两极，呈现出两种截然相反的精神状态："原来的货币占有者作为资本家，昂首前行；劳动力占有者作为他的工人，尾随于后。

---

① 《马克思恩格斯全集》第 44 卷，人民出版社 2001 年版，第 873 页。
② 《马克思恩格斯全集》第 44 卷，人民出版社 2001 年版，第 836 页。
③ 《马克思恩格斯全集》第 44 卷，人民出版社 2001 年版，第 822 页。
④ 《马克思恩格斯全集》第 44 卷，人民出版社 2001 年版，第 860—861 页。
⑤ 《马克思恩格斯全集》第 44 卷，人民出版社 2001 年版，第 861—862 页。
⑥ 《马克思恩格斯全集》第 44 卷，人民出版社 2001 年版，第 846 页。

一个笑容满面，雄心勃勃；一个战战兢兢，畏缩不前，像在市场上出卖了自己的皮一样，只有一个前途——让人家来鞣。"①马克思对资本主义的罪恶可以说揭露得淋漓尽致、活灵活现。但这只是问题的一个方面。他在揭露资本主义制度的罪恶的同时，并没有否认资本主义制度对历史发展的积极作用。他多次指出，资本主义剥削制度与奴隶制和农奴制相比，榨取剩余劳动的方式要文明得多，资本在历史上**具有伟大的文明作用**。这方面的论述很多，下面只引证其中三段最典型的论述：

> 因此，如果说以资本为基础的生产，一方面创造出普遍的产业劳动，即剩余劳动，创造价值的劳动，那么，另一方面也创造出一个普遍利用自然属性和人的属性的体系，创造出一个普遍有用性的体系，甚至科学也同一切物质的和精神的属性一样，表现为这个普遍有用性体系的体现者，而在这个社会生产和交换的范围之外，再也没有什么东西表现为**自在的更高的东西**，表现为自为的合理的东西。因此，只有资本才创造出资产阶级社会，并创造出社会成员对自然界和社会联系本身的普遍占有。由此产生了**资本的伟大的文明作用**（黑体是笔者加的——引者）；它创造了这样一个社会阶段，与这个社会阶段相比，一切以前的社会阶段都只表现为人类的**地方性发展和对自然的崇拜**。只有在资本主义制度下自然界才真正是人的对象，真正是有用物；它不再被认为是自为的力量；而对自然界的独立规律的理论认识本身不过表现为狡猾，其目的是使自然界（不管是作为消费品，还是作为生产资料）服从于人的需要。资本按照自己的这种趋势，既要克服把自然神化的现象，克服流传下来的、在一定界限内闭关自守地满足

---

① 《马克思恩格斯全集》第44卷，人民出版社2001年版，第205页。

于现有需要和重复旧生活方式的状况，又要克服民族界限和民族偏见。资本破坏这一切并使之不断革命化，摧毁一切阻碍发展生产力、扩大需要、使生产多样化、利用和交换自然力量和精神力量的限制。①

资本的伟大的历史方面（黑体是笔者加的——引者）就是**创造**这种**剩余劳动**，即从单纯使用价值的观点，从单纯生存的观点来看的多余劳动，而一旦到了那样的时候，即一方面，需要发展到这种程度，以致超过必要劳动的剩余劳动本身成为普遍需要，成为从个人需要本身产生的东西，另一方面，普遍的勤劳，由于世世代代所经历的资本的严格纪律，发展成为新的一代的普遍财产，最后，这种普遍的勤劳，由于资本的无止境的致富欲望及其唯一能实现这种欲望的条件不断地驱使劳动生产力向前发展，而达到这样的程度，以致一方面整个社会只需要用较少的劳动时间就能占有并保持普遍财富，另一方面劳动的社会将科学地对待自己的不断发展的再生产过程，对待自己的越来越丰富的再生产过程，从而，人不再从事那种可以让物来替人从事的劳动，——一旦到了那样的时候，资本的历史使命就完成了。②

资本的文明面（黑体是笔者加的——引者）之一是，它榨取这种剩余劳动的方式和条件，同以前的奴隶制、农奴制等形式相比，都更有利于生产力的发展，有利于社会关系的发展，有利于更高级的新形态的各种要素的创造。因此，资本一方面会导致这样一个阶段，在这个阶段上，社会上的一部分人靠牺牲另一部分人来强制和垄断社会发展（包括这种发展的物质方面和精神方面的利益）的现象将会消灭；另一方面，这个阶段又会为这样一些

---

① 《马克思恩格斯全集》第30卷，人民出版社1995年版，第389—390页。
② 《马克思恩格斯全集》第30卷，人民出版社1995年版，第286页。

关系创造出物质手段和萌芽，这些关系在一个更高级的社会形式中，使这种剩余劳动能够同物质劳动一般所占用的时间的更大的节制结合在一起。[①]

下面我们将通过资本促进生产力的发展，为未来新社会创造物质技术条件；创造更多的自由活动时间，为建设未来新社会锻造全面发展的高素质人才；促进新社会因素的产生，孕育和形成社会主义的生产关系因素这三个方面的阐述，具体说明资本的伟大文明作用。**通过考察马克思对资本的伟大文明作用的具体论述，我们将会清楚地看到，马克思对资本主义促进历史发展积极作用的肯定和对资本主义消极作用的批判是同等重要的。**人们之所以对强调"资本的伟大文明作用"感到疑惑甚至莫名其妙，是因为长期以来，我们只重视马克思对资本主义制度的罪恶和消极作用的批判，而有意或无意地忽视了马克思对资本主义制度的积极作用的充分肯定。这是对《资本论》及其手稿的片面理解和极大误解。目前在世界范围内，社会主义和资本主义两种社会制度将长期并存，经济全球化将继续发展，各国经济联系将不断加强，我们不仅要学习外国资本主义社会的管理经验和管理方法，学习和吸收资本主义创造的一切积极成果，而且也需要在本国利用资本主义来为社会主义的进一步发展创造物质技术条件，因此，应该纠正这种误解，还马克思《资本论》及其手稿的本来面目。在我国社会主义初级阶段，由于建立了以公有制为主体、多种所有制经济共同发展的基本经济制度和社会主义市场经济体制，实行对外开放，加入世界贸易组织和国际货币基金组织，进入发达资本主义国家主导的世界市场，发展与资本主义国家的贸易和金融关系，推进人民币的国际化等，资本依然在很多领域和方面存在并起着作用。这种作用依然是双重的，

---

① 《马克思恩格斯全集》第46卷，人民出版社2003年版，第927—928页。

即既有积极作用，又有消极作用。我国改革开放以来，取得了举世瞩目的伟大成就，成为世界第二大经济体，综合国力和人民生活水平显著提高，这些都与发挥了资本的积极作用密切相关；而存在的各种问题和产生的各种矛盾，如地区发展、城乡发展、工农业发展不平衡，教育发展、医疗发展不均衡，不同地区、不同行业、不同阶层收入差距过大，基尼系数过高甚至超过警戒线，小微实体企业资金短缺、融资困难，官商勾结、贪污腐败严重，利益关系固化、既得利益获得者阻碍改革向纵深发展，不少地区干群关系紧张、群众利益受到侵害、群体事件频发，等等，都与资本的消极作用有着这样或那样、直接或间接的联系。当前，如何全面客观地认识资本的历史作用，更好地发挥资本的积极作用，尽最大努力减少和避免资本的消极作用，对全面深化经济体制、政治体制、社会体制、文化体制、生态文明体制改革，推动我国经济社会持续健康发展，具有十分重要的理论意义和现实意义。

二、促进社会生产力的发展，为未来新社会创造物质技术条件

发展生产力是资本主义生产方式的固有本质、内在要求和目的本身。马克思在评价英国古典经济学家大卫·李嘉图的观点时指出："李嘉图把资本主义生产方式看做最有利于生产、最有利于创造财富的生产方式，对于他那个时代来说，李嘉图是完全正确的。他**希望为生产而生产**，这是**正确的**。如果像李嘉图的伤感主义的反对者们那样，断言生产本身不是目的本身，那就忘记了，为生产而生产无非就是发展人类的生产力，也就是**发展人类天性的财富这种目的本身**。"[1] 马克思

---

① 《马克思恩格斯全集》第34卷，人民出版社2008年版，第127页。

认为，作为一种生产关系，"**资本是生产的**，也就是说，是**发展生产力的重要的关系**"①。只有从马克思这样的视角认识资本主义生产方式和生产关系，才能深刻认识资本对促进生产力发展的重要作用。

（一）发展社会生产力是价值增殖的必要条件

资本主义生产的目的是创造剩余价值。马克思指出："劳动生产力的发展——首先是剩余劳动的创造——是资本的价值增加或资本的价值增殖的必要条件。因此，资本作为无止境地追求发财致富的欲望，力图无止境地提高劳动生产力并且使之成为现实。但是另一方面，劳动生产力的任何提高——我们撇开它为资本家增加使用价值这一点不谈——都是资本的生产力的提高，而且，从现在的观点来看，这种提高只有就它是资本的生产力来说，才是劳动的生产力。"②剩余价值分为绝对剩余价值和相对剩余价值两种。通过延长工作日而生产的剩余价值，叫作绝对剩余价值；相反，通过缩减必要劳动时间、相应地改变工作日的必要劳动时间和剩余劳动时间的量的比例而生产的剩余价值，叫作相对剩余价值。绝对剩余价值的生产只同工作日的长度有关；相对剩余价值的生产使劳动的技术过程和社会组织发生彻底的革命。为了增加绝对剩余价值的生产，资本家延长工人的劳动时间，增强工人的劳动强度，而无须改变生产方式，即无须改变生产的技术条件和社会条件。马克思指出："资本发展成为一种强制关系，迫使工人阶级超出自身生活需要的狭隘范围而从事更多的劳动。作为他人辛勤劳动的创造者，作为剩余劳动的榨取者和劳动力的剥削者，资本在精力、贪婪和效率方面，远远超过了以往一切以直接强制劳动为基础的生产制度。""资本起初是在历史上既有的技术条件下使劳动服从自己的。

---

① 《马克思恩格斯全集》第30卷，人民出版社1995年版，第286页。
② 《马克思恩格斯全集》第30卷，人民出版社1995年版，第305页。

因此，它并没有直接改变生产方式。所以我们上面所考察的、单靠延长工作日这种形式的剩余价值的生产（即绝对剩余价值的生产——引者），看来是与生产方式本身的任何变化无关的。"①而为了生产更多的相对剩余价值，资本家"必须变革劳动过程的技术条件和社会条件，从而变革生产方式本身，以提高劳动生产力，通过提高劳动生产力来降低劳动力的价值，从而缩短再生产劳动力价值所必要的工作日部分。""劳动生产力的提高，我们在这里一般是指劳动过程中的这样一种变化，这种变化能缩短生产某种商品的社会必需的劳动时间，从而使较小量的劳动获得较大量使用价值的能力。"②

（二）资本的趋势是赋予生产以科学的性质

马克思指出：在机器大工业中，"整个生产过程不是从属于工人的直接技巧，而是表现为科学在工艺上的应用的时候，只有到这个时候，资本才获得了充分的发展，或者说，资本才造成了与自己相适合的生产方式。可见，资本的趋势是赋予生产以科学的性质，而直接劳动则被贬低为只是生产过程的一个要素。同价值转化为资本时的情形一样，在资本的进一步发展中，我们看到：一方面，资本是以生产力的一定的现有的历史发展为前提的——在这些生产力中也包括科学——，另一方面，资本又推动和促进生产力向前发展"③。随着机器大工业的发展和科学在生产上的应用，"现实财富的创造较少地取决于劳动时间和已耗费的劳动量，较多地取决于……科学的一般水平和技术进步，或者说取决于这种科学在生产上的应用"。"这种科学，特别是自然科学以及和它有关的其他一切科学的发展，本身又和物质生产的发展相适应。"④

---

① 《马克思恩格斯全集》第 44 卷，人民出版社 2001 年版，第 359 页。
② 《马克思恩格斯全集》第 44 卷，人民出版社 2001 年版，第 366 页。
③ 《马克思恩格斯全集》第 31 卷，人民出版社 1998 年版，第 94 页。
④ 《马克思恩格斯全集》第 31 卷，人民出版社 1998 年版，第 100 页。

机器大工业"把巨大的自然力和自然科学并入生产过程，必然大大提高劳动生产率，这一点是一目了然的"①。科学推动生产力发展的途径主要有以下几个方面：（1）自然科学物化为生产工具；（2）自然科学变为劳动者的生产经验和劳动技能；（3）自然科学物化为劳动对象；（4）科学应用于生产过程可以开拓新的劳动场所；（5）科学应用于生产管理可以提高管理水平。

（三）资本主义生产方式通过分工协作促进生产力的发展

马克思把资本主义生产分为简单协作、工场手工业和机器大工业三个发展阶段。关于简单协作可以促进生产力的发展，马克思指出："不论在一定的情况下结合工作日怎样达到生产力的这种提高：是由于提高劳动的机械力，是由于扩大这种力量在空间上的作用范围，是由于与生产规模相比相对地在空间上缩小生产场所，是由于在紧急时期短时间内动用大量劳动，是由于激发个人的竞争心和振奋他们的精力，是由于使许多人的同种作业具有连续性和多面性，是由于同时进行不同的操作，是由于共同使用生产资料而达到节约，是由于使个人劳动具有社会平均劳动的性质，在所有这些情形下，结合工作日的特殊生产力都是社会的劳动生产力或社会劳动的生产力。这种生产力是由协作本身产生的。劳动者在有计划地同别人共同工作中，摆脱了他的个人局限，并发挥出他的种属能力。"②关于工场手工业的分工可以促进生产力的发展，马克思认为，这是由于每个工人可以在劳动中扬长避短。在工场手工业分工中，每个产品都是由局部工人结合而成的总体工人完成的。如果一种商品的生产者需要顺序地完成在其全部劳动过程中交织在一起的各种操作，那么，这就会向商品生产者提出各种不同的要求：在一种操作中，他必须使出较大的体力；在另一种操作中，

---

① 《马克思恩格斯全集》第 44 卷，人民出版社 2001 年版，第 444 页。
② 《马克思恩格斯全集》第 44 卷，人民出版社 2001 年版，第 382 页。

他必须比较灵巧；在第三种操作中，他必须更加集中注意力；等等。而同一个人不可能在相同的程度上具有这些素质。在各种操作分离、独立和孤立以后，工人就按照他们的特长分开、分类和分组。如果说工人的天赋特性是分工赖以生长的基础，那么工场手工业一经建立，就会使生来只适宜于从事片面的特殊职能的劳动力发展起来。在工场手工业分工中，总体工人具备了技艺程度相同的一切生产素质，同时能最经济地使用它们，因为他使自己的所有器官个体化而成为特殊的工人或工人小组，各自担任一种专门的职能。局部工人作为总体工人的一个肢体，他的片面性甚至缺点反而成了他的优点。在机器大工业的分工中，由于各个生产部门形成一个有机联系的整体，一个工业部门生产方式的变革，会引起其他部门生产方式的变革。这首先涉及因社会分工而孤立起来以致各自生产一种独立的商品，但要作为一个总过程的各阶段而紧密联系在一起的那些工业部门。例如，有了机器纺纱，就必须有机器织布，而这二者又使漂白业、印花业和染色业必须进行力学和化学革命。同样，另一方面，棉纺业的革命又引起分离棉花纤维和棉籽的轧棉机的发明，由于这一发明，棉花生产才有可能按目前所需要的巨大规模进行。但是，工农业生产方式的革命，尤其使社会生产过程的一般条件即交通运输手段的革命成为必要。因此，撇开已经完全发生变革的帆船制造业不说，交通运输业是逐渐地靠内河轮船、铁路、远洋轮船和电报的体系而适应了大工业的生产方式。但是，现在要对巨大的铁块进行锻冶、焊接、切削、镗孔和成型，又需要有庞大的机器，制造这样的机器是工场手工业的机器制造业所不能胜任的。因此，大工业必须掌握它特有的生产资料，即机器本身，必须用机器来生产机器。这样，大工业才建立起与自己相适应的技术基础，才得以自立。这种全面的生产方式的变革，必然促进生产力以更快的速度发展。

（四）资本主义生产方式通过缩减资本流通时间促进生产力的发展

资本流通时间不仅不生产价值，而且表现为丧失价值的时间。因而减少资本流通时间，增加资本的流通速度，就可以促进生产力的发展。在一定时期内能生产出多少产品，不仅取决于生产该商品的速度，而且取决于该商品在市场流通中的速度。马克思指出："在一定期间内能够生产出多少产品，在一定期间内资本能够增殖多少次，它的价值能够**再生产和倍增多少次**，就取决于流通的速度，取决于流通经历的**时间**。"[①] 这是因为，"虽然流通并不创造**价值规定**本身的任何要素，因为这种要素完全由劳动决定，但流通的速度却决定生产过程重复的速度，决定创造价值的速度，也就是说，虽然不决定**价值**，但在某种程度上却决定价值的数量。这就是说，在生产过程中创造出来的价值和剩余价值要乘以生产过程在一定期间所能重复的次数"[②]。"因此，资本一方面要力求摧毁交往即交换的一切地方限制，征服整个地球作为它的市场，另一方面，它又力求用时间去消灭空间，就是说，把商品从一个地方转移到另一个地方所花费的时间缩减到最低限度。资本越发展，从而资本借以流通的市场，构成资本流通空间道路的市场越扩大，资本同时也就越是力求在空间上更加扩大市场，力求用时间去更多地消灭空间。"[③]

三、创造更多的自由活动时间，为建设未来新社会锻造全面发展的高素质人才

全面发展的个人，不是自然的产物，而是历史的产物，具体地说，

[①] 《马克思恩格斯全集》第 30 卷，人民出版社 1995 年版，第 536 页。
[②] 《马克思恩格斯全集》第 30 卷，人民出版社 1995 年版，第 537 页。
[③] 《马克思恩格斯全集》第 30 卷，人民出版社 1995 年版，第 538 页。

是以交换价值为基础的生产（即资本主义生产）的产物。马克思指出："要使**这种**个性成为可能，能力的发展就要达到一定的程度和全面性，这正是以建立在交换价值基础上的生产为前提的，这种生产才在产生出个人同自己和同别人相异化的普遍性的同时，也产生出个人关系和个人能力的普遍性和全面性。"马克思认为，在人类历史的早期阶段，个人也显得比较全面，但那正是因为他还没有造成自己丰富的社会关系，并且还没有使这种社会关系作为独立于他自身之外的社会权力和社会关系同他自己相对立。但这毕竟是原始的丰富性，是人类社会和人类自身不发达的表现，所以"留恋那种原始的丰富性，是可笑的，相信必须停留在那种完全的空虚化之中，也是可笑的"[①]。资本锻造全面发展的高素质人才的作用主要表现在以下几个方面。

第一，资本主义大工业的本性决定了劳动的变换、职能的更动和工人的全面流动性，从而使工人通过互相交替的活动方式成为全面发展的个人。资本主义大工业的技术基础是革命的，而所有以往的生产方式的技术基础本质上是保守的。资本主义大工业通过机器、化学过程和其他方法，使工人的职能和劳动过程的社会结合不断地随着生产的技术基础发生变革。同时它也不断地使社会内部的分工发生革命，不断创造出新的产业和新的生产部门，不断地把大量资本和大批工人从一个生产部门投到另一个生产部门。因此，资本主义大工业的本性决定了劳动的变换、职能的更动和工人的全面流动性。同时，大工业在它的资本主义形式上再生产出旧的分工及其固定化的专业划分。这是一个极大的矛盾。这个矛盾使资本主义大工业既有消极的方面，也有积极的方面。其消极方面是："我们已经看到，这个绝对的矛盾怎样破坏着工人生活的一切安宁、稳定和保障，使工人面临这样的威胁：在劳动资料被夺走的同时，生活资料也不断被夺走，在他的局部职能

---

① 《马克思恩格斯全集》第30卷，人民出版社1995年版，第112页。

变成过剩的同时，他本身也变成过剩的东西；这个矛盾怎样通过工人阶级的不断牺牲、劳动力的无限度的浪费和社会无政府状态造成的灾难而放纵地表现出来。"①其积极方面是：大工业通过它的灾难本身使下面这一点成为生死攸关的问题，即"承认劳动的变换，从而承认工人尽可能多方面的发展是社会生产的普遍规律，并且使各种关系适应于这个规律的正常实现。大工业还使下面这一点成为生死攸关的问题：用适应于不断变动的劳动需求而可以随意支配的人，来代替那些适应于资本的不断变动的剥削需要而处于后备状态的、可供支配的、大量的贫穷工人人口；用那种把不同社会职能当作互相交替的活动方式的全面发展的个人，来代替只是承担一种社会局部职能的局部个人。综合技术学校和农业学校是这种变革过程在大工业基础上自然发展起来的一个要素；职业学校是另一个要素，在这种学校里，工人的子女受到一些有关工艺学和各种生产工具的实际操作的教育"。马克思还由此产生了对未来新社会的设想："如果说工厂立法作为从资本那里争取来的最初的微小让步，只是把初等教育同工厂劳动结合起来，那么毫无疑问，工人阶级在不可避免地夺取政权之后，将使理论的和实践的工艺教育在工人学校中占据应有的位置。"②这种教育与生产劳动相结合的思想，在当今仍然是十分可贵的。

第二，资本违背自己的意志，为社会创造可以自由支配的时间，使整个社会的劳动时间缩减到不断下降的最低限度。资本家为了剥削工人更多的剩余劳动，利用科学技术和社会分工等各种手段，极大地提高了劳动生产率，从而缩短了必要劳动时间，增加了剩余劳动时间，不自觉地而且是违背自己意志地为社会生产了大量可以自由支配的时间。这种可以自由支配的时间，在资本主义生产方式下，只有资产阶

---

① 《马克思恩格斯全集》第 44 卷，人民出版社 2001 年版，第 560—561 页。
② 《马克思恩格斯全集》第 44 卷，人民出版社 2001 年版，第 561、561—562 页。

级才能够享用，工人阶级无权享用。对此，马克思指出："在必要劳动时间之外，为整个社会和社会的每个成员**创造大量可以自由支配的时间**（即为个人生产力的充分发展，因而也为社会生产力的充分发展创造广阔余地），这样创造的非劳动时间，从资本的立场来看，和过去的一切阶段一样，表现为少数人的非劳动时间，自由时间。"不仅如此，"资本还增添了这样一点：它采用技艺和科学的一切手段，来增加群众的剩余劳动时间，因为它的财富直接在于占有剩余劳动时间；因为它的**直接目的**是**价值**，而不是使用价值"。[①] 但是，事与愿违，"资本就违背了自己的意志，成了为社会可以自由支配的时间创造条件的工具，使整个社会的劳动时间缩减到不断下降的最低限度，从而为全体［社会成员］本身的发展腾出时间。但是，资本的趋势始终是：一方面**创造可以自由支配的时间，另一方面把这些可以自由支配的时间变为剩余劳动**。如果它在第一个方面太成功了，那么，它就要吃到生产过剩的苦头，这时必要劳动就会中断，因为**资本无法实现剩余劳动**"[②]。这是一个极大的矛盾，这个矛盾发展到资本无法实现剩余价值的时候，资本主义制度就崩溃了。资本主义制度消灭以后，可以自由支配的时间就归全体社会成员享用了。马克思指出："这个矛盾越发展，下述情况就越明显：生产力的增长再也不能被占有他人的剩余劳动所束缚了，工人群众自己应当占有自己的剩余劳动。当他们自己这样做的时候，——这样一来，**可以自由支配的时间就不再是对立的存在物**了，——那时，一方面，社会的个人的需要将成为必要劳动时间的尺度，另一方面，社会生产力的发展将如此迅速，以致尽管生产将以所有的人富裕为目的，所有的人**可以自由支配的时间还是会增加**。"[③] 马克思生活的时代，从现在的观点来看，仍然是资本主义初期阶段，在

①　《马克思恩格斯全集》第 31 卷，人民出版社 1998 年版，第 103 页。
②　《马克思恩格斯全集》第 31 卷，人民出版社 1998 年版，第 103—104 页。
③　《马克思恩格斯全集》第 31 卷，人民出版社 1998 年版，第 104 页。

当时，可以自由支配的时间确实只为资本家享受，工人无法享受。但从目前的情况来看，在资本主义社会，特别是在发达资本主义国家，这种可以自由支配的时间，不但资本家可以享用，工人阶级也在一定程度上可以享用；工人的劳动时间与马克思在世时缩短了很多，可以自由支配的时间增加了很多。

第三，为个人利用可以自由支配的时间从事科学、艺术等活动，从而使个人得到自由而全面的发展创造条件。马克思认为，由于科学在生产上的应用，赋予生产以科学的性质，劳动生产率大大提高，生产自动化的程度大大加强，劳动将表现为不再像以前那样被包括在生产过程中，相反地，表现为人以生产过程的监督者和调节者的身份同生产过程本身发生关系。"工人不再是生产过程的主要作用者，而是站在生产过程的旁边。"[1] 这样，人们将从直接生产过程中解放出来，具有更多的可以自由支配的时间，去从事艺术、科学、文化、体育、社会管理等活动，从而使个性得到自由而全面的发展。马克思指出："在这个转变中，表现为生产和财富的宏大基石的，既不是人本身完成的直接劳动，也不是人从事劳动的时间，而是对人本身的一般生产力的占有，是人对自然界的了解和通过人作为社会体的存在来对自然界的统治，总之，是社会个人的发展。**现今财富的基础是盗窃他人的劳动时间**，这同新发展起来的由大工业本身创造的基础相比，显得太可怜了。一旦直接形式的劳动不再是财富的巨大源泉，劳动时间不再是，而且必然不再是财富的尺度，因而交换价值也不再是使用价值的尺度。**群众的剩余劳动**不再是一般财富发展的条件，同样，**少数人的非劳动**不再是人类头脑的一般能力发展的条件。于是，以交换价值为基础的生产便会崩溃，直接的物质生产过程本身也就摆脱了贫困和对立的形式。个性得到自由发展，因此，并不是为了获得剩余劳动而缩减必要

---

[1] 《马克思恩格斯全集》第31卷，人民出版社1998年版，第100页。

劳动时间，而是直接把社会必要劳动缩减到最低限度，那时，与此相适应，由于给所有的人腾出了时间和创造了手段，个人会在艺术、科学等等方面得到发展。"①

第四，资本主义商品经济以充分发展的社会分工为前提，而充分发展的社会分工对人的全面发展起着积极的推动作用。商品作为资本的元素形式，既表现为资本的经常的元素前提，又表现为资本主义生产过程的直接结果。资本主义商品经济以社会分工的充分发展为前提，只有在社会分工充分发展的条件下，商品才能成为资本的元素形式。马克思指出："只有在资本主义生产的基础上，商品才在事实上成为**财富的一般元素形式**。""因为**商品**作为产品的必要形式，从而产品转让作为占有产品的必要形式，要以充分发展的**社会分工**为前提；但是另一方面，只有在资本主义生产的基础上，从而也只有在工场内部的**资本主义分工**的基础上，所有产品才必然采取商品的形式，从而一切生产者才必然是商品生产者。因此，只有在资本主义生产下，使用价值才普遍地以交换价值为媒介。"②资本主义的充分发展的社会分工推动人自身发展的积极作用主要表现在两个方面。首先，分工有助于提高每个个体的专门知识、技能和技巧。社会活动的范围是无限的，而每个个体的能力是有限的，任何个体都无法以其有限的能力去涉足无限的活动领域。而分工恰好为每个个体划定了相对固定的活动范围，以使其在其中获得专门的知识、技能和技巧，使其有限的能力产生出一定的效果，不至于因为没有确定的活动范围而分散精力，一事无成。黑格尔曾经说过："一个志在有大成就的人，他必须，如歌德所说，知道限制自己。反之，那些什么事都想做的人，其实什么事都不能做，而终归于失败。世界上有趣味的东西异常之多：西班牙诗、化学、政

---

① 《马克思恩格斯全集》第31卷，人民出版社1998年版，第100—101页。
② 《马克思恩格斯全集》第49卷，人民出版社1982年版，第5、6页。

治、音乐都很有趣味，如果有人对这些东西感觉兴趣，我们决不能说他不对。但一个人在特定的环境内，如欲有所成就，他必须专注于一事，而不可分散他的精力于多方面。"①黑格尔这句话不是从分工的角度讲的，但对于理解分工对发展个人专门才能的作用，是很有启迪意义的。如果我们承认天赋才能的话，那么通过分工把一个人固定在适当的岗位上，则有可能使他的天赋才能得以发挥，有些人甚至可能成为某方面的专家。其次，分工有助于满足每个个体多方面的需要，增强人们之间的相互联系，从而使其才能得到充分的发展。由于分工使每个个体具有专门的知识、技能和技巧，创造出专门的产品，而由所有这些个体组成的人类总体，则具有多方面的知识、技能和技巧，可以生产出多种多样的产品。在分工的条件下，每个个人的产品都不只供他个人消费，而且还要供其他个人消费；每个个人的产品都不能满足自己多方面的需要，只有借助于其他许多个人的产品才能满足自己的这些需要。当然，人们需要满足的程度如何，不仅仅由生产所提供的产品的数量和质量决定，还受社会生产关系的制约。由于每个人生产的产品都不能满足自己的需要，只有借助于别人的产品才能满足自己的需要，这就加强了人们之间的相互依赖和相互联系，而且随着分工的发展，人们之间的相互联系会不断扩大，以致由一国范围扩大到整个世界，形成国际分工。随着交往的不断扩大和普遍化，每个人的才能都可能得到充分的发展。

四、促进新社会因素的产生，孕育和形成未来社会主义的生产关系因素

资本主义的生产方式不仅可以促进社会生产力的发展，为未来新

---

① 黑格尔：《小逻辑》，贺麟译，商务印书馆1980年版，第174页。

社会创造物质技术条件；创造更多的自由活动时间，为建设未来新社会锻造全面发展的高素质人才；而且可以促进新的社会因素的产生，孕育和形成未来社会主义的生产关系因素，这是资本的伟大文明作用最突出的表现。

关于资本主义社会内部是否能够孕育和形成未来社会主义的生产关系因素这个问题，我国理论界存在着分歧。产生这个分歧的重要原因之一，是因为列宁曾经讲过："资产阶级革命和社会主义革命的基本区别之一就在于：对于从封建制度中生长起来的资产阶级革命来说，还在旧制度内部，新的经济组织就逐渐形成起来，逐渐改变着封建社会的一切方面。资产阶级革命面前只有一个任务，就是扫除、屏弃、破坏旧社会的一切桎梏。任何资产阶级革命完成了这个任务，也就是完成了它所应做的一切，即加强资本主义的发展。""社会主义革命的情况完全不同。由于历史进程的曲折而不得不开始社会主义革命的那个国家愈落后，它由旧的资本主义关系过渡到社会主义关系就愈困难，这里除破坏任务以外，还加上一个空前困难的新任务，即组织任务。"列宁又说："社会主义革命和资产阶级革命的区别就在于：在资产阶级革命时已经存在资本主义关系的现成形式，而苏维埃政权，即无产阶级政权，却没有这样现成的关系，有的仅是那些实际上只包括一小部分高度集中的工业而很少触及农业的最发达的资本主义形式。"[①] 我认为，列宁这句话，是就当时俄国的特定情况讲的，不具有普遍的意义。列宁认为，社会主义革命之所以首先在经济文化落后的国家爆发，是"由于历史进程的曲折而不得不"这样做的。这就是说，在列宁看来，经济文化落后的国家首先爆发无产阶级革命并取得胜利，并不是资本主义社会转变为社会主义社会的一般规律；在发达资本主义国家首先爆发无产阶级革命并取得胜利，才是资本主义社会转变为社会主义社

---

① 《列宁选集》第3卷，人民出版社1995年版，第436—437页。

会的一般规律。列宁还充分估计到经济文化落后的国家，在无产阶级取得政权以后，向社会主义过渡的极端困难，它除去完成破坏资本主义旧社会的任务之外，还要完成建立社会主义的新的经济制度、组织社会主义生产的任务。完成这个任务比完成革命任务更加困难，需要的时间更长。另外，列宁之所以形成资本主义社会内部不能孕育和形成社会主义的生产关系因素的思想，也与当时俄国的国情有关。因为俄国经济文化落后，刚刚进入资本主义社会，各种资本主义关系很不发达，俄国资本主义社会内部尚未孕育新的社会主义的生产关系因素，至少是社会主义的生产关系因素尚未明显表现出来。列宁在谈到资本主义发展的一般规律时，也认为资本主义社会内部可以自发地孕育和形成社会主义因素。例如，他在 1905 年 10 月写的《〈火星报〉策略的最新发明：滑稽的选举是推动起义的新因素》一文中就曾讲到，资本主义社会内部产生的"消费合作社是社会主义的一部分。辩证发展过程在资本主义范围内确实就包含着新社会的因素，包含着它的物质因素和精神因素"[1]。苏联理论界和我国改革开放前的理论界，把列宁针对俄国特定情况讲的只适合于俄国的特定情况的特定思想无条件地加以普遍化，得出了列宁认为资本主义社会内部不能自发地孕育和形成社会主义的生产关系因素这一具有普遍性的结论，认为这是一条马克思主义的基本原理，而且认为马克思、恩格斯也持资本主义社会内部不能自发地孕育和形成社会主义的生产关系因素的思想。目前我国理论界仍有些人持这种观点。这是对马克思、恩格斯的极大误解。我已经先后写过多篇文章澄清这种误解。[2] 我将在下一章全面地、集中地、

---

① 《列宁全集》第 11 卷，人民出版社 1987 年版，第 371 页。

② 《资本主义社会内部是否能够孕育和形成社会主义因素——马克思恩格斯思想与列宁思想的比较研究》，《北京行政学院学报》2005 年第 1、2 期连载；《资本主义社会内部可以孕育和形成社会主义因素——澄清对马克思恩格斯思想的一种误解》，《北京大学学报》2008 年第 5 期；《〈共产党宣言〉中一个值得关注的思想》，《学习时报》2008 年 7 月 28 日；《从新的视角反思社会主义的前途和命运》，《教学与研究》2009 年第 9、10 期连载；《再论资本主

详尽地引证马克思、恩格斯的有关论述，作为认识当代社会主义前途和命运的新视角。

　　承认并坚持资本主义社会内部可以自发地孕育和形成社会主义的生产关系因素的思想，有助于坚定人们社会主义必胜的信念。我在一篇文章中曾经讲过："就我个人而言，坚定的社会主义信念主要来自两个方面：一方面，坚信中国特色社会主义道路和理论体系是正确的，中国的社会主义事业必将取得成功，我国的社会主义初级阶段经过长期的发展，必将发展到更高的阶段；另一方面，承认和相信资本主义社会内部可以自发地孕育和形成社会主义因素，而且随着资本主义发展水平的提高，其孕育和形成的社会主义因素也就越多，这种社会主义因素积累到一定程度，必将采取革命的或渐进的和平的方式，冲破资本主义制度的外壳，进入社会主义社会。各国的社会发展必将殊途同归，在全世界实现社会主义和共产主义。"[①] 实践是检验真理的唯一标准，这种观点正在被我国的社会主义实践和发达资本主义国家的实践不断证实：中国特色社会主义事业取得越来越大的成就，向越来越高的程度发展；发达资本主义国家的内部自发地孕育和形成的社会主义的生产关系因素正在逐步增加，这已经成为我国许多学者的共识。

五、资本的历史作用的二重性和历史评价的两种尺度

　　上面我们在本章第二、三、四部分从促进生产力的发展，为未来社会创造物质技术条件；创造更多的自由活动时间，为建设未来新社

（接上页）社会内部可以形成"新社会的因素"》，《马克思主义与现实》2012年第2期；《资本逻辑与马克思的三大社会形态理论——重读〈资本论〉及其手稿的新领悟》，《学习与探索》2013年第3期；《全面认识资本的作用——〈资本论〉及其手稿中一个被忽视的重要观点》，《中国高校社会科学》2015年第1期。

　　① 赵家祥：《从新的视角反思社会主义的前途和命运（续）》，《教学与研究》2009年第10期，第58页。

会锻造全面发展的高素质人才；促进新的社会因素的产生，孕育和形成未来社会主义的生产关系因素三个方面，具体论述了马克思关于资本的伟大文明作用的丰富思想，充分说明了马克思在《资本论》及其手稿中，不仅尖锐地批判了资本主义生产方式残酷地剥削工人的罪行，而且在批判这种罪行的同时充分地肯定了资本主义生产方式促进历史发展的积极作用，即"资本的伟大文明作用"。那么，为什么相当多的学习和研究《资本论》及其手稿的学者，十分重视马克思批判资本主义生产方式剥削工人的罪行的有关论述，却忽视了马克思对资本的伟大文明作用的有关论述呢？这可能是因为马克思对资本主义生产方式积极作用的论述总是与对资本主义罪恶的批判结合在一起进行的有直接的关系。下面我们对马克思关于资本的历史作用的二重性的论述作些具体分析，可能对完整准确地理解马克思的有关思想有些帮助。

第一，资本主义的矛盾和对抗不是从机器本身产生的，而是从机器的资本主义应用产生的。机器本身能够缩短劳动时间，而它的资本主义应用却延长工作日；机器本身减轻劳动，而它的资本主义应用却提高劳动强度；机器本身是人对自然力的胜利，而它的资本主义应用却使人受自然力的奴役；机器本身增加生产者的财富，而它的资本主义应用却使生产者变成需要救济的贫民；等等。资本家和雇佣工人之间的斗争是同资本关系本身一起开始的。在工场手工业时期，这场斗争一直如火如荼地进行着。但只是在采用机器以后，工人才开始反对劳动资料本身，即反对作为资本的物质存在方式的机器，工人破坏机器的暴动行为曾经一度几乎席卷了整个欧洲。这是因为工人尚未把机器和机器的资本主义应用区别开来。马克思指出："工人要学会把机器和机器的资本主义应用区别开来，从而学会把自己的攻击从物质生产资料本身转向物质生产资料的社会使用形式，是需要时间和经验的。"①

---

① 《马克思恩格斯全集》第44卷，人民出版社2001年版，第493页。

第二，资本既是生产力发展的趋势，也是阻碍生产力发展的趋势。资本主义以前的一切社会形式都是由于财富的发展，或者同样可以说，由于社会生产力的发展而没落的。因此，在意识到这一点的古代人那里，财富被直接当作是共同体解体的东西加以抨击。封建制度也由于城市工业、商业、现代农业，甚至个别的发明（如火药的发明）而没落的。资本主义社会也是如此。马克思指出："这里表现出了资本的那种使它不同于以往一切生产阶段的全面趋势。尽管按照资本的本性来说，它本身是狭隘的，但它力求全面地发展生产力，这样就成为新的生产方式的前提，这种生产方式的基础，不是为了再生产一定的状态或者最多是扩大这种状态而发展生产力，相反，在这里生产力的自由的、无阻碍的、不断进步的和全面的发展本身就是社会的前提，因而是社会再生产的前提；在这里唯一的前提是超越出发点。这种趋势是资本所具有的，但同时又是同资本这种狭隘的生产形式相矛盾的，因而把资本推向解体，这种趋势使资本同以往的一切生产方式区别开来，同时意味着，资本不过表现为过渡点。"①

第三，资本主义的分工既是发展生产力的手段，又是更精巧地剥削工人的手段。马克思以工场手工业的分工为例说明了这个道理。他指出："工场手工业分工通过手工业活动的分解，劳动工具的专门化，局部工人的形成以及局部工人在一个总机构中的分组和结合，造成了社会生产过程的质的划分和量的比例，从而创立了社会劳动的一定组织，这样就同时发展了新的、社会的劳动生产力。工场手工业分工作为社会生产过程的特殊的资本主义形式，——它在当时的基础上只能在资本主义的形式中发展起来，——只是生产剩余价值即靠牺牲工人来加强资本……自行增殖的一种特殊方法。工场手工业分工不仅只是为资本家而不是为工人发展社会的劳动生产力，而且靠使各个工人畸

---

① 《马克思恩格斯全集》第30卷，人民出版社1995年版，第539页。

形化来发展社会的劳动生产力。它生产了资本统治劳动的新条件。因此，一方面，它表现为社会的经济形成过程中的历史进步和必要的发展因素，另一方面，它表现为文明的和精巧的剥削手段。"[①]

第四，资本无限制地发展生产的欲望，受到资本主义生产过程自身的限制。马克思把资本自身限制资本发展过程的界限归结为四个方面："（1）必要劳动是活劳动能力的交换价值的界限；（2）剩余价值是剩余劳动和生产力发展的界限；（3）货币是生产的界限；（4）使用价值的生产受交换价值的限制。"[②] 所以，资本并不像资产阶级经济学家们所认为的那样，是生产力发展的绝对形式，资本既不是生产力发展的绝对形式，也不是与生产力发展绝对一致的财富形式。资本主义生产发展到一定程度，就必然产生出它消灭自身的现实条件。马克思指出："**资本**的限制就在于：这一切发展都是对立地进行的，生产力，一般财富等等，知识等等的创造，表现为从事劳动的个人本身的**外化**；他不是把他自己创造出来的东西当作**他自己的财富**的条件，而是当作**他人财富**和自身贫穷的条件。但是这种对立的形式本身是暂时的，它产生出消灭自身的现实条件。"[③]

马克思 1856 年 4 月 14 日在纪念英国宪章派报纸《人民报》创刊四周年的宴会上的演说中生动而深刻地揭示了资本的历史作用的二重性。他说："在我们这个时代，每一种事物好像都包含有自己的反面。我们看到，机器具有减少人类劳动和使劳动更有成效的神奇力量，然而却引起了饥饿和过度的疲劳。财富的新源泉，由于某种神奇的、不可思议的魔力而变成贫困的源泉。技术的胜利，似乎是以道德的败坏为代价换来的。随着人类愈益控制自然，个人却似乎愈益成为别人的奴隶或自身的卑劣行为的奴隶。甚至科学的纯洁光辉仿佛也只能在愚

---

① 《马克思恩格斯全集》第 44 卷，人民出版社 2001 年版，第 421—422 页。
② 《马克思恩格斯全集》第 30 卷，人民出版社 1995 年版，第 397 页。
③ 《马克思恩格斯全集》第 30 卷，人民出版社 1995 年版，第 540—541 页。

昧无知的黑暗背景上闪耀。我们的一切发明和进步，似乎结果是使物质力量成为有智慧的生命，而人的生命则化为愚钝的物质力量。现在工业和科学为一方与现代贫困和衰颓为另一方的这种对抗，我们时代的生产力和生产关系之间的这种对抗，是显而易见的、不可避免的和毋庸争辩的事实。"①马克思的这段话清楚地说明了资本的历史作用的二重性，根源于资本主义社会的生产力和生产关系之间的对抗性矛盾。

资本的历史作用的二重性，是正确评价资本的历史作用的两种尺度的客观依据。一般说来，历史评价有两种尺度，即价值尺度（又称道德尺度和主体尺度）和历史尺度（又称科学尺度和客体尺度）。我在本书第一编第四章第三节已经讲过，历史评价的价值尺度，是指作为历史评价主体的人关于社会制度、历史事件和历史人物对自身作用的善恶好坏的评价；历史评价的历史尺度，是指作为历史评价主体的人关于社会制度、历史事件和历史人物对历史发展客观作用的进步与落后、革命与保守的评价。马克思关于资本主义制度对人自身的发展所起的积极作用或消极作用的评价，属于价值尺度；马克思关于资本主义制度对促进还是阻碍历史进步与发展的评价，属于历史尺度。马克思自始至终用这两种尺度评价资本的历史作用。通过上面的论述可以清楚地看出，从价值尺度来看，马克思既无情地批判了资本摧残人的罪行，又肯定了资本对人的发展所起的积极作用；从历史尺度来看，马克思既批判了资本阻碍历史进步的消极作用，又肯定了资本促进历史进步与发展的积极作用。如果只看到资本摧残人的发展的罪行和阻碍历史进步的消极作用，而看不到资本对人的发展和历史进步所起的积极作用；或者与此相反，只看到资本对人的发展和历史进步所起的积极作用，而看不到资本摧残人的发展的罪行和阻碍历史进步的消极作用，都是对历史评价的两种尺度及其相互关系的片面理解。

① 《马克思恩格斯文集》第2卷，人民出版社2009年版，第580页。

在这里，我们需要着重介绍马克思对大卫·李嘉图把发展生产力的要求作为评价经济现象的基本原则的思想给予的高度评价。前面已经讲过，马克思认为，李嘉图把资本主义生产方式看作最有利于生产、最有利于创造财富的生产方式，对于他那个时代来说，李嘉图是正确的。他希望为生产而生产，这是正确的。因为为生产而生产无非就是发展人类的生产力，也就是发展人的天性的财富这种目的本身。马克思认为，李嘉图的思想不仅在科学上是诚实的，而且从他的立场来说也是科学上的必要。对李嘉图来说，生产力的进一步发展究竟是毁灭土地所有权还是毁灭工人，或者是造成工业资产阶级的资本贬值，这是无关紧要的。"如果说李嘉图的观点整个说来符合**工业资产阶级**的利益，只是**因为**工业资产阶级的利益符合生产的利益，或者说，符合人类劳动生产率发展的利益，并且**以此为限**。"① 西斯蒙第带着伤感的情绪责难李嘉图，并且认为，"为了保证个人的福利，全人类的发展应该受到**阻碍**，因而，举例来说，就不能进行任何战争，因为战争无论如何会造成个人的死亡"。马克思认为，西斯蒙第的"这种议论，就是不理解：人类的才能的这种发展，虽然在开始时要靠牺牲多数的个人，甚至靠牺牲整个阶级，但最终会克服这种对抗，而同每个个人的发展相一致；因此，个性的比较高度的发展，只有以牺牲个人的历史过程为代价。至于这种感化议论的徒劳，那就不用说了，因为在人类，也像在动植物界一样，种族的利益总是要靠牺牲个体的利益来为自己开辟道路的，其所以会如此，是因为种族的利益同**特殊个体的利益**相一致，这种种族的利益同时就是这些具有特权的特殊个体的力量之所在"②。马克思对李嘉图这一思想的高度评价告诉我们，决不能因为马克思对资本主义制度摧残人的罪行和阻碍历史发展消极作用的尖锐批

---

① 《马克思恩格斯全集》第 34 卷，人民出版社 2008 年版，第 128 页。
② 《马克思恩格斯全集》第 34 卷，人民出版社 2008 年版，第 127 页。

判，而看不到马克思对资本主义制度对人的发展和历史进步所起的积极作用，即资本的伟大文明作用的充分肯定。

由此可以看出，历史评价的两种尺度之间的关系是非常复杂的，既有一致的方面，又有不一致的方面；既有互相矛盾的一面，又有互相补充的一面。首先，就历史发展的总趋势来看，两种尺度是一致的。随着社会生产力的发展和历史的进步，人自身也在逐步向全面发展；生产力的不断提高和社会的不断进步，也同时意味着人自身的逐步解放。因此，用历史尺度所作的评价与用价值尺度所作的评价终究会在社会生活的总体发展中殊途同归，达到统一。其次，就历史发展的特定阶段特定时期来说，两种尺度又可能存在着某种不一致。从价值尺度方面予以否定的社会制度、历史事件和历史人物，却可能从历史尺度方面予以肯定。例如，马克思在1853年写的《不列颠在印度的统治》和《不列颠在印度统治的未来结果》两篇重要文章中，从价值尺度方面对英国殖民主义者残酷地剥削、掠夺和屠杀印度人民，给印度人民带来的苦难，进行了无情的鞭挞和谴责；但在历史尺度方面却认为英国殖民主义者在印度实现了一场真正的社会革命，不管英国殖民主义者在印度犯下了多少罪行，它在造成这个革命方面毕竟是充当了历史的不自觉的工具。再次，历史评价的两种尺度具有互补性，即使在二者之间存在不一致的时候，二者的作用仍然是互补的，而不是互相排斥的。例如，恩格斯晚年在关于俄国社会发展道路的问题上认为，虽然从价值尺度上看，俄国走上资本主义道路，会给工人和农民带来种种苦难，但从历史尺度上看，这仍然是历史的进步。他尖锐地批判了俄国民粹派理论家尼·弗·丹尼尔逊凭个人好恶评价资本主义在俄国的发展，以俄国发展资本主义会给工人和农民带来苦难为理由，否认俄国发展资本主义的进步作用。恩格斯指出：资本主义在俄国获得了发展，这是不争的事实，"至于我们是否喜欢这些事实，那就是另一回事了；但不管我们喜欢与否，这些事实照样要继续存在下去。而我们越是能够摆脱个人的好恶，就越能更好地判断这些事实本身及其后果"①。恩格斯进而认为，从价值尺度方面来看给人民带来的巨大灾难，可以由从历史尺度方面来看给历史带来的巨大进步来补偿。他说：在俄国，"资本主义正在展示出新的前景和新的希望"，"没有哪一次巨大的历史灾难不是以历史的进步为补偿的"。②

---

① 《马克思恩格斯与俄国政治活动家通信集》，马逸若、许贤绪、陈光汉等译，吴惕安、李俊聪校，人民出版社 1987 年版，第 612 页。

② 《马克思恩格斯与俄国政治活动家通信集》，马逸若、许贤绪、陈光汉等译，吴惕安、李俊聪校，人民出版社 1987 年版，第 673、674 页。

第十七章
从新的视角反思社会主义的前途和命运

马克思、恩格斯、列宁以共产主义是"世界历史性事业"的思想为理论基础，根据世界范围内历史时代的演变和革命形势的变化，先后论述了19世纪40年代以来直至俄国十月革命胜利前后世界革命中心的转移与东西方革命的互动关系，预测和设想了社会主义和共产主义在世界范围内取得胜利的时机、条件、形式和进程。他们的预测和设想至今没有变成现实，而且在20世纪的80年代末90年代初，出现了东欧剧变、苏联解体的局面，社会主义运动处于低潮。在这样的历史环境下，马克思、恩格斯著作中一个长期被忽视的思想，甚至有人认为是错误的思想，即资本主义社会内部可以自发地孕育和形成社会主义因素的观点，成了我们今天反思社会主义的前途和命运的新视角。这个理论观点在马克思主义思想宝库中占有十分重要的地位。对这个思想进行深入挖掘和研究，有助于正确理解社会主义的前途和命运，坚定社会主义必然在世界范围内代替资本主义的科学信念。

一、共产主义是"世界历史性事业"

马克思、恩格斯在《德意志意识形态》书中强调指出：社会主义和共产主义是"世界历史性事业"，主张批判"地域性的共产主义"。他们认为，实现共产主义有两个绝对必需的前提：一是生产力的巨大增长和高度发展，否则就会有贫穷、极端贫困的普遍化；而在极端贫困的情况下，必然会重新开始争夺生活必需品的斗争，全部陈腐污浊的东西又会死灰复燃。二是地域性的个人为世界历史性的个人所代替。各个人的世界历史性的存在，也就是与世界历史相联系的各个个人的存在。他们认为，如果不具备这两个前提，就会造成以下两个后果：（1）共产主义就只能作为某种地域性的东西而存在；（2）交往的力量本身就不能发展成为普遍的因而是不可忍受的力量，它们仍然会处于地方性的、笼罩着迷信气氛的状态。于是他们得出结论："交往的任何扩大都会消灭地域性的共产主义。共产主义只有作为占统治地位的各民族'一下子'同时发生的行动，在经验上才是可能的，而这是以生产力的普遍发展和与此相联系的世界交往为前提的。""无产阶级只有**在世界历史意义上**才能存在，就像共产主义——它的事业——只有作为'世界历史性的'存在才有可能实现一样。而各个人的世界历史性的存在，也就是与世界历史直接相联系的各个人的存在。"① 恩格斯在《共产主义原理》中回答共产主义革命能不能单独在一个国家发生时指出："不能。单是大工业建立了世界市场这一点，就把全球各国人民，尤其是各文明国家的人民，彼此紧密地联系起来，以致每一国家的人民都受到另一国家发生的事情的影响。此外，大工业使所有文明国家的社会发展大致相同，以致在所有这些国家，资产阶级和无产阶级都成了社会上两个起决定作用的阶级，它们之间的斗争成了当前的主要斗争。因此，共产主义革命将不是仅仅一个国家的革命，而是将在一切文明国家里，至少在英国、美国、法国、德国同时发生的革命，在这些国家的每一个国家中，共产主义革命发展得较快或较慢，要看这个国家是否有较发达的工业，较多的财富和比较大量的生产力。因此，在德国实现共产主义革命最慢最困难，在英国最快最容易。共产主义革命也会大大影响世界上其他国家，会完全改变并大大加速它们原来

---

① 《马克思恩格斯文集》第 1 卷，人民出版社 2009 年版，第 538—539、539 页。

的发展进程。它是世界性的革命，所以将有世界性的活动场所。"① 学术理论界把马克思、恩格斯的这一理论称为"共同胜利论"。需要加以说明，所谓"共同胜利论"，并不是说社会主义革命在某个时期在一切国家同时取得胜利，由于各个国家的情况不尽相同，有些国家的社会主义革命可能发展得较早，进展得较快；有些国家的社会主义革命可能发展得较晚，进展得较慢；在世界范围内，在一定的历史时期中，社会主义革命的发展也有一个从一国到多国，再到全世界的逐步推广过程。马克思、恩格斯的"共同胜利论"，既是他们的世界革命中心转移和东西方革命互动思想的理论基础，也是我们从新的视角反思社会主义的前途和命运的基本理论出发点。

我国理论界有人认为，"共同胜利论"只是马克思、恩格斯早期著作中的思想，1850 年以后他们就放弃了。中共中央马克思恩格斯列宁斯大林著作编译局编译出版的《马克思恩格斯选集》中文第二版第一卷，对上述两段引文所作的注释就持这种观点。注释写道："关于无产阶级革命只有在一切先进的资本主义国家同时发生才可能胜利，因而不可能在一个国家内获得胜利的结论，恩格斯最早在《共产主义原理》（1847 年）中作了明确的表述……。1850 年，马克思和恩格斯已经预见到美国将发展成为资本主义世界最大的经济强国，并认为欧洲要不陷入对美国的依附地位，唯一的条件就是进行社会革命。在这以后，他们再也没有重提无产阶级革命同时发生的设想。"② 这个说法根本不符合实际。"共同胜利论"是马克思、恩格斯的一贯思想，恩格斯在晚年还多次重申这个思想。恩格斯在 1892 年写的《社会主义从空想到科学的发展》英文版《导言》中说："欧洲工人阶级的胜利，不是只靠英国一个国家。它至少需要英法德三国的共同努力，才能得到保

---

① 《马克思恩格斯文集》第 1 卷，人民出版社 2009 年版，第 687 页。

② 《马克思恩格斯选集》第 1 卷，人民出版社 1995 年版，第 792 页。

证。"① 恩格斯在 1893 年致保尔·拉法格的信中说"无论是法国人、德国人或英国人，都不能单独赢得消灭资本主义的光荣。如果法国——**可能如此**——发出信号，那末，斗争的结局将决定于受社会主义影响最深、理论最深入群众的德国；虽然如此，不管是法国还是德国，都还不能保证最终的胜利，只要英国还留在资产阶级手中。无产阶级的解放只能是国际的事业"②。恩格斯晚年讲的这两段话，与他早年在《共产主义原理》中所讲的那段话是基本上相同的，怎么能说马克思、恩格斯在 1850 年以后"没有重提无产阶级革命同时发生的设想"呢？

马克思、恩格斯在 19 世纪中叶提出的"共同胜利论"并没有变成现实，历史条件却发生了变化。19 世纪末 20 世纪初，自由资本主义阶段进入帝国主义阶段以后，经济政治发展不平衡的规律明显地表现出来了，使得社会主义革命有可能首先在一个或几个国家发生并取得胜利，而率先取得社会主义革命胜利的国家，很可能是经济文化上不发达或不甚发达的国家，是帝国主义链条上的薄弱环节。列宁首先发现并运用这一规律，领导俄国无产阶级和劳动人民取得了十月社会主义革命的胜利，从而开辟了在经济文化比较落后、资本主义不发达的国家向社会主义过渡的道路。列宁的这个思想是在 1915 年《论欧洲联邦口号》、1916 年《无产阶级革命的军事纲领》中提出来的。学术理论界把列宁的这个思想简称为"一国胜利论"。

列宁在《论欧洲联邦口号》中说："经济和政治发展的不平衡是资本主义的绝对规律。由此就应得出结论：社会主义可能首先在少数甚至单独一个资本主义国家内获得胜利。这个国家的获得胜利的无产阶级既然剥夺了资本家并在本国组织了社会主义生产，就会奋起同其余的资本主义世界**抗衡**，把其他国家的被压迫阶级吸引到自己方面来，

---

① 《马克思恩格斯全集》第 22 卷，人民出版社 1965 年版，第 361 页。
② 《马克思恩格斯全集》第 39 卷，人民出版社 1974 年版，第 87 页。

在这些国家中发动反对资本家的起义，必要时甚至用武力去反对各剥削阶级及其国家"①。列宁在《无产阶级革命的军事纲领》中说："资本主义的发展在各个国家是极不平衡的。而且在商品生产下也只能是这样。由此得出一个必然的结论：社会主义不能**在所有**国家**内**同时获得胜利。它将首先在一个或几个国家内获得胜利，而其余的国家在一段时间内将仍然是资产阶级的或资产阶级以前的国家。这就不仅必然引起摩擦，而且必然引起其他各国资产阶级力图打垮社会主义国家中胜利的无产阶级的直接行动。在这种情况下发生的战争，从我们方面来说就会是正当的和正义的战争。这是争取社会主义、争取把其他各国人民从资产阶级压迫下解放出来的战争。恩格斯在 1882 年 9 月 12 日给考茨基的信中直接承认**已经胜利了**的社会主义有进行'自卫战争'的**可能性**，他说得完全正确。他指的正是胜利了的无产阶级进行自卫以反对其他各国的资产阶级。"② 列宁的这两段论述，有以下几点需要提请读者注意：（1）在帝国主义阶段，社会主义革命只能首先在一国或几国，而不是在一切资本主义国家同时发生并取得胜利，其最深刻的根源是资本主义经济政治发展不平衡的规律。（2）首先取得社会主义革命胜利的国家，不一定是经济上最发达的国家，但一定是资本主义国家，因为前资本主义国家和非资本主义国家不可能发生社会主义革命。（3）首先取得社会主义革命胜利的国家，要支持和援助仍然在资产阶级压迫下的国家的无产阶级解放斗争，把社会主义革命的成果向全世界扩展，推动世界无产阶级革命的进程。这说明列宁的"一国胜利论"与马克思、恩格斯的"共同胜利论"在本质上是一致的。（4）各国资产阶级必然发动战争力图打垮获得社会主义革命胜利的国家的无产阶级。因此，获得社会主义革命胜利的国家必须奋起反抗国际资

---

① 《列宁选集》第 2 卷，人民出版社 1995 年版，第 554 页。
② 《列宁选集》第 2 卷，人民出版社 1995 年版，第 722 页。

产阶级的进攻，进行正当的和正义的自卫战争，这是争取社会主义、争取把其他各国人民从资产阶级压迫下解放出来的战争。

特别需要向读者说明的是，列宁虽然提出了社会主义革命可以首先在一国或几国取得胜利的思想，但他和马克思、恩格斯一样，认为社会主义和共产主义是"世界历史性事业"，单独一国或几国的无产阶级是不能取得社会主义的最终胜利、不能建成完全的或发达的社会主义社会的，这个任务只有通过全世界无产阶级的共同努力才能完成。不仅如此，一国或几国取得社会主义革命胜利的国家，如果得不到发达资本主义国家无产阶级的响应和支持，不能激发起发达资本主义国家的无产阶级革命并取得胜利，其革命的成果是难以巩固甚至可能得而复失的。苏联解体、东欧剧变的惨痛事实确凿地证实了这个真理。由此可见，列宁的"一国胜利论"不是对马克思、恩格斯的"共同胜利论"的否定，而是在新的历史条件下对它的继承、发展和深化。那种认为"共同胜利论"只适用于自由资本主义时代而不适用于帝国主义时代、列宁的"一国胜利论"是对马克思、恩格斯的"共同胜利论"的否定的观点，是不正确。中共中央马克思恩格斯列宁斯大林著作编译局编译的《马克思恩格斯全集》中文第一版第三卷中的《德意志意识形态》一书的一条相关的注释就持这种观点。这条注释如下："在恩格斯的'共产主义原理'（1847）中指出，无产阶级革命只有在一切先进的资本主义国家同时发动时才可能胜利（这种转述与恩格斯的原文不一样。恩格斯在原文是：'共产主义革命将不是仅仅一个国家的革命，而是将在一切文明国家里，至少在英国、美国、法国、德国同时发生的革命'。这种掐头去尾的转述，在很大程度上改变了恩格斯的原意。——引者），因而不可能在一个国家内胜利，这个结论对于垄断前的资本主义时代来说是正确的。在新的历史条件下，在垄断资本主义时期，列宁根据他所发现的帝国主义时代资本主义的经济政治发展不平衡的规律，做出了新的结论：社会主义革命可能首先在几个或者甚至在单独一个国家内获得胜利，不可能同时在一切国家或大多数国家内获得胜利。"①这种观点作为个别人的一家之言是可以的，但是作为马克思主义经典著作的权威的编译机构，做这样的注释则是欠妥的。这样的注释只是指出了列宁的观点与马克思、恩格斯的观点的差别，即在无产阶级革命首先从哪里开始以及是几个发达国家"同时进行"还是一国或几国"首先进行"上的不同，而没有指出这两种观点在本质上的一致性，即建成社会主义的任务只有通过全世界的无产阶级的共同努力才能完成；列宁和马克思、恩格斯一样，也认为社会主义和共产主义是"世界历史性事业"，社会主义的最终胜利必然是全世界范围内的共同胜利。令人欣喜的是，中共中央马克思恩格斯列宁斯大林著作编译局在以后编译出版的《马克思恩格斯选集》1972年版、1995年版、2012年版以及2009年出版的《马克思恩格斯文集》（10卷本）等著作中，对《德意志意识形态》一书的有关注释没有再提这种不恰当的思想。

二、世界革命中心的转移

马克思、恩格斯、列宁关于社会主义和共产主义是"世界历史性事业"的思想，为他们的世界革命中心转移的思想奠定了坚实的理论基础。这是因为在他们看来，世界革命中心的任何一次转移，都是以在全世界实现社会主义和共产主义为前提和最终目标的。

在19世纪40年代中后期，英国是世界上资本主义最发达的国家，也是资本主义矛盾最集中、最尖锐的国家，无产阶级与资产阶级之间的斗争十分激烈，英国的社会矛盾和阶级矛盾对其他国家有着巨大的影响。恩格斯在1844年9月至1845年3月写的《英国工人阶级状况》一书对这种情况作了具体论述。前面已经讲到，恩格斯在1847年写的

---

① 《马克思恩格斯全集》第3卷，人民出版社1960年版，第698页。

《共产主义原理》中讲到，"共产主义革命将不是仅仅一个国家的革命，而是将在一切文明国家里，至少在英国、美国、法国、德国同时发生的革命"。"在这些国家的每一个国家中，共产主义革命发展得较快或较慢，要看这个国家是否有较发达的工业，较多的财富和比较大量的生产力。因此，在德国实现共产主义革命最慢最困难，在英国最快最容易。"这就是说，恩格斯当时认为，世界革命的中心在英国。

1848 年 2 月，在法国爆发了反对金融资产阶级统治的资产阶级民主革命，推翻了代表金融资产阶级的路易·菲力浦王朝的统治，建立了工业资产阶级统治的法兰西第二共和国。由于工人阶级在二月革命中没有保持自己的独立性，做了资产阶级的尾巴，所以二月革命胜利的成果被资产阶级窃取，工人阶级和资产阶级之间的矛盾迅速上升到首位。资产阶级要求第二共和国确立对工人阶级和其他劳动人民的全面统治。工人阶级被迫拿起武器，发动了反对资产阶级的六月起义。马克思在总结欧洲 1848 年革命经验的《1848 年至 1850 年的法兰西阶级斗争》这篇长文中指出："这是分裂现代社会的两个阶级之间的第一次大规模的战斗。这是保存还是消灭**资产阶级**制度的斗争。"① 在 1848 年革命以后的一段时间内，法国成了世界革命的中心。马克思在上述这篇文章中说："只要法国发生任何一次新的无产阶级起义，都必然会引起**世界战争**。新的法国革命将被迫立刻越出本国范围去**夺取欧洲的地区**，因为只有在这里才能够实现 19 世纪的社会革命。""只有六月失败才造成了所有那些使法国能够发挥欧洲革命**倡导作用**的条件。只有浸过了六月起义者的**鲜血**之后，三色旗才变成了欧洲革命的旗帜——**红旗**！"② 马克思、恩格斯在 1850 年 3 月写的《共产主义者同盟中央委员会告同盟书》中告诫人们，革命即将迫近，在新的革命战争中，无

---

① 《马克思恩格斯文集》第 2 卷，人民出版社 2009 年版，第 101 页。
② 《马克思恩格斯文集》第 2 卷，人民出版社 2009 年版，第 105 页。

产阶级必须保持自己的独立性，不要再像 1848 年二月革命那样受资产阶级的利用和做资产阶级的尾巴，导致革命胜利的果实被资产阶级窃取。同时强调指出："如果说德国工人不经过较长时间的革命发展过程，就不能掌握统治权和实现自己的阶级利益。那么这一次他们至少可以确信，这一出即将开始的革命剧的第一幕，将与他们本阶级在法国取得直接胜利同步上演，因而第一幕的进展一定会大大加速。"① 这就是说，法国的无产阶级革命将成为德国无产阶级革命的序曲和先声。

1885 年恩格斯为马克思的《路易·波拿巴的雾月十八日》写的第三版《序言》中，在总结法国历史上的阶级斗争和 1848 年革命斗争的经验时强调，法国是这样一个国家，在那里历史上的阶级斗争，比起其他各国来每一次都达到更加彻底的解决；因而阶级斗争借以进行、阶级斗争的结果借以表现出来的变换不已的政治形式，在那里也表现得最为鲜明。法国在中世纪是封建制度的中心，从文艺复兴时代起是统一的等级君主制的典型国家，它在大革命中粉碎了封建制度，建立了纯粹的资产阶级统治，这种统治所具有的典型性是欧洲任何其他国家所没有的。而正在上升的无产阶级反对占统治地位的资产阶级的斗争在这里也以其他国家所没有的尖锐形式表现出来。因为法国的政治斗争和阶级斗争表现得比其他国家更为典型，长期以来都是政治斗争和阶级斗争的中心，所以历史唯物主义关于阶级斗争推动社会发展的规律的认识，经受了法国历史的检验。恩格斯指出："根据这个规律，一切历史上的斗争，无论是在政治、宗教、哲学的领域中进行的，还是在其他意识形态领域中进行的，实际上只是或多或少明显地表现了各社会阶级的斗争，而这些阶级的存在以及它们之间的冲突，又为它们的经济状况的发展程度、它们的生产的性质和方式以及由生产所决定的交换的性质和方式所制约。这个规律对于历史，同能量转化定律

---

① 《马克思恩格斯文集》第 2 卷，人民出版社 2009 年版，第 198—199 页。

对于自然科学具有同样的意义。这个规律在这里也是马克思用于理解法兰西第二共和国历史的钥匙。在这部著作中，他用这段历史检验了他的这个规律；即使已经过了33年，我们还是必须承认，这个检验获得了辉煌的成果。"[1]

从19世纪60年代开始，马克思、恩格斯认为，世界革命的中心将由法国转移到德国。1863—1864年爆发的波兰反对沙皇专制制度压迫的起义，不仅是波兰人民民族解放斗争的重要阶段，而且具有重要的国际意义。欧洲各国的进步的力量都支援了波兰人民的解放斗争。马克思在1863年2月13日致恩格斯的信中指出：波兰这次反对沙皇政府专制制度压迫的民族解放斗争，标志着"在欧洲又广泛地揭开了革命的新纪元"，并且认为这次革命将接受1848年二月革命的教训，抛弃1848年二月革命那些"天真的幻想"和"那种近乎幼稚的热忱"，并且希望"这一次熔岩从东方流向西方，而不是相反，这样我们就可以摆脱法国首倡作用的'光荣'"。[2]所谓革命的"熔岩""从东方流向西方"，就是指东方经济文化落后的国家的民族民主革命诱发、激起西方无产阶级社会主义革命。恩格斯在1870年2月为《德国农民战争》写的第二版《序言》中，叙述了伴随着德国资本主义的发展，在1848年革命以后的20年中，德国无产阶级及其各种组织发展壮大、逐渐成熟的情况，认为"伴随着1848年以后的工业高涨，无产阶级的社会活动和政治活动也开展起来了。单是目前德国工人在其工会、合作社、政治组织和政治集会中，在选举以及所谓国会中所起的作用，就足以表明，最近20年来在德国已不知不觉地发生了什么样的变革。德国工人获得了很大的荣誉：**唯有他们**做到了把工人和工人代表派到国会中去，而无论是法国人或英国人到现在为止都没有能够做到这一点"[3]

---

① 《马克思恩格斯文集》第2卷，人民出版社2009年版，第469页。
② 《马克思恩格斯全集》第30卷，人民出版社1995年版，第322页。
③ 《马克思恩格斯文集》第2卷，人民出版社2009年版，第209页。

马克思在 1870 年 2 月 12 日致恩格斯的信中，表示赞同恩格斯《德国农民战争》第二版《序言》中的思想，并且认为："虽然第一次冲击将出自法国，但德国对于社会运动更成熟得多，并将远远超过法国人。如果法国人仍然认为自己是'上帝的选民'，那就大错特错了，那就是自我欺骗。"① 为什么说"对于社会主义运动"德国人比法国人"更成熟得多"呢？恩格斯在 1875 年为《德国农民战争》第二版《序言》写的《补充》中作了说了说明。恩格斯认为，"德国工人同欧洲其他各国工人比较起来，有两大优点"。第一，德国民族属于欧洲最有理论修养的民族，德国哲学，特别是黑格尔哲学，是科学社会主义产生的主要理论前提。如果德国工人没有理论感，科学社会主义就不可能深入他们的血肉。英国工人运动虽然各个行业有很好的组织，但是前进得非常缓慢，其主要原因之一，就是对于一切理论的漠视；法国人和比利时人由于受初始形态的蒲鲁东主义的影响而产生谬误和迷惘，西班牙人和意大利人则由于受巴枯宁进一步漫画化的蒲鲁东主义的影响而产生谬误和迷惘。第二，德国工人运动的实践，是站在英国和法国工人运动的肩上发展起来的，它能够直接利用英国和法国的运动用很高的代价换来的经验，避免重犯他们当时无法避免的那些错误，德国工人运动是自有工人运动以来，把工人运动的理论方面、政治方面和实践经验方面等所有这些方面互相结合、互相联系，有计划进行的典范。总体来看，"一方面由于德国工人具有这种有利的地位，另一方面由于英国工人运动具有岛国的特点，而法国工人运动又受到了暴力的镇压，所以现在德国工人是处于无产阶级斗争的前列。形势究竟容许他们把这种光荣地位占据多久，现在还无法预先断言。但是，只要他们还占据着这个地位，我们就希望他们能履行这个地位所应尽的职责。要做到这一点，就必须在斗争和鼓动的各个方面都加倍努力。特别是

---

① 《马克思恩格斯全集》第 32 卷，人民出版社 1975 年版，第 427 页。

领袖们有责任越来越透彻地理解种种理论问题，越来越彻底地摆脱那些属于旧世界观的传统言辞的影响，并且时刻注意到：社会主义自从成为科学以来，就要求人们把它当作科学来对待，就是说，要求人们去研究它。必须以高度的热忱把由此获得的日益明确的意识传播到工人群众中去，必须不断增强党组织和工会组织的团结"①。由此可以看出，马克思、恩格斯一向十分重视科学理论对于工人运动的指导作用，德国之所以一度能成为世界革命的中心，就在于它有重视理论的作用、特别是哲学作用的传统。

世界革命形势的变化，证实了恩格斯当时的预感。1861年俄国农奴制改革以来，特别是19世纪70年代以来，欧洲革命的中心从法国和德国向俄国转移。马克思一向十分重视对俄国社会状况的研究，关注俄国革命的发展，为此，他专门学习了俄文。当他能够查着字典相当快地阅读俄国民粹派理论家弗列罗夫斯基的《俄国工人阶级状况》一书时，感到非常高兴。他在1870年3月5日致劳·拉法格和保·拉法格的信中，对这部著作给予了高度的评价，认为这部著作使人深信："波澜壮阔的社会革命在俄国是不可避免的，并在日益临近，当然是具有同俄国当前发展水平相应的初级形式。这是好消息。俄国和英国是现代欧洲体系的两大支柱。其他所有国家，甚至包括美丽的法国和有教养的德国在内，都只具有次要意义。"②

恩格斯在1874—1875年写的《论俄国的社会问题》一文中指出："俄国无疑是处在革命的前夜"。在俄国，"革命的一切条件都结合在一起；这次革命将由首都的上等阶级，甚至可能由政府自己开始进行，但是农民将把它向前推进，很快就会使它超出最初的立宪阶段的范围；这个革命单只由于如下一点就对全欧洲具有极伟大的意义，就是

---

① 《马克思恩格斯文集》第2卷，人民出版社2009年版，第218—219页。
② 《马克思恩格斯文集》第10卷，人民出版社2009年版，第325页。

它会一举消灭欧洲整个反动势力的迄今一直未被触动的最后的后备力量"①。同年，恩格斯在为《论俄国的社会问题》所写的《导言》中又说：俄国事态的发展，对德国工人阶级有极大的意义。现在俄罗斯帝国是西欧整个反动势力的最后一根有力支柱，"西欧的任何革命，只要在近旁还存在着现代俄罗斯国家，就不能获得彻底胜利。而德国却是同俄国最近的邻国，因此俄国反动派军队的第一个冲击便会落到德国身上。因而，俄国沙皇制度的复（应为覆——引者）灭，俄罗斯帝国的灭亡便成了德国无产阶级取得最终胜利的首要条件之一"②。马克思在 1878 年 2 月 4 日至威廉·李卜克内西的信中预测，假如俄国在俄土战争中失败，"会大大**加速俄国的社会变革**"，"**从而会加速整个欧洲的急剧转变**"。③

从以上的简略考察可以清楚地看出，马克思、恩格斯关于世界革命中心转移的轨迹是：革命中心逐渐从西方向东方转移，即从英国转移到法国，从法国转移到德国，从德国转移到俄国。从经济发展程度上看，则是从资本主义经济文化较发达的国家逐步向资本主义经济文化较不发达的国家转移。在革命中心处在西方发达资本主义国家的时候，他们希望并相信发达资本主义国家无产阶级社会主义革命的胜利，能够把东方落后国家带进社会主义社会中去。恩格斯在 1882 年 9 月 12 日致考茨基的信中指出："只要欧洲和北美一实行改造，就会产生巨大的力量和做出极好的榜样，使各半文明国家自动地跟着我们走，单是经济上的需要就会促成这一点。"④在革命中心处在东方落后国家的时候，他们希望革命的"熔岩""从东方流向西方"，即东方落后国家的民族民主革命能够激发起西欧发达国家的无产阶级社会主义革命。

---

①　《马克思恩格斯文集》第 3 卷，人民出版社 2009 年版，第 401 页。
②　《马克思恩格斯全集》第 18 卷，人民出版社 1964 年版，第 642 页。
③　《马克思恩格斯全集》第 34 卷，人民出版社 1972 年版，第 294 页。
④　《马克思恩格斯全集》第 35 卷，人民出版社 1971 年版，第 353 页。

这两种设想都没有变成现实。应该说明，马克思、恩格斯的这些设想属于对革命形势的预测和判断，而不属于马克思主义的基本原理。所以不能因为这些预测和判断没有变成现实，去否定马克思主义基本原理。但这种情况却启发我们从新的视角反思社会主义的前途和命运。

列宁在新的历史条件下，继承并发展了马克思、恩格斯关于世界革命中心转移的思想，着重论述了20世纪初亚洲民族民主运动的兴起和俄国成为世界革命的中心的思想。

列宁1913年5月7日发表在《真理报》上的《亚洲的觉醒》一文指出：一向被公认为长期停滞的典型国家——中国，"政治生活沸腾起来了，社会运动和民主主义高潮正在汹涌澎湃地发展。继俄国1905年的运动之后，民主革命席卷了整个亚洲——席卷了土耳其、波斯、中国。在英属印度，动乱也在加剧"。他认为："亚洲的觉醒和欧洲先进无产阶级夺取政权斗争的开始，标志着20世纪初所开创的全世界历史的一个新阶段。"[1]列宁同年5月18日发表在《真理报》上的另一篇文章《落后的欧洲和先进的亚洲》一文中，兴高采烈地指出："在亚洲，强大的民主运动到处都在发展、扩大和加强。那里的资产阶级还在同人民一起反对反动势力。数亿人正在觉醒起来，追求生活，追求光明，追求自由。这个世界性的运动使一切懂得只有通过民主才能达到集体主义的觉悟工人多么欢欣鼓舞！一切真诚的民主主义者对年轻的亚洲是多么同情！"[2]

前面讲过，马克思、恩格斯认为19世纪70年代以来，世界革命的中心转向俄国。他们讲的"俄国革命"是指反对沙皇封建专制制度的民主革命，而不是无产阶级社会主义革命。马克思、恩格斯始终认为，无产阶级社会主义革命将在发达的资本主义国家首先发生，而不

① 《列宁选集》第2卷，人民出版社1995年版，第315、316页。
② 《列宁选集》第2卷，人民出版社1995年版，第318页。

可能在俄国这样经济文化落后的国家首先发生，直到晚年也没有改变这种看法。在新的历史条件下，列宁提出了与马克思、恩格斯不同的看法。他认为，比较容易开始无产阶级社会主义革命运动的，"并不是那些能够比较容易地进行掠夺和有力量收买本国工人上层分子的剥削国家"，而是经济文化比较落后的资本主义国家，是帝国主义链条上的薄弱环节。就是说，无产阶级革命运动的先锋队已经由西欧转移到俄国。他在十月革命胜利后不久召开的全国工兵代表苏维埃第三次代表大会上讲到，马克思、恩格斯在19世纪末认为，无产阶级社会主义革命"将由法国人开始，而由德国人完成"，"其所以由法国人开始，是因为法国人在几十年的革命中养成了发起革命行动的奋不顾身的首创精神，从而使他们成了社会主义革命的先锋队"。"现在的形势与马克思和恩格斯所预料的不同了，它把国际社会主义革命先锋队的光荣使命交给了我们——俄国的被剥削劳动阶级；我们现在清楚地看到革命的发展会多么远大；俄国人开始了，德国人、法国人、英国人将去完成，社会主义定将胜利。"①列宁的这一对世界革命发展进程的预言同样没有变成现实。俄国人确实开始了，德国人、法国人、英国人却没有去完成，这些国家至今仍然停留在资本主义发展阶段。列宁的这一预言也属于对革命形势及其发展进程的判断，而不属于马克思列宁主义基本原理，不能因为它没有实现而否定马克思列宁主义基本原理。这种情况同样启发我们从新的视角反思社会主义的前途和命运。

三、东西方革命的互动

马克思、恩格斯、列宁关于社会主义和共产主义是"世界历史性事业"的思想，不仅为他们的世界革命中心转移的思想奠定了坚实的

---

① 《列宁选集》第3卷，人民出版社1995年版，第416、416、416—417页。

理论基础，而且为他们关于东西方革命互动的思想奠定了坚实的理论基础，因为东西方革命的互动也是以在全世界范围内实现社会主义和共产主义为前提和最终目标的。

在"地域性的"历史进入"世界历史"以后，由于各个国家和民族之间的联系日益加强，经济文化落后国家的革命与发达资本主义国家的无产阶级社会主义革命，东方落后国家反对封建专制制度和殖民主义统治的民族民主革命与发达资本主义国家的无产阶级社会主义革命，简言之，东方革命与西方革命，必然互相呼应、互相影响、互相促进、互相补充。

各国国家和民族之间的革命的互动关系是错综复杂的。在马克思、恩格斯的著作中，至少讲过以下四种情况：（1）发达资本主义国家的无产阶级社会主义革命首先取得胜利，把经济文化落后的国家带进社会主义社会；（2）发达资本主义国家的无产阶级社会主义革命首先取得胜利，为东方落后国家"跨越"资本主义制度的卡夫丁峡谷创造先决条件；（3）东方落后国家的反对封建专制制度和殖民主义统治的民族民主革命，引发发达资本主义国家的无产阶级社会主义革命；（4）东方落后国家反对封建专制制度的革命成为西方无产阶级革命的信号并且双方互相补充。下面分别介绍这四种情况。

关于第一种情况：马克思、恩格斯在《德意志意识形态》中说："共产主义只有作为占统治地位的各民族'一下子'同时发生的行动，在经验上才是可能的，而这是以生产力的普遍发展和与此相联系的世界交往为前提的。"①意思是说，只要世界上几个占统治地位的发达资本主义国家的无产阶级社会主义革命取得胜利，它们就有能力把经济文化落后的国家带进社会主义社会，从而取得社会主义革命在全世界的胜利，在全世界实现社会主义。马克思、恩格斯当时尚未形成从资

---

① 《马克思恩格斯文集》第1卷，人民出版社2009年版，第538—539页。

本主义社会向社会主义社会过渡的"过渡时期"的思想和理论。所以他们把取得社会主义在全世界的胜利与在全世界实现社会主义看作是同一过程。他们认为，一切历史冲突都根源于生产力和交往形式之间的矛盾。但在历史进入"世界历史"以后，不一定要等到这种矛盾在某一国家发展到极端尖锐的地步，才导致这个国家内发生冲突。由于广泛的国际交往所引起的同工业较发达国家的竞争，就足以使工业较不发达的国家内产生类似的矛盾。恩格斯在《共产主义原理》中讲到英、美、法、德等发达资本主义国家的无产阶级社会主义革命取得胜利，"也会大大影响世界上其他国家，会完全改变并大大加速它们原来的发展进程。它是世界性的革命，所以将有世界性的活动场所"①。意思是说，社会主义革命作为世界历史性的行动，必将在世界范围内进行。只要英、美、法、德等支配着世界市场的几个发达资本主义国家的无产阶级社会主义革命取得胜利，它们就有能力改变其他国家的社会发展进程和发展速度，把他们带进社会主义社会，在全世界实现社会主义。前面已经讲过，恩格斯在1882年9月12日致考茨基的信中把这一点讲得更加明确。

关于第二种情况。我国理论界有些同志认为，马克思、恩格斯晚年提出了东方落后国家的无产阶级社会主义革命可以首先发生并取得胜利，先于西欧进入社会主义社会的思想。这是对他们的误解，是把后来列宁的思想加到马克思、恩格斯的头上去了。事实上，马克思、恩格斯不仅从来没有提出过这样的思想，而且尖锐地批判了这种思想，反复说明，西方无产阶级革命取得胜利，是东方落后国家"跨越"资本主义制度的卡夫丁峡谷的先决条件。关于这一点，我们在前面讲述俄国社会发展道路的时候已经作过专门论述，这里不再重复。

关于第三种情况。马克思、恩格斯早年就产生了"中国革命"（指

---

① 《马克思恩格斯文集》第1卷，人民出版社2009年版，第687页。

太平天国革命）可能引发英国和欧洲大陆的无产阶级社会主义革命的思想。马克思在 1853 年写的《中国革命和欧洲革命》一文中，提出这样一个问题：“当英国引起了中国革命的时候”，“这场革命将来会对英国并且通过英国对欧洲发生什么影响？”马克思认为，“中国革命”将加速和加剧英国的工业危机，并可能引发英国的无产阶级革命。这一点前面也已经讲过，这里不再重复。马克思、恩格斯晚年主要论述了俄国革命将对欧洲无产阶级革命产生的影响。这个问题，在前面论述 19 世纪 70 年代以来世界革命中心转移时，已经作了介绍，这里再补充恩格斯在 1878 年 2—3 月间写的《一八七七年的欧洲工人》一文中的一段重要论述。他指出：“俄国革命意味着不只是在俄国国内单纯换个政府而已。它意味着从法国革命以来一直是欧洲联合的专制制度的柱石的一个庞大的、虽然也是笨拙的军事强国的消失。它意味着德意志从普鲁士统治下解放出来，因为普鲁士一直受俄国庇护并且只是依靠俄国而存在的。它意味着波兰得到解放。它意味着东欧弱小的斯拉夫民族从现在的俄国政府在它们中间培植的泛斯拉夫主义的幻想中觉醒过来。它还意味着俄国人民本身积极的民族生活的开始，同时还意味着俄国真正的工人运动的产生。总之，它意味着欧洲整个形势发生变化，这种变化一定会受到各国工人兴高采烈的欢迎，把它看做是向他们的共同目标——劳动的普遍解放大大迈进了一步”[1]。这段论述深刻而具体地说明了推翻俄国封建专制制度的革命的重大意义。它的胜利，不仅意味着俄国人民的民族生活的开始和俄国真正的工人运动的产生，而且意味着欧洲整个形势发生变化，它将激发起西欧的无产阶级革命，促进西欧无产阶级解放和社会主义的实现。

关于第四种情况。马克思、恩格斯合写的《共产党宣言》1882 年俄文第二版《序言》首先提出问题：“俄国公社，这一固然已经大遭破

---

[1] 《马克思恩格斯全集》第 19 卷，人民出版社 1963 年版，第 158 页。

坏的原始土地公共占有形式，是能够直接过渡到高级的共产主义的公共占有形式呢？或者相反，它还必须先经历西方的历史发展所经历的那个瓦解过程呢？"然后回答说："对于这个问题，目前唯一可能的答复是：假如俄国革命将成为西方无产阶级革命的信号而双方互相补充的话，那么现今的俄国土地公有制便能成为共产主义发展的起点。"[①]对于这段话，恩格斯在1894年写的《〈论俄国的社会问题〉跋》中作了说明。恩格斯指出："我不敢判断目前这种公社是否还保存得这样完整，以致在一定的时刻，像马克思和我在1882年所希望的那样，它能够同西欧的转变相配合而成为共产主义发展的起点。但是有一点是毋庸置疑的：要想保全这个残存的公社，就必须首先推翻沙皇专制制度，必须在俄国进行革命。俄国的革命不仅会把这个民族的大部分即农民从构成他们的'天地'、他们的'世界'的农村的隔绝状态中解脱出来，不仅会把农民引上一个大舞台，使他们通过这个大舞台认识外部世界，同时也认识自己，了解自己的处境和摆脱目前贫困的方法；俄国革命还会给西方的工人运动以新的推动，为它创造新的更好的斗争条件，从而加速现代工业无产阶级的胜利；没有这种胜利，目前的俄国无论是在公社的基础上还是在资本主义的基础上，都不可能达到社会主义的改造。"[②]这就是说，只有俄国爆发推翻沙皇专制制度的民主革命并取得胜利，从而推动西欧的无产阶级革命取得胜利，然后在西欧无产阶级革命的带动下，俄国才能进行无产阶级社会主义革命，以达到对社会的社会主义改造。

马克思、恩格斯讲的东西方革命互动的这四种情况，没有一种变成了现实。这也启发我们从新的视角反思社会主义的前途和命运。

列宁对各个国家和民族之间的革命互动关系，也有很多论述。但

---

① 《马克思恩格斯文集》第2卷，人民出版社2009年版，第8页。

② 《马克思恩格斯文集》第4卷，人民出版社2009年版，第466—467页。

在俄国十月革命胜利以后，他主要论述了俄国的无产阶级革命与西方的无产阶级革命之间的关系。他认为，俄国无产阶级革命的胜利，必将激发西欧的无产阶级进行革命；而西欧无产阶级革命的胜利，又使俄国无产阶级革命的胜利成果得以保存和巩固；如果没有西欧无产阶级革命的胜利，俄国革命必将被西欧联合起来的资产阶级镇压下去；一国不能取得社会主义革命的最终胜利，只有全世界无产阶级的共同努力，才能取得社会主义的最终胜利。所以他在十月革命胜利以后，以十分急切的心情，希望西欧爆发无产阶级社会主义革命，以支持和援助俄国的苏维埃政权。关于一国能否取得社会主义的最终胜利问题，即一国能否建成完全的社会主义社会的问题，是一个十分复杂而且争议颇多的一个问题，我们留待下面专门论述。

列宁对西方先进国家社会主义革命胜利的预测和希望始终没有变成现实。尽管社会主义的苏联在极其艰难的国际环境中，取得了社会主义改造和社会主义建设的举世瞩目的伟大成就，在第二次世界大战中成为世界反法西斯斗争的主要力量之一，并一度成为与美国并驾齐驱的超级大国，但因为在世界范围内资本主义对社会主义占有明显的优势，加之国内存在着种种问题，在国内国际各种原因的交互作用下，在 20 世纪 80 年代末 90 年代初，发生了东欧剧变、苏联解体的悲剧，世界范围内的社会主义运动处于低潮。西方发达资本主义国家的社会主义革命至今没有爆发和取得胜利，而且没有在短期内灭亡的迹象，世界范围内资本主义对社会主义至今仍然占有明显的优势，这是苏联解体、东欧剧变的最深刻的原因。其他原因（包括十分重要的原因），都是在这样的历史条件下发生作用的。

四、反思社会主义前途和命运的新视角

前面讲过，马克思、恩格斯论述的世界革命中心的多次转移，其

目的是希望通过这种革命中心的转移在全世界实现社会主义和共产主义。他们的希望没有变成现实。马克思、恩格斯从多方面论述东西方革命的互动关系，也是希望通过这种互动在全世界实现社会主义和共产主义。他们这种希望也没有变成现实。列宁设想通过俄国社会主义革命的胜利，激发、推动西欧无产阶级革命的爆发并取得胜利，从而实现社会主义和共产主义在全世界的胜利。1921 年 7 月 5 日间，列宁在共产国际第三次代表大会上所作的《关于俄共策略的报告》中指出："我们懂得，没有国际上世界革命的支持，无产阶级革命是不可能取得胜利的。还在革命以前，以及在革命以后，我们都是这样想的：要么是资本主义比较发达的其他国家立刻爆发或至少很快爆发革命，要么是我们灭亡。尽管有这种想法，我们还是尽力而为，做到不管出现什么情况无论如何都要保住苏维埃制度，因为我们知道，我们的工作不仅是为了自己，而且是为了国际革命。"[①] 列宁所期望的国际革命没有爆发，而且在十月革命胜利七十多年以后，却发生了苏联解体、东欧剧变的悲剧。西方一些代表垄断资产阶级利益的政治家、思想家，为此欢欣鼓舞、弹冠相庆，断言"马克思主义已经过时"、"社会主义已经被消灭"，世界历史已经"终结"，资本主义是最后的也是最完美的社会制度，它将万古长存，社会主义必然代替资本主义的规律已经被现实所否定。在这样的历史环境和背景下，我们马克思主义者应该如何认识社会主义的前途和命运？社会主义代替资本主义还是不是客观的历史规律？我们应该坚持还是动摇、放弃社会主义必胜的信念？如果应该坚持，其客观依据是什么？这些问题都需要我们在坚持马克思主义基本原理的前提下，总结以往对社会主义认识的是非得失，克服以往认识的历史局限，深入挖掘马克思主义经典著作中以前在特定的历史条件下被忽视、而在现今历史条件下凸显出来的有现实指导意义

---

① 《列宁全集》第 42 卷，人民出版社 1987 年版，第 40 页。

的思想，关注现实，解放思想，转换思路，从新的视角反思对社会主义前途和命运的认识。

马克思、恩格斯、列宁都生活在革命年代，他们都是伟大的革命家兼理论家，都满腔热情地组织和领导无产阶级的革命斗争。他们熟知的 1789 年的法国大革命是暴力革命，1848 年的欧洲革命和 1871 年的法国巴黎工人的革命也都是暴力革命。俄国十月革命也是通过武装起义夺取政权，建立苏维埃社会主义共和国的。他们虽然一贯认为实现社会主义可以通过暴力革命和和平过渡两种形式，但强调的重点是暴力革命，认为暴力革命是无产阶级革命的基本形式，并多次严厉批判否定暴力革命的机会主义观点。因此，我们过去对革命的客观形势和主观条件的分析，主要关注的是是否具有暴力革命的客观形势和主观条件，我们过去对革命形式和道路的认识，也主要是强调暴力革命的形式和道路。在特定的历史条件下，这样做是无可非议的。但是，在和平与发展成为时代主题、国际经济政治形势发生变化、当代资本主义产生了许多新特点的历史条件下，如果我们依旧固守过去的思维方式，用战争与革命时代的思维方式思考问题，不能转换思路，不能发现、挖掘马克思主义经典著作中从另外的角度论述社会主义的前途和命运以及实现社会主义道路的思想，那么我们就不能对社会主义的前途和命运问题有全面的认识，就不能自觉地克服过去认识的历史局限。

近些年来，我通过对马克思、恩格斯经典著作的系统研究，发现他们著作中反复论述的一个重要思想，即在资本主义社会内部可以自发地孕育和形成社会主义的生产关系因素，这些因素积累到一定程度，就可能通过革命的形式或和平渐进的形式，突破资本主义的外壳，进入社会主义社会。长期以来，由于我们没有正确全面地理解列宁针对俄国的特殊情况所说的资本主义社会内部不能自发地孕育和形成社会主义因素的思想，再加上列宁的这个思想被斯大林强化、被苏联理论界系统化，从而使列宁的这个思想成了苏联理论界和中国改革开放前的理论界普遍流行的观点，所以我们只关注通过暴力革命推翻资产阶级政权、建立无产阶级政权，然后以无产阶级专政的国家政权为杠杆，在资本主义的"空地上"或"废墟上"建立社会主义经济制度的思想，而忽视了对上述马克思、恩格斯思想的挖掘、研究和发挥，理论界甚至有人把对这种思想的挖掘、研究和发挥的观点批评为修正主义观点。事实上，马克思、恩格斯的这一思想，对于正确认识社会主义的前途和命运、坚定社会主义必胜的信念，具有极其重要的理论意义和现实意义。马克思、恩格斯在这方面的论述很多，特别是在《资本论》及其手稿中有很多论述。下面我们先引证马克思《资本论》及其手稿中的有关论述，然后按时间顺序梳理马克思、恩格斯其他著作中有关论述，并且结合他们的论述，从这一新的视角概括地叙述对社会主义前途和命运问题的反思。

马克思《资本论》及其手稿中的有关论述：

"在以**交换价值**为基础的资产阶级社会内部，产生出一些交往关系和生产关系，它们同时又是炸毁这个社会的地雷。""如果我们在现在这样的社会中没有发现隐蔽地存在着无阶级社会所必需的物质生产条件和与之相适应的交往关系，那么一切炸毁的尝试都是唐·吉诃德的荒唐行为。"① 这里说的"无阶级社会"，就是指未来的社会主义社会；这里说的未来无阶级社会"所必需的物质生产条件和与之相适应的交往关系"，既包括建设社会主义所必需的物质技术条件，又包括资本主义社会内部自发地孕育和形成的社会主义的生产关系因素。

通过考察前资本主义各种生产形式及其灭亡的历史过程与资本主义产生和发展的历史过程，"同样会得出预示着生产关系的现代形式被

---

① 《马克思恩格斯全集》第 30 卷，人民出版社 1995 年版，第 109 页。

扬弃之点，从而预示着未来的先兆，变易的运动。如果说一方面资产阶级前的阶段表现为**仅仅是历史的**，即已经被扬弃的前提，那么，现代的生产条件就表现为**正在扬弃自身**，从而正在为新社会制度创造**历史前提**的生产条件"①。这里说的"新社会制度"，指的就是未来社会主义社会。这里说的"未来的先兆"和"为新社会制度创造历史前提的生产条件"，既包括建立社会主义社会的物质技术条件，也包括社会主义的生产关系因素。

"生产力和生产关系——这二者是社会个人的发展的不同方面——对于资本来说仅仅表现为手段，仅仅是资本用来从它的有限的基础出发进行生产的手段。但是，实际上它们是炸毁这个基础的物质条件。"②这就是说，资本家不是把资本主义社会的生产力和生产关系看作是"社会个人的发展的不同方面"，而是把它们仅仅当作用于生产剩余价值的手段。而实际上，资本主义社会的生产力和生产关系，也是"炸毁"资本主义生产基础的物质条件。这个物质条件既包括建立社会主义社会的物质技术条件，也包括资本主义社会内部自发地孕育和形成的社会主义的生产关系因素。

马克思在讲到代替资本主义旧社会的新社会是一个"自由人联合体"时说："只有当社会生活过程即物质生产过程的形态，作为自由联合的人的产物，处于人的有意识有计划的控制之下的时候，它才会把自己的神秘纱幕揭掉。但是，这需要有一定的社会物质基础或一系列的物质生存条件，这些条件本身又是长期的、痛苦的发展史的自然产物。"③这里说的资本主义社会内部通过长期的、痛苦的发展所产生的未来新社会的"社会物质基础或一系列物质生存条件"，既包括建立社会主义社会的物质技术条件，又包括社会主义的生产关系因素，而且

① 《马克思恩格斯全集》第 30 卷，人民出版社 1995 年版，第 453 页。
② 《马克思恩格斯全集》第 31 卷，人民出版社 1998 年版，第 101 页。
③ 《马克思恩格斯全集》第 44 卷，人民出版社 2001 年版，第 97 页。

这种社会主义的生产关系因素是资本主义社会内部的自然产物，即它是自发地产生的。

资本主义生产随着使小规模的、分散的劳动过程，向较大的社会规模的、结合的劳动过程的转化的普遍化和加速，"它在使生产过程的物质条件和社会结合成熟的同时，也使生产过程的资本主义形式的矛盾和对抗成熟起来，因此也同时使新社会的形成要素和旧社会的变革要素成熟起来"①。这里说的"新社会的形成要素和旧社会的变革要素"，既包括资本主义社会内部形成的建立社会主义社会所需要的物质技术条件，也包括资本主义社会内部自发地孕育和形成的社会主义的生产关系因素。

马克思在讲到西班牙、葡萄牙、荷兰、法国和英国的资本的原始积累的各种方法时说："所有这些方法都利用国家权力，也就是利用集中的、有组织的社会暴力，来大力促进从封建生产方式向资本主义生产方式的转化过程，缩短过渡时间。暴力是每一个孕育着新社会的旧社会的助产婆。暴力本身就是一种经济力。"②马克思在这里借助于从封建社会形态向资本主义社会形态的过渡，明确提出一个适用于一切社会形态及其向更高的社会形态转化的观点，即"旧社会"内部"孕育着新社会"的因素，其中当然也包括资本主义社会内部可以自发地孕育和形成社会主义的生产关系因素的思想。

"工人自己的合作工厂，是在旧形式内对旧形式打开的第一个缺口，虽然它在自己的实际组织中，当然到处都在生产出并且必然会再生产出现存制度的一切缺点。但是，资本和劳动之间的对立在这种工厂内已经被扬弃，虽然起初只是在下述形式上被扬弃，即工人作为联合体是他们自己的资本家，也就是说，他们利用生产资料来使他们自

---

①　《马克思恩格斯全集》第 44 卷，人民出版社 2001 年版，第 576—577 页。

②　《马克思恩格斯全集》第 44 卷，人民出版社 2001 年版，第 861 页。

己的劳动增殖。这种工厂表明，在物质生产力和与之相适应的社会生产形式的一定发展阶段上，一种新的生产方式怎样会自然而然地从一种生产方式中形成并发展起来。没有从资本主义生产方式中产生的工厂制度，合作工厂就不可能发展起来；同样，没有从资本主义生产方式中产生的信用制度，合作工厂也不可能发展起来。信用制度是资本主义的私人企业逐渐转化为资本主义的股份公司的主要基础，同样，它又是按或大或小的国家规模逐渐扩大合作企业的手段。资本主义的股份企业，也和合作工厂一样，应当被看做是由资本主义生产方式转化为联合的生产方式的过渡形式，只不过在前者那里，对立是消极地扬弃的，而在后者那里，对立是积极地扬弃的。"① 马克思虽然看到工人自己的合作工厂由于资本主义生产方式"普照之光"的影响，仍然存在并再生产出资本主义制度的一切缺点，但它毕竟是资本主义生产方式内部"自然而然地""形成并发展起来"的一种新的生产方式，即社会主义的生产方式或生产关系因素。

马克思、恩格斯其他论著中的有关论述：

马克思在 1843 年 9 月致阿尔诺德·卢格的信中说："虽然对于'从何处来'这个问题没有什么疑问，但是对于'往何处去'这个问题却很模糊。不仅在各种改革家中普遍出现混乱，而且他们每一个人都不得不承认自己对未来应该怎样没有确切的看法。然而，新思潮的优点又恰恰在于我们不想教条式地预期未来，而只是想通过批判旧世界发现新世界。"② 这里说的"旧世界"指的是资本主义旧社会，这里说的"新世界"指的是未来社会主义新社会。马克思主张，不要像卡贝、德萨米和魏特林等空想共产主义者和蒲鲁东、傅立叶等空想社会主义者

---

① 《马克思恩格斯全集》第 46 卷，人民出版社 2003 年版，第 499 页。
② 《马克思恩格斯文集》第 10 卷，人民出版社 2009 年版，第 7 页。

那样教条式地预期未来新社会的具体特点，而应该在批判资本主义旧社会的过程中发现未来社会主义新社会。如果在资本主义旧社会中没有孕育和形成社会主义新社会的因素（既包括建设社会主义新社会的物质技术条件，又包括建设社会主义新社会的生产关系因素），怎么能在批判资本主义旧社会的过程中发现未来社会主义新社会的因素呢？

马克思、恩格斯在 1848 年 2 月发表的《共产党宣言》中讲到"精神生产随着物质生产的改造而改造"时说："当人们谈到使整个社会革命化的思想时，他们只是表明了一个事实：在旧社会内部已经形成了新社会的因素，旧思想是同旧生活条件的瓦解步调一致的。"①这里讲的旧社会内部形成的"新社会的因素"，是指资本主义社会内部形成的未来社会主义新社会的因素，这种新社会的因素不仅指建立社会主义社会所需要的物质技术条件，而且包括社会主义的生产关系因素。

马克思在 1864 年 9 月写的《国际工人协会成立宣言》中说："劳动的政治经济学对财产的政治经济学还取得了一个更大的胜利。我们说的是合作运动，特别是由少数勇敢的'手'独立创办起来的合作工厂。对这些伟大的社会试验的意义不论给予多么高的估价都是不算过分的。"②马克思这里所说的工人"独立创办的合作工厂"，就属于资本主义社会内部自发地孕育和形成的社会主义的生产关系因素。

马克思在 1866 年 8 月写的《给临时中央委员会代表的关于若干问题的指示》中说："我们承认，合作运动是改造以阶级对抗为基础的现代社会的各种力量之一，这个运动的巨大价值在于它能实际证明：现在这种使**劳动附属于资本**的制造贫困的残暴制度，可以被**自由平等的生产者联合**的造福人民的共和制度所代替。"从马克思讲的合作运动或合作制生产的性质、作用及其巨大价值可以看出，他认为合作制生产

---

① 《马克思恩格斯文集》第 2 卷，人民出版社 2009 年版，第 51 页。
② 《马克思恩格斯全集》第 21 卷，人民出版社 2003 年版，第 12 页。

或合作生产属于资本主义社会内部孕育和形成的社会主义的生产关系因素。同时马克思也指出,工人阶级通过自发运动所建立的合作制度有很大的局限性,它必须通过彻底的社会革命,通过把政权从资产阶级手中夺取过来交由生产者自己掌握,工人自发建立的合作制度才能转变成为未来社会主义新社会的经济制度。他说:"合作制度在单个的雇佣劳动奴隶靠个人的努力所能为它创造的狭小形式局限之下,决不能改造资本主义社会。为了把社会生产变为一个由合作的自由运动构成的和谐的大整体,必须进行**全面的社会变革,也就是社会的全面状况的变革**。除非把社会的所有组织的力量即国家政权从资本家和地主手中转移到生产者自己手中,否则这种变革就不可能实现。"①

马克思在 1871 年写的总结巴黎公社经验的《法兰西内战》中说:"工人阶级并没有期望公社做出奇迹。他们不是要凭一纸人民法令去推行什么现成的乌托邦。他们知道,为了谋求自己的解放,并同时创造出现代社会在本身经济因素作用下不可遏止地向其趋归的那种更高形式,他们必须经过长期的斗争,必须经过一系列将把环境和人都加以改造的历史过程。工人阶级不是要实现什么理想,而只是要解放那些由旧的正在崩溃的资产阶级社会本身孕育着的新社会因素。"马克思的意思是说,工人阶级并不是像空想社会主义者那样,首先在自己头脑中构想出社会主义社会具体是什么样子的所谓理想,然后根据自己在头脑中绘出的蓝图去自觉地建立社会主义的乌托邦,而只是通过适当形式去解放资产阶级社会本身孕育着的新社会因素,即社会主义的因素。这种社会主义的因素是什么呢?马克思当时指的是工人自发建立的合作社。这从马克思在我们刚刚引证的那段话的前面讲的一段话可以清楚地看出来。马克思说:"然而,统治阶级中那些有足够见识而领悟到现存制度已不可能继续存在下去的人们(这种人并不少),已在拼

---

① 《马克思恩格斯全集》第 21 卷,人民出版社 2003 年版,第 271 页。

命地为实行合作生产而大声疾呼。如果合作生产不是一个幌子或一个骗局，如果它要去取代资本主义制度，如果联合起来的合作社按照共同的计划调节全国生产，从而控制全国生产，结束无时不在的无政府状态和周期性的经济动荡这样一些资本主义生产难以逃脱的劫难，那么，请问诸位先生，这不是共产主义，'可能的'共产主义，又是什么呢？"①这里有两点需要说明：第一，在马克思、恩格斯的著作中，合作制或合作社，有时指其本身就是社会主义社会的经济组织，有时指其本身是资本主义社会内部自发地孕育和形成的社会主义的生产关系因素，其本身尚不是或不完全是社会主义性质的。具体到这段话中，工人自发建立的单个合作社指的是资本主义社会内部自发地孕育和形成的社会主义的生产关系因素，而联合起来的合作社，因为它能够按照共同的计划调节全国生产、控制全国生产，结束无政府状态和周期性的动荡，所以它已不是存在于资本主义社会内部的社会主义的生产关系因素，而已经是代替资本主义社会的社会主义社会的经济组织了。第二，在 1871 年，马克思还没有把未来社会划分为共产主义社的第一阶段即社会主义社会和共产主义社会高级阶段两个阶段，他这里讲的"共产主义"，是包括两个阶段在内的整个未来社会。

马克思在 1875 年写的《哥达纲领批判》中区分了资本主义社会中两种不同性质的合作社：一种是拉萨尔等人主张的靠国家贷款帮助建立的合作社，马克思认为，拉萨尔主张不靠革命而靠国家贷款帮助建立合作社，就可以建立"总劳动的社会主义组织"，即建立社会主义社会，这完全是不切实际的幻想；另一种是"工人自己独立创办，既不受政府保护，也不受资产者保护"的合作社，只有这种合作社"才有价值"。②马克思这里所说的"工人自己独立创办"的

---

① 《马克思恩格斯文集》第 3 卷，人民出版社 2009 年版，第 159、158—159 页。
② 《马克思恩格斯文集》第 3 卷，人民出版社 2009 年版，第 442—443 页。

合作社，就属于资本主义社会内部自发地孕育和形成的社会主义的生产关系因素。

马克思在 1877 年《给〈祖国纪事〉杂志编辑部的信》中说："'资本主义生产本身由于自然变化的必然性，造成了对自身的否定'；它本身已经创造出了新的经济制度的要素，它同时给社会劳动生产力和一切生产者个人的全面发展以巨大的推动；实际上已经以一种集体生产方式为基础的资本主义所有制只能转变为社会所有制。"① 马克思这里所说的资本主义本身由于自然变化的必然性所创造出来的"新的经济制度的要素"，就是资本主义社会内部自发地孕育和形成的社会主义的生产关系因素。

恩格斯在 1876—1878 年写的《反杜林论》一书中批判包括杜林在内的空想社会主义者时说："我们已经看到，空想社会主义者之所以是空想社会主义者，正是因为在资本主义生产还很不发达的时代，他们只能是这样。他们不得不从头脑中构想出新社会的要素，因为这些要素在旧社会本身中还没有普遍地明显地表现出来；他们只能求助于理性来构想自己的新建筑的基本特征，因为他们还不能求助于同时代的历史。"② 恩格斯这里批判的是空想社会主义者的历史局限性。空想社会主义者的"不成熟的理论，是同不成熟的资本主义状况、不成熟的阶级状况相适应的"，当时"解决社会问题的办法还隐藏在不发达的经济关系中，所以只有从头脑中产生出来"。③ 恩格斯的意思是说，空想社会主义理论形成的时期，资本主义社会还不成熟，阶级状况也不成熟，其内部孕育和形成的社会主义的生产关系因素还很少，当资本主义成熟以后，其内部孕育和形成的社会主义的生产关系因素会越来越多，而且会"普遍地明显地表现出来"。到那个时候，人们就不必再求

---

① 《马克思恩格斯文集》第 3 卷，人民出版社 2009 年版，第 465 页。
② 《马克思恩格斯文集》第 9 卷，人民出版社 2009 年版，第 282 页。
③ 《马克思恩格斯文集》第 9 卷，人民出版社 2009 年版，第 274 页。

助于理性来构想未来社会主义社会的具体特征了，只要通过适当的形式把资本主义社会中自发地孕育和形成的社会主义的生产关系因素解放出来，并逐步把它们组织成为完整的社会主义经济制度，就能实现从资本主义社会到社会主义社会的过渡了。

恩格斯在《反杜林论》中批判杜林只是对资本主义制度诉诸道德和法以及道义上的愤怒，而不做深入的经济分析时说："经济科学的任务在于：证明现在开始显露出来的社会弊病是现存生产方式的必然结果，同时也是这一生产方式快要瓦解的征兆，并且从正在瓦解的经济运动形式内部发现未来的、能够消除这些弊病的、新的生产组织和交换组织的因素。"[1] 恩格斯这里所说的资本主义社会内部形成的"新的生产组织和交换组织的因素"，显然是指资本主义社会内部自发地孕育和形成的未来社会主义的生产关系因素。

恩格斯在《反杜林论》中批判历史唯心主义时说："对现存社会制度的不合理和不公平、对'理想化为无稽，幸福变成痛苦'的日益觉醒的认识，只是一种征兆，表示在生产方法和交换形式中已经不知不觉地发生了变化，适合于早先的经济条件的社会制度已经不再同这些变化相适应了。同时这还说明，用来消除已经发现的弊病的手段，也必然以或多或少发展了的形式存在于已经发生变化的生产关系本身中。这些手段不应当从头脑中**发明出来**，而应当通过头脑从生产的现成物质事实中**发现出来**。"[2] 这段话可以看作是恩格斯对资本主义社会内部可以自发地孕育和形成社会主义的生产关系因素的原因最深刻、最明确和最有说服力的说明。

恩格斯在 1894 年写的《法德农民问题》中讲到，在当时的德国"把各个农户联合为合作社"，可以"在这种合作社内越来越多地

---

① 《马克思恩格斯文集》第 9 卷，人民出版社 2009 年版，第 156 页。
② 《马克思恩格斯文集》第 9 卷，人民出版社 2009 年版，第 284 页。

消除对雇佣劳动的剥削"，有助于在无产阶级夺取政权以后，"把这些合作社逐渐变成一个全国大生产合作社的拥有同等权利和义务的组成部分"，有助于"过渡到新的生产方式"，有利于"说服最后一些可能仍在反抗着的小块土地农民乃至某些大农相信大规模合作企业的优越性"。① 恩格斯所说的各个农户自愿联合组成的合作社，就是资本主义社会内部自发地孕育和形成的社会主义的生产关系因素。

从上面的考察和分析，我们可以断定，在资本主义社会内部可以自发地孕育和形成社会主义的生产关系因素的观点，是马克思、恩格斯的一贯思想。我们应该理直气壮地坚持这种观点，从马克思、恩格斯的这个观点中，我们可以得出哪些正确说明社会主义的前途和命运的结论呢？

第一，既然在资本主义社会内部可以自发地孕育和形成社会主义因素，由此就必然得出一个结论：一个国家资本主义的发展水平越高，它内部所孕育和形成的社会主义因素也就越多，它离科学社会主义理论意义上的社会主义社会也就越接近。因此，我们应该把第二次世界大战以后资本主义的发展看作是人类历史的进步，看作是为社会主义社会的实现准备条件，看作是向社会主义社会的趋归和接近。那种把资本主义的发展之看作是历史的退步和人类的灾难，看作是对社会主义社会的远离和反动的观点，是根本错误的，是与马克思主义观点背道而驰的。

第二，既然资本主义社会内部可以自发地孕育和形成社会主义因素，就说明社会主义制度和资本主义制度在一定时期内可以共存于世界范围之中。不仅如此，在世界范围内，两种社会制度之间既有对立和斗争，又能互相学习和借鉴。现代资本主义社会在第二次

① 《马克思恩格斯文集》第 4 卷，人民出版社 2009 年版，第 529—530 页。

世界大战之后所以能得到迅速发展，与借鉴了现实社会主义社会的某些合理因素，恐怕不无关系。如果没有现实社会主义社会的存在，资本主义的发展也不会是现在这个样子。而现实社会主义社会也完全应该和可以实行对外开放政策，加强同各国之间包括与发达资本主义国家之间在经济、政治、科技、文化、教育等方面的交流与合作，学习他们的先进的科学技术，吸收国外的资金，扩大对外贸易，引进人才，加速本国的社会主义现代化建设。这已经是被实践证明了的真理。

第三，承认资本主义社会内部可以自发地孕育和形成社会主义因素，有助于坚定人们社会主义必胜的信念。前面已经讲过，就我个人而言，坚定的社会主义信念主要来自两个方面：一方面，坚信中国特色的社会主义道路、制度和理论体系是正确的，中国的社会主义事业必将取得成功，我国的社会主义初级阶段经过长期的发展，必将达到更高的阶段；另一方面，承认和相信资本主义社会内部可以自发地孕育和形成社会主义因素，而且随着资本主义发展水平的提高，其孕育和形成的社会主义因素也就越来越多，当这种社会主义因素积累到一定程度，必将采取革命的或渐进的和平方式，冲破资本主义制度的外壳，进入社会主义社会。各国社会的发展必将殊途同归，在全世界实现社会主义和共产主义。社会主义社会必然战胜和取代资本主义社会，这是不以任何人的意志为转移的客观规律，这条客观规律不会因为社会主义运动暂时处于低潮而消失。同时我们也应该看到，现实资本主义还有一定的生命力、扩张力和自我调节能力，还没有在短期内灭亡的迹象。社会主义最终取代资本主义，在全世界实现社会主义和共产主义，是一个长期的历史过程。我们过去由于对实现社会主义的长期性和艰巨性认识不够，缺乏思想准备，企图在短期内就在我国一个国家单独建成完全的社会主义社会，甚至提出"跑步进入共产主义"的口号。物极必反。抱着这种急于求成的思想，一旦社会主义事业遇到挫折和暂时的失败，就会丧失社会主义必胜的信念。

第四，既然在资本主义社会内部可以自发地孕育和形成社会主义因素，而且这种因素积累得越多离社会主义社会就越近，那么由资本主义社会向社会主义社会的过渡，就既有可能采取暴力革命的形式，也有可能采取渐进的和平发展的形式。在特定的历史条件下，马克思、恩格斯、列宁曾经突出强调暴力革命的形式，但他们从来没有否定在条件许可时无产阶级可以用和平的方式夺取政权。从当代发达资本主义国家的实际情况来看，暴力革命形式的可能性在缩小，渐近的和平发展的形式的可能性在增大。究竟采取什么形式向社会主义过渡，要在过渡的主客观条件具备时根据各个国家的具体情况来确定，而不应该在不具备过渡的主客观条件时，主观主义地加以推测。

第五，资本主义社会内部可以自发地孕育和形成社会主义因素的思想，有助于正确认识和对待社会民主主义或民主社会主义的理论和实践。首先应该肯定，社会民主主义或民主社会主义与科学社会主义有着本质区别。因为它否认马克思关于社会主义制度必然代替资本主义制度的基本观点，否认阶级斗争、无产阶级革命和无产阶级专政，主张限制私人资本而不是最终消灭资本主义私有制，用"自由、平等、团结、互助"等价值观的要求否定共产主义的最终目标，这些我们都不能赞同。我们也不赞同把资本主义社会内部可以自发地孕育和形成社会主义因素的观点说成是民主社会主义或社会民主主义观点，不赞同把恩格斯说成是民主社会主义者，更不赞同把中国的改革开放说成是走民主社会主义道路和只有民主社会主义能够救中国的说法，也不赞同把欧美等发达资本主义国家说成是社会民主主义或民主社会主义国家。但同时我们也要看到，在资本主义制度尚有生存能力而又在短期内不能发生无产阶级社会主义革命的历史条件下，民主社会主义或社会民主主义实行的一些改良措施是有积极意义、进步意义的。例如，在经济领域坚持宏观调控，坚持通过立法和政府的有关政策限制资本家对工人的剥削程度，主张实行充分的就业政策以降低失业率，实行全面的社会保障政策，支持工会同雇主协商工人的工资待遇和劳动条件的改善，通过高额累进税缩小收入差距，降低资本所得与劳动所得的比例，吸收工人参加企业的管理等，均值得我们借鉴。

第十八章
马克思恩格斯对未来社会基本特征的设想

马克思在 1875 年写的《哥达纲领批判》中，把无产阶级夺取政权以后的社会分为三个大的发展阶段：（1）从资本主义社会到共产主义社会的过渡时期；（2）共产主义社会的第一阶段或低级阶段；（3）共产主义社会的高级阶段。

列宁在 1917 年写的《国家与革命》一书的第五章，对上述马克思划分的三个阶段分别作了分析和发挥，丰富和发展了马克思的思想。列宁并且把共产主义社会的第一阶段或低级阶段称为社会主义社会。向未来社会过渡，当然首先是过渡到它的第一阶段或低级阶段，即过渡到社会主义社会，然后社会主义社会再经过自身的长期发展，进入共产主义社会的高级阶段。

这样，我们就可以根据马克思的《哥达纲领批判》和列宁的《国家与革命》第五章，把无产阶级夺取政权以后的社会分为三个大的发展阶段：（1）从资本主义社会到社会主义社会的过渡时期；（2）社会主义社会；（3）共产主义社会的高级阶段。下面我们首先论述马克思、恩格斯对未来社会基本特征的总体设想，然后分别论述三个发展阶段各自的基本特征。

一、马克思恩格斯对未来社会基本特征的总体设想

马克思、恩格斯在《共产党宣言》中曾经讲道："代替那存在着阶级和阶级对立的资产阶级旧社会的，将是这样一个联合体，在那里，

每个人的自由发展是一切人的自由发展的条件。"①马克思、恩格斯当时设想的这个未来社会的"联合体"还是比较抽象的，还没有说明它的具体内容是什么。马克思在《资本论》第一卷中把这个未来社会的联合体称为"自由人联合体"，并对它的基本特征作了比较具体的概括和说明。他指出：我们"设想有一个自由人联合体，他们用公共的生产资料进行劳动，并且自觉地把他们许多个人劳动力当作一个社会劳动力来使用。……这个联合体的总产品是一个社会产品。这个产品的一部分重新用作生产资料。这一部分依旧是社会的。而另一部分则作为生活资料由联合体成员消费。因此，这一部分要在他们之间进行分配。这种分配的方式会随着社会生产有机体本身的特殊方式和随着生产者的相应的历史发展程度而改变。仅仅为了同商品生产进行对比，我们假定，每个生产者在生活资料中得到的份额是由他的劳动时间决定的。这样，劳动时间就会起双重作用。劳动时间的社会的有计划的分配，调节着各种劳动职能同各种需要的适当的比例。另一方面，劳动时间又是计量生产者在共同劳动中个人所占份额的尺度，因而也是计量生产者在共同产品的个人可消费部分中所占份额的尺度。在那里，人们同他们的劳动和劳动产品的社会关系，无论在生产上还是在分配上，都是简单明了的"②。根据马克思这段论述及马克思、恩格斯其他有关论述，我们可以把他们对未来社会的这种"自由人联合体"基本特征的总体设想，概括为以下十个方面。

第一，生产力高度发展，生产力的发展水平高于资本主义社会。这一点对于生产力发展水平较低、经济文化落后的国家搞社会主义具有十分重要的启发作用，这样的国家在无产阶级夺取政权以后，始终要把发展生产力放在首要地位。不创造高于资本主义社会的劳动生产

---

① 《马克思恩格斯文集》第 2 卷，人民出版社 2009 年版，第 53 页。
② 《马克思恩格斯全集》第 44 卷，人民出版社 2001 年版，第 96—97 页。

率，使生产力的发展水平赶上和超过发达资本主义国家，社会主义制度就不能得到巩固和发展，甚至存在发生资本主义复辟的可能和危险。苏联解体、东欧剧变有很多原因，最根本的原因是它们的生产力发展水平长期以来没有赶上和超过发达资本主义国家，没有创造高于资本主义的劳动生产率，广大人民群众的物质生活和精神生活需要没有得到满足，其他原因与这个原因相比较，无论多么重要，都处于从属的地位。试想，如果苏联和东欧的其他社会主义国家，创造了高于资本主义的劳动生产率，生产力的发展水平已经赶上甚至超过了发达资本主义国家，人们的物质生活和精神生活水平也高于西方发达资本主义国家，即使在其他方面还存在着一些不完满的地方，广大人民群众也不会放弃社会主义而接受资本主义。

第二，生产资料归全社会所有，即归全体社会成员共同所有，消灭了生产资料私有制和人对人的剥削关系。生产资料私有制有两种基本类型：一种是劳动者个人占有生产资料的个体劳动者的私有制，即劳动者和劳动资料相结合的私有制，如个体农民和个体手工业者都是用自己所有的生产资料从事生产劳动，这种所有制在很大程度上已经被资本主义私有制所消灭，但又不是全部彻底地被消灭，在资本主义社会中，这种私有制仍然与资本主义私有制并存；另一种是资本主义私有制，这种所有制是通过剥夺个体劳动者的劳动资料形成的，属于劳动者和劳动资料相分离的私有制。马克思多次讲过，劳动者和劳动资料的分离是资本主义生产方式产生的前提。通过资本的原始积累，个人的分散的生产资料转化为社会的集中的生产资料，从而多数人的小财产转化为少数人的大财产，广大人民群众被剥夺土地、生活资料、劳动工具，人民群众遭受的这种可怕的残酷的剥夺，形成资本的前史。靠自己劳动挣得的私有制，即以各个独立的劳动者与其劳动条件相结合为基础的私有制，被资本主义私有制，即以剥削他人的但形式上自由的以劳动为基础的私有制所排挤。但随着资本主义矛盾的加深和劳动的进一步社会化，要剥夺的已经不再是独立经营的劳动者，而是剥削许多工人的资本家了。这是一个否定的否定的过程，马克思对这个过程作了精辟的概括，他指出："从资本主义生产方式产生的资本主义占有方式，从而资本主义的私有制，是对个人的、以自己劳动为基础的私有制的第一个否定。但资本主义生产由于自然过程的必然性，造成了对自身的否定，这是否定的否定。这种否定不是重新建立私有制，而是在资本主义时代的成就的基础上，也就是说，在协作和对土地及靠劳动本身生产的生产资料的共同占有的基础上，重新建立个人所有制。"①马克思在这里说得很清楚，通过否定资本主义私有制重新建立的个人所有制，"不是重新建立私有制"，而是"在协作和对土地及靠劳动本身产生的生产资料共同占有的基础上"，重新建立的个人所有制，即每个社会成员都平等占有生产资料的所有制，简单地说就是未来社会的生产资料公有制。②我国理论界有些人，对马克思所说的"重新建立个人所有制"，作了过度的解读，把本来十分清楚明白的问题弄得晦涩难懂。③

第三，消灭了一切阶级和阶级差别，实现了从阶级社会到无阶级社会的转变。生产力的高度发展和生产资料归全社会所有，是消灭阶级和阶级差别的基本前提。因为阶级是在生产力有所发展而又发展不足的情况下，由于人们在生产关系体系中处于不同的地位而产生的。一旦当生产力的发展水平达到相当高的程度、人们在对生产资料的关系上已经没有差别的时候，阶级的存在就失去了客观根据，阶级社会就转变成了无阶级社会。恩格斯在《论住宅问题》中批判为阶级存在

---

① 《马克思恩格斯全集》第44卷，人民出版社2001年版，第874页。
② 赵家祥：《按照资本的逻辑和历史理解"重新建立个人所有制"的含义》，《理论视野》2013年第1期。
③ 参见姚颖：《马克思所有制理论的文本解读——第十届"马克思学论坛"概述》，《马克思主义与现实》2009年第2期。在该文中，姚颖介绍了与会学者对"重新建立个人所有制"的各种理解。

的永恒性作辩护的思想时指出："人的劳动生产力既然已经发展到这样高的水平，统治阶级存在的任何借口便都被打破了。为阶级差别辩护的最终理由总是说：一定要有一个阶级无须为生产每天的生活必需品操劳，以便有时间为社会从事脑力劳动。这种废话在此以前曾有其充分的历史合理性，而现在被近百年来的工业革命一下子永远根除了。统治阶级的存在，日益成为工业生产力发展的障碍，同样也日益成为科学和艺术发展，特别是文明社交方式发展的障碍。"①统治阶级即资产阶级消灭以后，与其相对立的无产阶级自然也就不存在了，从而也就消灭了一切阶级和阶级差别。

第四，消除了私人劳动和社会劳动的矛盾，所有个人组成的联合体劳动的总产品就是社会产品，归共同体全体成员所有。联合体的总产品分为两部分：一部分重新用作生产资料，这部分依旧是全社会的；另一部分作为生活资料供联合体成员个人消费。个人消费品的分配在不同阶段采取不同的方式。在共产主义社会第一阶段即社会主义社会，采取"按劳分配"的方式；在共产主义社会高级阶段，采取"按需分配"的方式。

第五，消除了使用价值和价值之间的矛盾，生产的目的是使用价值，而不是交换价值，从而也就消灭了商品货币关系，消灭了商品市场。马克思认为，在交换价值的基础上，劳动只有通过交换才能被设定为一般劳动。而在未来社会共同生产的基础上，单个人的劳动一开始就被设定为一般劳动；也就是说，产品的交换绝不会是促使单个人参与一般生产的中介。当然，中介毕竟是有的。在共同生产的基础上，**"前提本身起中介作用；**也就是说，共同生产，作为生产的基础的共同性是前提。单个人的劳动一开始就被设定为社会劳动。因此，不管他所创造的或协助创造的产品的特殊物质的形态如何，他用自己的劳动

① 《马克思恩格斯文集》第3卷，人民出版社2009年版，第258—259页。

所购买的不是一定的特殊产品，而是共同生产中的一定份额。因此，他也不需要去交换特殊产品。它的产品**不是交换价值**。这种产品无须先变成一种特殊形式，才对单个人具有一般性质。在这里，不存在交换价值的交换中必然产生的分工，而是某种以单个人参与共同消费为结果的劳动组织"①。在只生产使用价值而不生产交换价值的社会组织中，因为每个单个的人都参与共同生产和共同消费，不需要以货币为中介互相交换产品，所以货币就没有存在的必要了，商品货币关系和商品市场都没有存在的理由了。马克思的这个设想在将来是否能够变为现实，还有待于未来实践的检验。在我国社会主义初级阶段，还应该存在商品货币关系和商品市场，应该建设社会主义市场经济体制。

第六，社会有计划地分配劳动时间，调节劳动职能和各种需要的适当的比例，消灭了社会生产的无政府状态。在未来社会，由于共同劳动已经成为前提，时间的规定当然仍然有重要意义。社会为生产小麦、牲畜等生活必需品所需要的时间越少，它所赢得的从事其他生产，包括物质上的和精神上的生产的时间就越多。正像在单个人的场合一样，社会发展、社会享用和社会活动的全面性，都取决于时间的节省。一切节约归根到底都归结为时间的节约。正像单个人必须正确地分配自己的时间，才能以适当的比例获得知识和满足对他的活动所提出的各种要求一样，社会必须合乎目的地分配自己的时间，才能实现符合社会全部需要的生产。因此，在未来社会，"时间的节约，以及劳动时间在不同的生产部门之间有计划的分配，在共同生产的基础上仍然是首要的经济规律。这甚至在更加高得多的程度上成为规律"②。在社会能够有计划地分配劳动时间的情况下，社会生产的无政府状态就自然消失了。

---

① 《马克思恩格斯全集》第 30 卷，人民出版社 1995 年版，第 122 页。

② 《马克思恩格斯全集》第 30 卷，人民出版社 1995 年版，第 123 页。

　　第七，消灭了必要劳动和剩余劳动的划分以及资本家无偿占有工人的剩余劳动的现象，从而也就摆脱了一部分人的财富积累以另一部分人的贫困积累为条件的现象，直接生产过程摆脱了贫困和对立的形式。随着资本主义机器大工业的发展，财富的创造较少地取决于劳动时间和已消耗的劳动量，较多地取决于在劳动时间内所运用的机器体系的力量，劳动表现为不再像以前那样被包括在生产过程中，表现为以生产过程的监督者和调节者的身份同生产过程本身发生关系，而且工人不再是生产过程的主要作用者，而是站在生产过程的旁边。马克思指出：在这种情况下，"一旦直接形式的劳动不再是财富的巨大源泉，劳动时间就不再是，而且必然不再是财富的尺度，因而交换价值也不再是使用价值的尺度。**群众的剩余劳动**不再是一般财富发展的条件，同样，**少数人的非劳动**不再是人类头脑的一般能力发展的条件。于是，以交换价值为基础的生产便会崩溃，直接的物质生产过程本身也就摆脱了贫困和对立的形式。个性得到自由发展，因此，并不是为了获得剩余劳动而缩减必要劳动时间，而是直接把社会必要劳动缩减到最低限度，那时，与此相适应，由于给所有的人腾出了时间和创造了手段，个人会在艺术、科学等等方面得到发展"①。

　　第八，消灭了自由劳动时间和剩余劳动时间的对立，每个人的发展成了一切人的发展的条件。马克思在揭露资本主义社会自由时间和剩余劳动时间的对立时指出："不劳动的社会部分的**自由时间**是以**剩余劳动或过度劳动**为基础的，是以劳动的那部分人的**剩余劳动时间**为基础的；一方的自由发展是以工人必须把他们的全部时间，从而他们发展的空间完全用于生产一定的使用价值为基础的；一方的人的能力的发展是以另一方的发展受到限制为基础的。迄今为止的一切文明和社

① 《马克思恩格斯全集》第31卷，人民出版社1998年版，第101页。

会发展都是以这种对抗为基础的。"① 只有消灭资本主义生产方式，才能消除自由劳动时间和剩余劳动时间的对立，一个人的发展不仅不再妨碍其他人的发展，而且为其他人得发展创造条件。这需要以生产力的高度发展和劳动的普遍化为条件，只有在一切有劳动能力的社会成员都参加劳动，即劳动普遍化，才能消除一个社会阶层把劳动的自然必然性从自己身上解脱下来并转嫁给另一个社会阶层的可能性。马克思指出："只有消灭资本主义生产形式，才允许把工作日限制在必要劳动上。但是，在其他条件不变的情况下，必要劳动将会扩大自己的范围。一方面，是因为工人的生活条件将会更加丰富，他们的生活要求将会增大。另一方面，是因为现在剩余劳动的一部分将会列入必要劳动，即形成社会准备基金和社会积累基金所必要的劳动。"②

第九，改变了衡量财富的尺度，劳动时间不再是财富的尺度。在资本主义社会，劳动时间是财富的尺度。在未来新社会，财富的尺度不再是劳动时间，而是可以自由支配的时间，社会的个人的需要将成为必要劳动时间的尺度，生产将以所有人的富裕为目的，社会生产力的发展将更加迅速，可以自由支配的时间将会大大增加，因而所有人都将得到自由而全面的发展。马克思指出：在资本主义社会，"自由王国只是在必要性和外在目的规定要做的劳动终止的地方才开始；因而按照事物的本性来说，它存在于真正物质生产领域的彼岸"。在未来新社会，由于生产力的发展和社会财富的增加，个人在物质生产领域也获得了自由。马克思指出，在物质生产领域内的自由是："社会化的人，联合起来的生产者，将合理地调节他们和自然之间的物质变换，把它置于他们的共同控制之下，而不让它作为一种盲目的力量来统治自己；靠消耗最小的力量，在最无愧于和最适合于他们的人类本性的

---

① 《马克思恩格斯全集》第 32 卷，人民出版社 1998 年版，第 214 页。
② 《马克思恩格斯全集》第 44 卷，人民出版社 2001 年版，第 605 页。

条件下来进行这种物质交换。"①

第十，消灭了具有固定专业划分的自发分工（即旧式分工），实行更加合理的"明智分工"。自发分工的特点是具有固定的专业划分，即一个人终生从事一种职业，从而只能片面发展。这种自发分工必将随着生产力的发展以及个人自由而全面的发展而消灭。恩格斯在《共产主义原理》中指出："由整个社会共同地和有计划地来经营的工业，更加需要才能得到全面发展、能够通晓整个生产系统的人。因此，现在已被机器破坏了的分工，即把一个人变成农民、把另一个人变成鞋匠、把第三个人变成工厂工人、把第四个人变成交易所投机者的分工，将完全消失。"②自发分工消灭以后，会代之以更加合理的"明智分工"。恩格斯在《论住宅问题》中指出："正是由于这种工业革命，人的劳动生产力才达到了相当高的水平，以致在人类历史上破天荒第一次创造了这样的可能性：在所有的人实行明智分工的条件下，不仅生产的东西可以满足全体社会成员丰裕的消费和造成充足的储备，而且使每个人都有充分的闲暇时间去获得历史上遗留下来的文化——科学、艺术、社交方式等等——中一切真正有价值的东西；并且不仅是去获得，而且还要把这一切从统治阶级的独占品变成全社会的共同财富并加以进一步发展。"③在资本主义社会，只是具有实现更加合理的"明智分工"的可能性，只有消灭资本主义制度，代之以未来新社会，这种更加合理的"明智分工"才能真正实现。

综上所述，马克思、恩格斯通过与资本主义社会的对比，从生产力发展水平、生产资料所有制性质、个人消费品分配方式、有无阶级划分、私人劳动和社会劳动的关系、使用价值和交换价值的矛盾以及商品货币关系和商品市场的存废、劳动时间的调节和分配、必要劳动

---

① 《马克思恩格斯全集》第 46 卷，人民出版社 2003 年版，第 928、928—929 页。

② 《马克思恩格斯文集》第 1 卷，人民出版社 2009 年版，第 688—689 页。

③ 《马克思恩格斯文集》第 3 卷，人民出版社 2009 年版，第 258 页。

和剩余劳动的关系、必要劳动时间和剩余劳动时间的关系、衡量财富的尺度、人自身的片面发展和全面发展、由自发分工到"明智分工"的转变等多方面的变化，对未来社会的基本特征作了设想。我国理论界还很少有人如此详尽地考察马克思、恩格斯对未来社会的基本特征的设想。这种状况要求我们从更广阔的视野从事社会主义改革和社会主义建设事业。全面掌握马克思、恩格斯从多方面对未来社会基本特征的总体设想，有助于我们从更广阔的视野，提高对全面深化改革的认识，使我国的社会主义制度逐步地更加完善。

下面我们主要从社会制度的规定性方面，分别考察马克思、恩格斯、列宁对过渡时期、社会主义社会、共产主义社会的高级阶段各自的基本特征的论述。

二、从资本主义到社会主义的过渡时期的基本特征

我国理论界对"过渡时期"这个概念有不同的理解，大致可以归结为以下三种看法：

第一，"大过渡"观点。这种观点把社会主义社会也包括在过渡时期之中，实际上讲的是从资本主义社会向共产主义社会高级阶段的过渡。这样，过渡时期在时间上就会很长，所以理论界把它称为"大过渡"。

第二，"小过渡"观点。这种观点是根据我国的具体情况提出来的，指我国从1949年中华人民共和国成立到1956年社会主义改造基本完成这一段时间。因为这段时间比较短，所以理论界称之为"小过渡"。我们党在对"过渡时期"的认识上有一个变化过程。1956年以前持"小过渡"观点。如1953年中共中央宣传部经过中央批准印发的《关于党在过渡时期总路线的学习和宣传提纲》中指出："从中华人民共和国成立到建成社会主义社会，是我国由新民主主义社会到社会主

义社会的过渡时期。"所谓"建成社会主义社会",就是指实现社会主
义工业化,完成对农业、手工业和民族资本主义工商业的社会主义改
造,简称"一化三改"。可见,所谓"建成社会主义社会",是指进入
社会主义社会的起点,不是指建成完全的或发达的社会主义社会,即
不是指社会主义社会的终点。从 1958 年开始,我们党对"过渡时期"
的认识明确地转变为"大过渡"观点,如 1958 年 5 月 5 日党的八大二
次会议的政治报告指出:"在整个过渡时期,也就是说,在社会主义社
会建成以前,无产阶级同资产阶级的斗争,社会主义道路同资本主义
道路的斗争,始终是我国社会内部的主要矛盾。"那么,什么时候才算
是社会主义建成呢? 我党在 1958 年通过的《关于在农村建立人民公社
的决议》中说:"社会主义建成之日,就是共产主义社会到来之时"。
可见,这里所说的社会主义建成,不是指进入社会主义社会的起点,
而是指社会主义社会的终点。这样就把社会主义社会包容在过渡时期
之中了,从而把两个阶段融合为一个阶段了。1978 年党的十一届三中
全会以后,又逐步恢复了"小过渡"的观点。本书在论述我党的过渡
时期理论时,均指"小过渡"观点。

第三,"中过渡"观点。这种观点是把从无产阶级夺取政权到进
入发达的社会主义社会这段时间称之为过渡时期。从时间上说,它比
"大过渡"短,比"小过渡"长,所以理论界称之为"中过渡"。"中
过渡"的过渡时期,是马克思、恩格斯所讲的发达资本主义国家在革
命胜利以后从资本主义社会到共产主义社会的第一阶段即社会主义社
会的过渡时期。本章讲的是马克思、恩格斯的本来思想,不是具体讲
我国的实际情况,因而我们从"中过渡"的意义上使用"过渡时期"
这个概念。我们下面在讲过渡时期、社会主义社会、共产主义社会高
级阶段各自的基本特征时,都是指马克思、恩格斯、列宁的思想,而
不是讲我国的具体情况。这一点请读者阅读时注意。

从资本主义社会到社会主义社会的过渡时期具有以下一些基本规

定性或基本特征：

第一，过渡时期是社会主义经济成分和非社会主义经济成分并存和彼此斗争的时期。在这个时期中，社会主义经济成分不断增长，非社会主义经济成分逐渐消亡。

第二，过渡时期仍然存在着阶级和阶级斗争，这种阶级斗争是资本主义社会阶级斗争的继续。过渡时期就是从阶级社会向无阶级社会过渡的时期。

第三，过渡时期的国家是无产阶级专政，它仍然是阶级压迫的工具，是无产阶级和劳动人民压迫被推翻的剥削阶级的工具。过渡时期就是由作为阶级压迫工具的国家向作为社会管理职能的国家过渡的时期。

第四，过渡时期的重要任务之一是发展生产力，增加生产力总量，它是为社会主义社会进一步奠定物质技术基础的时期。

第五，无产阶级专政的历史任务：镇压资产阶级和其他剥削阶级的反抗和颠覆活动；建设巩固的国防，防止国家外部敌人可能的武装侵略和颠覆活动；维护和贯彻实行社会主义法制，保护人民的生命、财产的安全，保证人民的民主权利不受侵犯；建立社会主义经济制度，其中包括用没收或赎买的办法变资本主义私有制为社会主义公有制，改造农民和其他小生产者，把他们引向社会主义道路；进行社会主义建设，发展社会生产力，不断提高广大人民群众的物质生活水平；发展科学文化事业，用无产阶级思想教育广大人民群众，不断提高广大人民群众的共产主义觉悟和共产主义道德品质；坚持无产阶级国际主义原则，支援世界革命。

三、社会主义社会的基本特征

马克思、恩格斯、列宁所设想的社会主义社会具有以下一些基本规定性或基本特征：

第一，社会生产力大大提高，创造了高于资本主义的劳动生产率。社会主义社会是高于资本主义社会的社会形态，首先表现在它的生产力发展水平高于资本主义社会的生产力发展水平上；社会主义社会是优于资本主义社会的社会制度，集中表现在它比资本主义社会更能促进生产力的发展。

第二，消灭了资本主义私有制和一切私有制，生产资料归整个社会所有，全体社会成员在对生产资料的关系上已经没有差别。这是整个社会主义社会最根本的特征，是社会主义社最根本的质的规定性，是社会主义社会区别于资本主义社会的最主要之点。

第三，在消费品的分配上实行等量劳动领取等量产品的"按劳分配"的原则，实行"按劳分配"的基本前提是生产资料归整个社会所有，全体社会成员在对生产资料的关系上已经没有差别，因而劳动成了分配的唯一尺度，此外不承认别的尺度，消灭了剥削制度和剥削现象。人们常说"多劳多得"就是按劳分配，这是不确切的，甚至可以说是不正确的。实行"按劳分配"的原则，必定是多劳多得；但"多劳多得"不一定是"按劳分配"原则。在资本主义社会，如果撇开资本家对工人的剥削不谈，工人彼此之间也是多劳多得，难道这也是"按劳分配"原则吗？我国目前在所有制方面，仍然是以公有制为主体、多种所有制形式共同发展的所有制结构，人们在对生产资料的关系上还有差别，劳动要素在产品的分配上还占有很大的比重，劳动还没有成为分配的唯一尺度，因此，我国目前实行的"按劳分配"，还不是马克思、恩格斯、列宁所设想的严格意义上的"按劳分配"原则。

第四，社会主义社会是无阶级社会，消灭了一切阶级和阶级差别，造成了使资产阶级既不能存在也不能再产生的条件。由于我国目前尚未完全彻底地消灭生产资料私有制，实行的是以公有制为主体、多种所有制经济共同发展的基本经济制度，因而还没有完全消灭阶级和阶级差别。我国实行这样的基本经济制度是符合自己国情的，因而是正确的。由于在现实的社会主义社会中（包括在苏联和东欧各国出现的社会主义社会），还都存在着阶级和阶级差别，所以人们就认为马克思、恩格斯、列宁设想的社会主义社会中，也还存在着阶级和阶级差别，认为他们也把社会主义社会看作是阶级社会，并且说他们认为（至少列宁认为）社会主义社会始终存在着阶级和阶级斗争，这是对他们思想的极大误解。下面有必要作些详尽的考察，以澄清这种误解。

马克思在《1848 年至 1850 年的法兰西阶级斗争》这篇长文中说："这种社会主义就是**宣布不断革命**，就是无产阶级的**阶级专政**，这种专政是达到**消灭一切阶级差别**，达到消灭这些差别所有产生的一切生产关系，达到消灭和这些生产关系相适应的一切社会关系，达到改变由这些社会关系产生出来的一切观念的必然的过渡阶段。"[①] 应该说明，这里的"社会主义"是指社会主义理论，不是指社会主义社会制度。因而这里说的"社会主义""就是无产阶级的阶级专政"，是指社会主义理论认为在过渡时期应该坚持无产阶级专政，而不是指社会主义社会还要坚持无产阶级专政。这里明确指出社会主义社会要"消灭一切阶级差别"，即社会主义社会是"无阶级社会"。时过一年多，马克思在 1852 年至约瑟夫·魏德迈的信中指出，他为阶级斗争理论"加上的新内容就是证明了下列特点：（1）**阶级的存在仅仅同生产发展的一定历史阶段相联系**；（2）阶级斗争必然导致**无产阶级专政**；（3）这个专政不过是达到**消灭一切阶级和进入无阶级社会**的过渡"[②]。这里也明确指出社会主义社会要"消灭一切阶级"，社会主义社会是"无阶级社会"。

列宁多次讲过，"社会主义就是消灭阶级"。这句话到底是什么意

① 《马克思恩格斯文集》第 2 卷，人民出版社 2009 年版，第 166 页。

② 《马克思恩格斯文集》第 10 卷，人民出版社 2009 年版，第 106 页。

思呢？有些人认为列宁这句话讲的是社会主义社会是消灭阶级的时期，或者说，通过社会主义社会达到阶级的消灭，言下之意是社会主义社会仍然是存在着阶级和阶级斗争的社会。这种理解不符合列宁的原意。列宁的意思十分清楚，就是认为社会主义社会是消灭了一切阶级和阶级差别的无阶级社会。下面引证列宁的有关论述加以说明。

列宁在《国家与革命》中说：从资本主义社会到社会主义社会的过渡时期是"**推翻**资产阶级并完全消灭资产阶级的时期"[①]。列宁在《无产阶级专政时代的经济和政治》一文中说："社会主义就是**消灭阶级**。为此，无产阶级专政已经做了它所能做的一切。但是要一下子消灭阶级是办不到的。""在无产阶级专政时代，**阶级始终是存在的**。阶级一消失，专政也就不需要了。没有无产阶级专政，阶级是不会消失的。"[②]列宁这些话讲得十分清楚，过渡时期是完全消灭资产阶级的时期，经过无产阶级专政达到阶级的消灭。列宁从来没有讲过社会主义社会是消灭阶级的时期。

我们再引证列宁的两段话。1921年3月27日，列宁参加了全俄运输工人代表大会。走过会场时，他看见这样一条标语："工农王国万世长存"。他说这是一条奇怪的标语，它反映了人们对社会主义最起码最基本的东西也存在着误解和不正确的认识。列宁严肃地指出："老实说，如果工农王国真的万世长存，那么也就永远不会有社会主义了，因为社会主义就是消灭阶级，而既然存在着工人和农民，也就存在着不同的阶级，因而也就不能有完全的社会主义。"[③]列宁在《关于用自由平等口号欺骗人民》一文中说："我们要争取的平等就是消灭阶级。因此也要消灭工农之间的阶级差别。这正是我们的目的。工农之间还

---

① 《列宁全集》第31卷，人民出版社1985年版，第33页。
② 《列宁选集》第4卷，人民出版社1995年版，第66页。
③ 《列宁全集》第41卷，人民出版社1986年版，第121页。

有阶级差别的社会，既不是共产主义社会，也不是社会主义社会。"①
列宁这两段话是不应该引起歧义的。既然连存在着工农差别的社会都
不是社会主义社会，怎么能说社会主义社会还存在着阶级和阶级差别
呢？这两段话已经充分说明列宁说的"社会主义就是消灭阶级"，是说
社会主义社会已经消灭了阶级，而不是说通过社会主义社会达到阶级
的消灭。

列宁给阶级下的定义是众所周知的。他在《伟大的创举》一文中
给阶级下的定义，目的就是为了说明什么叫消灭阶级。列宁认为，阶
级划分是与生产资料私有制相联系的，一旦消灭了生产资料私有制，
使生产资料归整个社会所有，人们之间在对生产资料的关系上不存在
差别的时候，阶级的划分也就失去了客观依据从而不再继续存在。列
宁在《国家与革命》中明确讲过，"阶级已经不存在"的含义，就是
指"社会各个成员在同生产资料的关系上已经没有差别"②。而在社
会主义社会，"生产资料已经不是个人的私有财产。它们已归全社会
所有"③。这就是说，在社会主义社会，社会各个成员同生产资料的关
系上已经没有差别，因此，"阶级已经不存在了"。这不是纯粹的逻
辑推论，列宁有明确的论断。他说：在共产主义社会第一阶段即社会
主义社会，"资本家已经没有了，阶级已经没有了，因而也就没有什
么**阶级**可以**镇压**了"④。

第五，无产阶级专政已经完成历史使命，国家已经丧失政治职能，
成为"非政治国家"，不再具有阶级压迫工具的性质，只具有社会管理
职能。人们对马克思、恩格斯、列宁关于社会主义社会的这一基本规
定性的看法，也存在不少误解。因此，我们也有必要对此作较详细的

---

① 《列宁选集》第 3 卷，人民出版社 1995 年版，第 816—817 页。
② 《列宁全集》第 31 卷，人民出版社 1985 年版，第 85 页。
③ 《列宁全集》第 31 卷，人民出版社 1985 年版，第 88 页。
④ 《列宁全集》第 31 卷，人民出版社 1985 年版，第 91 页。

考察和说明。

我们从马克思的《哥达纲领批判》中的有关论述谈起。马克思在谈未来社会的国家制度时,特意澄清了拉萨尔"荒谬地滥用"关于"现代社会"和"现代国家"的糊涂观念。他说:"'现代社会'就是存在于一切文明国度中的资本主义社会,它或多或少地摆脱了中世纪的杂质,或多或少地由于每个国度的特殊的历史发展而改变了形态,或多或少地有了发展。'现代国家'却随国境而异。它在普鲁士德意志帝国同在瑞士不一样,在英国同在美国不一样。所以'现代国家'是一种虚构。""但是,不同的文明国度中的不同的国家,不管它们的形式如何纷繁,却有一个共同点:它们都建立在现代资产阶级社会的基础上,只是这种社会的资本主义发展程度不同罢了。所以,它们具有某些根本的共同特征。在这个意义上可以谈'现代国家制度',而未来就不同了,到那时,'现代国家制度'现在的根基即资产阶级社会已经消亡了。"[①]从马克思的这两段话可以清楚地看出,他认为所谓"现代社会"就是资产阶级社会,所谓"现代国家"就是资产阶级国家。根本不存在什么抽象的"现代社会"和"现代国家"。抽象的"现代社会"和"现代国家"这两个概念,完全是拉萨尔式的"荒谬地滥用"。遗憾的是,在我国理论界,也跟随西方学者的后面,泛泛地谈论什么"马克思的现代性理论"。在我看来,在马克思那里,当时只有资本主义的现代性理论,根本没有什么抽象的现代性理论。在马克思那里,社会主义社会是现代资本主义社会的代替物,它高于和优于现代资本主义社会,所以马克思也没有讲过所谓的社会主义现代性理论。

马克思在澄清了拉萨尔的《哥达纲领》中关于"现代社会"和"现代国家"的糊涂观念以后说:"于是就产生了一个问题:在共产主义社会中国家制度会发生怎样的变化呢?换句话说,那时有哪些同现在的

---

① 《马克思恩格斯文集》第 3 卷,人民出版社 2009 年版,第 444 页。

国家职能相类似的社会职能保留下来呢?"马克思十分慎重地说,"这个问题只能科学地回答"。接着马克思讲了一段我们常常引用但却没有正确理解的名言:"在资本主义社会和共产主义社会之间,有一个从前者转变为后者的革命转变时期。同这个时期相适应的也有一个政治上的过渡时期,这个时期的国家只能是**无产阶级的革命专政**。"马克思谴责《哥达纲领》"既不谈无产阶级的革命专政,也不谈未来共产主义社会的国家制度"①。马克思这两段话对以下两个问题是讲得十分清楚的。(1)在共产主义社会的第一阶段即社会主义社会,国家制度依然存在,这时的国家已经不具有政治职能和阶级压迫工具的职能,只保留一些同"现在的国家(即资产阶级国家——引者)职能相类似的社会职能"。(2)无产阶级专政是从资本主义社会到社会主义社会的过渡时期的国家制度,它不同于"未来共产主义社会的国家制度"。如果把二者等同起来,那么,马克思说的这个纲领"既不谈无产阶级的革命专政,也不谈未来共产主义社会的国家制度"这句话,就完全成了同义语的反复,马克思是不会说这种蠢话的。马克思所说的"未来共产主义社会的国家制度",就是指共产主义社会的第一阶段即社会主义社会的国家制度。我国有的学者把"未来共产主义社会的国家制度"说成是无产阶级专政的国家制度,显然不符马克思的本意。

　　我的这种理解与列宁对马克思这几段话的解释是一致的。列宁在写作《国家与革命》的准备材料《马克思主义论国家》这个重要的笔记中,摘录了我在上面引证的马克思《哥达纲领批判》中那几段论述以后写道:"由此可见,无产阶级专政是'政治上的过渡时期';显然,**这个时期的国家**也是从国家到非国家的过渡,就是说,'已经不是原来意义上的国家'。因此,马克思和恩格斯之间在这个问题上没有任何矛盾。""但是,马克思接着谈到'未来共产主义社会的国家制度'!!就

---

① 《马克思恩格斯文集》第 3 卷,人民出版社 2009 年版,第 444—445 页。

是说，甚至在'**共产主义**'社会还有国家制度！！这不是矛盾吗？"列宁回答说："不矛盾"。他接着用列表的方式指出：

资产阶级需要国家	在资本主义社会是原来意义上的国家
无产阶级需要国家	过渡（无产阶级专政）：过渡型的国家（不是原来意义上的国家）
不需要国家，国家消亡	共产主义社会：国家**消亡**。

列宁列出上表以后说："完全合乎逻辑，并且十分清楚！！"[①]

如果对列宁的话引证到此为止，似乎可以得出列宁认为在整个共产主义社会、包括共产主义社会的第一阶段在内国家就消亡了的结论，从而也就把马克思所说的"未来共产主义社会的国家制度"与"无产阶级的革命专政"等同起来（中国共产党有一段时间持"大过渡"观点，把社会主义社会和过渡时期看作是同一阶段，因而也就把"未来共产主义社会的国家制度"解释为"无产阶级的革命专政"）。但是，列宁的引证到此处并没有终止。列宁接着说："《哥达纲领批判》中对未来社会进行**经济**分析的几段十分重要，这几段也同国家问题有关。"[②]列宁引证了马克思关于经济分析的几段论述以后说："由此可见，这里明显地、清楚地、准确地区别了共产主义社会的两个阶段"[③]。在共产主义社会的第一阶段，"消费品的分配是和每个人向社会提供的劳动量'成比例的'"。"这也是一种强制形式：'谁不劳动，谁就没有饭吃'"，"分配的不平等还很严重"，还没有超出"狭隘的资产阶级权利眼界"，因此"和（半资产阶级）权利一起，（半资产阶级）国家也还不能完全消失"。在共产主义社会的高级阶段，实行"各尽所能，按需分

① 《列宁全集》第 31 卷，人民出版社 1985 年版，第 161 页。
② 《列宁全集》第 31 卷，人民出版社 1985 年版，第 162 页。
③ 《列宁全集》第 31 卷，人民出版社 1985 年版，第 164 页。

配"，"**劳动成了生活的**第一需要"，"不用强制"，"只有在这个高级阶段，国家才能**完全**消亡"。①列宁这里所说的共产主义社会的第一阶段还没有完全消失的"半资产阶级"国家，就是马克思在《哥达纲领批判》中所说的"未来共产主义社会的国家制度"。它与无产阶级专政不是一回事，已经失去政治职能，不具有阶级压迫工具的性质，只保留社会管理职能。

列宁在《国家与革命》第四章中引证了恩格斯《论权威》中的一段话。这段话对于正确理解马克思、恩格斯、列宁关于未来社会国家状况的思想至关重要。恩格斯说："如果自治论者仅仅是想说，未来的社会组织只会在生产条件所必然要求的限度内允许权威存在，那也许还可以同他们说得通。但是，他们闭眼不看一切使权威成为必要的事实，只是拼命反对字眼。""为什么反权威主义者不只是限于高喊反对政治权威，反对国家呢？所有的社会主义者都认为，国家以及政治权威将由于未来的社会革命而消失，这就是说，社会职能将失其政治性质，而变为维护社会利益的简单的管理职能。但是，反权威主义者却要求在那些产生政治国家的社会关系废除以前，一举把政治国家废除。他们要求把废除权威作为社会革命的第一个行动。"②列宁在摘录恩格斯的这段话以后说："在这些论述中涉及了在考察国家消亡时期的政治与经济的相互关系……时应该考察的问题。那就是关于社会职能由政治职能变为简单管理职能的问题和关于'政治国家'的问题。后面这个说法（它特别容易引起误会）指出了国家消亡有一个过程：正在消亡的国家在它消亡的一定阶段，可以叫作非政治国家。"③恩格斯和列宁所说的"政治国家"，指的是具有政治职能和阶级压迫工具性质的国家。资产阶级专政的国家和无产阶级专政的国家，都是"政治国家"。

---

① 《列宁全集》第31卷，人民出版社1985年版，第164—165页。

② 《列宁全集》第31卷，人民出版社1985年版，第58—59页。

③ 《列宁全集》第31卷，人民出版社1985年版，第59—60页。

列宁所说的"正在消亡的国家"包括两个发展阶段。第一阶段是指无产阶级专政的国家，它仍然具有政治职能和阶级压迫工具性质，属于"政治国家"；第二阶段即"在它消亡的一定阶段"，属于"非政治国家"，指的是在共产主义社会的第一阶段还没有完全消亡的国家。这里讲的"非政治国家"，也就是马克思在《哥达纲领批判》中所说的"未来共产主义社会的国家制度"，它和无产阶级专政这个仍然属于"政治国家"的国家制度，显然不是同一种国家制度。

《国家与革命》第五章是专门研究国家消亡问题的，因而对这个问题讲得更加透彻和明确。列宁认为，在共产主义社会的第一阶段，即社会主义社会，人们不能立即学会不要任何法权规范而为社会劳动，况且资本主义的废除不能立即为这种变更创造经济前提。这时除了"资产阶级权利"以外，没有其他准则。所以就这一点说，还要有国家在保卫生产资料公有制的同时来保卫劳动的平等和产品分配的平等。这时，"国家正在消亡，因为资本家已经没有了，阶级已经没有了，因而也就没有什么**阶级**可以**镇压**了"。"但是，国家还没有完全消亡，因为还要保卫那个确认事实上的不平等的'资产阶级权利'。要使国家完全消亡，就必须有完全的共产主义。"[1]"可见，在共产主义下，在一定的时期内，不仅会保留资产阶级权利，甚至还会保留资产阶级国家，——但没有资产阶级！"[2]这里讲的共产主义的"一定时期"，就是指共产主义社会的第一阶段，即社会主义社会；这里讲的"没有资产阶级"的"资产阶级国家"，指的既不是资产阶级专政的国家，也不是无产阶级专政的国家，而是不具有政治职能和阶级压迫工具性质的国家，即马克思在《哥达纲领批判》中讲的"未来共产主义社会的国家制度"。

① 《列宁全集》第31卷，人民出版社1985年版，第91页。
② 《列宁全集》第31卷，人民出版社1985年版，第95页。

　　列宁在十月革命胜利以后，仍然把无产阶级专政的苏维埃政权和社会主义社会的国家制度明确加以区分。他在 1918 年 1 月所作的《人民委员会工作报告》中指出："我们创立了新型的国家政权，我们已经有了社会主义的苏维埃共和国。"但是，"我知道我们才开始进入向社会主义**过渡的**时期，我们还没有达到社会主义"。① 列宁在 1918 年 5 月写的《论"左派"幼稚性和小资产阶级性》一文中又说："没有一个共产主义者否认过社会主义苏维埃共和国这个名称是表明苏维埃政权有决心实现向社会主义的过渡，而决不是表明新的经济制度就是社会主义制度。"② 这两段话都说明，列宁在十月革命胜利以后，仍然认为无产阶级专政是过渡时期的国家制度，而不是社会主义社会的国家制度。

　　综上所述，马克思、恩格斯、列宁认为，从资本主义到社会主义的过渡时期，必须坚持无产阶级专政。过渡时期和无产阶级专政结束，进入社会主义社会以后，国家正在消亡，但还没有完全消亡。这种正在消亡而又没有完全消亡的国家，已经失去政治职能，不具有阶级压迫工具性质，只保留社会管理职能。马克思把这样的国家称为"未来共产主义社会的国家制度"，恩格斯把这样的国家称为"非政治国家"，列宁把这样的国家称为"（半资产阶级）国家"和"没有资产阶级"的"资产阶级国家"。马克思、恩格斯、列宁在国家消亡问题上，严格坚持了发展论，坚持政治和经济辩证关系的历史唯物主义基本原理。在马克思、恩格斯、列宁看来，国家消亡是一个自发的、长期的过程。这个过程开始于无产阶级专政的建立，终结于共产主义社会高级阶段的到来。在这个漫长的过程中，国家的政治职能和阶级压迫工具性质日渐缩小和削弱，而其社会管理职能则日渐加大和增强。而当阶级消灭、进入社会主义社会以后，国家的政治职能和阶级压迫工具性质将

---

　　① 《列宁选集》第 3 卷，人民出版社 1995 年版，第 409 页。
　　② 《列宁选集》第 3 卷，人民出版社 1995 年版，第 521 页。

完全消失，只保留社会管理职能。到了共产主义社会的高级阶段，国家就完全消亡了，而代之以社会管理机构。

第六，消灭了商品货币关系，实行产品经济（或叫时间经济）。马克思在《哥达纲领批判》中指出："在一个集体的、以生产资料公有为基础的社会中，生产者不交换自己的产品；用在产品上的劳动，在这里也不表现为这些产品的**价值**，不表现为这些产品所具有的某种物的属性，因为这时，同资本主义社会相反，个人的劳动不再经过迂回曲折的道路，而是直接作为总劳动的组成部分存在着。"① 这里十分明确地提出，共产主义社会的第一阶段，即社会主义社会，已经不是商品经济社会，而是实行产品经济，消灭了商品、货币和市场。恩格斯在《反杜林论》中也指出："一旦社会占有了生产资料，商品生产就将被消除，而产品对生产者的统治也将随之消除。社会生产内部的无政府状态将为有计划的自觉的组织所代替。"② 又说："社会一旦占有生产资料并且以直接社会化的形式把它们应用于生产，每一个人的劳动，无论其特殊的有用性质是如何的不同，从一开始就直接成为社会劳动。那时，一个产品中所包含的社会劳动量，可以不必首先采取迂回曲折的途径加以确定；日常的经验就直接显示出这个产品平均需要多少数量的社会劳动。"③

我国理论界多数人都赞同马克思、恩格斯认为社会主义社会消灭了商品货币关系、实行产品经济（或叫时间经济）的观点。但对于列宁是否提出了社会主义商品经济的思想，理论界则存在较大分歧。有些同志认为，列宁在军事共产主义时期主张消灭商品货币关系，但在实行新经济政策以后，特别是在《论合作社》等著作中，不仅主张利用商品交换和自由贸易向社会主义过渡，而且主张在社会主义社会仍

① 《马克思恩格斯文集》第3卷，人民出版社2009年版，第433—434页。
② 《马克思恩格斯文集》第9卷，人民出版社2009年版，第300页。
③ 《马克思恩格斯文集》第9卷，人民出版社2009年版，第326页。

然要实行商品经济，提出了社会主义商品经济的思想。我认为，这种看法不符合列宁的思想实际，因而是不正确的。在实行新经济政策以后，列宁坦率地承认并果断地纠正了军事共产主义时期企图通过政府法令直接向社会主义过渡的"左"的错误，主张通过国家资本主义、利用商品经济向社会主义过渡的思想，但却从来没有认为社会主义社会是商品经济社会。下面我们着重分析一下列宁逝世前口述的《论合作社》一文中的有关论述。

列宁在《论合作社》一文中确实讲过："在我国，既然国家政权操在工人阶级手中，既然全部生产资料又属于这个国家政权，我们要解决的任务的确就只剩下实现居民的合作化了。""在新经济政策中，我们向作为商人的农民作了让步，即向私人买卖的原则作了让步，正是由于这一点……产生了合作社的巨大意义。""在生产资料公有制的条件下，在无产阶级对资产阶级取得了阶级胜利的条件下，文明的合作社工作者的制度就是社会主义的制度。""在我国现存制度下，合作企业与私人资本主义企业不同，合作企业是集体企业，但与社会主义企业没有区别，如果它占用的土地和使用的生产资料是属于国家即属于工人阶级的。""如果把租让（顺便说一句，租让在我国并未得到多么大的发展）单独划开，那么在我国条件下合作社往往是同社会主义完全一致的。""现在我们有理由说，对我们来说，合作社的发展也就等于……社会主义的发展，与此同时我们不得不承认我们对社会主义的整个看法根本改变了。"[1]

能否根据列宁的这些论述得出结论说，列宁认为合作社这种集体企业在进入社会主义社会以后依然存在？能否说列宁认为社会主义社会仍然存在商品货币关系，因而仍然是商品经济社会？列宁晚年的思想是对《国家与革命》中的思想的补充、继承和发展，还是根本否定

---

[1]　《列宁选集》第 4 卷，人民出版社 1995 年版，第 767、767—768、771、772、773 页。

了《国家与革命》中的思想？我认为对这些问题要持科学的慎重态度，来不得半点轻率和简单化，要把列宁在《论合作社》中的全部论述以及这部论述中的论述与其他著作中的论述联系起来加以思考。我们从以下几个方面加以探讨：

（1）列宁讲的合作社是向社会主义过渡时期的社会组织和制度，还是社会主义社会的社会组织和制度？我认为是前者而不是后者。列宁说："国家支配着一切大的生产资料，无产阶级掌握着国家政权，这种无产阶级和千百万小农及极小农结成了联盟，这种无产阶级对农民的领导得到了保证"，"难道这不是我们通过合作社，而且仅仅通过合作社……来建成完全的社会主义社会所必需的一切吗？这还不是建成社会主义社会，但这是建成社会主义社会所必需而且足够的一切。"这里讲得十分清楚，实现作为商品买卖组织的合作社制度，"还不是建成社会主义社会"，而是"通过合作社"来"建成完全的社会主义社会"。列宁还指出："为了使全体居民参加合作社的业务，并且不是消极地而是积极地参加，我们还需要完成在一个'文明的'（首先是识字的）欧洲人看来并不很多的工作。说实在的，我们要做的事情'仅有'一件，就是要使我国居民文明到能够懂得人人参加合作社的一切好处，并参加进去。'仅有'这一件事情而已。为了过渡到社会主义，目前我们并不需要任何其他特别聪明的办法。"①这里讲得很清楚，使居民人人参加合作社，是"为了过渡到社会主义"。

（2）合作社是社会主义性质的，还是国家资本主义性质的？我认为是后者而不是前者。列宁说："我所以用'国家资本主义'这个名称，**第一**，是为了指明我们现在的立场同我在与所谓'左派共产主义者'论战时的立场之间有历史联系，而且那时我们就已证明过，国家资本主义要高于我国当前的经济；我很重视判明普通的国家资本主义

---

① 《列宁选集》第4卷，人民出版社1995年版，第768、769—770页。

同我在帮助读者认识新经济政策时所说的那种特别的，甚至非常特别的国家资本主义之间的继承性的联系。**第二**，我一向很重视实际目的。而我国新经济政策的实际目的就是实行租让；在我国条件下，租让无疑就是纯粹的国家资本主义类型。""不过事情还有另一方面，在谈这一方面时我们可能要涉及国家资本主义，或者说，至少要同国家资本主义作一对比。这就是合作社问题。"①列宁在这里对资产阶级专政条件下的国家资本主义和无产阶级专政条件下的国家资本主义作了区分，这一点十分重要。不过这一点与我们现在论述的问题关系并不太直接，留待下面再讲。列宁这里主要是说，无产阶级专政条件下的国家资本主义有两种类型：一种类型是租让制，指的是工商业方面的国家资本主义；"事情的另一方面"是指农业和农民，农民的合作社是另一种类型的国家资本主义。列宁接着指出，合作企业既不同于私人资本主义企业，也不同于彻底社会主义的企业，而是二者相联合的第三种企业。他说："在我国目前的经济现实中，当我们把私人资本主义企业（但必须是建立在公有土地上的，必须是处在工人阶级的国家政权监督下的）同彻底的社会主义类型的企业（无论生产资料或企业占用的土地及整个企业都属于国家）连接起来的时候，这里也就出现了第三种企业的问题，即合作企业的问题"②。列宁所说的作为第三种企业的合作社，显然是属于国家资本主义性质的，而不是属于社会主义性质的。

（3）如何理解列宁所说的"文明的合作社工作者的制度就是社会主义制度"、"合作社往往是同社会主义完全一致的"、"合作社的发展就等于社会主义的发展"呢？前面已经讲过，列宁说，他在《论合作社》中的国家资本主义思想与他在 1918 年 5 月写的《论"左派"幼稚性和小资产阶级性》一文中的国家资本主义思想有着"历史的联系"，

---

① 《列宁选集》第 4 卷，人民出版社 1995 年版，第 771—772 页。
② 《列宁选集》第 4 卷，人民出版社 1995 年版，第 772 页。

即二者是一致的，不矛盾的。列宁在 1918 年 5 月的文章中认为，当时俄国有五种经济成分：其一，宗法式的，即在很大程度上属于自然经济的农民经济；其二，小商品生产（这里包括大多数出卖粮食的农民）；其三，私人资本主义；其四，国家资本主义；其五，社会主义。在这些经济成分中，国家资本主义高于宗法式的农民的自然经济，高于小商品生产，高于私人资本主义经济，国家资本主义与它们相比是一个进步。在俄国，不是国家资本主义同社会主义作斗争，而是小资产阶级加私人资本主义共同一致地既反对国家资本主义，又反对社会主义，国家资本主义同社会主义是一致的。列宁认为，在无产阶级掌握国家政权，国家资本主义受无产阶级国家政权监督、调节的情况下，国家资本主义经济不仅是向社会主义过渡的环节和步骤，而且本身具有社会主义因素、带有一定程度的社会主义性质。因此，我们只能把合作社理解为具有社会主义性质的经济成分，与社会主义相一致的经济成分，向社会主义过渡的进程中产生的经济成分。列宁正是在这种意义上说，"文明的合作社工作者的制度就是社会主义制度"，"合作社往往是同社会主义完全一致的"，"合作社的发展就等于社会主义的发展"。

（4）如何理解列宁所说的"我们对社会主义的整个看法根本改变了"？我国学术界有人认为，列宁所说的"我们对社会主义的整个看法根本改变了"，是指改变了他在《国家与革命》中对社会主义的一般本质和基本规定性的看法，特别是改变了他以前认为社会主义社会消灭了商品货币关系、实行产品经济的看法，认为社会主义社会也要保存商品货币关系，实行社会主义商品经济。这是对列宁思想的误解。我认为，列宁在这里是说，新经济政策时期改变了军事共产主义时期对向社会主义过渡的整个看法，而不是说改变了《国家与革命》中对社会主义的一般本质和基本规定性的看法。这个改变主要表现在以下两个方面：

首先，是指工作"重心改变了"。列宁明确指出："这种根本的改变表现在：从前我们是把重心放在而且应该放在政治斗争、革命、夺取政权等等方面，而现在重心改变了，转到和平的'文化'组织工作上去了。"①我们知道，列宁关于工作重心转移的思想，不是在《论合作社》这篇文章中第一次提出来的，早在1918年4月，他就在《苏维埃政权的当前任务》一文中提出来了。他说："在任何社会主义革命中，当无产阶级夺取政权的任务解决以后，随着剥夺剥夺者及镇压他们反抗的任务大体上和基本上解决，必然要把创造高于资本主义的社会结构的根本任务提到首要地位，这个根本任务就是：提高劳动生产率，因此（并且为此）就要有更高形式的劳动组织。"提高劳动生产率的任务包括建立"大工业的物质基础"、"提高居民群众的文化教育水平"等。②但是，由于国内白匪叛乱和外国帝国主义的武装干涉，列宁关于工作重心转移的思想没有能够付诸实施，而是被迫投入了捍卫苏维埃政权的革命战争。革命战争结束以后，列宁又适时地再次提出工作重心转移的思想。由此可见，列宁在《论合作社》一文中只不过是重提他在1918年十月革命胜利初期的思想和开始实行新经济政策时期的思想，与《国家与革命》中关于社会主义的一般本质和基本规定性的看法毫无关系。

其次，是指向社会主义过渡的具体形式改变了。列宁曾经认为，经济文化落后的国家，在无产阶级夺取政权以后，应该通过国家资本主义向社会主义过渡。列宁在十月革命前夕，就在《大难临头，出路何在？》一文中，曾经考虑到革命胜利以后如何向社会主义过渡的问题，提出了国家资本主义的设想。③1918年5月，在剥夺剥夺者的任务基本完成的情况下，列宁又在《论"左派"幼稚性和小资产阶级性》一文中提出了国家资本主义问题，主张通过国家资本主义向社会主义

① 《列宁选集》第4卷，人民出版社1995年版，第773页。
② 《列宁选集》第3卷，人民出版社1995年版，第490页。
③ 参见《列宁选集》第3卷，人民出版社1995年版，第265页。

过渡。[①] 但是，由于国内白匪叛乱和外国帝国主义的武装干涉，列宁通过国家资本主义向社会主义过渡的设想没有能够实现，而是被迫实行了军事共产主义。所谓军事共产主义，就是国家对农民实行余粮收集制，在工人和革命队伍中实行生活必需品（主要是粮食）的配给制，列宁还曾设想采取措施消灭商品和货币。在军事共产主义时期，实际上是靠无产阶级国家的法令，用行政办法直接向社会主义过渡。实践证明，这条道路是行不通的。当1921年春天，外国帝国主义的武装干涉被击退、国内白匪叛乱被平息的时候，列宁提出放弃军事共产主义，改行新经济政策。而新经济政策的实质，是通过国家资本主义向社会主义过渡。由此可见，列宁在《论合作社》中所说的"对社会主义的整个看法"的"根本改变"，指的是由靠国家法令向社会主义过渡的军事共产主义政策，转变为实行通过国家资本主义向社会主义过渡的新经济政策。这里改变的只是向社会主义过渡的具体形式，而不是社会主义的一般本质和基本规定性。通过国家资本主义向社会主义过渡，当然要利用商品货币关系，但列宁从来没有说过，过渡到社会主义社会以后还要保留商品货币关系，从而把社会主义社会看成是商品经济社会。

四、共产主义社会高级阶段的基本特征

马克思、恩格斯、列宁始终坚持"我们不想教条式地预期未来，只是在批判旧世界中发现新世界"的原则，所以他们当时对共产主义社会高级阶段基本特征的预测和设想是非常原则的，他们只是极其简要地指出了共产主义社会高级阶段最基本的特征：

第一，社会生产力高度发展，物质财富极大丰富。

[①] 参见《列宁选集》第3卷，人民出版社1995年版，第524—525页。

第二，劳动成了人类生活的第一需要，实行"各尽所能，按需分配"的原则。

第三，消灭了工农差别、城乡差别、体力劳动和脑力劳动的差别，旧式的自发分工已不复存在，代之以更加合理的"明智分工"。

第四，人们的共产主义觉悟和道德品质大大提高，个人成了自由全面发展的新人，能够自觉遵守社会公共秩序。

第五，国家完全消亡，代之以社会管理机关。

人类追求自由和解放的过程，也就是人本身得到发展的过程。就社会整体来说，人的自由的真正实现也就是全人类的解放。马克思、恩格斯在世时，把未来共产主义社会的两个阶段作为一个整体，认为共产主义社会是人类的自由和解放全面实现的社会。从共产主义运动的实践来看，社会主义社会只是实现人类解放的必经阶段，共产主义社会高级阶段才是人类获得彻底解放的阶段，是人类社会进步的理想境界。

人的自由而全面的发展作为崇高的社会理想，只有在共产主义高级阶段才能实现。这是一个在社会形态的演进过程中，从束缚人的经济、社会关系中解放出来的历史过程。这一历史过程的起点就在当代的历史运动中，而不是远离现实的空中楼阁。实现共产主义高级阶段的前提是高度发达的生产力，这是必备的物质基础。在生产力高度发展的基础上，消灭私有制，消灭剥削，消灭三大差别和旧式分工，建立自由人的联合体，并将个人和社会的发展控制在自觉的联合起来的个人手中，这是使人们获得彻底解放，获得自由而全面发展的社会条件。

人自身的自由解放是在历史进步的过程中逐步实现的。人类社会经历了从自然经济到商品经济再到产品经济的逐步进化的三个历史阶段，与之相应，人自身的发展也经历了人对人的依赖关系、人对物的依赖关系、人的自由而全面发展三个历史阶段。在未来的共产主义社会高级阶段，人在一定意义上才最终脱离了动物界，从动物的生存条件进入真正人的生存条件，人们第一次成为自然界的自觉的和真正的主人，人们自己的社会行动的规律，被人们熟练地运用，因而将听从人们的支配。"只是从这时起，人们才完全自觉地自己创造自己的历史；只是从这时起，由人们使之起作用的社会原因才大部分并且越来越多地达到他们所预期的结果。这是人类从必然王国进入自由王国的飞跃。"①

人的自由而全面的发展，归根结底取决于劳动本身的发展。在共产主义社会高级阶段，劳动成了人们生活的第一需要，成了自由自觉的活动；人将自身的发展作为目的，有充裕的时间来从事发展个人才智、体力、品格和个性的活动，越来越成为具有全面性的人。

共产主义社会高级阶段只有在社会主义社会充分发展和高度发达的基础上才能实现。共产主义社会高级阶段，将是物质财富极大发展，人民精神境界极大提高，每个人自由而全面发展的社会。必须看到，共产主义社会高级阶段的实现是一个非常漫长的历史过程。过去由于我们对这个问题的认识比较肤浅、简单，对共产主义社会高级阶段的实现看得比较容易，似乎它在不久的将来就可以实现，因而常常犯超越社会发展阶段的错误，结果是欲速则不达。对共产主义社会高级阶段的基本特征和发展的基本趋势虽然可以作出科学上的预测和设想，但未来的事情具体如何发展，应该由未来的实践去回答。我们要坚持正确的前进方向，但不可能也不必要去对比较遥远的未来作具体的设想和描绘。

共产主义社会高级阶段的实现，虽然距现在还有相当长的距离。但是，我们不能因此而放弃和削弱共产主义的远大理想。这是因为，过去、现实、未来是时间的三个向度，这三个向度是紧密相连不可分

① 《马克思恩格斯文集》第9卷，人民出版社2009年版，第300页。

离的，是时间自身演变的内在逻辑关系。过去由于自身的发展而演变为现实，现实由于自身的矛盾运动又发展到未来。要科学地认识社会历史的发展过程，就应当把它理解为过去、现实、未来的有机统一。时间的特性是一维性，即不可逆性，时间只能向前，不能倒转，有去无回。这是撇开人的能动的实践活动和人对历史理论的研究而言的，是纯自然主义地看待时间的特点。如果立足于人的能动的实践活动并考虑到人对历史的理论研究以及历史理论对人的实践活动的影响，过去、现实、未来在时间发展链条中的顺序就不是不变的，而是可变的；不是绝对的，而是相对的；不是不可逆的，而是可逆的；不是单向度的，而是双向互动的。不仅过去决定现实，现实也决定过去；不仅过去和现实决定未来，而且未来也决定现实和过去。过去、现实、未来呈现为极其错综复杂的相互作用、相互影响的关系。

在历史活动和历史研究中，不仅过去和现实指导未来，而且未来也指导现实、影响现实。未来是指那些迄今为止尚未发生、尚未出现和尚未存在的事物。从时间上看，它是人类认识的一种顺时间方向的运动过程，它力求使思想的运动超越当下的时间界域，走在社会实际的客观过程前面，在观念中构造出未来的可能状态，用以指导人们的现实活动，引导人们向着未来的目标前进。人们之所以要关注过去，认识过去，是因为社会的现实是由过去发展而来的，对过去的认识可以指导现实。同样的道理，人们之所以要关注未来，构想未来，向往未来，是因为不仅现实孕育着未来，而且更重要的还在于，人们对未来的构想和向往，能够对现实形成强有力的冲击和影响。人们总是根据对现实及其发展趋势的认识预见未来，又根据对未来的预见和追求设计现实、指导现实、改造现实。我们说历史发展具有不依人的意志为转移的客观规律性，现实状况不是按任何人的主观意志构想出来的，并不等于说人对未来的预见和追求对现实状况的形成不起任何作用。

人们对未来的追求和向往，就是人生理想。树立科学的人生理想，对于人的现实活动具有重大的指导和推动作用。首先，理想是人生航程的灯塔。理想作为人生追求和向往的奋斗目标，它一经确立，就会指引着人生前进的方向。特别是在人生处于重要选择的关键时刻，理想就像大海中的灯塔一样，给人们指明前进的航向。其次，理想是人生前进的动力。理想比现实更美好，人们为了把美好的理想变为现实，势必会遇到种种困难和阻力，为此就要以坚忍不拔的毅力，顽强不懈的斗志，勇于拼搏的精神去奋斗。理想在人类现实的认识世界和改造世界的实践活动中，是一种极其强大的推动力量。再次，理想是人生的精神支柱。人们的生活可以划分为物质生活和精神生活两大方面。物质生活对人的生存和发展固然重要，健康充实的精神生活同样不可缺少，而理想便是精神生活的支柱。一个人的精神生活如果没有理想的支撑，就会空虚、崩溃。一个人有理想这个精神支柱，就可以使人生更充实，能在顺境中不骄不躁，在逆境中豁达乐观，勇往直前。这就是我们倡导树立共产主义远大理想的深层的根本原因。

第十九章
关于“一国能否建成社会主义”的论争

　　1917年11月7日，社会主义革命首先在俄国一个国家内取得了胜利，建立了苏维埃政权即无产阶级专政，而世界上其他国家仍然停留在资本主义社会或资本主义以前的社会。当时俄国反动资产阶级和外国帝国主义互相勾结，疯狂地向苏维埃政权进攻，妄图把它扼杀在摇篮之中。正是在这种严峻的形势下，列宁反复论述了他在十月革命前就提出了的一国能否建成社会主义的问题。他对这个问题作了否定的回答，即认为一国不能建成社会主义。这里的“建成社会主义”，是指建成马克思、恩格斯设想的社会主义社会，即完全的社会主义社会或发达的社会主义社会，而不是初级阶段的社会主义或不发达的社会主义社会。斯大林开始也认为一国不能建成社会主义，但他不久又改变了看法，认为一国可以建成完全的社会主义，并且说这是列宁或列宁主义的思想。关于一国能否建成社会主义的问题，在列宁逝世以前，在苏联领导层和理论界并没有分歧，大家一致赞成一国不能建成社会主义的思想。但在列宁逝世以后，由于斯大林改变了自己的看法，认为一国可以建成社会主义，于是在苏联领导层和理论界展开了激烈的争论。在苏联领导层，托洛茨基、季诺维也夫、加米涅夫等人，坚持列宁的思想，认为一国不能建成社会主义。斯大林和布哈林则与此相反，认为一国可以建成社会主义。斯大林利用自己手中的权力，独断专行，压制不同意见，把持不同意见的人打成所谓的“反对派”，给他们扣上种种政治罪名，并且对他们进行各种各样的迫害，有的被流放，有的被监禁或杀害致死，有的被驱逐出国。这场辩论，在当时以斯大林的观点获胜而结束。自此以后，一国可以建成社会主义的思想就被很多人误解为是列宁的思想。在我国，直到目前，在出版的一些比较权威的专著和教材中，仍然认为斯大林的观点是正确的。这不能不说是在理论上一个十分令人遗憾的问题。所以我拟定在本章中，对这个问题进行一些较为详细和深入的考察与探讨，澄清理论界的误解，还列宁思想的本来面目。这里只谈列宁的思想和斯大林的思想。托洛茨基的思想，他本人在自己的专著《俄国革命史》的附录二"一国建设社会议"中[①]，有详细论述，有兴趣的人可以阅读。陆南泉等主编的《苏联兴亡史论》一书，对一国能否建成社会主义问题的争论，作了较详细的介绍并表明了作者的观点，也有参考价值。[②]

一、列宁关于一国不能建成社会主义的思想

前面已经讲过，列宁在 1915 年写的《论欧洲联邦口号》和 1916 年写的《无产阶级革命的军事纲领》这两篇文章中，提出了社会主义革命可以首先在一国或几国取得胜利的思想，但他和马克思、恩格斯一样，认为社会主义是"世界历史性事业"，单靠一国或几国的无产阶级是不能取得社会主义的最终胜利、不能建成完全的或发达的社会主义社会的，这个任务只有通过全世界无产阶级的共同努力才能完成。列宁不仅在十月革命以前，而且在十月革命胜利以后直至逝世，始终没有提出过一国可以建成社会主义的理论。下面我们对列宁关于这个问题的论述作一简要的但较为系统的历史考察。列宁这个思想的形成和变化可以分为 1905 年革命至十月革命以前、十月革命胜利初期、1918 年春夏之交至 1920 年底、1920 年底至列宁病逝四个时期。

---

① 列夫·托洛茨基：《俄国革命史》第 3 卷，丁笃本译，商务印书馆 2014 年版，第 1260—1311 页。

② 陆南泉等主编：《苏联兴亡史论》，人民出版社 2002 年版，第 318—383 页。

（一）1905 年革命至十月革命以前

列宁在俄国 1905 年革命期间，就提出了下面这样的思想：俄国资产阶级民主革命的彻底胜利和无产阶级社会主义革命的胜利，可以推动西欧无产阶级革命的爆发，而西欧无产阶级革命取得胜利以后，又会反过来支援俄国的社会主义革命，使俄国社会主义革命胜利的成果得以巩固，没有西欧无产阶级革命的胜利，俄国无产阶级社会主义革命的成果是必定要丧失的。列宁在 1905 年 3 月写的《社会民主党和临时革命政府》一文中说：俄国取得资产阶级民主革命的彻底胜利，"那时候革命的火焰将燃遍欧洲；在资产阶级反动势力下倍受折磨的欧洲工人也将奋起，并且向我们表明'该怎么办'；那时候欧洲革命高潮就会反过来影响俄国，使几个年头的革命时代变成几十个年头的革命时代"①。这里讲的是俄国资产阶级民主革命与西欧无产阶级社会主义革命的互动关系。

列宁在 1905 年 6—7 月写的总结 1905 年革命经验的《社会民主党在民主革命中的两种策略》中说：俄国取得资产阶级民主革命的彻底胜利，"这样的胜利会使我们有可能把欧洲发动起来，而欧洲的社会主义无产阶级摆脱了资产阶级的桎梏，就会反过来帮助我们实现社会主义革命"。当时列宁认为，欧洲实现社会主义革命的条件已经相当成熟，因此俄国社会民主党为"俄国的革命无产阶级指出了积极的任务：在争取民主的斗争中取得胜利，并且利用这个胜利来把革命传播到欧洲"。列宁认为，资产阶级民主革命和无产阶级社会主义革命之间没有一条不可逾越的鸿沟，取得资产阶级民主革命的彻底胜利，就是为争取社会主义革命的胜利作准备，"它的未来就是反对私有制的斗争，

---

① 《列宁全集》第 10 卷，人民出版社 1987 年版，第 12 页。

雇佣工人反对业主的斗争，争取社会主义的斗争"①。列宁批判了那种把资产阶级民主革命和社会主义革命看作截然不同的东西的错误思想。他指出："我们大家都认为资产阶级革命和社会主义革命是截然不同的东西，我们大家都无条件地坚决主张必须把这两种革命极严格地区分开，但是，难道可以否认前后两种革命的个别的、**局部的**成分在历史上互相交错的事实吗？难道在欧洲民主革命的时代没有许多社会主义运动和争取社会主义的尝试吗？难道欧洲未来的社会主义革命不是还有许许多多民主主义性质的任务要去最终完成吗？"②列宁这些论述既说明了俄国资产阶级民主革命与欧洲无产阶级社会主义革命之间相互影响、相互支援的关系，又说明了资产阶级民主革命的彻底胜利必然导致无产阶级社会主义革命。这种无产阶级社会主义革命和资产阶级民主革命相衔接、俄国革命和欧洲无产阶级社会主义革命相互支援的思想，就包含了西欧无产阶级革命的胜利是俄国无产阶级革命胜利的成果得以巩固的重要保障的思想。

列宁在 1905 年底或 1906 年初写的《革命的阶段、方向和前途》这篇短文中，就明确提出了没有欧洲无产阶级社会主义革命的支援，俄国的无产阶级革命必将遭到失败的思想。他指出："**如果没有欧洲的社会主义无产阶级**对俄国无产阶级的支援，那么，这个斗争对于孤军作战的俄国无产阶级，几乎是毫无希望的，而且必然要遭到失败，正像 1849—1850 年的德国革命党或者 1871 年的法国无产阶级遭到失败一样。"③

列宁在 1917 年 3 月在由瑞士回国时写的《给瑞士工人的告别信》中，谈到俄国的无产阶级社会主义革命可能首先开始，促进欧洲和美洲无产阶级革命的爆发，同时更加明确地讲到，没有欧洲无产阶级革

---

① 《列宁全集》第 11 卷，人民出版社 1987 年版，第 65、65、67—68 页。
② 《列宁全集》第 11 卷，人民出版社 1987 年版，第 68 页。
③ 《列宁全集》第 12 卷，人民出版社 1987 年版，第 142 页。

命的支持，俄国无产阶级单靠自己的力量是不能完成社会主义革命的。这就包含了一国不能建成社会主义的思想。他指出："俄国无产阶级单靠自己的力量是不能胜利地**完成**社会主义革命的。但它能使俄国革命具有浩大的声势，从而为社会主义革命创造极好的条件，这在某种意义上说就意味着社会主义革命的**开始**。这样，俄国无产阶级就会使自己**主要的**、最忠实的、最可靠的战友——**欧洲**和美洲的**社会主义**无产阶级易于进入决战。"①

（二）十月革命胜利初期

在十月革命胜利初期，列宁认为在一个国家内取得社会主义的最终胜利是不可能的。俄国革命如果得不到西方无产阶级革命的支持，是注定要失败的。在 1918 年 3 月与德国签订《布列斯特和约》前后，列宁反复强调一个思想，即俄国革命刚刚取得胜利，它只是一个新生的落地的婴儿，势单力薄，敌不过比他强大的德国帝国主义，所以必须暂时向它妥协、让步，与它签订和约，割让给它一些领土，用空间换取时间，获得喘息时间，等待西欧无产阶级革命的支援，把苏维埃政权保持到西欧无产阶级革命爆发的时候。

列宁在 1918 年 1 月 24 日《在俄国社会民主工党（布）中央委员会会议上关于战争与和平的讲话》中说："我们现在不得不签订的和约无疑是一个耻辱的和约，但是如果进行战争，我们的政府就会被推翻，而和约将由另一个政府来签订。"他批判主张与德国进行战争的人说："主张进行革命战争的人说，我们打下去就是同德国帝国主义进行国内战争，这样就会唤起德国的革命。但是要知道，德国还只是在孕育革命，而在我国，十分健康的婴儿——社会主义共和国已经诞生了，如

---

① 《列宁全集》第 29 卷，人民出版社 1985 年版，第 91 页。

果进行战争，我们就会使这个婴儿送命。"①

列宁在 1918 年 1 月 20 日—2 月 24 日以前写的《谈谈不幸的和约问题的历史》一文中说："俄国社会主义革命的形势，应当是我们苏维埃政权确定国际任务的基础，因为战争第四年的国际局势使人根本无法估计，大概在什么时候爆发革命从而把某一个欧洲的帝国主义政府（也包括德国在内）推翻。毫无疑问，欧洲的社会主义革命应该到来，而且一定会到来。我们对社会主义取得**最终胜利**的一切希望，都是以这种信心和科学预见为基础的。"② 这就是说，列宁之所以对俄国革命的最终胜利充满信心，就在于他坚信西欧的无产阶级革命一定会到来，俄国革命只有得到西方无产阶级革命的支持才能得到巩固和取得最终胜利，才能建成完全的或发达的社会主义社会。

1918 年 2 月 24 日，列宁在《在全俄中央执行委员会会议上的报告》中说：签订《布列斯特和约》的条件确实是空前苛刻的、蛮横的、卑鄙的，因此我们尽力拖延时间，"以便看看其他国家是不是赞同，欧洲无产阶级是不是会来帮助我们，而没有欧洲无产阶级的帮助，我们要想获得巩固的社会主义胜利是不可能的"③。

列宁在 1918 年 3 月 7 日俄共（布）第七次（紧急）代表大会作的《中央委员会政治报告》中说："俄国革命最大的困难，最大的历史课题就是：必须解决国际任务，必须唤起国际革命，必须从我们仅仅一国的革命转变成世界革命。摆在我们面前的这个任务是非常非常困难的。"列宁认为："从全世界历史范围来看，如果我国革命始终孤立无援，如果其他国家不发生革命运动，那么毫无疑问，我国革命的最后胜利是没有希望的。我们已经把全部事业掌握在布尔什维克一党的手里，当我们肩负起这个事业时，确信各国的革命正在成熟起来，不管

---

① 《列宁全集》第 33 卷，人民出版社 1985 年版，第 259 页。
② 《列宁全集》第 33 卷，人民出版社 1985 年版，第 248—249 页。
③ 《列宁全集》第 33 卷，人民出版社 1985 年版，第 392 页。

我们会遇到怎样的困难，不管我们会遭到多大的失败，国际社会主义革命最终（不是马上）一定会到来，因为它正在到来；它一定会成熟，因为它正在成熟起来，而且会完全成熟。我再说一遍，能把我们从所有这些困难中拯救出来的，是全欧洲的革命。"他进一步强调指出："如果没有德国革命，我们就会灭亡，这是绝对的真理。"①列宁在不晚于3月8日作的《关于战争与和平的决议》中说："代表大会认为，只有把已在俄国取得胜利的社会主义革命转变为国际工人革命，才是这个革命能够巩固的最可靠的保证。""代表大会确信，工人革命正在各交战国中不断地成熟，为帝国主义的必然的彻底失败作准备，代表大会声明，俄国社会主义无产阶级将竭尽全力运用自己拥有的一切手段来支持一切国家无产阶级兄弟的革命运动。"②

1918年4月23日列宁在《在莫斯科工人、农民和红军代表苏维埃的讲话》中说："现在，我国革命生活中最困难最艰苦的时期已经到来了。我们面临的任务是坚定不移地竭尽一切力量去进行新的创造性的工作，因为只有钢铁般的坚韧精神和劳动纪律，才能帮助在自己宏伟的革命工作中暂时还孤立无援的俄国革命无产阶级等待解救时刻的到来，等待国际无产阶级来援助我们。"列宁认为："我们是工人阶级革命队伍中的一支部队，我们所以走在前面，不是因为我们比其他国家的工人能干，不是因为俄国的无产阶级比别国的工人阶级高明，而仅仅是因为我国曾是世界上最落后的国家之一。我们只有最后彻底地粉碎凭借技术和纪律的巨大力量支持的国际帝国主义，才能取得最终的胜利。而且我们只有同世界各国的工人一道才能取得胜利。""我们的落后使我们走在了前面，而如果我们不能坚持到其他各国工人起来大力支援我们，我们就会灭亡。"③列宁的意思是说，经济文化落后的

---

① 《列宁全集》第34卷，人民出版社1985年版，第6、8、12页。
② 《列宁全集》第34卷，人民出版社1985年版，第33页。
③ 《列宁全集》第34卷，人民出版社1985年版，第219页。

国家即使走在了世界革命的前面，首先取得无产阶级革命的胜利，夺取了国家政权，它的革命成果仍然是不巩固的，只有世界革命的到来，俄国得到世界无产阶级革命的支援，它的革命成果才能得到巩固，才能取得社会主义革命的最终胜利，即才能建成完全的社会主义社会或发达的社会主义社会。

列宁认为，在不同时期，革命的先锋队可能由不同国家的无产阶级担当，革命可能从不同的国家首先开始，但社会主义是"世界历史性事业"，革命的完成即建成社会主义社会，需要全世界无产阶级的共同努力，单独一国是不能建成社会主义社会的。他在1918年1月24日在全俄工兵农代表苏维埃第三次代表大会上作的《人民委员会工作报告》中说："社会主义的伟大奠基人马克思和恩格斯，在几十年中考察了工人运动的发展和世界社会主义革命的成长，清楚地看到：从资本主义过渡到社会主义，需要经过长久的阵痛，经过长期的无产阶级专政，摧毁一切旧东西，无情地消灭资本主义的各种形式，需要全世界工人的合作，全世界的工人则应当联合自己的一切力量来保证彻底的胜利。他们并且说过，在19世纪末，'将由法国人开始，而由德国人完成'，其所以由法国人开始，是因为法国人在几十年的革命中养成了发起革命行动的奋不顾身的首创精神，从而使他们成了社会主义革命的先锋队。""现在的形势与马克思和恩格斯所预料的不同了，它把国际社会主义革命先锋队的光荣使命交给了我们——俄国的被剥削劳动阶级；我们现在清楚地看到革命的发展会多么远大；俄国人开始了，德国人、法国人、英国人将去完成，社会主义定将胜利。"[①] 列宁进而认为，不仅像俄国这样经济文化落后的国家，就是资本主义发达的国家，也不能一国建成社会主义社会。1918年5月26日，列宁在《在全俄国民经济委员会第一次代表大会上的讲话》中指出："我们并没有

---

① 《列宁全集》第33卷，人民出版社1985年版，第278—279、279页。

闭眼不看这件事实：我们单靠自己的力量是不能在一个国家内全部完成社会主义革命的，即这个国家远不象（应为像——引者）俄国这样落后，即使我们所处的条件比经过四年空前艰苦、破坏惨重的战争以后的条件要好得多。"①

列宁深刻地分析了俄国社会主义革命取得胜利和苏维埃政权得以保存的极其特殊的历史条件和原因。他在俄共（布）第七次（紧急）代表大会上作的《中央委员会政治报告》中指出："只是由于我国革命碰上了一个幸运的时机，即两大强盗集团，无论哪一个都不能马上向对方猛扑过去，也不能立即联合起来对付我们；我们的革命只是由于能够利用而且利用了国际政治和经济方面的这个时机，才在俄国实现了光辉的胜利进军，才蔓延到了芬兰，并且开始波及高加索和罗马尼亚。""俄国革命只是利用了国际帝国主义的暂时故障，因为向我们冲来的机车暂时抛了锚，它本来一定会象（应为像——引者）火车碾碎独轮车那样把我们碾得粉碎，可是它抛了锚，原因是两个强盗集团发生了冲突。"②列宁主张，要善于利用帝国主义国家之间的矛盾，抓住帝国主义各国暂时不能联合起来进攻苏维埃政权的大好时机，尽量避免和帝国主义发生冲突，保存和壮大社会主义力量，准备迎接世界革命的到来。为此，列宁不惜与德国帝国主义签订了苛刻的、屈辱的《布列斯特和约》。他在 1918 年 5 月 5 日写的《论"左派"幼稚性和小资产阶级性》一文中指出："在包括几国的、力量大到足以战胜**国际帝国主义**的国际社会主义革命爆发以前，已经在一个国家中（尤其是在一个落后的国家中）获得了胜利的社会主义者的直接使命，**不是去同**强大的帝国主义作战，而要竭力避免作战，要等待，让帝国主义者相互间的搏斗**进一步**削弱他们自己，加速其他国家革命的到来。""必须

---

①　《列宁全集》第 34 卷，人民出版社 1985 年版，第 357 页。
②　《列宁全集》第 34 卷，人民出版社 1985 年版，第 7 页。

善于估计力量的对比，不要在社会主义力量还薄弱、作战时机显然不利于社会主义的时候同帝国主义者作战，便于他们反对社会主义，**不要以此帮助**帝国主义者。"[1]

（三）1918 年春夏之交至 1920 年底

1918 年春夏之交，外国帝国主义的武装干涉和国内白匪的叛乱开始了，年轻的苏维埃政权被迫投入自卫战争。在这段时间，列宁反复强调，没有先进国家无产阶级革命的胜利，俄国革命的成果是无法维护和巩固的。列宁在 1918 年 11 月 20 日写的《皮季里姆·索罗金的宝贵自供》一文中指出："世界历史用事实向那些只知道祖国眼前的（而且是旧观念中的）利益的俄国爱国者表明，把我们俄国的革命变成社会主义革命并不是冒险，而是必然，因为当时**没有别的**选择，**如果**世界社会主义革命、世界布尔什维主义不能取得胜利，英、法、美三国帝国主义就**必然**会扼杀俄国的独立和自由。"列宁认为，当时世界形势面临两种前途：或者是先进国家取得无产阶级革命胜利，或者是帝国主义在全世界复活反动势力。他指出："现在，世界事变的进程和俄国一切君主派和英、法、美帝国主义结成联盟的最残酷的教训都**实际**表明……现在没有任何**别的**选择：**要么是**苏维埃政权在世界上一切先进国家获得胜利，**要么是**对民主共和国这种形式已经运用自如的英美帝国主义实行反动，疯狂肆虐，摧毁一切弱小民族，在全世界复活反动势力。"[2] 十月革命胜利后近一百年的历史，证明了列宁这个论断的正确性。自从世界上出现了社会主义国家以后，社会主义国家和资本主义国家之间的各种各样的冲突和斗争始终没有停止过，而且在 20 世纪 80 年代末 90 年代初，发生了苏联解体、东欧剧变的悲剧。时至今日，

---

[1] 《列宁全集》第 34 卷，人民出版社 1985 年版，第 266、267 页。
[2] 《列宁全集》第 35 卷，人民出版社 1985 年版，第 187—188、189 页。

在世界范围内，资本主义仍然比社会主义占有优势。

列宁在 1920 年 11 月《庆祝十月革命三周年的讲话》中说："我们知道，只有我们的事业在全世界取得胜利，我们的胜利才会巩固，因为我们在开始我们的事业时，就把全部希望寄托的世界革命上。帝国主义战争改变了我们以往的全部生活方式，我们当时并不知道，这场持续时间大大超过我们预料的斗争将具有怎样的形式。现在过了三年，可以看出我们比以前不知强大多少倍，但是全世界的资产阶级也还很强大。尽管如此，尽管他们比我们强得多，但是仍然可以说，我们胜利了。我们曾经以全力来瓦解这个资产阶级，在这方面，我们不是没有成绩的。这是因为我们的希望是寄托在国际革命上的，而这在当时无疑是正确的。"他在肯定苏维埃社会主义共和国取得了伟大成绩的同时，仍然保持着清醒的头脑，他明确地意识到，当肯定我们的成绩的时候，"也不应当忘记另外一面，不应当忘记，我们至多才获得一半的胜利。我们获得胜利，是因为我们顶住了那些比我们强大并且同我国逃亡国外的剥削者地主和资本家勾结起来的国家的进攻。我们一向懂得并且不会忘记，我们的事业是国际的事业，因此在一切国家（包括最富有和最文明的国家）的革命还没有完成以前，我们的胜利只是一半，也许一半都不到"。"直到革命在一个或几个先进国家里取得胜利为止"，资产阶级推翻我们的危险性始终存在。①

（四）1920 年底至列宁逝世

到 1920 年底，战争进行了将近三年，敌我双方未分胜负。1920年 11 月 21 日，列宁在《在俄共（布）莫斯科省代表会议上的讲话》中阐述当时国内外形势和党的任务时，回顾了三年前关于俄国革命和世界革命的发展所作的预言。他说："三年前当我们提出关于俄国无产阶

---

① 《列宁全集》第 40 卷，人民出版社 1986 年版，第 1—2、3 页。

级革命的任务及其胜利的条件的问题时，我们总是明确地说：没有西欧无产阶级革命的支持，这个胜利就不可能巩固；只有从国际的观点出发才能正确估价我们的革命。为了取得巩固的胜利，我们必须使无产阶级革命在一切国家或者至少在几个主要的资本主义国家取得胜利。经过三年残酷而激烈的战争，我们看到，我们的预言在哪些方面没有得到证实，在哪些方面已经得到证实。"预言没有得到证实的方面是，"我们谁也没有想到，俄国抗击世界资本主义列强这样力量悬殊的斗争竟能延续三年之久"。三年战争的结果是，无论俄罗斯苏维埃共和国还是整个资本主义世界都没有获得胜利，也没有遭到失败。预言得到证实的方面是，"主要的一点我们办到了，就这方面说预言实现了，因为主要之点就在于：即使全世界的社会主义革命推迟爆发，无产阶级政权和苏维埃共和国也能够存在下去。所以在这方面应该说，共和国现在所处的国际形势，最好地最确切地证实了我们的一切估计和我们的整个政策都是正确的"。帝国主义列强"尽管拥有庞大的军事力量，但在三年以后却不得不承认，它无法摧毁几乎没有任何军事力量的苏维埃共和国"。列宁认为："我们现在的情况是：我们虽然没有获得国际胜利，即对我们来说是唯一可靠的胜利，但是却给自己争得了能够同那些在不得不与我们建立贸易关系的资本主义列强并存的条件。在这场斗争的过程中，我们给自己争得了独立生存的权利。""我们不仅有了喘息时机，而且进入了一个新的阶段：尽管存在着资本主义国家的包围，我们已经基本上能够在国际上生存下去。"[①]

那么，列宁这时是否认为一国可以取得社会主义的最终胜利，即可以建成社会主义社会了呢？不是的。他指出："我们通常所说的喘气时机是一个短暂的时期，在此期间，帝国主义列强往往有可能更为猖狂地再次企图对我们发动战争。我们现在并不能自我陶醉，也不能否

---

① 《列宁全集》第40卷，人民出版社1986年版，第22、23、24页。

定资本主义国家将来对我们的事务进行武装干涉的可能性。我们必须保持战斗准备。"① 列宁在 1920 年 12 月 6 日《在俄共（布）莫斯科组织积极分子大会上关于租让的报告》中讲得更加明确。他说：虽然"我们现在已由战争转向和平，但是我们并没有忘记，战争还会死灰复燃。只要存在着资本主义和社会主义，它们就不能和平相处，最后不是这个胜利，就是那个胜利；不是为苏维埃共和国唱挽歌，就是为世界资本主义唱挽歌。这是战争的延期。资本家是会找借口来打仗的"②。

列宁为什么认为一国不能建成社会主义呢？他在外国武装干涉被击退和国内战争结束以后，反复讲了以下几点理由：（1）从力量对比上看，帝国主义要比我们强大许多倍，国际资产阶级仍在称雄全世界。（2）从国际形势来看，苏维埃政权暂时还是孤军作战，而国际资产阶级则可能联合起来，对我们发动第二次有决定意义的进攻。（3）俄国经济文化还很落后，经济基础还很薄弱，劳动生产率还很低，要完成发展生产力、创造高于资本主义的劳动生产率的任务，需要很长的时间。列宁在 1922 年 2 月底写的《政论家札记》中说："我们连社会主义经济的基础也没有建设完成。仇视我们的垂死的资本主义势力还有可能把这夺回去。必须清楚地认识到这一点，公开地承认这一点，因为再也没有什么比产生错觉（和冲昏头脑，特别是在极高的地方）更危险的了。承认这一痛苦的真理根本没有什么'可怕'，也决不会使人有正当的理由可以有一丝一毫的灰心失望，因为我们向来笃信并一再重申马克思主义的一个起码的真理，即要取得社会主义的胜利，必须有几个先进国家的工人的共同努力。"③ 直到这时，列宁仍然把一国不能建成社会主义，至少要有几个先进国家的无产阶级共同努力才能建成社会主义，看作是"马克思主义的一个起码的真理"。

① 《列宁全集》第 40 卷，人民出版社 1986 年版，第 23 页。
② 《列宁全集》第 40 卷，人民出版社 1986 年版，第 78 页。
③ 《列宁选集》第 4 卷，人民出版社 1995 年版，第 640 页。

列宁一向十分重视国内的经济建设。他认为："劳动生产率，归根到底是使新社会制度取得胜利的最重要最主要的东西，资本主义创造了在农奴制度下所没有过的劳动生产率。资本主义可以被最终战胜，而且一定会被最终战胜，因为社会主义能够创造新的高得多的劳动生产率。"[①] 在十月革命胜利以后，列宁曾经先后三次在关键时刻提出把工作重心转移到经济建设上来。第一次是在 1918 年 4 月，即剥夺剥夺者的任务刚刚完成的时候。他在《苏维埃政权的当前任务》一文中说："在任何社会主义革命中，当无产阶级夺取政权的任务解决以后，随着剥夺剥夺者及镇压他们反抗的任务大体上和基本上解决，必然要把创造高于资本主义的社会结构的根本任务提到首要地位，这个根本任务就是：提高劳动生产率，因此（并且为此）就要有更高形式的劳动组织。"[②] 第二次是在 1919 年底。我们知道，1918 年春夏之交，外国武装干涉和国内白匪叛乱开始，年轻的苏维埃政权被迫进行自卫战争，没有能够实现工作重心的转移。到 1919 年中，外国武装干涉者和俄国反动势力在俄国东部败局已定，而在南方却发动大规模的新攻势。这年十月中旬，苏维埃政权又处于十分危险的境地。经过激烈的战斗，红军在各条战线上取得了决定性的胜利。列宁抓住这一喘息的时间，再次提出把工作重心由战争转移的经济恢复工作。第三次是 1920 年底至 1921 年初，外国武装干涉和国内战争结束以后，列宁立即调整政策，采取措施，迅速恢复遭到四年帝国主义战争和三年国内战争严重破坏的经济，在事实上实现了工作重心的转移。

列宁一方面号召和领导俄国一国的社会主义革命取得胜利，并且在革命胜利以后十分重视经济建设，另一方面又认为一国不能取得社会主义的最终胜利、不能建成社会主义社会，这是否是自相矛盾呢？

---

① 《列宁选集》第 4 卷，人民出版社 1995 年版，第 16 页。
② 《列宁选集》第 3 卷，人民出版社 1995 年版，第 490 页。

不是的。

首先，列宁认为，一国的无产阶级首先夺取政权，然后用自己在一国之内所能做到的一切来促进、援助、支持、激起世界革命，从而形成在多国建设和实现社会主义的新局面。前面已经讲过，列宁1915年的《论欧洲联邦口号》和1916年的《无产阶级革命的军事纲领》两篇文章中提出了一国或几国可以首先取得社会主义革命胜利的时候就提出了这个思想。1921年6—7月间，列宁在共产国际第三次代表大会上《关于俄国策略的报告》中又指出："我们懂得，没有国际上世界革命的支持，无产阶级革命是不可能取得胜利的。还在革命以前，以及在革命以后，我们都是这样想的：要么是资本主义比较发达的其他国家立刻爆发或很快爆发革命，要么是我们灭亡。尽管有这种想法，我们还是尽力而为，做到不管出现什么情况无论如何都要保住苏维埃制度，因为我们知道，我们的工作不仅是为了自己，而且是为了国际革命。"[1]

其次，当时西欧确实有革命形势，列宁认为西欧的无产阶级革命很快或必然会爆发，绝不仅仅是美好的主观愿望。1918年，德国革命勃然兴起，紧接着又爆发了1919年的匈牙利革命。1919年2月，列宁在《俄共（布）纲领草案》中满怀豪情地指出："各先进国家无产阶级革命运动的高涨，这一运动的苏维埃形式即旨在直接实现无产阶级专政的形式在各地的出现和发展，特别是奥匈帝国和德国的革命的开始和发展进程，都清楚地表明，世界无产阶级共产主义革命的纪元已经开始。"[2]

再次，列宁寄希望于构成世界人口绝大多数的被压迫民族争取自身解放的斗争的胜利。因为欧洲一些发达资本主义国家的无产阶级革

① 《列宁全集》第42卷，人民出版社1987年版，第40页。
② 《列宁选集》第3卷，人民出版社1995年版，第732页。

命延缓下来，而东方被压迫民族却卷入到世界革命运动中来。所以列宁在逝世前夕，把原来对西方发达国家革命的希望转移到东方被压迫民族和人民的解放斗争上来，认为东方被压迫民族的解放斗争可以重新激起西方发达国家的无产阶级革命，从而在全世界实现社会主义的最终胜利。他在生前最后一篇口授的文章《宁肯少些，但要好些》中指出："斗争的结局归根到底取决于如下这一点：俄国、印度、中国等构成世界人口的绝大多数。正是这个人口的大多数，最近几年来非常迅速地卷入了争取自身解放的斗争，所以在这个意义上说，世界斗争的最终解决将会如何，是不可能有丝毫怀疑的。在这个意义上说，社会主义的最终胜利是完全和绝对有保证的。"[①]

在这样的情况下，列宁关心的"并不是社会主义最终胜利这种必然性"，因为他对此是坚信不移的，而是"我们俄国共产党，我们俄国苏维埃政权为阻止西欧反革命国家扼杀我们所应当采取的策略"[②]。列宁为布尔什维克党和苏维埃政权制订的自救政策主要包括：（1）在国内，必须实际地、机敏地维护苏维埃政权，保持苏维埃政权在小农中的威信和对他们的领导。（2）在国际上，要极巧妙地、灵活地利用帝国主义国家之间的矛盾，尽量避免同他们发生冲突，加强自己的实力，分散敌人的力量。列宁认为，世界无产阶级革命的第一个浪潮已经平息，但是我们不应该因此而惊慌失措，放弃斗争，无所作为，坐以待毙。而是要抓住时机，建立新的社会结构，提高劳动生产率，增强自己的力量，作好充分的准备，以便能够有意识地和尽我们所有的力量充分利用下一次革命高潮。

综上所述，列宁始终没有明确提出一国可以建成社会主义社会的理论，他的基本思想在外国武装干涉和国内战争结束以后也没有发生

---

① 《列宁选集》第4卷，人民出版社1995年版，第796页。
② 《列宁选集》第4卷，人民出版社1995年版，第796页。

根本改变，如果说前后有什么变化的话，那也仅仅是原来认为没有西欧无产阶级革命的响应，一国的无产阶级革命很快就会被比自己强大得多的帝国主义强盗和国内反动势力镇压下去，而在外国武装干涉和国内战争结束以后则认为，只要布尔什维克党和苏维埃政权的政策和策略正确，苏维埃政权就可以在两次世界革命浪潮的"间隙"中坚持下去，等到下一次革命高潮的到来。但这毕竟不是说一国可以取得社会主义的最终胜利或建成社会主义社会。

那么，究竟是谁提出了一国可以建成社会主义社会的理论呢？是列宁逝世以后斯大林提出来的。

二、斯大林关于一国可以建成社会主义社会的思想

斯大林在1924年5月写的《论列宁和列宁主义》的小册子中，也认为一国不能获得社会主义的完全胜利或最终胜利。他说："可是，在一个国家内推翻资产阶级政权，建立无产阶级政权，还不等于保证无产阶级的完全胜利。社会主义的主要任务即组织社会主义生产的任务尚待解决，没有几个先进国家中无产者的共同努力，能不能解决这个任务，能不能在一个国家内获得社会主义的最终胜利呢？不，不能。为了推翻资产阶级，一个国家的努力就够了，这是我国革命的历史给我们说明了的。为了获得社会主义的最终胜利，为了组织社会主义生产，单靠一个国家的努力，特别是像俄国这样一个农民国家的努力就不够了，——为了达到这个目的，就必须有几个先进国家中无产者的共同努力。"[1]

那么，什么叫社会主义的完全胜利或最终胜利呢？从斯大林这段话可以看出，他是指在一个落后的国家里完成"组织社会主义生产的

---

[1]　《斯大林选集》上卷，人民出版社1972年版，第435页。

任务"。这个任务单靠一个国家的努力是不能完成的，必须有一批先进国家的无产者的共同努力才能完成。而完成组织社会主义生产的任务，应该是建成社会主义社会的最基本的条件。不完成这个任务，不能说是建成了社会主义社会。由此可见，这时斯大林认为一国不能取得社会主义的完全胜利或最终胜利，就是认为一国不能建成社会主义社会。这时在斯大林那里，社会主义的最终胜利和建成社会主义社会的含义是相同的，他这时的看法与列宁的思想是一致的。

但是，时过半年多一点，1924 年 12 月，在《十月革命和俄国共产党的策略》这本小册子中，斯大林改变了自己的看法。他认为自己1924 年 5 月的说法有缺点。缺点就在于把两个不同的问题连成了一个问题。这两个不同的问题是：一个是免除资产阶级制度复辟的完全保障的问题，另一个是可能在一个国家内建成完全的社会主义社会的问题。这个缺点实际上是没有把一国可以建成社会主义的问题与社会主义的最终胜利的问题区分开。斯大林认为，正确的做法是应该把这两个问题区分开。他认为，一国可以建成完全的社会主义社会，但不能取得社会主义的最终胜利。这就与列宁的思想不一致了。

斯大林 1925 年 5 月在《俄共（布）第十四次代表会议的工作总结》中，详细地说明了他的思想。他指出："我国有两种矛盾。一种矛盾是内部的矛盾，即无产阶级和农民之间的矛盾。另一种矛盾是外部的矛盾，即我们这个社会主义国家和其他一切资本主义国家之间的矛盾。"关于第一种矛盾，斯大林说："无产阶级和农民之间存在着某些矛盾，——这一点当然不能否认。只要回忆一下我国过去和现在由于农产品的价格政策，由于限价，由于降低工业品价格的运动等等而发生的一切事情，就会了解这些矛盾的全部现实性。我们面前有两个主要阶级：无产者阶级和私有者阶级即农民阶级。他们之间必然产生矛盾。全部问题在于：我们能不能用自身的力量克服无产阶级和农民之间所存在的这些矛盾。当人们说：能不能用自身的力量建成社会主义？他们的意思是说：我国无产阶级和农民之间的矛盾是可以克服还是不能克服？"斯大林认为，"列宁主义对这个问题的回答是肯定的"，"我们能够建成社会主义，而且我们将在工人阶级领导下和农民一起去建设"。"正因为如此，列宁主义说，我们能够而且必须和农民一起并且依靠工农联盟来建成完全的社会主义社会。"[1]斯大林把自己提出来的一国可以建成完全的社会主义社会的思想加到列宁主义的头上，这是不符合实际的。

关于第二种矛盾，斯大林说："这种矛盾表现在：只要资本主义包围存在，就一定会有资本主义国家进行武装干涉的危险，只要这种危险存在，就一定会有复辟的危险即资本主义制度在我国恢复的危险。"那么，能不能认为这种矛盾是一个国家完全可以克服的呢？斯大林认为不能。"因为靠一个国家的努力，即使这个国家是无产阶级专政的国家，也不能完全保障自己免除武装干涉的危险。因此，只有在国际范围内，只有通过若干国家的无产者的共同努力，或者更好是在几个国家的无产者取得胜利以后，才能有免除武装干涉的完全保障，也就是说，才能取得社会主义的最终胜利。"[2]

1926年1月，斯大林在《论列宁主义的几个问题》中，又对一国可以建成完全的社会主义社会的含义加以说明。他指出："这就是可能用我国的内部力量来解决无产阶级和农民之间的矛盾，这就是在其他国家的无产者的同情和支援下，但无须其他国家无产阶级革命的预先胜利，无产阶级可能夺得政权并利用这个政权来在我国建成完全的社会主义社会。"他针对季诺维也夫一国不能建成社会主义社会的观点批评道：否认一国可以建成社会主义社会"就是没有建成社会主义的信心"，"就是不相信社会主义建设事业，就是离开列宁主义"。[3]

---

① 《斯大林选集》上卷，人民出版社1972年版，第336—337页。
② 《斯大林选集》上卷，人民出版社1972年版，第342页。
③ 《斯大林选集》上卷，人民出版社1972年版，第438页。

東方社会发展道路与社会主义的理论和实践

1926 年 11 月，斯大林在《论我们党内的社会民主主义倾向》中，谈到与反对派进行一国能否建成社会主义问题的争论时说："使党和反对派联盟发生分歧的基本问题，是社会主义在我国的胜利是否可能的问题，或者换句话说，是我国革命的性质如何和前途如何的问题。"他认为在这个总问题中包括下面三个问题："（一）我国暂时还是一个独一无二的无产阶级专政的国家，其他国家的无产阶级革命还没有胜利，世界革命的速度已经缓慢下来，在这种情况下，社会主义在我国的胜利是否可能。（二）如果这种胜利是可能的，那末可以不可以把它称为完全的胜利，最后的胜利。（三）如果这种胜利不能称为最后的胜利，那末要使这种胜利成为最后的胜利，需要哪些条件。"①

1926 年 12 月，斯大林在共产国际执行委员会第七次扩大全会的报告《再论我们党内的社会民主主义倾向》中，又进一步把一国可以建成完全的社会主义社会解释为无产阶级用本国的力量战胜本国的资产阶级，建立社会主义的经济基础，堵死和消灭资产阶级借以产生的一切途径。他说："建成社会主义是什么意思呢？在苏联建成社会主义就是在斗争进程中用本身的力量战胜苏联的资产阶级。"他坚信，"苏联的无产阶级、苏联的无产阶级专政有可能用本身的力量战胜苏联的资产阶级"。他进而指出："建立社会主义社会的经济基础，就是把农业和社会主义工业结合为一个整体经济，使农业服从社会主义工业的领导，在农产品和工业品交换的基础上调整城乡关系，堵死和消灭阶级借以产生首先是资本借以产生的一切孔道，最后造成或直接导致阶级消灭的生产条件和分配条件。"②斯大林在这个报告中，还对《论我们党内的社会民主主义倾向》一文中提出的三个问题作了详细的说明。他指出："假如党没有理由断定苏联无产阶级能够建成社会主义社会，

---

① 《斯大林全集》第 8 卷，人民出版社 1954 年版，第 217、217—218 页。
② 《斯大林选集》上卷，人民出版社 1972 年版，第 510、511 页。

虽然我国在技术上比较落后，那么党就没有理由继续掌握政权，它无论如何应当放弃政权并转到在野党的地位。""因为二者必居其一：**或者**是我们能战胜本'民族'的资产阶级，能建成社会主义，并最终把它建成，那么党就应该继续掌握政权，领导国内社会主义建设，以期社会主义在全世界获得胜利"；"**或者**是我们不能用本身的力量战胜本国的资产阶级，那么，鉴于不能立即得到外援，即其他国家革命胜利的支援，我们就应当老实地和公开地放弃政权，而采取将来在苏维埃组织新革命的方针。""党能不能欺骗自己的阶级即工人阶级呢？不，不能。这样的党应当被肢解。正因为我们党没有权利欺骗工人阶级，它就应该直截了当地说：对我国建成社会主义的可能性缺乏信心，就会使我们党放弃政权，使我们党由执政党的地位转到在野党的地位。"①

以上是斯大林关于一国可以建成社会主义社会的主要论述。下面对他的这些论述从总体上作几点评价。

第一，斯大林关于"社会主义的最终胜利"的含义前后发生了变化。开始他认为，"社会主义的最终胜利"是指在一个落后的国家里完成组织社会主义生产的任务；后来他认为，"社会主义的最终胜利"是指免除帝国主义的武装干涉、消除资本主义复辟的危险。这样就把完成组织社会主义生产的任务与免除帝国主义的武装干涉、消除资本主义复辟的危险这两个具有内在联系的问题，分割成两个似乎是相互孤立、毫不相干的问题。

第二，斯大林开始没有区分一国建成社会主义社会和社会主义社会的最终胜利，后来他把二者区分开来了，并且认为一国可以建成社会主义社会，但是不能取得社会主义的最终胜利。这种做法和观点是不科学的。首先，近百年现实的社会主义实践已经证明，在与世隔绝、

---

① 《斯大林选集》上卷，人民出版社1972年版，第510—511页。

闭关自守的条件下，一国是不能建成社会主义的。世界上还没有一个
无产阶级专政的国家建成了完全的社会主义社会。其次，在没有免除
帝国主义的武装干涉、消除资本主义复辟的危险，即没有取得社会主
义的最终胜利、没有造成使资产阶级既不能存在也不能再产生的条件
的情况下，也不能算是建成了社会主义社会。在我看来，建成完全的
社会主义社会与社会主义的最终胜利，本来就是一回事，不能把它割
裂为两个不同的问题。

第三，斯大林 1925 年 5 月在《俄共（布）第十四代表会议的工作
总结》和 1926 年 1 月在《论列宁主义的几个问题》等论著中，认为
一国建成社会主义社会的含义，是指用本国的力量解决无产阶级和农
民之间的矛盾；1926 年 12 月在《再论我们党内的社会民主主义倾向》
中又进而认为，一国建成社会主义社会不仅是指利用本国的力量解决
无产阶级和农民之间的矛盾，而且是指用本国的力量解决无产阶级和
资产阶级之间的矛盾，堵死和消灭资产阶级借以产生的一切途径和孔
道。这种想法是不切实际的幻想，因而是不正确的。我们知道，资产
阶级具有广泛的国际联系，消灭资产阶级是一种国际行为，在全世界
范围内资产阶级还普遍存在并且占优势的条件下，在一国之内是不能
最后地、彻底地、完全地消灭资产阶级的，更不能造成使资产阶级既
不能存在也不能再产生出来的条件。这已经是被近百年来现实社会主
义的实践所证明了的无可辩驳的真理。世界上曾经有或者现在有哪一
个社会主义国家消灭了资产阶级呢？

第四，斯大林把列宁 1923 年 1 月在《论合作社》一文中的一段
话，作为列宁提出一国可以建成社会主义社会的最有力的论据。列宁
这段话是："的确，国家支配着一切大生产资料，无产阶级掌握着国家
政权，无产阶级和千百万小农及最小农结成联盟，无产阶级对农民的
领导已有保证等等，难道这还不是我们所需要的一切，难道这不是我
们通过合作社，而且仅仅通过合作社，通过我们从前鄙视为买卖机关，

并且现时在新经济政策下我们从某一方面也有理由加以鄙视的合作社来建成**完全的社会主义社会所必需的一切**吗？这还不是建成社会主义社会，但这已经是建成社会主义社会所必需而且**足够的一切**。"[1] 把列宁这段话作为一国可以建成完全的社会主义社会的论据，是对这段话极大的误解。首先，列宁把建成社会主义社会所必需的条件和实际上建成社会主义社会作了明确的区分。他着重指出，有了建成社会主义社会所必需的和足够的条件，"这还不是建成社会主义社会"。因为这些条件既可能长期存在并发生作用，也可能因被敌人夺去而丧失。事实上，现在在苏联，这些条件不是已经被敌人夺去而丧失了吗！其次，列宁这段话讲的只是建成社会主义社会所必需的国内条件，列宁认为，除此之外，还需要有建成社会主义社会的国际条件，这个国际条件就是西方发达资本主义国家的无产阶级革命取得胜利，即列宁在临终前口授的最后一篇文章《宁肯少些，但要好些》中所说的，俄国已经取得的革命成果和无产阶级在小农中取得的信任，要能够"支持到社会主义革命在比较发达的国家里获得胜利"的时候，"支持到西欧资本主义国家发展到社会主义的那一天"。[2]

第五，斯大林认为，否认一国可以建成社会主义，"就是没有建成社会主义的信心"，"就是不相信社会主义建设事业"。这种看法过于简单和武断。是否承认一国可以建成社会主义社会与是否具有建成社会主义社会的信心，这两个问题之间虽然有联系，但绝不是完全等同的。前面已经讲过，列宁虽然认为一国不能建成社会主义社会，但是他不仅没有因此而丧失建成社会主义的信心，而且十分重视并实际领导国内的经济建设，反复提出把工作重心转移到经济建设上来的思想，以此来促进和等待西欧发达资本主义国家社会主义

---

[1] 转引自《斯大林选集》上卷，人民出版社 1972 年版，第 520 页。

[2] 《列宁选集》第 4 卷，人民出版社 1995 年版，第 794、795 页。

革命的到来。

总之，列宁关于一国不能建成社会主义社会的观点是科学的、正确的，而斯大林关于一国可以建成完全的社会主义社会的观点是不科学的、不正确的。

三、我国理论界如何看待苏联关于"一国能否建成社会主义问题"的论争

对于苏联关于"一国能否建成社会主义问题"的争论，我国的理论工作者持有不同的看法。有人赞成列宁的观点，认为一国不能建成社会主义社会；有人赞成斯大林的观点，认为一国可以建成社会主义社会，但不能取得社会主义的最终胜利。总体来看，我国理论界对这个问题的讨论并不多，个别学者之间虽然有过争论，但始终没有成为研究的热点，更没有出现过讨论的热潮。但在最近几年编写的一些具有权威性的教材和干部读本中，涉及了对这个问题的看法，并且都赞成斯大林的观点。下面我先把有关的观点作些简要的介绍，然后从总体上加以简要评价。

《国际共产主义运动史》一书认为："托洛茨基、季诺维也夫等反对派，反对一国能够建成社会主义。他们机械地理解马克思和恩格斯关于社会主义革命只能首先在几个主要资本主义国家'同时发生'的设想，断言经济文化比较落后、农业占全国人口绝大多数的俄国不具备实现社会主义的客观基础。他们否认新经济政策是建设社会主义的正确途径，认为这会导致资本主义。托洛茨基的一个结论是：'我国社会主义经济的真正高涨只有无产阶级在欧洲几个最主要的国家内获得胜利以后才会是可能的。'他还提出了'不断革命论'，认为解决无产阶级夺取政权后面临的内外问题的出路，是把革命推向欧洲，只有西方无产阶级取得胜利后对俄国实行'直接的国家援助'，苏联才能建成

社会主义。""斯大林在批判托洛茨基等人的观点过程中，阐述了一国建成社会主义的观点。他认为，在世界革命不可能马上到来的情况下，苏联能够依靠自己内部的力量，依靠国内的经济和文化资源，通过实行社会主义计划经济来建设社会主义，而且一定能够在苏联建成社会主义。无产阶级专政的建立，奠定了建设社会主义的政治基础，问题在于把农业和社会主义工业结合成一个整体经济，从而建立起社会主义的经济基础。由于无产阶级掌握着国家政权和经济命脉，因而会引导和吸引广大农民参加社会主义建设，使一国建成社会主义具备重要的内部条件和保证。关于工业化问题，斯大林批判了托洛茨基等人的'超工业化'政策，提出不能把农民当做'殖民地'和'剥削'对象，而要靠国有化的土地、工业、运输、信贷、贸易等为工业化积累资金。"[①]

《科学社会主义概论》一书认为："斯大林继承和发展了列宁关于社会主义可能在一国或数国首先取得胜利的思想，形成了较为完整的'一国建成社会主义'理论。他认为，俄国虽然处在资本主义包围中，但俄国拥有建成完全社会主义所必需的一切，它能够依靠自身的力量，克服内部矛盾，在一国范围内建成社会主义。这一理论正确地解答了时代提出的重大课题，从总体上把握了苏联社会主义的前途和命运，符合劳动人民群众要求建设社会主义的强烈愿望，并直接指导苏联人民开创了社会主义建设的新局面。"[②]

《马克思主义发展史》一书认为："针对托洛茨基认为一国不能建成社会主义的断言，斯大林在《再论我们党内的社会民主主义倾向》等一系列文章中，系统地阐述了俄国一国可以建成社会主义的理论，

---

① 《国际共产主义运动史》编写组：《国际共产主义运动史》，人民出版社、高等教育出版社 2012 年版，第 212、213 页。
② 《科学社会主义概论》编写组：《科学社会主义概论》，人民出版社、高等教育出版社 2011 年版，第 148 页。

同时，他也认为社会主义的最终胜利不能靠一个国家。"①

《世界社会主义五百年（党员干部读本）》一书认为："当时，对于苏联一国能否建成社会主义这一问题，苏联党内认识是不一致的，一些人存在疑惑。围绕这一问题，以斯大林为首的苏共中央同托洛茨基为首的'左翼'反对派之间展开了争论。反对派固守马克思和恩格斯关于社会主义革命要在几个主要资本主义国家'同时发生'才能取得成功的论断，断言经济文化比较落后、农业人口占全国人口绝大多数的俄国不具备实现社会主义的客观基础，认为社会主义'搞早了'。他们否认新经济政策是建设社会主义的正确途径，认为这会导致资本主义。他们提出'不断革命'论，认为只有把革命引向欧洲，发动欧洲各国的社会主义革命，在西方国家取得社会主义革命胜利后，这些国家对苏联实行'直接的国家援助'条件下，苏联才能建成社会主义。斯大林发表一系列文章，批判托洛茨基的'不断革命'论是变相的孟什维主义。他阐明苏联一国能够建成社会主义。他指出，苏维埃政权为我们克服了所有一切内部困难创造了条件。无产阶级专政的建立，奠定了建设社会主义的政治基础，问题在于把农业和社会主义工业结合成一个整体经济，从而建立起社会主义的经济基础。由于无产阶级掌握着国家政权和经济命脉，因而会引导和吸引广大农民参加社会主义建设，使一国建成社会主义具备重要的内部条件和保证。因此，即便没有西方无产阶级的援助，苏联一国也能建成社会主义。"②

《社会主义历程与中国道路》一书认为："列宁逝世后，布尔什维克党内围绕什么是社会主义、一国能否建成社会主义、一个相对落后

---

① 《马克思主义发展史》编写组：《马克思主义发展史》，高等教育出版社、人民出版社2013年版，第264页。

② 中共中央宣传部理论局组织编写：《世界社会主义五百年（党员干部读本）》，党建读物出版社、学习出版社2014年版，第94—95页。

的国家里能否建成社会主义、如何建成社会主义等重大问题发生了激烈争论。""以托洛茨基为首的'左倾'反对派与斯大林、布哈林等的论战，围绕苏联一国能否建成社会主义展开。托洛茨基等从'不断革命'的立场出发，认为只有在世界革命完成之后才能认真谈论建设新世界的道路和方法。他们认为新经济政策只是一种权宜之计，要在农村开展新的阶级斗争进行'第三次革命'，提出了一系列限制和消灭富农经济的政策，实行'工业专政'，用高速发展工业来战胜资本主义。斯大林发表系列著作，认为在苏维埃政权条件下，工人阶级和农民根本利益一致，无产阶级专政的国家能够吸引组织农民走上社会主义道路，实现一国建成社会主义社会。"①

上述五部著作的引文，涉及许多十分复杂的问题，全面评价这些问题，不是本书作者的任务。这里只就一国能否建成社会主义社会的问题，从总体上作些简要评论，与这几部著作的众多作者商榷。

第一，这几部著作都只看到斯大林与托洛茨基、季诺维也夫等人的争论，而全然没有提到列宁对一国能否建成社会主义问题的观点。我在前面已经讲到，列宁从1905年俄国革命开始到其逝世为止，一直坚持一国不能建成社会主义的观点。无论在这近二十年中，世界和俄国国内发生什么样的重大变化，列宁始终没有改变这种观点。斯大林直至1924年5月，也仍然持和列宁一样的观点。只是在1924年12月以后，斯大林才改变了自己的观点。对这段历史避而不谈，这种割断历史的做法是不妥当的。

第二，我在前面分四个时期详细考察和论证了列宁关于一国不能建成社会主义的观点。列宁的观点论据是充分的，论证是科学的、深刻的，在逻辑上是无懈可击的。赞成斯大林关于一国可以建成社会主

① 尹汉宁主编：《社会主义历程与中国道路》，中国和平出版社2013年版，第68—69页。

义的观点，就意味着不赞成列宁关于一国不能建成社会主义的观点。
既然不赞成列宁关于一国不能建成社会主义的观点，就应该讲出理由，
指出列宁观点的不当之处，包括论据是否充分，论证是否科学，是否
违背逻辑，但上述几部著作都没有对列宁的观点提出任何质疑，甚至
根本就没有谈到列宁的观点。这种做法也是不妥当的。

第三，认为托洛茨基的一国不能建成社会主义的观点，违背了列
宁主义，这也是不符合实际的。我们只要读一读托洛茨基在其所著的
《俄国革命史》附录中的《一国建设社会主义》，就不难看出，他得出
和坚持这一观点的论据几乎全部是出自列宁的论述，他几乎引用了列
宁从1905年革命到其逝世将近二十年中的所有有关论述。托洛茨基的
观点与列宁的观点在根本点上是一致的。怎么能说他的观点违背了列
宁主义呢？如果断定他的观点违背了列宁主义，就应该对他的论点、
论据、论证方式加以具体分析。上述这几部著作并没有做到这一点。
这种做法也是不妥当的。

第四，一国或几国可以首先取得社会主义革命胜利的思想，与一
国是否能够建成社会主义的思想，二者之间虽然有联系，但不能把它
们等同起来。列宁提出了一国或几国可以首先取得社会主义革命胜利
的思想，但同时又认为一国不能建成社会主义社会。列宁的一国或几
国首先胜利论，与马克思、恩格斯提出的"共同胜利论"，不是互相矛
盾的，而是在本质上一致的，这一点我在前面已经作了论证。列宁认
为要建成社会主义社会、取得社会主义的完全胜利或最终胜利，仍然
需要全世界的无产阶级共同努力才能实现。托洛茨基赞成列宁的观点，
所以不能因为托洛茨基坚持"世界革命"的思想，坚持马克思、恩格
斯提出的"共同胜利论"，就认为他的一国不能建成社会主义的理论是
错误的。

第五，斯大林在与托洛茨基的论战中，给托洛茨基头上加了许多
莫须有的罪名，诬蔑他反对列宁主义，反对新经济政策，实行"超工

业化"政策，实行"工业专政"，等等。以新经济政策为例，托洛茨基不仅不反对新经济政策，而且还是当时率先提出新经济政策的领导人之一。有两件事足以证明这一点。其一是，1919 年冬托洛茨基到乌拉尔指导经济工作，其成果是 1920 年 2 月向中央提交的《粮食和土地政策的基本问题》提纲。托洛茨基指出，粮食征收制（又译"余粮收集制"）等政策正在降低农业生产，造成工业无产阶级的涣散，并且有使全国经济生活彻底瓦解的危险。因此他建议：第一，用按产量比例征税代替余粮收集制；第二，严格确定供给农民的工业品和农民交纳的粮食量的相互关系。用工业品换取农民的粮食和原料。不难看出，这就是后来实行的以粮食收集制为标志的新经济政策的思路。但是，当时的多数领导人还没有认识到这一点，该建议在政治局会议上被否决了，要再等一年的时间加上喀琅施塔得暴动的逼迫，中央的多数才能认识到改行粮食税的迫切性和必要性。① 其二是，托洛茨基关于新经济政策的论述曾经被看作是代表党的观点的文件。1922 年 11 月 14 日列宁在《致北美俄国侨民》中写道："凡对我们的新经济政策这个唯一正确的政策的问题还不够清楚的人，我都请他们读一读托洛茨基同志和我在共产国际第四次代表大会上有关这一问题的讲话。"②11 月 25 日列宁给托洛茨基写信说："读了您论述新经济政策的提纲，我认为总的来说写得很好，某些提法恰到好处，但有少数几点我觉得还值得商榷。我建议暂时先在报上发表，以后一定要再印成单行本出版。要是再加上一些说明，那它对于向国外公众介绍我国的新经济政策将是特别合适的。"③

第六，托洛茨基无论在苏联国内还是在世界范围内都是争议极大的一个复杂的历史人物，对这个历史人物的评价应该十分慎重。在苏

---

① 参见郑异凡编：《托洛茨基读本》的《导言》，中央编译出版社 2008 年版，第 13 页。
② 《列宁全集》第 43 卷，人民出版社 1987 年版，第 291 页。
③ 《列宁全集》第 52 卷，人民出版社 1988 年版，第 534 页。

联斯大林当政时期，由于托洛茨基的著作几乎成为禁书，人们很少直接读到他的著作，人们对托洛茨基的了解，都是根据斯大林所说的和在当时党和政府的各种文献中看到的有关材料，这些材料并不完全符合实际，甚至可以说大都不符合实际。斯大林当年给托洛茨基加上的几个最大的罪名，如"托洛茨基主义"、"社会民主主义"、"德国法西斯的间谍"、"帝国主义的走狗"等，没有一个是能够成立的。在我国，很多人对托洛茨基的了解，大都是根据斯大林和斯大林当政时期党的文件给他加上的这些罪名判断托洛茨基其人的。而且在斯大林逝世以后，人们也是长期沿用这种看法。这就不免造成了许多对托洛茨基的误解。只是在东欧剧变以后，人们才逐步得以根据真实的历史材料以及托洛茨基本人的著作评价他的是非功过。对于中国的理论工作者，也应该改变过去对托洛茨基的固有看法，对他的功过是非重新作出评价。

在我国社会主义初级阶段，明确一国可以首先取得社会主义革命的胜利但不能建成完全的社会主义或发达的社会主义社会的思想，具有重要的理论意义和现实意义。既然一国不能建成完全的社会主义或发达的社会主义社会，而又必须保持和巩固已经取得的社会主义成果，坚持已经逐步建立起来的社会主义的基本制度，这样的国家就必然会在相当长的历史时期内处于社会主义的初级阶段。从上面对马克思、恩格斯的"共同胜利论"和列宁关于一国不能建成完全的社会主义或发达的社会主义社会的思想的分析可以看出，马克思、恩格斯关于社会主义和共产主义是"世界历史性事业"的思想，列宁关于一国不能建成完全的社会主义或发达的社会主义社会的思想，邓小平关于我国正处在并将长期处在社会主义的初级阶段的理论，前后相继、一脉相承，是科学社会主义理论发展过程中既互相衔接、又不断深化的三个阶段。只有把这三个阶段看作内在统一的整体，才能深刻地理解目前我国正处在并将长期处在社会主义的初级阶段这个论断的科学依据，才能加深对社会主义初级阶段的长期性和不可逾越性的认识，才能避免重犯过去超越社会发展阶段的"左"的错误，才能把建设有中国特色的社会主义事业与"世界历史"的发展、把中国社会主义的前途和命运与整个人类的前途和命运紧密地连接在一起。

第二十章
邓小平的社会主义初级阶段理论

经济文化落后的国家，在无产阶级夺取政权、建立无产阶级专政以后，不能直接过渡到马克思、恩格斯设想的完全的社会主义社会或发达的社会主义社会，必须经过一个很长的社会主义初级阶段，才能成长为完全的社会主义社会或发达的社会主义社会。这是邓小平对科学社会主义理论的重大发展。社会主义初级阶段理论包含着十分丰富的内容。全面深入地理解邓小平的社会主义初级阶段理论，对于我国搞好改革开放和社会主义现代化建设，全面建成小康社会，实现"两个一百年"的奋斗目标，实现中华民族伟大复兴的中国梦，具有重大的理论意义和现实意义。

一、社会主义初级阶段理论与科学社会主义理论的关系

邓小平的社会主义初级阶段理论与马克思、恩格斯创立的科学社会主义理论是前后相继、一脉相承的，前者是对后者的继承和发展。这种发展又不是一般的发展，而是有着重大突破和创新的发展。但这是以后者为基础的突破和创新，而不是另立门户，另起炉灶，另搞一套。社会主义初级阶段理论与科学社会主义理论在本质上是一致的，任何把二者割裂开来、对立起来的观点都是不正确的。我们在肯定二者在本质上一致的同时，即在肯定二者在基本立场、基本观点、基本方法上一致的同时，也不否认二者之间的差别。具体说来，二者之间的差别主要表现在以下几个方面。

第一,二者的理论前提不同。马克思、恩格斯创立的科学社会主义理论是以"共同胜利论"为前提的。所谓"共同胜利论",就是认为几个占支配地位的发达的资本主义国家的无产阶级革命首先取得胜利,进而把落后国家带到未来新社会中去,从而在全世界共同进入社会主义社会和共产主义社会。社会主义初级阶段理论是以"一国首先胜利论"为前提的。所谓"一国首先胜利论",就是认为在特定的历史条件下,一个或几个经济文化比较落后的国家的无产阶级革命首先发生并取得胜利,激发起发达资本主义国家的无产阶级革命并取得胜利,从而在全世界共同进入社会主义社会和共产主义社会。前者是马克思、恩格斯的设想,后者是列宁的设想。但在事实上,无论是马克思、恩格斯的设想,还是列宁的设想,都没有变成现实或没有完全变成现实。列宁的"一国首先胜利论",虽然在俄国十月革命胜利后部分地实现了,第二次世界大战结束以后,又有一批经济文化落后的国家先后走上了社会主义道路,形成了一个与资本主义阵营相对立的社会主义阵营,似乎社会主义和共产主义在全世界共同实现的美好前景就在眼前。但在20世纪80年代末90年代初,苏联解体,东欧剧变,世界社会主义运动遭受极大的挫折和失败,世界上仅剩中国等少数几个社会主义国家依然存在,社会主义和共产主义在全世界共同实现为期尚远。列宁关于"一国首先胜利论"的设想也没有完全实现。在这种情况下,中国初级阶段的社会主义,不可能达到马克思、恩格斯设想的未来社会主义社会的基本特征的发展程度。马克思、恩格斯设想的未来社会主义社会的基本特征,只有在全世界都进入社会主义社会以后才能实现。

第二,二者依据的对象不同。这个不同与二者的理论前提不同有着密切的联系。马克思、恩格斯创立的科学社会主义理论,是以西欧、北美等发达资本主义国家为背景,针对当时发达资本主义国家的情况讲的;社会主义初级阶段理论是以经济文化落后的国家为背景,针对经济文化落后的国家的情况讲的。马克思、恩格斯创立的科学社会主义理论认为，只有生产力发展到极高的程度，在无产阶级革命胜利以后，消灭阶级和阶级差别才是历史的真正进步；如果生产力的发展水平没有达到这样的高度，就去消灭阶级和阶级差别，不仅不是历史的进步，而且会在生产方式中引起停滞甚至倒退。在经济文化落后的国家，即使取得了无产阶级革命的胜利，但由于生产力发展水平还比较低，还不具备消灭阶级和阶级差别的条件，如果人为地通过改变生产关系达到阶级和阶级差别的消灭，不仅不会推动历史进步，反而会阻碍历史的发展。这是由苏联、东欧以及中国的社会主义实践所证明了的客观真理。中国初级阶段的社会主义社会，既不具备消灭阶级和阶级差别从而进入无阶级社会的客观条件，也不具备形成马克思、恩格斯设想的未来社会的基本特征的其他客观条件。

第三，二者讲的是社会主义社会发展的不同阶段。马克思、恩格斯创立的科学社会主义理论，设想的是包括共产主义第一阶段和高级阶段在内的整个未来社会的基本特征，即使是未来社会的第一阶段即通常所说的社会主义社会，也是指发达的社会主义社会。社会主义初级阶段理论所讲的是初级阶段的社会主义社会的基本特征。"发达的社会主义社会"这个概念，据我考证，列宁在其著作至少曾经两次使用过。第一次是1918年3月23日和28日之间，列宁在口授的《苏维埃政权的当前任务》一文初稿中说到应付给优秀专家高额劳动报酬时讲的。他说："现在的情况是，我们能够得到这种帮助，在苏维埃政权解决新组织的问题方面设法取得资产阶级知识分子的协助。可以通过付给我国的或从国外聘请的各方面最优秀的专家以高额劳动报酬的办法得到这种协助。当然，从已经是发达的社会主义社会的角度来看，让资产阶级知识分子获得比工人阶级的优秀阶层高得多的劳动报酬，是根本不公平和不正确的。但是，在实际的现实的条件下……我们却必须通过付给资产阶级专家的这种高得多的（不公平的）劳动报酬的办法来解决迫切的任务。"① 第二次是 1920 年 2 月 2 日列宁在《在第七届全俄中央执行委员会第一次会议上关于全俄中央执行委员会和人民委员会工作的报告》中讲的。他说："在社会生活急剧过渡和急剧转变的时候，最困难的事情就是要估计到各种过渡的特点。在资本主义社会中社会主义者应怎样进行斗争，这个问题并不难解决，并且早已解决了。怎样设想一个发达的社会主义社会，这也不困难。这也已经解决了。但是，怎样实际地从旧的、习惯了的、大家都熟悉的资本主义向新的、还没有产生的、没有牢固基础的社会主义过渡，却是一个最困难的任务。这一过渡搞得好也需要许多年。在这一时期内，我们的政策又要照顾到许多小的过渡。我们担负的任务的全部困难、政策的全部困难和政策的全部艺术，就在于要估计到每一种这样的过渡的特殊任务。"②列宁在这里所说的"设想"的"发达的社会主义社会"，就是我们前面所说的马克思、恩格斯所设想的共产主义社会的第一阶段。相对于"发达的社会主义社会"而言，认为有一个"不发达的社会主义社会"是完全合乎逻辑的。中国的初级阶段的社会主义就是不发达的社会主义社会。前面讲过，马克思在《哥达纲领批判》中，把资本主义灭亡以后的社会发展划分为从资本主义社会到社会主义社会的过渡时期、社会主义社会、共产主义社会高级阶段三个大的发展阶段。而像中国这样的经济文化落后的国家在无产阶级革命胜利以后，社会发展应该经历四个大的发展阶段：从资本主义社会到社会主义初级阶段的过渡时期，社会主义初级阶段（即不发达的社会主义社会），发达的社会主义社会，共产主义社会高级阶段。中国共产党第十三次全国代表大会报告中指出："社会主义初级阶段不是泛指任何国家进入社会主义社会都会经历的起始阶段，而是特指我国生产力落后、商品经济不发达条

---

① 《列宁全集》第 34 卷，人民出版社 1985 年版，第 129—130 页。
② 《列宁全集》第 38 卷，人民出版社 1986 年版，第 113 页。

件下建设社会主义必然要经历的特定阶段。"发达资本主义国家在无产阶级革命胜利以后，可以直接过渡到发达的社会主义社会，不需要经过社会主义初级阶段；经济文化落后的国家只有经过社会主义初级阶段以后，才能进入发达的社会主义社会。这需要几代人、十几代人乃至几十代人的努力才能达到。所以中国初级阶段的社会主义社会的基本特征必然与马克思、恩格斯设想的发达的社会主义社会的基本特征有巨大的差别。这一点我们下面要具体讲到。

第四，二者讲的各自的基本特征具有理想和现实的差别。我在前面列举的马克思、恩格斯所讲的未来社会的十条基本特征，是他们根据科学社会主义的基本原理以及资本主义社会的固有矛盾及其发展趋势对未来社会所作的预测和设想，具有理想的性质，还不是已经实现了的现实。社会主义初级阶段理论所讲的中国社会主义初级阶段所具有的基本特征，则是根据中国目前的现实所作的概括，它已经不是设想或理想，而是确凿的现实。虽然理想和现实之间相互联系、相互作用，当下的理想可以变为未来的现实，从当下的现实又可以产生对未来的理想。对于处于社会主义初级阶段的经济文化不发达的社会主义国家来说，应该以科学社会主义的基本原理为指导，根据本国的实际情况，进行社会主义改造、社会主义改革和社会主义建设，使本国的社会主义制度逐步建立和完善。切不可照抄照搬马克思、恩格斯对未来社会主义社会基本特征的设想，急于在本国实现这些基本特征。在这方面我们是有沉痛教训的。例如，我们曾经不顾我国生产力不够发达的现实，急于建立单一的社会主义公有制经济，急于变集体所有制为全民所有制，在分配上实行单一的按劳分配制度（实际上搞的是平均主义），实行高度集中的计划经济体制，不重视价值规律和商品市场的作用，这些超越社会发展阶段的错误做法，严重地阻碍了我国经济社会的发展和人民生活水平的提高。再如，有的国家比我们改革开放前走得更远，不仅不发挥市场的作用，甚至连货币都消灭了，几乎使国家陷于崩溃。我们必须汲取这些沉痛的教训。在经济文化落后的国家搞社会主义建设，绝不能超越社会发展阶段，急于求成。而且马克思、恩格斯对未来社会主义社会基本特征的设想，即使在发达的资本主义国家进入未来社会以后，也不一定能够完全变为现实，它们是否能够变为现实，能够在多大的程度上变为现实，还有待于将来实践的检验和证明。列宁在总结俄国社会主义革命和社会主义建设的经验教训时指出："现在一切都**在于实践**，现在已经到了这样一个历史关头：理论在变为实践，理论由实践赋予活力，由实践来修正，由实践来检验"①。"对俄国来说，根据书本争论社会主义纲领的时代已经过去了，我深信已经一去不复返了。今天只能根据经验来谈论社会主义。"②列宁的教导对于我国正在进行的改革开放和社会主义现代化建设事业具有极大的现实指导作用。

二、经济文化落后的国家向社会主义过渡的特点

列宁在领导俄国无产阶级和劳动人民向社会主义过渡的过程中，不断总结经验教训，对经济文化落后的国家向社会主义过渡的特点，作了深刻的阐述。邓小平的社会主义初级阶段理论，从多方面借鉴了列宁的有关论述。我们可以把列宁的思想归纳为以下四个方面。

（一）经济文化落后的国家比经济文化发达的国家向社会主义过渡更加困难

社会主义社会要建立在高度发达的生产力基础之上。在发达资本主义国家，由于生产力比较发达，物质技术基础比较雄厚，居民的科

---

① 《列宁全集》第 33 卷，人民出版社 1985 年版，第 208 页。
② 《列宁全集》第 34 卷，人民出版社 1985 年版，第 466 页。

学文化素质比较高，因而在无产阶级夺取政权以后，相对说来，向社会主义过渡比较容易，即建立社会主义的经济制度和新的劳动组织比较容易。而在经济文化落后的国家，由于生产力发展水平比较低，物质技术基础比较薄弱，居民的科学文化素质不高，因而向社会主义过渡比较困难，即建立社会主义的经济制度和新的劳动组织比较困难。列宁指出："由于历史进程的曲折而不得不开始社会主义革命的那个国家愈落后，它由旧的资本主义关系过渡到社会主义关系就愈困难。这里除破坏任务以外，还加上了一个空前困难的新任务，即组织任务。"① 列宁所说的"组织任务"，就是指建立社会主义的经济制度和新的劳动组织，组织好社会主义生产。

　　过渡时期的国家是无产阶级专政。它的任务可以归结为两大项：第一项是用暴力镇压剥削者的反抗，第二项是领导人民群众建立社会主义的经济制度和新的劳动组织。这两项任务相比，第二项任务比第一项任务更困难、更重要。为什么呢？列宁指出：这是因为"解决这个任务决不能靠一时表现出来的英勇气概，而需要在大量的**日常**工作中表现出来的最持久、最顽强、最难得的英勇精神。但这个任务又比第一个任务更重要，因为归根到底，战胜资产阶级所需力量的最深源泉，这种胜利牢不可破的唯一保证，只能是新的更高的社会生产方式，只能是用社会主义的大生产代替资本主义的和小资产阶级的生产"②。用社会主义大生产代替小生产，在经济文化落后的国家完成这个任务比经济文化发达的国家更困难，需要的时间更长。

　　在经济文化落后的国家，无产阶级推翻资产阶级的统治并剥夺剥夺者以后，还存在着广大小生产者阶层，而小生产是经常地、每日每时地、自发地和大批地产生着资本主义和资产阶级的。完成这个任务，

---

① 《列宁选集》第3卷，人民出版社1995年版，第436页。
② 《列宁选集》第4卷，人民出版社1995年版，第13页。

不能用镇压的方法，不能用驱除的方法，不能用剥夺的方法，一句话，不能用暴力手段，而只能用民主的方法、说服教育的方法、典型示范的方法、关心和满足他们切身的物质利益的方法。战胜小资产阶级的自发势力是一个长期的过程，需要做大量艰苦的、耐心细致的工作。小资产阶级的旧的习惯势力，是一种十分可怕的保守势力，它有形无形地包围、浸染、腐蚀无产阶级，使无产阶级失去组织性、纪律性、坚韧性。而无产阶级如果没有极严格的组织和铁一般的纪律，社会主义事业是不能胜利的。无产阶级要建立严格的组织和铁一般的纪律，就必须克服这种旧的习惯势力。列宁指出："要战胜起瓦解作用的小资产阶级的散漫性是一件极其困难的事情，这比镇压地主暴徒和资本家暴徒困难千万倍，但这对于建立没有剥削的新组织来说又有益千万倍。"①

在这个问题上，我党历史上曾出现的"左"的观点违背了列宁的思想。这些观点不仅不认为经济文化落后的国家向社会主义过渡更加困难，反而认为更容易。

在这个问题上的"左"的观点的错误，主要有以下几点：

第一，在西方发达资本主义国家，资产阶级思想对劳动者的影响确实很深。但在东方经济文化落后的国家，劳动者不仅受资产阶级思想的影响，而且受根深蒂固的封建主义思想的影响。从新中国成立以后的实践来看，克服封建主义思想的影响并不比克服资产阶级思想的影响容易。资产阶级思想和封建主义思想的双重影响，使这些国家向社会主义社会过渡更加困难。这是已经被我国六十多年的社会主义实践所证明了的客观真理。

第二，在西方发达资本主义国家，居民的科学文化素质比较高，对社会化大生产比较熟悉，管理现代化生产的能力比较强，因而在无产阶级夺取政权以后，比较容易建立起社会主义大生产组织并使其有

---

① 《列宁选集》第 3 卷，人民出版社 1995 年版，第 832—833 页。

效运转。但在东方经济文化落后的国家，居民的科学文化素质比较低，对社会化大生产不太熟悉，缺乏管理现代化大生产的人才，因而建立社会主义大生产组织比较困难，建立起来后的相当长的一段时间内，由于缺乏管理人才和管理经验，经济效益也往往不高，这是向社会主义过渡中一个十分重大的困难。这也是被我国社会主义建设的实践所证明了的客观治理。

第三，社会主义经济制度和劳动组织的建立，要以生产力的较高程度发展为前提，这是历史唯物主义和科学社会主义的一条基本原理。思想因素固然重要，生产力前提也绝不能忽视。过分强调思想因素的作用，忽视作为社会发展的最终决定力量的生产力的作用，容易导致历史唯心主义，犯超越社会发展阶段的错误。经济文化落后的国家在无产阶级夺取政权以后，由于原有的生产力发展水平低，要改变这种状况需要相当长的时间，这也给向社会主义过渡带来了困难，甚至可以说这是向社会主义过渡中的最根本的困难。

（二）经济文化落后的国家，需要通过国家资本主义这个中间环节向社会主义过渡

在发达的资本主义国家，由于在工业和农业中生产的社会化程度都比较高，前资本主义经济成分所占比重较小，其内部自发地孕育和形成的社会主义的生产关系因素比较多，无产阶级夺取政权以后，可以直接向社会主义过渡，较快地建立起社会主义经济制度和劳动组织。而在不发达国家，无产阶级夺取政权以后，由于前资本主义经济、特别是个体小生产依然大量存在，甚至在经济生活中占主导地位，因而不能直接向社会主义过渡，必须通过国家资本主义这个中间环节，经过迂回曲折的道路，向社会主义过渡。

恩格斯在1847年写的《共产主义原理》第十六问题回答"能不能用和平的办法废除私有制"时说："但愿如此，共产主义者当然是最不

反对这种办法的人。"在回答第十七个问题"能不能一下子就把私有制废除"时说:"不,不能,正像不能一下子就把现有的生产力扩大到为实行财产公有所必要的程度一样。因此,很可能就要来临的无产阶级革命,只能逐步改造现今社会,只有创造了所必需的大量生产资料之后,才能废除私有制。"恩格斯在回答"这个革命的发展过程将是怎样的"时,讲到了在不能"立即用民主作为手段实行进一步的、直接向私有制发起进攻和保障无产阶级生存的各种措施"的国家,如当时的法国和德国,对土地所有者和资本家可以采取赎买措施。他说:"一部分用国家工业竞争的办法,一部分直接用纸币赎买的办法,逐步剥夺土地所有者、工厂主、铁路所有者和船主的财产。"① 恩格斯的这些论述,已经包含了在经济文化比较落后的国家,可以通过国家资本主义向社会主义过渡的思想的萌芽。

恩格斯在 1894 年写的《法德农民问题》一文中,更加明确地提出在可能的情况下,对大土地所有者进行赎买的设想。他说:"我们的党一旦掌握了国家政权,就应该干脆剥夺大土地所有者,就像剥夺工厂主一样。这一剥夺是否要用赎买来实行,这大半不取决于我们,而取决于我们取得政权时的情况,尤其是也取决于大土地占有者先生们自己的态度。我们决不认为,赎买在任何情况下都是不容许的;马克思曾向我讲过(并且讲过好多次!)他的意见:假如我们能赎买下这整个匪帮,那对于我们最便宜不过了。"② 这已经接近于提出在某些国家、在特定的情况下,有可能通过国家资本主义形式向社会主义过渡的思想。

列宁在领导俄国人民向社会主义过渡的实践中,多次提出通过国家资本主义向社会主义过渡的问题。十月革命前夕,他就在《大难临头,出路何在?》一文一中提出了国家资本主义的设想。他指出:"真

---

① 《马克思恩格斯文集》第 1 卷,人民出版社 2009 年版,第 684、685、686 页。
② 《马克思恩格斯文集》第 4 卷,人民出版社 2009 年版,第 529 页。

正革命民主国家中的国家垄断资本主义，必然会是走向社会主义的一个或一些步骤！""因为社会主义无非是从国家资本主义垄断再向前跨进一步。换句话说，社会主义无非是**变得有利于全体人民**的国家资本主义垄断，就这一点来说，国家资本主义垄断也就**不再是**资本主义垄断了。"①这里说的"真正革命民主国家"还不是无产阶级专政的国家，而是资产阶级的民主共和国。列宁在这里是说，经济文化落后的国家在无产阶级夺取政权以后，不要惧怕国家资本主义，可以通过国家资本主义向社会主义过渡。

1918 年 5 月，在剥夺剥夺者的任务基本完成的情况下，列宁在《论"左派"幼稚性和小资产阶性》一文中，又提出了国家资本主义问题，主张通过国家资本主义过渡到社会主义。他指出："国家资本主义将是一个巨大的进步，**哪怕**……我们付出的代价要比现在**大**，因为'为了学习'是值得付出代价的，因为这对工人有好处，因为消除无秩序、经济破坏和松懈现象比什么都重要，因为让小私有者的无政府状态继续下去就是最大的、最严重的危险，它**无疑**会葬送我们……，而付给国家资本主义较多的贡赋，不仅不会葬送我们，反而会使我们通过最可靠的道路走向社会主义。工人阶级一经学会了怎样保卫国家秩序来反对小私有者的无政府性，一经学会了怎样根据国家资本主义原则来整顿好全国性的大生产组……社会主义的巩固就有了保证。"列宁由此得出两条结论：第一，"国家资本主义在**经济**上大大高于我国现实的经济"；第二，"国家资本主义中没有任何使苏维埃政权感到可怕的东西，因为苏维埃国家是工人和农民的权力得到保障的国家。"②

前面已经讲过，由于国内白匪叛乱和外国帝国主义的武装干涉，列宁通过国家资本主义向社会主义过渡的设想没有能够付诸实施，而

---

① 《列宁选集》第 3 卷，人民出版社 1995 年版，第 265 页。
② 《列宁选集》第 3 卷，人民出版社 1995 年版，第 524—525 页。

是被迫实行了军事共产主义。实践证明，军事共产主义的道路是行不通的。当1921年春天，外国帝国主义的武装干涉被击退、国内白匪叛乱被平息的时候，列宁放弃了军事共产主义，改行新经济政策。而新经济政策的实质，是通过国家资本主义向社会主义过渡。列宁在《十月革命四周年》一文中说："我们计划（说我们计划欠周地设想也许较确切）用无产阶级国家直接下命令的办法在一个小农国家里用共产主义原则来调整国家的产品生产和分配。现实生活说明我们错了。为了**作好**向共产主义过渡的**准备**（通过多年的工作来准备），需要经过国家资本主义和社会主义这些过渡阶段。不能直接凭热情，而要借助于伟大革命所产生的热情，靠个人利益，靠同个人利益的结合，靠经济核算，在这个小农国家里先建立起牢固的桥梁，通过国家资本主义走向社会主义；否则你们就不能达到共产主义，否则你们就不能把千百万人引导到共产主义。"[①]

列宁在1921年4月写的《论粮食税》一文中，讲了国家资本主义的四种形式，即租让制、租借制、合作制和代购代销制。最普遍和最重要的是租让制和合作制。租让制是指在机器大工业的基础上，苏维埃政权同国内或国外的资本家签订的一种合同，把国家的生产资料租让给国内或国外的资本家使用。苏维埃政权之所以要实行租让制这种国家资本主义形式，是为了加强大生产反对小生产，加强先进的生产反对落后的生产，加强由国家调节的经济关系来对抗小资产阶级的自发势力和无政府状态。合作制是在小生产的基础上把许多分散的小业主联合起来，使他们便于接受苏维埃政权的监督，并与苏维埃国家签订合同。合作社会使小经济得到发展，并且使小生产逐步过渡到社会主义大生产。代购代销制是指国家把作为商人的资本家吸引过来，付给他们一定的佣金，由他们来销售国家的产品和收购小生产者的产品。

---

① 《列宁选集》第4卷，人民出版社1995年版，第570页。

租借是国家把国有的企业或油田、林区、土地等租给企业资本家使用，租借合同与租让合同极为相似。①

列宁在世时，一直坚持通过国家资本主义向社会主义过渡的思想。直到 1923 年 1 月，根据列宁口授写成的《论合作社》一文，仍然坚持这一思想。列宁逝世以后，斯大林很快地结束了新经济政策，加上俄国反动资产阶级不接受列宁的国家资本主义政策，国家资本主义在俄国实际上并没有真正实行。

中国共产党及其领袖毛泽东，继承并实行了列宁关于通过国家资本主义向社会主义过渡的理论。对民族资本主义工商业，我们创造了委托加工、计划订货、统购包销、委托经销代销、公私合营、全行业公私合营等一系列从低级到高级的国家资本主义形式，完成了社会主义改造，为经济文化落后的国家向社会主义过渡提供了宝贵的经验。但是，在三大改造后期出现了"要求过急，工作过粗，改变过快，形式也过于简单划一"的偏差②，国家资本主义政策实行的时间很短，其积极作用尚未得到充分发挥。此后，在于愈演愈烈的极左的错误路线下，把资本主义视若洪水猛兽，不断地割所谓资本主义的尾巴，企图一夜之间使资本主义在中国绝种，严重地影响了我国经济的发展，以致使国民经济几乎到了崩溃的边缘。

国家资本主义分为资产阶级专政条件下的国家资本主义和无产阶级专政条件下的国家资本主义两种类型。资产阶级专政条件下的国家资本主义，是由资产阶级国家经营和直接控制的一种资本主义。资产阶级国家把某些企业掌握在自己手里，使它们为资本家谋取巨额利润服务。到帝国主义时期，国家资本主义发展成为国家垄断资本主义。资产阶级专政条件下的国家资本主义经济仍然是资本主义性质的经济。

---

① 参见《列宁选集》第 4 卷，人民出版社 1995 年版，第 507—509 页。
② 中共中央文献研究室编：《十一届三中全会以来党的历次全国代表大会中央全会重要文献选编》上卷，中央文献出版社 1997 年版，第 170 页。

无产阶级专政条件下的国家资本主义经济，是在无产阶级专政国家管理之下的、和公有制经济联系着的并受工人阶级监督的资本主义经济，是无产阶级能够加以限制并规定其活动范围的资本主义经济。在从资本主义社会到社会主义社会的过渡时期，国家资本主义经济是一种从资本主义私有制向社会主义公有制过渡的经济形式。

问题在于，在经济文化落后的国家，过渡时期结束，进入社会主义的初级阶段以后，还有没有必要利用国家资本主义这种经济形式进行社会主义现代化建设呢？列宁和毛泽东没有提出和解决这个问题。中国共产党十一届三中全会以后，在改革开放的新的历史条件下，我国实行了以公有制经济为主体、多种所有制经济共同发展的基本经济制度。在公有制以外的经济成分中，有些仍然属于国家资本主义经济。我国社会主义初级阶段的国家资本主义经济，具有十分复杂的情况。"三资企业"总的说来属于国家资本主义经济。它们又可以分为两种情况：外商独资企业，如果投资者是国外资本家，企业本身的属性是资本主义性质的，但由于它受我国人民民主专政国家的领导、监督、控制、调节，因而属于国家资本主义经济；中外合资企业与合作经营企业，企业本身的属性则不完全属于资本主义性质的，其中既有资本主义经济成分，又有社会主义经济成分，两种经济成分的比重，不同企业之间又有所不同，因而就其性质来说，属于半资本主义、半社会主义经济。另外，我国现阶段的私营经济，是具有雇佣劳动性质的经济，其本身属于资本主义性质的经济，但由于它与社会主义公有制经济有密切联系，受社会主义公有制经济"普照之光"的影响和人民民主国家的领导、监督、控制、调节，因而它与资本主义条件下的私营经济有所不同，也属于国家资本主义经济。

必须明确，在社会主义初级阶段允许国家资本主义在一定范围内和一定程度上存在与发展，是为了引进外国的资金和先进技术，吸收和借鉴当今世界各国包括资本主义发达国家的一切反映现代社会化生产规律的经营方式、管理方法，为社会主义服务，为发展和巩固社会主义经济创造更加雄厚的物质技术基础，而不是为了走资本主义道路，不是为了削弱社会主义公有制经济的主体地位。因此，在社会主义初级阶段，正确利用国家资本主义经济形式，不仅不违背社会主义原则，而且有利于社会主义制度的完善和发展。正如邓小平所说："'三资企业'受到我国整个政治、经济条件的制约，是社会主义经济的有益补充，归根结底是有利于社会主义的。"[①]

不仅把国家资本主义看作是向社会主义过渡的一种经济形式，而且认为在经济文化落后的国家，过渡时期结束、进入社会主义初级阶段以后，仍然允许国家资本主义在一定范围内和一定程度上存在与发展，这是邓小平建设有中国特色社会主义理论在如何利用资本主义为社会主义服务上的重大突破。

（三）在经济文化落后的国家，无产阶级夺取政权以后，应该把发展生产力放在首位

社会主义社会必须建立在社会化大生产的基础上，没有社会化大生产，就没有社会主义。当然这绝不是说，在经济文化落后的国家，不应该进行社会主义革命，无产阶级不应该夺取政权。列宁认为，即使在经济文化落后、资本主义不够发达的国家，当上层建筑严重地阻碍着经济基础的变革、生产关系严重地阻碍着生产力的发展，革命条件已经成熟的时候，无产阶级应该坚决果断地夺取政权。在夺取政权以后，只能首先在具备了资本主义社会化大生产的国民经济部门，通过剥夺剥夺者，或通过赎买的办法，建立社会主义的国有经济，而不能立即全面建立社会主义经济制度。有了无产阶级专政和社会主义国有经济的领导，就应该把发展生产力放在首位，为在尚不具备社会化

---

① 《邓小平文选》第 3 卷，人民出版社 1993 年版，第 373 页。

大生产的国民经济部门向社会主义经济过渡创造必要的物质前提，并把它们逐步引上社会主义轨道。列宁在《论我国革命》一文中，针对苏汉诺夫等人所说的"我们还没有实行社会主义的客观经济前提"、"我国生产力还没有发展到可以实现社会主义的高度"时指出："他们根本不相信任何这样的看法：世界历史发展的一般规律，不仅丝毫不排斥个别发展阶段在发展的形式或顺序上表现出特殊性，反而是以此为前提的。"又说："既然建立社会主义需要有一定的文化水平（虽然谁也说不出这个一定的'文化水平'究竟是什么样的，因为这在各个西欧国家都是不同的），我们为什么不能首先用革命手段取得达到这个一定水平的前提，**然后**在工农政权和苏维埃制度的基础上赶上别国人民呢？"① 列宁这两段话告诉我们，根据世界历史发展的一般规律，建立社会主义制度所需要的物质技术基础或生产力发展水平，是在资本主义社会、在资产阶级专政条件下创造的。但在特定的历史条件下，在经济文化落后的国家，在革命条件成熟的时候，无产阶级也可以首先进行社会主义革命，建立无产阶级专政，然后在无产阶级专政国家的领导下，努力发展生产力，为社会主义制度创造必要的物质技术基础。这种顺序的不同，不仅不违背世界历史发展的一般规律，反而是以世界历史发展的一般规律为前提的。

（四）在经济文化落后的国家，不能直接过渡到完全的或发达的社会主义社会，需要经过一个相当长的社会主义的初级阶段，才能过渡到完全的或发达的社会主义社会

列宁在《论粮食税》一文中指出：在经济文化落后的国家，为了完成向社会主义过渡的任务，"就必须懂得，需要经过哪些**中间**的途径、方法、手段和辅助办法，才能使**资本主义以前**的各种关系过渡到

---

① 《列宁选集》第 4 卷，人民出版社 1995 年版，第 776、777 页。

社会主义"①。列宁在俄共（布）第十四代表大会上所作的《关于以实物税代替余粮收集制的报告》中也曾指出，在发达的资本主义国家，无产阶级夺取政权以后，可以直接向社会主义过渡，但在经济文化落后的国家就不能直接向社会主义过渡，"需要采用全国性的特殊的过渡办法"②。前面已经讲过，列宁曾经提出过"发达的社会主义社会"这个概念，与这个概念相对应，认为有一个"不发达的社会主义社会"是合乎逻辑的。这个"不发达的社会主义社会"就是社会主义的初级阶段或初级阶段的社会主义。经济文化落的国家，需要经过一个相当长的社会主义的初级阶段，才能过渡到完全的或发达的社会主义社会。

三、社会主义初级阶段理论的形成和发展

上面刚刚讲过，就列宁提出"发达的社会主义社会"而言，认为有一个不发达的社会主义社会是合乎逻辑的。但逻辑毕竟是逻辑，事实上列宁并没有提出"不发达的社会主义社会"或"社会主义的初级阶段"的科学概念。列宁在 1919 年 12 月 20 日"关于星期六义务劳动"的报告中曾经使用社会主义的"初级形式"③的提法，但他是泛指一切国家进入社会主义社会都必然要经历的起始阶段，还不是特指经济文化落后、商品经济不发达的国家建设社会主义必然要经历的特定阶段，与我们现在所说的社会主义的初级阶段不是一回事。

毛泽东在领导中国社会主义改造和社会主义建设的过程中，也探讨了社会主义社会的阶段划分问题。1958 年 11 月，在郑州会议上，他第一次使用了"社会主义初级阶段"这个术语。他在 1959 年 11 月读苏联《政治经济学教科书》的谈话中又说过："社会主义这个阶段，

---

① 《列宁选集》第 4 卷，人民出版社 1995 年版，第 509 页。
② 《列宁选集》第 4 卷，人民出版社 1995 年版，第 444—445 页。
③ 《列宁选集》第 4 卷，人民出版社 1995 年版，第 91 页。

又可能分为两个阶段，第一个阶段是不发达的社会主义，第二个阶段是比较发达的社会主义。后一个阶段可能比前一个阶段需要更长的时间。"① 这个思想十分正确和可贵，但由于毛泽东晚年犯了超越社会发展阶段的错误，他这些有益的探讨没有能够坚持和发扬下去，因而也就没有形成社会主义的初级阶段理论。

社会主义的初级阶段理论是在中国共产党的十一届三中全会以后，在改革开放新的历史条件下逐步形成和发展的，是邓小平建设有中国特色社会主义理论的重要内容。

1981 年 6 月 27 日中共中央十一届六中全会通过的《关于建国以来党的若干历史问题的决议》中指出："尽管我们的社会主义制度还是处于初级的阶段，但是毫无疑问，我们已经建立了社会主义制度，进入了社会主义社会，任何否认这个基本事实的观点都是错误的。"这段话的重点不在于强调社会主义的初级阶段的必要性、长期性、不可逾越性，而是针对当时有人否认坚持社会主义的必要性，否认我国已经建立起社会主义制度、进入社会主义社会的错误观点，侧重于强调我国社会主义现阶段社会的社会主义性质。因而还不能说已经形成了社会主义的初级阶段理论。

1982 年 9 月党的第十二次代表大会的报告《全面开创社会主义现代化建设的新局面》中指出："我国的社会主义社会现在还处在初级发展阶段，物质文明还不发达。但是，如同有了一定程度发展的现代经济，有了当代最先进的阶级——工人阶级及其先锋队共产党，社会主义革命就有可能成功一样，在建立起社会主义制度以后，我们就能够在建设物质文明的同时，建立起高度的社会主义精神文明。"这里强调的重点同样不是社会主义的初级阶段的必要性、长期性和不可逾越性，而是针对有人认为物质文明不发达，就不能建设高度的社会主义精神

---

① 《毛泽东文集》第 8 卷，人民出版社 1999 年版，第 116 页。

文明的错误观点，强调在我国现阶段建设高度的社会主义精神文明的可能性。因而这时也尚未形成社会主义的初级阶段理论。

1986年9月28日党的十二届六中全会通过的《中共中央关于社会主义精神文明建设指导方针的决议》指出："道德是经济建设的反映，而不是脱离历史发展的抽象概念。我国还处在社会主义的初级阶段，不但必须实行按劳分配，发展社会主义的商品经济和竞争，而且在相当长历史时期内，还要在公有制为主体的前提下，在共同富裕的目标下鼓励一部分人先富起来。"这里第一次明确提出了"社会主义的初级阶段"这一概念，并且对这一阶段在经济方面的主要特征比前两次作了更为详细的分析，已经接近于形成社会主义的初级阶段理论。

1987年党的十三大是社会主义初级阶段理论形成的标志。在党的十三大召开前夕，邓小平就明确指出："我们党的十三大要阐述中国社会主义是处在一个什么阶段，就是处在初级阶段，是初级阶段的社会主义。社会主义本身是共产主义的初级阶段，而我们中国又处在社会主义的初级阶段，就是不发达的阶段。一切都要从这个实际出发，根据这个实际来制订规划。"[1]我们可以把十三大报告《沿着有中国特色的社会主义道路前进》中关于社会主义的初级阶段理论的论述的主要内容概括为以下几个方面：

第一，明确提出了"我国正处在社会主义的初级阶段"这个论断，包括两层含义：（1）我国社会已经是社会主义社会，我们必须坚持而不能离开社会主义。（2）我国的社会主义还处在初级阶段，我们必须从这个实际出发，而不能超越这个阶段。

第二，论述了我国处在社会主义的初级阶段的客观依据，主要是人口多，底子薄，人均国民生产总值仍居于世界列，生产力落后且发展不平衡，生产的社会化程度还很低，商品经济和国内市场还很不

---

① 《邓小平文选》第3卷，人民出版社1993年版，第252页。

发达，自然经济和半自然经济占相当比重，社会主义经济制度和政治制度还不成熟、不完善。

第三，论述了我国社会主义的初级阶段是一个什么样的历史阶段，即"它不是泛指任何国家进入社会主义都会经历的起始阶段，而是特指我国在生产力落后、商品经济不发达条件下建设社会主义必然要经历的特定阶段"。

第四，说明了社会主义初级阶段的起点和终点。我国从 20 世纪 50 年代中期生产资料私有制的社会主义改造基本完成，到社会主义现代化的基本实现，至少需要上百年时间，这段时间都属于社会主义的初级阶段。这个阶段既不同于社会主义经济基础尚未奠定的过渡时期，也不同于已经实现社会主义现代化的阶段，它的起点是 20 世纪 50 年代中期生产资料私有制的社会主义改造基本完成，终点是社会主义现代化的基本实现。在我看来，在我国何时结束社会主义的初级阶段、进入发达的社会主义社会，不仅取决于我国本国的情况，还取决于国际环境，取决于是否在发达资本主义国家以适当的形式进入了社会主义社会。

第五，论述了社会主义的初级阶段的主要矛盾和根本任务。我国社会主义的初级阶段所面临的主要矛盾，是人民日益增长的物质文化需要同落后的社会生产之间的矛盾。阶级斗争在一定范围内还会长期存在，但已经不是主要矛盾。社会主义的初级阶段的根本任务是发展生产力，大力发展商品经济，提高劳动生产率，逐步实现工业、农业、国防和科学技术的现代化，并且为此而改革生产关系和上层建筑中不适应生产力发展的部分。

第六，说明了正确认识我国社会现在所处的历史阶段的重要性，指出这"是建设有中国特色的社会主义的首要问题，是我们制订和执行正确的路线和政策的根本依据"。

第七，全面概括了党在社会主义的初级阶段的基本路线，即"领导和团结全国各族人民，以经济建设为中心，坚持四项基本原则，坚持改革开放，自力更生，艰苦奋斗，为把我国建设成为富强、民主、文明的社会主义现代化国家而奋斗"。

1992 年 10 月党的十四大报告《加快改革开放和现代化建设步伐，夺取有中国特色社会主义事业的更大胜利》中，重申了我国还处在社会主义初级阶段的科学论断，进一步论述了十三大报告中关于社会主义初级阶段理论的一些基本内容，从九个方面概括了邓小平建设有中国特色社会主义理论的主要内容，第一次明确提出我国经济体制改革的目标是建立社会主义市场经济体制，并对建立社会主义市场经济体制有关的一系列理论和政策作了深入的探讨。

1997 年 9 月中共第十五次全国代表大会的报告《高举邓小平理论伟大旗帜，把建设有中国特色社会主义事业全面推向二十一世纪》（以下简称《报告》）中，又重申了社会主义的初级阶段理论，为其增添了许多新内容，将其提高到了一个新的高度。

第一，把社会主义的初级阶段理论与党的实事求是、一切从实际出发的思想路线紧密结合起来。《报告》指出：最大的实际就是中国现在正处于并将长期处于社会主义的初级阶段。我们不仅要从一般理论上搞清楚"什么是社会主义，怎样建设社会主义"，而且更要具体搞清楚什么是初级阶段的社会主义，在初级阶段怎样建设社会主义，不断探索社会主义的一般原则在中国社会主义初级阶段具体的、合理的、最佳的实现形式。

第二，把社会主义的初级阶段理论与对待马克思主义的科学态度有机统一起来。要真正坚持马克思主义，真正建设社会主义，就只能一切从社会主义的初级阶段的实际出发，而不能从主观愿望出发，不能从这样那样的外国模式出发，也不能从对马克思著作中个别论断的教条式理解和附加到马克思名下的某些错误观点出发。必须坚持马克思列宁主义、毛泽东思想的指导，同时一定要以我国改革开放和现代化建设的实际问题、以我们正在做的事情为中心，着眼于马克思主义理论的运用，着眼于对实际问题的理论思考，着眼于新的实践和新的发展。离开本国实际和时代发展来谈马克思主义，没有意义。静止地、孤立地研究马克思主义，把马克思主义同它在现实生活中的生动发展割裂开来、对立起来没有出路。

第三，精辟地论述了社会主义的初级阶段的基本纲领。《报告》在总结党的十一届三中全会以来的经验的基础上，对社会主义的初级阶段建设有中国特色社会主义的经济、政治和文化的基本目标和基本政策作了明确概括，并指出这些基本目标和基本政策，有机统一，不可分割，构成党在社会主义的初级阶段的基本纲领。这个纲领是邓小平理论的重要内容，是党的基本路线在经济、政治、文化等方面的展开。

第四，全面论述了社会主义的初级阶段的丰富内涵。《报告》指出：社会主义的初级阶段，是逐步摆脱不发达状态，基本实现社会主义现代化的历史阶段；是由农业人口占很大比重、主要依靠手工劳动的农业国，转变为非农业人口占多数、包括现代农业和现代服务业的工业化的国家的历史阶段；是由自然经济半自然经济占很大比重，逐步转变为经济市场化程度较高的历史阶段；是由文盲半文盲人口占很大比重、科技教育文化落后，转变为科技教育文化水平比较发达的历史阶段；是由贫困人口占很大比重、人民生活水平比较低，转变为全体人民比较富裕的历史阶段；是由地区经济文化很不平衡，通过有先有后的发展，逐步缩小差距的历史阶段；是通过改革和探索，建立和完善比较成熟的充满活力的社会主义市场经济体制、社会主义民主政治体制和其他方面体制的历史阶段；是广大人民牢固树立建设有中国特色社会主义共同理想，自强不息，锐意进取，艰苦奋斗，勤俭建国，在建设物质文明的同时努力建设精神文明的历史阶段；是逐步缩小同世界先进水平的差距，在社会主义基础上实现中华民族伟大复兴的历史阶段。

第五，全面论述了社会主义的初级阶段的根本任务。社会主义的根本任务是发展生产力，在社会主义初级阶段，尤其要把集中力量发展生产力摆在首要位置，要把改革作为推进建设有中国特色社会主义事业各项工作的动力，正确处理改革、发展同稳定的关系，把改革的力度、发展的速度和社会可以承受的程度统一起来，在社会稳定中推进改革、发展，在改革、发展中实现社会稳定。

第六，创造性地提出了社会主义的初级阶段公有制实现形式的多样化。《报告》指出，一切反映社会化生产规律的经营方式和组织形式都可以大胆利用。要努力寻找能够极大促进生产力发展的公有制实现形式。《报告》着重论述了股份制问题，认为股份制是现代企业的一种资本组织形式，有利于所有权和经营权的分离，有利于提高企业和资本的运作效率，资本主义可以用，社会主义也可以用。不能笼统地说股份制是私有还是公有，关键看控股权掌握在谁手里，国家和集体控股，具有明显的公有性，有利于扩大公有资本的支配范围，增强公有制的主体作用。对股份制经济，既要积极支持和引导，不断总结经验，使之逐步完善，又要防止"一股就灵"的简单化、片面化认识，防止一拥而上，一哄而起。

第七，进一步明确了社会主义的初级阶段的长期性和不可逾越性。《报告》指出社会主义的初级阶段是经济文化落后的国家实现工业化和经济的社会化、市场化、现代化不可逾越的历史阶段。从 20 世纪 50 年代中期我国进入社会主义的初级阶段开始到现在，经过四十多年特别是改革开放以来三十多年的发展，我国生产力水平有了很大提高，各项事业有了很大发展。但是，我国仍处于并将长期处于社会主义的初级阶段，决不能盲目乐观，离开社会主义的初级阶段的现实，实行超越社会发展阶段的政策。

现在，离开党的十五大又有二十多年了，我国的经济建设、政治建设、社会建设、文化建设、生态文明建设各方面都有了很大的发展，我国已经成为世界第二大经济体，但由于我国人口众多，人均占有财富的水平仍居于世界后列，"两个一百年"的目标还没有实现，我国在相当长的一个时期内仍将处于社会主义的初级阶段。

四、我国社会主义初级阶段的基本特征

社会主义的初级阶段具有什么样的基本特征？要确切地回答这个问题，就必须把它放在一定的参照系之中。离开一定的参照系，不通过与一定的参照物相比较，任何事物的特征都无从确定。那么，社会主义的初级阶段的参照系是什么呢？它应该是资本主义社会和无产阶级夺取政权以后社会发展的全过程，包括其发展的各个阶段。前面已经讲过，经济文化落后的国家无产阶级夺取政权以后社会发展将经历过渡时期、社会主义的初级阶段、发达的社会主义社会、共产主义社会的高级阶段四大阶段。社会主义的初级阶段的参照物应该包括资本主义社会和过渡时期、发达的社会主义社会、共产主义社会的高级阶段三个发展阶段。就是说，社会主义的初级阶段既不同于资本主义社会，也不同于过渡时期、发达的社会主义社会和共产主义社会的高级阶段。其中最主要的参照物是发达的社会主义社会。就是说，这一阶段之所以被称作社会主义的初级阶段，是与发达的社会主义阶段相对应、相比较而言的。目前世界上存在的和存在过的社会主义社会，在任何一个国家，都没有进入或进入过发达的社会主义社会。发达的社会主义社会所具有的基本规定性和基本特征，实际上只是一种科学的预测和理论上的设想。这就是说，作为社会主义的初级阶段的参照物的发达的社会主义社会，在目前还不是现实中已有的参照物，而是设想出来的理论上的参照物，是以马克思、恩格斯根据他们当时所见到的发达资本主义国家的固有矛盾和发展趋势所设想出来的发达的社会主义社会为参照物。这个参照物的基本规定性我们在第十八章中已经

作了论述。下面我们参照发达的社会主义社会的这些基本规定性，以我国社会主义的初级阶段的现实为依据，概括出我国社会主义初级阶段的基本特征。

第一，经济文化落后的国家，由于革命前与发达资本主义国家的生产力的发展水平相差悬殊，不可能在短期内消除这个差距，因此在社会主义的初级阶段，总的说来，生产力发展水平仍然低于发达的资本主义国家，需要经过相当长的时间，即进入发达的社会主义社会以后，才能从总体上接近、赶上以至超过发达的资本主义国家。

第二，在社会主义的初级阶段，应该坚持以公有制为主体、多种所有制经济共同发展的基本经济制度。公有制经济不仅包括国有经济和集体经济，还包括混合所有制经济中的国有成分和集体成分。除去社会主义公有制经济之外，目前我国还存在具有雇佣劳动性质的私营经济，劳动者个人占有生产资料的个体经济，以及中外合资企业、合作经营企业和外国独资企业等。这些经济成分虽然不是或不完全是社会主义性质的，但在社会主义的初级阶段，对促进生产的市场化、社会化、现代化具有积极意义，是我国社会主义市场经济的重要组成部分，要鼓励、引导，使之健康发展。公有制的主体地位主要体现在：公有资产在社会总资产中占优势；国有经济控制国家经济命脉，对经济发展起主导作用。这是就全国而言的，有的地方、有的产业可以有所差别。

第三，在社会主义的初级阶段，要坚持以按劳分配为主体、多种分配方式并存的分配制度。把按劳分配和按生产要素分配结合起来，坚持效率优先、兼顾公平的原则。这样做有利于优化资源配置，促进经济发展，保持社会稳定。经济成分的多样性，决定了分配方式不可能是单一的。按劳分配是主体，其他分配方式是补充。目前我国除去按劳分配这种主要分配方式和个体劳动所得以外，企业发行债券筹集资金，出现了凭债券取得利息；随着股份制经济的产生，出现了按股分红；企业经营者的收入中，包含着部分风险收入。私营企业雇用一定数量的劳动力，给企业主带来部分非劳动收入。劳动者个人的劳动报酬引入竞争机制，实行多劳多得，合理拉开差距。坚持鼓励一部分地区、一部分人通过诚实劳动和合法经营先富起来的政策，提倡先富帮助和带动后富，逐步实现共同富裕。

第四，在社会主义的初级阶段，剥削阶级作为一个完整的阶级已经消灭，但阶级斗争还将在一定范围内长期存在，在一定条件下还有可能激化。但是，社会的主要矛盾已经不是阶级斗争，而是人民日益增长的物质文化需要同落后的社会生产之间的矛盾，它贯穿我国社会主义的初级阶段的整个过程和社会生活的各个方面。因此，我们必须以经济建设为中心，解决包括阶级斗争在内的一切问题都要服从和服务于这个中心。

第五，在社会主义的初级阶段，由于国内仍然存在着破坏社会主义事业的敌对分子，在国际上还存在着敌视我国社会主义事业的势力，所以还要坚持无产阶级专政或人民民主专政，以便镇压国内敌对分子的反抗和防止国外反动势力可能的颠覆活动。在社会主义的初级阶段，否认坚实无产阶级专政或人民民主专政的必要性，是不正确的。

第六，在社会主义的初级阶段，应该发展社会主义市场经济，自觉地利用价值规律、价格杠杆和竞争机制的功能。社会主义市场经济体制是同社会主义基本制度结合在一起的。建立社会主义市场经济体制，就是要使市场在国家宏观调控下对资源配置起决定性作用。市场经济的充分发展，是社会经济发展不可逾越的阶段。通过发展和完善市场经济体制，实现生产的商品化，是实现生产的社会化和现代化不可缺少的条件。企图超越市场经济充分发展的阶段，由商品经济不发达、自然经济占主导地位的经济形式，直接过渡到产品经济，是不切实际的幻想。

在党的十一届三中全会以前，国内理论界由于把马克思、恩格斯关于发达资本主义国家无产阶级革命胜利并进入发达的社会主义社会以后，应该消灭商品货币关系、实行产品经济的理论，无条件地运用到中国社会主义的初级阶段中来，也认为市场经济是资本主义特有的，是与社会主义本质背道而驰的，计划经济才是社会主义经济体制的本质特征。所以在改革开放以前，我国实行的是高度集中统一的计划经济体制。这种经济体制虽然在一定时期内起过一定的积极作用，但总的说来，是不利于经济社会发展的。

社会主义建设的实践，特别是随着改革开放的不断深入，要求人们摆脱传统经济理论的束缚，提出更加符合社会主义初级阶段的实际并能指导改革开放实践的理论和观点。正是在这种背景下，我党逐步形成了社会主义的初级阶段应该建立社会主义市场经济体制的理论和有关的政策、法规。邓小平建设有中国特色社会主义理论关于社会主义的初级阶段应该建立社会主义市场经济体制的观点，与马克思、恩格斯关于在发达的社会主义社会应该消灭商品货币关系、实行产品经济的观点，不是互相对立的，而是内在统一的。二者说明的是不同国家的不同情况和社会主义社会发展的不同阶段经济运行的不同机制，因而在说明社会主义社会发展的全过程的功能上不是互相排斥的，而是互相补充的。

1958 年 11 月 9 日和 10 日，毛泽东召集部分中央领导人和部分地方负责人在郑州举行工作会议，提出要分清社会主义商品生产和资本主义商品生产的区别的观点，批评了企图消灭商品生产的错误主张。他说："现在，我们有些人大有要消灭商品生产之势。他们向往共产主义，一提商品生产就发愁，觉得这是资本主义的东西，没有分清社会主义商品生产和资本主义商品生产的区别，不懂得在社会主义条件下利用商品生产的作用的重要性。这是不承认客观法则的表现，是不认识五亿农民的问题。在社会主义时期，应当利用商品生产来团结几亿农民。""商品生产不能与资本主义混为一谈。为什么怕商品生产？无非是怕资本主义。""商品生产，要看它是同什么经济制度相联系，同资本主义制度相联系就是资本主义的商品生产，同社会主义制度相联系就是社会主义的商品生产。"①毛泽东的这个思想是十分可贵的。但由于历史的局限，当时尚未把这个思想进一步发展为我国社会主义现阶段应该建立社会主义市场经济体制的思想，更没有改变高度集中统一的计划经济体制的思想。

改革开放以来，邓小平立足于中国处在社会主义初级阶段这个基本前提，反复强调应该建立社会主义市场经济体制。1979 年 11 月，邓小平在会见美国不列颠百科全书出版公司编委会副主席吉布尼和加拿大麦吉尔大学东亚研究所主任林光达等谈话时指出："说市场经济只存在于资本主义社会，只有资本主义的市场经济，这肯定是不正确的。""市场经济，在封建社会时期就有了萌芽。社会主义也可以搞市场经济。"②1980 年邓小平在《目前形势和任务》的讲话中提到要实行"计划调节和市场调节相结合"③。1982 年 10 月，邓小平在与国家计委负责同志的谈话中又提出了如何处理好计划和市场的关系问题。他说："社会主义同资本主义比较，它的优越性就在于能做到全国一盘棋，集中力量，保证重点。缺点在于市场运用得不好，经济搞得不活。计划与市场的关系问题如何解决？解决得好，对经济的发展就很有利，解决不好，就会糟。"④1985 年 10 月邓小平在会见美国时代公司组织的美国高级企业家代表团时指出："社会主义和市场经济之间不存在根本矛盾。问题是用什么方法才能更有力地发展社会生产力。我们过去一直搞计划经济，但多年的实践证明，在某种意义上说，只搞计划经济会束缚生产力的发展。把计划经济和市场经济结合起来，就更能解放

---

① 《毛泽东文集》第 7 卷，人民出版社 1999 年版，第 437、439 页。
② 《邓小平文选》第 2 卷，人民出版社 1994 年版，第 236 页。
③ 《邓小平文选》第 2 卷，人民出版社 1994 年版，第 247 页。
④ 《邓小平文选》第 3 卷，人民出版社 1993 年版，第 16—17 页。

生产力，加速经济发展。"①1987 年 2 月党的十三大召开前夕，邓小平在与几位中央负责同志谈话时，明确讲到计划和市场都是发展生产力的方法。他指出："为什么一谈市场就说是资本主义，只有计划才是社会主义呢？计划和市场都是方法嘛。只要对发展生产力有好处，就可以利用。它为社会主义服务，就是社会主义的；为资本主义服务，就是资本主义的。"②1990 年 12 月，邓小平在同中央几位负责同志的谈话中，进一步明确指出计划和市场不是区分社会主义和资本主义的标准。他说："我们必须从理论上搞懂，资本主义与社会主义的区分不在于是计划还是市场这样的问题。社会主义也有市场经济，资本主义也有计划控制。资本主义就没有控制，就那么自由？最惠国待遇也是控制嘛！不要以为搞点市场经济就是资本主义道路，没有那么回事。计划和市场都得要。不搞市场，连世界上的信息都不知道，是自甘落后。"③1991 年 11 月，邓小平视察上海时说："不要以为，一说计划经济就是社会主义，一说市场经济就是资本主义，不是那么回事，两者都是手段，市场也可以为社会主义服务。"④1992 年邓小平南方谈话中又说："计划多一点还是市场多一点，不是社会主义与资本主义的本质区别。计划经济不等于社会主义，资本主义也有计划；市场经济不等于资本主义，社会主义也有市场。计划和市场都是经济手段。"⑤这些论述的实质，是把计划和市场看作是经济形式和发展生产力的手段、方法，突破了把计划经济和市场经济作为区分不同的社会经济制度的基本标准的传统经济理论，为在社会主义初级阶段建立社会主义市场经济体制、正确处理计划和市场的关系提供了理论依据。

市场经济作为经营形式和发展生产力的手段、方法，与社会制度

① 《邓小平文选》第 3 卷，人民出版社 1993 年版，第 148—149 页。

② 《邓小平文选》第 3 卷，人民出版社 1993 年版，第 203 页。

③ 《邓小平文选》第 3 卷，人民出版社 1993 年版，第 364 页。

④ 《邓小平文选》第 3 卷，人民出版社 1993 年版，第 367 页。

⑤ 《邓小平文选》第 3 卷，人民出版社 1993 年版，第 373 页。

的性质没有直接的必然的联系，不同社会制度下的市场经济具有共性。主要是：（1）企业或个人是市场的主体，自主经营，自我约束，自负盈亏，自我发展；（2）大量的经济活动靠市场调节，市场对源配置起决定性作用；（3）商品生产者按等价交换原则交换自己的产品；（4）经济活动遵守价值规律的要求，适应供求关系的变化；（5）通过竞争机制实现优胜劣汰；（6）遵守经济法规，保证经济法制化；等等。

　　同时也要看到，市场经济不是脱离社会制度、不受社会制度性质制约而孤立存在的，不同社会制度下的市场经济总是与该社会的基本制度结合在一起的，总是体现该社会的本质的，因而不同社会制度下的市场经济具有不同的性质。资本主义市场经济是与资本主义基本制度结合在一起并受其制约的，是体现资本主义本质的；社会主义市场经济是与社会主义基本制度结合在一起并受其制约的，是体现社会主义本质的。社会主义市场经济与资本主义市场经济是两种不同性质的市场经济，不能把它们混同起来。

　　我国经济体制改革的成败，社会主义市场经济体制能否建立并正常运行，关键在于是否能把市场经济与社会主义基本制度结合在一起。市场经济与社会主义基本制度的结合，主要表现在以下几个方面：

　　第一，我国社会主义的初级阶段的基本经济制度是以公有制为主体，多种所有制经济共同发展。这是中国特色社会主义制度的重要支柱，也是社会主义市场经济体制的根基。建立社会主义市场经济体制，必须确保公有制的主体地位，不允许以任何理由、任何方法削弱、否定公有制的主体地位。同时也要看到，非公有制经济同公有制经济一样，也是我国社会主义市场经济的重要组成部分。对个体、私营等非公有制经济要继续鼓励、引导，使它们能够健康发展。要建立和完善产权保护制度，依法保护各类企业的合法权益和公平竞争，并对它们进行监督管理。

　　第二，我国社会主义的初级阶段的基本分配制度是以按劳分配为主体、多种分配方式并存。建立社会主义市场经济体制，必须确保按劳分配的主体地位，既要反对平均主义，又要防止收入分配相差悬殊、造成贫富两极分化。目前，我国在收入分配中平均主义依然存在，需要继续克服；收入相差悬殊、贫富两极分化的现象已经出现，并有日益加剧的趋势，必须引起有关部门的重视，并采取有效办法加以解决。同时，要把按劳分配和按生产要素分配结合起来。依法保护合法收入、允许和鼓励一部分人和一部分地区通过诚实劳动先富起来，允许和鼓励资本、技术等生产要素参与收入分配。

第三，要处理好政府和市场的关系，使市场在资源配置中起决定作用和更好发挥政府作用。市场决定资源配置是市场经济的一般规律，健全社会主义市场经济体制必须遵循这条规律，着力解决市场体系不完善、政府干预过多和监管不到位问题。必须积极稳妥地从广度和深度上推进市场化改革，大幅度减少政府对资源的直接配置，推动资源配置依据市场规则、市场价格、市场竞争实现效益最大化和效率最优化。政府的职责和作用主要是保持宏观经济稳定，加强和优化公共服务，保障公平竞争，加强市场监管，维护市场秩序，推动可持续发展，促进共同富裕，弥补市场失灵。

第四，劳动人民是社会主义社会的主人，工人阶级（包括广大知识分子）是社会主义国家的领导阶级，中国共产党是我国社会主义事业的领导核心。建立社会主义市场经济体制，不能削弱中国共产党的领导地位，不能损害工人、农民和知识分子的利益，不能否认和动摇工人阶级的主人翁地位。

第五，马克思主义是社会主义占主导地位、起领导作用的意识形态。马克思主义要随着实践的发展而发展，要不断根据实践经验充实新的内容。建立社会主义市场经济体制，必须坚持马克思主义的指导，在建设高度的社会主义物质文明的同时，也要建设高度的社会主义精神文明，决不能削弱、否定马克思主义的主导地位和指导作用，不能忽视社会主义精神文明建设。

第六，要加强社会主义核心价值体系建设，倡导富强、民主、文明、和谐，倡导自由、平等、公正、法制，倡导爱国、敬业、诚信、友善，积极培育和践行社会主义核心价值观。社会主义核心价值体系是兴国之魂，决定着中国特色社会主义发展方向。要深入开展社会主义核心价值体系学习教育，用社会主义核心价值体系引领社会思潮、凝聚社会共识。离开社会主义核心价值体系和社会主义核心价值观这一引领和凝聚作用，市场经济就可能偏离社会主义方向。建立健全社会主义市场经济体系，决不能削弱社会主义核心价值体系和社会主义核心价值观在社会主义意识形态建设方面的重要作用。

如果市场经济不从以上几个方面与社会主义基本制度相结合，而是背离社会主义基本原则，削弱社会主义的基本制度，那建立的就不是社会主义市场经济，而是资本主义市场经济了。所以，在建立和完善社会主义市场经济体制的过程中，必须十分重视、认真对待、精心探索如何使市场经济与社会主义基本制度结合的问题。在这个问题上决不可掉以轻心，草率从事。在这方面，无论在理论上和实践上都还有许多工作需要认真研究和探索。

五、社会主义初级阶段理论的重大意义

党的十五大报告指出："在党的纲领中明确提出社会主义初级阶段的科学概念，这在马克思主义历史上是第一次。"提出和坚持社会主义的初级阶段理论，对于我国的改革开放和社会主义现代化建设，具有十分重大的意义。

首先，确定我国目前正处在社会主义的初级阶段，是中国共产党对中国国情的正确概括，是对中国现阶段社会性质的科学论断，是解决中国一切重大问题的基本立足点，是制定党的纲领、路线、方针、

政策的基本依据。毛泽东在《中国革命和中国共产党》一文中，分析了旧中国半殖民地半封建的社会性质以后说："只有认清中国社会的性质，才能认清中国革命的对象、中国革命的任务、中国革命的动力、中国革命的性质、中国革命的前途和转变。所以，认清中国社会的性质，就是说，认清中国的国情，乃是认清一切革命问题的基本的依据。"[①] 搞革命是这样，搞改革开放和社会主义现代化建设也是这样。党的十四大报告正是以中国国情为依据，论述了我国社会主义的根本任务、社会主义的发展动力、社会主义建设的外部条件、社会主义建设的政治保证、社会主义建设的战略步骤、社会主义的领导力量和依靠力量以及通过"一国两制"实现祖国统一等一系列重大问题。我们要搞清楚"什么是社会主义，怎样建设社会主义"这个根本问题，就必须搞清楚什么是初级阶段的社会主义，在初级阶段怎样建设社会主义。党的十五大报告说得好："面对改革攻坚和开创新局面的重要任务，我们解决种种矛盾，澄清种种疑惑，认清为什么必须实行现在这样的路线和政策而不能实现别样的路线和政策，关键还在于对所处社会主义初级阶段的基本国情要有统一认识和准确把握。"

其次，确定我国目前正处在社会主义初级阶段，正确认识我国的社会性质，有助于正确总结历史经验，避免重犯过去超越社会发展阶段的错误。党的十一届三中全会以前，我们在社会主义阶段划分问题上的错误，主要表现在两个方面。一是把社会主义社会与过渡时期混为一谈，从而认为社会主义社会始终存在着阶级和阶级斗争，始终存在着社会主义和资本主义两条道路的斗争，始终存在着资本主义复辟的危险性，把阶级斗争作为我国社会的主要矛盾，宣扬"以阶级斗争为纲"的口号，不断抓阶级斗争的新动向，犯了阶级斗争扩大化的错误。二是不顾我国经济文化落后、生产力发展水平低而又发展不平衡

---

① 《毛泽东选集》第 2 卷，人民出版社 1991 年版，第 633 页。

的实际情况，急于在短期内过渡到发达的社会主义社会，建立纯粹的、单一的社会主义公有制经济，抽象地谈论公有制总比私有制好，公有制的程度越高越好，公有制的规模越大越好，资本主义消灭得越彻底越好，不断地割资本主义尾巴，有时甚至提出要"跑步进入共产主义"，犯了超越社会发展阶段的错误。正如党的十五大报告所说："十一届三中全会以前我们在社会主义建设中出现失误的根本原因之一，就在于提出的一些任务和政策超越了社会主义初级阶段。近二十年改革开放和现代化建设取得成功的根本原因之一，就是克服了那些超越社会发展阶段的错误观念和政策，又抵制了抛弃社会主义基本制度的错误主张。"

再次，确定我国目前正处在社会主义的初级阶段，有助于正确认识社会主义的本质，澄清在这个问题上的模糊认识。社会主义初级阶段只是社会主义社会发展过程中的一个阶段，不能把它和整个社会主义社会混为一谈，不能用社会主义的初级阶段代替整个社会主义社会，因而也不能把社会主义的初级阶段的基本特征等同于社会主义的本质。社会主义的初级阶段的基本特征中，有的是属于社会主义本质的，如公有制和按劳分配；有的并不属于社会主义的本质，如非公有制的经济成分、按劳分配以外的分配方式等。这些不属于社会主义本质的规定性，到了发达的社会主义社会将不复存在。如果把社会主义的初级阶段的各种规定性不加区分，把一些不属于社会主义本质的规定性也误认为是社会主义的本质规定，认为这些规定性在社会主义社会的各个阶段始终存在，这就一方面混淆了社会主义成分与非社会主义成分的原则界限，把非社会主义成分也说成是社会主义成分；另一方面把社会主义的初级阶段凝固化，认为社会主义的初级阶段具有的特征是一成不变的，从而陷入了形而上学的错误。

第二十一章
邓小平对社会主义本质理论的贡献

社会主义本质理论是邓小平理论的重要内容。本章不想面面俱到地叙述邓小平的社会主义本质理论，主要探讨邓小平对社会主义本质理论的贡献并对一些有分歧的问题谈些自己的看法。

一、正确认识邓小平理论与马克思主义的关系

正确认识邓小平理论与马克思主义的关系，是正确认识邓小平对社会主义本质理论的贡献的基本前提。党的十五大报告指出："邓小平理论是当代中国的马克思主义，是马克思主义在中国发展的新阶段。"这就是说，邓小平理论与马克思、恩格斯创立的科学社会主义理论，是同一种社会主义理论发展的两个不同阶段，而不是两种不同的社会主义理论。我国理论界有人把马克思、恩格斯创立的科学社会主义理论称为"传统社会主义观"或"经典社会主义理论"，把邓小平建设有中国特色的社会主义理论称为"新社会主义观"，就是把二者看成两种不同的社会主义理论了，这显然是不正确的。前面已经讲过，邓小平理论与马克思主义理论前后相继、一脉相承，前者是对后者的继承和发展。这种发展又不是一般的发展，而是有着重大的突破和创新。但是，这是以后者为基础的突破和创新，而不是离开后者另立门户、另起炉灶、另搞一套。邓小平理论与马克思主义不仅在整体上是一致的，而且在对社会主义本质的看法上也是一致的。任何把二者割裂开来、对立起来的观点都是不正确的。

我国有些学者认为，马克思、恩格斯、列宁都没有深入研究和解决社会主义本质问题，是邓小平在1992年南方谈话中第一次对社会主义本质作了全新的概括。这种看法相当流行，但不符合实际，因而是不正确。

首先，很难想象，作为科学社会主义创始人的马克思、恩格斯及其继承者列宁，竟然没有研究和解决社会主义本质问题。他们创立了科学社会主义理论，领导和参加了社会主义运动，列宁还亲自领导十月社会主义革命，在俄国建立了无产阶级专政的苏维埃政权，并领导俄国人民向社会主义过渡以及开始进行社会主义建设。他们竟然连什么是社会主义都不知道（社会主义的本质问题就是讲的什么是社会主义），这简直是奇谈怪论。事实上，马克思、恩格斯的很多著作，如《共产主义原理》《共产党宣言》《资本论》《法兰西内战》《哥达纲领批判》《反杜林论》《社会主义从空想到科学的发展》，等等，都对社会主义的本质作了深刻的论述。列宁继承和发展了科学社会主义理论，他的许多著作，特别是《卡尔·马克思》《马克思主义的三个来源和三个组成部分》《国家与革命》，以及十月革命胜利以后的很多著作，也都对社会主义的本质作了更加深入系统的论述。

其次，邓小平1992年南方谈话对社会主义本质论述的内容，如解放生产力，发展生产力，消灭剥削，消除两极分化，最终达到共同富裕，分别看来，马克思、恩格斯、列宁对其中的每一点，都反复讲过，因此不能说是对社会主义本质"全新的概括"。

再次，马克思、恩格斯、列宁是否使用过"社会主义本质"这个术语，我尚未作全面考察，暂不能断定。理论界至今也没有人肯定过他们曾经使用过这个术语。但他们是否研究并解决了社会主义本质问题，关键不在于术语，而在于他们实际上是否说明了什么是社会主义，是否说明了社会主义社会与资本主义社会的根本区别，是否说明了社会主义社会的基本规定性，是否揭示了社会主义社会的发展规律，这应该是肯定无疑的。在《邓小平文选》中，至少先后四次使用社会主义本质这个术语。第一次是 1980 年 5 月 5 日会见几内亚总统杜尔的谈话中。他说："社会主义是一个很好的名词，但是如果搞不好，不能正确理解，不能采取正确的政策，那就体现不出社会主义的本质。"[①] 这里还没有明确指出社会主义的本质是什么。按照某些同志的逻辑，这还不能算是概括出了社会主义的本质。第二次是在 1985 年 8 月 21 日会见坦桑尼亚共和国总统尼雷尔的谈话中。他说："我们的经济改革，概括一点说，就是对内搞活，对外开放。对内搞活，也是对内开放，通过开放调动全国人民的积极性。农村经济一开放，八亿农民的积极性就起来了。城市经济开放，同样要调动企业和社会各方面的积极性。对内搞活经济，是活了社会主义，没有伤害社会主义的本质。至于吸收外国资金，这是作为发展生产力的一个补充，不用担心它会冲击社会主义制度。"[②] 邓小平在这里讲的社会主义的本质从前后联系看，可能指的是社会主义基本经济制度。但他毕竟没有明确指出这一点。按照某些同志的逻辑，这也不能算是概括出了社会主义的本质。第三次是在 1990 年 12 月 24 日与几位中央负责同志的谈话中。他说："社会主义不是少数人富起来、大多数人穷，不是那个样子。社会主义最大的优越性就是共同富裕，这是体现社会主义本质的一个东西。"[③] 这里只是说共同富裕是体现社会主义本质的一个东西，并没有明确地指出什么是社会主义的本质，至多是指出了社会主义本质的一个方面。按照某些同志的逻辑，这仍然不能算是概括了社会主义的本质。第四次就是 1992 年南方谈话中，这次既使用了社会主义本质这个术语，又明确概括了社会主义本质是"解放生产力，发展生产力，消灭剥削，消除两极分化，最终达到共同富裕"。按照某些同志的逻辑，邓小平是直

---

① 《邓小平文选》第 2 卷，人民出版社 1994 年版，第 313 页。
② 《邓小平文选》第 3 卷，人民出版社 1993 年版，第 135 页。
③ 《邓小平文选》第 3 卷，人民出版社 1993 年版，第 364 页。

到 1992 年初才认识并概括出社会主义本质的，所以他们把这称为"全新的概括"。对于领导中国革命几十年，又是中国改革开放总设计师的邓小平，竟然是到 1992 年才认识到什么是社会主义的本质的，这无论如何是不符合逻辑、不符合实际的。实际上，邓小平早就认识到了社会主义的本质是什么。

二、邓小平 1992 年对社会主义本质概括的特点和优点

我们肯定马克思、恩格斯、列宁认识到并揭示了社会主义的本质，丝毫不意味着低估和否认邓小平在社会主义本质问题上的重大贡献。相反，更能体现邓小平对待马克思主义的科学态度和创新精神。我们首先引证邓小平南方谈话中关于社会主义本质几段紧密联系的论述，然后分析其对社会主义本质概括的特点和优点。邓小平说：

> 改革开放迈不开步子，不敢闯，说来说去就是怕资本主义的东西多了，走了资本主义道路。要害是姓"资"还是姓"社"的问题。判断的标准，应该主要看是否有利于发展社会主义社会的生产力，是否有利于增强社会主义国家的综合国力，是否有利于提高人民的生活水平。
>
> 计划多一点还是市场多一点，不是社会主义与资本主义的本质区别。计划经济不等于社会主义，资本主义也有计划；市场经济不等于资本主义，社会主义也有市场。计划和市场都是经济手段。（正是在讲到这里时，邓小平概括了社会主义的本质）社会主义的本质，是解放生产力，发展生产力，消灭剥削，消除两极分化，最终达到共同富裕。
>
> 走社会主义道路，就是要逐步实现共同富裕。共同富裕的构想是这样提出的：一部分地区有条件先富起来，一部分地区发展

慢点，先富起来的地区带动后发展的地区，最终达到共同富裕。①

从这几段论述可以看出，邓小平这次对社会主义本质的概括，具有以下几个特点和优点，这些特点和优点是邓小平对社会主义本质理论的重大贡献之一：

第一，这次概括有很强的针对性。一是针对离开生产力抽象谈论姓"资"姓"社"的历史唯心主义观点，提出判断改革开放成败的标准是"三个有利于"，即"是否有利于发展社会主义社会的生产力，是否有利于增强社会主义国家的综合国力，是否有利于提高人民的生活水平"，把对社会主义本质的认识建立在彻底的历史唯物主义基础之上。二是针对把计划经济和市场经济作为区分不同社会制度的标准的传统观点，提出计划和市场都是经济手段，社会主义和资本主义都可以利用，这是对科学社会主义的重大突破和创新。三是针对担心一部分地区、一部分人先富起来会发生两极分化的观点和平均主义"大锅饭"的旧观念，提出共同富裕不能一下子达到，而是一个逐步实现的过程，把对社会主义本质的认识建立在历史辩证法的基础之上。

第二，这次概括有很强的目的性。邓小平揭示社会主义本质的目的，是为了消除改革开放的阻力，加快改革开放的步伐，把改革开放推向前进。我国在 1988 年至 1992 年邓小平视察南方时，改革开放几乎停滞不前。有些人担心改革开放会走资本主义道路，致使改革开放迈不开步子；有些人担心建立社会主义市场经济体制会导向资本主义，致使市场取向的改革踌躇不前；有些人担心一部分地区、一部分人先富起来会发生两极分化，固守平均主义的"大锅饭"，难于激发起经济活力。邓小平讲清社会主义的本质，就是为了清除这些阻碍改革开放向纵深发展的错误观点，动员人民群众进一步解放思想，大胆探索，

---

① 《邓小平文选》第 3 卷，人民出版社 1993 年版，第 372、373、373—374 页。

大胆地闯，把改革开放推向一个新的阶段。

第三，这次概括有很强的时代感。现时代有两个显著特点：一是和平与发展成为时代的主题；二是新技术革命蓬勃发展，科学技术在经济社会发展中的作用日益增强。当代世界的竞争，主要是科技力量的竞争，经济力量的竞争，综合国力的竞争。要发展生产力，增强综合国力，提高人民的生活水平，就必须发展科学技术，把科学技术作为第一生产力。邓小平把解放生产力、发展生产力列为社会主义本质的基本内容，并把它放在十分显著的地位，鲜明地体现了当今时代的特征。

第四，这次概括有强烈的国情意识。党的十五大报告指出："从五十年代中期我国进入社会主义初级阶段开始到现在，经过四十多年特别是近二十年的发展，我国生产力有了很大提高，各项事业有了很大的进步。然而总的说来，人口多、底子薄，地区发展不平衡，生产力不发达的状况没有根本改变；社会主义制度还不完善，社会主义市场经济体制还不成熟，社会主义民主法制还不够健全，封建主义、资本主义腐朽思想和小生产习惯势力在社会上还有广泛影响。我国社会主义社会仍然处在初级阶段。"同时收入分配差距逐步拉大的趋势已经显现，邓小平把解放生产力、发展生产力、消灭剥削、消除两极分化、逐步实现共同富裕概括在社会主义本质之中，充分体现了中国社会主义初级阶段的国情。

第五，这次概括有鲜明的理想性。邓小平对社会主义本质的揭示，不仅仅是根据中国社会主义初级阶段的经验事实，而且还包含着对社会主义未来更高发展阶段的预测和设想。因为中国社会主义现阶段，生产力虽然在一定程度上得到了解放和发展，但与发达资本主义国家相比差距还不小；还没有完全消灭剥削，剥削现象还在一定范围内存在；还没有完全消除贫富差别和两极分化，收入悬殊的现象还在一定程度上存在；改革开放以来，人民生活水平虽然有显著提高，但远未达到共同富裕的程度。邓小平的社会主义本质理论，立足于中国现实和现时代，又超越了现实和现实时代，具有对美好未来的憧憬。邓小平既是一位务实的现实主义者，又是一位伟大的理想主义者。在他的社会主义本质理论中，理想和现实达到了完美的结合。

三、从多角度、多方面揭示社会主义的本质

任何一个事物或任何一种社会制度，都可以根据实践的需要，从不同角度、不同方面揭示其本质。在科学研究中，人们通常都是通过定义揭示事物的本质。列宁指出："所有定义都只有有条件的、相对的意义，永远也不能包括充分发展的现象一切方面的联系"。[①] 列宁在《帝国主义是资本主义的最高阶段》一书中，从不同角度、不同方面给帝国主义下过三个定义，从三个方面揭示帝国主义的本质。第一个是最简短的定义，即"帝国主义是资本主义的垄断阶段"。这个定义的优点在于它包括了帝国主义的最主要之点。但由于它过于简单，不能从它推导出帝国主义的各个方面的最重要的特点。于是列宁又给帝国主义下了一个包括其五大经济特征的定义，即"帝国主义是发展到垄断组织和金融资本的统治已经确立、资本输出具有突出意义、国际托拉斯开始瓜分世界、一些最大的资本主义国家已经把世界全部领土瓜分完毕这一阶段的资本主义"。列宁认为，这两个定义仅仅注意到帝国主义的"基本的、纯粹的经济方面"，还没有涉及帝国主义"同一般资本主义相比所处的历史地位"。因此，还应该给帝国主义下一个反映其历史地位的定义，即帝国主义"是资本主义发展的一个特殊阶段"[②]。这个定义指明了帝国主义是资本主义的最后阶段，是寄生的、腐朽的、垂

---

① 《列宁选集》第 2 卷，人民出版社 1995 年版，第 651 页。
② 《列宁选集》第 2 卷，人民出版社 1995 年版，第 651 页。

死的资本主义，是世界无产阶级社会主义革命的前夜。

为了全面认识社会主义的本质，也应该从不同方面、不同角度去探讨。据我考察，邓小平至少从以下四个方面揭示和概括了社会主义的本质。

第一，从最概括、最抽象的意义上揭示社会主义的一般本质。我们知道，无论哪一种社会制度，在其初期，本质都尚未充分展开，因而人们也就难于仅仅根据经验现实确定这种社会制度的本质；只有到了其本质充分展开的成熟阶段，才能根据现实在理论上概括出它的本质。奴隶社会、封建社会、资本主义社会莫不如此，社会主义社会也不会例外。目前世界上存在过或存在着的社会主义社会，在任何一个国家，其本质都尚未充分展开，因而尚无法从经验事实中概括出社会主义的一般本质。我们通常所说的社会主义的一般本质，实际上是马克思、恩格斯根据当时发达资本主义国家的固有矛盾及其发展趋势对未来社会主义社会所作的预测和设想。我们姑且把这样的社会主义社会称为发达的社会主义社会。根据这样的理解，我给发达的社会主义社会下一个最概括、最抽象的定义：**发达的社会主义社会是在资本主义社会之后、与资本主义社会相对立并且高于和优于资本主义社会的一种社会制度**。这个定义虽然非常简单，但是在逻辑上却是无可辩驳的。社会主义社会是对资本主义社会的否定，是资本主义社会的代替物，当然是在资本主义社会灭亡以后建立起来的；社会主义社会虽然与资本主义社会有某些共同点，但二者在本质上应该是对立的，否则社会主义社会就只是资本主义社会自身发展的一个阶段，而不是不同于资本主义社会的一种社会制度了；社会主义社会高于和优于资本主义社会，如果它不高于和优于资本主义社会，就没有必要用它去代替资本主义社会了。邓小平多次从最概括、最抽象的意义上揭示社会主义的一般本质。例如，他在《思想路线政治路线的实现要靠组织路线来保证》一文中说："我们在国际阶级斗争中要坚持马克思主义，坚持社会主义，就要表现出马克思主义的思想优越于其他的思想，社会主义制度优越于资本主义制度。"① 又如，他在《社会主义首先要发展生产力》一文中说："马克思主义历来认为，社会主义要优于资本主义，它的生产发展速度应该高于资本主义。"② 邓小平的这些论述都体现了社会主义社会是在资本主义社会之后、与资本主义社会相对立并且高于和优于资本主义的一种社会制度。

第二，从划分不同社会制度的基本标志方面揭示社会主义的本质。历史唯物主义认为，每一种社会制度都由一定的生产力以及与其相适应的生产关系（经济基础）和上层建筑构成的。但区分不同社会制度的基本标志是生产关系的性质。生产关系包括生产资料所有制形式、人们在生产中的地位和相互关系、产品分配方式三个方面。社会主义生产关系的基本特征是生产资料公有制、人们在生产中的平等互助关系、按劳分配的分配方式。在这个意义上，可以说社会主义的本质就是生产资料公有制、人们在生产中的平等互助关系和按劳分配的分配方式。再简单一点说，社会主义的本质就是公有制和按劳分配。邓小平多次从划分不同社会制度的基本标志方面揭示社会主义的本质。他在《实行开放政策，学习世界先进科学技术》一文中说："过去行之有效的东西，我们必须坚持，特别是根本制度，社会主义制度，社会主义公有制，那是不能动摇的。"③ 在《坚持四项基本原则》一文中指出："我们从实践上和理论上，都批判了'四人帮'那种以极左面目出现的主张普遍贫穷的假社会主义，我们坚持了社会主义公有制和按劳分配的原则。"④ 在《答意大利记者奥琳埃娜·法拉奇问》中又指出："按照马克思说的，社会主义是共产主义第一阶段，这是一个很长的历史阶

---

① 《邓小平文选》第 2 卷，人民出版社 1994 年版，第 191 页。
② 《邓小平文选》第 2 卷，人民出版社 1994 年版，第 312 页。
③ 《邓小平文选》第 2 卷，人民出版社 1994 年版，第 133 页。
④ 《邓小平文选》第 2 卷，人民出版社 1994 年版，第 165 页。

段，必须实行按劳分配"①。

第三，从社会主义制度的功能方面解释社会主义的本质。邓小平1992年视察南方的谈话中说："社会主义的本质是解放生产力、发展生产力，消灭剥削，消除两极分化，最终达到共同富裕。"这个定义就是从社会主义制度的功能上揭示社会主义的本质，说的是社会主义制度具有解放生产力、发展生产力、消灭剥削、消除两极分化、最终达到共同富裕的功能。这个方面和第二个方面紧密相连。第二个方面说的是什么是社会主义制度，这个方面说的是社会主义制度的功能是什么；第二个方面是第三个方面的基础，社会主义制度的性质决定了它所能发挥的功能。有人由于把邓小平从社会主义制度的功能的角度对社会主义本质的概括，看作是对社会主义本质的唯一概括，因而误认为邓小平把解放生产力、发展生产力当作是决定社会主义性质的根本标志。这种看法显然是不正确的。社会主义固然可以解放和发展生产力，但奴隶制度、封建制度、资本主义制度在上升时期也曾起过解放和发展生产力的作用，我们却不能因此说它们也是社会主义社会。另有人把邓小平从社会主义制度功能的角度对社会主义本质的概括看作是对社会主义本质的唯一概括的原因，则是由于他们认为邓小平对社会主义本质的这个概括，把社会主义制度，即公有制和按劳分配，包括在其中了；因为消灭剥削、消除两极分化、最终达到共同富裕，是以公有制和按劳分配为基础的。这种说法虽然有一定道理，但也有些牵强，因为邓小平对社会主义本质的这个概括中，毕竟没有直接提到公有制和按劳分配。如果我们明确了邓小平既从划分不同社会制度性质的基本标志方面揭示了社会主义的本质，又从社会主义制度的功能方面揭示了社会主义的本质，并且弄清从这两个角度、两个方面所揭示的社会主义本质之间的关系，就可以克服上述两种认识所产生的误

---

①　《邓小平文选》第2卷，人民出版社1994年版，第351页。

解和牵强之处，消除认识上的分歧。

另外，还有一种很流行的观点认为，公有制是社会主义的特征和社会主义本质的表现形式，而不是社会主义本质自身。例如，有人说："在邓小平同志关于社会主义本质的定义中，没有包括生产资料公有制，这是因为公有制只是社会主义本质的实现形式，而不是它的本质自身，更何况它只是社会主义本质实现形式的一部分，是社会主义经济制度的基本特点之一，而不是其全部。因此没有将其概括在社会主义本质的定义之中是完全正确的。"[①] 还有人说："邓小平关于社会主义本质的理论，从生产力和生产关系统一的角度，在新的更深层次上全面地概括了社会主义的本质。有些同志对这一理论概括中没有提公有制和按劳分配感到不好理解，也有些人由此认为公有制和按劳分配不体现社会主义本质，可以不予坚持。这显然是没有把握这一理论的实质。社会主义本质是从社会主义各方面基本特征中抽象出来的更高层次的理论概括，自然不能把社会主义经济、政治、思想文化等各方面的特征都罗列进去。包括公有制和按劳分配在内，都是体现社会主人本质的根本特征。没有这些方面的特征，社会主义本质将无从在实践中体现出来，既不能解放和发展生产力，也不能消灭剥削、消除两极分化、最终达到共同富裕。因此不能把不同层次的理论概括割裂开来、对立起来，否则就不能真正把握社会主义本质理论。"[②] 这种看法是不正确的。

首先，不能把"本质"和"特征（特点）"这两个概念的区别作简单化、绝对化的理解，在实际运用中，本质和特征这两个概念之间有时有明显区别，有时则很难分开，如根本特征、主要特征等，有时就是指本质。

---

① 马健行：《关于社会主义本质的再认识》，《马克思主义与现实》1997 年第 6 期。

② 吴树青：《邓小平理论是马克思主义在中国发展的新阶段》，《北京大学学报》1998 年第 4 期。

其次，唯物主义认为，本质指的总是某个或某种事物的本质，本质不能离开实在的事物而独立存在，它必须有具体事物作为自己的实体或载体，世界上没有脱离具体的实体、载体而独立存在的本质。试问，离开桌子能有桌子的本质吗？离开自然界能有自然界的本质吗？离开人类社会能有社会的本质吗？显然是没有的。如果有这样的"本质"，那只能是客观唯心主义者所说的"绝对观念"或主观唯心主义者所说的人的"自我意识"。

再次，解放生产力、发展生产力、消灭剥削、消除两极分化、最终达到共同富裕与社会主义制度即公有制和按劳分配，到底谁是实体、载体，谁是这种实体、载体的表现形式？我认为后者是实体、载体，前者是后者的功能，后者表现为前者。只有建立了社会主义公有制和按劳分配这种社会主义制度，才能发挥解放生产力、发展生产力、消灭剥削、消除两极分化、最终达到共同富裕的功能。如果前者表现为后者，或说后者是前者的表现，那么前者就成为后者的实体或载体了。这样就把两者的关系完全弄颠倒了。这一颠倒，就无意中陷入了黑格尔绝对唯心主义和主观唯心主义的错误之中。

最后，这种观点存在自相矛盾的地方。一方面说，解放生产力、发展生产力、消灭剥削、消除两极分化、最终达到共同富裕，是社会主义本质更高层次的理论概括；另一方面又说，没有公有制和按劳分配这种根本特征，社会主义本质便无从在实践中体现出来，既不能解放和发展生产力，也不能消灭剥削、消除两极分化、最终达到共同富裕，这不是自相矛盾吗？这就犹如"陆在鲸上，鲸在水上，水在陆上"一样荒唐可笑。

第四，从社会主义社会的历史地位方面揭示社会主义的本质。马克思、恩格斯、列宁认为，无产阶级夺取政权以后，社会发展将经历三个大的阶段，即从资本主义社会到社会主义社会的过渡时期；共产主义社会的第一阶段，即通常所说的社会主义社会；共产主义社会高级阶段。而社会主义社会和共产主义社会高级阶段，是同一社会形态经济成熟程度不同的两个阶段。这样，我们就可以把社会主义社会定义为共产主义社会的第一阶段。这个定义既说明了社会主义社会与共产主义社会高级阶段之间的内在联系和共同本质，以防止把二者看作是互相独立、互不相同的两种社会形态；又说明了社会主义社会和共产主义社会高级阶段之间的区别，以防止把二者混为一谈，犯超越社会发展阶段的错误。马克思写的《哥达纲领批判》、列宁写的《国家与革命》第五章，都从社会主义社会的历史地位上说明了社会主义社会与共产主义社会高级阶段之间的联系与区别。邓小平多次从这个意义上揭示社会主义的本质。他在《一切从社会主义初级阶段的实际出发》一文中说："社会主义本身是共产主义的初级阶段，而我们中国又处在社会主义的初级阶段，就是不发达的阶段。"[①] 在《吸取经验教训，防止错误倾向》一文中说："马克思主义讲的共产主义是物质产品极大丰富的社会。共产主义的第一阶段是社会主义，社会主义就是要发展生产力，这是一个很长的历史阶段。生产力不断发展，最后才能达到共产主义。"[②]

上述四个从不同角度、不同方面对社会主义本质的揭示，不是互相孤立的，更不是互相对立的。它们的内在统一、辩证综合全面揭示了社会主义本质的丰富内涵。从多角度、多方面揭示社会主义本质的方法告诉我们，研究邓小平关于社会主义本质的理论，不能仅仅局限于他在某一时期说的某一句话或某一段论述，并把这一句话或这一段论述当作他对社会主义本质的唯一概括。只有从多角度、多方面揭示社会主义的本质，才能从广阔的视野上全面而深入地理解邓小平的社会主义本质理论。从多角度、多方面揭示社会主义的本质，是邓小平

---

① 《邓小平文选》第 3 卷，人民出版社 1993 年版，第 252 页。
② 《邓小平文选》第 3 卷，人民出版社 1993 年版，第 228 页。

对社会主义本质理论的第二个重大贡献。

四、社会主义的一般本质的具体实现形式

社会主义的一般本质要通过具体形式表现出来。社会主义的一般本质，是一切国家进入社会主义社会所具有的共性，而社会主义的一般本质在特定国家的特定历史时期的具体实现形式则具有个性，不同国家和民族实现社会主义的具体道路是多种多样、千差万别、绚丽多姿的。共性反映的是事物之间的本质的、必然的、稳定的联系，不会因具体时间、地点、条件的变化而改变。而各国实现社会主义的一般本质的具体形式则可以，应该，而且必须随着历史条件的变化而变化，但万变不离其宗，都是社会主义的一般本质的表现形式，因而都体现和包含着社会主义的一般本质。概言之，社会主义的一般本质和它的具体实现形式之间的关系，是一般和特殊、共性和个性、逻辑和历史、理想和现实的关系。一般说来，提出社会主义的一般本质并不十分困难，而找到这种一般本质在特定国家的特定历史发展时期的具体实现形式则要困难得多。马克思在 1875 年 5 月 5 日给威廉·白拉克的信中说："一步实际运动比一打纲领更重要"①。邓小平对社会主义本质理论的贡献，不仅表现在他 1992 年南方讲话对社会主义本质的概括的特点和优点以及从多角度、多方面揭示社会主义的本质上，而且突出地表现在他对社会主义的一般本质在中国社会主义初级阶段的具体实现形式作了成功的理论探讨和成功的实践方面。这是邓小平对社会主义本质理论的第三个重大贡献。根据这样的认识，我们谈一谈如何理解邓小平所说的"什么是社会主义，怎样建设社会主义"这个问题我们没有完全搞清楚。

---

① 《马克思恩格斯文集》第 3 卷，人民出版社 2009 年版，第 426 页。

在《邓小平文选》第 3 卷中，反复提出这个问题。我们先摘引几段邓小平的有关论述，然后加以分析。

> 什么叫社会主义，什么叫马克思主义？我们过去对这个问题的认识不是完全清醒的。[1]

> 现在的方针政策，就是对"文化大革命"进行总结的结果。最根本的一条经验教训，就是要弄清什么叫社会主义和共产主义，怎样搞社会主义。[2]

> 多年来，存在一个对马克思主义、社会主义的理解问题。……马克思去世以后一百多年，究竟发生了什么变化，在变化的条件下，如何认识和发展马克思主义，没有搞清楚。[3]

> 老祖宗不能丢啊！问题是要把什么叫社会主义搞清楚，把怎样建设和发展社会主义搞清楚。[4]

> 问题是什么是社会主义，如何建设社会主义。我们的经验教训有许多条，最重要的一条，就是要搞清楚这个问题。[5]

我认为，邓小平这些话不是说马克思、恩格斯在基础理论方面没有搞清楚什么是社会主义的一般本质，而是说我们对社会主义的一般本质在中国社会主义初级阶段的具体实现形式没有完全搞清楚。正如党的十五大报告所说："我们要搞清楚'什么是社会主义，怎样建设社会主义'，就必须搞清楚什么是初级阶段的社会主义，在初级阶段怎样建设社会主义。"找到社会主义的一般本质在中国社会主义初级阶段的具体实现形式，既是一个十分严肃的理论问题，又是一个十分重要的

---

[1] 《邓小平文选》第 3 卷，人民出版社 1993 年版，第 63 页。
[2] 《邓小平文选》第 3 卷，人民出版社 1993 年版，第 223 页。
[3] 《邓小平文选》第 3 卷，人民出版社 1993 年版，第 291 页。
[4] 《邓小平文选》第 3 卷，人民出版社 1993 年版，第 369 页。
[5] 《邓小平文选》第 3 卷，人民出版社 1993 年版，第 116 页。

实践问题。只有经过长期的、艰难的、具有探索性的实践，并在实践中不断总结经验，修正错误，才能逐步找到适合我国国情的具体实现形式。这个任务不是一代人、两代人所能完成的，而是需要若干代人的艰辛探索，才能最后完成的。

例如，由高度集中统一的计划经济体制到社会主义市场经济体制改革目标的确立，就经过了长期的探索。1982年党的十二大报告提出"计划经济为主，市场调节为辅的原则"；后又在1984年党的十二届三中全会通过的《中共中央关于经济体制改革的决定》中提出社会主义经济是"公有制基础上的有计划的商品经济"；1987年党的十三大报告又提出社会主义经济体制是"计划与市场内在统一的体制"；1989年党的十三届五中全会通过的《关于进一步治理整顿和深化改革的决定》，又提出"计划经济与市场调节相结合的原则"；直到1992年党的十四大报告，才明确提出"我国经济体制改革的目标是建立社会主义市场经济体制"。从1978年底改革开放到1992年党的十四大召开，整整是十四年的时间。适合中国国情的社会主义市场经济体制的实际建立和完善，恐怕需要更长期、更艰苦的探索。我们的探索到现在也远没有完成。

在探讨社会主义的一般本质的具体实现形式时，需要回到这样一个人们关注的问题，即马克思、恩格斯对未来社会主义社会的基本规定性的设想，是否是根本不能实现的空想、幻想、乌托邦？

其实这不是新问题。自从科学社会主义诞生以来，就不断有人提出这样的问题。在社会主义事业遇到困难和挫折的时候，这样的问题就更加尖锐、突出。只要社会主义还没有在全世界实现，这样的问题就还会不断地提出来。对这个问题的回答，必须采取严肃态度和科学方法，来不得半点轻率和主观武断。

首先，马克思、恩格斯对未来社会主义社会的基本规定性的预测和设想，只是在最抽象、最一般的理论原则上说明了社会主义社会是在资本主义社会之后、与资本主义社会相对立并且高于和优于资本主义社会的一种社会制度。他们从来没有而且坚决反对为未来社会主义社会设计具体的模式。有人说，"我们不要照搬马克思的模式"。这种说法是不妥当的。因为在马克思那里根本没有社会主义的模式。如果马克思真的为后人设计了社会主义的具体模式，那他就仍然没有跳出空想社会主义的窠臼，因而也就不能成为科学社会主义的创始人了。至于有人把马克思、恩格斯对发达的社会主义社会的基本规定性的预测和设想误认为是社会主义的具体模式，并且要在我国的社会主义初级阶段予以实现，从而犯了超越社会发展阶段的错误，责任并不在马克思、恩格斯。马克思、恩格斯在《德意志意识形态》中明确指出："共产主义对我们来说不是应当确立的**状况**，不是现实应当与之相适应的**理想**。我们所称为共产主义的是那种消灭现存状况的**现实**的运动。这个运动的条件是由现有的前提产生的。"① 马克思、恩格斯反复告诫人们：他们并不想教条式地预期未来，而是在批判旧世界的过程中发现新世界。这个未来的新世界事实上将是什么样子，有待于人们通过活生生的社会主义运动的实践去创造。我们可以把马克思、恩格斯的预测和设想比作罗盘，罗盘虽然是航海时所不可缺少的向导和指针，但它并非一幅具体的航海图。航海的具体路线如何，尚需航船去实际航行。由此可见，在真正的马克思主义者看来，根本就不存在马克思、恩格斯对未来社会主义社会的预测和设想是不是空想、幻想、乌托邦的问题。

其次，马克思、恩格斯对未来社会主义社会的基本规定性的预测和设想，属于一般的逻辑结论，是一切国家进入社会主义社会所具有的共性。一般的逻辑结论的最大优点，就在于它是从历史中抽象出来而又超历史的，具有恒久的生命力，不会因为具体条件的变化而被否

---

① 《马克思恩格斯文集》第 1 卷，人民出版社 2009 年版，第 539 页。

定。只要承认资本主义制度不是永恒的，它将被新的社会制度所代替，按照一般的逻辑，这个新的社会制度的基本规定性就必然是马克思、恩格斯所预测和设想的那样。因为这种预测和设想，是根据资本主义社会的固有矛盾及其发展趋势作出的，是科学的预测和设想。

再次，在考察马克思、恩格斯预测和设想的未来社会主义社会的基本规定性能否实现时，必须超越现实的生产力发展水平和现实的人的觉悟程度。从现实的生产力发展水平和现实的人的觉悟程度看来是很难实现的事情，当生产力高度发展和人的觉悟程度大大提高以后，则可能是不难实现的。列宁在批判资产阶级学者把共产主义社会诬蔑为"纯粹的乌托邦"时讲得非常深刻。他指出："从资产阶级的观点看来，很容易把这样的社会制度说成是'纯粹的乌托邦'，并冷嘲热讽地说社会主义者许诺每个人都有权利向社会领取任何数量的巧克力糖、汽车、钢琴等等，而对每个公民的劳动不加任何监督。就是今天，大多数资产阶级'学者'也还在用这样的嘲讽来搪塞，他们这样做只是暴露他们的愚昧无知和替资本主义进行自私的辩护。"列宁进一步指出："说他们愚昧无知，是因为没有一个社会主义者想到过要'许诺'共产主义高级阶段的到来，而伟大的社会主义者在预见这个阶段将会到来时所设想的前提，既不是现在的劳动生产率，也不是现在的庸人"[①]。列宁对资产阶级学者的批判，对于我们正确理解社会主义的一般本质和它的具体实现形式之间的关系很有启发和指导意义。

五、社会主义要创造高于资本主义的劳动生产率

生产力在社会发展中起最终决定作用，这是历史唯物主义的一条基本原理，是科学社会主义的重要理论基础。在党的十一届三中全会

---

① 《列宁选集》第 3 卷，人民出版社 1995 年版，第 198 页。

以前，我们在一定程度上背离了这条基本原理。例如，片面强调生产关系和上层建筑领域的变革，忽视或否认这种变革必须以生产力的发展为基础，必须与生产力的状况相适应；在生产资料私有制的社会主义改造基本完成以后，仍然把阶级斗争作为我国社会的主要矛盾，提出"以阶级斗争为纲"的口号，不断开展政治运动，长期不把经济建设作为中心，贻误了发展经济的大好时机；把坚持社会主义方向与发展生产力对立起来，不断地批判所谓的"唯生产力论"，把发展生产力视为修正主义，陷入了离开生产力抽象地谈论社会主义的空想。所有这些，都严重地阻碍了我国生产力的发展，加大了我国与发达资本主义国家在经济发展水平上的差距，致使社会主义制度的优越性无法充分发挥，人民群众的生活状况长期得不到改善，损害了社会主义制度在世界人民心目中的形象。邓小平的社会主义本质理论，把解放和发展生产力列为社会主义本质的首要内容，作为社会主义的一条基本原则和内在要求，彻底坚持了生产力在社会发展中起最终决定作用的历史唯物主义基本原理，丰富和发展了科学社会主义理论关于社会主义要创造高于资本主义的劳动生产率的思想。这是邓小平对社会主义本质理论的第四个重大贡献。这个贡献主要表现在以下几个方面：

第一，党的十一届三中全会以来，我们毅然放弃了"以阶级斗争为纲"这个不适用于我国社会主义初级阶段的"左"的错误方针，把党和国家的工作重心转移到经济建设上来，逐渐形成了"一个中心，两个基本点"的基本路线，三十多年来，尽管国际国内发生了这样那样的重大事件，我们都没有动摇经济建设这个中心。

第二，提出我国社会主义初级阶段的主要矛盾是人民日益增长的物质文化需要同落后的社会生产之间的矛盾，反复强调发展才是硬道理，社会主义的根本任务是发展生产力，改革是我国发展生产力的必由之路。正如邓小平所说："不坚持社会主义，不改革开放，不发展经济，不改善人民生活，只能是死路一条。"[1] 解决中国一切问题的最根本的基础，是实行改革开放，搞好经济建设，提高人民生活水平。

第三，提出了生产力标准，把是否有利于生产力的发展作为衡量党的路线、方针、政策是否正确和一切工作好坏成败的根本标准。邓小平 1992 年南方谈话和党的十四大报告又进一步指出，判断各方面工作的是非得失，归根到底，要以是否有利于发展社会主义社会的生产力，是否有利于增强社会主义国家的综合国力，是否有利于提高人民的生活水平为标准。

第四，提出"革命是解放生产力，改革也是解放生产力"，科学地说明了解放和发展生产力是社会主义的内在要求，是消灭剥削、消除两极分化、最终达到共同富裕的基础和前提。

第五，提出"贫穷不是社会主义，社会主义要消灭贫穷"的科学论断。邓小平把发展生产力、实现共同富裕作为社会主义的基本原则，他针对"四人帮"宣扬的"宁要贫穷的社会主义和共产主义，不要富裕的资本主义"的谬论，指出："搞社会主义，一定要使生产力发达，贫穷不是社会主义。我们坚持社会主义，要建设对资本主义具有优越性的社会主义。首先必须摆脱贫穷。"[2] 又说："没有贫穷的社会主义。社会主义的特点不是穷，而是富，但这种富是人民共同富裕。"[3]

第六，反复强调社会主义制度优越性的重要标志之一是它比资本主义更能推动生产力的发展。邓小平指出："社会主义的优越性归根到底要体现在它的生产力比资本主义发展得更快一些、更高一些"[4]。又说："我们一定要、也一定能拿今后的大量事实来证明，社会主义制度

---

[1] 《邓小平文选》第 3 卷，人民出版社 1993 年版，第 370 页。
[2] 《邓小平文选》第 3 卷，人民出版社 1993 年版，第 225 页。
[3] 《邓小平文选》第 3 卷，人民出版社 1993 年版，第 265 页。
[4] 《邓小平文选》第 3 卷，人民出版社 1993 年版，第 63 页。

优于资本主义制度。这要表现在许多方面，但首先表现在经济发展的速度和效果方面。没有这一条，再吹牛也没有用。"①社会主义必须保证生产力有较高的发展速度，发展慢了也不是社会主义。

第七，正确处理了发展生产力与解决阶级斗争之间的关系。社会主义的基本制度建立以后，阶级斗争还将在一定范围内长期存在，在某种条件下还有可能激化。但是阶级斗争已经不是我国社会的主要矛盾，解决阶级斗争问题要服务于和服从于发展生产力这个根本任务，绝不能冲击它、动摇它、干扰它、削弱它。

第八，提出了科学技术不仅是生产力，而且是"第一生产力"的科学论断，贯彻执行经济建设必须依靠科学技术、科学技术必须面向经济建设的方针和科教兴国战略，把教育摆在优先发展的战略地位，努力提高全民族的思想道德和科学文化水平，提倡尊重知识，尊重人才，充分发挥知识分子在现代化建设中的作用，重视科学技术成果向直接生产力的转化，推动生产力的发展。

在我国社会主义初级阶段，重视发展生产力，把发展生产力作为根本任务，具有重大的现实意义和深远的历史意义。

第一，只有发展生产力，创造雄厚的物质技术基础，增强我国的综合国力，才能巩固和完善社会主义制度，充分发挥和显示社会主义制度的优越性，不断增强社会主义对世界人民的吸引力。

第二，只有发展生产力，国家才能富强，人民才能富裕，科学文化教育事业才能繁荣，我国的国际地位才能进一步提高，从而在国际事务中、在建立国际经济政治新秩序的进程中发挥更大的作用。

第三，只有发展生产力，提高物质文明的程度，才能为建设社会主义精神文明提供必要的物质条件，促进社会主义精神文明的发展和人们思想道德水平的提高。

---

① 《邓小平文选》第 2 卷，人民出版社 1994 年版，第 251 页。

第四，只有发展生产力，才能使社会产品不断丰富，工农差别、城乡差别、体力劳动和脑力劳动的差别不断缩小，阶级和阶级差别归于消灭，个人得到自由而全面的发展，为社会主义初级阶段进到发达的社会主义社会和最终实现共产主义准备条件。

第二十二章
邓小平对历史时代理论的贡献

在 19 世纪 40 年代中期，马克思、恩格斯提出了"共同胜利论"，即认为社会主义是"世界历史性事业"，社会主义革命不能单独在一个国家取得胜利，至少要在几个占统治地位的国家共同取得胜利的思想。在 20 世纪初，列宁在自由资本主义进入到帝国主义的新的历史条件下，提出了社会主义革命有可能在一国或几国首先取得胜利，但不能在一国建成完全的社会主义社会，建成完全的社会主义社会需要全世界的无产阶级共同努力的思想，既在一定程度上修正了马克思、恩格斯的"共同胜利论"，又继承发展了马克思、恩格斯的"共同胜利论"。斯大林起初也认为一国不能建成完全的社会主义社会，但他不久就改变了看法，认为一国可以建成完全的社会主义社会，并且说这是列宁主义的思想。自此以后，一国可以建成社会主义就似乎真的成了列宁主义的思想，而很少有人去怀疑它。这样就把列宁的"一国首先胜利论"与马克思、恩格斯的"共同胜利论"割裂开来、对立起来了。这种误解存在了近百年，现在是澄清这种误解的时候了。本书已经在第十九章对这个问题作了较为详细的考察和论述。邓小平在新的历史条件下继承和发展了马克思关于社会主义是"世界历史性事业"的思想，并为其增添了许多新的内容，如上两章谈到的社会主义初级阶段理论和社会主义本质理论。邓小平关于历史时代的理论是社会主义是"世界历史性事业"思想的重要内容。邓小对历史时代理论的贡献主要表现在两个方面：一是关于和平与发展是时代的主题的思想，二是关于对外开放是我国的一项基本国策的思想。

一、和平与发展是时代的主题

提出和平与发展是当今时代的主题，这是邓小平对社会主义是"世界历史性事业"的思想的一个重大贡献。

时代，亦称历史时代，它是在全世界范围内，以当时社会发展的某种主导趋势来划分社会发展阶段的一个综合概念。人们可以而且应该根据实践的需要，从不同角度、不同方面、根据不同标准来划分历史时代。主要有以下几种划分方法：

第一，可以以哪种社会形态走在世界历史的前面、居于世界历史的主导地位、代表世界历史的发展方向为主要标志，来划分历史时代。在世界历史的发展中，各个国家和民族的发展具有不平衡性。一些国家和民族的历史发展快些，另一些国家和民族的历史发展慢些；一些国家和民族走在世界历史发展的前面，另一些国家和民族则落在世界历史发展的后面。因而在同一历史时期，世界范围内往往有几种不同的社会形态同时存在。其中必有一种社会形态走在世界历史的前面，居于世界历史的主导地位，代表世界历史发展的方向。这种社会形态就成为区分历史时代的主要标志。例如，在 17 世纪，英国爆发了资产阶级革命，建立了高于封建社会形态的资本主义社会形态，就标志着世界历史进入了资本主义时代，通称近代。尽管当时世界上大多数国家仍然处于前资本主义社会形态，但因为这些社会形态已经过时，不能代表世界历史发展的方向，因而不是划分历史时代的标志。再如，在 19 世纪末 20 世纪初，自由资本主义发展为帝国主义。帝国主义是资本主义的最高阶段，是世界无产阶级社会主义革命的前夜。1917 年，列宁领导俄国人民取得了十月社会主义革命的胜利，在世界上建立了第一个社会主义国家，它开辟了人类历史的新纪元，使世界历史进入帝国主义和无产阶级革命的时代，通称现代。尽管现在在世界历史范围内资本主义比社会主义仍然占有优势，但由于社会主义代表世界历史前进的方向，现时代从发展的总趋势上看，可以说是处在从资本主义社会到社会主义社会的过渡时代。现代资本主义社会发展的前途是走向社会主义社会。

第二，在阶级社会里，可以以那个阶级居于中心地位、代表历史发展的方向、决定时代的主要特征为标志，来划分历史时代。列宁1915年在《打着别人的旗帜》一文中曾经说过："这里谈的是大的历史时代。每个时代都有而且总会有个别的、局部的、有时前进、有失后退的运动，都有而且总会有偏离运动的一般型式和一般速度的情形。我们无法知道，一个时代的各个历史运动的发展会有多快，有多少成就。但是我们能够知道，而且确实知道，**哪一个阶级**是这个或那个时代的中心，决定着时代的主要内容、时代发展的主要方向、时代的历史背景的主要特点等等。"[1] 例如，在资产阶级革命时期和资本主义制度确立以后的一段时间内，资产阶级居于时代的中心地位，代表着历史发展的方向，决定着时代的主要特征。到资本主义制度变得腐朽、资产阶级由先进阶级变为落后的阶级以后，无产阶级以独立的政治力量登上历史舞台，开始反对资本主义制度、建立社会主义制度的斗争，这时无产阶级就成了时代的中心，代表了时代发展的方向，决定着时代的主要特征。现在在世界范围内虽然在多数国家资产阶级仍然是统治阶级，社会主义运动暂时处于低潮，现实存在的社会主义国家面临着诸多困难和挑战，但时代的中心却不是资产阶级而是无产阶级，代表着时代发展方向的阶级不是资产阶级而是无产阶级，决定着时代的主要特征的阶级也不是资产阶级而是无产阶级。不管无产阶级的阶级结构发生什么样的变化，都不会改变它是代表当今时代发展方向的历史地位和历史使命的阶级这一本质。

---

① 《列宁全集》第26卷，人民出版社1988年版，第143页。

　　第三，可以以生产力和技术发展水平，以及与此相适应的产业结构为主要标志，来划分历史时代。20世纪中期以来掀起了以信息技术、新材料技术、新能源技术、生物技术、海洋技术、空间技术等技术群体为标志的新技术革命，其中信息技术在技术体系中占了主导地位。与此相适应，信息产业在产业结构中占了主导地位，从而使历史发展进入信息时代。我们通常所说的"新技术革命时代"、"知识经济时代"、"电子技术时代"、"互联网时代"等，都是从这种划分历史时代的角度说的。正是在这样的历史条件下，我提出了与经济的社会形态相对应的技术社会形态概念，认为渔猎社会、农业社会、工业社会、信息社会是从古至今依次经历的技术社会形态序列，并建议在历史唯物主义体系中补充技术社会形态概念和技术社会形态发展序列。

　　第四，可以以世界的政治和经济状态为主要标志，来划分历史时代。我们把当今的时代称为"和平与发展"的时代，就是从这种划分历史时代的角度讲的。和平是一种政治状态，它是与战争状态相对应的。自有人类历史以来，人类社会就时而处于和平状态，时而处于战争状态，二者互相交替，此消彼长。发展是一种经济状态，它是与经济的停滞、倒退状态相对应的。但是，把和平与发展联系在一起，发展则是一种与革命状态相联系的经济状态，它的对应概念是革命。自有人类历史以来，人类社会就时而处于革命状态，时而处于革命后的发展状态，二者互相交替，此消彼长。"和平与发展"和"战争与革命"是两对对应的范畴。人类社会时而处于"和平与发展"的状态，时而处于"战争与革命"的状态，二者相互交替，此消彼长。我们说当今时代的主题是"和平与发展"，就意味着当今时代的主题不是"战争与革命"。当今时代的主题由"战争与革命"转变为"和平与发展"，既是世界历史自身发展转变的客观过程，相应地，也是人们对世界历史的认识发生转变的主观过程。

　　以上四种划分历史时代的角度、方面、标志、方法，不是互相孤立的，更不是互相对立的，而是相互补充、内在统一的。只有把这四个方面联系起来观察世界历史的发展，才能全面掌握历史时代的本质和特征，而不至于犯片面性的错误。我们这里着重谈和平与发展问题。

在 20 世纪 50 年代中后期到 60 年代初，由于第二次世界大战以后苏联的发展和军事力量的增强、一系列社会主义国家的建立、世界社会主义事业和民族解放运动的发展，一些人认为当时的历史时代仍然是列宁提出的帝国主义和无产阶级革命的时代，战争与革命是时代的主题。

自 20 世纪 60 年代末 70 年代以后，国际形势发生了新的变化。中苏矛盾激化，社会主义和资本主义两大阵营的对峙被美苏两个超级大国的争霸取代，第三世界崛起并在国际事务中发挥着越来越大的作用。根据这种情况，毛泽东提出了"三个世界"划分的理论。他认为，美苏两个超级大国是第一世界，发展中国家是第三世界，处于第一世界和第三世界之间的国家属于第二世界。他指出，两个超级大国的争霸是世界战争的策源地，是世界不得安宁的根源。毛泽东"三个世界"划分的理论跨越意识形态和国家政治制度，对团结第三世界，争取第二世界，反对霸权主义，伸张国际正义，维护世界和平，遏制战争起到了世界性的重大作用。

20 世纪 70 年代末 80 年代初，随着国际形势总体上进一步趋于缓和，邓小平提出了战争的因素在增长、制止战争的因素也在增长的判断。1982 年 8 月，邓小平在会见当时的联合国秘书长德奎利亚尔时说："我们不是悲观主义者，我们只是提出战争的危险性。我们说，战争的因素在增长，但制止战争的因素也在增长。从联合国的角度可以看出，第二次世界大战以后，国际政治中积极的因素是第三世界的兴起。在联合国中，第三世界的成员增加了。对这个变化的价值要给予充分的估量。霸权主义还要继续横行下去。但是，他们像过去那样随意主宰世界人民命运的时代已经过去了。"①1983 年 3 月，邓小平同几位中央负责同志的谈话中又说："现在的问题是要注意争取时间，该上的要上。大战打不起来，不要怕，不存在什么冒险的问题。以前总是担心打仗，每年总要说一次。现在看，担心得过分了。我看至少十年打不起来。"②1985 年 6 月，邓小平在军委扩大会议上，又进一步做出了世界和平力量的增长超过战争力量的增长的判断。他说："美苏两家还在进行军备竞赛，世界战争的危险还是存在的，但是世界和平力量的增长超过战争力量的增长。"他举出四种争取和平、反对战争的力量：一是第三世界国家。这些国家的人口占世界人口的四分之三，是不希望战争的。二是美苏以外的发达国家也不希望战争。三是美苏两国人民也不支持战争。四是新技术革命的蓬勃发展也使战争危险减少。他由此得出结论说："在较长时间内不发生大规模的世界战争是有可能的，维护世界和平是有希望的。根据对世界大势的这些分析，以及我们对国际环境的分析，我们改变了原来认为战争的危险很迫近的看法。"③

从 20 世纪 80 年代中期开始，邓小平基于对国际形势发展趋势的正确认识，深入思考时代主题问题，并逐步形成了"和平与发展是时代主题"的科学论断。1984 年 5 月 17 日，邓小平在会见厄瓜多尔总统乌尔塔多时指出："我看现在存在两个最根本的问题。第一是反对霸权主义，维护世界和平。""第二是南北问题。这是今后国际问题中的一个十分重要的方面。发达国家尽管也有其经济困难，总的说是越来越富。而第三世界是越来越穷。解决南北问题是实现世界局势稳定的一个长时间、很重要的问题。"④邓小平认为，第三世界的贫穷是发达国家对他们的剥削、掠夺造成的，发达国家应该承担使他们摆脱贫困

---

① 《邓小平文选》第 2 卷，人民出版社 1994 年版，第 416 页。
② 《邓小平文选》第 3 卷，人民出版社 1993 年版，第 25 页。
③ 《邓小平文选》第 3 卷，人民出版社 1993 年版，第 127 页。
④ 《邓小平思想年谱（1975—1997）》，中央文献出版社 1998 年版，第 282 页。

的责任，同时指出，发展中国家的互相合作，即"南南合作"，是摆脱贫困的根本出路。

1984 年 5 月 29 日，邓小平在会见巴西总统菲格雷多时指出："现在世界上问题很多，有两个比较突出。一个是和平问题。现在有核武器，一旦发生战争，核武器就会给人类带来巨大的损失。""二是南北问题。这个问题在目前十分突出。发达国家越来越富，相对的是发展中国家越来越穷。南北问题不解决，就会对世界经济的发展带来障碍。"[①] 解决"南北问题"，即解决发达国家和发展中国家的矛盾、缩小二者之间的差距的途径有两条：一是"南北对话"，二是"南南合作"。

1985 年 3 月 4 日，邓小平在会见日本商工会议所访华团时说："现在世界上真正大的问题，带全球性的战略问题，一个是和平问题，一个是经济问题或者说发展问题。和平问题是东西问题，发展问题是南北问题。概括起来，就是东西南北四个字。南北问题是核心问题。"[②] 邓小平当时把和平问题归结为"东西问题"，是有其特定历史条件的。当时世界处于冷战状态，美苏两霸争夺激烈，美苏两霸能不能打起仗来，是能否维护住世界和平的关键。现在冷战已经结束，苏联已经解体，东欧也发生剧变，影响世界和平的因素异常复杂，反对恐怖主义成为全世界共同关注的问题，因而不能再把和平问题简单地归结为"东西问题"。为什么说"南北问题"即发展问题是核心呢？因为第三世界是维护和平的主要力量，第三世界国家发展了、强大了，有利于维护世界和平。

1988 年 12 月 21 日，邓小平在会见印度总理拉吉夫·甘地时指出："当前世界上主要有两个问题，一个是和平问题，一个是发展问题。和平是有希望的，发展问题还没有得到解决。人们都在讲南北问题很

---

① 《邓小平文选》第 3 卷，人民出版社 1993 年版，第 56 页。
② 《邓小平文选》第 3 卷，人民出版社 1993 年版，第 105 页。

突出，我看这个问题就是发展问题。"邓小平认为："应当把发展问题提到全人类的高度来认识，要从这个高度去观察问题和解决问题。只有这样，才会明了发展问题既是发展中国家自己的责任，也是发达国家的责任。"[①]

1990年3月3日，邓小平在同几位中央负责同志谈话时指出："国际形势的变化怎么看？旧的格局是不是已经完了，新的格局是不是已经定了？国际上议论纷纷，国内也有各种意见。看起来，我们过去对国际问题的许多提法，还是站得住的。现在旧的格局在改变中，但实际上并没有结束，新的格局还没有形成。和平与发展两大问题，和平问题没有得到解决，发展问题更加严重。"[②]邓小平把和平与发展作为时代的主题，并不是说这两个问题已经解决了，而是说这两个问题是目前国际范围内的重大的带全局性的问题，是全世界人民和各国政府需要着重加以解决的问题。

通过以上的回顾和考察可以看出，邓小平提出的"和平与发展"是时代的两大主题的科学论断，不仅具有重大的理论价值，而且具有重要的现实意义。

首先，和平与发展是时代主题的思想，改变了过去观察和处理国际问题的思维方式，指导我们以"结束过去，开辟未来"的方针调整外交战略，使我们及时正确地调整了中美关系、中日关系、中苏关系（中俄关系）、中欧关系等，同时也加强了与发展中国家的关系，为我国的经济建设创造了良好的国际环境和周边环境，也有利于整个世界的和平与稳定。

其次，和平与发展是时代主题的思想，是用"一国两制"方法解决台湾、香港、澳门问题，实现祖国统一的重要理论依据。邓小平指

[①]　《邓小平文选》第3卷，人民出版社1993年版，第281、282页。
[②]　《邓小平文选》第3卷，人民出版社1993年版，第353页。

出："'一国两制'是从中国的实际提出的，中国面临一个香港问题，一个台湾问题。解决问题只有两个方式：一个是谈判方式，一个是武力方式。用和平谈判的方式来解决，总要各方面都能接受，香港问题就要中国和英国，加上香港居民都能接受。什么方案各方面都能接受呢？就香港来说，用社会主义去改变香港，就不是各方都能接受的。所以要提出'一国两制'。"[①] 试想，如果处于冷战时代，或者主张战争与革命，能够提出用和平谈判的方式解决台湾、香港、澳门问题吗？能够允许在台湾、香港、澳门实行资本主义制度吗？英国和葡萄牙以及香港和澳门居民能够接受"一国两制"方针吗？

再次，和平与发展是时代主题的思想，指导我们积极建立国际经济政治新秩序。这个问题留待后面论述。

最后，也是最重要的一点，和平与发展是时代主题的思想，与我国坚持工作重点的转移、以经济建设为中心的思想是紧密联系在一起的。如果认为时代的主题仍然是战争与革命，在国内就会以阶级斗争为纲，在国际上就会主张以武力解决国与国之间的问题，工作重心就无法转移，就不能把经济建设放在中心地位，就没有改革开放三十多年来取得的经济繁荣与发展。

二、对外开放是我国的一项基本国策

马克思、恩格斯的"世界历史"理论是我国实行对外开放的理论基础。马克思、恩格斯认为，资产阶级打破了各民族的原始的闭关自守的状态，开拓了世界市场，使民族的地域性的历史转变为"世界历史"。他们在合写的《德意志意识形态》一书中说："各个相互影响的活动范围在这个发展进程中越是扩大，各民族的原始封闭态由于日益

---

① 《邓小平文选》第3卷，人民出版社1993年版，第84页。

完善的生产方式、交往以及因交往而自然形成的不同民族之间的分工消灭得越彻底，历史也就越是成为世界历史。"① 在世界历史条件下，各个国家和民族之间的相互依赖、相互影响空前加强。马克思、恩格斯举例说，如果英国发明了一种新机器，它夺走了印度和中国的无数劳动者的饭碗，并引起这些国家的整个生存形式的改变，这个发明就成为一种世界历史性的事实；在世界历史条件下，砂糖和咖啡也具有了世界历史意义。在《共产党宣言》中，马克思、恩格斯进一步论述了"世界历史"理论。他们指出："资产阶级，由于开拓了世界市场，使一切国家的生产和消费都成为世界性的了。使反动派大为惋惜的是，资产阶级挖掉了工业脚下的民族基础。古老的民族工业被消灭了，并且每天都还在被消灭。它们被新的工业排挤掉了，新的工业的建立已经成为一切文明民族的生命攸关的问题；这些工业所加工的，已经不是本地的原料，而是来自极其遥远的地区的原料；它们的产品不仅供本国消费，而且同时供世界各地消费。旧的、靠本国产品来满足的需要，被新的、要靠极其遥远的国家和地带的产品来满足的需要所代替了。过去那种地方的和民族的自给自足和闭关自守状态，被各个民族的各方面的相互往来和各方面的相互依赖所代替了。物质的生产是如此，精神的生产也是如此。各民族的精神产品成了公共的财产。民族的片面性和局限性日益成为不可能，于是由许多民族的和地方的文学形成了一种世界的文学。"②

不仅资本主义国家之间是互相开放的，而且社会主义制度建立以后，也要实行对外开放。无产阶级只有作为"世界历史性的阶级"才能存在，社会主义事业也只有作为"世界历史性的事业"才能存在。

现实的社会主义是在经济、文化落后的国家取得胜利的。现实社

---

① 《马克思恩格斯文集》第 1 卷，人民出版社 2009 年版，第 540—541 页。
② 《马克思恩格斯文集》第 2 卷，人民出版社 2009 年版，第 35 页。

会主义国家在经济文化上都比发达的资本主义国家落后，因而必须引进发达资本主义国家的先进技术，学习他们的先进管理经验，加快自己的经济建设。列宁在领导俄国人民进行社会主义建设时，曾经提出一个等式："苏维埃政权＋普鲁士的铁道管理制度＋美国的技术和托拉斯组织＋美国的国民教育等等＋＋＝总和＝社会主义。"[1] 从这个等式可以看出，除了苏维埃政权这一项属于国内条件以外，管理组织、管理制度、管理经验、先进技术、文化教育等等，都是学习和借鉴发达资本主义国家的。列宁认为，不向发达资本主义国家学习这些东西，就不能建成社会主义。有人说，"不向资产阶级学习也能够实现社会主义"。列宁尖刻地批判道："这是中非居民的心理。我们不能设想，除了建立在庞大的资本主义文化所获得的一切经验教训的基础上的社会主义，还有别的什么社会主义。没有邮电和机器的社会主义，不过是一句空话而已。"[2] 列宁这里说的向资产阶级学习，既包括向俄国国内的资产阶级学习，也包括向欧美发达资本主义国家的资产阶级学习。

为了推动对外开放政策的实行，列宁批判了"无产阶级文化派"的主张。他认为资本主义的管理制度和管理方法具有二重性，即既具有残酷剥削工人剩余劳动的一面，又有提高经济效益的科学性、进步性的一面。应该向他们学习后一个方面。他以泰罗制为例作了说明："资本主义在这方面的最新成就泰罗制，同资本主义其他一切进步的东西一样，既是资产阶级剥削的最巧妙的残酷手段，又包含一系列的最丰富的科学成就，它分析劳动中的机械动作，省去多余的笨拙的动作，制定最适当的工作方法，实行最完善的计划和监督方法等等。"列宁强调指出："苏维埃共和国无论如何都要采用这方面一切有价值的科学技术成果。社会主义能否实现，就取决于我们把苏维埃政权和苏维埃管

---

[1] 中共中央马克思恩格斯列宁斯大林著作编译局：《列宁专题文集：论社会主义》，人民出版社 2009 年版，第 381—382 页。

[2] 《列宁全集》第 34 卷，人民出版社 1985 年版，第 252 页。

理组织同资本主义最新的进步的东西结合得好坏。"①

　　毛泽东继承了马克思、恩格斯、列宁的"世界历史"理论和对外开放思想。他在 1935 年写的《论反对日本帝国主义的策略》一文中指出："自从帝国主义这个怪物出世以后，世界的事情就连成一气了。"②1936 年，他在同斯诺的谈话中又说："如果中国真正赢得了独立，外国人在中国的合法贸易将会有比过去更多的机会。"③毛泽东主张实行对外开放必须把学习和批判结合起来，既反对不加分析地一概排斥，又反对无批判地照抄照搬。他在 1956 年的《论十大关系》中指出："外国资产阶级的一切腐败制度和思想作风，我们要坚决抵制和批判。但是，这并不妨碍我们去学习资本主义国家的先进的科学技术和企业管理方法中合乎科学的方面。工业发达国家的企业，用人少，效率高，会做生意，这些都应当有原则地好好学过来，以利于改进我们的工作。""对外国的科学、技术和文化，不加分析地一概排斥，和前面所说的对外国东西不加分析地一概照搬，都不是马克思主义的态度，都对我们的事业不利。"毛泽东还认为，实行对外开放不是权宜之计，不是短期行为，不是穷的时候才向外国学习，富了以后就不向外国学习了。他指出："将来我们国家富强了，我们一定还要坚持革命立场，还要谦虚谨慎，还要向人家学习，不要把尾巴翘起来。不但在第一个五年计划期间要向人家学习，就是在几十个五年计划之后，还应当向人家学习。一万年都要学习嘛！这有什么不好呢？"④

　　在经济全球化新的历史条件下，在中国改革开放的实践过程中，邓小平继承并发展了马克思、恩格斯、列宁、毛泽东的对外开放思想，并增添了许多既反映时代特点又带有中国特色的新内容。

---

① 《列宁选集》第 3 卷，人民出版社 1995 年版，第 491—492、492 页。
② 《毛泽东选集》第 1 卷，人民出版社 1991 年版，第 161 页。
③ 《毛泽东一九三六年同斯诺的谈话》，人民出版社 1979 年版，第 128 页。
④ 《毛泽东著作选读》下册，人民出版社 1986 年版，第 742、743 页。

第一，邓小平论证了中国实行对外开放的必要性和可能性。在"世界历史"条件下，特别是在经济全球化的浪潮中，世界上的所有国家，在经济上都处在相互依赖、相互影响的关系中。任何国家都不能离开世界经济发展的大道，关起门来搞建设，闭关锁国是不能实现现代化的。邓小平指出："现在的世界是开放的世界。中国在西方国家产业革命以后变得落后了，一个重要原因就是闭关自守。建国以后，人家封锁我们，在某种程度上我们也还是闭关自守，这给我们带来了一些困难。三十几年的经验教训告诉我们，关起门来搞建设是不行的，发展不起来。""我们提出要发展得快一点，太快不切合实际，要尽可能快一点，这就要求对内把经济搞活，对外实行开放政策。"[①]可见，在邓小平看来，实行对外开放和实行改革一样，是我国加快经济发展和实现现代化的一条必由之路。邓小平又说："经验证明，关起门来搞建设是不能成功的，中国的发展离不开世界。""从世界的角度来看，中国的发展对世界和平和世界经济的发展有利。"他告诫西方政治家："如果不帮助发展中国家，西方面临的市场问题、经济问题，也难以解决。经济上的开放，不只是发展中国家的问题，恐怕也是发达国家的问题。现在世界上占总人口四分之三的地区是发展中国家，还谈不上是重要市场。世界市场的扩大，如果只在发达国家中间兜圈子，那是很有限度的。"[②]这就是说，中国经济的发展与世界经济的发展之间的关系是互动的。不仅中国经济的发展依赖于世界经济的发展，而且世界经济的发展也离不开中国经济的发展。发展中国家经济的发展与发达国家经济的发展也是互动的。不仅发展中国家经济的发展有赖于经济发达国家的援助，而且离开发展中国家经济的发展，发达国家经济的发展也会受到影响。目前中国经济的发展对世界经济发展的贡献在

---

① 《邓小平文选》第3卷，人民出版社1993年版，第64、65页。
② 《邓小平文选》第3卷，人民出版社1993年版，第78、79页。

世界上名列第一。

　　实行对外开放，不仅是必要的，而且需要具备一定的条件才是可能的。在新中国成立初期，发达资本主义国家对我们采取封锁和扼杀的政策，不具备实行对外开放的条件。邓小平指出："我们建国以来长期处于同世界隔绝的状态。这在相当长一个时期不是我们自己的原因，国际上反对中国的势力，反对中国社会主义的势力，迫使我们处于隔绝、孤立状态。六十年代我们有了同国际上加强交往合作的条件，但是我们自己孤立自己。现在我们算是学会利用这个国际条件了。"邓小平在这里既指出了我们过去不能实行对外开放政策的外部原因，又分析了我们自己在思想认识上的原因。他告诫全党和全国人民，现在已经具备了实行对外开放的条件，应该积极主动地实行对外开放。他说："实现四个现代化必须有一个正确的开放的对外政策。我们实现四个现代化主要依靠自己的努力，自己的资源，自己的基础，但是，离开了国际的合作是不可能的。应该充分利用世界的先进的成果，包括利用世界上可能提供的资金，来加速四个现代化的建设。这个条件过去没有，后来有了，但是一段时期一没有利用，现在应该利用起来。"[1]

　　第二，邓小平把实行对外开放作为我国的一项基本国策。首先，我国实行对外开放政策的战略目标，是发展我国的生产力，加速实现四个现代化。邓小平指出："我们拨乱反正，就是要在坚持四项基本原则的基础上发展生产力。为了发展生产力，必须对我国的经济体制进行改革，实行对外开放的政策。"[2]其次，我国实行的对外开放政策，是建立在自力更生基础上的。邓小平指出："像中国这样大的国家搞建设，不靠自己不行，主要靠自己，这叫做自力更生。但是，在坚持自力更生的基础上，还需要对外开放，吸收外国的资金和技术来帮助我

---

①　《邓小平文选》第 2 卷，人民出版社 1994 年版，第 232、233—234 页。

②　《邓小平文选》第 3 卷，人民出版社 1993 年版，第 138 页。

们发展。"① 如果不搞自力更生，不以自力更生为主，主要或完全依靠别人，那最终总是靠不住的。邓小平说："我们向第三世界朋友介绍的首要经验就是自力更生。当然，这并不是说不要争取外援，而是要以自力更生为主。这样，就可以振奋起整个国家奋发图强的精神，把人民团结起来，就比较容易克服面临的各种困难。"② 再次，邓小平分析了实现对外开放的利弊得失，认为总的看来利大于弊，得大于失。他指出："我们开放了十四个沿海城市，都是大中城市，我们欢迎外资，也欢迎国外先进技术，管理也是一种技术。这些会不会冲击我们的社会主义呢？我看不会的。因为我国是以社会主义经济为主体的。社会主义的经济基础很大，吸收几百亿、上千亿外资，冲击不了这个基础。吸收外国资金肯定可以作为我国社会主义建设的重要补充，今天看来可以说是不可缺少的补充。当然，这会带来一些问题，但是带来的消极因素比起利用外资加速发展的积极效果，毕竟要小得多。危险有一点，不大。"③ 最后，邓小平说明了实行对外开放，不是权宜之计，而是一项长期持久的政策。他指出："对内经济搞活，对外经济开放，这不是短期的政策，是个长期的政策，最少五十年到七十年不会变。为什么呢？因为我们第一步是实现翻两番，需要二十年，还有第二步，需要三十年到五十年，恐怕是要五十年，接近发达国家的水平。两步加起来，正好是五十年至七十年。"那么，实现现代化以后是否会改变对外开放的政策呢？邓小平回答说："到那时，更不会改变了。即使是变，也只能是变得更加开放。否则，我们自己的人民也不会同意。"④

　　第三，邓小平提出了一系列对外开放的战略、策略和措施。这里扼要叙述以下六项：

---

① 《邓小平文选》第 3 卷，人民出版社 1993 年版，第 78—79 页。
② 《邓小平文选》第 2 卷，人民出版社 1994 年版，第 406 页。
③ 《邓小平文选》第 3 卷，人民出版社 1993 年版，第 65 页。
④ 《邓小平文选》第 3 卷，人民出版社 1993 年版，第 79 页。

（1）邓小平提出应该实行全面开放，即对世界上所有的国家开放。他指出："对外开放，我们还有一些人没有弄清楚，以为只是对西方开放，其实我们是三个方面的开发。一个是对西方发达国家的开放，我们吸收外资、引进技术等等主要从那里来。一个是对苏联和东欧国家的开放，这也是一个方面。……还有一个是对第三世界发展中国家的开放。"[①]

（2）建立国际经济政治新秩序。现有的国际经济政治秩序极不合理，穷国愈穷、富国愈富、富国剥削穷国的现象越来越严重，富国与穷国的关系不平等，南北差距日益加大，发展中国家债务负担严重，既限制了发展中国家的发展，也不利于对外开放政策的实行，所以应该改变这种不合理的国际经济政治旧秩序，在和平共处五项原则的基础上建立合理的国际经济政治新秩序。邓小平指出："国际社会虽然提出要解决南北问题，但讲了多少年了，南北之间的差距不是在缩小，而是在扩大，并且越来越大。"又说："世界上现在有两件事情要同时做，一个是建立国际政治新秩序，一个是建立国际经济新秩序。"[②]

（3）发展国际技术交流与合作。邓小平在 1975 年就提出了科学技术是生产力的马克思主义观点，1988 年又提出"科学技术是第一生产力"的科学论断。他反复强调经济建设要依靠科学技术，科学技术要面向经济建设。而中国的科学技术落后于发达资本主义国家，因此，要向外国特别是同发达国家进行交流与合作，引进外国的先进技术。邓小平指出，要实现四个现代化，就要善于学习，大量取得国际上的帮助。要引进国际上的先进技术、先进设备，作为我们发展的起点。为了更好地与外国进行技术交流与合作，学习和引进外国先进技术，必须善于抓住机遇；如果抓不住机遇，就会贻误我国经济的发展。

---

① 《邓小平文选》第 3 卷，人民出版社 1993 年版，第 98—99 页。
② 《邓小平文选》第 3 卷，人民出版社 1993 年版，第 281、282 页。

邓小平 1983 年 7 月 8 日在同中央几位负责同志谈话时指出："要抓住西欧国家经济困难的时机，同他们搞技术合作，使我们的技术改造能够快一些搞上去。同东欧国家合作，也有文章可做，他们有一些技术比我们好，我们的一些东西他们也需要。中国是一个大的市场，许多国家都想同我们搞点合作，做点买卖，我们要很好利用。这是一个战略问题。"①

（4）扩大国际贸易。实行对外经济开放政策，必须发展和扩大国际贸易。这不仅是我国实现现代化的需要，也是世界各国的愿望。开展国际贸易，有进口，也有出口。为了进口，就要多出口东西。那么，出口什么呢？"这里有一个出口政策问题"。邓小平指出：石油尽可能出口一些；工艺美术品等传统出口产品，要千方百计增加出口；化工产品要考虑出口。关于煤炭出口问题，邓小平说："煤炭也要考虑出口，还可以考虑同外国签订长期合同，引进他们的技术装备开采煤矿，用煤炭偿付。"② 为了多出口产品，减少贸易逆差，就必须提高出口产品的质量，增强产品在国际市场上的竞争能力。邓小平指出："要打开出口销路，关键是提高质量。质量不高，就没有竞争力。逐年减少外贸逆差是个战略性问题。否则，经济长期持续稳定发展就不可能，总有一天要萎缩下去。"③

（5）开办经济特区和开放沿海港口城市。开办经济特区，是我国对外开放的一种方式，也是一个创举。根据邓小平和中央领导的决策，先后搞了深圳、珠海、汕头、厦门四个经济特区。邓小平 1984 年去视察深圳，看到那里一片兴旺景象，就应当地领导的要求题词："深圳的发展和经验证明，我们建立经济特区的政策是正确的。"④ 开办经济特

---

① 《邓小平文选》第 3 卷，人民出版社 1993 年版，第 32 页。
② 《邓小平文选》第 2 卷，人民出版社 1994 年版，第 29 页。
③ 《邓小平文选》第 3 卷，人民出版社 1993 年版，第 160 页。
④ 《邓小平文选》第 3 卷，人民出版社 1993 年版，第 239 页。

区，意义十分重大，可以从多方面推动我国现代化建设事业的迅速发展。邓小平说："特区是个窗口，是技术的窗口，管理的窗口，知识的窗口，也是对外政策的窗口。从特区可以引进技术，获得知识，学到管理，管理也是知识。特区成为开放的基地，不仅在经济方面、培养人才方面使我们得到好处，而且会扩大我国的对外影响。"① 邓小平在总结四个经济特区的经验以后，又提出开办上海浦东和海南两大经济特区，开放天津、上海、大连、秦皇岛、烟台、青岛、连云港、南通、宁波、温州、福州、广州、湛江、北海十四个沿海港口城市。邓小平把开放沿海港口城市提到很高的地位看待。他说："沿海地区要加快对外开放，使这个拥有两亿人口的广大地区较快地先发展起来，从而带动内地更好地发展，这是一个事关大局的问题。"②

（6）利用外资和引进人才。搞现代化建设，需要技术和资金。我们既缺乏技术，又缺少资金。所以必须从多方面引进技术和资金。邓小平说："现在搞建设，门路要多一点，可以利用外国的资金和技术，华侨、华裔也可以回来办工厂。吸收外资可以采取补偿贸易的方法，也可以搞合营，先选择资金周转快的行业做起。"③ 邓小平以新加坡的成功经验为例，说明利用外资的好处。他说："外国人在新加坡设厂，新加坡得到几个好处，一个是外资企业利润的百分之三十五要用来交税，这一部分国家得了；一个是劳务收入，工人得了；还有一个是带动了它的服务行业，这都是收入。我们要下这么个决心，权衡利弊、算清账，略微吃点亏也干，总归是在中国形成了生产能力，还会带动我们一些企业。"④ 实行对外开放，不仅要引进外国技术和资金，而且还要引进人才，过去我们对这个问题认识不足，重视不够，决心不大，

---

① 《邓小平文选》第 3 卷，人民出版社 1993 年版，第 51—52 页。
② 《邓小平文选》第 3 卷，人民出版社 1993 年版，第 277—278 页。
③ 《邓小平文选》第 2 卷，人民出版社 1994 年版，第 156 页。
④ 《邓小平文选》第 2 卷，人民出版社 1994 年版，第 199 页。

疑虑重重。邓小平指出："要利用外国智力。请一些外国人来参加我们的重点建设以及各方面的建设。""他们长期来也好，短期来也好，专门为一个题目来也好，请来之后，应该很好地发挥他们的作用。"[①]实践证明，引进国外人才和智力，对推动我国科技、教育和现代化建设的发展，起到了巨大的作用。

---

① 《邓小平文选》第3卷，人民出版社1993年版，第32页。

参考文献

马克思主义经典著作：

1.《马克思恩格斯文集》(1—10 卷)，人民出版社 2009 年版

2.《马克思恩格斯选集》(1—4 卷)，人民出版社 1995 年版

3.《马克思恩格斯全集》第 1 卷，人民出版社 1955 年版

4.《马克思恩格斯全集》第 3 卷，人民出版社 1960 年版

5.《马克思恩格斯全集》第 19 卷，人民出版社 1963 年版

6.《马克思恩格斯全集》第 20 卷，人民出版社 1971 年版

7.《马克思恩格斯全集》第 28 卷，人民出版社 1973 年版

8.《马克思恩格斯全集》第 32 卷，人民出版社 1974 年版

9.《马克思恩格斯全集》第 33 卷，人民出版社 1973 年版

10.《马克思恩格斯全集》第 35 卷，人民出版社 1971 年版

11.《马克思恩格斯全集》第 39 卷，人民出版社 1974 年版

12.《马克思恩格斯全集》第 1 卷，人民出版社 1995 年版

13.《马克思恩格斯全集》第 3 卷，人民出版社 2002 年版

14.《马克思恩格斯全集》第 21 卷，人民出版社 2003 年版

15.《马克思恩格斯全集》第 30 卷，人民出版社 1995 年版

16.《马克思恩格斯全集》第 31 卷，人民出版社 1998 年版

17.《马克思恩格斯全集》第 32 卷，人民出版社 1998 年版

18.《马克思恩格斯全集》第 33 卷，人民出版社 2004 年版

19.《马克思恩格斯全集》第 34 卷，人民出版社 2008 年版

20.《列宁选集》(1—4 卷)，人民出版社 1995 年版

21.《列宁全集》第 1 卷，人民出版社 1984 年版

22.《列宁全集》第 10 卷，人民出版社 1987 年版

23.《列宁全集》第 11 卷，人民出版社 1987 年版

24.《列宁全集》第 12 卷，人民出版社 1987 年版

25.《列宁全集》第 32 卷，人民出版社 1985 年版

26.《列宁全集》第 33 卷，人民出版社 1985 年版

27.《列宁全集》第 34 卷，人民出版社 1985 年版

28.《列宁全集》第 35 卷，人民出版社 1985 年版

29.《列宁全集》第 36 卷，人民出版社 1985 年版

30.《列宁全集》第 37 卷，人民出版社 1986 年版

31.《列宁全集》第 38 卷，人民出版社 1986 年版

32.《列宁全集》第 40 卷，人民出版社 1986 年版

33.《列宁全集》第 41 卷，人民出版社 1986 年版

34.《列宁全集》第 42 卷，人民出版社 1987 年版

35.《列宁全集》第 43 卷，人民出版社 1987 年版

36.《列宁全集》第 55 卷，人民出版社 1990 年版

37.《斯大林选集》(上、下卷)，人民出版社 1972 年版

38.《斯大林全集》第 8 卷，人民出版社 1954 年版

39.《毛泽东选集》(1—4 卷)，人民出版社 1991 年版

40.《毛泽东著作选读》(上、下卷)，人民出版社 1986 年版

41.《毛泽东文集》第 8 卷，人民出版社 1999 年版

42.《邓小平文选》第 2 卷，人民出版社 1994 年版

43.《邓小平文选》第 3 卷，人民出版社 1993 年版

其他文献—中文类：

44. 曹维安：《俄国史新论——影响俄国历史发展的基本问题》，
中国社会科学出版社 2002 年版

45. 陈先达：《走向历史深处——马克思历史观研究》，上海人民

出版社 1987 年版

46. 陈晏清、王南湜、李淑梅:《现代唯物主义导引》,南开大学出版社 1996 年版

47. 杜石然等:《中国科学技术史》(上、下册),科学出版社 1984 年版

48. 冯钢:《非西方社会发展理论与马克思》,浙江人民出版社 1992 年版

49. 《国际共产主义运动史》编写组:《国际共产主义运动史》,人民出版社、高等教育出版社 2012 年版

50. 黄楠森等主编:《马克思主义哲学史》(1—8)第 3 卷,北京出版社 1996 年版

51. 侯外庐:《中国封建社会史论》,人民出版社 1979 年版

52. 侯外庐:《中国古代社会史论》,河北教育出版社 2003 年版

53. 郝镇华编:《外国学者论亚细亚生产方式》(上、下册),中国社会科学出版社 1981 年版

54. 金雁、秦晖:《农村公社、改革与革命——村社传统与俄国现代化之路》,东方出版社 2013 年版

55. 《科学社会主义概论》编写组:《科学社会主义概论》,人民出版社、高等教育出版社 2011 年版

56. 罗爱林:《俄国封建社会晚期农村公社研究》,广西师范大学出版社 2007 年版

57. 陆南泉等主编:《苏联兴亡史论》,人民出版社 2002 年版

58. 刘启良:《马克思东方社会理论》,学林出版社 1994 年版

59. 鲁越、孙麾、江丹林:《马克思晚年的创造性探索——"人类学笔记"研究》,河南人民出版社 1992 年版

60. 《马克思恩格斯列宁哲学经典著作导读》编写组:《马克思恩格斯列宁哲学经典著作导读》,人民出版社、高等教育出版社

2012 年版

61. 《马克思主义哲学史》编写组：《马克思主义哲学史》，高等教育出版社、人民出版社 2012 年版

62. 马克垚主编：《世界文明史》（上、下卷），北京大学出版社 2004 年版

63. 吴于廑、齐世荣主编：《世界史——古代史编》，高等教育出版社 1994 年版

64. 谢霖：《东方社会之路》，中国社会科学出版社 1992 年版

65. 尹汉宁主编：《社会主义历程与中国道路》，中国和平出版社 2013 年版

66. 袁雷、张云飞：《马克思恩格斯"论东方村社"研究读本》，中央编译出版社 2013 年版

67. 阴法鲁、许树安、刘玉才主编：《中国古代文化史》（插图本）（上、下卷），北京大学出版社 2008 年版

68. 俞良早：《马克思主义东方学》，人民出版社 2011 年版

69. 俞良早、徐芹：《经典作家东方落后国家社会发展的重要著作和基本理论》，人民出版社 2015 年版

70. 袁行霈、严文明、张传玺、楼宇烈主编：《中华文明史》（1—4卷），北京大学出版社 2006 年版

71. 庄福龄主编：《马克思主义史》（1—4卷）第 1 卷，人民出版社 1996 年版

72. 中共中央马克思恩格斯列宁斯大林著作编译局国际共运史研究室编译：《俄国民粹派文选》，人民出版社 1983 年版

73. 中共中央马克思恩格斯列宁斯大林著作编译局编译：《马克思古代社会史笔记》，人民出版社 1996 年版

74. 中共中央文献研究室编：《十一届三中全会以来党的历次全国代表大会中央全会重要文献选编》（上、下卷），人民出版社

1997 年版

75. 中共中央文献研究室编:《邓小平年谱（1975—1997）》（上、下卷），人民出版社 2004 年版

76. 中共中央宣传部理论局组织编写:《世界社会主义五百年》（党员干部读本），党建读物出版社、学习出版社 2014 年版

77. 朱寰主编:《亚欧封建经济形态比较研究》，东北师范大学出版社 1996 年版

78. 中华人民共和国国史学会编:《毛泽东读社会主义政治经济学批注和谈话》（国史研究学习资料·清样本）（上、下卷）

79. 朱坚劲:《东方社会往何处去——马克思的东方社会理论》，上海社会科学出版社 1996 年版

80. 朱龙华:《世界历史——上古部分》，北京大学出版社 1991 年版

81. 张云飞:《跨越"峡谷"——马克思晚年思想与当代社会发展理论》，人民出版社 2001 年版

82. 郑异凡编:《托洛茨基读本》，中央编译出版社 2008 年版

其他文献—译著类:

83. 〔古希腊〕修昔底德著，谢德风译:《伯罗奔尼撒战争史》（上、下册），商务印书馆 1960 年版

84. 〔古罗马〕阿庇安著，谢德风译:《罗马史》（上、下卷），商务印书馆 1976 年版

85. 〔苏〕列夫·托勒茨基著，丁笃本译:《俄国革命史》（1—3卷），商务印书馆 2014 年版

86. 〔俄〕恩·弗列罗夫斯基（瓦·瓦·别尔维）著，陈瑞铭译:《俄国工人阶级状况》，商务印书馆 1994 年版

87. 〔英〕李约瑟原著，柯林·罗南改编，江晓源主持，上海交通

大学科学史系译：《中华科学文明史》，上海人民出版社 2010 年版

88.〔英〕汤因比著，曹末风等译：《历史研究》（上、中、下册），上海人民出版社 1964 年版

89.〔英〕亚当·斯密著，杨敬年译：《国民财富的原因和性质的研究》（上、下册），陕西人民出版社 2001 年版

90.〔英〕亚当·斯密著，蒋自强等译：《道德情操论》，商务印书馆 1997 年版

91.〔德〕奥斯瓦尔德·斯宾格勒著，齐世荣等译：《西方的没落》（上、下册），商务印书馆 1963 年版

92.〔德〕黑格尔著，王造时译：《历史哲学》，生活·读书·新知三联书店 1956 年版

93.〔德〕黑格尔著，贺麟译：《小逻辑》，商务印书馆 1980 年版

94.〔德〕马克思、恩格斯著，马逸若等译校：《马克思恩格斯与俄国政治活动家通信集》，人民出版社 1987 年版

95.〔法〕孟德斯鸠著，张雁深译：《论法的精神》（上、下册），商务印书馆 1961 年版

96.〔法〕让-雅克·卢梭著，吕卓译：《论人类不平等的起源》，中国社会科学出版社 2009 年版

97.〔法〕让-雅克·卢梭著，徐强译：《社会契约论》，中国社会科学出版社 2009 年版

98.〔意〕翁贝托·梅洛蒂著，高铦、徐壮飞、涂光楠译：《马克思与第三世界》，商务印书馆 1981 年版

99.〔意〕维柯著、朱光潜译：《新科学》，商务印书馆 1989 年版

100.〔美〕杰里·本特利、赫伯特·齐格勒著，魏凤莲、张颖、白玉广译：《新全球史——文明的传承与交流》（第 3 版）（上、下册），北京大学出版社 2007 年版

101.〔美〕路易斯·亨利·摩尔根著，杨东莼等译：《古代社会》（上、下册），商务印书馆1977年版

102.〔美〕斯塔夫里阿诺斯著，董书慧、王昶、徐正源译：《全球通史——从史前史到21世纪》（第7版）（上、下册），北京大学出版社2005年版

外文文献：

103.〔法〕弗朗斯瓦·贝尔尼埃：《莫卧儿帝国游记》（英译本），牛津出版社1916年版

后　记

知识在于积累。知识的积累来源于对同一种知识专心致志、长期而持续的系统研究过程。我十分赞赏黑格尔在《小逻辑》中说的一段话："一个志在有大成就的人，他必须，如歌德所说，知道限制自己。反之，那些什么事都想做的人，其实什么事都不能做，而终归于失败。世界上有趣味的东西异常之多：西班牙诗、化学、政治、音乐都很有趣味，如果有人对这些东西感觉兴趣，我们决不能说他不对。但一个人在特定的环境内，如欲有所成就，他必须专注于一事，而不可分散他的精力于多方面。"[①] 我也很欣赏法国社会学家涂尔干在《社会分工论》中所说的一段话：在莱布尼兹茨和牛顿时代，出现了很多全才的科学大家，但在 19 世纪以后，科学家非但不能兼容不同领域的科学，而且也无法占据某一科学的全部领域。他的研究领域只限于固定的某一问题域，甚至单独的一个问题。从前认为一个完美的人有能力去关心一切，尝试一切，玩味一切，领导一切，能将所有最优秀的文明聚敛和体现在自己身上。我们要提防那些聪明敏捷的天才。他们会让自己擅长于各种职业，而不肯选择一种专门职业从一而终。我们应该对这类人冷淡一些，他们只有一个念头，就是游刃有余地利用自己的所有天资，而不把它牺牲在某个专业方面，就像我们每个人只想着自得其乐，只想建造自己的世外桃源一样。对我们来说，这种与世隔绝、飘忽不定的状态多少有些反社会的性质。这些多面手不过是些"半吊子行家"，他们是不能提供什么道德价值的。相反，我们却

[①]　黑格尔：《小逻辑》，贺麟译，商务印书馆 1980 年版，第 174 页。

欣赏那些称职的人，他们所追求的不是十全十美，而是有所造就，他们把全部精力都投入到界限明确的工作中去，他们各安其业，辛勤耕耘着自己的一份园地。① 黑格尔、涂尔干的这些论述，对我们正确地认识和处理知识的广博与专深之间的关系很有指导意义。毫无疑问，一个人的知识越广博越好。但如果只有广博而没有专深，那就走到了另一个极端。涂尔干认为，到了19世纪，已经不可能有牛顿时代那样的通才和全才了。而我们已经进入21世纪的一些人，却依然异想天开地要培养什么所谓的上知天文、下知地理、纵贯古今、横跨中西、文理兼通的所谓"大师"，并且因为现在的学校根本无法培养出这样的"大师"，而对现在的教育制度兴师问罪。要想在知识爆炸的时代造就全才，是根本无法实现的幻想。这种理想中的所谓"大师"，即使有最完美的教育制度，现在也是根本不可能培养和造就出来的。

我从20世纪70年代末期，即我40岁左右的时候，开始研究"亚细亚生产方式"概念的含义及其在社会发展序列中的地位问题。1982年写成《马克思主义的社会形态理论简论》一书，大约15万字左右，只能算一本小册子。由于当时还是用铅字排版印刷，从交稿到出版的周期比较长，1985年才在北京大学出版社出版。这是我独立写作的第一部专著。这本小册子出版以后，我又开始集中研究俄国农村公社的性质和俄国社会发展道路问题。这个问题是我国20世纪80年代学术界研究的一个热点问题。1997年我有幸获得全国哲学社会科学规划办公室国家社会科学研究"九五"规划委托研究重大项目"坚持、发展马克思主义哲学和邓小平哲学思想研究"，我和南京大学的孙伯鍨教授共同主持这个项目。孙老师在北大哲学系任教时曾是我的老师，后来他调到南京大学哲学系工作。借此大好时机，我和我的同

---

① 埃米尔·涂尔干：《社会分工论》，渠东译，生活·读书·新知三联书店2000年版，第4—5页。

事丰子义教授共同撰写了《马克思东方社会理论的历史考察和当代意义》一书，2002 年由高等教育出版社出版，作为这个委托研究重大项目的最终成果之一。这部著作除去深化了对"亚细亚生产方式"概念的含义及其在社会发展序列中的地位这个问题以外，又用较大篇幅论述了俄国农村公社的性质和俄国社会发展道路问题，此外还用较大篇幅论述了"研究东方社会问题的理论基础"和"对社会主义实践的反思"等基础理论问题。此后，我在研究其他问题的同时，继续研究马克思、恩格斯的东方社会发展道路理论和马克思晚年写的"古代社会史笔记"（又称"民族学笔记"、"人类学笔记"等）。最近应我的同事和好友王海明教授热情邀请，为他主持的"国家治理丛书"撰写《东方社会发展道路与社会主义的理论和实践》这部专著。这部专著拓展和深化了前两部著作中的理论观点。我从 40 岁左右开始研究马克思、恩格斯的东方社会发展道路理论，到现在古稀之年即将结束时又独立撰写了这部专著，到这部专著出版的时候，我已经结束古稀，进入耄耋之年了。我对马克思、恩格斯的东方社会发展道路理论的研究持续 40 年之久，这是我一生学术生涯中研究时间最长、用的精力最多的一项研究成果。我很珍惜自己这部研究成果，如果它能对我国学术界对这个问题的继续深入研究发挥一些积极作用，我就十分欣慰了。

这部著作是我独立完成的。但由于有些知识点是我研究的薄弱环节，所以借用了我的学生的一些研究成果。主要有两个地方：一是"历史进步的内涵"问题，借用了我主编的《马克思主义历史哲学》五卷本中由我的学生林艳梅博士撰写的第三卷《历史进步论和历史代价论》中的"历史进步的内涵"的内容。二是历史进步的"代价意识"问题，借用了我和聂锦芳、张立波合作撰写的《马克思主义哲学教程》一书中由张立波撰写的"代价意识"的内容。我曾是张立波的博士后合作导师。对林艳梅和张立波表示由衷的感谢。另外，本书得到中央民族大学柏年康成基金资助，特此致谢。

人的生理寿命和学术寿命有的是分离的，有的是合一的。我们的先辈和最崇敬的老师冯友兰先生、张岱年先生和黄楠森先生等，他们的生理寿命和学术寿命就是合为一体的。他们的学术生涯一直延续到停止呼吸为止。我的另一位老师张世英教授，今年已经95岁，仍然在出版高水平的学术著作。他们是我们的榜样，他们的优良传统我们应该继承和发扬。我虽然已年近八旬，但尚未感到学术生命和学术兴趣在衰退，没有任何停止学术生命和学术活动的意向。我要用我的晚年尽最大的努力再取得一些学术上的成果，为我国马克思主义哲学乃至整个马克思主义的发展尽我应尽和能尽的力量，努力做到生理生命不止，学术生命不停。这是我的愿望，但愿我的愿望能够实现。我常和我的朋友开玩笑说："我不怕死，就怕不得好死。"我说的"不得好死"，不是指因为做坏事而死，也不是指遭遇意外灾祸而死，而是指久病不愈、不能自理、自己痛苦而且拖累别人多年才与世长辞。人们常说"好死不如赖活着"，我认为应该把这句话反过来，"赖活着不如好死"。所谓"好死"，意思是说，只要还活着，就能生活自理，就能做对家庭和社会有益的事情，一旦不能自理，不能对家庭和社会做有益的事情了，就自然而然无痛苦地离开人世，像相声大师侯耀文、马季那样，既不拖累家庭成员，不给社会增加负担，自己也没有痛苦。这不是几全齐美的事吗！